정치

POLITICS

운명을 거스르는 이론

로베르토 M. 웅거 지음
추이 즈위안 엮음
김정오 옮김

창비

지적 식민주의로부터 한국의 해방

이 책은 『정치: 핵심 텍스트, 운명을 거스르는 이론』(이하 『정치』)의 번역서다. 『정치』는 나의 사회이론 저술에서 발췌한 것으로 원래 세 권으로 출간되었으며, 각 권의 제목은 『사회이론: 그 상황과 과제』 『허위적 필연성: 급진민주주의를 위한 반필연적 사회이론』 『조형력을 권력 속으로: 경제적·군사적 성공의 제도적 조건들에 관한 비교역사연구』다. 이 삼부작은 케임브리지 대학교 출판부에서 1987년 출간된 이후 2001년 버소(Verso) 출판사에서 재출간되었다. 개정판에서 나는 삼부작의 핵심 작업인 『허위적 필연성』에 장문의 서론을 새로 썼다. 사회이론에 대한 나의 생각을 다시 검토했으며, 그 생각들을 맥락에 위치시켰고, 그 생각들이 제기하고 예시했던 사유 의제들의 다음 단계를 모색했다. 1997년 중국의 정치경제이론가인 추이 즈위안이 삼부작의 생각들을 더욱 폭넓은 독자들에게 소개하기 위해, 세 권의 저술에서 발췌하고 서문을 작성한 이 편선집 『정치』를 버소 출판사에서 출간했다.

이 서문에서는 한국의 독자들에게 이 편선집을 소개하고, 책에 들어 있는 생각들이 한국의 미래에 대해 이야기하고 있는 바를 살펴보고자 한다.

『사회이론』에서 나의 제안은 설명적 관점과 프로그램적 관점을 모두

4

개진한다. 논증의 두 축은 밀접하게 연계된다.

설명적 기획은 현대사회의 장치들의 우연성과 변혁가능성을 축소하지 않고 그것들을 해명하는 사회적·역사적 이해를 발전시키는 것이다. 그러한 접근방법으로 그 장치들이 대개 갖추고 있는 자연성과 불가피성이라는 현혹적인 외관(patina)을 벗겨내야 한다. 그리고 자연과학이 성공할 때 늘 성취해온 것을 사회적·역사적 사유 속에서 이뤄내야 한다. 그것은 실제로 전환되는 통찰과 인접한 가능성, 즉 지금 현실의 가능한 변혁, 그리고 우리가 여기에서 얻을 수 있는 그곳들(theres, 목표들)로 전환되는 상상력을 연결하기 위한 것이다.

무엇보다도 그것은 사회의 제도적·이데올로기적 구조, 즉 그 구조의 형성적 장치들과 가정들에 대한 설명뿐만 아니라 구조적 변화와 구조적 대안들의 설명을 핵심 주제로 받아들여야 한다. 이 주제는 유럽의 고전 사회이론의 주요 관심사였으며, 사회와 역사에 관한 마르크스의 이론이 최고의 표현으로 존재해왔다.

우리는 제도적·이데올로기적 체제를 만든다. 체제를 만드는 것은 우리이기 때문에, 오래전에 비코(Vico)가 언급했듯이 창조자가 자신이 만든 것에 대해 가진 심오하고 내적인 지식으로 그것들을 이해하기를 희망할 수 있다. 물론 자연현상에 대해서 그런 이해를 바랄 수는 없다. 그러나 유럽의 고전 사회이론에서, 특히 마르크스주의에서 구조적 비전은 일련의 필연적 환상들에 의해 타협되고 오염되었다. 다시 말해서 역사 속에 사회체제의 한정된 목록이 있으며, 사회체제 각각은 불가분적이며, 변화의 법칙들이 그것들의 역사적 연속성을 주도한다는 것이다. 마르크스가 명명했듯이 "생산양식들" 또는 이렇게 가정된 체제들 중의 하나가 바로 "자본주의"다.

나의 사회이론의 강렬한 소망은 마르크스 사유의 전통에 있는 핵심적인 통찰을 구출해내, 이를 우리가 만들어가고 상상하는 사회구조의 속성으로 급진화하는 것이다. 다시 말해서 필연적 환상의 악령으로부터 그 통찰을 자유롭게 하는 것이다. 제도적·이데올로기적 체제는 결빙된 정치다. 그것은 실천적·비전적 갈등을 상대적으로 억제하고 일시적으로 방해하는 데서 발생한다. 우리의 관심과 이념이 항상 사회의 제도와 관행의 십자가에 못 박히고, 그런 제도와 관행을 의미화하고 이에 권위를 부여하는 관념들에 의해서 수난당할 때, 우리는 구조적 상상과 구조적 변화에 지속적인 관심을 갖게 된다. 나의 사회이론의 목적은 마르크스주의에 대한 급진적인 대안을 제공하는 것이다.

이후의 사회과학은 고전 사회이론의 독창적인 혁명적 사고를 억제하는 만큼만 허위적 필연성의 환상을 극복해왔다. 그 결과는 현재의 장치들과 가정들을 정상적이거나 자연적인 것으로 만드는 것이다. 그것은 순종에 요구되는 신비화다. 만일 오늘날 북대서양 국가들의 지적 삶에서 추구되는 바와 같이 사회적·역사적 탐구의 전체 영역을, 그리고 그러한 탐구가 세계의 많은 다른 지역에 미치는 영향을 살펴보면, 우리는 주류적인 세가지 경향을 보게 된다.

가장 영향력이 큰 경제학에서 출발한 강경 실증주의 사회과학들에서는 합리화의 경향이 지배적이다. 거기서는 현재의 제도들을 마치 준(準)다윈식으로 최상의 효과적인 장치들을 선택한 결과로 설명한다. 다른 한편, 정치철학과 법이론의 규범적 분과들은 개량적인 관행들을 정당화하기 위해 사이비 철학의 버팀목에 의존한다. 이를 통해 오늘날의 민주국가들은 가혹한 불평등과 배제를 완화하고 보통사람들이 겪어온 미천함(belittlement)을 누그러뜨리려고 한다. 개량적인 관행은 진보적 조세정책과 사회복지 프로그램에 의한 보상적 재분배이며, 이는 현대 정의론들의 대상이기도 하다. 그러한 관행 중 또다른 것은 오늘날 많은 법이론의 주제인 비편파적인 정책과 원리라는 용어로 법을 이상화하는 것이다. 이러한 관행들과 그것들의 사이비 정당화가 구조적 변화라는 의제의 포기를 메운다. 마지막으로, 인문학은 주관주의적 모험주의로 넘어간다. 이러한 모험주의는 사회를 다시 상상하고 형성하려는 어떠한 시도와도 단절되어 있다. 나의 사회이론은 이처럼 서로 적대적이라고 간주되지만, 사실상 관련된 사유의 경향들, 합리화·인간화·현실 도피에 대해 반란을 일으킨다.

나의 조국인 브라질에서처럼 한국에서도 두개의 학문적 문화가 지식인들을 인도한다. 그중 하나는 미국식 사회과학을 복제하는 것이다. 다른 하나는 위축된 마르크스주의에 다가가는 것이다. 그것은 역사와 자본주의에 대한 마르크스 이론의 엄밀한 주장들을 더이상 신봉하지 않는 마르크스주의자들의 마르크스주의다. 이 두 문화는 상이하지만 메시지는 동일하다. 우리가 서양철학사에서 우파 헤겔주의라고 부르는 메시지, 즉 현실적인 것은 합리적이라는 주장이다. 이러한 메시지를 가슴 깊이 새기면, 그 결과는 굴종이다. 그것은 개인적인 굴종이며 국가적인 굴종이다.

이러한 두 종류의 학문적 문화의 평화적 공존은 지적 삶에서 극복해야 할 적이다. 이 적을 극복하려면 한국의 지식인들이 담대할 정도로 독창적이어야 한다. 한국과 세계에 대한 이해를 높이고 국가적 대안을 찾는 데 영향을 미치기 위해서는 한국의 지식인들과 학계가 따르고 모방하는 데 익숙한 나라들에서 현재 우위를 점하고 있는 사조의 흐름에 저항하고 거부해야 한다.

이 책에 들어 있는 설명적 탐구는 프로그램적 과제와 밀접하게 연계된다. 이 저술을 통해 볼 때 사회와 역사에 관한 대안적인 이해는 현대사회를 조직하는 대안적인 방안을 탐색하려는 시도에 도움이 되며, 그러한 시도에 의해 실현된다. 나는 지난 이백년 동안 세계를 개편해온 혁명적 자극에 적극적으로 가담하는 사람으로서 글을 쓴다. 나는 우연히 살게 된 반혁명적 막간 시기를 지배하는 전제들을 받아들이기를 거부하며, 이제 정치적·정신적 혁명은 내용뿐만 아니라 방법에서도 새로운 형태를 취해야 한다는 점을 잘 알고 있다.

인류 역사에서 이 혁명적 시기 내내 진보의 우선적인 목표는 보통사람들에게 더 넓은 여지·강도·능력·기회를 지닌 더 큰 삶을 보장해왔다. 20세기의 역사과정에서 현재의 사회적 자유주의(social liberalism)와 사회민주주의의 지배적인 원리들에 의해 구조적 야망이 포기될 때까지 이 목표를 추구하기 위해 선택된 방법은 사회의 장치들과 가정들 속에서 혁신을 겪어왔다. 이제 우리는 다시 한번 이 목표를 위해 분투해야 하며, 인간성을 더 높은 경험의 수준으로 끌어올리는 폭넓은 관점에 의해 지지되는 이 방법을 제대로 사용해야 한다. 우리는 19세기 자유주의자들과 사회주의자들이 했던 것처럼, 사회가 따라야 할 확정된 제도적 공식이 있다는 생각에 현혹되지 않아야 한다.

지난 두 세기 동안 이데올로기적 논쟁의 주류적인 패턴은 유압식(hydraulic) 모델이었다. 그 모델은 국가를 시장과 경쟁시킨다. 더 큰 시장과 더 작은 국가, 더 큰 국가와 더 작은 시장, 또는 시장과 국가의 통합. 북대서양 세계에서 마지막 주요 제도적·이데올로기적 재설정이 이루어졌다고 판단함으로써 이 모델이 고취되었다. 20세기 중엽에 사회-민주적 합의가 확립된 것이다. 사회민주주의는 그것의 최후 방어선까지 후퇴했다. 높은 수준의 사회적 권리, 역설적으로 이것은 역진 소비세에 의해 재정적으로 지원된다. 개혁가들은 "제3의 길" 혹은 "북유럽 모델"을 제시해왔다. 즉, 미국식의 경제적 유연성과 유럽의 사회보장을 조화시키기 위해 고안된 사회민주주의의 자유화다. 후퇴가 프로그램이 되어왔다.

여기에 있는 나의 프로그램적 논거들을 특징짓는 관점은 과거의 사회민주적 타협이든 유연하고 움푹 팬 새로운 형태든 그 한계 내에서는 현대사회가 자체의 근본적인 문제들을 해결하거나 진지하게 다룰 수 없다는 것이다. 이데올로기적 갈등의 초점은 시장과 국가의 대립이나 통합으로부터 경제적·정치적·사회적 다원주의, 즉 시장경제, 대의민주주의, 독자적인 시민사회에 대한 대안적인 제도적 형태들과 이데올로기적 이해들을 둘러싼 경쟁으로 이동해야 한다. 현재 선진 사회에서 확립된 형태들은 훨씬 더 넓은 제도적 가능성의 세계의 부분집합일 뿐이다. 우리가 스스로의 문제들에 대한 해법을 찾아야 하는 곳은 아직 탐험되지 않은 세계의 다른 영역이다.

이러한 문제들 중에는 창조적이고 지식집약적인 선진화된 생산 부문이 등장하면서 나타난 경제생활의 새로운 형태의 계층적 구간이 있다. 가난한 국가들뿐만 아니라 부유한 국가들에서도 대부분의 노동력이 이러한 생산의 선도 부문으로부터 배제되어 있다. 경제와 사회의 거대한 영역으로 선진화된 관행들을 확산시키기 위해서는 시장경제를 규제하거나 보상적이고 재분배적인 조세 프로그램으로 불평등을 완화하는 것만으로는 충분치 못하다. 우리는 인간의 노동을 사고파는 방식뿐만 아니라 시장경제의 재산 및 계약 체제를 포함해서 제도적 형태들을 개조할 필요가 있다. 우리는 시장을 억누르거나 완화하는 것이 아니라, 민주화해야 한다. 사회의 구조를 장악하고 변화시킬 수 있는 고에너지(high-energy) 민주주의를 창안해냄으로써 민주주의를 심화하고, 죽은 자가 살아 있는 자를 지배하지 못하게 하며, 위기에 대한 변화의 의존성을 약화시키지 않는 한, 시장을 민주화할 수 없다. 교육의 성격을 변화시키지 않는 한, 시장을 민주화하고 민주주의를 심화하려는 이러한 시도에서 성공할 수 없다. 민주주의 아래에서 학교는 자신들의 환경과 문화에 더 잘 저항하고 이를 재구성할 수 있는 사람들을 길러내야 한다.

이 책의 프로그램적 제안들은 한국 사회에 특별한 의미를 줄 것이다. 한국은 많은 측면에서 국가발전의 놀랄 만큼 성공적인 사례가 되어왔다. 그 과정에서 한국은 국가와 대기업의 동반자 관계와 교육적 자질에 대한 헌신에 의존해왔다. 물론 그러한 교육적 자질은 정부보다는 사회와 가정으로부터 나온 것이다. 그러나 지금의 경제적·정치적·교육적 장치들의 구속 아래에서는 계속해서 발전할 수 없다.

한국은 이 구속으로부터 벗어나야 한다. 경제적 장치와 기회를 급진적으로 분산하여 국가와 대기업 간의 호혜적인 관계를 대체하고, 혁신자들의 사회로 전환해야 한다. 기존 지식을 창조적으로 활용하고 재구성하면서 이에 보상하는 교육방식을 개진해야 하며, 체제순응주의라는 과거의 압박을 걷어내야 한다. 국민들이 국가의 정치생활에 더욱 참여하도록 하고 정부를 사회구조에 대한 지속적인 실험을 위한 도구로 전환시키는 정치제도들을 확립해야 한다. 한국은 지금까지 존재하지 않았던 것이 되어야 한다. 즉, 불복종, 이단, 저항, 실천적 비전과 비전가들, 그리고 희망과 상상력의 연합 등을 흔쾌히 받아들이는 국가가 되어야 한다.

한국에 경의를 표하는 외국인 벗의 이 저술이, 국가와 그 사상가들에게 지적 식민주의의 멍에를 벗어버리라고 촉구하면서 근본적인 방향 전환을 주장하는 한국인들의 목소리를 강화하는 데 기여하기를 바란다.

2015년 1월
로베르토 망가베이라 웅거

　『정치』가 출간되고 나서 미국의 학자들을 중심으로 상당한 논쟁이 벌어지고 여러편의 서평이 나왔는데, 그 양상은 독특했다. 이 책에 대해 극단적으로 비판하는 진영과 긍정적으로 평가하는 진영으로 구분되었다. 이러한 현상은 서구의 사상가들이 새로운 이론을 제시하거나 저서를 출간했을 때 나타나는 반응과 사뭇 대조적이었다. 예를 들어, 미셸 푸코나 자크 데리다의 급진적인 이론이나 저술이 세상에 나왔을 때 보이던 반응과는 달랐다.

　이 책에 대한 서구 학자들 비평의 공통점은 서구의 지성사에서 웅거의 관점이 어떠한 위상을 차지하는가, 또는 그의 주장이 과연 현실성이 있는가 하는 문제에 집중되었다. 그러나 웅거가 이 책에서 깊이 다루고 있는 19세기 이후의 세계사적 변화에 대해서는 거의 침묵하고 있다. 특히 이 책의 상당 부분을 차지하는 비서구 사회의 역사적 변화에 대해 언급하는 논문은 얼마 되지 않는다. 웅거의 기본적인 출발점은 두 축으로서 근대적인 기제와 사상들이 어떻게 서구 사회에서 발생하고 제도화되었으며 그것들이 인간의 삶을 어떻게 구성해왔는가, 그리고 이러한 기제와 사상이 비서구 사회로 이입되면서 그 사회들에서는 어떤 정치적·경제적·사회적 변화를 가져오고 제도화되었는가를 동시에 밝히는 것이었다. 이러한 탐구를 통해 그는 과연 인류에게 서양의 모더니티는 어떠한 결과를 가져왔고 그 의의는 무엇인가를 통사적인 관점에서 보여준다. 이는 엮은이 추이 즈위안이 토로하고 있는 것처럼 비서구 학자들에게는 새로운 지적 충격으로 다가온다.

웅거는 이 책을 쓸 당시의 배경과 동기에 대해 버소 출판사 판본에 새로 쓴 서문에서 다음과 같이 피력하고 있다. 이 책이 정치적으로 혼란스럽고 불안한 시기에 미국 대학의 앞마당에서 집필되었으며, 당시 전세계적인 수렴이라는 대세에 대해 이의제기를 하는 것은 기껏해야 다른 시대를 위한 메시지에 불과하다는 비난을 감수해야 하는 상황이었다. 이 책을 집필하는 데 동기를 부여한 것은 브라질의 경험이었다. 북대서양의 국가들을 벗어난 다른 국가들과 마찬가지로 브라질에서는 발전과 민주주의의 문제가 경제의 세계화와 제도적 복제를 결합한다고 해서 해결되지 않았다. 그럼에도 불구하고 브라질의 주류적인 이론은 숙명론처럼 두 언어로 계속해서 이야기하고 있었다는 것이다. 하나는 화석화되고 축약된 마르크스주의의 언어였으며, 다른 하나는 미국의 대학들에서 수립된 스타일인 응용된 실증주의 사회과학의 언어였다.

어떻게 보면 브라질의 이러한 상황은 한국의 상황과도 흡사한 모습이다. 1948년 제정된 헌법을 통해 수용된 자유주의적 제도와 사고가 현재의 한국 사회를 지배하고 있고, 한국인들의 삶을 주도해나가고 있으며, 제도와 사고에 대해 비판적인 진보 진영은 여전히 마르크스주의에 한 발을 담그고 있는 상황이다. 진보와 보수 두 진영 간에 벌어지는 공방을 보면, 과연 이들이 무엇을 추구하는지, 공방의 핵심이 무엇인지 가늠하기 힘들 정도다.

이 책은 지난 200여년의 서양과 동양의 역사와 사회에 대한 탐구를 통해 과연 자유주의와 사회주의가 어떻게 형성되고 변화되어왔는가를 밝힌다. 보다 근본적으로는 그러한 사회 지도원리들의 진정한 목표가 무엇인가를 성찰하게 하는 계기를 제공한다. 자유주의가 지향하는 목표가 무엇이며, 그러한 자유주의적 사상에 근거해서 만들어진 제도들이 과연 그것이 지향하는 목표를 실현하고 있는가를 묻는 것이다. 그리고 마르크스주의의 근본적인 한계가 무엇이며, 그것으로부터 되살릴 수 있는 것은 무엇인지를 치열하게 분석하고 그에 대한 대안을 제시한다.

어떻게 보면, 웅거는 모더니티의 초점을 한 단계 더 뒤로 옮기면서 19세기와 20세기에 출현했던 자유주의와 사회주의가 공유하는 목표를 이끌어내고, 이를 실현할 수 있는 프로그램들을 제시하고 있다. 이 책은 현대 동서양의 역사와 사상을 통사적으로 아우르며 인간과 제도의 근본적인 물음과 과제를 재조명한다. 한국어판 서문에서 말한 것처럼 이 책이 한국의 지식인들에게 현재 한국 사회에 대해서 근본적으로 성찰할 수 있는 계기를 제공하기를 기대해본다.

이 책을 번역 출간하는 과정에서 많은 이들의 도움을 받았다. 2009년 2학기 대학원 세미나에서 이 책을 함께 강독한 강일신, 권경휘, 김정수, 손한창, 심우민, 윤종우, 이영섭, 정혜진, 지남수, 최유진에게 감사한다. 학교의 보직으로 인해 2년여 동안 공백기를 가졌고 2012년부터 번역 작업을 재개했다. 그 과정에서 기존 번역을 전면적으로 수정할 수밖에 없었다. 2013년 많은 비가 내리던 여름에 집중적으로 초역을 끝냈고, 그 과정에서 원광대학교 이계일 교수가 전체적으로 본문과 대조하며 조언해주었다. 정말 힘겨운 작업을 묵묵히 해준 이계일 교수에게 깊이 감사를 드린다. 이렇게 수정된 번역본을 영산대학교 권경휘 교수와 국회 입법조사관인 심우민 박사가 재검토를 해주었다. 웅거의 난해한 문장과 낯선 용어로 인해 수정을 거듭했음에도 재차 오류가 발견되었고, 이를 다시 수정하는 작업을 거듭하면서 번역원고를 탈고할 수 있었다.

이들의 도움 외에 경제학 이론 부분에 대해 연세대학교 경제학과 한순구 교수님께서 검토해주었다. 하버드 로스쿨에서 웅거 교수의 강의를 직접 수강했던 강용승 교수님께서는 용어의 선정에 많은 도움을 주었다. 그리고 힘든 작업을 한다고 격려해준 이화여대의 장영민 교수님, 동료인 이철우 교수님, 그리고 나의 지적 동료인 이종철 박사와 김명구 박사께 감사를 드린다. 지루하고 오랜 번역 작업을 위해 깊은 이해와 배려를 해준 가족들에게도 감사한다.

이러한 과정을 거쳐 완성된 번역원고를 창비출판사 편집팀이 6개월 이상의 시간을 투자하면서 집요하게 교정한 덕분에 가독성을 높일 수 있었다. 편집팀에 넘긴 원고와 지금 출간되는 판본을 비교하면 거의 다른 책으로 보일 정도로 교정되었다. 이들의 탁월한 교정 실력과 노고에 진심으로 감사드린다. 번역본이 원래 나와야 할 시점을 훨씬 지나서 판권을 다시 계약할 수밖에 없었음에도 출판을 지원해준 염종선 이사님께도 감사드린다.

마지막으로 정말 바쁜 일정에도 불구하고 한국 독자들을 위해 애정 어린 한국어판 서문을 써주고, 몇몇 용어에 대해 친절하게 설명해준 저자께 진심으로 감사드린다.

2015년 3월
김정오

제4부 강화된 민주주의의 문화 프로그램

일러두기

1) 이 책은 1987년 케임브리지 대학교 출판부에서 세권으로 발간한 *Politics: A Work in Constructive Social Theory* (*Social Theory: Its Situation and Its Task, False Necessity: Anti-Necessitarian Social Theory in the Service of Radical Democracy, Plasticity into Power: Comparative-Historical Studies on the Institutional Conditions of Economic and Military Success*)(*이 책은 2001년 버소Verso 출판사에서 개정판이 출간되었는데, 웅거가 129면에 달하는 서문을 새로 쓰고 권수를 매긴 것 외에 케임브리지 판본과 면수 등이 모두 같음)을 추이 즈위안이 한권으로 편선해서 버소 출판사에서 1997년에 출간한 것이다. 이 편선집에는 주석이 없이 본문만 발췌했기 때문에 구체적으로 어떠한 전거들을 토대로 이론이나 내용을 전개했는지 알 수 없다. 따라서 독자들이 추후에 원전과 대조하는 데 도움이 되도록 편선집의 각 장이 원전의 어디에서 선정되었는지 밝히고자 한다.

제1장: *Social Theory* ch.1,   제2장: *Social Theory* ch.2,
제3장: *Social Theory* ch.6,   제4장: *Social Theory* ch.6,
제5장: *False Necessity* ch.4,   제6장~제7장: *False Necessity* ch.4,
제8장: *False Necessity* ch.4와 *Plasticity into Power* ch.3,
제9장: *False Necessity* ch.1,   제10장~제14장: *False Necessity* ch.5,
제15장: *Social Theory* ch.3,   제16장: *False Necessity* ch.5.

2) 이 책에는 사회이론, 경제학, 법학, 심리학, 정치학, 철학 등 다양한 학문 분야의 내용이 들어 있기 때문에 번역어를 선정하는 일이 쉽지 않았다. 독자들의 이해를 돕기 위해 간단한 설명은 본문에서 〔 〕안에 넣었고, 긴 것은 옮긴이 주석을 달았다. 그리고 책 뒤에 역자 해제와 용어 해설을 덧붙였다. 이 책에서 우리말로 옮긴 주요 용어들은 다음과 같다.

- argument: 논증
- conception: 이해방식, 관념, 견해
- consolidated right: 통합적 권리
- contract and property system: 계약 및 재산 체계
- cycle of reform and retrenchment: 개혁과 긴축의 주기
- false necessity: 허위적 필연성
- hierarchy: 위계질서
- human association: 인적 결합
- idea: 관념, 아이디어, 견해
- ideal: 이념, 이상
- immunity right: 면제권
- passionate: 정서적
- personality: 개인성
- plasticity: 조형력
- preconception: 선입관
- property right: 소유권
- routine: 일상
- second-order necessity: 2차적 필연성
- social division: 사회분할
- move: 해법
- tax and transfer: 조세를 통한 재분배
- transformation: 변혁

　"구성적 사회이론"(constructive social theory)을 개진하고자 하는 로베르토 망가베이라 웅거(Roberto Mangabeira Unger)의 기획은 매우 놀랄 만한 것이다. 그는 "급진민주주의 기획"을 옹호한다. 그러나 이에 대한 다음의 설명은 다른 많은 이의 해설에 비해 좀더 광범위하고 포괄적이다. "존 스튜어트 밀(John Stuart Mill), 알렉산더 헤르젠(Alexander Herzen), 카를 마르크스(Karl Marx), 프루동(P. J. Proudhon), 그리고 버지니아 울프(Virginia Woolf) 등은 모두 이러한 기획의 옹호자들이었다." 웅거는 마르크스주의의 영향을 받았다. 특히 정치적 자율성을 강조하는 마르크스주의의 영향을 받았다. 그러나 마르크스주의자는 아니다. 변화의 열망을 결정론적 전제들과 연관 짓기를 거부하기 때문이다. 그는 "탈고착화" "탈안정화 권리" "부정의 능력"을 주장한다. 하지만 "해체"를 주장하는 학파에 속하진 않는다. 그의 "구성적" 이론이 우리가 사는 사회세계들에 저항하고, 그것을 다시 상상하고 재구축하는 자유 자체가 역사 속에서 쉽게 획득될 수 있는 변수라고 인지하기 때문이다. 그는 반자유주의자(antiliberal)가 아니다. 그는 자신의 이론을 "초자유주의"(superliberal)라고 부른다. 관행적인 제도적 공약들을 바꿈으로써 자유주의가 지닌 궁극적 염원을 실현한다는 의미에서다.

그렇다면 그는 어떻게 그런 평범하지 않은 지적 관점에 이르게 되는가? "구성적 사회이론"의 실천적 적용가능성은 무엇인가? 나는 이 도입글에서 20세기 후반의 가장 야심찬 사회이론 작업을 옹호하기보다는 웅거의 사회이론의 몇가지 뚜렷한 특징을 언급하고자 한다. 독자들 스스로 이 텍스트를 연구하도록 동기를 부여했으면 하는 바람이다.

인공물로서의 사회

웅거의 사회이론은 "인공물로서의 사회"(society as artifact)라는 관념을 극단까지 밀어붙이려는 노력으로 이해할 수 있다. "사회라는 것은 만들어지고 상상되는 것이어서, 그것은 잠재적 자연질서의 표현이라기보다는 인간들이 만들어낸 것"이라고 웅거는 주장한다.

"인공물로서의 사회"라는 관념은 유럽의 계몽주의 사조에 그 기원을 둔다. 그러나 그것의 완전한 함의는 단지 절반 정도밖에 실현되지 않았다. "인공물로서의 사회"라는 관념을 그 한계점까지 밀어붙이려는 노력은 근대 사회이론 내의, "역사과학"을 전개하려는 대립세력에 의해 차단되어왔다.

이 대립세력의 지적 근거는 매우 복잡해서 여기에서 전부 언급하기는 어렵다. 다만 근대 사회사상이라는 것이 탈기독교적 상황에서 탄생한 것이라는 점만은 기억할 필요가 있다. "인공물로서의 사회"라는 관념은 최소한 인간의 역사가 신성한 영역에 부속된 것이 아니라는 점을 의미한다. 사람들은 그들의 의지에 따라 사회를 구성·재구성할 수 있다. 근대 초기 사회사상에서는 인간의 작용이라는 관념의 표현이 자주 등장한다. 한가지 적절한 예는 "자연권"이라는 것이 "자연법"으로부터 도출되지 않는다는 홉스의 주장이다. 이러한 방식으로, 근대 자연권 및 사회계약 이론들은 중세 자연법 관념이 지닌 신학적인 내용으로부터 탈피하기 시작했으며, "인공물로서의 사회"라는 관념에 기반한 사회이론을 개진하고자 노력했다. 또다른 유명한 예는 조반니 비코(Giovanni Vico)의 주장이다. 그는 "거대한 의심의 바다"(immense ocean of doubt) 한가운데 하나의 "자그마한 땅덩어리"(single tiny piece of earth)가 존재하며, 우리는 그 위에 굳세게 서 있을 수 있다고 주장했다. 이러한 시민사회의 세계는 인간에 의해 만들어져왔다.

그러나 근대 사회사상은 "인공물로서의 사회"라는 관념을 완전히 이행하는 데 실패했다. 어떤 이들은 이 실패가 기독교적 종말론의 소멸에 대한 과도한 반작용과 관련이 있다고 믿는다. 근대 사상가들은 기독교적 종말론을 포기했음에도 불구하고, 여전히 "역사의 철학이나 과학"을 발전시키기를 원했다. 마치 그들은 기독교가 제기한 어떠한 질문에도 근대사상이 답변할 수 있다는 사실을 입증하고 싶어 하는 것 같았다. 어떤 의미에서는 창조 및 종말에 관한 중세 기독교 체제의 자리를 근대 사회사상이 "다시 차지하기" 시작한 것이다. 이를 볼 때, 거역할 수 없는 민주주의의 전진을 신의 뜻이라고 본 토크빌(Tocqueville)의 시각은 단순한 은유를 넘어서는 것이라고 할 수 있다.

이 설명이 역사적으로 진실한지 여부는 논란의 여지가 있는 문제로 이 도입글의 범위를 넘어선다. 그러나 "역사법칙"을 찾으려는 노력이 근대사상을 잘못된 길로 접어들게 했다는 점은 분명하다. 웅거는 많은 것을 법칙으로 설명하는 "역사과학"을 전개하고자 하는 현대 사회사상의 대표적 사례로 "심층구조 사회이론"을 든다. 비록 웅거가 "심층구조 사회이론"의 예시로 마르크스를 선택하기는 했지만, 사회이론의 다른 대표적 학자들인 뒤르켐(Durkheim)과 베버(Weber) 또한 이러한 전통의 흔적을 간직한다는 점을 명확히 했다.

웅거에 따르면, 심층구조 사회분석은 세가지의 반복적인 이론적 해법(move)에 전념하는 것으로 정의된다. 첫번째 해법은 모든 역사적 환경에서 형성적 맥락과 구조 또는 구조틀을 찾아내고, 그 맥락의 도움으로 재생산되는 일상 행위들(routine activities)을 구분하려는 시도다. 두번째 해법은 특수한 환경 속에서 찾아낸 구조틀을 자본주의 같은 반복적이면서 동시에 불가분적인 사회조직의 유형으로 표현하려는 노력이다. 세번째 해법은 제한적인 목록 또는 반복적이면서 동시에 불가분적인 구조틀을 산출해낼 수 있는 심층적인 제약요인들과 발전법칙들에 호소하는 것이다.

웅거는 심층구조 이론이 상당한 정도로 붕괴된 상태에 이르렀음을 보여준다. 위에서 언급한 세가지 해법에 대한 천착은 역사적·동시대적 실천 경험으로 인해 점점 더 신빙성을 상실해가고 있다. 신빙성을 잃어가는 심층구조 사회이론에 대한 한가지 대응은 "실증주의 사회과학"이다. 실증주의 사회과학은 맥락 내부에서의 "형성적 맥락"과 "일상 행위들" 간의 구분을 모두 부정한다. 하지만 웅거는 실증주의 사회과학이 대안이 아니라고 주장한다. 왜냐하면 맥락과 일상 간의 구분을 거부함으로써 단지 현존하는 제도적·상상적 맥락 내부에서의 갈등·타협의 일상만을 연구하게 되기 때문이다. 형성적 맥락이 안정적인 한, 그것이 일상 행위에 끼치는 영향력은 간과되기 쉽다. 안정적인 사회구조 속에서 각기 다른 집단의 투표행위에 대한 연구가 적절한 예다. 그 결과, 실증주의 사회과학자들은 형성적 맥락에 대한 논쟁들을 놓치게 된다. 여기서 형성적 맥락이란 사회생활에 관한 근본적인 제도적·상상적 구조를 말한다. 그들은 현존하는 형성적 맥락을 당연한 것으로 받아들이고, 결국 "체념한 내부자"로서 사회를 바라보게 되는 것이다. 한편에서는 "역사과학"이기를 자임하는 "심층구조 사회이론"과 다른 한편 실증주의 사회과학이라는 무비판적 접근방법들 사이에 사로잡힌 채, 현대 사회 사상은 "사회에 관한 자연주의적 관점의 부분적 해체와 부분적 복원"을 이행해왔다. 요약하면, 웅거의 연구는 "인공물로서의 사회"라는 관념을 끝까지 이행하고자 하는 노력이며, 급진적인 반자연주의적·반필연적 사회이론을 전개하고자 하는 시도다. 이런 점에서 웅거의 사회이론은 이중의 저항을 의미한다. 하나는 기능주의적·결정주의적 유산을 지닌 고전 사회이론에 대한 저항이고, 다른 하나는 실증주의 사회과학에 대한 저항이다.

구조 물신주의와 제도 물신주의에 반(反)하여

웅거는 "심층구조 사회이론"과 "실증주의 사회과학"을 거부하지만, 허무주의자는 아니다. 그는 심층구조 사회이론의 첫번째 해법인 "형성적 맥락"과 "형성된 일상" 사이의 구분을 유지하면서, 나머지 다른 두 가지 해법을 거부한다. 여기서 다른 두가지 해법이라는 것은 불가분적·반복적 유형하에 있는 형성적 맥락의 포섭 그리고 그 유형들을 지배하는 일반법칙에 대한 탐구를 의미한다. 이 선택적인 접근방법은 심층구조 사회이론을 전적으로 끌어안는 전통 마르크스주의자들이나 맥락과 일상 간의 구분 자체를 부정하는 실증주의 사회과학이론가들과 웅거를 구분짓는다. 또한 그것은 포스트모던의 "해체"(deconstruction)[1]라고

---

1) 로티(Rorty)는 웅거와 카스토리아디스(Castoriadis)에 관한 논의에서 웅거의 이론 적 입장을 매우 잘 포착해낸다. "카스토리아디스와 웅거는 해체가 아니라 현재 살 아 있는 사람들에게 이미 무엇인가를 의미하는 관념들을 갖고 연구하고 싶어 한다.

하는 일종의 허무주의적 실천과도 그를 구분할 수 있도록 해준다.

웅거가 이론적 혁신을 위해 사용한 독특한 개념적 도구는 "형성적 맥락" 그리고 인간 자유와 관련된 맥락들의 수정가능성 또는 탈고착화 정도에 대한 그의 통찰이다. 페리 앤더슨(Perry Anderson)이 적절히 지적했듯이, "형성적 맥락"이라는 관념은 "마르크스주의 전통에서의 생산양식이라는 관념에 대한 대안으로 명백히 표현된다. 생산양식이라는 관념은 지나치게 경직되고 복제 가능하다는 이유로 폐기되었다. 형성적 맥락이라는 것은 좀더 느슨하면서도 단일한 것이다. 즉, 주요 자원들의 분배에 대한 일반적인 기대와 일상적인 충돌 양자 모두를 규제하는 우연적인 제도적·이데올로기적 개념군(cluster)을 의미한다."[2] 비록 우리는 "형성적 맥락"의 제약요인들에서 완전히 벗어날 수 없지만, 그것을 저항과 변화에 좀더 열려 있게 만들 수는 있다. 웅거는 이러한 개방성의 정도 자체가 변화 가능하다고 주장한다. 예를 들면, 고대 인도의 세습적인 카스트제도, 봉건 유럽에서 기업법인처럼 조직화된 영토, 오늘날의 사회계급, 그리고 미래의 "여론 정당들"은 점진적으로 개방적이거나 "유연한" 형성적 맥락의 특징을 가진 집단들이 존재했음을 보여준다. 웅거는 형성적 맥락에서의 상대적인 개방성이나 탈고착화 정도를 표현하기 위해 "부정의 능력"이라는 개념을 제안한다.

"부정의 능력"(negative capability)이라는 용어는 원래 존 키츠(John

비록 그들은 자신들이 살고 있는 역사적 세계에 최종적인 결론도 제시하지는 않지만 말이다." Richard Rorty, "Unger, Castoriadis, and the Romance of a National Future," in Robin W. Lovin and Michael J. Perry, eds, *Critique and Construction: A Symposium on Roberto Unger's Politics* (New York: Cambridge University Press 1987) 참조.

2) Perry Anderson, "Roberto Unger and the Politics of Empowerment," in his *A Zone of Engagement* (London and New York: Verso 1992) 135면.

Keats)의 1817년 12월 21일자 편지에서 유래했다. 웅거의 용법은 이 시인이 사용한 의미를 변형하고 일반화한 것이다. 그것은 적극적인 인간의 의지, 그리고 주어진 모든 형성적 맥락을 사고와 행위를 통해 부정함으로써 그것을 초월할 수 있는 능력을 나타낸다. "부정의 능력"을 키우는 것은 결국 제도적 맥락을 변화에 더욱 개방적이게 만들어서, 구조와 일상, 혁명과 점진적 개혁, 사회운동과 제도화 간의 거리를 좁히는 것을 의미한다. 웅거는 부정의 능력 강화를 인간의 자유 영역에서 그 자체가 목적이 된다는 점과 다른 목표들을 성취하기 위한 수단이라는 점에서 높이 평가한다. 왜냐하면 물질적 진보의 조건과 개인적 해방의 조건이 서로 포개진 길을 따라 나아가는 데 성공하는 것과 형성적 맥락의 탈고착화 사이에 중요한 인과관계가 있다고 보기 때문이다.

이에 따라 웅거의 특유한 이론적 입장은 '형성적 맥락'에 양면적으로 대응한다는 특징을 지닌다. 그는 형성적 맥락의 회복력과 힘을 인식하는 동시에, 그 맥락이 갖는 좀더 높은 수준의 필연성 혹은 권위의 아우라(aura)를 걷어낸다. 그는 "사회를 깊이 이해하기 위해서는 고정되지 않은(the unsettled) 관점에서 고정된 것들(the settled)을 볼 필요가 있다"고 주장한다. 이러한 관점은 구조 물신주의와 제도 물신주의에 대한 비판을 불러일으킨다.

웅거에 따르면, 구조 물신주의는 우리가 형성적 맥락의 특성을 바꿀 수 있다는 것을 부정한다. 여기서 형성적 맥락의 특성이란 변화에 대한 개방성의 정도를 의미한다. 구조 물신주의는 "구조는 구조다"라는 오도된 테제에 얽매인 채로 존재한다. 구조 물신주의자는 가치나 통찰과 관련된 보편의 기준을 포기하는 회의적인 포스트모던적 상대주의자일 수 있다. 혹은 모든 것을 해체하는 데 관심을 두는 허무주의자일 수도 있다. 그러나 이러한 두 입장은 사이비 급진주의(pseudo-radical)일 뿐이다. 그들은 모든 게 맥락적이므로 우리가 할 수 있는 것은 오로지 사회적 맥락을 선택하고 그 규칙에 따라 행동하는 것이라는 견해에 동의하지만, 탈고착화의 정도를 바꿀 수는 없다고 보기 때문이다. 형성적 맥락의 상대적 변화가능성 또는 탈고착화의 정도에 대한 웅거의 테제는 보수주의로 돌아선 포스트모더니즘의 딜레마에 대한 해법을 제공해준다. 가치의 절대적인 기준에 대한 신뢰를 잃는다고 해서 현존하는 제도적·상상적 질서에 굴복할 필요는 없다는 점을 인식하는 것이 바로 그 해결책이다. 우리의 정신적 본성, 즉 맥락 초월적 행위자로서의 본성을 더욱더 존중해주는 제도적·담론적 맥락들을 형성하기 위해 우리는 끊임없이 투쟁할 수 있다.

"개방성과 변화 가능성의 정도"를 측정하는 기준은 무엇일까. 그것은 "구조를 재생산해내는 일상 활동"과 "구조에 도전하는 변혁 활동" 사이의 간극으로 측정된다. 그 간극이 좁으면 좁을수록 더욱 개방적이고 더욱 변화 가능한 맥락이라 할 수 있다.

여기서 우리는 웅거의 사회이론의 핵심과 마주친다. 웅거는 대부분의 동시대 사회이론가들이나 자유주의 정치철학자들과 달리, 인간 집단의 상충하는 이념들 사이에서 기본적인 제도들의 "중립성"을 확립하려고 집착하지 않는다. 그에게 중립성이라는 환상은 새로운 실천적 실험주의나 경험의 진정한 다양성에 어울리는 제도들을 추구해야 하는 좀더 중요한 목적에 장애가 될 뿐이다. 인간본성에서 영속적·보편적 특성들과 사회환경을 통해 변화하는 특성들을 분별하기란 불가능하다. 충돌하는 이해관계와 선(善)에 대한 관점의 충돌 사이에서 중립적일 것이라고 가정되는 권리체계의 표현으로 제도적 질서를 제시하는 것은 소용없는 일이다.[3] 결국 중요한 것은 실천이나 제도의 재생산과 수정(修正) 사이의 간극을 좁히는 것이다. 그럼으로써 우리는 경직된 사회적

26

경계나 위계질서로부터 개인들을 해방시키고 이를 뒷받침할 수 있는 물질적 진보에 필요한 요건들을 실현하는 데 일조하게 되는 것이다.

만일 "구조 물신주의"에 대한 비판이 제도에 의해 우리에게 주어진 운명을 한쪽 측면에서 공격하는 것이라면, "제도 물신주의"에 대한 비판은 이러한 운명을 또다른 측면에서 공격하는 것이다. 웅거에게 제도 물신주의는 매우 구체적이고 우연적인 제도들을 대의민주주의, 시장경제 또는 자유 시민사회 같은 추상적인 제도 개념들과 동일하다고 상상하는 것이다. 제도 물신주의자는 대의민주주의와 시장경제를 유럽 근대사에서 우연히 쟁취하게 된 일련의 임시적인 통치적·경제적 제도들과 동일시하는 고전 자유주의자일 수 있다. 또한 이 제도들을 미래를 향한 불가피한 단계로 여기며, 미래의 쇄신된 질서의 내용은 이미 존재하지만 이를 명확히 서술하긴 어렵다고 생각하는 비타협적 마르크스주의자일 수도 있다. 제도 물신주의자는 심지어 실증주의적인 사회과학자 또는 완고한 정치적·경제적 관리자일 수도 있다. 이익균형과 문제해결을 위해서는 현재의 관행을 논란의 여지가 없는 구조틀로서 받아들이는 것이다.[4]

제도 물신주의의 대표적인 예시는 바로 웅거가 "민주주의의 신화적 역사"라고 묘사하는 것이다. 이 신화적 관점에 따르면 "근대의 정치적

---

3) 호손(Hawthorn)은 롤즈(Rawls), 하버마스(Habermas) 그리고 웅거에 대한 비교 연구에서, 롤즈와 하버마스 모두에게 중립성에 대한 탐구는 중요한 문제로 보인다고 지적한다. Geoffrey Hawthorn, "Practical Reason and Social Democracy: Reflection on Unger's Passion and Politics," in Robin W. Lovin and Michael J. Perry, eds, *Critique and Construction: A Symposium on Roberto Unger's Politics* (Cambridge: Cambridge University Press 1987).

4) Roberto Mangabeira Unger, *Social Theory: Its Situation and Its Task* (Cambridge: Cambridge University Press 1987) 200~201면.

경험의 시행착오들 그리고 다양하게 제안된 대안들의 명백한 실패는 새로운 제도적 해법들이 우연 이상의 것이라는 점을 굳건히 해왔다."[5] 이러한 "신화적 역사"와는 대조적으로, 웅거는 현재의 대의민주주의와 시장경제라는 제도가 얼마나 우연적이었는가를 인식해야 한다고 주장한다. 예를 들면 18세기 자유주의적 입헌주의는 대중의 지배와 선동가들의 유혹에 대항하여 자신이 유지해온 정치체를 안전하게 지킬 수 있도록, 정치적으로 교육받고 경제적으로 안정된 유력인사들의 핵심 그룹에게 통치권을 부여하고자 했다.

이러한 초기 자유주의적 입헌주의는 민주주의를 향한 왕도가 아니었다. 그 유산 중 하나는 민주적 권력분립을, 계획적으로 정치를 둔화시키고 헌법과 선거의 난국을 이어가려는 반민주적 경향과 결합한 형태의 입헌주의였다. 웅거는 "견제와 균형"의 원리를 갖춘 미국식 대통령제나 정치세력 내의 광범위한 동의에 기반해 권력을 수립해야 하는 의원내각제, 양자 모두가 이러한 반민주적 유산의 좋은 예라고 주장한다.

반면에 웅거는 새로운 헌법 프로그램을 제시한다. 이 프로그램은 민주적 실험주의를 촉진하면서도 18세기 입헌주의에서 벗어난다. 이 헌법 프로그램은 사회의 정치적 대의(representation)를 위해 광범위하고도 다양한 채널들과 강력한 국민투표적 요소들을 결합한다. 실제로 양차 세계대전 사이(1918~39)에 나타난 "이원제적 헌법"(dualistic constitution)과 1978년의 포르투갈 헌법은 민주적 실험주의에 좀더 개방적인 헌법체제의 가능성을 보여주었다.

제도 물신주의의 또다른 중요한 사례는 웅거가 "사적 권리의 신화적

---

5) Roberto Mangabeira Unger, *False Necessity: Anti Necessitarian Social Theory in the Service of Radical Democracy* (Cambridge: Cambridge University Press 1987) 211면.

역사"라고 묘사하는 것이다. 이 신화적 역사에 따르면, 재산 및 계약에 관한 현재 서구의 법체계는 시장경제의 고유한 논리를 구현한다. 이 관점과 대조적으로 웅거는 시장경제가 본질적인 법제도적 조합들을 특별히 갖고 있지 않다고 주장한다. 재산 및 계약에 관한 현재 서구의 법체계는 사회적·경제적 필연성의 심층 논리가 반영된 것이라기보다는 정치적 투쟁의 우연한 결과물이다. 다른 제도적 유형을 취했을 수도 있는 것이다. 계약 당사자들의 분명한 의사에 따르지 않는 "신뢰이익"처럼 재산 및 계약에 관한 현행법 내의 일탈적 사례와 경향이 이미 시장경제의 대안적인 법제도적 질서의 요소들을 암시한다. 웅거는 자신의 구성적 사회이론의 많은 부분을 재산 및 계약의 대안적 체계를 전개하는 데할애한다. 그는 현행의 사적 권리체계 내의 일탈적 경향들의 방향을 바꾸고, 그것들을 재구조화해서 어떻게 이 목표를 성취할 수 있는지를 보여준다.

"민주주의의 신화적 역사"와 "사적 권리의 신화적 역사"에 가한 웅거의 비판은 제도에 관한 그의 논의의 극히 일부일 뿐이다. 또한 그는 통치와 노동에 관한 현행 제도의 기원에 대해 대안적이면서도 가능성을 넓힐 수 있는 관점을 제시한다. 그는 소비에트와 중국공산당 제도의 계보가 유사함을 보여준다. 각각의 사례에서 웅거는 "친숙한 것들을 낯설게 만든다". 그는 이 제도가 얼마나 우연히 생겨나 발전했는지를 보여주고, 또한 이 제도가 허위적 필연성이라는 주술에 갇혀 있는 정신상태에서만 "자연스럽게" 보인다는 사실을 보여준다.

계보에 대한 웅거의 이 같은 탐구는 주로 제도 물신주의의 허위성을 다룬다. 현존하는 제도 장치들은 더 많은 가능성을 가진 부분집합을 이룬다. 웅거는 "소규모 상품생산"을 논하면서 이러한 사실을 강조한다. 상대적으로 평등한 소규모의 생산자들이 협동조직과 개별 활동의 혼합을 통해 운영하는 경제가 이를 잘 보여준다. 진보주의자와 보수주의자 모두 "소규모 상품생산"은 실패할 운명이라고 생각해왔다. "소규모 상품생산"은 생산과 교환 영역에서 기술적 발전과정에 필수적인 '규모의 경제'를 적용하기 어렵기 때문이다.

"소규모 상품생산"에 대한 웅거의 관점은 다르다. 그는 새롭게 구성되지 않은 이전의 소규모 상품생산 체계에 대해서는 받아들이지도 거부하지도 않는다. 오히려 그는 새로운 경제적·정치적 제도의 개발을 통해 그것을 "구제하고자" 한다. 예를 들면 "자본, 기술 및 노동력을 공동으로 이용할 수 있되 그에 대한 권리들을 영구적이면서 무조건적으로 분배하지 않는 시장 구성의 방법을 찾음으로써 규모의 경제라는 요건을 충족할 수 있다"는 것이다. 이 해법은 결국 다음에서 언급할 웅거의 프로그램적 제안에서 새로운 소유권 체계의 형성과 직결된다. 우리는 자작농 민주주의(yeoman democracy)와 소규모의 독자적 소유권에 대한 오래된 꿈에서 실천적 대안의 핵심을 찾아 경제적·기술적 발전뿐만 아니라 민주적 이상에 대해서도 열려 있는 새로운 제도들을 창조할 수 있다.

이러한 새로운 유형의 시장경제에 대한 웅거의 논의 가운데 가장 매력적인 테마 중 하나는 오늘날 생산체계의 문제점과 새롭게 발전한 선도적인 생산이 실제로 어떤 관계인가다. 여기서 다시 한번 웅거는, 계승된 기존 제도들이 "인류 역사의 자연법칙"(natural law of human history)이라는 고차원적 질서를 반영하는 것이 아니라는 점을 깨닫게 해준다. 원한다면 우리는 그것들을 바꿔낼 수 있다. 그렇게 함으로써 민주주의의 진보적인 추진력에 여전히 충실할 수 있다.

오늘날의 프로그램적 대안들

구조 물신주의와 제도 물신주의에 대한 웅거의 비판은 그의 프로그램적 주장과 맞닿아 있다. 이러한 밀접한 상관관계가 웅거의 "구성적 사회이론"의 설명적 측면과 프로그램적 측면을 하나로 잇는다. 웅거가 주장하는 것처럼 그의 사회이론의 프로그램적 주장들은 자유주의적이며 좌파적인 노력을 재해석하고 일반화한다. 이것은 대의민주주의, 시장경제 그리고 경제적 축적물에 대한 사회의 통제가 갖출 수 있고 갖춰야 할 실제의 제도적 형태들에 관한 부당한 제약적 가정으로부터 그 노력을 해방시킴으로써 가능해진다.

오늘날 웅거의 프로그램적 주장들은 긴요하다. 사이비과학의 성격을 띠는 수렴테제가 세계적으로 지적 신뢰를 얻고 있다. 이 수렴테제는 현실의 시장경제와 대의민주주의 등이 최선의 단일한 제도적 유형으로 수렴해간다고 규정한다. 그것은 북대서양 민주주의라는 기존 제도의 몇몇 변화된 형태들을 의미한다. 종종 "워싱턴 컨센서스"라고 불리는 이 테제는 제3세계 및 소련의 영향권에 있던 국가들에서 "신자유주의" 형태를 취한다. 이 같은 수렴테제를 끝까지 관철하는 것은 철저한 "제도 물신주의"라 할 수 있다. 예컨대 그 수렴테제는 미국·독일·일본 등지의 기업지배구조에서 차이점이 줄고 있다는 것을 주장하면서도, 새롭게 출현하는 다른 차이점들을 확인하거나 인정하지 않는다.

가장 추상적이고 보편적인 형태의 신자유주의나 "워싱턴 컨센서스"는 전통적인 거시경제적 안정에 충실한 프로그램이다. 이 유구한 거시경제적 안정이라는 것은, 특히 재정안정을 통해 실현되는 것으로, 조세수입의 증가보다는 공공지출을 제한함으로써 얻어진다. 또한 신자유주의는 자유무역(상품과 자본의 자유무역, 노동은 해당되지 않음)을 통해 성취되는 자유화에 충실하며, 좁게는 생산영역으로부터 정부의 철수, 더 일반적으로는 표준적인 서구 사법(private law)체계의 수용으로 알려진 민영화에 충실하다. 그리고 정당의 여타 전통적 강령에 나타나는 불균형적인 효과에 대응하도록 고안된 "사회안전망"의 배치에 충실한 프로그램이다.

신자유주의의 이 같은 주류 버전에서 두드러지는 점은 그것이 사회보장과 관련하여 기존의 사회민주주의 프로그램을 포섭한다는 것이다. 이러한 사실은 사회민주주의 이념이 애초에 가졌던 진보적·변혁적 정신을 잃어버린 지 오래되었다는 것을 분명하게 보여준다. 사회민주주의 프로그램은 시장경제와 대의민주주의라는 현존하는 형태가 가진 제도에 맞서 그것들을 바꿔내는 대신 이제까지 수용해온 구조적 분화와 위계질서가 사회에 끼친 결과를 완화하려고 노력할 뿐이다. 보수적 사회민주주의는, 차별받고 비조직화된 "제2경제"(second economy)에 속한 많은 이를 배제하는 사회적 비용을 치르면서, 자본집약적·대량생산적 산업 부문에 종사하는 노동력의 상대적으로 특권화된 지위를 옹호한다. 유럽 사회민주주의 국가들에서 내부자와 외부자 사이의 차별이 이미 무시할 수 없는 문제라면, 브라질과 멕시코 같은 제3세계 국가들에서는 그 비중과 영향력이 훨씬 심각한 상태다. 선도경제와 후진경제 부문이 눈에 띄게 나뉘면서 생긴 극단적인 불평등을 보상 위주의 사회정책이 만회할 수 없는 상태에 놓이게 된 것이다.

신자유주의가 사회민주주의 프로그램을 그 내부로 포섭해가고 있기 때문에, 신자유주의에 대한 웅거의 프로그램적 대안은 사회민주주의에 대한 제도적 대안이라 할 수 있다. 웅거의 이 같은 프로그램적 대안은 자본에 대한 접근을 더 개방하고 이를 분권화함으로써, 또한 구조개혁이라는 되풀이되는 실천에 우호적인 정치 제도들을 만듦으로써 부국과 빈국에서 모두 경제적·사회적 이원주의를 극복하고자 시도한다. 경제적·사회적 이원주의는 주로 현행 제도가 내부자에게 특권을 부여할 때 발생한다. 여기서 말하는 이원주의는 부국과 빈국 모두에서 발전된 산업 부문의 내부자와 외부자 사이의 차별을 의미한다. 발전된 부문의 노동자들이 고용주에게 대항하도록 하는 이해관계가 아무리 중요하다고 하더라도, 그들은 비조직화된 노동자들(외부자들)의 이해관계와는 상반된 공통의 이해관계를 가진다.

보수적 사회민주주의는 산업혁신 관리프로그램과의 대비를 통해 스스로를 정의한다. 이 관리프로그램은 자본을 원하는 곳으로 이동할 수 있는 자유를 확대하고, 작업장에서의 협력을 촉진하고자 한다. 또한 이 두가지 목표의 긴장관계를 관리하기 위해 노동력의 분할 같은 방책을 쓴다. 보수적 사회민주주의는 이에 대해 평생직장 등을 통해 자본의 과도한 이동성(hyper-mobility)을 제한하는 방식으로 대응한다. 또한 생산성 높은 기업들에 지분과 지분 보유자들(주주뿐만 아니라 노동자, 소비자, 지역공동체)을 더 많이 받아들일 것을 요구한다. 그러나 그 결과는 내부자와 외부자 간의 기존 분열을 용인하고 강화하는 동시에, 관리프로그램을 필요로 하는 무기력하고 일촉즉발의 불만을 더욱 늘리는 것으로 나타난다.

경제적 재구성을 위한 웅거의 제안에 들어 있는 직관적인 핵심은 평생직장에 대한 요구를 개별 노동자인 시민의 자질과 능력을 강화하는 것으로 탈바꿈하려는 계획에 있다. 또한 보수적 사회민주주의의 이해관계 민주주의(stakeholder democracy)를 생산기회에 대한 분권화된 접근권의 급진적인 다양화로 대체하려는 시도에 있다. 이 기본노선의 첫번째 조항은 모든 사람이 이용할 수 있는 사회기금 계좌를 통해 사회적 상속을 보편화하는 것이다. 두번째 조항은 전통적인 사적 소유권을 해체하고 그 구성적 요소들을 재조합·재배치하는 것이다. 그다음, 이 두 조항은 민주정치를 촉진하고 시민사회의 자율적인 자발적 조직화에 우호적인 제도와 관행에 의해 뒷받침되어야 한다. 자유주의적 입헌주의의 전통적 고안물들이 첫번째 조항에 적합하지 않듯이 우리에게 친숙한 계약법과 회사법은 두번째 조항에 적합하지 않다.

웅거는 민주화의 긍정적인 잠재성을 근대적 법분석의 가장 특징적인 논제로부터 도출해낸다. 소유권을 "권리들의 묶음"(bundle of rights)으로 이해하는 것이다. 그는 전통적인 소유권을 재편성하고, 그 구성요소를 이루는 권한들을 각기 다른 권리보유자들에게 귀속시키자고 주장한다. 전통적인 소유자로부터 승계받게 될 주체는 기업, 노동자, 국가 및 지방정부, "비정부기구" 같은 중간 조직, 사회기금이 해당된다. 그는 전통적인 사유재산을 단순히 국가 소유나 노동자들의 조합 소유로 전환하는 것에 반대한다. 이러한 전환은 "통합적" 소유권의 속성을 바꾸지 않고 단순히 소유 주체를 재규정하는 것에 불과하기 때문이다. 그는 3개 층위의 소유 구조를 주장한다. 그 구조는 경제적 축적물에 대한 사회통제에 관한 최종결정을 위해 민주정부에 의해 확립된 국가 차원의 중앙자본기금, 경쟁 기반의 자본 할당을 위해 정부 및 중앙자본기금에 의해 설립된 다양한 투자기금, 마지막으로 노동자·기술자·기업가의 팀으로 구성되는 1차 자본수급자로 구성된다. 이 체계의 바탕에는 경제성장의 조건 그리고 경제성장이 민주적 실험주의와 조화될 수 있는 조건에 대한 비전이 있다. 여기서 실질적인 진보의 핵심문제는 협력과 혁신의 관계다. 이 둘 각각은 서로를 필요로 하며, 서로를 위협한다. 우리 임무는 이들이 서로 방해하는 것을 막는 것이다.

우리는 웅거가 제시하는 "분할된 소유권"에 대한 생각을 급진좌파 전통과 자유주의 전통 관점 모두에서 평가할 수 있다. 급진민주주의의 관점에서 볼 때, 웅거의 프로그램은 프루동의 프티부르주아 급진주의와 관련이 있다. 프루동은 "권리들의 묶음"으로서의 소유권 이론의 선구자였고, 그의 고전적 저술 『소유란 무엇인가?』(*Qu'est-ce que la propriété?*)는 '통합적 소유권'에 대한 면밀한 비판을 제공해준다. 경제적 관점에서 웅거의 프로그램이 프루동주의, 라살레주의 그리고 마르크스주의적 사고의 통합체라는 점을 이해하는 것이 요긴하다. 프루동과 라살레(Lassalle)의 프티부르주아 급진주의로부터 웅거는 경제적 효율과 정치적 민주주의를 위한 "경제분권화"라는 발상의 중요성을 받아들인다. 또한 프티부르주아 사회주의에 대한 마르크스주의적 비판으로부터, 그는 소규모 상품생산의 고유한 딜레마와 불안정성을 깨닫게 된다. 이 깨달음은 웅거로 하여금 해방적·분권적 급진주의가 전통적으로 국가정치에 대해 갖는 혐오감에 대한 입장을 바꾸도록 자극했다. 그는 정부와 기업 간의 분권화된 협력을 위한 제안들을 개진한다. 이 주장들은 몇가지 개혁과제와 연결된다. 즉, 정부 부처들 간에 발생한 난제를 신속히 해결함으로써 민주정치를 촉진하며, 제도화된 정치 동원의 수준을 꾸준히 높이고, 시민사회의 독립적인 자발적 조직화를 심화하고 보편화하는 것이다.

자유주의 전통의 관점에서 웅거의 프로그램은 경제적 분권화와 개인적 자유를 모두 진일보하려는 노력을 나타낸다. 오늘날 기존의 조직적인 조합주의적 "자본주의" 경제에서 분권화와 혁신은 선도산업 영역에서 자본과 노동의 기득권을 보호하기 위해 희생되어왔다. 웅거의 프로그램은 신자유주의와 사회민주주의라는 현재의 관행보다 분권화된 협력과 혁신이라는 자유주의 정신에 더 부합한다.

전통적·제도적으로 보수적인 자유주의는 절대적이고 통합적인 소유권을 다른 모든 권리의 원형으로 취급한다. 이 절대적·통합적인 소유권을 각기 다른 유형의 권리보유자 사이에서 소유권의 분할된 요소들을 재분배하기 위한 체계로 대체함으로써, 웅거는 자유주의 전통을 거부하는 동시에 강화한다. 그는 좌파가 권리라는 용어를 폐기하기보다는 재해석해야 한다고 주장한다. 그는 네가지 유형의 권리를 포괄할 수 있도록 법을 재구성함으로써, 프루동-라살레-마르크스 그리고 자유주의 전통 모두를 뛰어넘는다. 네가지 유형의 권리는 면제권, 시장권, 탈안정화권 그리고 연대권이다.

이러한 의미에서 우리는 웅거가 왜 자신의 프로그램을 반자유주의적이 아니라 "초자유주의적"이라고 묘사하는지 이해할 수 있다. 존 스튜어트 밀 자서전을 읽은 독자라면 "초자유주의"—자유의 제도적 형태를 바꿈으로써 자유를 향한 열망을 실현 — 라는 것이 밀이 정신적 위기를 겪은 이후에 갖게 된 새로운 사고를 연상하게 한다는 점을 알아차릴 수 있을 것이다. 웅거는 반복적이고 의욕적인 제도의 임시 개선(tinkering)을 강조하면서, 민주적 실험주의에 생명력을 불어넣어주는 자유주의와 불변의 질서 속에서 조세를 통한 재분배(tax-and-transfer) 유형에 만족하는 자유주의의 차이를 직시하게 한다.

이리하여 우리는 웅거의 프로그램적 대안들을 급진 민주주의적 요소들과 자유주의적 전통들의 통합으로 볼 수 있다. 이 통합은 민주적 기획의 미래라는 측면에서 적어도 세가지 방향을 내포한다.

첫째, 프루동-라살레-마르크스 그리고 자유주의 전통의 통합은 "강화된 민주주의"(empowered democracy)[6]의 프로그램을 조성한다. 그것은 신자유주의와 사회민주주의에 대한 경제적·정치적 대안을 나타내

---

6) *Democratic Experimentalism* (London and New York: Verso 1998)에서 웅거는 그의 프로그램적 대안들을 오늘날의 문제·계기와 관련지어 구체화한다.

는 것이며, 그 대안들은 자유주의, 좌파 그리고 모더니스트 비전가들에게 큰 영향력을 미치게 될 것이다. 냉전 이후 현 시대에 그 주장은 대안적 미래의 지평을 다시 열어주며, 또한 역사는 끝났다고 하는 우울한 관점으로부터 우리를 역동적으로 구해낸다.

둘째, 부국과 빈국에서 모두 좌파의 사회변화 전략의 방향을 재설정하도록 한다. 마르크스주의 좌파들이 부딪히는 당혹스러운 요소 중 하나는 산업사회의 노동자 계급이 한번도 사회의 다수가 되어본 적이 없다는 역사적 사실이다. 좌파에 대한 두려움과 조직화된 노동자들에 대한 적개심은 종종 산업 및 농업 노동자들로부터 "중산층"을 분리해냈고, 결과적으로 그 중산층을 우파로 만들었다. 프루동-라살레-마르크스 그리고 자유주의 전통에 대한 웅거의 통합은 급진 민주주의를 향한 변화의 노정에서 좀더 포괄적인 연합을 구성하는 데 유용하면서도 활력 있는 수단이 될 것이다.

셋째, "인공물로서의 사회"라는 관념에 새로운 의미를 제공한다. 웅거의 사회이론은 "정돈되지 않은 경험"(jumbled experience)을 이론화하려는 시도를 나타낸다. 그는 상이한 국가·계급·공동체 및 그것들과 오래전부터 관계를 맺어온 활동을 재조합하는 실제적·정서적 인간관계의 유형을 도출해내고 이를 촉진하기 위해 노력한다. 전세계적인 이러한 재조합과 혁신을 통해, 우리는 실현 가능한 것의 총체적 의식을 넓혀나간다. 이처럼 확장된 의식은 "강화된 민주주의"라는 웅거의 프로그램에서 제도적 조합을 유지하도록 도와준다. 결국 제도적 프로그램과 개인의 연합방식의 변화에 대한 웅거의 비전은 서로를 강화한다.

이 책은 웅거의 세권짜리 저술인 『정치, 구성적 사회이론의 작업』(*Politics, a Work in Constructive Social Theory*, 이하 『정치』)[7]의 편선집이

다. 제1부는 『정치』의 제1권 『사회이론』(Social Theory)의 내용을 다루는데, 이는 웅거의 "급진적 반자연주의 사회이론"(radically antinaturalist social theory)의 출발점을 설명한다. 또한 고전 사회이론과 현대 사회과학에 대한 비판이 사회 이해에 관한 대안적 실천을 위한 소재들을 어떻게 생성해내는가를 보여준다. 제2부는 『정치』의 제2권 『허위적 필연성』(False Necessity)과 제3권 『조형력을 권력 속으로』(Plasticity Into Power)의 내용 즉, 형성적 맥락의 개방성과 유연성, 그리고 생산과 파괴에 관한 우리의 총체적인 능력의 발전이 서로 어떤 관계인가를 탐구한다. 제3부는 『정치』 제2권의 내용을 일부 언급하며 경제적·정치적 제도들을 재구축하기 위한 웅거의 프로그램적 제안을 소개한다. 마지막 제4부는 제1권과 제2권의 내용을 일부 다루는데, 웅거의 제도적 프로그램과 "문화혁명적 인격주의"(cultural-revolutionary personalist) 프로그램이 서로를 어떻게 강화하는지 보여준다.

리처드 로티(Richard Rorty)를 포함하여 웅거의 작업에 대해 몇몇 비평가들은 웅거가 브라질 시민이라는 점을 강조한다. 로티는 다음과 같이 말했다. "웅거는 마음이 다른 곳에 있는 사람이라는 것을 기억하라. 비록 북아메리카에서 수년 동안 우리 로스쿨의 커리큘럼과 법조인들의 자기 이미지를 바꿔가며 열심히 연구했지만 말이다. 그에게 부유한 북대서양 민주주의 국가들은 고향이 될 수 없다. 그곳은 그가 교훈, 경고, 격

---

7) 웅거는 *Politics, A Work in Constructive Social Theory* (Cambridge: Cambridge University Press 1987)를 총 3권으로 출간했는데, 제1권의 원제는 *Social Theory: Its Situation and Its Task*(이하에서는 『사회이론』)다. 제2권은 *False Necessity: Anti-Necessitarian Social Theory in the Service of Radical Democracy*(이하에서는 『허위적 필연성』)이며, 제3권은 *Plasticity into Power: Comparative-Historical Studies on the Institutional Conditions of Economic and Military Success*(이하에서는 『조형력』)다. 웅거는 세권을 모두 포괄해서 표현하는 경우가 자주 있는데, 이때에는 『정치』로 표기했다 ── 옮긴이.

려를 얻는 장소에 불과하다." 이 글을 읽으면서 필자는 막스 베버(Max Weber)의 언급을 상기하지 않을 수 없었다. 여러 결정적인 문화적 성취에 관련된 영감은 문명의 주변부로부터 유래한다는 이야기 말이다.

웅거는 1985년 브라질에 대한 설명에서 "불확정성(indefinition)은 국가 운명이 갖는 이 모든 특징들의 공통분모였다. (…) 모든 불확정성은 변혁의 기회로 간주할 수도 있고 무기력하게 만드는 혼돈의 징표로 간주할 수도 있다"고 언급한다. 이 말은 오늘날 세계 전체를 묘사하는 데 똑같이 쓰일 수 있다. 필자는 웅거가 브라질을 바라보던 것과 마찬가지로 지금의 중국을 바라볼 수 있다고 생각한다. 웅거를 "제3세계의 지성으로서 형세를 역전시켜 제1세계의 역사를 새로 써나가거나 예지하는 자"라고 본 페리 앤더슨은 과연 옳을까? 오늘날 브라질, 중국, 인도, 러시아 같이 스스로 대안세계라고 여기는, 규모는 크지만 주변국일 뿐인 나라들에서는 좀더 활기찬 민주적 실험이 발전하기를 희망할지 모른다. 우리 시대에는 사회생활의 모든 측면에서 민주변혁의 거대한 기회와 설명적·프로그램적 사고 속에 거대한 혼돈이 공존한다. 필자가 3년 전 처음으로 웅거의 저술을 읽던 시절은 이러한 욕구, 혼돈, 희망이 뒤섞여 있던 때로, 그의 글이 필자를 위해 쓰였다고 느낄 정도로 고무적이었다. 웅거의 『정치』 편선집인 이 책을 읽는 독자들도 같은 느낌을 가질 수 있기를 바란다.

추이 즈위안(崔之元)

제1부

/

급진적 반자연주의 사회이론

제1장

서론: 인공물로서의 사회

　근대 사회사상은 사회는 만들어지고 상상되는 것, 즉 사회는 근원적인 자연질서의 발현이라기보다 인공의 산물이라고 선언하면서 탄생했다. 이러한 통찰은 해방에 관한 거대 이념인 자유주의, 사회주의, 공산주의에 영감을 주었다. 이들은 고착화된 역할 및 위계질서로부터 실천적·정서적 관계들이 자유로워질 수 있도록 개인과 집단의 역량을 강화하는 사회의 건설을 여러 방식으로 약속했다. 만일 사회를 다시 고안할 수 있다면, 우리의 실천적 협력 또는 정서적 신념으로부터 종속과 지배라는 오점을 씻어내려는 자유주의와 좌파의 목표를 추진할 수 있을 것이다. 미리 쓰여 부과되는 각본으로부터 주관적인 경험을 더 완벽히 자유롭게 하려는 모더니스트의 목표를 진전시킬 수도 있다. 심지어 우리는 사회의 안정성이 사회를 만드는 의지의 권한 포기나 특권 엘리트들의 독점에 의존하지 않는 사회세계를 건설하기 위해서 좌파적 자유주의와 모더니스트의 목표를 거대한 야망 속에 함께 넣을 수도 있을 것이다. 사회가 만들어지고 상상되는 것이라는 견해의 실천적 의미는 이 목표들 가운데 현실성이 있는 것과 몽상에 불과한 것을 골라내어 그 목표의 실현을 위한 지침을 알려준다는 데 있다.

　아직까지 누구도 인공물로서의 사회라는 아이디어를 온전히 받아들이지 않았다. 오히려 급진정치에 주요한 지적 도구를 제공해온 사회이론들은 법칙 등으로 가득 찬 역사과학을 개진하려는 열망과 사회라는 것이 만들어지고 상상된 것이라는 관점 사이에서 균형을 찾으려 했다. 이러한 역사과학은 가차 없는 발전방향 내지 심층적인 경제적·조직적·심리적 제약요인들의 영향하에서 상호 공존하거나 순차적으로 이어지는 몇가지 가능한 사회조직의 모습을 확인할 수 있다고 주장했다. 마르크스주의가 가장 좋은 예다.

그 이론들은 어느 때보다도 더 신뢰할 수 없게 되었다. 무수히 많은 역사지식과 실천경험이 그 이론들을 무너뜨렸다. 사회조직 유형에 대한 간략한 목록, 그리고 그 유형의 정체성을 결정하거나 역사를 지배하는 법칙에 대한 이론들의 핵심적인 신념은 이에 부합하지 않는 사실로 인해 신뢰를 잃었다.

그러나 이러한 공격의 가장 분명한 결과는 인공물로서의 사회라는 관념을 확장하지 못하게 되었다는 점이다. 오히려 협소하게 기술된 현상에 대해서 협소하게 설명하려는 형태의 사회과학에 점점 더 많은 영역을 넘겨주게 되었다. 때로는 실증주의 또는 경험주의라 불리는 이러한 사회과학은 포괄적인 사회법칙이나 역사법칙을 탐구하는 대신 좀더 제한적인 설명을 택한다. 그렇게 함으로써, 충돌하는 개인이나 집단의 이해관계와 그것의 조정, 즉 실천적 문제와 문제해결의 에피소드로 이루어진 방대하고 무정형한 더미로 사회를 이해하게 된다. 그 사회과학에는 일상의 문제해결과 이해조정이 근거해야 할 제도적·상상적 가정들에 대해 언급할 수단이 결핍되어 있다. 이를 따르는 사람들의 실천에는, 그들이 말하는 것이 무엇이든 간에 현재의 사회생활[1]의 구조를 당

---

1) 웅거가 사용하는 "social life"를 여기서는 "사회생활"로 번역했다 ── 옮긴이.

연한 것으로 여기고, 그것에 필연성이나 권위 등을 부여하려는 경향이 담겨 있다. 이러한 점에서 실증주의 사회과학은 19세기와 20세기 초반의 야심찬 사회이론들보다 더 위험하다. 적어도 19세기와 20세기 초반의 사회이론들은 현재의 제도적·상상적 사회질서를 사회의 진화에서 필연적이지만 과도기적인 단계 내지는 사회조직의 가능한 몇가지 유형 중 하나로 정의했다.

한편, 급진적 기획 ─ 자유주의적·좌파적 원칙들과 이를 포괄하는 정치운동들이 공유하는 계획들 ─ 또한 중대한 퇴보로 인하여 고통받아 왔다. 공산주의 혁명은 비록 경제적·재분배적 측면에서 성과를 이뤄냈지만, 부유한 서구 민주국가와 시장경제가 이미 이룩한 수준 이상으로 급진적 기획을 추진해냈다고 확실하게 주장할 만한 사회제도들을 확립하진 못했다. 동시에 이 민주국가들에서 정당정치는 대부분 의심 없이 받아들여지는 사회생활의 제도적·상상적 질서 내에서 미미한 경제적 재분배에 관한 일상투쟁으로 자리매김했다. 제3세계 국가들은, 자칭 혁명적 선도자들과 거의 구분되지 않는 약탈적인 과두 집권층의 놀이터가 되고 있다. 더 가난하고 유동적인 사회가 급진적 기획을 전개하는 데 전도유망한 실험을 펼치리라고 기대하기가 점점 더 힘들어지고 있다.

그 실패들 탓에, 굳이 예전의 방식으로 존재해야 할 이유가 없다는 인식과 계획적인 집단행동으로는 어떤 의미 있는 변화도 이룰 수 없다는 확신이 연루된, 사회생활에 관한 관점이 생겨났다. 모든 혁명적 프로그램은 결국 전제주의나 환멸로 끝나고 말 유토피아적 환상으로 여겨졌다. 우리 시대의 치욕이자 오욕인 신념을 상실한 패배의 경험으로 인해 인공물로서의 사회라는 관념에 대해 아이러니한 평가를 내리게 되었다. 그것은 이 관념의 문언적 진리를 존중하지만 그 관념이 지닌 힘을 제거해버리는 것이다.

이 책의 메시지는 이 절망적인 지적·정치적 사건들이 이야기의 절반만을, 즉 지적 분열(entropy)과 사회적 침체를 불러일으키는 부분만을 이야기해준다는 것이다.『사회이론』은 드러나지 않은 나머지 부분을 다룬다. 이 책은 그동안 수용되어온 사회이론의 전통에 대한 비판과 자기 비판이 사회와 역사를 이해하는 방법을 어떻게 준비해왔는지를 보여준다. 이를 통해 야심찬 과거 유럽의 사회이론을 넘어 인공물로서의 사회라는 사고를 확장하고 가능성의 의미를 확대·정련하게 된다. 그 같은 통찰은 현대사회가 자유주의와 사회주의 공약을 받아들인 지점을 넘어 그 공약을 수행하려는 노력에 활기를 불어넣는다. 따라서 비록 이론적으로 고갈되고 정치적으로 위축되는 상황으로 보이지만, 그러한 상황은 우상숭배와 전제정치에 대해 새롭고 더욱 위력적인 공격을 가하기 위한 힘을 모으는 것으로 재정의될 수 있다.

이 책의 비판적 주장은 바로 구성적인 설명적·프로그램적 아이디어에 도달하게 된다. 그 비판적 분석이 갖는 특성과 관심은 그것이 예비하는 구성적 관점에 대한 설명을 통해 가장 잘 살펴볼 수 있다.

이 구성적 관점은 사회에 대한 설명적 접근방법과 사회의 재구성을 위한 프로그램 양자를 포함한다.『정치』의 설명적 부분은 사회를 설명하는 것이 우리가 건설하고 살아가는 사회세계를 재구성할 자유를 거부하거나 경시하는 것과 전혀 관계가 없음을 제안한다. 이 설명들은 마르크스주의 같은 고전적 신조와는 유사하면서도 전통적·실증주의적 사회과학과는 달리, 일상의 거래나 다툼 그리고 그런 일이 일반적으로 발생하는 견고한 제도적·상상적 구조틀(framework)[2] 간의 구분을 중

---

2) 웅거는 사회구조를 지칭하는 단어로 context, system, structure, framework 등의 용어를 사용하는데, 우리말로 이를 구분하기 위해서 context는 맥락, system은 체계, structure는 구조, framework은 구조틀 또는 틀로 번역했다 — 옮긴이.

시한다. 그 구조틀은 핵심자원의 지배 및 활용을 둘러싼 일상의 분쟁을 일으키는 모든 제도와 상상을 포괄한다. 특정 사회적 지위의 사람들은 이 자원을 통해 또다른 지위의 사람들의 행위 조건을 설정한다. 그 자원에는 경제적 자본, 통치권력, 기술적 전문지식, 고상한 이상(理想)이 포함된다(맥락, 구조, 구조틀이라는 용어는 이 책 전반에서 동의어로 사용된다).

오늘날 서구 민주국가들의 사회구조에는 경제분권화의 수단으로서 소유권을 이용하는 법규범, 정쟁상태를 포기하게 하면서 대의제를 유지시켜주는 헌법제도, 그리고 과제규정(task-defining) 활동과 과제수행(task-executing) 활동을 명확하게 구분하는 기업조직의 형태가 포함된다. 또한 산업민주주의 국가들의 사회생활의 형성적 구조에는 다양한 사회영역에서 실현되는 인적 결합의 모델이 포함된다. 예를 들면, 가족이나 친교 생활과 관련된 사적 공동체 모델, 정부 및 정당 활동에 지침을 제공해주는 민주적 조직 모델, 노동과 교환이라는 단조로운 영역에 초점을 맞추는 비인격적인 기술적 위계질서와 결합된 사적 계약 모델이 그것이다.

『정치』에서 전개하는 설명이론은 사회 및 역사를 인식하는 데 형성적 구조와 굳어진 일상을 구별하는 것이 핵심적이라고 주장한다는 점에서 실증주의 사회과학과 다르다. 사회생활에 대한 제도적·상상적 구조는 사람들이 이익의 범위를 정하고 조화시키며 문제점을 확인하고 해결하는 토대를 제공해준다. 이 구조들은 단순히 이해조정이나 문제해결 활동의 구체화된 결과만 갖고서는 충분히 설명할 수 없다. 우리가 사회의 잠재적인 제도적·상상적 구조를 명확하게 드러내지 않는다면, 그 구조가 흔들리지 않고 유지되는 동안은 규칙과 일상을 사회조직에 관한 일반법칙으로 착각하게 될 것이 거의 분명하다. 적어도 우리는 그것들을 사회의 특정 유형과 관련된 법칙으로 다루기 쉬우며, 혁명적으로 다른 유형으로 전환해야만 중단시킬 수 있다고 생각하기 쉽다. 결국 미신은 굴복을 조장하게 된다.

만일『정치』의 설명이론이 실증주의 사회과학이론과 양립할 수 없다면, 그것은 또한 고전 사회이론의 특징적인 몇몇 신조와 어울릴 수 없을 것이다.『정치』에서 주장하는 관점과 마찬가지로, 이러한 고전 사회이론은 구조와 일상 간의 구분에 핵심적인 설명적 역할을 부여한다. 그 결과, 예를 들면 마르크스주의자는 생산양식(구조)과 각 양식의 고유한 법칙들(일상)을 탐구한다. 그럼에도 이 책에서 예상되는 접근방법은 구조와 일상, 즉 형성적 구조와 굳어진 일상 간의 전통적인 구분에 관한 두가지 주요한 가정을 거부한다.

그중 하나는 구성 부분 모두가 결합되어 분할할 수 없는 집합체를 형성하는 사회조직의 유형 내지 단계의 종류가 제한되어 있다는 신념이다. 이 책에서 추구하는 사회분석의 방식은 유형과 단계에 관한 그러한 사고를 배제한다. 각각의 구조는 상이한 시대에 상이한 사회에서도 되풀이될 수 있는 일반적인 유형의 예시라기보다는 고유한 것이다. 제도적·상상적 질서의 구성요소는 단지 느슨하면서도 일정하지 않게 연결되어 있을 뿐이다. 그것들은 분할될 수 없는 전체로서만 대체될 수 있는 것이 아니라 하나하나 부분적으로 대체될 수 있다.

구조와 일상의 구분과 일반적으로 연관된 또다른 가정은 이 구조들의 기원, 작용, 재(再)고안에 대한 일반적인 설명이 심층적인 경제적·조직적·심리적 제한요소나 역사적 삶의 혼돈 저변에 깔린 거부할 수 없는 역사발전의 힘에 호소하는 형식을 취해야만 한다는 테제다. 이 책에서 옹호·기대하는 이론은 사회생활의 한정된 목록이나 예정된 형태의 결과를 산출해내는 법칙에 의존하지 않고 맥락 형성을 설명해낼 수 있는 방법을 제시해준다.

세번째 아이디어는 전통적으로 구조와 일상의 구분과 함께해온 두 종류의 필연적인 가정을 확장한다. 세번째 가정은 위의 두 가정이 서로 밀접하게 연결되어 있는 것과 달리 비교적 덜 직접적이며, 심사숙고된 신념이라기보다는 검토되지 않은 선입관을 나타낸다. 이 선입관은 구조들이 변함없이 지금과 같을 것이라는 믿음이다. 구조들은 항상 그것들이 영향을 미치는 실천적·담론적 일상 그리고 구조들을 형성하는 제약요인과 성향에 대해 동일한 관계를 맺는다는 믿음이다. 그러나 『정치』에서는 우리가 사람들의 실천적·정서적 관계에 각본을 부과하는 매우 중요한 구조들의 힘을 약화할 수 있으며, 구조 유지적 일상과 구조 변혁적 갈등 간의 대조를 약화할 수 있다는 주장을 펼칠 것이다.

우리는 사회의 형성적 제도나 선입관과의 관계를 바꿔내는 데 지대한 관심이 있다. 덜 굳어져 바꾸는 게 좀더 쉬운 일련의 제도 및 신념을 통해 우리는 개인이나 집단에게 권한을 부여한다. 그 제도와 신념은 생산과 교환의 실천형태를 더욱 자유롭게 실험할 수 있게 해줌으로써 생산적 역량의 발전을 촉진한다. 또한 엄격한 위계질서와 지위가 상호교류에 미치는 구속력을 줄임으로써 의존성과 비인격성이 지니는 특유의 위험성으로부터 집단적 삶을 자유롭게 해준다. 집단적 삶에 참여하면서도 좀처럼 익숙해지지도 이해할 수도 없는 억압의 희생양이 되지 않도록 해주기도 한다.

구조와 일상의 구분을 전통적으로 그것과 연관되어온 것들로부터 떼어내려 한다고 해서 자유의지와 결정론(determinism)이라는 형이상학적 물음에 대한 해답이 요구되는 것은 아니다. 이는 우리가 어떤 궁극적인 의미에서 자유롭고 스스로의 행동에 미치는 인과적 영향에 어느정도 제한받지 않는다는 것을 보여주고자 함이 아니다. 그 목표는 우리가 건설하고 살아가는 사회세계의 무기력한 꼭두각시 내지는 이 세계들을 존재하게 하는 것으로 여겨지는 법칙 같은 힘의 무기력한 꼭두각시로 우리 자신을 상상하게 하는 수준으로만 우리 자신과 사회를 설명하는 이해방식으로부터 탈피하는 것이다. 역사는 진정으로 놀라운 것이다. 다만 그렇게 보이지 않을 뿐이다. 사회적 고안이란 계획적이든 아니든 간에 이미 정해지고 제한된 가능성의 실현에 불과한 것이 아니다.

사회생활의 제도적·상상적 맥락들에 대한 관점, 즉 이 맥락들이 어떻게 서로 결합하고 흩어지고 다시 만들어지는가에 관한 관점은 『정치』에서 제시한 설명이론의 핵심을 이룬다. 이러한 관점을 통해 우리는 사회에 대해 비판적 거리를 확보할 수 있다. 우리는 기성질서에 대한 옹호와 과거 또는 현재의 사회에 대한 설명을 맹목적으로 그리고 종종 무의식적으로 결합하는 것을 저지할 수 있다. 비연속적인 변화와 사회의 새로운 고안에 대한 믿을 만한 설명을 통해 급진적 기획을 억누르기보다는 북돋는 설명을 해낼 수 있다. 이는 서로에 대한 실천적·열정적 관계를 압박하는 경직된 위계질서와 분열이라는 부담을 없애려는 노력으로, 자유주의자와 사회주의자에게 공통된 것이다.

이 책에서 주장하는 사회적·역사적 설명에 관한 접근방법은 실천적 함의가 있다. 이념과 이해관계에 대한 우리의 신념은 사회생활의 제도적·상상적 구조들에 의해 형성된다. 그러나 그 신념이 온전히 형성되는 것은 아니다. 사회생활의 형성적 맥락은 결코 우리의 실천적 관계나 정서적 애착을 완벽하게 통제하지 못한다. 우리는 대체로 현재의 제도적·상상적 가정들에 의해 주어진 한계 내에서는 충족될 수 없는 불분명한 열망을 인정된 이해관계나 이념에 부여하지만, 늘 그렇듯이 우리는 열망과 가정 사이에 존재하는 갈등을 파악하는 데 실패한다. 왜냐하면 사회구성의 대안적 가능성을 상상해내지 못하기 때문이다. 이는 맥락-변혁적 용도로 활용되는 재료들의 풍부함을 과소평가하게 한다. 아직까지 살아남은 과거의 제도적 장치들과 상상적 세계들, 다루기 힘든 사회질서의 변칙들, 언제든 구조전복적 투쟁으로 촉발될 수 있는 끊임없는 사소한 실천적·상상적 다툼이 이에 포함된다. 신뢰할 만한 사회이론은 어떻게 이 일탈적 요소들(deviations)을 취하고, 그것들을 새로운 형태의 사회조직이나 개인적 경험을 도입하기 위한 출발점으로 활용할 수 있을지 상상하게 한다.

『정치』의 설명적 관점은 사회재구성을 위한 프로그램을 동반한다. 그 프로그램을 제공해주는 설명이론과 마찬가지로, 이 시론적인 책에서도 그러한 프로그램을 예시한다. 이 프로그램은 모더니스트와 자유주의자 또는 좌파 급진주의자가 서로 다투면서도 어느정도 의식적으로 공유하는 목표를 지지한다. 하지만 그 목표를 지지하고 정당화하며 개진하고 통합하는 데서 그 논쟁은 목표를 변화시킨다. 그 변화는 그 목표가 무엇을 위한 것인가에 관한 관념 그리고 그 목표가 사회재편에 미치는 실천적 함의들에 대한 관점에 모두 영향을 끼친다.

『정치』의 프로그램적 주장은 자유주의적·좌파적 노력들을 재해석하고 일반화한다. 이 재해석과 일반화는 대의민주주의, 시장경제, 경제적 축적에 대한 사회의 통제가, 추정 가능하고 또한 그래야만 하는 실천적인 제도형태들에 관해 부당하게 협소한 가정에서 벗어남으로써 가능하다. 사회생활의 제도적·상상적 구조들이 일상 사회활동에서 스스로 수정하도록 허용하는 정도와 이러한 구조들이 경직된 사회적 역할과 위계질서를 무너뜨릴 수 있는지 여부에 관한 판단이 대안적인 제도형태에 대한 비전의 핵심을 이룬다. 『정치』는 급진주의적 공약의 두 측면, 사회분할과 위계질서의 타파, 그리고 관습이나 강제보다 의지의 우선성을 좀더 효과적으로 실현할 것을 약속하는 통치체계와 경제질서를 재구성하는 특별한 방법을 주장한다. 오늘날의 탈집중적 경제질서와 다원주의적 민주주의(절대적 소유권에 기반한 시장, 일반시민의 회의적인 침묵이 예견되는 민주주의)가 필연적이지 않을 뿐만 아니라 자유와 평등이라는 이념의 최상의 표현이 아니라는 사실을 인식한다면, 좌파와 자유주의자 간의 전통적인 논쟁은 오해에서 비롯된 것임을 알 수 있다. 그 제도들이 그것을 고수하는 우리의 목적 자체를 좌절에 빠뜨린다.

급진정치의 제도적 메시지에 대한 우리의 관점을 바꾸는 바로 그 생각들이 그 메시지의 취지에 대한 생각을 바꾸고 분명하게 해준다. 예컨대 우리는 사회적 평등이라는 이념이 어떤 사회적 각본으로부터 우리 자신을 해방시키려는 시도의 일부분이자 부차적인 것이라는 사실을 인식하게 된다. 그 각본은 우리를 계급, 공동체, 젠더 및 지역 분할 같은 과잉 지배체제에 불필요하게 복속시키며, 우리가 개인, 집단, 그리고 전체 사회로서 우리 삶의 제도적·상상적 맥락들에 대해 더 큰 지배력을 가진다는 점을 부인한다. 이러한 급진적인 목표의 확대된 관점이 좌파사상과 모더니즘을 연결하게끔 한다. 즉 제도 개혁의 급진정치와 개인 관계의 급진정치를 연결시키고, 지배와 종속의 문제에 사로잡혀 있는 정치적 비전과 개인의 독립성을 상실하지 않고서 실천적·감정적·인지적으로 타인들에게 접근할 수 있는 개인의 능력과 관련되는 도덕적 비전을 연결해준다.

『정치』의 프로그램적 논의와 설명적 논의는 사실과 가치에 대해서 기존의 선입관들이 가능하다고 주장하는 것보다 훨씬 더 밀접하게 연결되어 있다. 그 연결 중 하나가 이 책이 나아가고자 하는 바를 분명하게 해주므로 여기에서 제시해보겠다. 『정치』의 설명적 아이디어들은 언뜻 일반적인 사회이론이라고 자처하기에는 난처해 보이는 것에 초점을 맞춘다. 우리는 종종 우리가 공유하는 제도적·상상적 맥락들이 실제로 우리를 구속하지 않는 것처럼 행동한다. 우리는 일탈적인 인적 결합 사례에 매달리는데, 이는 종종 사회생활의 안정된 질서를 확립하고자 했던 과거의 잔여물이거나 좌절된 시도 같은 것이다. 때로는 전혀 예상하지 못하고서 맥락-존중적 분쟁으로부터 맥락-도전적 투쟁으로 방향을 튼다. 이렇게 은폐되거나 공개적인 저항의 지속적이고 당혹스러운 경험은 고전 사회이론이나 실증주의 사회과학이 선호하는 설명방식으로는 이해할 수 없다. 하지만 우리의 설명력에 장애물로 보이는 것이 좀더 나은 설명전략으로 나아가는 길을 제시한다. 사회적 맥락이나 그 맥락의 형성에 기여하는 경향과 제약요인이 맥락의 변화를 저지하거나 통제하는 데 실패한다는 사실이 사회적·역사적 설명과 관련된 『정치』의 접근방법에 토대를 제공해준다.

프로그램적 논증은 설명적 논증이 통찰의 기회로 삼는 바로 그것을 실천적·이념적 혜택의 원천으로 파악한다. 『정치』의 핵심테제는 인간의 역량 강화나 자기주장의 모든 주요한 측면이 맥락-보존적 일상과 맥락-변혁적 갈등 간의 간극을 좁히는 데 얼마나 성공하느냐에 달려 있다는 것이다. 그것은 맥락-수정의 자유를 더욱 존중해주는 제도와 실제를 고안해내는 우리의 능력에 달려 있으며, 이는 『정치』의 설명적 관점에 문제의식과 기회를 모두 제공한다.

왜 우리는 사회사상의 상황에 대해 비판적으로 평가하는가? 왜 구성적 설명과 프로그램적 아이디어에 관한 논의로 바로 넘어가지 않는가?

이러한 비판적 진단의 바탕에 깔린 지성사에 대한 관념은, 반증의 압력으로 붕괴되어 결국 이론적 혁명에 의해 다른 대안 이론들로 대체되는, 그러한 지적 체계의 이미지가 아니다. 오히려 그것은 붕괴와 구축이라는 이중적 과정의 양상을 띤다. 지적 전통들이 해체될 때 그것들은 스스로를 대체하기 위한 소재와 방법을 제공한다. 이러한 관점으로 사회사상의 상황을 파악할 때에는 현대 사회사상의 자아-전복적(self-subverting) 활동에 이미 함축된 대안적 사회이론의 편린을 설명하고 확장할 필요가 있다. 예를 들면 보수주의자들과 반이론(反理論)주의자들은 마르크스주의의 분열을 오만한 이론적 야망에 따른 댓가로 종종 잘못 해석해왔다. 그러나 사실상 마르크스주의 전통의 내적 의견대립은, 사회가 만들어지고 상상된 것이며 그 결과 사회를 재구성하고 재상상할 수 있다는 관념을 발전시키는 데 필요한 다양한 통찰을 생산해왔다. 사회적·역사적 분석의 전통에 대한 비판을 극단으로 밀어붙이는 데 주저하는 것은 그 결과가 허무주의가 될 것이라는 두려움 때문에 습관적으로 정당화되었다. 그러나 이러한 두려움은 잘못된 것이다. 그것은 잘못된 결과에 이르는 것을 막아주는 구성적 통찰을 없애버리기 때문이다.

외관상으로는 순전히 해체과정으로 보이는 것의 구성적 함의에는 지성사에 관한 가설 이상의 많은 것이 관여한다. 실질적인 문제는 가능한 한 처음부터 사회이론을 재구성해야 하는지 여부다. 전반적인 이론체계의 창조와 폐지를 강조하는 입장에서 우리는 아주 새로운 분야와 방법을 만들어내야 할 뿐만 아니라, 우리 이론에 대한 새로운 경험적 근거를 개발해야 한다. 과거의 관찰은 부분적으로 그것들을 형성했던 흠결 있는 이론적 가정에 의해 어느정도 오염될 수밖에 없다. 그러나 이 책에서 채택한 지적 역사라는 관념의 측면에서 대안적 비전을 위한 소재들 — 방법, 통찰 및 해석된 관찰 — 은 비록 그것이 아직까지 미숙하고 파편적이며 왜곡된 형태를 갖는다 할지라도 이미 가까운 곳에 있다.

『정치』의 구성적 설명과 프로그램적 주장에 앞서 사회적·역사적 연구의 현재 상황에 대한 논의에서 시작해야 할 또다른 이유는, 동일한 지적·역사적 상황에 대한 비슷한 동기에서 출발했지만 다른 방식으로 행해지는 반응들을 알아보기 위해서다. 비록 이 시론적인 책에서 발전된 비판적 논의가 거대한 작업의 적극적인 설명적·프로그램적 생각의 전조가 된다고 할지라도, 비판과 구성의 관계는 느슨한 상태로 남아 있게 된다.『정치』의 설명적·프로그램적 주장이 여기에서 묘사되는 지적 곤경에 대한 유일한 가망성 있는 대책은 분명 아니다. 적어도 발전 중인 하나의 경쟁할 만한 이론은 주목해볼 필요가 있다. 이 책에서 울트라이론(ultra-theory)이라고 명명하는 대안은 인공물로서의 사회라는 관념을 극단으로 밀어붙인다. 하지만 그 이론은 사회재구성을 위한 일반적인 설명이나 포괄적인 제안을 공식화하려는 시도를 변혁하기보다는 포기하고 만다. 그것은 설명과 제안의 자리에 실증주의 사회과학이 아니라 일련의 비판적·구성적 실천들을 자리매김하며, 이러한 실천들은 특정한 필연적 설명의 폐기에서부터 급진적 기획에 더욱 적합한 사회생활의 형태들의 유토피아적 재현까지 포괄한다. 이 책의 논의는 이처럼 회의적이고 반필연적인 접근방법과『정치』에서 추구하는 것과 동일하게 반필연적이지만 공격적인 이론적 방향 사이에서 중립적인 자세를 유지할 것이다.

『사회이론』은 명백한 이론적 방향상실과 사회적 폐쇄성에서 도출되는 지적·정치적 기회들을 보여준다. 뿐만 아니라 인공물로서의 사회라는 관점과 정치적으로 급진적 기획을 천명하는 사고 영역 내에 존재하는 다양한 구성적 가능성의 의미를 전달하고자 한다.

이 시론적인 책의 최종 목표는 이러한 작업이 제안하는 이론적 캠페인에 독자들의 협력을 이끌어내는 것이다.『정치』는 기존의 담론 양식이 제시하지 않았던 프로그램을 실행하기 위해 착수되었다. 그것은 다른 사유체제에서 도출되고 다른 의도에서 영감을 얻은 조건과 문제의 의미를 바꿔낸다. 그것은 무수한 학문분과들을 비판하고, 어떠한 학문분과에서도 자신의 것으로 인정하지 않는 질서에 대해 탐구한다. 그것은 앞으로 나아가면서 비전을 위한 언어를 개발한다. 더 큰 주장이 혼동과 모호함에 빠져들 때, 그리고 내가 비틀거리고 쓰러지려 할 때 도움이 되어달라. 이 책에 쓰여 있는 목적을 참조하고, 내가 말하고자 하는 바에 비추어 나의 발언을 수정해주길 바란다.

『사회이론』은 단일한 연속적인 주장을 추구하지 않는다. 그 대신 몇몇 출발점을 제시한다. 그것은 수렴 경로들을 따라 동일한 이론적 결과에 도달하기 위한 것이다. 지금까지 가장 광범위하게 고려된 이론적 출발점은 사회사상의 내적 상황이며, 이 사회사상은 사회적·역사적 탐구의 총체적 영역을 포괄하는 것으로 이해되어왔다. 그 논의는 두가지 지적 전통에 대한 비판을 통해 발전한다. 하나는 실증주의 사회과학이 제시한 것으로 사회생활의 제도적·상상적 맥락, 구조틀 또는 구조 그리고 이 구조틀을 통해 만들어지는 일상활동, 갈등 및 거래 간의 차이를 무시하거나 경시하는 것이다. 다른 하나는 이러한 차이를 받아들이면서도 이를 부당하게 제한된 전제에 종속시킨다. 이 제한된 전제란 구조틀이 어떻게 변화하는지, 어떠한 구조틀이 존재할 수 있는지 그리고 구조와 그 안에서 움직이는 행위자들의 자유 사이에서 어떠한 관계가 유지될 수 있는지에 대한 것이다.

마르크스주의는 두번째 부류 이론 중 가장 설득력 있고 구체적인 예다. 그러나 마르크스의 저술과 이후의 마르크스주의적 자기비판의 전통 속에서 우리는 사회가 만들어진 것이라는 관념과 관련하여 가장 비타협적인 진술을 발견할 수 있다. 마르크스주의적 사고에서 가장 지대한 역할을 해왔던 구조틀과 그 역사에 관한 필연주의적 가정에서, 사회가 만들어진 것이라는 관념을 해방시킬 가장 강력한 수단을 상당수 발견할 수 있다. 따라서 마르크스주의와의 대면은 지속적인 관심사로 남는다. 이 시론적 책에서는 직접적으로 다루지만, 이후에 나오는 구성적 작업에서는 암시적으로 드러날 것이다.

사회이론의 내적 상황에 대한 논의는 병존하지만 차별성을 지니는 두가지 대응방식을 보여준다. 첫번째 대응방식은 『정치』의 본론에서 추구하는 것으로 지적인 측면에서 매우 야심차다. 두번째 대응방식은 재구성을 위한 일반적 설명과 세부적 주장의 유용성에 대해 회의적이다. 그러나 둘 다 인공물로서의 사회라는 관념을 새로운 극단으로 이끈다. 양자 모두 현재의 사회구성 형식이 비유동적인 경제적·조직적·심리적 제한요인들을 반영한 것이라는 주장에 대해 그렇지 않다고, 단지 정치일 뿐이라고 답하는 사람들을 지지한다. 모든 것이 정치라는 외견상 의지주의적(voluntaristic)이고 허무주의적인 주장이 사회생활에 대해 얼마나 심오한 통찰을 제공하며, 변혁 행위에 대한 제한요소들을 좀더 잘 파악할 수 있게 해주는지를 보여준다.[3]

---

3) 이 책 전반과 이어지는 구성적 작업들에서, 나는 "정치"라는 단어를 협의와 광의 모두의 의미에서 사용한다. 협의적으로는 통치권력의 장악과 사용에 관한 갈등을 의미한다. 광의적으로는 서로에 대한 우리들의 실천적이고 정서적인 관계들의 조건들에 관한 갈등, 그리고 이러한 조건들에 영향을 미치는 자원들과 전제들에 관한 갈등을 의미한다. 이러한 전제들 중에서 사회의 구조틀, 맥락 또는 구조를 구성하는 제도장치들과 상상적 선입관들이 가장 중요하다. 이러한 넓은 의미에서 볼 때, 통치적 정치는 단지 정치의 특수한 경우에 지나지 않는다. 위에서 언급한 바 있는 인공물로서의 사회라는 관념을 극단으로 밀어붙이려는 이론에서, 이러한 광의의 정치 관념은 사회형성이라는 관념으로 융합된다. "모든 것은 정치다"라는 슬로건은 이러한 포괄적인 관념을 더욱 전환시킨다. 이러한 추가적인 전환은 사회형성 활동이 미리 설정된 각본에 따르지 않으며, 그 결과들은 법칙과 같은 경제적·조직적·심리적 제한요소들이나 압도적인 발전경향의 성과로 이해되어서는 안 된다는 관념이다.

과학적 방법에 대한 선입관은 사회에 대한 기술과 설명에 영향을 끼쳐왔다. 사회사상의 주요 전통들은 자연과학에서 가장 완벽하게 나타난다고 보는 과학적 방법의 본을 따서 사회를 설명해왔다. 거대 사회이론과 실증주의 사회과학의 조악한 양식은 자연과학에 가능한 한 가까이 가고자 노력했다. 좀더 섬세한 양식은 역사적이고 개별적이며 상대적으로 우연한 사회현상 속에서 과학의 모방을 누그러뜨릴 근거를 찾아왔다. 하지만 그들은 자신들의 설명적·비판적 야망 또한 누그러뜨렸다. 마지막으로, 자연과학이라는 위협적인 사례에 저항해온 사람들은 종종 사회이론을 인문학에 통합하려 했다. 그 결과 사회적 사실과 역사적 사건에 대한 인과적인 설명을 과학이라는 단일한 관점을 지지하는 사람들에게 내맡기게 되었다.

반필연적 사회이론은 과학적 사회이론이냐 아니면 인과관계의 불가지론적 이해냐 하는 이분법적 선택을 거부해야 한다. 따라서 사회적·역사적 탐구의 더욱 폭넓은 철학적·과학적 설정에 관한 논의가 사회이론의 내적 상황에 대한 나의 분석에 앞서 진행된다. 이 논의는 근대의 철학, 심리학 및 자연과학의 발견들을 과학적 강박관념으로부터 벗어나게 하는 시도에서 출발한다. 하지만 그것은 사회적·역사적 탐구의 초기 비판이 띠는 구성적 의미를 좀더 명확하고 강력하게 만들기 위해 이 발견들을 활용하는 노력으로 마무리된다.

이 책에서는 사회사상과 그 철학적·과학적 설정의 내적 상황을 분석하기에 앞서 세가지 다른 주제에 대해 논의한다. 이 주제들은 현대의 실천 경험과 이데올로기의 측면을 다루면서도 사회이론 발전의 출발점을 제공해준다. 이를 통해 고착화된 정치로서의 사회질서라는 관점을 극단으로까지 밀어붙일 수 있다. 또한 그 주제들은 사회라는 것이 만들어지고 상상된 것이라는 통찰에 충실한 사유체계를 이끌어내는 노력의 실천적 중요성을 강조한다. 그것들은 동일한 지적 주장에 도달하는 다양한 길을 제시한다.

첫번째 출발점은 소수의 지도자, 예술가, 사상가로 제한되었지만 그들마저도 항상 어디서든 공유하지는 않았던 노동의 관념을 더 많은 사람들에게 확산시키는 것이다. 이러한 점에서 보면, 진정한 만족은 사람들이 개인적으로든 집단적으로든 기존에 확립된 삶의 설정에 대항케 하는 데서만, 다시 말해 이런 설정에 저항하고 더 나아가 재설정하게 할 수 있는 데에서만 찾을 수 있을 것이다. 한 사회를 지배하는 제도적·상상적 구조는 구속력 있는 자전적(biographical) 상황의 주요 부분을 나타낸다. 그러므로 그것은 변혁적 저항의 핵심 목표가 되어야 한다. 변혁적 소명으로 전향한 사람들은 사회적 역할과 위계질서라는 굳어진 구조 내에서 명예로운 소명으로서의 직업이라는 관념으로 쉽게 돌아갈 수 없다. 뿐만 아니라, 그들은 자신과 가족을 위한 물질적 혜택의 원천으로서의 노동이라는 순전히 도구적인 관점에 만족할 수 없을 것이다.

변혁적 소명이라는 관념의 매력은 기초적인 물질적 욕구를 충족시킬 수 있는지 여부에 달려 있다. 더욱이 특정 인종이나 계층의 특유한 전통은 이러한 이념을 해석하고 설득하는 데 영향을 미친다. 그럼에도 불구하고 변혁에 관한 이러한 관념에는 좀더 심오한 통찰과 옹호할 만한 목적이 결합되어 나타난다. 이는 다른 관점의 작업이 의거하는 경험적·규범적 가정들보다 더욱 심오하고 옹호할 만한 것이다. 이 책에서 다루게 될 사회이론은 무엇보다도 변혁적 소명을 구체화하는 이념을 발전시키고자 하며 그 실천을 정당화한다.

나의 두번째 출발점은 이 책에서 급진적 기획 또는 모더니스트 비전에 관한 기획이라고 부르는 것을 설명·보완하는 관념들을 발전시키고자 하는 노력이다. 나는 좌파적 자유주의자들 혹은 모더니스트 급진주의자들이 여기에서 묘사하는 것과 같은 의미로 자신들의 동기를 이해한다고 주장하지 않는다. 오히려 이와는 대조적으로 급진적 기획이라는 관념은 분리되고 대립적이기까지 한 전통에 대한 비판, 개혁 그리고 조화를 이미 전제한다. 여기서 말하는 전통이라는 것은 사회적 재구성을 위한 자유주의적·좌파적 주장들과 엄격한 역할이나 관행에 대한 모더니스트적 태도를 의미한다. 이와 같이 느슨하게 연관된 전통들에 대한 비판은 사회에 관한 우리의 생각을 돌아보게 한다. 이러한 성찰은 이 책에서 논의된 다른 출발점들로부터 발전된 지적 문제의식으로 수렴될 것이다. 좌파적 또는 자유주의적 관념이 남긴 결점이 사회에 관한 우리의 경험적 이해의 실패와 밀접하게 연관된다고 밝혀지기 때문이다.

제도 물신주의는 우리에게 가장 친숙한 자유주의와 좌파의 이념을 오염시킨다. 고전 자유주의자들은 대의민주주의와 시장경제의 조직에서 몇몇 임시적인 타협을 자유로운 민주적·시장적 질서의 속성과 동일시하는 오류를 범한다. 정통 마르크스주의자는 위와 동일한 특유한 제도들을 구체적으로 정의된 세계사의 단계를 나타내는 일반적인 유형의 사회조직에 끼워넣는다. 그리고 사회 진화의 다음 단계인 사회주의 단계를 묘사해야 할 책임을 벗어버린다.

역할 및 관행에 관한 모더니스트의 비판은 높은 수준의 추상화 과정에서 또다른 경험적 실수를 종종 범한다. 모더니스트는 인간의 자유가 모든 기성제도 및 관행의 반복적인 도전 가운데 존재한다고 믿어버린다. 우리는 사회생활에서 구조화되고 반복되는 속성을 제거할 수 없을지도 모른다. 하지만 우리가 노력하는 한 한정적이고 왜소한 세계를 넘어서는 초월성(transcendence)을 확인할 수 있다는 희망은 있다.

이 같은 형태의 모더니스트 강령은 한편으로는 너무 많은 것을 다른 한편으로는 너무 적은 것을 희망한다. 특정한 사회질서 내에 정착하지 않고서 끊임없이 저항하는 것이 불가능하다는 사실을 인식하지 못하기 때문에 너무 많은 것을 희망한다. 또한 그 부정적 관점으로 인해 생활의 맥락과 그 맥락을 수정할 수 있는 우리의 자유와의 관계 자체가 쉽게 파악될 수 있다는 사실을 인식하지 못하기 때문에 너무 적은 것을 희망한다. 사회생활의 제도적·상상적 구조들은 그 내용뿐만 아니라 속성이 다르다. 다시 말해 일상적인 사회생활 속에서 어느정도 개선이 가능한 정도가 다른 것이다. 모더니즘 내부에서 회의적 이설(negativistic heresy)을 고수하는 사람들은 구조는 계속해서 지금과 같을 것이라고 믿는다. 하지만 이러한 믿음은 바로 모더니스트가 열렬히 신봉하는 원칙인 역사의 다양성에 부당한 제약을 부과한다.

이 실책들로부터 진보적 기획을 자유롭게 함으로써 그것을 바로잡고 통합하고자 하는 노력은 심지어 급진적 주장에 거의 동조를 하지 않는 사람들의 관심까지 끌 수 있다. 이러한 시도에서 나온 일반적 통찰과 구체적인 주장들은 사회적·개인적 이념들에 관한 논쟁에 암운을 드리웠던 딜레마를 해결할 수 있는 실마리를 제공한다. 전통에 대한 평가의 기반이 되는 특정 집단의 전통 위에 존재하는 초월적·안정적 공간의 존재에 대한 믿음은 사라진다. 뿐만 아니라 우리는 단순히 구조들을 선택해야 한다거나 그 내부의 구조들을 받아들이고 인간집단의 가능하고도 바람직한 형태에 관한 선입관을 당연하게 받아들여야 한다는 관념에 저항한다. 급진적 동기에 관한 수정·통합된 버전을 알려줄 수 있는 사회이론은 이러한 저항이 정당하다는 것을 보여준다. 또한 허무주의를 촉발하거나 규범적 사고에 비논쟁적이고 결정적인 기반이 있다는 신념을 존속시키지 않고서도 그 사회이론이 실행 가능하다는 것을 보여준다.

다른 경우와 마찬가지로 여기에서 『사회이론』은 단지 『정치』가 실제로 명확히 하고 따라가는 노선을 제시한다. 초반부는 우리가 자유주의,

좌파 그리고 모더니스트 사고를 비판하고 바로잡기 위해서 반드시 발전된 사회이론을 필요로 하지는 않는다는 점을 알려주는 역할을 한다. 그 대신에 조금씩 변경된 이념들과 변화된 이해들을 결합시키고자 하는 시도 자체가 그 이론을 구성하는 데 도움을 줄 수 있다.

이 책에서 착수한 지적 기획의 세번째 출발점은 급진적 기획이 최근 역사에서 직면해왔던 좌절과 장애물의 함의를 다시 생각해보고자 하는 시도다. (여기에서 염두에 두고 있는 것은 급진주의의 모더니스트 측면이 아니라 자유주의와 좌파의 측면이다.) 공산주의 혁명과 제3세계의 실험에 대한 실망은 가장 극적인 경고의 우화를 보여준다. 조직된 좌파들은 권력을 잡은 어느 곳에서든 지도자들이 자주 이야기하는 참여적인 자치정부보다는 경제성장, 부의 재분배, 심지어 국가주의적 열정을 자극하는 데 더 성공적이었다는 점을 입증해왔다. 부유한 서구 민주국가들의 좌파적·자유주의적 운동 경험으로부터 좀더 섬세하면서도 뜻깊은 교훈을 얻을 수 있다.

이 국가들에서 좌파적이고 진보적인 자유주의 권력은 두 진영으로 나뉘어 있다. 한 진영은 다수의 투표를 획득하거나 유지하는 데 점점 더 어려움을 겪는 것을 감수하면서 자신들의 급진적 관점의 순수성을 유지한다. 이 좌파들은 계급연대라는 엄격한 잣대와 변혁적 가능성에 관한 협소한 관념에 의존하는 마르크스주의적 관점에서 급진주의를 해석한다. 그들은 자신들을 산업노동자 계급의 대변인으로 표현한다. 이러한 산업노동자 계급은 발전된 경제에서는 이전에 비해 더욱 약해지고 작아진 영역을 대변하는 대규모 생산 산업사회에 고착화되어 있다. 그들은 자신들이 이해한다고 공언하는 세계역사 속에 존재하는 자본주의적 현재와, 재분배나 국유화 이외에는 어떠한 내용도 제공할 수 없는 사회주의적 미래 사이에 존재하는 차이에 천착한다.

다른 한 진영은 주류로 파고들려고 하며, 다수가 되거나 그러한 다수에게 받아들여지도록 노력한다. 그러나 그들은 일반적으로 구조틀을 바꾸려는 열망을 포기하는 댓가로 그러한 노력을 이행한다. 그들은 사회민주적 프로그램에 안주한다. 이러한 사회민주적 프로그램은 대의민주주의와 규제적 시장이라는 현재의 제도형태를 받아들인다. 그들은 지방정부나 작업장에서의 경제적 재분배와 일반대중의 참여를 선호한다. 또한 사회문제에 대한 좀더 기술적인 관리가 사회생활에 관한 거대한 이데올로기적 충돌을 대체했다고 주장한다.

사회민주주의자들은 대체로 기존의 제도적 구조가 그들의 재분배적 목표와 참여적 목표에 부과하는 제한요소들과 직면하게 된다. 만일 그들이 이 제도들을 당연한 것으로 받아들인다면, 자신들의 목적이 좌절된다는 사실을 알게 될 것이다. 반면에, 대의민주주의, 시장경제 그리고 경제적 축적에 대한 사회적 통제 등을 제도화하는 대안적 방법을 주장하고 그것들을 실현하기 시작한다면, 자신들의 목적 그리고 자신들의 적이나 동지와의 관계에 대한 관념이 급격하게 변화하는 것을 경험하게 될 것이다.

많은 실망감에도 불구하고 사회민주주의는 다른 경쟁자가 없기 때문에 세계에서 가장 매력적인 정치적 의제, 가장 광범위하고 충실한 추종자를 갖는 의제가 되었다. 심지어 정통 좌파의 구호나 고전 자유주의 구호에 따라 사회민주주의에 반대하는 정당들조차도 권력을 잡게 되면 대체로 사회민주주의의 확장에 기여해왔다. 오늘날 가장 큰 정치적인 물음은 바로 이것이다. 과연 사회민주주의는 우리가 희망할 만한 최선의 대안인가?

사회민주주의가 우리들이 기대할 수 있는 가장 좋은 프로그램이라는 신념은 어떤 형태의 정부조직과 경제조직이 가능한지 그리고 그것이 어떻게 변화하는지에 관한 가정들에 기반한다. 이 같은 가정들은 이 시론적인 책의 다른 부분에서 비판될 것이다. 만일 사회민주주의의 주장에 대해 진지하게 평가하고자 한다면, 우리는 이 가정들을 비판의 대상으로 삼아야 한다. 그럴 경우 우리는 그것들이 유지될 수 없다는 사실을 발견하게 된다.

이 책에서 이끌어내고자 하는 설명적·프로그램적 사회이론은 사회민주주의가 실행한 지점을 넘어 급진적 기획을 추진하는 데 기여할 것이다. 설명적 관점들은 현재의 제도가 완고한 조직적·경제적·심리적 제한요소들의 필연적 결과가 아니라는 것을 보여주는 방식으로 급진적 기획의 실패를 설명한다. 그것들은 우리로 하여금 겉보기에는 극복하기 어려운 제한요소 가운데서 변혁의 기회를 발견할 수 있게 해준다. 설명적 관점들은 사회적 변화와 창안에 관한 신뢰할 만한 견해를 제공함으로써 현재의 실천과 밀접한 주장들만 현실적이라고 묘사하려는 유혹으로부터 자유롭게 해준다. 이 설명적 추론에 의해 형성된 프로그램적 관점들은 사회민주주의에 대한 상세한 대안을 제시하며, 이 대안을 뒷받침해주는 정당화 요소들과 실현 가능한 변혁적 실천의 양식을 제공해준다.『사회이론』은 제시된 해결방법의 조건이 아니라 문제의 구성요소를 강조한다. 다만 문제에 대한 설명이 해결방법의 조건을 예측할 수 있게 해준다.

사회사상의 내부 상황에 대한 나의 논의를 이끌어주는 세가지 출발점은 서로 명백히 연관된다. 여기서 세가지 출발점은 변혁적 소명, 급진적 동기의 재해석 그리고 사회민주주의에 대한 불만족을 의미한다. 이러한 세가지 출발점이 연관성을 갖는 이유는 첫째, 노동에 관한 우리의 기대와 관련해 급진적 기획의 반향을 나타내고, 둘째, 가능한 사회적 미래의 상상과 관련해 이러한 기획의 영향력을 보여주기 때문이다.

더욱 신뢰할 수 있는 사회이론이 모더니스트·자유주의·좌파 급진주의자들을 돕고 있다는 사실은 놀라운 일이 아니다. 비전가(visionary)가 되기 위해서는 리얼리스트가 되어야 하며, 또한 사회현실과 사회적 가능성에 대한 우리의 관점을 비판하고 확대하기 위해 사회생활에 대해 이해(이론적 이해건 아니건 간에)할 필요가 있다. 그러나 급진적 기획이 고유한 인지적 가치가 있다는 주장과 그것이 필연적이지 않은 사회이론을 발전시키는 데 기여한다는 상반된 주장은 더욱더 논쟁적인 것처럼 보인다. 왜 사회생활에 관해 우리가 갖는 통찰의 진보가 사회재구성을 위한 어떤 개별적인 프로그램의 관심사와 그 운명에 결부되어야 하는가?『정치』의 중심 텍스트는 사실과 가치에 관한 근대철학의 선입관이 허용하는 것보다 설명적 사회이론이 우리의 규범적 언명과 더욱 밀접한 관계를 가진다고 주장한다. 충분히 발전된 사회이론은 개인적·집단적 자기주장을 지향하는 우리의 노력을 해석한다. 이러한 해석은 자기주장이 어디서 발견될 수 있는지 또한 그것이 어떻게 성취될 수 있는지에 관한 기존의 신념들을 바꾸도록 자극할 수 있다. 특정한 추가적인 가정들, 즉 그 자체가 규범적일 뿐만 아니라 사실적인 가정들을 전제한다면, 그러한 해석은 우리의 이념과 공약을 바꾸도록 설득할 수 있을 것이다.

설명적인 관념과 규범적인 관념의 수렴과 관련된 사안은 복잡하고 논쟁적이다. 이러한 주장은 이 시론적인 책에서는 어떠한 중요한 역할도 하지 못한다. 그러나 이 책에서 예로 드는 설명적 관념과 프로그램적 관념 사이에는 좀더 느슨하고 의심할 여지가 없는 연관성이 있다. 여기에서 재해석한 것처럼 급진적 기획은 형성적 구조와 굳어진 일상의 관계를 바꾸고자 한다. 그것은 종속과 지배에 대한 사회 메커니즘의 붕괴가 이러한 목적의 성취와 불가분하다고 파악한다. 사회적 설명의 기본적인 수수께끼이자, 사회와 역사의 일반화에 중대한 장애물인 사회적 이해가 과학적 방법에 들어맞지 않는 이유는, 우리가 사회에 확립된 상상적·제도적 맥락에 의해 완벽하게 지배되지 않으며, 흥미롭게도 맥락들 역시 일반법칙이나 고정된 제약요소들에 의해 결정되지 않기 때문이다. 급진주의자는 이러한 소명을 무질서에 내맡길 수 있는 사람이 아니다. 그는 그것을 이용·확장하고 심지어는 명백하게 모순적일지라도 그것을 일련의 실천과 제도 속에 포함시키고 싶어 하는 만큼 그것을 반드시 이해해야 한다. 그러므로 그의 관점에서 사회와 역사를 본다는 것은(비록 그 관찰자가 보수주의자일 수도 있지만) 당신 스스로 사회적·역사적 연구의 핵심적인 설명적 스캔들(scandal)을 직시하도록 강요하는 것이다. 이러한 곤혹스러움을 통찰의 원천으로 바꿔내리라 기대하며 말이다.

앞서 열거한 출발점에서 바로 논의를 시작하는 것은 아니다. 그보다 이 논의는 인간행위의 관점에 대한 서술, 즉 맥락과 우리의 관계 묘사에 관심을 두며, 『정치』의 모든 프로그램적·설명적 주장에 영감을 준다. 이 주장들이 다루는 사회직 틀 또는 구조는 이렇게 준비된 구상에 의해 신술되는 맥락의 특별한 경우일 뿐이다.

나는 우리가 구성하며 살아가는 정신적 또는 사회적 맥락과 우리의 관계에 대해 이 초기적인 관점을 믿어야 한다고 말하는 것은 아니다. 오히려 그 관점은 그것이 제공하는 설명적·프로그램적 아이디어들의 상대적인 성공에 따라 정당화될 수 있다. 그 관점은 그것에 의해 성취될 수 있는 바에 따라 방어될 수도 안 될 수도 있다. 그럼에도 지난하고 감당하기 어려운 이 책의 기획을 출발하려는 이 시점에서 나는 맥락과 우리의 관계에 대한 잠정적인 진술로 의도를 명확히 밝힘으로써 모호함을 없애고자 한다. 그것은 이 이론적인 모험을 논증을 위한 어떤 출발점보다 더 폭넓은 사변적 환경에 놓이게 한다.

맥락과 우리의 관계에 대한 이러한 발상은 우리 문명의 가장 오래된 수수께끼 같은 주제들 중 하나에 새로운 변화를 준다. 즉, 인간은 유한 속에 갇힌 무한자(the infinite caught within the finite)라는 관념이다. 인간을 둘러싼 외부 환경들은 인간을 작아 보이게 한다. 인간의 열정과 헌신은 가치 없는 목적을 위해 허비된다. 인간의 기본 환경에 대해 이러한 관점을 지지하는 사람은 우리의 열망의 속성과 환경의 본질 간의 불균형이 감소될 수 있다고 생각할 때 희망을 가질 수 있다. 이 불균형을 줄이는 방법이 우리의 관계에서 예속 특유의 위험요인과 우리 각자의 독창성을 무시하는 위험요인을 제거하는 수단과 동일하다고 생각할 때, 그의 희망은 배가될 것이다.

여기에서 제시하는 사회이론은 이 사변적인 관념에 구체적인 사회적·역사적 내용을 제공하고, 희망에 대한 근거를 두배로 제시한다. 이 이론적 관점에서 다시 한번 숙고해본다면, 급진적 기획은 도덕적 의미가 있다. 그 도덕적 의미는 종속과 지배의 구조로부터 사회를 해방시키고자 하는 자유주의의 목표나 좌파의 목표를 넘어서는 것이며, 엄격한 역할과 검토되지 않은 관행들로부터 주관성과 상호주관성을 구출해내고자 하는 모더니스트의 목표를 넘어서는 것이다. 이 거대한 야망은 사회가 우리 안의 도덕성에 더 잘 반응할 수 있게 한다. 그 도덕성이란 궁극적으로 인간성에 대한 제한된 실험을 거부하고, 그러한 실험이 충분치 못하다고 말하는 것이다.

제2장

조건 지어진 것과
조건 지어지지 않은 것

생각이나 욕구, 상호관계는 신념과 행동이 작용하는 구조에 완벽하게 딱 들어맞지는 않는다. 때때로 우리는 제대로 된 통찰이나 그럴듯한 만족감이 모두 충족되는 세계에서 추방된 사람처럼 행동한다. 그러나 실제로는 단조롭고 평범한 세상에 살고 있다고 느낄 때가 더 많다. 이 세계에는 무한한 노력에 비하면 터무니없을 정도로 상황적 한계들이 불균형하게 남아 있다. 그럼에도 이 세계를 마치 신념과 행동의 구조가 영구적인 것처럼, 그리고 어떤 생각이든 할 수 있고 어떤 욕구도 다 충족시킬 수 있는 실낙원인양 여긴다. 이렇게 생각하고 행동하는 것은 선지자들이 우상숭배라고 부른 죄를 저지르는 셈이다. 자기이해의 근거로 치면 죄악보다 더 나쁘다. 그것은 오류다.

그러나 때때로 우리는 사유, 욕망, 그리고 실천적·정서적 관계가 놓인 현재의 맥락들을 옆으로 밀쳐두곤 한다. 그것들을 비현실적인 것으로 취급하고, 심지어는 그것들에 대해 분명한 근거도 없이 우리의 헌신이 속임수에 불과했다고 생각하기도 한다. 우리가 살아가는 세계에서 우리 자신이 완전히 종속된 듯이 보이는 모든 실천적 또는 관념적 구조에 의해 배제되었던 생각을 사유하고 욕망을 충족시키며 관계를 확립한다. 바로 그 순간 우리는 마치 궁극적으로 어떠한 제약도 받지 않는 것처럼 생각하고 행동한다. 우리의 실천적·이론적·정신적 진보는 넓게 보면 이렇게 거듭 한계를 깨는 것이다. 그러한 저항행위에 내포된 자유와 성취의 경험은 우상파괴적이다. 이는 모든 꿈을 실현할 수 있는 세계를 창조하기보다는 기존의 정신세계나 사회세계에서 꿈꿀 수없는 것들을 행함으로써 이루어진다.

이 책에서 전개할 사회이론은 이러한 인간행위의 관념을 사회와 개인성(personality)의 시각에서 체계적으로 발전시키는 것이라고 이해해도 된다. 그 관념에는 세가지 요소가 포함된다.

첫번째 요소는 모든 인간행위가 갖는 맥락적 또는 조건적 속성에 관한 관념이다. 확대된 개념적 활동이 조건적이라는 것은 그것의 실천이 스스로의 속성과 한계를 규정하는 많은 신념을 최소한 일시적으로나마 당연한 듯 받아들이는 데 달려 있음을 의미한다. 이러한 가정에는 타당성(validity), 검증(verification) 또는 분별(sense) 등의 기준이 포함된다. 또한 설명, 설득 또는 소통의 관점이 내포되고, 세상이 실제 어떠한가라는 그림(picture), 즉 저변에 깔려 있는 존재론까지 동반한다. 더 나아가 사유와 언어가 구조를 갖는지 여부, 그리고 어떤 의미에서 그러한지에 관한 일련의 전제들을 포함하기도 한다.

이 같은 표상(representation)은 그 의미를 좌우하는 타당성, 검증, 분별에 관한 전제의 틀 내에서, 총체적인 변화에 중요한 의미를 가짐과 동시에 개방적일 수는 없다. 우리의 구조들을 변화시키지 않고서 우리의 표상을 바로잡는 게 불가능하다는 것은 자명하다. 더구나 종종 사람들은 전제가 절대 흔들리지 않는 세상에 살고 있다고 믿어왔고, 혼란을 느끼지 않았다. 하지만 그것은 착각이었다. 우리의 세상이 실제로는 그렇지 않다는 사실이 밝혀졌다. 사유의 맥락적 속성으로는 분명 사실이다. 하지만 그것은 하나의 고립된 사실이 아니다. 그것은 우리 자신에 관한 다른 중요한 사실들과 연결되어 있다.

모든 지속적인 실천행위는 사람들이 서로에게 접근하는 특정한 조건을 당연하게 여긴다. 이러한 조건은 물질적·인지적·정서적인 것들이다. 이 전제조건은 기존의 권력과 권리로서 결정적으로 나타난다. 그 권력과 권리는 사람들이 그 안에서 도움을 요청할 수 있는 윤곽을 그린다. 갈등과 강제의 기원이 무엇이든 간에, 권력과 권리라는 안정적인 체계는 사회를 상상하는 특정한 방식의 실천적 표현으로 작용하는 것이 분명하다. 여기서 말하는 사회에 대한 상상이란 각기 다른 존재의 영역에서 사람들의 관계가 어떠한 방식으로 가능하며, 또한 어떠해야 하는지 생각하는 것이다. 권력과 권리가 이를 바탕으로 해석되지 않는다면, 존중될 수 없고 결국 이해될 수도 없을 것이다.

사회는 확정된 형식을 작동하고 또한 가정한다. 이 모든 질서 개념에 대항하여 싸우는 것이 부분적으로 차단·억제되기 때문이다. 교환과 결합, 의존과 지배라는 일반적인 양식은 그 개념들을 당연한 것으로 받아들이고 거기서 기본양식과 합당한 의미를 이끌어낸다. 이러한 사실이 사회생활의 맥락적 또는 조건적 속성을 이룬다.

어떤 사회가 사람들이 서로 만나는 방식을 형성하고 또한 동시에 사람들이 상상하고 원하는 모든 형태의 인적 결합과 양립할 수 있다면, 그 사회에서는 삶의 질서를 세우는 일은 없을 것이다. 아니 자명할 정도로 불가능한 것은 아니다. 물론 특별한 경우이지만, 그 조건들이 실현 가능하고 바람직한 결합의 모습을 지닌 자연적인 형태의 사회를 상상할 수도 있다. 하지만 이 자연적인 형태에서 확연히 벗어난 것은 실천적 또는 도덕적으로 불행하고도 자멸적인 것이 되기 십상이다. 역사상 가장 영향력 있는 여러 사회원리들은 권위적인 사회모델에 대해 몇가지 신념을 제시해왔다. 이 신념을 경멸하는 체했던 대부분의 근대 사상가들도 희석되고 퇴화된 형태의 그 모델을 받아들이는 데 충실했고 지금도 여전히 그러하다.

인간행위에 관한 이러한 관념의 두번째 요소는 우리가 실천적 또는 관념적 행위의 모든 맥락을 항상 깨뜨릴 수 있다는 생각이다. 사람들은 언제든 이제까지 자신들이 활동해온 제한적인 세상의 경계를 넘어서는 방식으로 생각하거나 관계를 만들어갈 수 있다.

물론 신중하고 확고하게 맥락을 바꾸기 전이라도 기존 사유의 맥락과 충돌하는 방식으로 바라보거나 생각해볼 수 있다. 기존의 설명과 담론의 방식으로는 새로 발견한 것을 검증하고 증명하거나 이해시키는 것이 불가능할지 모른다. 또는 그 발견이 기존의 형식에 내포된 실제와 충돌할지도 모른다. 그럼에도 불구하고 그것은 진실일 수 있다. 그 발견을 위한 여지가 전혀 없는 영역에서도 진실로 판명될 수 있다. 일관성 없는 통찰과 기존 맥락 간의 경쟁에서 기존 맥락이 패할 수도 있다. 그리고 그 통찰의 지지자들은 금지된 생각을 정당화하는 조건들을 사후에 발견할 수도 있다.

하나하나 따져보면 서로 다른 사유의 영역에서 진실인 것은 총체적인 정신작용에서도 진실이다. 과학·철학·예술에서 이루어지는 모든 형태의 담론을 모아보라. 공허한 것이 되지 않도록 최대한 엄밀하게, 당신이 원하는 어떤 방식으로든 그 담론들의 형성적 맥락을 정의해보라. 정신세계의 힘은 이런 방식의 정의로 총망라하여 규정되지는 않을 것이다. 그런 식의 정의에 포함되지 않는 통찰이 계속 유지될 것이다. 그 정의에는 이런저런 우연적인 조정을 통해 수용된 개별적인 통찰뿐 아니라 신념, 설명 또는 표현의 전체적인 맥락도 포함된다. 총체로서의 정신세계에서든 개별 영역 내에서든 가능한 통찰과 기존의 담론 간에 궁극적인 균형이 이루어지기는 어렵다. 통찰의 힘은 규정되는 모든 사유의 맥락 너머까지 뻗어나간다.

이와 동일한 원리가 인적 결합의 맥락에도 적용된다. 사람들은 상호 관계 ─ 가장 실천적인 형식인 집단노동에서부터 아무 이해관계가 없는 사교모임까지 ─ 를 맺을 때 언제나 기존의 상호접촉과 갈등하는 방식을 취한다. 이러한 일탈의 대부분은 사회질서의 토대 주변에 있는 분열과 불확실성에 지나지 않는 것으로 보일 정도로 단편적이고 단절적일 것이다. 그러나 그 일탈들을 최대한 증폭시켜보라. 그 국지적인 실험들을 일반화하거나 과격하게 만들어보라. 갈등이 확실해질 것이다.

우리의 역사적인 관점이 무엇이건 간에, 어느 한 사회에서 진실인 것은 다른 사회에서도 마찬가지로 진실이다. 사람들이 합리적이면서 현실적으로 그리고 올바르게 확립하기를 원하는 실천적·정서적 관계들을 모두 조화시킬 수 있는 과거나 현재, 또는 열거할 수 있는 사회질서의 목록은 존재하지 않는다. 그래서 사회를 만드는 힘은 현존하거나 과거에 존재한 모든 사회를 넘어서게 마련이다. 마치 세상에 관한 진리를 발견하고자 하는 능력을 그 수단인 담론형식 속에 가두어둘 수 없는 것과 같다.

이 견해의 두번째 부분, 즉 모든 맥락을 깨뜨릴 수 있다는 관념은 첫번째 요소인 모든 행위는 맥락적이라는 관념과 병존할 수 없는 것처럼 보일 수도 있다. 만일 사람들이 자신이 속한 맥락을 파괴하고서 모든 맥락에서 벗어나 있을 수 있다면, 모든 행위가 맥락적이라는 테제는 뒤집힐 것이다. 하지만 그러한 역설은 분명히 존재한다. 맥락 파괴는 예외적이고 일시적이다. 맥락 파괴행위가 실패해서 기존의 맥락을 남겨두든가, 아니면 그 행위와 연계된 신념이나 관계와 더불어 그 행위를 존속시킬 수 있는 또다른 맥락을 만들어낸다. 어떤 통찰은 기존의 타당성, 검증, 분별의 기준과 충돌하거나 근본적인 실재에 관한 확립된 관념과 충돌하기도 한다. 그러나 만약 그 통찰이 진실을 이야기한다면, 그 통찰을 유지할 수 있게 재구성할 수 있는 기준들이 존재할 것이다. 실천적·정서적 결합의 형식이 기존의 상호접근의 조건과 상충될 수도 있다. 하지만 그 형식이 개인이나 집단의 어떤 요구에 대해서 회복할 수 없는 폭력을 행사하는 것이 아니라면, 그것이 구상하는 사회세계가 재구성되고 다시 상상되는 것이 가능하다. 표상의 맥락과 마찬가지로 결합의 맥락에서 한계를 파괴하는 모든 행위는 실패하거나, 재구성된 질서로 빠르게 이동하는 하나의 사건이 된다.

우리는 절대로 맥락의존성을 극복하지 못한다. 그러나 느슨하게 할 수는 있다. 표상이나 관계의 맥락이 우리 행위에 부과하는 제약의 정도에 차이가 있기 때문이다. 이러한 차이에 대한 인식은 맥락과 우리의 관계에 대한 관념에서 세번째 요소다.

개념적 맥락이나 사회적 맥락은 여기에 의문을 제시하고 변화와 갈등에 노출시키려는 행위에 대해 상대적으로 면역성을 가질 수도 있다. 이 면역성의 정도는 행위의 두 종류, 즉 맥락 내부에서 일어나는 통상적인 행위와 맥락 자체를 바꿔내는 예외적인 변혁적 행위 중 어느 쪽이냐에 따라 첨예하게 차이가 나는 것처럼 보인다. 이러한 대조는 진실이기도 하고 거짓이기도 하다. 비록 그것이 어떤 현실을 묘사하는 것이더라도, 그것은 또한 맥락-보존 행위와 맥락-파괴 행위 간 차이의 상대성을 은폐하는 것이다. 더 나아가 우리의 온갖 일상에 따르는 자잘한 조정이나 변화는 전복의 기회로 바뀔 수도 있다. 이러한 잠재성을 무시할 때, 맥락의 조건성이 쉽게 잊혀질지 모른다. 우리는 기존의 사유와 인적 결합의 형식을 이성이나 관계의 자연 형태로 생각하는 오류를 범할 수 있다. 마치 이를 정신과 욕구와 사회형성이 어떤 장애물에도 부딪히지 않고 나아가며 자유롭게 배회할 수 있는 끝없는 평원처럼 생각하는 것이다.

다른 한편, 상상과 수정의 기회에 점진적으로 열려 있는 표상이나 관계의 설정을 상상하는 것 또한 가능하다. 맥락은 계속 조명되고 그 자체로서, 즉 자연적 질서가 아닌 하나의 맥락으로 취급된다. 맥락에서 면역성을 제거하는 활동이 그 맥락의 측면들에 각각 대응한다. 사유 또는 사회의 구조가 자체적인 수정 수단이나 기회를 더 많이 포함할수록, 그 구조를 유지할지 아니면 그 구조가 배제하는 것들을 위해 구조를 포기할지 선택할 일이 적어진다. 다만 이를 재구성하거나 재상상하면 되는 것이다. 예를 들어, 권력과 권리의 형성적 체계가 계속 어느 한쪽에 있지 않은 사회, 즉 비가시적이지도 않고 일상적 갈등으로부터 보호되지도 않는 체계를 가정해보자. 사회생활의 조건을 설정하는 집단적 경험이 끊임없이 일상적인 경험의 흐름 속으로 스며드는 사회, 그 결과 목적 없는 논쟁과 엄청난 혁명적 분출 사이에서 동요하지 않는 사회, 대체적으로 사람들이 조건을 절대화하지도 않고 자신들이 살아가는 사회세계의 우상에게 무릎 꿇지 않는 사회 말이다. 표상의 전제들과 충돌하지 않으면서 정신이 활동하는 경계영역을 확장하는 과학적 또는 예술적 표상들을 상상해보라. 나아가 표상의 형식 자체가 논쟁적이고 수정 가능하게 됨으로써 이러한 확장이 이뤄지는 것을 상상해보라.

근거나 관계의 조건에 관해 내가 묘사한 관계의 점진적인 변화는 맥락의존성을 은폐하거나 폐기하지 않는다. 그것은 맥락의존성을 철저히 인정함으로써 그 본질을 바꾼다. 따라서 조건 지어진 세상에서 생존하고 활동하는 것은 항상 그 제약을 상기하는 것이다. 맥락으로부터 좀더 높은 수준의 자유를 획득한다는 것은 일반적으로 안정적인 단계로 옮겨지기보다는 맥락을 좀더 유연하게 하는 것이다. 따라서 인간행위에서 볼 때 세번째 요소는 다른 두 요소의 공존을 설명해준다. 다시 말해 모든 것이 맥락적이며, 모든 맥락은 파괴될 수 있다.

이 세가지 요소로 구성된 인간행위 관념은 정신을 핵심적인 난관에 직면하게 한다. 또한 그로써 개인과 사회에 대한 이상을 이해할 수 있다.

사회를 이해하는 데 중요한 문제들은 모두 같은 데서 비롯한다. 그 문제들은 사유와 관계에서 개인적이든 집단적이든 일상적으로 활동하는 맥락들을 깨뜨릴 수 있는 존재의 행위를 설명해야 하는 어려움과 밀접한 관련이 있다. 사회와 인간성을 이해하는 데 늘 뿌리치기 힘든 유혹은 인간의 행동과 사고를 서술 가능한 하나의 구조에 의해 지배되는 것으로 취급하는 설명방식을 설명의 본질과 동일시하는 것이다. 우리가 이러한 오류를 범하는 것은 진리를 발견하고 현재의 맥락들의 한계를 넘어 결합할 수 있는 능력을 부정하는 것이나 다름없다. 혹은 우리는 이러한 구조파괴의 사건들을 보면서 마치 메타구조에 의해 지배되는 것처럼 여긴다. 그 메타구조는 왜 특정 시대에 어떤 가능한 세계가 실현되는가를 좀더 구체적으로 설명하는 데 일련의 궁극적인 제약요소일 수도 있다. 또는 그것은 한 사회질서로부터 다른 형태로의 이동을 통제하는 법칙과 같은 진화의 기획일 수도 있다. 설명의 개념을 이러한 방식의 설명으로부터 분리해내는 것이 사회사상에서 통찰의 출발점이다. 특히 사회이론가에게 그것은 가장 힘들고 어려운 과제다.

인간행위에 대한 이 같은 생각이 자체의 힘으로 이상을 만들어내지는 못한다 할지라도 이는 사회와 인간성의 이념에 대한 우리의 비전을 바꿔낸다. 우리가 단지 하나의 맥락 속에서만 활동하는 것이 아니기 때문에, 사회적 관념에 관한 우리의 견해는 우연히 살고 있는 특정 사회에 대한 투영물에 불과한 것으로 밝혀질 위험이 있다. 사회적 이념을 형성하게 하는 객관성은 절대적인 지식과 실현된 욕구를 차선으로 받아들이는 것, 즉 맥락의 포로가 되지 않는 능력과 연관되는 것이 분명하다. 이러한 요구는 서로 죄수가 되지 않으려는 우리의 욕망과 긴밀히 얽혀 있다. 심지어 우리의 실천능력의 역사와도 밀접하게 연관된다.

앞에서 서술한 인간행위에 관한 관념은 부분적으로라도 그 결과로써 정당화되어야 한다. 『정치』는 그 관념을 사회와 인간성에 관한 일반적인 견해로 전환한다. 이러한 견해의 요체는 변혁의 관점에서 실재를 이해하는 것이다. 맥락 내의 작고 끊임없는 다툼은 맥락에 대한 거대한 투쟁의 비밀을 포함하는 것으로 비칠 수 있다. 사건들을 설명할 수 있게 해주는 변혁적 변이의 체제는 맥락 파괴를 마치 그것 자체가 맥락에 지배당하는 활동으로 취급하거나 또는 그렇게 지배되지 않는 경우에는 그것을 이해할 수 없는 것으로, 즉 설명과 판단 능력의 괴리로 취급함으로써 사회와 역사를 신화화해서는 안 된다. 인간의 자유, 즉 어떤 유한한 구조에서도 벗어날 수 있다는 생소한 자유의 진리는 우리 자신과 역사를 이해하는 방식으로 받아들여져야 한다.

맥락과 우리의 관계에 대해 이러한 관점을 개진한 사회이론은 사회에 관한 자연주의적 전제라고 할 수 있는 것들을 철저하게 거부하는 이론이다. 이러한 전제와 그것을 거부한 결과에 대한 논의가 이 책의 논증에서 핵심적인 역할을 하기 때문에, 여기서 이를 시험적으로 정의해보고자 한다. 앞으로 분석이 진전되면 그 정의가 함축하는 의미의 정확성과 내용이 풍부해지면서 더욱 정교해질 것이다.

자연주의적 전제는 사회세계의 조건성을 거부한다. 그것은 특정한 형태의 사회생활을 모든 맥락 중의 한 맥락, 즉 사회적 존재의 진실되고 왜곡되지 않은 형태로 받아들인다. 자연주의적 테제(thesis)는 앞에서 서술한 맥락과 우리의 관계에 대한 설명에서 첫번째 요소를 거부함으로써 다른 요소들도 거부한다. 사회생활의 자연적 맥락은 성쇠를 겪지만 다시 만들어질 수는 없다. 이 견해에는 사회생활을 규정하는 맥락이 덜 맥락적, 즉 덜 자의적이고 덜 제한적으로 될 수 있다는 의식이 없다. 그것은 이미 실재하는 것이다.

이제 자연주의적 테제는 인간행위의 관점을 좀더 구체적이며 독립적으로 규정할 수 있을 것이다. 그것은 단순히 힘과 기만의 산물이라고 할 수 없는 인간의 삶에 질서를 부여하는 모습을 띤다. 이 질서는 권한과 권리 체계에 의해 지탱되는데, 그것은 협력·대립·서열 같은 실제 체제를 포함한다. 그것은 노동분업에서 개인이 차지하는 지위를 전체 질서 체계를 재확인하는 계기로 삼는다. 자연주의적 테제는 그 조건 내에서 일상적인 이해를 추구하면서 새로운 삶을 끊임없이 끌어낸다. 또한 사회와 인간성의 가장 깊숙한 핵심을 파악하라고 주장한다. 이와 같은 실제 사회생활의 패턴은 오염과 재생(과정)을 겪을 수 있지만 절대로 재구성될 수는 없다. 자연적 사회질서를 지지하는 것은 사회에 대한 기본적인 충성심이다.

사회의 표준적인 형식은 그것이 규정하는 것과 권력이나 기만이 확립하려고 하는 것 간의 구분을 당연한 것으로 이해한다는 점에서 자연적이다. 이는 단지 선택되거나 투쟁에 의해 야기되었다기보다 인간성과 사회에 관한 진리 속에 주어지며, 또한 마치 우리를 둘러싼 거대한 자연세계처럼 변하지 않고 단지 부분적으로만 알 수 있다. 재구성 의지와 상상력이 그것에 조금이나마 영향을 미칠 수 있다면, 그 자연질서에 단지 경미한 흠을 가할 수 있을 뿐이다.

다시 말해 사회생활의 표준적인 형식은, 탐욕스럽고 단편적인 이해관계들 그리고 그것들이 선호하는 관점의 편파성이 효과적으로 길들여지거나 지혜롭게 결합된다는 점에서 자연적이다. 자연적인 사회는 자유의지의 관점, 즉 항상 편파성과 자기주장의 관점을 넘어 이해되고 확립되는 사회다.

마지막으로, 사회생활의 표준형식이 자연적인 것은 그것이 사회에 관한 근본적인 진실을 인간성에 관한 기본적인 진실과 연결시키고 있는 것처럼 보이기 때문이다. 이 상관관계의 의미는 느슨하게 남아 있어야 하고, 이에 대해서는 다른 철학적 해석이 따르기도 한다. 그러나 자연주의적 전제의 가장 명확한 양식은 감정이나 덕과 악에 관한 적절한 질서를 인간성에 귀속시킨다. 이러한 질서는 좀더 큰 사회의 제도들을 유지시키며, 또한 그 제도들에 의해 개선된다. 자연적인 사회질서가 부과하는 요구에 적응하려는 개인의 지속적인 노력은 모호하고 불안정한 감정에 구체적이고 주술적이며 속죄 같은 영향을 미치기도 한다.

역사를 통해 볼 때, 자연주의적 전제는 대부분의 사회사상 형태에서 중심적인 요소로 존재해왔다. 현대 사회이론은 자연주의적 사고에 저항했지만, 그들의 저항은 불완전했다. 그 이론의 많은 모순과 부적합성은 이러한 저항의 불완전성에서 비롯된다. 우리는 자연주의적 사고에 대한 저항을 완성할 수 있는 길을 찾아야만 한다.

제3장

사회이론의 환경: 추가적인 출발점

만들어지고 상상된 것으로서의 사회

앞 장에서 논의한 출발점을 통해 우리는 인공물로서의 사회라는 관념을 확장하는 사회이론의 출발점으로 나아가게 된다. 사회사상과 역사사상의 현황에 대한 비판은 더 유사한 결론에 이를 수 있다. 변혁의 소명 이념을 의미 있게 만들거나 사회의 이념을 재상상하거나 실천의 제약이나 기회를 돌아보려는 노력과는 별개로 그러한 결론에 이를 수 있는 것이다.

나는 정신과 사회에 대한 근대적 관념의 역사를 자연에 관한 특정한 근대적 관점의 역사와 비교하는 데서 시작하려 한다. 이러한 비교는 이후 더욱 상세한 논의의 기초가 될 것이다. 또한 사회이론의 내적인 문제들에 대한 분석을 앞서 서두에서 제시한 인간행동의 관념과 연결해줄 것이다.

| 광의의 지적 맥락: 자명하고 무조건적인 지식의 거부

자연에 관한 기존의 이념은 진리이며 동시에 자명한 공리로부터 궁극적으로 도출되는 테제들의 체계로 받아들여졌다. 자명성은 수정불가

(incorrigibility), 바꿀 필요가 없는 진리를 함축한다. 수정불가성과 자명성은 진리를 입증한다. 물리적 세계에 대한 개별이론은 복잡한 추론과 주의깊게 분석된 관찰에 자극받아 발견되어왔을 것이다. 그러나 그것이 형성된 이후 그 이론의 기초는 자명하고 수정 불가능한 공리로 이해될 수도 있다.

유클리드 과학관은 뉴턴 역학이 자연에 대한 가장 완벽한 설명이 아닌 것으로 밝혀졌을 때 입었던 타격을 결코 회복하지 못했다. 과학에 대한 철학적인 이해는 다양한 형태로 일보 후퇴했다. 사람들은 자명성이 진리의 시금석이 아니라는 사실을 깨달았다. 즉, 물리적인 세계에 대한 어떠한 이해에도 특수사례 범주의 배제나 포기가 있을 수 있다는 것이다. 그럼에도 과학자들과 철학자들은 변화하는 과학이론의 체제 내에서 과학이나 관념을 추구하는 방법의 특질이 변화의 흐름을 벗어나 있을 거라는 희망을 품어왔다. 때때로 이러한 예외의 고안은 시간과 공간의 개념 같은 특별한 표상들에서 발견되었다. 이 표상들은 과학이론의 내용이 바뀌어도 그 핵심은 안정되게 남아 있는 이론 이전의 경험을 기술하는 것으로 추정되었다. 때로는 객관성에 대한 불변의 보증이 종종 타당성, 검증, 분별의 기준을 포함한 과학적 방법의 관념이 되었다. 어떤 주장이 이미 정립되고 불변적인 설명의 근본원리(canon)에 호소함으로써 정당화된다면 아무 문제가 없었다. 따라서 공리들로부터 자명성을 획득하는 이론체계의 관념이 일축되었다. 그것은 순화된 과학 프로그램에 길을 내주었으며, 그 프로그램은 몇몇 불변적인 요소들, 즉 기초적인 이념이나 방법의 지속적인 역할에 객관성의 희망을 걸었다.

그러나 유클리드 과학관에서 후퇴한 입장들은 일시적인 유예로 판명되었다. 과학의 영역에서 절대적 확실성의 모델을 제공해온 기하학적 관념들을 포함하여 근본 개념의 역할을 위한 모든 후보는 과학이론의 내용 변화에 취약했다. 과학이론의 내용이 바뀌어갈 때, 근본적인 과학의 이념이나 과학적 방법의 관념들 역시 느린 속도이기는 하지만 변화한다.

　과학에서 객관성과 진보의 기준은 다른 곳, 즉 스스로 수정해나가는 과학의 특성이나 특정한 실천적 관심에 따른 지속적인 자기수정 작업 속에서 발견되어야 했다. 그 관심은 세계와의 관계를 규정하는 데 지식보다 더 기본적이다. 과학에 대한 주요한 논쟁은 수정불가성이라는 오래된 이념을 지키려는 관점을 포기한 결과 나타난 지적 상황을 이해하는 방식들(실재론으로부터 회의론에 이르기까지) 사이에서 쟁점이 되었다.

　하지만 그러한 이념을 충분히 밀어내려면 객관성에 대한 대안적인 기초를 찾아내야 한다. 진리를 찾는 데에서, 즉 새로운 방식으로 사유하거나 적절치 않게 인식하더라도, 정신은 현행 신념에 완전히 매이지는 않는다. 그것은 타당성, 검증, 분별에 대한 기존의 기준들 내에서는 확인할 수 없는 통찰을 획득할 수 있다. 과거와 현재의 모든 담론 유형이 우리의 인식능력을 소진하지는 않는다. 만약 객관성이 사유의 측면에서 교정 불가능하고 자기입증적인 요소들과 결부될 수 없다면, 객관성은 통찰을 어떤 특정한 사유구조에 가두지 않는 부정의 능력(negative capability)에 해당할 것이다. 과학이 자기수정(self-correction) 과정을 촉진하는 이념과 관행의 발달을 통해 발전하는 것도 가능할 것이다. 결국 논의는 다시 원점으로 되돌아온다. 그것은 최대한의 수정가능성을 통한 객관성의 획득이다.

| 무조건적 지식의 이념을 구출해내지 못한 실책

　수정 불가능한 지식이라는 이념에서 벗어나려는 움직임으로 앞서 서두에서 기술한 무조건적인 지식이나 절대적 지식의 열망에 대한 신념은 약화될 수밖에 없다. 무조건적인 지식이란 설명의 기본구조나 타당성·검증·분별의 기준이 세계에 관한 어떤 진리도 발견할 수 있고, 방어가 가능하다는 주장과 양립 가능한 지식이다. 이런 점에서 보면 그 지식이 기본적인 방법과 가정을 뒤집지 않고서 발전할 수 있다면, 비록 불완전하지만 무조건적일 수 있다. 무조건적인 주장들의 결정적인 특성은 그것들이 의존하는 타당성·검증·분별 기준의 틀이 확정적이고 포괄적인 성격을 지닌다는 점이다. 지식이 무조건적이기 위해서는, 이 가정들은 주효하면서도(즉 효과적인 지침을 제공해주어야 하고) 동시에 충분해야 한다(즉 모두 진실되고 옹호할 만한 주장들을 수용해야 한다). 무조건적인 지식의 개념이 이렇게 정의된다면, 진리의 기준으로서 자명성의 개념이 거부된 이후에 살아남을 수 있을 것 같지 않다. 유클리드와 데카르트의 자명성 이념을 거부하는 것과 동시에 포기해야 하는 것은 동의의 기준뿐 아니라, 도전 불가능한 가정들의 이념이다.

논박의 여지가 없는 진리체계로 해석되는 절대적 준거틀(absolute frame of reference)의 관념이 무너지는 것을 막을 것이라고 기대할 수 없다. 절대적 준거틀은 세계의 모든 다른 지역적 표상과 그 자체를 설명할 수 있는 역량에 의해 객관성이 보장된다는 지식 유형과 관련된 개념이다. 우리는 우리 자신의 경험에 관해 완벽하게 이야기할 수 없다. 경험의 일부분에 대해서도 마찬가지다. 다른 완벽한 이야기들이 있을 수 있다는 것을 전제할 때에만 우리는 자신의 경험에 대해 완벽하게 이야기할 수 있다. 대안적인 완벽한 이야기들 중에서 선택해야 함에 따라 완전성과 절대적인 지식의 관계 또한 끊어진다. 더욱이 우리가 실제 관심을 갖는 객관성은 우리가 말할 수 있는 이야기들의 완전성과는 별로 관련이 없다. 하나의 완벽한 이야기는 닫힌 체계나 우연적인 과정으로 설명될 수 있는 비인간적인 자연에 관한 사실들에서 멈추지 않을 것이다.

사유나 사회생활 구조의 법칙 같은 목록에 의해 지배되지 않는 정신활동과 사회활동이 해명되어야 한다. 그것은 가장 구조의존적인 현상과 가장 구조파괴적인 현상 모두를 다룰 수 있는 상위의 관점이어야 한다. 그러나 그 메타적인 관점을 어디에서 찾을 수 있을 것인가? 좀더 완벽해지면 더욱 논쟁적이고 잠정적이게 될 것이 분명하다. 바로 이러한 이유로 대안적인 완벽한 이야기들이 제시될 것이다.

이와 동일한 관점은 다소 느슨하고 직관적으로 재차 진술될 수 있다. 자연과 사회에 관한 어떤 완벽한 이야기도 무엇보다 흥미진진한 지역적 서사의 강렬한 특성을 갖추지 못한다. 우리는 그러한 이야기의 흥미있는 부분들을 자연과학의 언어로 재진술할 수 없다. 사회와 의식에 관해 중요한 것들은, 모두는 아니지만 대부분 자연과학적 설명망을 빠져나간다. 아니면 매우 거대하고 촘촘한 망을 요구한다. 그것은 궁극적인 물리적 원인과 즉각적인 사회적·정신적 경험 간의 매개적 연결에 관한 진술을 결코 마무리 지을 수 없는 이론이다.

가장 영향력 있는 근대 사상가 다수가 절대적 준거를 개념을 재확립하고자 노력했다. 그러나 그들의 학설은 모두 내가 되풀이해서 말하는 비판에 취약한 것으로 드러났다. 완전히 서로 다른 두 철학자, 찰스 퍼스(Charles S. Peirce)와 헤겔(Hegel)의 예를 들어보자. 퍼스에게 과학에서 객관성의 기초는 최종 해답을 향한 과학적인 견해의 점진적인 수렴이 되었다. 이때 해답은 "사유로부터의 독립이 아니라 사유에서 자의적이고 개별적인 모든 것으로부터의 독립이었다." 그것은 임의적이고 개별적인 것으로부터의 독립을 제한적인 전제들로부터 고도의 자율성을 유지하는 것으로 해석하는 퍼스의 핵심적인 통찰에서 크게 벗어나지 않는다. 이 자율성은 사유의 역사에서 한번에 완성되는 결과라기보다는 지속적인 과정 그리고 이 과정을 지배하는 규제적인 이념으로 이해될 수 있다. 확실치는 않지만 헤겔의 절대적 통찰의 관념에 대해서도 같은 얘기를 할 수 있다. 이러한 관념을 완벽하고 무조건적인 지식으로 해석할 수 있지만, 우리는 그것을 우리가 실제로는 결코 도달할 수 없는 어떤 이념적인 한계로 해석할 수도 있기 때문이다. 그것은 맥락을 해체하는 부정적이고 점증적인 실천의 거울 이미지이며, 정신과 사회에 관한 헤겔의 세부적인 연구에서 매우 중대한 역할을 한다.

우리의 자연관의 역사는 결국 다음 사항을 시사한다. 무조건적 지식이라는 이념은 진리의 기준으로서 자명성의 개념이 거부된 이후에는 살아남을 수 없으며, 모든 이야기에 관한 하나의 완벽한 이야기로서의 무조건적 지식을 기대할 수 없듯이 수정 불가능한 통찰로서의 무조건적 지식을 기대할 수 없다. 또한 이 두가지 의미 중 무엇에 의거하든 절대적 준거틀을 추구하는 일을 포기한다고 해서 축적된 통찰의 가능성을 훼손하는 것이 아니고 오히려 평범하고 현실적인 객관성의 개념을 제공해주며, 우리가 우연히 계승한 기본적인 가정들에 의해 결정적이고 완벽하게 구속되지 않는다는 점을 확증해준다. 마지막으로 그와 같이 이해되는 객관성은 수정불가능성이 아니라 수정가능성을 함축한다. 이러한 관점은, 비록 극단적인 회의주의나 교조주의를 제외하고 과학철학에서 결정을 유보하지만, 그것에 적대적인 것처럼 보이는 몇몇 유명한 철학적 원리와 조화될 수 있다.

| 무조건적 지식이라는 이념의 거부에서 자연주의적 사회관의 포기로

자연주의적 전제는 세계 역사에서 가장 영향력 있는 형태의 사회사상을 지배해왔다. 신적 제재(divine sanction)에 호소하든 안 하든, 지배적인 학설(doctrine)들은 문명의 자연적인 형태로 제시되는 사회생활양식을 그려왔다. 사회의 핵심적인 형태는 타락이나 쇄신을 거칠 수 있다. 그러나 근본적으로 다시 만들어지거나 상상될 수는 없었다.

이 학설들은 사회적이면서 동시에 사적인 메시지를 가졌다. 여기서는 저마다 인간생활의 개별적인 질서를 인간이 지닌 가능성의 보편적인 이미지로 바꿔냈다. 이미지를 형성할 때에는 특정 공동체의 전통을 집단적인 기회들의 세계를 정의하는 것으로 다루었다. 그러나 사회질서가 타락할 수 있다는 점을 인정했기 때문에, 당대의 사회적 관행을 바람직한 인간관계의 기본원리에서 이탈한 것으로 비난할 수 있었다. 올바른 사회질서가 정당하고 유용한 방식으로 정서를 형성하는 데 도움을 주었다. 또한 이러한 정서는 표준적인 사회체계의 삶을 새롭게 했다. 모든 것이 원만할 때 사회분할과 위계질서는 유지될 수 있었고, 이는 정신의 위계질서에 의해 지지되었다.

이러한 신념은 유클리드 과학관과 긴밀하게 짝을 이룬다. 그리고 진리의 심사기준으로 자명성에 의존한다. 좀더 일반적으로 말하자면 이러한 신념은 절대적인 준거들을 제공하는데, 이는 제한적이기는 하지만 인간의 가치와 가능성에 대해 무조건적인 기준을 부과하는 사회질서의 이미지다. 의심의 여지없이, 자연과학의 영역에서 자연주의적 전제를 점차 포기하게 된 것은 사회이론의 영역에서 자연주의적 전제를 포기한 것에 필적할 만하다.

근대 사회사상에서 탁월하고 강력한 것은 모두 대체로 사회에 대한 자연주의적 견해를 거부해온 역사다. 즉, 새로운 사상운동은 여전히 자연주의적 전제들을 포함하는 이전의 사상들을 공격해온 역사다. 사회에 관한 근대적 사고에는 인간이 사회를 만들었기 때문에 그것을 이해할 수 있다는 비코(Vico)의 진술 속에 들어 있는 원리가 끊임없이 발전해왔음을 보여주는 것이 많다. 그러나 오늘날까지도 이러한 이념이 여전히 마지막 지점까지 이르지 못했다. 사회에 관한 자연주의적 견해에 대한 투쟁이 최고조에 이르렀을 때, 비코의 원리는 이질적인 관념과 이해관계의 마법에 사로잡혔다. 따라서 자연주의 이론과 일련의 타협을 벌였다. 이러한 타협안이 이전의 자연주의적 원리와 관계를 맺는 특징이나 동기를 보면, 유클리드 과학관에서 후퇴한 초기의 입장과 유사하다. 이는 사회적·역사적 설명을 심층적인 경제적·조직적·심리적 제약 요인들에 의존하게 만들었는데, 그 요인들은 사회조직의 유형이나 단계의 목록을 만들어내는 것으로 여겨졌다. 이러한 은폐된 지침으로 역사적 사건이나 사회적 사실을 밝히지 못하는 경우에는 좀더 약하고 맥락적인 설명에 의존할 수밖에 없었다.

자연주의적 견해와의 타협전략의 첫번째 사례는 정신과 행동의 기본적인 법칙을 밝혀줄 인간본성 내지는 도덕에 관한 과학이라는 관념이었다(예컨대 인성학ethology[4]이라는 근본학문에 관한 밀Mill의 사고를 들 수 있다). 개별 사회들은 이러한 근본과학(foundational science)에 의해 기술된 핵심 테마들의 변형으로 묘사될 수 있었다. 이러한 생각이 작동하기 위해서는 과학이 역사와 사회에서 가장 중요한 것들을 설명할 수 있다고 믿어야 했다. 그외는 별로 중요하지 않거나 변형된 것에 불과할 것이다. 인류학적 발견과 문헌적 발견에 의해 더욱 확대되었던 역사학에서의 낭만주의 사조는 이러한 기획에 대해 본질적인 도전을 해왔다. 즉, 인간으로 살아가는 데는 매우 다양한 방식이 있다는 것이다. 그리고 그 방식들 사이의 차이점은 사소한 것이 아니라 핵심적이라는 것이다.

근대 서구 사회사상사에 나타난 자연주의적 사회관과의 두번째 타협

---

4) 『논리의 체계』에서 집단심리학에 반대하여 밀이 제안한 학문 명칭이며, 오늘날 동물행태학으로 번역되는 동일한 명칭의 학문과 구별된다 ― 옮긴이.

형태는 생산·조직·교환이라는 실제의 사회적 요구에 바탕을 둔 일련의 규제 개념이었다. 고전 정치경제학은 두번째 타협과 첫번째 타협 간의 수렴에서 탄생했다. 두번째 타협에 대한 주요 반론은 실천적인 명령과 이 명령에 의해 형성되는 사회의 실제적 형태의 관계가 느슨하다는 것이었다. 동일한 실천적 과제를 실행하는 데 너무 많은 사회적 노선이 있는 것처럼 보였다.

세번째 주요한 타협은 이 전환의 제약요인이 스스로 축적 방향을 가진다고 사람들이 믿게 되면서 등장했다. 이 입장에 따르면 사회세계는 자연적인 연속성을 가지며, 해체될 수 없는 제도적 속성의 체계다. 19세기 서구세계의 식민지 전성기에는, 정복자인 서구 열강들이 누렸던 생활과 신념의 양식이 전세계에 걸쳐 받아들여지는 것처럼 보였기에 그런 믿음이 지지를 받았다.

두번째 타협과 세번째 타협의 결합은 19세기 후반과 20세기 초반 주요 사회이론들에 영향을 미쳤다. 이 이론들에 대해서는 다음 절에서 사회의 심층구조(deep-structure) 내지 심층논리(deep-logic) 이론으로서 상세히 논의할 것이다. 마르크스주의가 가장 중요한 예다. 역사는 이러한 심층구조이론들이 제시한 대로 진행되지 않았다. 예정된 전환과정에서 벗어나는 사건들이 나타났으며, 그 결과 인류가 거쳐야 하고 선택해야 했던 것으로 예정된 단계 중 어느 것에도 부합하지 않는 사회세계들이 등장했다.

오늘날 이 타협들은 본질적으로 지적 궁지상태로 간신히 살아남았다. 심층논리 사회이론의 옹호자들은 마르크스주의 같은 요지부동의 교리를 따르며 현실을 부정하든가 아니면 이 교리들을 해체하여 은유와 암시의 연못에 모아놓고는 교리에 어긋나는 사실들을 포용하려는 시도 사이에서 갈팡질팡한다. 경제학의 주류는 물적·조직적 제약요인들에 관한 과학에 정신과학을 결합하려는 목표를 포기해왔다. 그 대신, 사회생활에 관한 실질적인 경험적·규범적 논쟁을 위한 분석 중립성의 전략에서 피난처를 구했다. 초기 고전주의의 야심은 지배엘리트(이들은 자신들이 이론적 편견으로부터 자유롭다고 생각한다)의 편견과 구호 속에 그리고 거시경제학의 간편한 전략 속에 남아 있다. 마지막으로 정신과 도덕에 관한 근본학문이라는 이념은 개인심리학과 정신의학의 주요 전통에서 간간이 나타난다. 그러나 그것은 사회에 대한 이해와 희미하게 연결된다. 수많은 자기만족적인 연구자들은 좀더 고차원적인 사회이론에 의해서 만들어진 자의적·제약적 가정들로부터 자유롭다고 확신하면서 경험론적 사회과학을 수행한다. 그러나 그들의 설명은 개인성이나 사회를 상상하는 대안적인 방법이라기보다는 이 장의 뒷부분에서 기술할 퇴행적 입장의 다소 혼동스럽고 어중간한 결합이라는 점이 밝혀졌다.

이 책의 요점을 이해하는 또다른 방식은 반자연주의적인 사회이념을 극단까지 밀고 나가는 시도로 독해하는 것이다. 그 주장은 인공물로서의 사회 관념에 대한 옹호를 거부하는 견해를 기대한다. 이 이론적 기획은 인공물로서의 사회관의 불완전한 실현이 중단된 곳, 즉 자연주의적 접근으로부터 절반쯤 이탈한 곳에서부터 계속 나아갈 수 있을 것이다. 결국 자연주의적 전제가 거부되면, 개인성에 관한 견해, 실천적 제약에 대한 분석, 변혁의 축적된 영향력에 대한 인식은 자연주의 관념의 잔재를 일소하고 다시 수용될 것이다. 사회적·역사적 설명은 가능한 사회세계들의 한계를 정하거나 실제 사회질서들의 필연적인 연속성을 결정할 것을 주장하는 법칙 등의 관념에 더이상 의존하지 않게 되는 것이다.

이러한 정신에 입각해서 사회를 이해한다는 것은 사회사상에서 진리의 입증기준으로서 수정불가능성에 호소하거나 절대적인 준거틀을 추구하는 유클리드 과학관을 완전히 포기하는 대안적 사고를 나타낸다. 한때 사람들은 과학에 대한 유클리드적 관점을 포기하는 것이 모든 종류의 회의주의를 받아들이게 될 것이라고 꺼려했다. 나중에 그들은 수정불가능성으로서의 객관성 개념을 거부함으로써 극단적인 형태의 수정가능성으로서의 객관성 개념을 회복할 수 있다는 사실을 깨닫게 되었다. 그래서 오늘날에는 자연주의적 전제와의 남아 있는 모든 연관성을 단절시키면 사회를 상상하거나 사회의 이념을 공식화하는 방법이 우리에게 남아 있지 않게 되는 것처럼 보일 수도 있다.

일반적으로 우리는 능동적으로 반응할 수 있는 무질서해 보이는 현실의 척도만을 자신의 사고 속에서 인정한다. 현실에 대한 지각(perception)을 제한하는 것은 지적 생존의 자연스러운 전략이다. 정신은 그것이 상상 속에서 질서를 세우는 것보다 더 큰 것에 의해 압도되는 것을 두려워한다. 그러나 때때로 상상력의 경계에 이르지 않고서는 사물들이 어떻게 질서 지어질 수 있는가에 관한 생각을 다듬고 현실에 대한 통찰을 확장하는 것을 기대하기 힘들 것이다.

오늘날 사회이론은 두 방법 중에서 선택해야 한다. 하나는 자연주의적 전제들과의 타협을 고수하면서 강제적 연속성이나 가능한 사회세계들의 비전의 관점에서 사회를 상상하는 것이다. 이 길을 선택한다면, 이 책의 다음 장들에서 그 특징을 기술하겠지만, 지적인 모호성이나 목적의 상실 같은 촘촘한 그물망에 엉키게 될 것이다. 이와 달리 모든 타협을 거부하고 근대 사회사상 초기의 반자연주의적 노선을 최후의 한계까지 밀어붙이면서 어떤 사태가 발생하는지 바라볼 수도 있다.

이제부터는 20세기 말 사회사상의 환경을 상세히 논의하고자 한다. 이 논의는 사회에 관한 사고영역에서 이러한 환경에 대응하고자 하는 노력이 사회이론을 재구성하기 위한 출발점 —— 가장 허무한 것으로 여겨지지만 가장 구성적인 출발점 —— 을 어떻게 제시하는지 보여준다. 좀 더 실천적인 출발점에 설 때 유사한 관심이나 사고에 도달할 수 있는 것처럼, 이론 자체 내에서도 다른 학문분과들의 내적인 문제에서 출발해 유사한 결론에 이를 수 있을 것이다.

심층구조 사회이론

근대 사회사상사를 지배한 것은 사회에 대한 자연주의적 관점의 부분적인 해체와 복원, 이 두가지였다. 그중 하나는 심층구조(deep-structure) 혹은 심층논리(deep-logic) 사회이론의 실천으로, 점점 더 희석되고 모호한 형태를 취해왔다. 또다른 것은 관행적·경험주의적·실증주의적 사회과학으로, 그 이론적 의제, 방법 및 자아관념은 주로 심층논리 전통의 실패로 인해 형성되어왔다. 심층구조 사회분석과 종래의 사회과학 간의 결정적인 차이점은 사회생활의 일상에서 떨어져 있으면서 이 일상을 형성하는 제도적·상상적 구조들에 대한 각각의 태도에 있다.

이 절에서는 심층구조 분석의 주요 특징을 검토하고자 한다. 마르크스주의는 가장 발전되고 영향력 있는 사례로 활용될 것이다. 그러나 다른 많은 유명한 현대 사회이론 역시 심층논리 방법과 원리를 제시한다. 특히 뒤르켐(Durkheim)이 『사회분업론』에서 제시한 사회이론은 그 독특한 설명과 정치적 의도가 마르크스의 이론과 매우 다르지만, 마르크스주의를 대체할 첫번째 예가 될 수 있다. 더욱이 분명한 것은 마르크스와 그 추종자들이 내놓은 저작의 많은 부분이 심층구조 분석의 교의(tenet)에 동화되는 것을 반대할 뿐만 아니라 그 교의를 공격할 수 있는 도구를 제공한다는 점이다. 다음 절에서는 마르크스주의의 진화로부터 배울 수 있는 교훈을 탐구할 것이다. 이 논의는 어떤 이론가도 완전히 받아들인 적이 없지만 많은 이론가가 사회와 역사에 관한 일반화의 기반으로서 암묵적으로 다루어온 접근방법에 초점을 맞출 것이다.

심층구조 사회분석은 세가지 순환적인 이론적 해법에 집중했다고 볼 수 있다. 이러한 해법들이 서로 환원될 수 있는 것은 아니다. 그것들은 결합되어 사회와 역사의 설명을 위한 하나의 특수한 접근방법이 된다. 이러한 접근은 어려움은 많지만 탐구할 가치가 충분하다. 놀랄 만한 영향력 때문만이 아니라, 이론의 일반화나 야심의 차원에서 비견할 만한 대안을 찾을 수 없기 때문이다.

| 일상과 구조틀의 구별

심층구조 사회이론의 첫번째 독특한 정신적 기능은 모든 역사적 환경에서 형성적 맥락, 구조 또는 구조틀을 이 맥락에 의해 재생산되는 일상의 활동과 구별해내려는 시도다. 이 일상 가운데 가장 중요한 것은 사회의 현재에서 사회의 미래를 지속적으로 창출해내는, 갈등과 타협의 반복적인 실천이다. 여기에는 상품과 노동의 교환방식 그리고 권력의 획득과 행사만이 아니라 규범적인(법적·도덕적·신학적) 논쟁의 방법까지 포함된다. 이를 묘사하는 것은 사회를 형성하는 주요 자원(경제자본, 국가권력, 실천적 지식, 수용된 도덕적·사회적 이념)의 관행적 경향을 기술하는 것이다.

심층구조 분석은 사회생활의 일상과 구조틀의 차이를 강조한다. 이 구조틀은 독특하기는 하나, 곧 알게 되겠지만 유일한 것은 아니다. 심층논리 이론은 처음부터 인간생활의 단일하고 표준적인 질서에 대한 자연주의적 공약을 거부하기 때문이다. 그것은 역사에서 만들어진 사회세계에서 불연속성을 인식하는 능력, 즉 인류의 문제에 대해 진정으로 고유한 해결책을 그 세계 속에서 발견하는 능력에 자부심을 갖는다.

이 형성적 맥락들은 각각 실천적이고 상상적인 일상생활을 풍부하게 형성하고 유지하도록 하는 능력과, 이에 상응하여 혼란에 저항하는 경향을 보여준다. 구조틀은 낮은 차원의 갈등이나 타협의 효과에 취약하지 않다. 따라서 일상에서 일어나는 논쟁이나 결합과 어떤 기본적인 구조를 다른 것으로 대체하는 혁명적인 변혁 간에는 첨예한 차이점이 존재한다. 또한 어떻게 그러한 변혁이 이루어지는가를 설명하는 데에는 특별한 이론이 필요하다.

형성적 맥락은 제도적 장치 내지 비제도적 사회 관행뿐만 아니라 가능하고도 바람직한 인적 결합 형태에 관한 상상적인 가정들로 구성될 수 있다. 심층논리 이론은 구조틀 그리고 그 자체의 방식으로 그 구조틀을 구성하는 요소들의 상대적 영향력을 그려낸다. 이 그림은 이미 어떻게 그러한 구조틀들이 만들어지고 다시 만들어지는가에 대한 설명을 함축한다.

마르크스의 역사이론에서 형성적인 맥락에 해당하는 것은 생산양식이다. 역사변화에 관한 마르크스의 이론에 따르면, 각 생산양식에서 가장 중요한 요소는 노동과 자본의 체제, 좀더 구체적으로 표현하면 생산요소는 각 계급과의 관계를 통제하는 법적·제도적 장치들이다. 가장 중요한 일상생활은 생산과 교환의 일상적인 형식이다. 특히 어떤 계급(즉, 사회적 노동분업에서 표준적인 위치를 차지하는 사람들)이 다른 계급의 노동이나 그 노동의 산물에 대한 통제력을 확보하는 반복적인 거래가 중요하다. 그러나 생산양식은 생산조직을 넘어 사회생활에 영향을 미치며, 사회생활의 가장 내밀하고 파악하기 힘든 측면까지 영향력을 발휘한다.

여기서 마르크스 (이론)체계의 상당 부분을 차지하는 설명적 추론들과 연계시키지 않고, 한 생산양식의 제한적인 제도와 결과적인 일상의 구별을 언급한다는 것이 낯설게 보일 것이다. 다시 말해 마르크스의 생각은 하나의 생산양식이 생산력 발전에 장애가 되면 다른 생산양식으로 대체되기 시작하며, 그 생산양식 내에서 다음 단계의 생산양식으로 전환하려는 관심과 역량을 지닌 계급이 생성된다는 것이다. 하지만 이 생각은 마르크스 이론 고유의 기능주의적 측면이다. 즉, 하나의 생산양식의 출현은 그 양식이 생산력을 최대한 발전시킨 결과로 설명되는 것이다. 이때 결과가 어떻게 원인으로 작용하는지를 보여주기 위해 계급의 이해관계와 갈등을 활용한다. 하지만 여기서 나는 마르크스주의 내에서도 심층구조적 해법들이 기능주의적 이야기보다 더 근본적이라는 점을 보여주고자 한다.

| 일반유형의 사례로서 개별 구조틀

심층구조 이론을 특징짓는 두번째 정신적 기능은 특별한 환경에서 확인되는 구조틀을 자본주의처럼 반복적이고 불가분적인 사회조직의 유형으로 표현해내려는 노력이다. 심층구조 사회이론에는 두가지 중요한 형태가 있다. 하나는 진화론적, 다른 하나는 비진화론적이다. 이들 각각은 개별 구조틀이 예시하는 유형을 구분해 보여준다. 비진화론적인 해석은 필연적인 연속성에 들어맞지 않는 가능한 구조틀의 한정된 목록을 확인한다. 진화론적인 해석은 사회조직의 강제적·세계사적 연속성을 믿으며 각 단계를 하나의 유형으로 본다.

비진화론적인 해석에서는 필히 유형의 반복적인 특성이 드러난다. 환경에 맞게 사회조직의 형태는 되풀이될 수 있다. 하지만 진화론적인 해석에서도 반복가능성이 적용된다. 그 이론이 되돌릴 수 없는 역사적 연속성을 주장할 때조차도, 서로 다른 국가가 다른 시기에 필연적인 단계를 거치게 될 것이라고 주장하는 것처럼 보인다. 이러한 인식은 역사적 개연성에 대한 양보 이상을 보여준다. 또한 그것은 어떤 구조틀을 단순히 하나의 역사에서 나온 하나의 결과로 취급하기를 거부하는 설명적 접근방법을 지지한다.

불가분성(indivisibility)은 심층구조 분석이 요구하는 설명적 역할을 수행하기 위해 구조틀이 반드시 지녀야 하는 또다른 특성이다. 형성적 맥락은 단일한 파트로 유지되든가 폐기되어야 한다. 만일 그것이 이 원자적 속성을 결여하고 있다면, 가능한 사회조직 유형들의 한정된 목록이라는 관념이나 사회조직의 강제적인 단계적 연속성의 관념이 유지되기 힘들 것이다. 가능한 사회세계와 진화의 궤도가 너무 많기 때문이다.

마르크스 역사이론의 많은 부분은 심층구조 분석의 진화론적 해석으로 이해될 수 있다. 생산양식은 어느 단계에 이르는데, 그 단계는 일련의 제도 장치와 사회생산력의 발전 수준이 얼마나 잘 부합하는가에 따라 결정된다. 자본주의는 영국이나 이탈리아의 자본주의든 중국의 자본주의든 같다고 전제한다. "아시아적 생산양식"에 관한 논쟁처럼 마르크스주의 내부에서 일어난 논쟁들은 역사적으로 드러난 이 이론의 난점을 이미 제시한다. 즉, 자본주의 국가경제체 사이의 위계질서를 이해하려는 시도는 문제를 더 복잡하게 한다. 만일 생산양식이 각기 단일한 원천으로부터 확산될 뿐만 아니라 독립적인 원천에서 발생한다는 사실이 밝혀진다면, 각 양식은 일반적이고 반복적인 유형을 나타낸다는 테제가 강화될 것이다. 하지만 아무리 독자적인 기원의 중요성이 강조되어도 심층구조 분석은 자본주의에 관한 어떤 결정적인 것도 그 원형인 유럽에 물으려 하지 않는다.

생산양식은 또한 불가분한 것이기도 하다. 그 요소 중 일부가 다른 것들보다 앞서 공격을 받을 수는 있다. 그러나 한번 공격이 시작되면, 일

시적으로 위축되거나 이미 한계에 이른 단계가 다른 단계로 대체되고
마는 게 확실하다. 생산관계 체계를 건드리지 않는 논쟁이나 개혁 그리
고 생산양식의 다음 단계로 나아가는 혁명적 투쟁이나 발견(발명이기
보다는 발견) 사이에는 근본적인 차이가 있다는 추론이 있다. 또다른
추론은 혼합적인 생산양식은 불안정하고 가변적인 형태이거나 또다른
지배적인 생산양식의 부수적 산물이라는 것이다. 『정치』의 후반부에서
중요한 역할을 하는 사례는 소규모 상품생산(petty commodity produc-
tion)이다. 그것은 고용되어 일하지도 않고 다수의 종속적인 임금노동
자들을 (비호혜적으로) 통제하지도 않는 독립적인 생산자들의 체계 같
은 것이다.

| 법칙적인 설명의 주제로서 일반유형들

심층구조 사회분석의 세번째 특징적인 해법은 반복적이고 불가분한
구조들의 한정된 목록이나 피할 수 없는 결과를 가져오는 심층적인 제
약과 발전법칙에 의거한다. 이 구조들의 내적인 구성에 관한 견해와 그
생성 및 변혁에 관한 이론은 상호 보완적이다.

비진화론적인 심층구조 분석은 가능한 사회질서들의 목록을 제한하
고 여러 복합형태를 제외하여 그 목록 구성을 결정하는 저변의 제약요
인에 의거해야 한다. 이 제약들은 경제적·조직적 또는 심지어 심리적일
수 있다. 이론이 더욱 흥미로울수록, 이 궁극적인 제약요인들과 특정 사
회세계의 관찰가능한 특징들을 연결시키는 인과적 연계고리는 더욱 견
고하게 정의될 것이다. 또한 그 이론은 아직 정착되지 않은 특정 형태의
사회생활을 가능한 것으로 정의하는 반면 다른 것들은 불가능한 것으
로 배제하여 그런 도입 시도를 부질없는 것으로 만든다. 만약 가능한 사
회를 모색하는 이론가가 아주 야심적이라면, 왜 가능한 조직형태가 특

정한 환경에서 실현되는지 설명할 수도 있다. 그러나 이 설명은 개별적이거나 단편적일 것이다. 그러므로 이론적 노력에 대한 설명보다 발생가능한 것들의 구성을 설명하는 것이 더욱 중요하다.

진화론적인 심층구조 분석은 특정 구조틀이 특정 결과를 생성한다는 법칙 같은 설명을 전개해야만 한다. 설명의 목적은 실제 발생한 것을 사회생활의 특정한 구조틀의 미완성된 모호한 과정으로 표현하고, 이 진행과정을 역량과 통찰이 전개되는 발전논리나 축적적인 인과적 영향력의 발전논리 탓으로 돌리는 것이다. 마르크스는 그러한 설명을 제공했다. 그 내용은 심층구조 분석과 기능주의적 설명의 관계를 논의할 때, 좀더 상세히 다루도록 하겠다.

심층구조 분석의 진화론적·비진화론적 형태 모두 역사행위자들의 의도나 이해와는 거리가 먼 법칙이나 제약에 기댈 수밖에 없다. 사람들은 예외적으로 새로운 사회생활의 구조를 열망하거나 새로운 구조틀의 발명과 특정한 기능이나 이해관계의 전개 사이의 관계를 파악하려고 할 것이다. 그러나 그들은 하나의 단일한 축적적 궤도에 있다는 것을 의식하지 못하거나 그러한 정의에 동의하지 않는다. 또한 목표와 결과는 서로 상충되는 것처럼 보인다. 심층논리 이론이 관심을 유발할 때, 즉 기존 제도에 그럴듯한 필연성의 외관을 부여하는 것 이상의 일을 할 때, 그것은 비밀스런 지식이며 상식적인 경험의 관점으로부터 이탈할 것을 요구한다.

심층구조 사회이론의 두번째와 세번째 해법, 즉 반복적이고 불가분적인 유형 아래 놓여 있는 개별적인 구조틀의 전제와 심층적인 법칙이나 제약에 대한 의존은 밀접하게 연계된다. 이 둘이 없다면, 심층구조 이론가는 사회생활을 형성하는 구조와 이미 형성된 일상 간의 차이를 존중하는 것과 설명의 일반화를 결합하지 못한다. 그리고 구조틀의 변화와 구조틀 내에서의 변화 간에 존재하는 차이의 중요성을 간과하는 일반화의 설명방식에 빠지게 된다. 결국 그는 구조틀 간의 불연속성과 그 구조틀들이 지탱해주는 삶, 사상 및 감성의 전체 형식들 간의 불연속성을 기술하고 이해하는 수단을 잃고 마는 것이다. 일반화된 설명에서 구조틀과 일상의 구별을 제거하려는 이러한 시도의 첫번째 결과는 관습의 다양성을 설명할 수 있는 정신과 행동의 통합된 과학(unified science)이라는 옛 기획으로 되돌아갈 수 있다는 것이다. 또다른 결과는 뒤에 논의할 실증주의 사회과학과 고답적인 역사 서술에서 좀더 온건한 설명에 안주하게 될 것이다. 그것의 특수한 형태가 무엇이든 간에, 형성하는 것과 형성되는 것 사이에 존재하는 차이를 무시하는 것은 사회생활의 과거 구조틀 간의 근본적인 차이점을 인식하는 우리 능력을 위협하는 것이다. 또한 우리 자신의 사회를 다시 만들려는 우리의 능력에 대한 자각을 훼손하는 것이다. 구조적 다양성에 대한 상상력 없이는 이론적인 논쟁뿐만 아니라 현실정치에서의 승산도 줄어들 것이다.

| 심층구조 분석의 한계들

다음 절들에서는 심층논리 사회이론이 구조적 다양성이라는 관념을 수용하는 데 너무 큰 댓가를 치러야 한다는 사실을 보여줄 것이다. 이러한 댓가의 일부는 기술적이고 설명적인 개연성의 상실이다. 사실은 쉽사리 들어맞지 않는다. 이러한 댓가의 또다른 부분은 심층구조 분석이 구조적 다양성을 상상하는 것 그 자체에 부과하는 제약과 관련이 있다. 그것은 구조들의 한정된 목록이라는 관념에 의존한다. 그것은 일반화의 설명을 의식적 행위나 작업보다 훨씬 상위에 있는 각본에 의존하게 한다. 그것은 형성적 맥락들의 내용뿐만 아니라 특성이 역사 속에서 파악될 수 있다는 점을 이해하는 데 실패한다. 사회생활의 제도적·상상적 질서가 우리를 수동성으로 이끄는 정도에 따라, 아니면 이와 반대로 도전과 변혁을 가능하게 하는 정도에 따라 다양한 변형이 뒤따른다. 이 모든 방향에서, 심층구조의 전통은 자연주의적 전제의 거부를 제한하면서, 이론의 과학적 장치를 위해 사회질서란 당연한 것이 아니라 만들어지고 상상된 것이라는 관념의 상당 부분을 희생시킨다.

『정치』의 주요 목적은 설명적 관행을 발전시키고 예시하는 것으로, 구조틀과 일상을 구분하는 첫번째 심층구조 사회이론을 보존하고 다른 두 해법을 대안적인 일반화 스타일로 대체하는 것이다. 이론적인 정확성보다 더 큰 문제는 우리가 그런 방향전환을 해낼 수 있는가 여부다. 처음부터 심층논리 사회이론은 급진적 기획 내지 모더니스트 비전의 정신이라고 불리는 이론적 도구였다. 그것은 엄격한 사회분할과 위계질서 및 고정된 사회적 역할을 점차적으로 해체함으로써 개인적·집단적 역량강화를 추구하는 시도다. 심층구조 사회이론의 설명 실패는 이 기획의 발전을 위태롭게 한다. 변혁 실천에 관한 논의에서 이미 제시한 것처럼, 이 실패는 좌파와 모더니스트 프로그램의 현실화를 방해하는 편견과 전술을 부추기기 때문이다.

모더니스트 비전가들의 시도에 대한 심층구조 분석의 가장 심각한 위험요인은 바로 구조적 다양성에 대한 우리의 통찰을 축소시키는 것이다. 즉, 역사적 가능성의 인식에 부과되는 폐쇄성, 설명적 서술에 대한 의존성, 형성적인 것과 형성된 것 간의 관계나 사회구조와 인간행위자 간의 관계가 어떻게 또 왜 변화하는지를 파악하지 못하는 무능력이다. 심층구조 사회이론은 정치적 전략의 방향을 잃게 하고 프로그램적 사고를 황폐화하는데, 이 두가지를 사회질서의 기존 목록이나 결과에 복속시키기 때문이다. 무엇보다도 이러한 위험성은 좌파운동, 즉 급진적 기획의 주요 담지자들이 심층구조 사회이론의 가장 발달된 형태인 마르크스주의에 의존하는 데에서 가장 분명하게 드러난다.

│ 심층구조 분석과 기능적 설명

기능적 설명의 문제점은 심층구조 사회분석에 대한 논의와 연관된다. 내가 심층구조적이라고 지칭한 전통은 종종 기능주의적 설명과 결부된다. 그 결합은 항구적이며, 기능적 설명의 난점이 너무나도 익숙하기 때문에 그에 대한 비판은 심층구조라는 해법에 대한 비판을 압도해 버린다.

기능적 설명은 사태가 만들어낸 결과를 가지고 그 사태의 출현이나 영속성을 설명한다. 결과가 원인으로 작동한다. 만약 행동이 의도적이라면, 결과가 인과력을 얻는 메커니즘은 간단하다. 행위자가 의도한 결과가 행위의 동기로서 작동하며, 자신의 환경에 대한 행위자의 통제는 그에게 자신의 의도를 수행할 수 있게 해준다. 그러나 우리가 의도성의 전형 사례에서 벗어나 사회와 역사에 대한 연구로 더 나아갈수록, 기능주의적 설명의 유용성에 대한 논란은 더욱 커지게 된다. 만약 행위주체로 작동하는 개인이나 집단이 명확하지 않거나 환경에 대한 그의 통제력이 약해진다면, 또 인과적인 사건이 많고 복잡하여 의도와 결과를 연결할 수 없으면, 논란이 일어난다. 의도적 행위와의 연결고리가 사라진다면, 사회나 역사 연구에서 기능적 설명은 자연적 선택을 대체하는 사회적 대용물에 기대어 정당화될 것이다.

심층구조 사회분석에 가장 잘 부합하는 기능주의적 설명형태는 세가지 개념과 결부된다. 다시 말해, 마르크스의 역사이론이 가장 분명한 예를 제공한다. 첫번째 개념은 실재나 성공의 기준이다. 마르크스 이론에서 생산력의 극대화를 찾아 읽어보라. 두번째 핵심적인 개념은 반응의 기준, 즉 그 기준이 충족되었다는 사실을 확증할 수 있는 상태다. 생산양식을 읽어보라. 그것은 사람들 간의 관계를 다루는데, 비록 노동조직과 생산물의 교환에 집중되어 있지만, 좀더 광범위한 영향력의 그물망에서는 삶 전체를 함축한다. 그 체계의 중심 무게는 세번째 개념에 의해 지탱되는데 그것은 오랜 시간에 걸쳐 사태가 실재나 성공의 기준을 충족시키기 위해 어떻게 적용하는지 말해준다.

생산양식은 특정한 계급관계를 보여준다. 이 계급관계의 체계는 점차적으로 사회생산력의 발전을 방해하기 시작한다. 이때 기존의 생산양식을 전복하는 데 특별한 관심을 갖는 새로운 계급이 등장하는데, 이들의 관심은 인류의 생산능력 발전에 대한 보편적인 인간의 관심과 일치한다.

이 이야기는 기능주의적이다. 왜냐하면 그것은 각 생산양식의 발생과 지속뿐만 아니라 모든 양식이 뒤따르는 세계사적 연속성을 궁극적으로 주어진 단계에서 그 사회의 생산력을 최대한 확장하는 데 기여한 결과로 설명하기 때문이다. 그러나 영향력이 대단히 큰 다른 사회이론들처럼, 마르크스주의에서 기능주의적 이야기는 심층구조의 전제에 달려 있다. 낱낱의 제도적 장치보다는 오직 불가분하며 반복적인 구조틀, 즉 생산양식만이 설명적인 결과(생산력의 최상의 발전)를 이끌어낼 수 있다는 테제는 기능주의적 설명이 아니라 심층구조의 해법에서 비롯된다. 마르크스 이론에서 아주 낯익은 기능주의적 주장의 많은 부분은 그러한 암묵적인 심층구조적 전제들에 의존한다.

생산력과 생산양식에 관한 이야기처럼 기능주의적 서사에 대해 가장 명백하고 힘겨운 이의제기는, 결과가 원인으로 작용한다는 기능주의의 전통적 수수께끼보다는 그 이야기의 심층구조적 배경과 더 깊이 관련된다. 실천능력의 체제와 수준은 단지 어떤 독특한 체제가 아니라 대안적인 제도 장치들의 체제에 의해 특징적으로 실현될 수 있다. 그러므로 많은 비수렴적인 제도 노선 역시 유사한 실천능력의 발전에 도달할 수 있다. 그 가능성을 인식하는 방법에서 마르크스 이론의 측면은 기능주의적 양식이 아니라 심층구조적 교리다.

마르크스의 역사이론을 개선해서 대안적인 생산양식과 그 결과들이 유사한 수준으로 생산력 발달을 실현할 수 있다는 생각에 부합한다고 가정해보자. 그렇다면, 기능주의의 전통적인 수수께끼, 즉 결과가 어떻게 원인으로 작용하는가를 설명해야 하는 난점이 해결되기보다는 악화될 것이다. 우리는 왜 어떤 경로가 다른 경로보다 우세한지를 보여줘야 할 것이다. 이러한 우세를 기능적으로는 설명할 수 없다. 왜냐하면 우리의 변형된 관점에 의하면, 설명적인 결과(생산력의 발달)가 하나의 경로 이상으로써 수행될 수 있기 때문이다. 따라서 비기능적인 설명이 필요해진다. 그러나 만일 우리가 이렇게 설명할 수 있다면, 기능적인 설명은 불필요할 것이다. 다른 경로에 대한 어떤 진화적 경로의 승리를 설명하기 위해 진화적인 경로 그 자체를 설명했어야 할 것이다. 그렇게 했다면 기능적 설명이 수행할 어떤 것도 남아 있지 않을 것이다. 수정주의자의 심층구조 분석은 기능주의적 설명에 대해 라플라스(Laplace)가 신에 대해서 말한 "나는 이러한 가정을 필요로 하지 않는다"라고 응수할 수 있을 것이다. 그러므로 심층구조 분석이 기능적 설명을 위해 만들어내는 부차적인 어려움을 피하려고 심층구조 분석을 확장하고자 하면, 우리도 모르게 최종적이고 효과적인 원인들을 연결시켜야 하는 기능주의의 가장 전통적인 문제가 몇배 더 늘어나게 된다. 우리는 사태와 거리가 먼 결과 분석과 원인 인식 간의 관련성을 명확히 하기보다는 모호하게 한다. 우리가 심층구조 분석과 기능적 설명 간의 연결을 단절시키고 어느 하나를 포기하지 않는 한, 이 문제는 해결될 수 없는 것처럼 보인다.

심층구조 사회이론은 기능적 설명이 필요 없을 수도 있다. 예컨대

『사회분업론』에서 뒤르켐이 기계적 연대로부터 유기적 연대로 전환하는 원인으로 인구통계적인 압력을 강조한 것을 생각해보라. 역으로, 기능주의적 설명은 심층논리적 설명방식을 거부하는 이론들 내에서 전개될 것이다. 그러나 기능주의가 없는 심층구조는 역사적 행위자들을 구조에 사로잡힌 것으로 묘사하는 한층 강화된 기계적이고 초결정주의적(superdeterministic) 이론이 될지 모른다. 그 구조에 내재된 성향은 의식적인 인간의 관심과 의도를 위축시킨다. 반면에 기능주의적 설명을 심층구조적 가정으로부터 독립된 것으로 만드는 이론은 형성적 맥락과 형성된 일상 간의 구별을 포기하거나 이 구별을 심층구조 이론의 다른 두 해법으로부터 독립된 것으로 만들 수 있는 방법을 발견해야 한다. 이러한 고찰은 심층논리 분석과 기능적 설명의 관계를 끊을 수 있음에도 불구하고 그렇게 규칙적으로 결합된 것처럼 보이는 이유를 설명하기 위해 더 멀리 나아가야 한다.

현대의 포괄적인 사회이론에 대한 비판은 전통적으로 심층구조의 특징보다는 기능주의 측면에 훨씬 더 집중해왔다. 곤경에 빠진 사회사상에 대한 지금의 논의는 이러한 강조가 잘못되었다는 믿음을 보여준다. 이들 사회이론에서 기능적 설명은 심층구조의 원리와 결부될 때에만 크게 힘을 발휘하기 때문이다. 우리를 심층구조적일 뿐만 아니라 기능주의적인 이론들의 핵심 의도에 가장 가까이 이끌어주는 것은 바로 이러한 교리(tenet)다. 더욱 중요한 점은 기능주의 비판에서 우선순위가 잘못 매겨졌다는 것이다. 심층구조의 해법을 바꾸는 것이 기능주의적 분석을 포기하거나 격하하는 것보다 훨씬 놀랍고도 분명한 설명을 해줄 수 있기 때문이다. 우리가 심층구조 전통에 대해 제대로 주장한다면 기능적 설명의 문제는 대부분 자연스럽게 처리될 수 있다. 이 주장은 비판에서 구성(construction)으로 논의가 전개되면서 보완될 것이다.

진화론적 심층구조 사회이론으로서 마르크스주의

| 마르크스주의와 심층구조 분석의 양면적인 관계

마르크스의 역사이론은 가장 잘 발달되고 영향력 있는 심층구조 이론의 예다. 그 이론은 급진적 기획에 가장 중요한 이론적 무기를 제공해주었다. 그러나 마르크스의 글에서 우리는 심층구조적 견해에 흡수되는 것을 거부할 뿐만 아니라 그 견해를 비판하고 재구성하는 많은 관념을 발견할 수 있다. 이처럼 상충되는 주제 가운데 특히 세가지가 두드러진다. 여기에서 이를 언급하는 이유는 역사적인 마르크스를 정당화하려는 것이 아니라(누가 그것에 신경이나 쓰겠는가), 이러한 비판적인 진단이 이끌어내는 구성적 사회이론에서 각 주제가 수행하는 역할 때문이다.

첫번째 가장 중요한 주제로 마르크스 저술의 많은 부분에 영감을 주고 영국의 정치경제에 대한 그의 비판에 아주 분명하게 드러나는, 근본적으로 반자연주의적인 의도를 고찰하고자 한다. 마르크스는 정치경제의 주요 실책이 특수한 경제·사회 양식의 제약과 규칙을 경제생활의 내재적 법칙으로 오인한 데 있다고 보았다. 그것은 이 법칙들이 더 원시적이고 독재적인 사회에 완전히 적용되지 않는다는 사실을 인정할 때 비로소 조율될 수 있는 혼동이다. 마르크스 사회이론 전체는 그의 경제학 비판정신에서 사회에 대한 우리의 상식적이고 이론적인 견해를 비판하려는 시도로 이해할 수 있다.

심층구조 분석과 긴장관계에 놓여 있는 마르크스의 두번째 주제는 생산양식의 연속성이 사회분할과 위계질서의 점진적인 붕괴를 향해 그리고 인간노동의 단일하고 창조적이며 부정하는(negating) 속성을 드러내거나 개진하는 방향으로 나아간다는 생각과 관련이 있다. 이것은 마르크스의 생각 중 모더니스트들의 기획과 가장 밀접하게 연결되는 측면이다. 다시 말해 사회의 서열과 대립을 해소하는 제도와 이념을 고안해냄으로써 개인적·집단적 역량강화를 추구하는 것이다. 인간노동의 단일한 특성(unitary character)이라는 테제는 사회생활의 조직화된 구조틀이 우리의 실제적이고 정서적인 관계에 미리 결정된 구조를 부과하는 정도에 차이가 있다는 점을 암시한다. 확실히 마르크스는 결핍과 계급갈등이라는 두가지가 사라져야 인류가 지배와 위계적인 사회질서에서 벗어날 수 있다고 주장했다. 그러므로 지배가 사라질 때까지(진정한 공산주의의 시작) 그것은 증폭될 것이다(원시 공산주의의 소멸과 역사적 생산양식의 계승). 그러나 공산주의 이전에 구조틀의 제약하에서 행동하는 것과 공산주의가 확립된 이후에 그러한 제약으로부터 자유롭게 행동하는 것을 단순 비교할 필요는 없을지 모른다. 우리는 마르크스가 불연속적일 것으로 생각한, 구조에 매인 상황과 구조로부터 자유로운 상황이 사실상 역사 속에서 공존하는 것으로 표현하는 사회이론을 향해 나아갈 수 있다. 더 나아가 우리는 구조 내에서 살아가는 행위자들이 구조틀을 완전히 바꾸는 능력을 존중하고 발전시키는 정도에 따라, 사회생활의 제도적·상상적 구조틀이 달라진다는 사실을 인정할 수 있다. 또한 어떤 종류의 사회사상이 설명을 일반화하는 데 명백한 장애가 되는 것을 설명의 기회로 전환할 수 있었는지 물을 수도 있다.

심층구조 분석 범위 밖에 있으며, 그것을 수정하는 단서를 제공해주는 마르크스 이론의 세번째 주제는 좀더 구체적인 정치적·역사적 저술에서 찾을 수 있다. 여기에는 정치의 총체적인 이론의 핵심 부분이 포함된다. 그 핵심적인 생각은 공동체나 계급(예를 들면 제2제정[5])하에서 프랑스 농민)이 사회에서 차지하는 위치와 복종이나 저항의 특징적인 태도 간의 쌍방향적 연관성의 관념이다. 그 집단이 상황을 당연한 것으로 받아들이는지 아니면 그것들을 장악할 수 있다고 생각하는 정도와 방식의 문제다.

심층구조의 해법에 대한 마르크스 자신의 이중성 때문에, 고전 사회이론 전통의 많은 부분처럼 마르크스주의 전통이 전혀 다른 두가지 방식으로 이해될 수 있다는 게 전혀 놀라운 일은 아니다. 한편, 그것은 심층구조 이론의 엔트로피 역사로 이해될 수 있다. 솔직하게 실패를 인정하면 이론적 허무주의와 정치적 패배주의를 부추길 수 있다는 두려움 때문에 제한되고 있기는 하지만, 그 이론의 결함과 결과는 점차 받아들여지고 있다. 그러나 다른 한편, 마르크스주의의 전통은 다소 느슨하게 연계된 비판적·구성적 탐구로 이해될 수 있다. 그 전통 내에서 심층구조 분석을 개혁하려는 시도가 한 예다. 이 탐색이 인지하고 있는 목표는 첫번째 심층구조의 해법, 즉 형성적 구조틀과 형성된 일상 간의 대립을 보존하려는 시도이며, 다른 한편 나머지 두가지 심층구조의 해법을 사회인식에 대한 대안적인 접근방법으로 대체하고자 하는 것이다. 다음에 서술되는 많은 부분은 마르크스주의 전통에 대한 두가지 독해법 중 첫번째 방식에 대응하는 것처럼 보이겠지만, 이 부정적인 관점이 심층구조 분석을 재구성하는 데 기여하게 될 것은 분명하다.

마르크스주의 이론과 좌파 정당들

좀더 상세한 논의를 위해 마르크스주의 심층구조론만을 꺼내든 것은 건설적인 노력으로 의미 있는 결과를 얻으려는 희망뿐만 아니라 마르크스주의 이론이 좌파운동의 신념과 실천에 끼친 막대한 영향력으로써

---

5) 나폴레옹 3세 치하의 시기 ─ 옮긴이.

정당화될 수 있다.

19세기 말과 20세기 초 유럽의 대중운동은 마르크스와 그 추종자들의 교리를 붙들고서 공식적인 강령으로 만들었다. 한 철학자의 신념에 헌신하겠다는 이들의 놀라운 결정은 비유럽 세계에서 거대한 규모로 반복되었으며 엄청난 성공을 보여주었다. 주요 국가에서는 마르크스주의의 이름으로 권력이 행사되기도 했다. 권력을 유지하는 방법을 알고 있던 이들이 어떻게 그 이론을 대폭 축소해서 취해야 하는지 알고 있었지만 말이다. 다른 곳에서 마르크스주의 교리는 모호한 개념과 표어로 변질되었다. 때때로 잘 조직된 정당은 정권을 잡는 데 이러한 호전적인 문구들을 이용했다. 제대로 교육받지 못한 성난 민중에게 호감을 주는 슬로건, 바로 가난하고 힘없는 사람들을 위한 슬로건으로 정해지곤 했다.

이러한 오늘날의 유령에게서 이념의 엄격성이 사라졌다. 그 이념들은 더이상 살아 있는 비판적 사고로서 작동할 수 없게 되었음에도 불구하고, 정치적 목표와 운동에 대한 헌신이 한 망자(亡者)의 교리에 대한 신념과 혼동된 채 남아 있었다. 스스로 민중의 친구라 여기던, 전세계의 영민하고 지적인 수천의 투사들은 정통교리의 한계에 대해 번뇌하고 논쟁을 벌였다. 사상과 행동 면에서 실험은, 마음속에 간직한 신념과 그 신념에 의해 정당화되는 실천적 관행에 비추어 변절로 보일지도 모른다는 두려움으로 억압되었다.

유럽 정당들은 이 이론체계를 정치적 실천의 지침이나 정치적 비전의 원천으로 옹호하는 데 선도적 역할을 했다. 이 정당들은 대체로 실패로 끝났다. 그들은 희망 없는 타협의 정치적 전략을 추구했고, 그들이 받아들인 사회적 이해는 그들 스스로를 곤경에 빠뜨렸다. 그들이 혁명적 변혁 의도에 대한 신념을 얼마나 유지하느냐에 따라 주류로부터 고립되었고 권력에서 배제되었다. 그들은 자신들의 변혁적 헌신을 포기하거나 희석함으로써 이 한계를 깨뜨릴 수 있었다.

좀더 급진적인 유럽의 정당들이 채택한 개별적인 이념이나 전략이 마르크스의 교리에서 도출될 수 있는 유일한 것이라고만 볼 수는 없다. 더욱이 그 전략과 이념은 완전히 상이한 이론적 전통에 의거하여 만들어졌을 수도 있다. 그러나 지식인들과 투사들은 이론과 실천이 밀접하게 연계되어 있다고 스스로를 설득했다. 결국 연결의 밀접성은 그 이론 자체의 일부가 되었다. 이처럼 유럽 좌파가 추상적인 관념과 구체적인 신념을 다소 자의적으로 혼합함으로써 이론에 지대한 영향력을 부여했다. 그 영향력은 세계의 다른 지역에도 확대되었는데, 위대한 희망의 정치운동은 유럽에서 실패한 언어와 전략을 열정적으로 흉내냈다.

급진적인 변혁의 목표를 갖는 것, 다소 개선된 카를 마르크스의 교리를 믿는 것, 그리고 이 이론들이 어떻게 정치운동으로 전환되어야 하는가에 대해 다소 전범적인 해석을 수용하는 것, 이 모두는 한 묶음의 일부로 진지하게 받아들여졌다. 민주주의자들과 혁명가들이 성취하고자 희망했던 이론과 실천의 관계의 한 모델로서, 이것은 정치에 대한 의도적인 봉쇄였다. 따라서 중요한 것은 이념들에 무언가 오류가 있으며, 그 이념들이 스스로 수정할 단서를 제공한다는 점을 보여주는 것이다.

| 비결정성의 핵심 문제

마르크스주의에 대한 나의 논의는 전반적인 문제들, 즉 심층구조의 해법과 기능적 설명을 종합한 마르크스 이론을 역사 연구와 오늘날의 정치 경험에 적용하는 난점에서 비롯하는 문제들에 초점을 맞추고자 한다. 그 난점은 과도한 이론적 야심에서 비롯하며, 이와 유사한 문제들이 일반화를 추구하는 어떤 사회이론도 괴롭힐 수 있다고 결론내리기 십상이다. 그러나 이러한 난점 가운데 어떤 것이 심층구조 논증과 기능주의를 결합한 마르크스의 고유한 특징에서 기인하는지를 추적하고, 이 문제들을 해결하기 위해 사회이론이 어떠해야 하는가를 물음으로써 중요한 교훈을 얻을 수 있다.

기능주의 측면에서 보면, 치명적인 문제는 생산양식과 사회의 생산력 발달수준 간의 일대일 대응이 쉽지 않다는 것이다. 어느 시대 그리고 어느 환경에서든 구체적인 생산능력과 파괴능력의 발전을 위한 토대로 작용할 수 있는 일련의 제도 장치가 나타난다. 이 대안들 중 어떤 것이 가장 장기적인 잠재력을 가졌는지를 확실하게 말할 수 있는 방법은 없다. 비록 몇몇 대안은 다른 것들보다 더 희망적이고 활용가능성이 높을지 몰라도, 가능한 대안이나 진화의 궤적의 등급을 정의할 수 있는 좋은 방법이 존재하는 것은 아니다. 역사의 특정한 시기에 놓인 특정 사회로, 좁히더라도 말이다.

마르크스의 견해에서 특징적인 심층구조의 요소로 되돌아간다면, 주요 난점은 심층구조 분석의 두번째, 세번째 해법을 통해 실행하려는 시도에서 비롯된다. 자본주의라고 불리는 생산양식에 가장 그럴듯한 후보로 대변되는 일련의 제도 장치들은 실제로는 자본주의 생산양식이 가졌다고 전제되는 속성을 드러내지 않는다. 그 장치들은 세계역사의 흐름에서 단계를 특징짓는, 반복적이고 불가분한 유형으로 작용하지 않는다. 그러한 흐름을 만들어낼 수 있는 법칙이나 경향, 제약을 바탕으로 개연성 있게 설명될 수도 없다. 더욱이 이 어려움을 해결하기 위해 이론에 가해온 조정과 수정 전략들은, 내가 이미 제시했고 향후 더욱 발전시키고자 하는 노선을 따라 심층구조 분석의 좀더 근본적인 개혁을 위한 출발점이 되지 못하는 한 부적절한 것으로 판명될 것이다.

이제 세 단계로 논증이 진행될 것이다. 첫째, 나는 자본주의라는 핵심 개념에 내용을 부여하는 과제의 어려움을 논할 것이다. 이를 통해 마르크스의 심층논리 분석과 기능적 설명의 결합에 대한 주된 이의제기를 예측할 수 있을 것이다. 두번째 논증은 이 이의제기에 대해 마르크스 이론을 옹호하는 가장 익숙한 전략들이 스스로 방어하려는 접근방법의 좀더 근본적인 재구성의 예비작업으로만 유지될 수 있음을 보여줄 것이다. 세번째 논증은 이 이론적인 논쟁들이 변혁의 정치적 실천에서 갖는 함의를 밝혀줄 것이다.

| 자본주의 개념의 문제점들

설명적 이론의 핵심개념을 사용할 때 어려움을 느끼면 그 이론의 결함을 끌어내는 경우가 종종 있다. 설명적인 견해는 그것의 주제를 해석한 서술을 포함하기 때문이다. 설명을 곤란하게 하는 어려움이 해석된 기술에 다시 나타날 것이라는 사실은 충분히 예상할 수 있다. 자본주의 관념에 관한 마르크스의 역사이론도 마찬가지다.

마르크스의 체계에서 자본주의 개념(concept)은 다른 모든 생산양식을 위한 모범례다. 사실, 생산양식들의 전체적인 연속성과 이 연속성을 설명하고자 하는 과학은 대체로 자본주의 관념이 가리키는 실재들을 이해하기 위한 시도로 고안되었다. 동시에, 자본주의 개념은 『자본』에서 상세하게 기술된 법칙적인 과정이 작동하는 구조들을 지칭한다. 그 구조들의 기술은 이러한 과정에 관한 관점을 함의하고 또한 함의된다. 자본주의가 여러 시기와 사회에 적합한 불가분한 사회조직의 유형을 표상한다는 의미를 희석하는 것은 우리가 자본주의로 표현하는 경제와 사회가 법칙에 따라 작동하는 의미를 바꾸거나 축소시킨다.

자본주의 개념을 사용하려 할 때면 그 개념이 너무나 보편적이면서 동시에 너무나 개별적이라는 사실이 드러난다. 느슨하고 일반적인 방식으로 정의하면, 매우 폭넓은 역사적 상황에 그 개념을 적용할 수 있다. 포괄적인 자본주의 개념이 적용될 수 있는 것처럼 보이는 사회 중 많은 경우는 산업화가 이뤄지지 않았다. 사실, 이러한 역사적 상황의 많은 경우는 세계적인 산업혁명을 이끈 북대서양 국가들과는 (국가권력 형태, 사회의 위계질서와 분화 유형, 지배적인 신념 등이) 완전히 다른 사회들에서 발생했다. 비록 이렇게 다른 "자본주의들"이 자구책으로 종국에는 산업화되었지만, 사람들이 자본주의를 이야기할 때 염두에 두고 있었던 것과 완전히 다른 사회형태에서 그러한 사태가 일어났으리라 생각해볼 수 있다.

과도한 포섭(overinclusion)으로 인한 골칫거리를 해결하기 위해 자본주의를 좀더 구체적으로 정의해보려고 시도하게 된다. 즉, 자본주의를 좀더 구체적인 제도 장치들로 해석하는 것이다. 예컨대 이 장치들은 다른 사람들의 노동에 대한 청구권을 통제하는 권리나 권한 그리고 자본축적을 가능하게 해주는 저축-투자 결정을 규정지을 수도 있다. 마르크스주의 같은 개별이론을 확립할 때에는, 자본주의를 구조적·기술적으로뿐만 아니라 발생학적·결과론적으로 정의할 수도 있다. 결국 자본주의는 어떤 단계를 뒤따르고 어떤 단계보다는 앞선다. 이러한 관점에서, 사회조직 유형의 연속성은 **분명** 존재한다. 만약 자본주의가 순서가 뒤바뀌어 발생한다면, 그것은 진정한 의미의 자본주의가 아니라는 사실을 알게 될 것이다. 그렇지 않다면 우리는 잘못된 이론을 가진 것이다.

과도한 포섭을 피하기 위해 자본주의 개념을 더 구체화하면 독특한 딜레마에 직면하게 된다. 한편으로는 그 개념이 단계이론적인 연속성에 완전히 묶여 있고 모든 종류의 제도적인 세부사항을 확보하지 않는한, 그것은 충분히 배타적이지 않다. 개념 정의를 충족시키는 것처럼 보이는 사회와 환경의 사례가 너무나 많이 존재한다. 하지만 이 사례들은 당신이 생각했던 것도, 염두에 두었던 상황을 점차 초래하리라고 예상했던 것도 아니다. 과도한 확장의 문제점을 해결하게 될 즈음, 개별사회 내지 개별사건을 기술하는 데에 이르게 될 것이다. 동시에 특별한 목적으로 기술된 것을 마치 일반 이론적 설명으로 보이는 이론적 카테고리로 변모시키게 된다.

다른 한편 자본주의 개념은 예정된 역사 서술 내에서 정해진 역할을 수행하게끔 되거나 임시적인 서술의 특징으로 받아들여지기 전부터 지나치게 배타적이 되기도 한다. 심지어 북대서양의 핵심 지역 내에서조차 더욱 상세한 개념의 요소들과 조화되지 못하는 것처럼 보이면서 산업경제로 전환한 사례가 너무 많다. 그러나 이 많은 일탈적 사례가 자본주의적 산업화의 사례가 아니었다고 말하는 것이 이상하다는 것을 알게 될 것이다. 그렇게 되면 자본주의는 특정한 예시적인 핵심 사례를 기술해야 할 터이기 때문이다. 어떻게 이 예시적인 사례를 선택할 것인가? 그것은 최초로 산업화된 국가일 것인가? 그런데 만일 바로 그다음 후발국가들과 경쟁국가들이 완전히 다른 산업화의 노선을 따랐다면 어떠한가? 아니면 가장 평범한 사례를 골라야 하는가? 이 역할을 수행하는 어떤 적합한 후보도 발견할 수 없다면 어떻게 되겠는가?

추상성과 구체성의 이러한 딜레마의 핵심은 다른 방식으로 서술될 수 있다. 자본주의라는 개념을 더 정교하게 짜는 것은 좀더 구체적인 특성들이 일반적·추상적 특성들에 관해 가장 중요한 것을 밝혀줄 것이라는 희망 때문이다. 자본주의 발전에서 역사적으로 결정적인 사례들을 추려낼 수 있다고 보기도 한다. 예외가 나타나면 이는 핵심적인 주제에 대한 변형으로 여겨질 것이다. 〔자본주의에 대해〕 좀더 자세하게 정의를 내리더라도 거기서 배제된 역사적 상황들보다 자본주의 개념 속에 있는 일반적·추상적 요소들에 들어맞지 않아 보이는 상황과 사건을 기술하는 것이라면, 논증력은 약화되고 힘을 발휘하지 못할 것이다. 더욱이 배제된 사례들이 포함된 사례들 못지않게 역사적으로 중요하다면 실망스럽기는 마찬가지일 것이다.

지금까지 나는 자본주의 개념 비판에서 분석적 구조만 언급했다. 이제 이 구조에 내용을 제공하고자 한다. 자본주의의 일반적·추상적 정의에 가장 적절한 토대는 구조적 특성과 역동적인 적응력을 결합시키는 데 있다. 모든 형태의 강제노동이나 공동체 노동에 반하여 임금노동을 강조한 것이 구조적 특성이다. 일반 대중은 일을 해야만 한다. 하지만 그들은 개인적으로건 집단적으로건 자발적으로 생산하거나 자신들의 노동의 산물을 독자적으로 팔 수 있는 생산수단이 없다. 생산수단을 통제하는 계급이 그들의 노동을 산다. 이 구조적 특징을 보완하는 역동적 적응력은 이익을 위한 투쟁이다. 생산수단을 지배하는 사람들은 서로 경쟁한다. 그들은 이익을 확대하고 재투자하면서 뒤처지지 않고 앞서 나가기 위해 노력해야 한다. 생산은 자본축적에 기여해야 한다. 생산자들의 결정적인 다수는 주요 생산수단을 통제하는 계급이 제공하는 자원에 사실상 의존하고 있는 비조직 노동자들이다. (여기서는 마르크스의 체계에서 획득한 기술적인 정교함이 무시될 수도 있다. 하지만 자본주의 개념의 유용성을 탐구하는 것이 지금 나의 목적이다. 당신이 그 개념을 마르크스주의 교리의 좀더 상세하고 독특한 부분이나 마르크스주의에서 분리시키려 해도 말이다.)

그러나 사실상 이러한 특징을 지닌 경제질서는 역사의 여러 단계에 존재해왔다. 북대서양 국가들은 이 일반적인 정의를 충족시키는 사회들의 한 부분집합에 불과했던 것처럼 보인다. 이러한 자본주의의 정의에 의해 암시조차 되지 않은 원인들을 토대로 사회가 산업화되었다는 사실에 비추어볼 때, 그 나라들은 분명히 다르다. 거의 모든 농업제국과 많은 도시국가 공화국에서 강제적이거나 공동체주의적 형태의 노동이 오랜 기간 보조적인 역할을 했다. 경제적으로는 의존적이었지만 법적으로 자유로운 노동자들의 거대한 계급이 도시와 농촌에서 노동력을 팔았으며, 농촌과 도시의 시장은 완전히 돈을 기반으로 하게 되었다.

자유노동의 법적 체제는 중세 후반과 근대 초기 유럽에서 등장한 장치들과는 제도적 세목에서 달랐다. 그러나 유럽 자유노동의 구체적인 법적 구조가 자본주의의 정의로 통합되지 않는 한, 이러한 차이점은 핵심을 벗어난다. 비유럽 사회에서는 자유로운 개인의 노동이 다양한 종류의 공동체주의 노동체제로 서서히 변해갔다. 하지만 산업화 이전까지는 서유럽에 대해서도 똑같은 이야기를 할 수 있었다. 독립적인 소작인과 영세 상인이나 제조업자가 재산이 없는 노동자들 못지않게 경제 영역에서 두드러진 역할을 수행했다. 그러나 그들은 유럽이 겪은 경험의 몇몇 변형된 형태로 그 역할을 수행했다. 농업의 주요 영역에서 제조업이 대량생산 산업으로 나아가고 농업이 기계화의 단계로 이전한 후에도 계속 이 역할을 수행했다(예를 들어 북아메리카 농업의 발전).

자본주의의 이러한 정의에서 구조적 기준(자유노동의 출현)을 충족한 많은 비유럽 사회들은 동적 기준(축적의 실행) 또한 충족시켰다. 유럽 안팎에서 노동구매자의 이익 추구가 명성과 권력에 대한 관심과 뒤섞였다. 정부는 국가의 부강에 대한 관심이 국내외 적들과의 투쟁을 위해 필수적인 요소인 양 여겼다. 만일 전형적인 자본주의를 예시하는 이익추구 유형과 그렇지 않은 이익추구 유형을 차별화하는 정교한 구분점이 존재한다면, 내가 논의해온 정의는 그러한 구분점을 제시하는 데 실패하는 것이다.

송(宋)대의 중국처럼, 자본주의 정의의 구조적·동적 요소들을 상당부분 충족하는 것처럼 보이는 사회의 사례를 살펴보자. 자본주의 개념의 당혹스러운 과도한 확장은 두가지 익숙한 기법을 통해 슬쩍 넘어가는 것이 가능하다. 한가지 전략은 우리에게 제시된 사례는 실제 전혀 자본주의가 아니라고 말하는 것이다. 자본주의 질서의 다른 핵심적인 특성이 결여되었기 때문이다. 이 전략의 한가지 변형으로 사회·문화의 주요 국면이 우리가 처음에 자본주의로 기술하려고 한 것의 결과와 의미를 바꾸었다고 주장할 수도 있겠다. 그러나 이 해법은 그 개념을 더욱 구체화하는 방향으로 밀고 나가지만, 곧 당혹스러운 결과에 직면하게 된다. 또다른 전략은 이처럼 다루기 힘든 유추들을 자본주의의 "맹아"(seed)의 사례, 즉 독립적인 부수적 사태들로 인해 실패로 끝난 발전으로 취급하는 것이다. 그러나 이렇게 닫힌 발전의 사례들을 늘어놓으면, 자본주의 개념은 이미 끝난 것이다 싶을 것이다. 성공적인 자본주의 발전 사례는 상대적으로 실패한 사례들의 긴 목록에서 두드러지는 하나의 예외적인 성공 스토리인 셈이다. 자본주의의 첫번째 정의는 외관상 소수의 최종적으로 성공한 사례들뿐만 아니라 종국적으로 실패한 많은 사례를 나타낸다. 그것은 성공과 실패를 구분하는 이론적 설명에서 결정적인 역할을 수행하는 것처럼 보이지 않는다.

따라서 위와 유사하게 추상적이고 일반적이더라도 자본주의의 다른 정의를 갖고 다시 한번 시도해보자. 이 두번째 공식은 첫번째 것에 대한 대안이나 보완물로 볼 수도 있다. 독특한 역사적 상황에 붙이는 이름과는 확실히 구분될 만한 일반성을 갖고 자본주의를 정의하려고 하는 것은 첫번째 공식과 같다. 이 두번째 서술에서 자본주의의 독특한 특징은 상업-산업 자본과 농업의 관계가 변화되면 도시와 농촌의 관계에서도 이에 상응하는 변혁이 일어난다는 것이다. 이익의 동기에 따른 상업적·산업적 자본의 축적이 잉여농산물의 관리나 소작농의 착취로부터 상당한 정도의 독립성을 확보할 때에만 자본주의가 존재한다고 말할 수 있다. 도시는 탐관오리들이나 부재지주들의 거주공간이기보다는 자체적으로 상업과 생산의 중심지가 된다. 이들 관리나 지주는 도시거주민들로부터 편의를 제공받지만, 무엇보다도 농산물과 거기서 비롯된 현금 유동성에 의존한다. 이렇게 바뀐 도시는 종국적으로 농업 자체를 대대적으로 변혁시킨 기술과 조직 형태의 발전을 목격하게 된다.

그러나 자본주의의 정의에 대한 이러한 대안적 접근은 앞서의 정의와 마찬가지로 너무 많은 것을 또한 너무 적은 것을 이야기한다. 그것이 너무 많은 것을 이야기한다는 것은 세계경제에서 고도로 전문화된 역할을 하는 가장 작은 국가들에서도 농업이 계속해서 도시산업화의 속도와 성격을 독자적으로 견제해왔기 때문이다. 자본주의 개념을 주요 분석도구로 사용하려고 노심초사하는 역사가들과 이론가들이 최초의 자본주의 사례로 평가하는 경제체들 내에서조차 농업 부문이 이러한 견제를 수행한다. 동시에 대안적 정의는 너무 적은 것을 이야기한다. 상업·산업 자본이 사실상 농업경제의 부침, 국가통제, 계급의 격차, 도시와 농촌 간의 차별로부터 독립성을 높이는 무수한 방법이 존재한다. 산업이 대체로 농촌에 근거지를 두기도 한다. 예를 들어 소규모의 개인 혹은 공동체 경영자와 대규모의 정부 주도 기업의 혼합이 주를 이루기도 한다.

사실, 앞에서 첫번째 정의에 적용했던 비교 분석을 자본주의의 두번째 정의에 똑같이 적용할 경우, 같은 종류의 당혹스러운 결과에 직면하게 될 것이다. 다시 한번 주요 농업 제국들의 역사에서 상업-산업 자본이 상당한 정도로 독립성을 가지며 도시들이 상업과 제조업의 중심지가 되었던 여러 시기를 보게 되는 것이다. 어떤 경우는 산업혁명 이전의 서유럽 농업에 버금가는 수준으로 농업생산성을 향상시킨 기술적인 약진도 있었다. 전반적으로 이런 시기에는 소규모 경영자들과 법적으로 자유롭지만 경제적으로 의존적이었던 노동자들이 경제와 노동력에서 어느정도의 위상을 획득했다. 송대의 중국은 다른 사례들에서 볼 수 있는 것 못지않게 깜짝 놀랄 만한 사례다. 다른 농업-관료 사회의 역사에서도 여러 시기가 그러했다.

이처럼 상업화가 확대되고, 독립적인 임금노동과 소규모 경영이 번창하고 농업 잉여물과 영리적인 제조업 자본 간의 관계나 농촌과 도시의 관계가 변한 시기에도 그것은 산업혁명으로 나아가지는 못했다. 대신 대체로 반전이 있었다. 전형적인 반전으로는 정부의 쇠퇴나 붕괴 속에서 경제의 탈상업화와 통용화폐의 폐지, 강제적이고 의존적인 노동과 대규모 지주의 등장, 도시 생명력의 쇠퇴가 있다. 비유럽 사회들은 유럽이 따라잡기 전에 자체적으로 산업혁명을 주도할 수 있는 최상의 기회가 있었지만, 이러한 반전의 시기를 늦추거나 모방하는 데 전력을 기울였다. 그 원인들에 대해서는 『정치』의 제3권인 『조형력』에서 다루었다.

앞서 논한 일반적·추상적 자본주의의 두가지 정의는 이 문제에 아무런 도움이 되지 않는다. 두 정의는 궁극적으로 다른 결과를 가져온 유사한 상황과 예외적으로 성공적인 사례를 구분 짓지 못한다. 따라서 둘 중 어떤 것도 유럽의 약진과 산업기술이나 조직의 전세계적인 확산을 설명하는 주요 근거로 적합하지 않다. 두 정의 모두 자본주의를 이야기할 때 그 용어를 열성적으로 사용하는 사람들이 실제로 염두에 두는 것을 적절히 설명해내지 못한다.

이제 이 추상적인 정의의 난점을 다루기 위해 자본주의 개념을 좀더 구체화해야 한다고 가정해보자. 단순히 자본주의 정의에 더 많은 요소를 부가함으로써 시도해볼 수도 있다. 아니면 자본주의를 기대할 수 있는 단계의 사회적·경제적 질서들의 결과를 구체화해볼 수도 있다. 어떤 경우든, 명시적 혹은 묵시적 이론은 왜 이러한 특성들이 모두 함께 일어나는지 혹은 이 단계들이 왜 순차적으로 일어나는지 설명해준다.

예를 들어, 좀더 세밀한 자본주의 정의는 농업 변혁의 초기 단계들에 초점을 맞추기도 한다. 이 관점에 따르면 자본주의는 소규모 가족농장의 대체, 거대하고 상대적으로 비노동집약적인(non-labor-intensive) 계급의 승리 그리고 농촌인구의 대규모 도시 이동의 결과 등을 포함하는 과정에서 출현하는 체제다. 그러나 많은 서유럽 국가가 매우 다른 형태의 농업변혁을 겪었고, 그들의 산업화 경험을 통해 소규모 가족농장을 기본적인 농업단위로 유지했다. 이러한 대안을 선호한 유럽 국가들이 그래서 후진적이었는지를 입증하기는 대단히 어렵다.

영국이 "상업적 자본주의"로부터 산업화로 전환할 것이라고 예상하지 못한 네덜란드의 실책이 한 예다. 영국은 기껏해야 가족 규모의 토지 소유 패턴과 복합적이고 간접적인 관계를 가질 뿐이었다. 다른 한편, 네덜란드 공화국의 초기 경제적 성공에 이러한 농업방식이 미친 효과는 의심의 여지가 없었다. 가족농장에 대한 프랑스의 애착 역시 양면적인 결과를 보여준다. 19세기 상당 기간 동안 프랑스의 일인당 농업생산성이 영국보다 낮았던 반면, 같은 기간 영국의 산업생산성은 프랑스보다 낮았던 것으로 보인다. 프랑스 역시 훗날 산업발전을 저해하고 막대한 고통을 야기한 사회적 혼란을 피하는 데 농업의 선택이 도움이 되었다.

따라서 자본주의 개념에 이러한 요소들을 첨가하면 지나치게 배타적인 개념이 되어 전통적으로 마르크스주의자들과 비마르크스주의자들이 모두 적용한 사회나 상황을 기술할 수 없게 된다. 하지만 이렇게 첨가함으로써 역설적으로 자본주의의 정의가 배타적이지 않게 되는 것 같기도 하다. 농업제국들의 역사에서 소농이 대지주에게 내쫓기던 때를 확인할 수 있기 때문이다. 물론 이들이 상업화된 시장경제에 적극적으로 참여하기 시작하지만, 이는 붕괴의 시대에 나타난 에피소드이거나 전조에 불과했다. 시장과 제조업이 후퇴할 수도 있었다. 분명히 자본주의 개념이 경제적 퇴보와 탈상업화를 반복해서 이끌어내었던 농업집중화의 과정에 나타난 어떤 단계 ─ 그 개념의 표준적인 역사적 함의와 반대되는 사태 ─ 를 기술하려고 의도된 것은 아니다.

그 정의를 좀더 섬세하게 만들어 불편한 유추를 배제한다고 생각해보자. 예를 들어, 정부와 거대자본 간의 보호장벽이라는 존재를 포함시켜보자. 자본주의가 존재하기 위해서는 거대한 재산 소유자들과 투자자들이 정부의 자의적인 징수로부터 보호되어야 한다. 투자하고 혁신하는 주요 집단이 독자적으로 행동할 수 있도록 중앙정부기관의 영향력이 제어되어야 한다. 하지만 모두 알고 있듯이 독일의 산업화는 정부와 거대자본 간의 공공연하고도 긴밀한 협력관계를 통해 진행되었다. 영국의 관점에서 보았을 때 그것은 자본주의의 이단에 가까울 것이다. 하지만 이 국가 지도적 또는 국가 주도적 산업화를 단지 빠른 속도로 쫓아갈 필요성 때문에 발생한 부차적인 왜곡이었다고 이야기하는 것은 그 규모와 유래를 잘못 이해하는 것이다. 20세기에 산업화를 시작한 많은 나라처럼 빌헬름 시대의 독일에서 국가가 담당했던 역할은 세계경제나 자본축적의 어떤 고유한 동력보다도 개별적인 사회갈등, 통치의 기회 그리고 권위적인 관념들과 더욱 연계되었다. 게다가 영국에서조차 정부가 준비·보호·중개하는 중요한 과제들을 수행했다. 좀더 상세한 정의에서는 이러한 "자본주의적" 형태의 정부 지원이 비자본주의적 형태와 어떻게 다른지 불분명하다.

결국 과도한 포섭이 과소한 포섭(underinclusion) 못지않게 곤혹스럽다. 왜냐하면 농업제국들의 역사에서는 중앙의 국가권력 보유자들이 자원통제에 효과적으로 개입하는 능력이나 국내외의 투쟁에서 국가를 지탱하는 데 필요한 최소한의 세금과 신병모집을 강제할 능력을 상실한 시기가 많았기 때문이다. 그들은 권력이 정점에 있을 때조차 자원할 당이나 노동조직에 개입하는 데 법적 제약이 아니라 강력한 사실상의 제약에 부딪혔다. 탈중앙화된 경제적 의사결정이 가능했던 것은 개인·집단 권리의 확고한 체계에 의존할 수 없을 때에도 통치권력의 약화가 반복되었기 때문이다.

우리는 이른바 자본주의 유럽과 산업혁명 이전에 상업·제조업에서 활기를 띠던 많은 비유럽 사회의 비교를 더욱 강화하는 방향으로 나아갈 수 있다. 비유럽 사회에서는 계약과 재산의 법적 구조가 때로는 초기 근대 서유럽에서 형성된 것과 완전히 달랐다. 그러나 비유럽 사회의 법적 구조는 자원의 이용과 투자를 결정하는 데, 노동의 통제를 다변화하고 통치권력의 범위를 제한하는 데 서유럽의 근대적 법체계 못지않게 효과적이었다.

자본주의 정의에 더 많은 구체성을 확보하고자 제3의 노선을 취할 수도 있다. 이 해법의 바탕에는 자본주의 질서의 첫번째 추상적 정의가 있다. 즉 (자본)축적과 결합된, 법적으로 자유롭지만 경제적으로 의존적인 임금노동의 보급이다. 이 관점에 따르면, 자본주의가 존재하기 위해서는 수많은 독립된 소득자가 일을 해야 한다. 자유노동과 경제적 의존은 주요 생산수단을 소유하거나 소유자의 대리인으로 활동하는 이들의 명령하에 있는 거대한 노동자 집단의 질서 잡힌 조직과 결합해야 한다. 이 소유자나 대리인이 국가의 직접적인 지배자일 필요는 없다. 물론 국가 지배자가 주로 생산수단을 소유한 계급에서 나오거나 그 압도적인 영향 아래 있을 수 있다. 그것은 결국 유럽의 공장이나 산업체계 같은 것이 된다.

좀더 상세한 개념은 여전히 과소한 포섭인 동시에 과도한 포섭으로 남아 있다. 이 개념을 서구에 적용할 때, 그것은 자본주의 정의를 서구

경제사의 비교적 뒤늦은 단계, 즉 산업화가 이미 한창 진행된 이후까지 밀고 나간다. 이는 전통적으로 자본주의라고 명명된 어떠한 상황에서도 대규모 생산설비가 노동 가능한 인구 중 소수만을 고용해왔을 뿐이라는 사실을 간과한다. 또한 작지만 기술적으로 선도적인 조직에서 노동자가 분산되는 것과는 반대로, 생산단위에 무수히 많은 노동자를 집중시키는 것이 왜 불가피한 것으로 꼽혀야 하는지, 또는 이 집중이 자본주의의 추상적인 정의에서 강조되는 특성들과 왜 특별히 연계되어야 하는지를 설명하지 못한다.

게다가 유럽 밖에는 다른 방식의 소작제도와 결합된 고용노동으로 거대한 농경지를 경작하던 시기와 사회가 존재했다. 이 사회들은 아직 산업화되지 않았기 때문에 노동력이 기계화된 공장에서 기능하지 않았다. 그 이후 공장체계가 자동화된 시대에는 노동자 대부분을 해고했기 때문에 노동력은 전혀 공장에서 기능하지 않았다.

자본주의를 좀더 구체적으로 정의하려는 모든 시도는 동일한 장벽에 부딪힌다. 특성을 규정하는 목록에 뭔가 추가하는 것은 자본주의라는 추상적 개념에 너무 많은 것과 너무 적은 것을 포함하고, 그 개념과 자의적인 관계를 갖는 것처럼 보이는 범주를 만들 뿐이다. 여기서 더 나아간다면, 시대에 따른 특정 결과와 함께 개별국가에서 발생한 특정한 발전에 관한 대강의 기술 이외에는 어떠한 개념도 갖지 못하게 된다.

| 난관의 근원

자본주의 개념을 제대로 사용하려는 시도가 왜 그토록 골칫거리인가? 한가지 원인은 기능적 설명의 활용과 직접 관련된다. 자본주의 개념은 마르크스 이론에서 두가지 상이한 역할을 수행하는 것으로 보인다. 그 역할들은 서로 어울리지 못하는데, 역사가 마르크스주의 방식의 기능적 설명이 요구하는 방향으로 전개되지 않기 때문이다.

한편 자본주의라는 용어는 생산력 발전에서 특정 수준에 필요한 제도적 토대(생산관계)를 기술하기 위해 설정된 것이다. 즉, 기계와 거대한 노동집단이 결합해 노동생산성을 배가하고 희소성을 유지하면서 잉여가 늘어나는 단계를 말한다. 이 역할을 적절히 수행하자면 자본주의 개념은 아무리 포괄적이어도 부족하다. 역사에 대해 알면 알수록, 생산 역량이 발전하는 제도적 맥락에서 더 많은 다양성을 발견하게 된다. 서구 현대사에서도 익숙한 형태의 제도 장치가 일탈적이고 억눌린 대안과 공존해온 사실이 드러난다. 이 대안들이 봉쇄된 이유는 고유의 현실적 한계보다는 정치적 승리와 패배 또는 통찰과 환상(illusion)으로 형성된 개별 역사에서 찾는 것이 더 설득력이 있다. 세계사에 벌어진 제도적 실험의 경험은 역사탐구 결과를 확증하고 확대한다. 국가는 끊임없이 현대 서구의 생산 역량을 인접한 서구 경쟁국이 아닌 노동조직 형태와 결합시키거나, 토착 엘리트의 경험, 이해, 의도에 더욱 부합하는 경제·통치제도와 서구식 노동조직을 결합시키는 새로운 방식을 찾아낸다. 우리가 과거와 현재에 마주치는 광범위한 변형들은 또다른 변형을 암시하는데, 그것들은 이미 발생했거나 언젠가는 도입될 것이거나, 어떤 경우에도 심층적인 경제적·조직적·심리적 제약에 의해 배제되지 않은 것들이다. 특정 수준의 경제성장을 가능하게 하는 제도적 조건을 찾는 일이 쓸모없어 보이기 시작한다.

마르크스의 기능적인 설명방식에서 자본주의 개념은 또다른 역할을 수행하는데, 이때 자본주의 개념은 그렇게 배타적일 수 없다. 마르크스주의는 마르크스의 독자들에게 친숙한 외형상 징후인 특유의 역사적 현실을 기술한다. 즉, 특정한 현대 유럽의 제도와 삶의 방식을 기술하는 것이다. 다른 고전 사회이론들처럼 마르크스주의는 이 제도의 세계사적 의미와 변혁을 파악했다. 두번째 역할에서 자본주의 개념은 이러한 혁명적 결과를 만들어내는 데 실패한 다른 시대나 사회의 유사한 제도 장치에는 적용되지 않는다.

자본주의 개념이 지닌 난점의 두번째 원인은 마르크스주의 이론의 기능주의적 측면보다 심층구조적 측면과 관련이 있다. 여기에서도 자본주의 개념은 두가지 상이한 역할을 한다. 그뿐만 아니라 역사적 경험의 성격이 이 역할들을 화해 불가능하게 한다.

한편, 자본주의 개념은 사회조직의 불가분하고 반복 가능한 유형을 기술해야 한다. 구성요소들이 분리될 수 없고 다른 요소와 재결합할 수 없다는 점에서 불가분하며, 한 곳에서 한번만 실현되는 특별한 상태를 가리키는 것이 아니라는 점에서 반복 가능하다. 이 역할을 제대로 해내려면 자본주의 개념은 아무리 추상적이어도 부족하다. 오히려 이 역할을 적절히 수행할 수 있을 정도로 추상화되기 힘들다. 더 풍부하고 정확하게 정의하려다 보면 바로 그 구성요소들이 사실상 여러 방식으로 분리되고 재조정된다는 사실을 알게 될 것이다. 실제 일어나지 않은 유사한 분할과 재결합의 가능성을 배제할 근거도 충분치 않다.

하지만 이와 동시에 자본주의 개념은 반복적인 법칙 같은 일련의 복잡한 경제적·사회적 과정을 설명하는 데 명확하게 정의된 틀을 지시하는 역할을 수행해야 한다. 그러나 일단 자본주의를 그 형식적 역할을 정당화하는 데 필요한 구체성으로 정의한다면, 불가분하고 반복 가능한 유형의 표상으로서 타당성을 무너뜨리게 된다. 그 대신, 그것을 무수한 원인의 결과로 이해해야 할 어떤 독특한 상태나 일련의 사건을 위한 이름처럼 보이게 할 수 있다. 이렇게 되면 자본주의라는 용어는 그 일반성뿐만 아니라 명확성과 활력을 상실한다. 또 그것은 특정 시기에 북대서양 세계에서 발생한 느슨하게 연결된 일련의 사건을 지칭하는 간단한 방법이 된다. 하지만 정확히 어떤 사건들을 말하는가?

기능주의와 구조주의의 두가지 난점은 겹친다. 다시 말해 심층구조적 가정에서 야기된 문제는 기능주의적 전제에서 비롯한 난점보다 더 근본적이다. 생산력 발전 수준에 맞는 다양한 제도적 맥락이 있고 따라서 다양한 경로의 제도적 변화 역시 존재한다고 인정함으로써 기능주의적 딜레마를 해결하고 싶을지 모른다. 그러나 단일한 조직 유형과 단일한 진화적 연속성이 그러한 작업을 수행하는 데 실패하게 되면 다른 것들도 작동할 수 없는 것처럼 보인다. 각 유형과 연속성은 여전히 실천적인 일상세계에 대한 형성적 영향력을 정당화할 수 있도록 정의되어야 하기 때문이다. 제도 장치들이 어떻게 형성적 영향력을 행사하는지 보여주기 위해 상세하게 정의하면 사회조직의 불가분하고 반복 가능한 유형이나 단계의 사례로서 그런 장치를 표현하려는 의도가 타당성을 잃는다. 물론 형성적 제도의 질서를 구성하는 요소들의 해체와 재결합에 대한 제약이 존재할 수도 있다. 하지만 그러한 제약을 인식하는 것에서부터 그것이 제도 체계의 한정된 목록이나 강제적인 연속성을 발생시킬 수 있다는 사실을 보여주는 것은 커다란 진전이다.

자본주의 같은 개념은 역사·사회과학 저술이나 이데올로기 논쟁에서 끊임없이 사용된다. 주로 기능적 혹은 심층구조적 가정에 동의하지 않는 사람들이 이를 사용하지만, 그 개념을 사용하는 이들이 그 가정을 거부하는 것은 모순이다. 이들은 심층구조 분석에 대한 대안을 찾지 않으면서 마치 자본주의 같은 개념이 역사적으로 독특하게 위치 지어진 단계를 말하는 것 이상으로 사용될 수 있는 것처럼 주장한다. 또한 그런 개념이 사회조직의 불가분하고 반복 가능한, 추상적인 동시에 풍부하게 규정된 유형을 지칭하는 듯이 말한다. 그들은 상상과 담론 속에서 자신들이 방어할 수 없거나 방어하지도 않을 사고방식을 규정한다. 그들의 모호한 사용은 사회와 역사의 현재 관점과 심층논리 전통 간의 상충되는 관계의 징후다. 우리가 일반적인 설명에 도달할 때에는 종종 심층구조의 해법으로 뒷걸음질친다. 하지만 우리가 비일관되고 반무의식적으로 그렇게 하는 것은 우리의 발견이나 경험이 이들 해법으로부터 정당성을 박탈하기 때문이다.

기술적·설명적 사회이론의 중심범주들을 사용하는 데서 취약점을 드러내는 두가지 요소가 있다. 하나는 과거에 대한 유용한 지식의 확대이고, 다른 하나는 현재 역사의 분명한 교훈에 나타난 변화다. 전자에 대해서는 무지하면 안전하다. 후자를 가릴 수 있는 것은 오직 우둔함과 무관심뿐이다.

20세기 중·후반에 들어서 이전의 학문적 조건과 비교하여 풍부한 1차 자료와 2차 자료를 토대로 과거 사회의 역사를 탐구하는 것이 가능해졌다. 또한 언어를 배우고 기록을 탐구하고 멀리 떨어진 국가나 시대에 대한 역사가들의 저술을 읽는 즐거움에 빠져 매일 밤낮을 지낼 수 있다. 더 나아가 마르크스주의 이론의 진행이나 그 이론이 자본주의로 간주하는 사회의 경험을 자신의 범주 속에서 분석하려는 시도에서 많은 문제점을 발견하게 될 것이다. 고대세계 혹은 비서구세계의 거대 농업국가에서부터 최근의 매우 다양하고 생산적인 사회에 이르기까지, 만일 이를 자본주의 등장에 관한 이야기로 강제로 엮으려 한다면, 우리는 역사에서 경이롭고 교훈적인 측면들을 이해할 수 없을 것이다. 사료를 다루기 위해서는 그것이 말과 의도의 운집 속으로 사라질 때까지 이론을 풀어놓아야 한다. 아니면 마르크스의 역사 서술에서 제시된 사례에 따라 이론적 전문성과 실제 설명 사이의 간격을 더 넓혀가야 한다.

혼란과 계몽의 또다른 원천은 당대 사건들의 흐름이다. 마르크스와 19세기 후반·20세기 초반의 위대한 이론가들이 자신의 사고를 발전시킬 당시, 선구적인 국가의 사상가들과 지식인들은 실천이성의 낭만을 향유했다. 그 시대의 경험 속에서 많은 단일한 사회생활의 패턴이 유럽에서 전세계로 퍼져나갔음을 짐작할 수 있다. 이 패턴은 생산과 권력의 배치를 둘러싸고 짜였을 것이다. 또한 그것은 신념, 습관 및 위계질서의 온 체계를 견인했다. 지구 다른 편의 국가들은 이를 수용하거나 방치할 수밖에 없었다. 세계적인 경쟁에서 살아남기를 원한다면 그것을 받아들일 필요가 있었다.

사회이론들은 이러한 실천적 수렴이 사회갈등이나 대중봉기와 어떻게 연결되었는지, 그리고 한발짝 더 나아간 결정적 변혁을 미리 예견할 수 있었는지에 대해 입장 차이가 있다. 그 연결고리가 무엇이든, 국가 간의 심리적·군사적 충돌 — 역사상 가장 통제되지 않은 것들 — 이 더욱 무미건조하고 근본적인 제약의 부산물로 드러나는 것처럼 보였다.

현대세계의 통치자, 변명적 사대주의자 또는 소심한 시민 중 상당수는 여전히 사물의 모습에 대한 이러한 버전을 믿고 있는 것처럼 보인다. 그들 말로 현대 산업사회는 매우 복잡하다. 또 대규모 조직과 복잡한 관계를 맺는다. 이 제도들이 끊임없이 작동하고 악화되는 것을 방지하기 위해서 우리가 해야 할 일을 다 마칠 때쯤이면, 정치와 철학화, 즉 전략의 여지는 거의 없을 것이다. 백일몽만 남을 뿐이다.

앞서 낭만주의 초기의 투쟁적·이론적 양식이나 후기의 무디고 위축된 양식에서 실천이성의 낭만을 믿기 힘들게 하는 현대사의 여러 측면을 언급해왔다. 빈곤한 비서구 국가들은 오랫동안 풍요로운 서구 기술의 특징을 해당 사회의 다양한 노동조직과 결합시키거나 서구 노동조직의 유형을 사회를 조직하는 다른 방식과 결합시키기 시작했다. 이러한 제도 발명의 실천이 민주주의자나 혁명론자가 원하는 대로 진전되지 않았다. 하지만 향상된 실천역량이 본래의 제도적 토대에서 분리되는 과정에 대한 한계가 불분명할 정도로 나아갔다. 사실상 더 많이 분리하지 못한 실패건 꽤 많이 분리한 놀라움이건 모두 자본주의 등장에 관한 마르크스주의의 설명이나 기능주의와 심층구조 교리를 결합시키는 또다른 설명과 명확한 관계가 있는 것으로 보이지 않는다. 또한 이들 중 어떠한 것도 산업주의의 요건에 모호하게 의거해서 쉽게 설명할 수 없다.

희망적인 민주주의자들이 지구상 어느 곳에서든 사회적 실험의 어떤 신호라도 유심히 주시하는 시대가 도래했다. 그 신호가 급진적 프로젝트의 진전을 위한 새로운 기회에 관한 무엇인가를 드러내기를 희망하고 있는 것이다. 이 실험과 실험의 실패에 대해 막연하게 예정된 결과를 추구하는 실책이나 이미 공개된 진실의 부수적인 설명으로 파악한다면 핵심을 놓치는 것이다. 그것은 시대의 시민권(citizenship of the age)을 당파의 성원권(membership in a sect)으로 교환하는 것이다.

│ 정치의 과대평가: 이론을 내부로부터 구출해내지 못한 실책

마르크스가 생존했던 시대 이후 마르크스주의 이론의 역사는 대체로 자본주의 개념의 난점이 제기하는 기능적 설명과 심층구조 논증의 난점을 해결하려는 시도의 역사다. 그러나 이 구출작전은 결코 충분히 진척될 것 같지 않다. 마르크스주의 이론의 허약하고 느슨한 설명이 좀더 강력하고 치밀한 설명을 겨냥한 비판의견의 변형에 노출되어 있다. 이처럼 계속되는 실망은 그 결과를 해체하는 것 이상을 의미할 수 있다. 이러한 실망이 심층논리 이론의 좀더 근본적인 재구성을 위한 수단을 창조하는 데 도움이 될지 모른다.

한가지 친숙한 방어수단은 생산양식 진화의 포괄적인 이론을 보여주는 마르크스의 성숙한 견해를 무시하고 그의 주된 작업대상인 자본의 내적 분석을 강조하는 것이다. 그러나 이 구별은 유지될 수 없다. 자본주의에 대한 마르크스 연구의 핵심은 자본주의 생산양식의 특징적인 법칙을 설명하는 것이다. 이 법칙 중 몇몇은 반복적인 과정을, 그밖에는 발전적 경향을 구체화한다. 그런 법칙이 존재한다는 주장과 그것들이 법칙이라는 의미의 구체화는 생산양식의 존재·성격·역사에 대한 가정에 의존한다. 왜냐하면 생산양식은 그 법칙이 적용되는 구조틀을 나타내기 때문이다. 생산양식 이론은 각 법칙이 작동하는 영역을 추적하는 게 아니라 그 법칙의 존재 이유와 종류를 이야기해준다.

경험적 관찰은 마르크스가 기술한 운동법칙이 실제로 지켜지지 않는다는 사실을 설득력 있게 보여줄지도 모른다. 그래서 우리는 운동법칙을 수정하고, 발전을 예측하지 못하거나 요인을 간과한 것을 근거로 원래 이론의 부적합성을 비난하고 싶어 할 수도 있다. 그러나 자본주의 개념에 대한 나의 비판은 광범위한 경험연구를 요약하면서 이런 종류의 법칙을 찾는 것이 기본적으로 잘못 설정되었다고 지적한다. 일련의 반복 과정과 발전 경향을 옳게 구체화할 수 있을지라도 그 법칙을 사회조직의 불가분하고 반복 가능한 유형의 내재적인 법칙으로 해석하는 것이 정당화되지는 않는다. 그것들은 단지 제도 장치들의 독특하고 분리될 수 있는 복합체에 의해 조성되는 일상이자 흐름일지도 모른다. 그 안정성은 뿌리 깊은 제약이나 진화법칙을 반영한 것이라기보다는 단지 사회생활의 기본적인 조건을 둘러싼 실제적이고 상상적인 갈등을 재개하지 못한 실패의 표현일지 모른다. 이론적 이해나 정치적 실천의 함의는 우리가 잘못된 운동법칙 위에 확립해온 인식과 매우 다를 것이다.

초기 이론을 되살리려는 노력 가운데 가장 친숙하고 가치 있는 것은 생산양식의 역사나 내용을 결정하는 데 신념, 집단행동 및 정부정책의 전통이 중요하다는 것을 강조하려는 시도였다. 수정주의자들은 자신들이 말하는 자본주의의 변이와 진화가 민중 집단조직의 다양성과 다양한 정도에 끼친 영향력, 계급의식과 계급구성의 온갖 형태, 통치권력이 사회적 특권과 연계될 수 있는 방식, 사람들이 자신이나 사회에 대해 갖는 생각, 주체 간의 무수한 관계를 어떻게 반영하는지 설명해왔다.

마르크스 이론에서 특히 기능주의적 측면에 대한 이러한 강조는 설명적 기능의 이점(생산력의 발달)과 그 이점에 의해 설명이 요구되는 제도 장치(생산양식) 간의 관계를 느슨하게 한다. 따라서 이러한 수정주의는 다변적인 진화론의 탐구로 나아간다. 또한 수정주의는 생산양식의 출현에 대한 경직된 기능적 설명과 개별성의 수렁에 빠진 비기능적 설명을 함께 내세운다. 그 설명은 사회세계의 위대한 계승에 대한 신념과 투쟁의 독자적인 전통이 지닌 영향력에 대해 기술한다.

수정주의자들이 상세한 설명을 통해 해결하려는 문제와 그것이 제기하는 새로운 문제는 단지 심층구조적 가정의 배경에 대해 기능적으로 설명하려는 어떤 사회이론에서도 해결할 수 없는 난관을 드러낸다. 기능적 이점(마르크스주의에서 생산력의 최대 발전)이 어떻게 그 자체의 성취 원인이 되는가에 관한 이야기가 덜 구체적일수록 그 이야기를 역사학습이나 일상 경험과 연결시키기가 더욱 어려워진다. 다른 한편, 수정주의자는 제도적·기술적·이데올로기적 변화에 관한 설명적 서사(다른 사회들 내에서 상이한 집단의 다른 환경에 관한 서사)를 더 많이 제공할수록 기능적 이점에 대해 덜 언급하고 있음을 스스로 발견하게 된다. 이러한 이점은 독립적으로 야기된 사건들의 부산물이자 독립적으로 파악되는 과정들의 부산물로 보이기 시작한다. 그러므로 무엇보다 중요한 기능적 이야기(예를 들어 생산양식의 변화를 초래하는 생산력에 관한 이야기)는 필요 이상의 것으로 보이기 시작한다. 회의적으로 변한 수정주의자는 자신만의 고유한 작업을 하지 않아도 기능적 설명을 내버려둠으로써 그것을 약화시킬 수 있다. 개별적이고 비인과적 설명이 그 뒤를 잇는다.

물론 이 딜레마는 작동하는 기능적 결과와 가시적인 역사적 사건이나 역사적 행위자들의 의식적인 의도 간의 복잡하고 논쟁의 여지가 있는 연계성을 가정하여 해결될지도 모른다. 결국 그 연계성은 자연과학에서 기능적 설명을 뒷받침한다. 하지만 여전히 물음은 남는다. 과연 우리는 거시적인 기능적 설명을 제한하거나 까다로운 많은 사실을 무시하지 않고서 빠진 연결고리를 실제로 제공할 수 있을까? 그 괴리를 메울 충분한 연결고리가 없기 때문에, 수정을 위한 처방은 그 이상의 처방을 요구하거나 역사적 독단론으로 되돌아가게 된다.

수정주의 분석이 마르크스주의 이론의 심층구조적 측면에 미치는 영향은 그 기능주의적 부분에 미치는 효과만큼 전복적이다. 수정주의 경향은 형성적 구조(즉 생산양식)가 역사적 주체의 행동과 사고에 미치는 영향력을 제한한다. 또한 스스로 다시 만들어낸 개별 설명이나 복합적인 설명, 즉 진화법칙의 존재에 대한 확신을 점점 줄이는 설명에 호소한다. 그리고 유사한 생산양식들 사이에 나타난 차이의 인과적 의미를 중시한다. 다시 말해 각각의 양식이 정부 또는 소작농과 노동자의 집단조직에 허용하는 역할을 강조한다.

심층구조 논증에 대한 암시든 기능적 설명에 대한 효과든 문제는 동일하다. 즉, 기능주의 방식과 심층논리 방식을 결합해 생겨나는 차별화된 설명 방식에는 그 이상의 공격으로도 멈출 지점이나 어떤 방어선이 없다. 예를 들어 만일 마르크스 이론의 유력한 버전이 단 하나의 대안만을 요구했던 곳에서 3개의 대안적 경로가 발견된다면 왜 13개는 안 되겠는가? 만일 비기능적·개별적 설명이 생산양식의 많은 특징이나 발생기원에 대해 설명할 수 있다면, 동일한 종류의 더 많은 설명이 그 특징들을 설명할 수 없다고 누가 장담할 수 있겠는가? 만일 생산양식의 초기 정의 중 남아 있는 요소들이 제도 장치의 변형과 사회분할 및 위계질서의 운명에 역시 중요하다면 왜 그것들을 양식의 정의에 포함하지 않는가? 그리고 그 요소들을 정의에 포함할 경우 생산양식이 불가분하고 반복적인 유형이라는 주장을 어떻게 유지하길 바랄 수 있겠는가?

현대 마르크스주의 역사 서술에 나타나는 불일치를 생각해보라. 자본주의로 이행하는 데 역할을 담당했던 서유럽의 집단 소작농 조직이 그 예다. 어떤 이는 소작농 중심의 기층공동체 조직 약화가 자본주의에 중요했다고 주장한다. 이로써 기업가적 지주와 소작인으로 이루어진 자본주의적 대규모 농장이 형성될 수 있었다고 보기 때문이다. 이 주장은 주로 인구통계학적 또는 기술적 관점에서 발전 상황을 분석하는 역사학자들에 반대하며 생산양식의 진화에서 정치의 역할을 강조한다. 동시에 이 주장은 자본주의를 향한 단계의 연속성 관념을 유지하도록 고안되었다. 이 단계들은 중요한 시점에 필연적으로 소규모의 가족농업과 소작활동의 협업 형태를 파괴하는 과정을 거친다. 그런데 다른 이는 동부 유럽과 러시아에서 소작농의 쇠퇴가 자본주의를 회피하려는 노력의 일부였다고 주장한다. 자본주의 발달의 초기 가능성을 진압하는 데 국가의 역할(러시아의 경우)과 통합되어 있고 제지받지 않는 지주귀족의 역할(동부 유럽의 경우)에 관해 좀더 상세하게 설명해야 할 이유가 여기에 있다. 어떤 이는 중세 후기 및 근대 초기 서부 유럽의 상업 중심지에서 소작농 집단의 관습적인 권리의 유지와 중소규모 농업의 지속적인 번영이 성공적인 자본주의 발달의 시작으로 기술될 수 있는 변혁에 우호적이었음을 보여준다. 소작농의 희생 위에 세워진 대규모 농장기업이라는 경로가 필연적인 것은 아니었다. 여러 주장이 이와 같이 이어진다. 문제는 동일한 이론적 전통 내에서 연구한다고 여겨지는 역사학자들조차 의견이 일치하지 않는다는 점만이 아니다. 역사 서술의 논쟁이 각 생산양식을 정의하는 특성들 간 연결고리의 필요성이나 강도, 또는 한 양식에서 다음 양식으로 이행하는 동력에 대한 확신을 약화시킨다는 것이 문제다. 그 논쟁들은 그 이론이 말해줘야 하는 이야기를 어지럽힌다.

마르크스주의자(또는 심층구조 이론 신봉자)는 이전의 수정주의 시도가 부적절하다 싶으면 자신의 노선을 유지하려고 시도할 수 있다. 하지만 그는 — 자신이 보기에도 — 성공할 수 있을까? 그는 아마도 이론의 내재적 부적합성을 지적하는 사회과학자나 역사학자와 제휴할 수도 있다. 그러면서 자신의 획일주의가 지적·정치적 신념의 댓가라 여기며 위안을 삼을 것이다. 아니면 수정주의 운동을 더 벌일 수도 있다. 그러고 나서는 계승된 이론이 필요 이상으로 너무 많이 희석되어왔다는 사실을 깨닫게 될 것이다. 같은 유의 이의제기가 다시 일어나는 걸 막기는 어렵다. 일관된 버전의 이론, 심층구조의 해법을 제멋대로 다루지 않는 버전을 지키기에는 이의제기가 너무 많은 것이다. 결국 초수정주의자(super-revisionist)는 그 이론을 투쟁적인 언어와 강박적 관심의 목록으로 바꾸었으며 노아 없는 노아의 방주를 출항시켰다는 사실을 깨닫게 된다.

그러나 만일 첫번째 해법을 보존하고 두번째, 세번째 해법을 대체하면서 심층논리 접근을 통한 그리고 그것을 뛰어넘는 작업을 할 수 있다면, 이 지속적인 각성의 계기들은 다른 형태로 나타날 것이다. 그 계기들이 가져오는 겉보기에 부정적인 통찰이 확장되고 일반화되어 보편적인 설명의 대안 형식과 양립할 수 있는 것으로 나타날 수도 있다. 이 수정작업의 축적된 활동은 더이상 퇴각하는 임시변통의 타협책이 아니라 또다른 위력적인 입장에 다가서는 듯 보인다.

| 이론적 오류의 실천적 의미

심층구조 분석의 한 예로 앞에서 다룬 마르크스주의는 단지 이론적 관심으로 보일 수 있다. 그러나 그 함의는 과거뿐만 아니라 현재와도 관련되며, 이론적 관심에서 중요했듯이 정치적 사안에서도 중요하다. 『사회이론』의 제5장에서 언급한 브라질 정치에서 정치 참여의 혼란 사례는 정치적 실천에 대한 심층구조 관념의 잘못된 효과를 보여준다. 이는 북대서양의 상황에서 더욱 진전되고 예증될 수 있다.

심층구조 이론을 수정하여 허무주의적 결론에 도달하면, 과거·현재·미래의 구조틀을 그려보고 구조틀이 만들어낸 일상과 대비하며 그 역사와 변형에 관해 이야기하는 능력까지 위태로워질 것이다. 결국 오늘의 일상이 조직적·경제적·심리적 억압이나 서로 긴장관계 속에 공존하는 무수한 이해관계의 충돌에 따른 불가피한 부산물이라는 주장에 저항할 유용한 수단을 잃게 되는 것이다. 만일 형성적인 제도적·상상적 맥락의 영향력을 인식하지 못한다면, 그 맥락의 구성요소들을 단지 상위의 일상(high-order routines), 즉 오랜 경험을 통한 집단의 관습으로 취급하는 것이다. 다음 절에서 언급할 일차원적인 실증주의 사회과학이나 고답적인 역사 서술의 세계로 빠지게 될 것이다.

그러나 당신이 마르크스주의 또는 다른 심층구조 분석 방식처럼, 극단적인 수정주의에 대응하는 노선을 유지하려 했다고 해보자. 그러면 프로그램적 영감과 변혁적 좌파운동의 전략적 일관성을 해치게 된다.

프로그램적 사고의 주된 귀결은 일련의 기본적인 제도 장치와 사회적 선입관이 변화하는 환경에서 살아남도록 협력하는 개혁주의자들의 임시변통 그리고 사회생활의 구조틀을 바꾸려는 혁명 사이에는 어떠한 중도 노선도 존재하지 않음을 보여주는 것이었다. 그러므로 프로그램적 사고는 좀더 세부적인 제도적 대안과 전환적인 형태를 상상하려는 시도로부터 멀어지게 된다. 그런 제안이 간간이 나왔지만, 신뢰할 만한 변혁적 관점에서는 지지를 받지 못했다.

예를 들어 20세기 후반 서양의 민주국가에서 당신이 마르크스주의자로서 자본주의 경제를 내부에서 개혁하려는 논쟁에 개입했다고 가정해보자. 당신의 이론체계는 개혁과 근본적인 변화를 분명하게 구분할 수 있어야 할 것이다. 즉 운동법칙에 의해 예견된 위기들을 모면하기 위한 개혁과 생산양식 및 계급체제의 근본적인 변화를 구분해야 한다. 예를 들어 불황 중에 정부가 대중의 소비자 채무를 인수하는 동시에 기초설비와 복지시설에 큰 비용을 들여 투자한다고 가정해보자. 그 조치는 경제가 돌아가도록 유지하고 빈곤한 사람들이 경제를 붕괴시키는 것을 방지하는 데 필요한 조치일 것이다. 그러나 이것이 꼭 운동법칙(그것이 작동한다면)을 대체하거나 노동운동의 기본목표를 수정한다고 볼 필요는 없다.

하지만 개혁의 목표가 민주주의의 제도적 구조와 시장을 바꾸는 것이라면 어떻겠는가? 아마도 그것은 투자결정의 기본적인 흐름을 정치적 통제하에 두는 문제일 수도 있다. 아니면 반복적인 대중동원을 대체·회피하기보다 촉진하는 차원에서 정부의 헌법체계를 재구성하는 것일 수도 있다. 이 목표가 자본주의의 대안으로 투쟁할 가치가 있는 것일까? 아니면 개혁을 촉발하는 기초적인 현실을 개혁하지 않고 단지 위기와 갈등을 포용하는 방어적인 개혁인가? 어떤 점에서 그러한 개혁의 완성이 자본주의 경제 분석의 개념과 법칙을 진부하게 만드는가?

심층구조 이론의 경직된 버전이 주는 함의 역시 이에 못지않게 사회개혁에 관한 전략적 사고에 위험한 요소였다. 사회생활의 형성적 구조는 구성원 간에 유용한 기본 조건에 대한 갈등을 제한하고 중단시킨다. 게다가 그것은 일상에서 발생하는 실제적·상상적 투쟁의 파괴행위에 대항하여 분열과 위계질서의 계획을 만들어내고 유지한다. (이 구조가 얼마나 많은 위계질서를 만들어내는가는 집단들이 안정화 단계에 도달할 때, 사회 저변에 놓인 토대 위에서 경제적 또는 문화적 자원들을 동원하는 정도에 달려 있다.) 우리가 사회적 역할과 지위 구조가 일반 명령이나 진화론 논리 속에 불가분적으로 뿌리 깊이 박혀 있다고 믿을수록, 각각의 구조가 불러일으키는 계급의 체계와 공동체의 관심사에 부여하는 명확성이 더 커진다. 심층논리 이론의 시각으로 사회를 보는 사람은 이러한 이해관계를 더 투명하게 하기 위해서 갈등이 고조되기를 기대한다. 하지만 사실상 그것은 사회의 가능성과 집단의 정체성에 관한 사람들의 가정을 흐트러뜨리고 계급과 공동체를 여론집단으로 해체함으로써 이해관계를 모호하게 만든다. 이러한 이유로, 기존의 심층구조 분석을 고수하는 이론가는 특정 계급의 연합이나 대립을 피할 수 없으며, 새롭게 등장하는 사회조직의 유형이 이미 예견된 승자를 갖고 있다고 믿는다. 하지만 그는 잘못 생각한 것이다. 연합과 대립의 경계는 모두 사실상 유동적이다. 왜냐하면 맥락 수정에서 다음 단계는 항상 불확실하고 논쟁의 대상이며, 투쟁은 집단 이해관계가 확실하게 보이는 구조를 파괴하기 때문이다. 이론적 환상은 현실에서 희생을 강요한다. 사람들로 하여금 수많은 기회를 보지 못하게 하고 나태함에 대한 변명을 제공하며 그들이 충실하게 인정한다고 주장하는 증오심을 강화한다.

그리하여 20세기 후반 북대서양 국가들의 야심찬 노동당과 사회당은 사회변혁의 주요 세력으로서 쇠퇴하는 대량생산 산업계에 근거지를 둔 조직된 노동계급을 대변하는 이념에 여전히 충실했다. 이 정당들은 낡은 프티부르주아, 독립적인 전문직, 선진기술 요원, 그리고 심지어 조직되지 못하고 가난에 허덕이는 하층계급의 관심사에 부응하지 못하고 말을 계속해댔다. 그 결과 그들은 고립을 자초했다. 이러한 고립으로부터 벗어나고자 그들은 잉여경제의 재분배, 복지국가주의, 행정의 현대화 프로그램을 이야기했다. 때때로 그들은 갈등관리와 재분배의 타협노선을 정착시킨 후, 두 세계에서 최악의 것을 결합시켜 프롤레타리아의 도전적인 언어를 줄곧 되풀이했다.

마르크스주의 심층구조 이론의 선입관은 유럽의 산업화에 동반된 제도 장치의 다양성을 과감하게 단순화하는 데 기여해왔다. 특히 서양의 새 지배질서에 도전하는 데서 장인, 숙련공, 소생산자 및 전문가, 소규모 협동기업 옹호자들의 지도적 역할을 모호하게 만들었다. 이들의 목표는 단지 영세 경영자 정신이나 분권화된 권위에 붙어 남아 있다. 그들의 프로그램은 소규모 상품생산에 대한 마르크스의 비판에 쓰인 것처럼 실제로 극히 불안정하고 퇴보적이었다. 그들에게 그것은 독립적이고 비교적 동등한 소규모 생산자들이 만드는 전환기적이거나 부수적인 생산양식이었다. 그러나 이들의 비전 역시 그러한 비판을 충족시키는 제도적 제안의 발전을 위한 출발점으로 기여할 수 있다.

이 책의 주요 테마인 그러한 제안은 자본과 통치권력에 대한 접근이 어떻게 현재의 시장과 민주주의의 제도적 형태 내에서 좀더 자유롭고 공평하게 이뤄지며, 동시에 규모의 경제와 정부의 유효한 정책과 양립할 수 있는가를 보여줄 수 있다. 좌파 정당들은 이 대안에서 자신들의 급진적 변혁을 향한 야망을 포기하지 않고서 고립된 상황을 깰 수 있는 방법을 발견할 수도 있다. 그러나 마르크스주의와 그밖의 심층구조 이론들은 이 비전과 전략의 재구성에 방해가 되기에 이르렀다. 이 이론적 전통의 지지자들은 과거회귀적인 의미의 승리라는 말에 오염되어, 즉 지배적인 제도 체계들을 필연적인 역사 전환과 동일시함으로써 덜 친숙한 역사 전환과 변칙적인 제도적 해결책에는 눈을 감고 말았다. 이들

은 사회적 발명의 가장 공통된 형태가 일탈을 모델로 전환하려는 시도
라는 걸 인지하는 데에도 실패해왔다.

비진화론적 심층구조 사회이론으로서 경제학

고전 정치경제학은 초창기 저작에서 진화론적 심층구조 사회이론의
초기 버전을 제공했다. 예를 들어 애덤 스미스(Adam Smith)는 스코틀
랜드 선구자들과 동시대 학자들의 작업에 기초하여 경제발전의 전환점
에 의해 특징지어지는 사회진화 단계를 구분했다. 비록 그는 이기심과
생산기회의 역동성을 전체 진보에 필수적인 것으로 주장했지만,『국부
론』에서 확립된 법칙들은 진화의 최종단계인 상업경제에만 적용할 생
각이었다. 그 단계에서만 시장제도의 최종적인 승리를 확인할 수 있음
을 이야기했고, 또한 그의 선배들처럼 계약 및 재산의 확립된 규칙에 기
초해 완성되는 특수한 시장질서를 언급했다.

그러나 경제학은 곧 이러한 유형의 이론화에서 벗어났다. 그 대신, 심
층논리 분석의 비진화론적 버전이 가능한 모델을 지향했다. 이는 물질
적 필요나 욕망의 충족이 사회조직에 부과하는 제약에 초점을 맞추었
다. 가장 발전된 형태임을 가정한다면, 경제학이 그 제약들을 충족시킬
수 있는 대안적인 제도 체계를 구체화하는 가능한 사회세계의 이론으
로 구성되었을 것이다. 심지어 경제학은 왜 이 대안들 중 하나가 어느
시점과 장소에서 실현되었는지를 설명할 수 있었을 것이다. 한동안 정
치경제는 그러한 원리가 될 수 있었다. 그럼에도 경제학의 작업은, 마르
크스주의의 역사가 심층논리 이론의 진화론적 버전의 부적절성을 드러
낸 것처럼, 그러한 이론을 산출하는 데 실패했을 뿐만 아니라 왜 그러한

이론이 실패할 수밖에 없는지를 입증했다.

다음 논의는 심층구조 분석의 또다른 유형의 자멸을 보여주려는 것이기보다는 일반적인 목표를 갖는다. 그 이론이 소멸한 이후에는 경제활동과 제도적·상상적 구조들의 관계에 대한 대안적 사고방식이 개발되지 않았다. 오히려 비진화론적 형식의 심층논리 이론이 붕괴되면서 구조틀의 문제, 즉 경제활동이 일어나는 제도적·상상적 맥락과 일상적 경제활동의 관계를 이해하는 문제를 과감하게 제거했다.

만일 지성사에서 이 사건들에 목적의 명확성을 부여하고자 한다면, 심층구조 분석의 두번째, 세번째 해법의 거부가 첫번째 해법, 즉 형성적 맥락과 그것이 형성하는 일상 간의 기본적인 대비를 약화시킬 것이라고 말할 수도 있다. 그러므로 고전 정치경제학은 심층구조 이론의 진화론적 변형과 그 기원을 공유한다. 그것은 비진화론적 관점의 취약성을 끊임없이 드러내준다. 그러나 결국 그것은 사회생활의 제도적·상상적 맥락의 구성과 영향력을 이해하는 일에 무관심으로 일관하는 실증주의 사회과학의 가장 견고한 모델이 되었다. 이제 이러한 무관심으로 인한 중대한 지적·정치적 결과를 논하고자 한다.

17세기부터 19세기 중반까지 서유럽에서 발전한 고전 정치경제학은 부의 생산 및 분배와 가장 밀접하게 연결된 사회활동들 간의 인과관계에 관한 이론이었다. 좋든 나쁘든 그것은 마르크스의 원칙인 특수한 심층논리 구조를 결여했다. 이에 활력을 불어넣었던 관심사들이 당시의 치국책과 분명하게 연결되어 있었기 때문에, 그것은 다소 의도적으로 설명적 프로젝트와 정치논쟁 간의 경계를 넘나들었다. 따라서 고전 정치경제학이 선호한 질문은 '가치'의 진정한 근거는 무엇인가, 어떤 활동과 계층이 국부에 가장 기여하는가, 어떤 정부형태와 권리체계하에서 국민이 더 부유해지는가 등이었다.

정치경제학의 전통은 가치이론의 무익하고 끝없는 수수께끼에서 벗어나 어떻게 사용가치가 가격이 될 수 있는가 하는 오래된 질문에 답하려는 압박을 받아왔다. 경제학자들은 가치에 대한 철학적 분석을 떠나, 가격체계의 분석으로 경제 내 변혁의 보편적인 공통요소를 발견하려 했다. 즉, 교환가치, 소비자가격, 가격체계의 모든 측면이 어떻게 서로 의존하는가를 밝히려 했다. (물리학과 달리 이 공통요소들은 자연적인 불변의 것이 아니다.) 수많은 독립적 행위자가 자발적으로 그리고 자신의 이익을 위해 거래하는 시장경제는 질서정연한 세계로 표상될 수 있다. 만일 희소성(scarcity)과 욕구(wants)에 관한 확실한 정의가 내려진다면, 자원할당의 최대 효율성이라는 관념에 명확한 협의의 분석적 의미가 부여될 수 있었다. 경제분석에서 대부분의 문제는 수학적 공식에 따라 만들어진 방법으로 재정의될 수 있었다.

고전 경제이론의 변형을 위한 또다른 압력의 원천은 경제학의 핵심을 논쟁의 여지가 있는 기술적·규범적 관심으로부터 분리시키는 것이었다. 새로운 한계론적(marginalist) 시장이론은 정치경제학에 대한 사회주의자들의 공격에 직면하여, 사회가 어떻게 작동하는가에 대한 사회이론적 논쟁을 부추기면서 논쟁의 소지가 있는 영역에서 손쉽게 벗어났다. 한계시장이론은 더 높은 차원 또는 좀더 일반적인 근거가 된다고 믿는 영역만 분석하는 학문이 되고 말았다. 당시 각광받던 분석 역시 대부분의 규범적 또는 경험적 이슈에 대해 사람들이 취하는 입장에 관계없이 제한된 작업을 수행할 뿐이었다.

왈라스(Walras)가 최종적으로 공식화 한계론적 일반균형이론(general equilibrium theory)은 이 두가지 압력의 원천에 대해 영향력 있는 답변을 내놓았다. 그 결과는 내용이나 범위뿐만 아니라 설명 목표 면에서 전통적 이론과 구분되었다. 신경제학의 요지는 정치경제학을 괴롭히던 설명적·규범적 논쟁에서 비켜섬으로써 일반성과 확실성을 획득하려는 노력이었다.

그러나 새로운 한계론 경제학은 사실적 또는 규범적 도전을 완전히 방어하는 데 실패했다. 그 이론의 재설정된 설명 목표를 당연한 것으로 받아들이더라도 밀접하게 관련된 세가지 취약점이 남아 있다. 이 문제들을 해결하려는 시도는 끊임없이 경제학에 압박을 가했다. 그 압박은 선택을 야기했다. 경제학의 범위를 좀더 일반화하고 목적을 형식화함으로써 고전 정치경제학과의 결별을 더욱 공고히 하거나 아니면 경로를 완전히 바꾸는 것, 둘 중 하나였다.

취약점의 첫번째 핵심은 과연 한계론의 관점에서 볼 때 시장경제에서 균형이 사실상 자발적으로 발생하는가라는 것이다. 실업률이 높은 환경에서 지속적인 불균형 또는 균형의 내재적 가능성이 있다는 주장이 가능했다. (그것은 어떠한 서술을 선호하는가와는 별 상관이 없다.) 그 상황은 투자부족과 소비부족, 즉 화폐의 축적으로 귀착될 수 있었다. 아니면 시장의 실패로 전가될 수 있었다. 다시 말해 독점이 없는 상황에서도, 자원을 최고 수준으로 활용하며 시장을 투명하게 하고 균형을 회복할 징후가 보여도 임금과 가격이 체계적으로 반응하지 않는다는 것이다. 임금과 가격의 밀접한 관련성은 노동력 부문 간의 차별화된 조직, 관행적인 공정성 기준, 상대적인 재정 자율성과 주요 시장이나 노동력과의 안정된 관계를 유지하려는 위험회피형 경영자들의 노력, 그들의 핵심 시장 및 그밖의 개연적인 요소에서 그 원인을 찾을 수 있다. 결국 자율조정식 균형의 실패는 무지와 불확실성의 조건에서 경영자, 노동자 및 소비자에 의해 활용되는 의사결정과정과 한계론의 합리적 선택 관념 간의 격차에서 기인한 것일 수 있다. 그 격차는 때로 그 관념의 설명적·규범적 가치 중 상당 부분을 제거할 정도로 컸다. 한계론의 분석은 행태적·제도적 사실을 분석과 설명을 위한 주제라기보다는 당연히 주어진 것으로 취급할 수밖에 없었다. 마치 모든 흥미로운 것이 행태적·제도적 사실에 있는 것처럼 말이다.

자발적 균형에 대한 온갖 제약의 근원에서 핵심은 그것이 시장이론에 의해 비경제적 또는 우발적인 것으로 소홀히 다뤄져서는 안 된다는 점이다. 그것은 사실상 존재하는 시장경제에 매우 깊숙이 자리 잡고 있는 것처럼 보인다.

한계론에 대한 두번째 장애요인은, 비록 그 이론적 의미가 첫번째 장애요인만큼 중요함에도 주류 경제학의 발전에는 별 역할을 하지 못했다는 점이다. 이는 한계론이 불균형의 재발보다 하나의 시장이라는 개념과 맺는 관계에서 비롯한다. 한계론은 분석을 통해 하나의 시장이라는 배경 이미지를 불러와 간단하고 확실한 것처럼 보여주었다. 시장이 무엇인가에 대한 외견상 논쟁의 여지가 없는 관점은 시장이 —— 어떠한 형태든 간에 —— 자원할당을 위한 자연스러운 효율적인 구조틀을 나타낸다는 논쟁적인 개념을 지지하는 것이었다. 여기에서 두가지 문제점이 드러났다.

하나는, 시장이 취할 수 있는 구체적인 법적-제도적 형태를 생각하면 시장 개념의 비결정성(indeterminacy)이 바로 분명해진다는 점이다. 재산 및 계약의 관습적인 범주를 구성하는 권리와 권력은 다양한 방식으로 재형성·재할당될 수 있다. 시장 개념에 대한 이 세밀한 제도적 해석들은 제각기 권력과 생산의 사회적 배치에 대해 매우 다른 결론을 내놓는다. 시장 개념을 분석한다고 해서 이 대립적인 해석들 가운데 어느 것이 가장 진정한 시장인지에 대해서, 심지어는 무수하게 많은 분권화된 경쟁을 촉진한다는 사소한 의미에서 볼 때조차도, 답변할 수 있는 방법은 없다. 그 질문들은 경험적이며, 질문이 요구하는 답변 또한 경험적이다. 어떤 개별 시장의 묘사든 이미 시장 개념의 무수히 많은 가능한 해석 가운데 하나를 전제한다. 무엇을 고르든 앞으로 지향할 제대로 된 시장이라거나 어떤 경제 내에 실제로 존재하는 특정 종류의 시장이라고 주장할 수 있어야 그 해석이 정당화될 수 있다.

다른 하나는 경제학자들이 바로 한계론의 분석적 구조가 중앙집권적 통제경제에 손쉽게 적용될 수 있다는 것을 알게 되었다는 점이다. 한계론이 우세했던 초창기에 살았던 폰 비저(von Wieser), 파레토(Pareto), 바론(Barone) 같은 우파 경제학자들은 극복하기 어려운 분석적 장애물은 없다는 사실을 보여주었다. 그들은 시장경제의 평형을 유지해주는 모든 자산을 포함하여 독특하게 구성된 해결책을 갖고서 통제경제 역시 평형체계를 통해 설명될 수 있음을 입증했다. 분배나 다른 사항에 대한 결정은 단지 중앙집권적 사회주의 관리들에 의해 미리 만들어졌다. 확실히 이 계획경제는 생산력 저하를 가져왔다. 비시장적 신호는 비효율적으로 기능했다. 생산체계의 국가운영이 서툴렀을 수도 있다. 또한 통제체계가 시민적 자유라는 그 자체 정당한 프로그램을 잠식했을 수도 있다. 그러나 한계론 분석을 시장경제에 국한하는 것을 정당화하려는 주장들과 이러한 주장들을 같은 수준에 놓기는 어렵다.

한계론의 세번째 약점은 효율성(efficiency) 개념 혹은 파레토 최적법칙(Pareto Optimality) 같은 개념들의 논쟁적인 사용과 관련이 있다. 새로운 분석은 그것이 자기억제적 균형 개념이나 시장결정론적 묘사에서 빠져나와야 했던 것처럼, 경제활동에 참여하는 개인들에게 성장과 최대한의 만족을 보장하는 경제적 장치에 관한 모든 개념으로부터 분리되어야 했다. 19세기 후반, 알프레드 마샬(Alfred Marshall) 같은 경제학자들은 이미 결과를 파악하고 있었다. 그중 하나는 개인, 계층 또는 세대 사이의 분배에 관한 모든 고려사항을 한계론으로 경시하는 것이었으며, 분배상황은 당연한 것으로 받아들여졌다. 또다른 결과는 동적인 전망의 결여다. 생산능력의 지속적인 향상을 유지하는 데 필요한 투자와 혁신은 어떠한 균형이론을 동원해도 가격-수량의 관계와 반드시 부합되지 않을 것이다. 집합적 만족(aggregate satisfaction)의 개념(집단적 복지 기능)이 일관되지 않는다는 사실을 입증했던 후기 논쟁은 그러한 지적을 한 단계 더 나아가게 했다. 한계효용은 집단적인 부나 복지를 구성하는 효과적인 지침으로 받아들여질 수 없었다. 이러한 한계들이 일상적인 경제활동과 제도적·관념적 구조틀의 관계를 다루는 방법의 결여에서 직접적으로 기인한다는 사실은 여전히 받아들여지지 않고 있다.

한계론에서 문제의 세가지 근원은 똑같은 일반적인 속성을 공유한다. 그 문제들을 다루는 데에는 두가지 방식이 있다. 첫째, 한계론이 고전 정치경제학과 결별했던 지점에서 시작된 발전경로를 해석하고 확대하는 것이다. 다시 말해 한계론을 자율조정적 균형론, 확고한 시장제도 또는 강력하게 정의된 효용성으로부터 따로 떼어놓는 것이다. 선택을 최대화하는 일반적이되 협의의 이론으로 만드는 것이다. 비록 다른 근거 위에 세워진 기술적(descriptive) 또는 규범적 이론들 내에서 강력한 도구로 작용할 수 있지만, 여기서는 기술적이지도 규범적이지도 않은 순수한 분석으로 변형시키는 것이다. 둘째, 대안적인 해결책으로서 아예 방향을 뒤집어 한계론 경제학이 부분적으로 회피하게끔 고안된 모든 경험적·규범적 논쟁 이슈들에 다시 가담하는 것이다.

20세기가 끝날 때까지, (신고전주의로 부적절하게 불렸던) 주류 한계론 전통 내의 주도적인 경제학자들은 스스로 이 전략들을 효과적으로 사용하고 있다고 생각했다. 그러나 실제로 그들은 두번째보다는 첫번째 방식에서 더 큰 성공을 거두고 있었는데, 이는 부분적으로 그들이 경제학의 한계론으로의 전환에서 나타난 설명방법과 두번째 목표 사이의 부조화를 파악하지 못했기 때문이다.

난관에 대한 두가지 대응은 양립할 수 없다. 일반적·불가지론적 해법은 초기 한계론에서 가장 새롭고 일관되었던 것의 확장과 해명에 이른다. 이처럼 잘 짜인 경험적·규범적 접근방법이 성공을 거두기 위해서는 똑같은 것을 더 많이 더 낫게 사용하기보다는 다른 종류의 분석을 필요로 한다. 생산이나 교환과 그것이 발생하는 제도적·상상적 체계 간의 상호작용에 초점을 맞춘 경제적 설명방식을 요구한다. 또한 심층구조 사회분석이 진화론적 또는 비진화론적 형태로 풀어낼 수 없었던 문제들에 대한 해결책을 요구할 수 있을 것이다.

앞의 마지막 지적을 이해하려면, 왜 자율조정적 균형이 일어날 수 없었는가를 설명해주는 원인들과 가장 최근에 발전된 한계론 간의 관계를 생각해보라. 이 원인들이 무엇인지 또는 그 원인들이 서로 간에 그리고 다른 세력에 어떻게 영향을 미쳤는가 하는 물음은 순수 경제분석 자체가 설명하고 기술하려는 것이 아니었다. 그것들은 제시·검증되기보다는 핵심적인 설명구조의 외곽에서 수행되어야 했던 추측이나 관찰이었다. 때로는 가정들을 느슨하게 함으로써 그것들을 통합하고, 때로는 그것들을 등식에 변수로 포함시켰다. 하지만 핵심적인 분석에서는 사회의 물질적 삶의 확장적 측면들 간의 인과관계에 관한 이론을 발전시키지 않았다.

실질경제의 실제 작용에 관한 특정한 발견이나 추측, 그리고 순수 경제분석은 서로 상당히 독립적인 상태로 남아 있다. 후자는 전자를 형성하기 위한 언어에 지나지 않았다. 전자는 후자에 혼란을 주지 않았다. 결과적으로 분석의 일반적인 부분은 그 발견과 추측에 어떤 패턴도 제공하지 않았다. 경험적인 발견들은 임시방편으로 축적되거나 다른 분야에서 제시된 패턴에 의해 정리되었다.

같은 이유로, 새로운 사실이 발견되었어도 기본적인 한계론의 경제 분석을 바꿀 필요는 없었다. 세심하게 이론을 정의하고, 자율조정적 균형론, 시장체계의 확정성이나 필요성, 효용 개념의 공세적인 의미 등에 관한 부당한 가정이 충분히 제거될 때, 비로소 이 모든 구체적인 이슈에 관한 상이한 경험적 또는 규범적 입장들 사이에서 중립을 지킬 수 있었다. 그러나 만일 중립성을 확보하지 못한다면, 초기의 덜 일반적이고 덜 일관된 한계론 버전에 제기될 수 있었던 모든 반대의견에 노출되는 것이다. 주의 깊게 용어들을 정의한 개념에 따라 참이 되는 어떤 이론도 오류가 있을 수밖에 없다.

주류 경제학자들은 냉소적이었다. 짐짓 겸손하고 스스로 만족스러워하며 자기들이 과학을 행하는 유일한 방법을 실천한다고 주장했다. 단편적인 관찰과 점진적인 수정을 통해 연구를 수행한다는 것이다. 이는 가능한 세계를 설명한다는 의미에서의 과학은 아니었다. 물리학의 일부 작업방식처럼 실제 세계의 작동이나 창조에 관한 가설을 통해 작업하는 것이 아니었다. 또한 그것은 신다윈주의 진화론처럼 특정 세계의 활동이나 역사, 즉 왜 그리고 어떻게 한 사건이 다음 단계로 넘어가는지를 인과적 설명으로 제시하는 그런 과학이 아니었다. 이 한계론 경제학에서 과도하게 사용되었지만, 수학은 갈릴레이 이후 물리학이 그랬던 것처럼 세계를 기술하거나 기술하지 못하는 상상적 도식의 저장고라기보다 추론과 계산의 순수 도구에 불과했으며 몇몇 단순한 아이디어에 대한 공허한 분석일 뿐이었다. 순수주의자들은 이러한 종류의 경제학의 핵심을 놀랍고 논쟁적인 가설이 빠진 분석 장치로 여겼다. 그 정확성과 원인이 경제학 바깥에서 결정되어야 했던 관찰과 결부되는 경우를 제외하곤 말이다. 이처럼 경제적 분석과 경험적 발견 사이의 미약한 연계성에서 비롯된 지적 파급효과는 지대했다.

첫째, 그러한 경제학은 축적적·지속적 진보를 위한 수단이 없었다. 그 자체의 가정에 반하는 혁명적 압력에 대한 전망이 없었으며, 사회 내 관계들을 조사하기 위한 조직적인 상상력도 없었다. 이론가가 분석의 핵심으로 물러나면 실물경제의 놀라운 속성에 관해 이야기할 수 있는 것이 거의 없었다. 그가 이러한 사실에 눈을 돌리면 망망대해에 떠 있게 된다. 사상가의 보물인 놀라움은 아무것도 놀라울 게 없다는 생각으로 소진된다. 그의 일반적인 분석에 나타난 형식적인 기교는 실체적 빈곤의 한가닥 희망에 지나지 않았다.

두번째 함의는 경제학자들이, 당시의 경험적·규범적 논쟁에서 입장을 취하려는 의도 때문이긴 하지만, 손쉽게 초기 한계론의 전제들로 되돌아갔다는 점이다. 물론 이들 모두가 같은 시대에 똑같은 이중적 의미를 사용한 것은 아니었다. 때때로 문제는 어떤 강력한 주장들이 실제로 자율조정적인 최적균형론의 가설에 의존하는 정도가 모호했기 때문에 발생했다. 때로는 재산 및 계약의 권리체계와 함께 모호한 시장형태를 제도적으로 확고한 관념으로 받아들였으며, 때로는 특정한 분배체계나 성장전략을 정당화하기 위해 효율성의 개념을 부당하게 확장한 데서 문제가 야기되었다. 따라서 한계론의 경제학은 직업상 변명에 지나지 않는다는 생각(그러한 생각은 전문 경제학자들에게는 대단히 모욕적이었다)이 만연했으며, 이 주장에는 상당한 진실이 담겨 있었다. 그 비판이 가끔 혼동스러웠지만, 그 이론만큼 혼란스럽지는 않았다.

경제학에 대한 세번째 귀결은 거시경제학에서 격렬한 논쟁이 공식화되는 과정이었다. 경제정책의 위기가 반향을 불러일으켰다. 그 반응은 당시의 환경과 정책입안자들의 의도에 적합한 제한된 정치적 목적과 경험적 추측을 반영했다. 이후 이러한 상관성은 잊혀지고, 어느정도 성공적인 전략이 일반이론을 위한 패턴으로 다루어졌다. 물론 일반이론들이 한계론의 미시경제학으로부터 도출될 수 없었지만 말이다. 이 이야기는 경제학사에서 가장 낯선 막간의 하나인 케인즈(Keynes)학파의 에피소드에서 볼 수 있다.

케인즈가 숙고해 내놓은 원리 중 조직적 이론 요소의 하나는 영구적 불균형의 가능성이나 왈라스의 "특수사례"(special case)가 말하는 최적 속성을 갖지 못한 균형 가능성을 위한 논증의 개발이었다. 케인즈는 자신이 소비부족의 위기로 인식했던 사태나 건전재정 원칙이라는 환상에 직면하여 하나의 해결책을 제시했다. 그의 해법은 의도, 상황 그리고 일련의 협소한 추정들에 초점이 맞추어졌다.

케인즈는 공적 지출을 통해 총수요를 유지하는 것이 주요 투자결정을 사회화하는 것보다 정치적으로 더 용이하다고 판단했다. 물론 그는 어떤 방법을 택하든 위기에서 빠져나올 수 있다는 사실을 인정했다. 그는 2차대전 이후 경제정책의 이중적인 제약이 아직 분명하게 드러나지 않았던 환경을 다루고 있었다. 투표에 의해 선출된 정부들은, 투자자들에게 완전히 굴복해서는 안 된다거나(소비부족과 실업이 사회불안을 초래하고 국가를 황폐화할 수 있기 때문에) 노동자 및 소비대중에 굴해서는 안 된다는(투자에 대한 신뢰의 결여는 인플레이션을 동반하든 안 하든 경제위기를 초래할 수 있기 때문에) 상반된 압력에 아직 직면하지 않은 상태였다. 케인즈의 슬로건이 펼쳐지던 때, 건전재정 원칙에는 여전히 전자의 압력이 후자의 압력보다 더 중요하다고 여겨졌다. 마침내 케인즈는 상당한 규모의 유휴생산설비(unused capacity)에서 경제활동 자극을 기대할 수 있는 상황임을 발견했다. 관심의 초점은 아직 비혁신적·위험회피적 관리자 계층, 자기방어에 몰두하는 파편화된 노동운동, 그리고 무능한 국가가 산출물과 생산의 지속적인 확대를 가로막는 방식에 맞춰진 것은 아니었다. 그러나 뒤의 두 사실이 불거지자 첫번째 사실에 대한 케인즈의 판단도 더이상 유지될 수 없었다. 부유한 서구 경제체제 내에서 재분배와 성장이라는 중대한 문제는 투자결정의 기본적인 흐름에 대한 정치적 통제력을 확보할 때에만 다루어질 수 있었다.

그 논쟁과 입장은 어떤 종류의 이론에도 부가되지 않았다. 자신들이 과거에 그렇게 했고 지금도 하고 있다고 가장하는 것은 정치를 비정치화하고 역사를 비역사화할 뿐이다. 그들은 1920년대에 부하린(Bukharin)과 프레오브라젠스키(Preobrazhensky)가 이끈 구소련 경제학파들 사이의 논쟁과 같은 상황이며 많은 주제가 동일하다. 미국 경제학자들이 거시경제학과 미시경제학을 상호 연계되는 이론체계라고 주장하기 시작하면서 이중으로 오류를 범했다. 각각의 한계는 서로 달랐지만 어느 것도 하나의 이론체계에 이르지는 못했다. 미시경제학은 선택의 형식적인 분석이고, 거시경제학은 개별 사례에서만 효력이 있는 제한된 준거에 근거한 국가운영(statecraft)의 실행이다.

제4장

"모든 것은 정치다"라는 슬로건 이해하기: 급진적 반자연주의 사회이론을 향하여

이론의 테마들

이제 모든 것이 정치라는 주장에 대한 회의적인 해석보다 야심차게 과감한 해석을 발전시킨 사회이론의 핵심 테마들 몇몇을 살펴보자. 이 테마들을 정교하게 발전시키는 관점의 가치는 이론이 세부적으로 완성된 후에야 비로소 평가될 수 있을 것이다. 그렇지만 테마에 대한 개관은 일반이론을 통해 현재 사회사상이 직면한 난관으로부터 어떻게 벗어나는지를 보여줄 수 있다. 또한 그것은 우리가 수용할 만한 대안을 제시하여 지적 가능성에 대한 이해를 높여준다.

| 형성적 맥락과 형성된 일상의 구별이라는 테마

모든 사회적·역사적 상황 속에서, 우리는 형성적 맥락과 형성된 일상 간의 대비를 확인할 수 있다. 사회생활에 대한 제도적·상상적 구조틀은 갈등을 억제하거나 갈등에 개입하면서 생겨난다. 사람들은 지치거나 패배했을 때 싸움을 멈춘다. 사람들은 상호 간에 실제적·정서적 관계의 조건들을 규정하는 전제와 제도를 받아들인다.

이 조건들은 인적 결합에 대한 이해와 방어 가능한 틀, 즉 사회생활의 다른 영역에서 현실화되는 사회성(sociability)의 모델로 끊임없이 재구성된다. 이 재구성은 필수적인 정당화 이상이다. 이것은 사회세계에 정착해 가정을 꾸리는 것이 무엇을 의미하는가의 한 측면이다. 사람들은 더이상 사회의 조직을 끊임없는 사회적 투쟁의 휴전선이나 승리로 이해할 필요가 없다. 그 대신, 서로의 말과 행위를 공유된 가정(假定)이라는 배후에 비추어 읽을 수 있다.

안정된 사회구조틀, 맥락 혹은 구조는 서로에 대한 물질적·정서적·인지적 접근의 조건을 형성한다. 또 그것은 유·무형 자원에 대한 통제력과 사용권을 둘러싸고 벌어지는 갈등의 일상을 형성하는데, 그러한 권한은 특정 사회계층 사람들이 다른 사회계층 사람들의 활동을 제한하는 것을 가능하게 한다. 이 자원에는 통치권력, 경제자본, 기술 전문성, 탁월한 이념이나 이런 이념이 함축하는 주장의 형태 등이 포함된다. 형성적인 제도적·상상적 맥락은 일단 자리 잡으면 사회분할 및 위계질서의 체계, 역할과 지위의 체계를 쇄신한다. 또한 그것은 정치에서 개혁과 긴축의 주기(cycle of reform and retrenchment)에, 경제에서는 경영의 주기에 활기를 불어넣는다.

여기서 두가지 보충적 기준을 적용함으로써, 인적 결합의 가능하고도 바람직한 형식에 대한 제도 장치나 신념이 사회의 형성적 맥락을 정의하는 데 포함될 만한지 논해볼 수 있다. 첫째, 제도 장치나 신념은 사람들이 개인이나 집단의 이해관계를 추구하는 전략에 따라 당연한 것으로 받아들여져야 한다. 둘째, 그것들을 대체하기 위해서는 사회를 형성하는 주요 자원에 대한 갈등의 형식이나 결과를 바꾸어야 한다. (두 번째 기준을 사용할 때 곤란한 문제는 어떤 대체물도 기능적으로 마찬가지일 수 있다는 점이다.)

오늘날 북대서양 국가들에서 이 두가지 기준을 충족시키는 제도들은, 통치권력을 분할한 18세기의 업적을 사회의 다양한 계급 및 공동체와 부자연스럽게 연관된 정당정치라는 19세기 양식과 결합한 정부형태, 경제분권화의 수단으로 거의 절대적인 소유권을 채택하면서 전문관료 및 판사가 이런 경제활동을 통제하는 통제시장경제, 그리고 분화된 노동조합을 낳은 노사대표제다. 두 기준을 충족시키는 상상적 선입관은 정당정치적·법적 갈등의 구체화된 전문 담론 속에서 암묵적이기는 하나 분명하게 표현되고, 대중적 기대나 논쟁, 감수성 면에서 더 풍부하고 흥미롭고 모순적으로 표현된다. 이 전제들은 가족·우정 등 사적 공동체에 대한 이미지와 국가정치에 관한 시민적 평등과 공적 책임, 일과 교환에 관한 자발적 계약과 기술적 위계질서의 이미지를 포함한다.

형성적 맥락은 외부 관찰이 가능한 자연 사물의 원자구조 같은 의미로 존재하지 않는다. 또한 통찰로 소멸시킬 수 있는 단순한 환상으로 존재하지도 않는다. 그 존재는 우선 실제의 의미를 지닌다. 그것은 일상적인 활동과정에서 교란시키거나 심지어 파악하기도 어렵기 때문에 (그리고 그러한 의미에서) 존재한다. 일상적 거래와 다툼의 세계를 형성하는 맥락의 힘은 그것이 면제권을 얻는 정도, 또는 도전과 개선의 가능성을 스스로 면하는 정도에 달려 있다.

| 맥락-보존적 일상과 맥락-변혁적 갈등 간에 드러나는 대조의 상대성 테마

형성적 맥락은 경제적 교환형식, 정당정치적 경쟁의 관행 같은 일상의 평범한 활동, 그리고 도덕적·법적 논쟁의 담론 속에서 재생산된다. 이러한 활동은 끝없는 사소한 갈등, 즉 사회생활의 브라운 운동을 낳는다. 이 논쟁은 이 세상을 분열시킬 수 있는 전쟁으로부터 사회세계를 구해내기 위해 치러지는 작은 전쟁이다. 그러나 맥락-보존적 논쟁은 항상 맥락-변혁적 투쟁으로 증폭된다. 결국 궁극적인 차이는 상대적인 규모와 밀도의 차이이기 때문이다. 어떤 환경에서는 그 투쟁의 증폭이 조장되지만, 다른 환경에서는 그렇지 않다. 그러나 이러한 증폭의 실제적인 발생이나 그 결과는 어떤 것도 상위의 법칙들에 의해 지배되지 않는다.

실제적 혹은 상상적 갈등이 확대되거나 깊어질수록 형성적 맥락의 다른 부분이 흔들린다. 결과적으로 집단적 이해관계, 집단의 정체성, 사회적 가능성 등에 대해 확립된 가정들 역시 어긋나기 시작한다. 이 가정들은 결코 안정된 사회세계를 보호하는 전제나 제도보다 확고하지 못하기 때문이다.

마르크스주의 같은 이론에서는, 심화된 갈등이 숙명적인 하나의 생산양식을 또다른 숙명적인 생산양식으로 바꿔낼 수 있는 지향적 힘을 발휘한다. 따라서 그것은 각 생산양식 혹은 생산양식들 간의 전환 속에 구체화된 계급 이해관계의 논리를 명확히 한다. 그러나 이런 이론에서 갈등 악화의 효과는 정반대의 결과를 낳는다. 즉 계급과 공동체적 이해관계의 논리를 모호하게 하고 궁극적으로는 이를 해체시킨다. 이미 해체된 체계의 위치를 대신하려고 기다리는 어떠한 대안적 이해관계의 체계도 존재하지 않는다.

형성적 맥락이 급격하게 붕괴되면 될수록, 사람들은 자신이 불안정과 개방이라는 이중상황에 처해 있음을 더욱 여실히 깨닫게 된다. 한편, 사람들은 개인이건 집단이건 자신이 확보할 수 있는 분명한 이익이라면 무엇이든 움켜쥐려 하고 남들보다 먼저 안전을 확보하기 위해 사회생활을 허비하는 홉스식의 전쟁에 빠지게 된다. 다른 한편, 사람들은 견해에 따라 정파로 갈리고 각 정파는 기존 계급과 공동체의 경계를 긋는 데 실패하며, 각 정파의 지향목표도 과거 안정기에 구성원들이 가졌던 이해관계나 이념을 반영하는 데 실패한다. 투쟁의 증폭은 청사진을 분명하게 제시하지 못하며 결국 어떠한 청사진도 없다는 사실을 보여줄 뿐이다.

이 견해에 따르면, 사람들은 자신이 획득한 지위의 막대한 이권이나 특권을 유지하기 위해 싸우거나, 갈등이 증폭된 상황에서 여전히 자신들의 힘이 미친다고 생각하는 특권이나 이권을 붙잡기 위해 싸울 것이다. 이러한 자기방어나 탐욕의 행위를 설명하기 위해 계급이해라는 대안적 체계에 관한 거창한 가정을 할 필요는 없다. 다만 위험상황에서 가장 가깝고 가장 확실한 이익을 붙잡으려는 충동이 있다는 점만 인정하면 된다. 이처럼 거친 속된 마음조차 그 순간의 근심, 적대감, 불확실성에 의해 어지럽혀질 것이다.

물질적 특권을 위한 격렬한 싸움은 강경 마르크스주의 같은 이론의 신봉자가 일시적이며 자가수정적인 탈선으로 치부해야 하는 또다른 일련의 사태들을 동반하게 된다. 싸움이 격렬해지면 계급적 지위와 물질적 환경이 유사한 사람들은 이전보다 더 자주 그리고 더 심층적으로 의견이 나뉜다. 또 그들은 자신 혹은 나머지 사회 전반을 위해 무엇이 좋은지, 문제 상황으로부터 합리적으로 무엇을 기대하고 두려워해야 하는지에 관해 의견과 전제가 갈릴 것이다. 이러한 분열과 집단의 재편은 더욱 심각해질 것이다. 그들이 의존하는 집단의 기회나 사회이념의 관점이 치유하기 어려운 논쟁을 불러일으키기 때문이다. 각 집단에 차선책을 보여줄 그 어떤 역사적 경로나 대안적 사회질서 목록도 존재하지 않는다.

그러므로 이 견해는 악화된 집단투쟁의 경험이 개인이나 집단의 자기강화와 비전에 대한 극심한 갈등의 기이한 혼합을 예견한다. 일상 투쟁의 이기적·이상적 측면이 모두 과장될 것이고, 그렇게 과장된 형태로 사람들은 서로 분간할 수 없을 때까지 서로를 비난할 것이다. 적어도 격한 갈등이 계속되는 동안은 계급이 점점 더 자기색을 띠기보다 여론정당과 구분할 수 없게 될 것이다. 실제로 여론을 주도하는 당파가 계급을 대체할 것이다. 이 예견들은 다른 관점에 비해 이 견해가 우월하다는 사실을 입증할 방법을 제공한다. 또한 그 예견들이 중요한 실천적 함의도 지니고 있음이 밝혀질 것이다.

│ 고착화의 변이라는 테마

형성적 맥락은 고착화되는 정도, 즉 일상의 갈등이나 거래가 이뤄지는 가운데 도전받고 수정되는 것으로부터 보호되는 정도가 다르다. 형성적 맥락이 좀더 고착화될수록, 맥락-보존적 일상(context-preserving routine)이 맥락-변혁적 투쟁(context-transforming struggle)이 되기 전에 둘 사이를 가로지르는 중간단계들의 숫자는 더 많아진다. 가령, 사회의 형성적 제도 장치 가운데 몇가지가 심각한 위험에 처하기 전에는, 상대적으로 더 고착화된 구조를 특징짓는 정부를 장악하고 이용하는 것을 두고 벌어지는 갈등은 상대적으로 덜 고착화된 맥락에서의 갈등보다 더 길고도 더 쉽게 중단될 수 있는 증폭과정을 겪어야 할 것이다. 이와 마찬가지로, 상대적으로 더 고착화된 맥락에서 법적 논증 방식은 가능하고도 바람직한 인간관계 형태에 대한 주류의 상상 체계에 대한 공격으로 전환하기 전에, 승인된 원리들 사이의 또는 가식과 현실 간의 은폐된 불협화음을 더 많이 드러내야 한다.

상대적인 고착화(entrenchment)와 탈고착화(disentrenchment)는 형성적 맥락에서 우연히 이뤄지는 것이 아니다. 그것들은 사회생활을 이해하고 조직하는 특정한 방식들의 결과다. 따라서 탈고착화를 향한 전진이 무정부 상태를 향한 움직임으로 잘못 받아들여져서는 안 된다. 상대적으로 더 탈자연화·탈고착화한 맥락은 적어도 상대적으로 좀더 고착화된 맥락만큼 그 내용이 구체적이고 뚜렷하다. 사실상 그것을 확립하고 재생산하는 사람들이 그것의 인위적인 특성들을 더욱 명쾌하게 인식하기 때문에, 그들의 개선 항목은 더 풍부하다. 가령, 현재 북대서양 국가들의 상대적으로 더 탈고착화된 구조틀과 혁명 이전의 상대적으로 더 고착화된 군주제를 비교해보자. 전자는 후자 못지않게 풍부하게 정의된다. 더 수정 가능한 질서들이 덜 구체적이고 뚜렷하지 못한 실체를 가진다고 전제할 이유도 없다.

형성적 맥락을 구성하는 제도와 선입관은 사회적 역할이나 위계질서를 만든다. 제도와 선입관이 좀더 고착화될수록, 그것들이 지지하는 위계질서와 역할은 더 안정적이고 엄격하게 규정된다. 특권층이 도전은 커녕 식별하기조차 힘들 정도로 존속하는 한, 그들이 자원을 독점하거나 그들의 사회분할과 지위에 뒤따르는 차별적인 예법과 충성이 그대로 유지되기 때문이다. 사실 형성적 맥락의 수정가능성(revisability)과 형성적 맥락이 사회분할과 위계질서 체계에 부여하는 힘 간의 관계가 매우 견고해서, 역할이나 위계질서의 상대적 경직성이 고착화 개념의 일부로 간주될 수도 있다.

그렇기 때문에 우리는 고착화의 범위를 사회계급의 독특한 형태와 연결시킬 수 있다. 예를 들어, 세습되는 신분이든 법적으로 조직된 계급이든 모두 형성적 맥락이 상대적으로 고착화된 사회에서 발생한다. 고착화되지 않은 반대 극단의 사회에서는 구성원이 기존 계급이나 지위 등의 구조와 관계없이 자유롭게 구성된 의사집단으로만 나뉠 것이다. 특정 계층이나 집단을 대변하는 동시에 대변하지 않기도 하는 정당들에 익숙한 현대 계층사회는 이 스펙트럼의 중간 어디쯤엔가 위치한다. 약화되고 분열된 계층의 위계질서와 이 계층사회를 반영하는 동시에 초월하는 정당정치 간의 상호작용은 거짓 필연성이라는 제약으로부터 어느정도 부분적으로만 해방된 사회의 특징이다.

탈고착화는 우리에게 매우 큰 실질적인 의미가 있다. 그 이유는 탈고착화가 개인과 집단의 다양한 형태의 역량강화를 위한 기초로 기여할 수 있기 때문이다. 그것은 사회관계를 재결합과 실험에 더욱 철저하게 개방함으로써 생산력의 발전에 보탬이 된다. 역할과 위계질서를 약화시킴으로써 자기주장을 펼칠 수 있는 조건을 조정하는 데에도 기여할 수 있다. 즉, 집단생활에 참여하고자 하는 욕구와 그 참여에 수반되는 의존·비인간화를 피하고자 하는 상반되는 욕구를 조정해준다. 탈고착화는 실용적·감정적 관계의 환경을 좀더 의식적으로 통제할 수 있게 해줌으로써 우리가 사회세계의 꼭두각시가 아니라 건축가이자 비평가가 될 수 있게 해준다. 탈고착화를 통해 형성되는 다양한 형태의 역량강화(empowerment)를 부정의 능력(negative capability)이라고 명명하자.

탈고착화는 또다른 이유에서도 중요하다. 우리는 사회 속에서 자신의 삶이 일련의 다루기 힘든 긴장관계에 의해 지배된다고 생각하는 데 익숙하게 자라왔다. 즉, 경제활동의 사회적 통제가 주는 매력과 분권화된 시장이 주는 혜택 간의 긴장이다. 좀더 소박하게 표현한다면 공동체와 자율성 간의 긴장이다. 하지만 사회적 책임과 경제적 분권화 같은 원리들 또는 공동체나 자율성 같은 이념들은 실제 그것을 대변하기 위해 만들어진 실질적인 제도로부터 따로 떼어져서는 아무런 의미가 없다. 이 긴장관계의 내용이 다양하듯이 그것들이 부분적인 해법에 개방적이기보다는 반발하는 정도가 다르다. 만일 고착화가 축적될 수 있다면, 그것은 상호 조화될 수 있는 불협화음을 늘릴 수도 있다. 예를 들어, 절대적 소유권 대신 순환적 자본에 기초한 시장체제가 부의 축적에 대한 사회적 통제와 경제적 의사결정의 분권화를 모두 강화할 수도 있다.

| 탈고착화를 향한 가능한 운동의 테마:
진화론적 강제가 없는 축적적인 변화

철저하게 반자연주의적인 사회이론이 역사적 관점의 발전에서 최종 단계를 취한다. 이는 우리가 형성적 맥락의 내용뿐만 아니라 힘도 바꿔 낼 수 있다는 점을 인정한다. 즉, 상대적으로 도전에서 면제되어 있고 사회분할과 위계질서의 구조를 적극적으로 장려하는 형성적 맥락을 바꾸는 것이다.

더욱 탈고착화된 구조틀은 역량강화 형태의 범위를 넓혀주므로 좀더 큰 수정작업을 위한 점진적인 이동이 가능하다. 그 움직임은 의도적인 행동의 결과로 일어날 수 있다. 다시 말해 좀더 탈고착화된 제도는 자신들이나 국가를 위해 부정의 능력이 주는 혜택을 확보하려는 집단과 지배집단에 의해 개시될 수 있다. 혹은 자연적 선택의 사회적 대응물의 결과로 그런 움직임이 나올 수도 있다. 즉, 좀더 탈고착화된 맥락은 실천역량과 이데올로기적 유혹을 둘러싼 세계적인 경쟁에서 덜 고착화된 맥락을 앞설 것이다. 허위의 필연성으로부터의 점증적 해방은 의도적 행위와 비의도적 행위 간의 차이를 무시한 결과일 수도 있다. 예를 들면, 더욱 탈고착화된 실천관행과 조직은 처음에는 다른 시도들의 전혀 예상치 못한 부산물로 혹은 탈고착화와 역량강화의 관계에 대해 아무런 인식도 하지 못한 채 나타날 수도 있다. 하지만 이러한 조직과 실천관행은 그것들이 창출해내는 이점을 위해 보존될 가치가 있는 것처럼 보이기도 한다. 더 나아가 그것들을 통제하는 사람들은 기업경영이나 법원칙 같은 개념을 개발해야 할지도 모르는데, 그 개념은 부정의 능력과 그 조건에 대한 함축적이고 단편적인 이해를 요구한다.

더욱 큰 탈고착화로 나아가는 것은 가능성에 지나지 않는다. 이는 다른 요인들로 반전되거나 전복될 수 있다. 무엇보다도 그것은 자체의 실천적 형태나 함의를 미리 설정하지 않는다. 우리는 특정한 형성적 맥락이 다른 것보다 더욱 탈고착화되어 있다고는 말할 수 있다. 그러나 탈고착화의 상이한 정도에 맞는 제도 장치나 상상적 선입관의 목록을 미리 만들 수는 없다. 좀더 수정할 수 있고 위계 전복적인 구조틀을 세우려는 노력 속에서, 우리는 현재 우리가 놓인 제도적·상상적 맥락의 자료나 우리가 배움을 통해 기억하는 맥락 형성의 과거 진행결과를 토대로 작업한다. 우리의 가장 대담하고 독창적인 고안물도 이러한 유산을 지닌다.

각각의 형성적 맥락은 그 결과를 결정하지는 않지만 영향을 미친다. 왜냐하면 그 제도적·상상적 구조틀 중 어떤 부분은 다른 것보다 덜 개방적이기 때문이다. 즉, 다른 제도나 선입관을 바꾸지 않고서는 변화가 더욱 어려운 경우가 있다. 형성적 맥락이 자체의 변환에 제공하는 편견들은 시간이 지남에 따라 서로를 강화하고, 이로써 또다른 점진적인 맥락 변화를 가능하게 한다.

마르크스주의 같은 진화론적인 심층구조 이론에서 사회 구조틀의 결과는 역사의 직접적인 추동력에 의한 외형적인 결과에 지나지 않는다. 하지만 이 테마들을 중심으로 조직된 이론에서는 부정의 능력의 견인력과 형성적 맥락의 순차적인 효과(sequential effect)의 추진력이 서로를 교란하고 재구성하는 독립적인 효과를 지닌다. 한편, 부정의 능력 향상은 이 순차적인 효과의 추진력을 제한한다. 형성적 맥락이 더욱 탈고착화될 경우, 형성적 맥락의 고유한 결과에 대한 영향력 역시 감소한다. 다른 한편, 우리가 구조틀의 내용뿐만 아니라 특징을 바꿔내기 시작할 때, 우리는 느슨하게 연결된 맥락 변화 역사들의 결과만을 갖고 작업하게 된다.

| 형성적 맥락의 점진적 대체라는 테마

실증주의 사회과학은 형성적 맥락과 형성된 일상 간의 차이점을 무시하는 반면, 심층구조 사회이론은 모든 사회적 틀을 분리될 수 없는 전체로 본다. 형성적 맥락이 어떻게 사회갈등의 일상을 형성하는가를 보여주기 위해 그 개념을 상세하게 정의해보자. 우리는 형성적 맥락의 구성요소들이 사실상 동시적으로 발전하는 것이 아니며, 하나가 종결되는 순간 모두 함께 끝나는 것이 아니라는 사실을 알게 된다. 제도적이건 상상적이건 형성적 맥락의 주요 요소들은 자주 단편적으로 변화한다. 이렇게 대체될 때 몇몇 거래와 갈등을 재구성하게 되는데, 그것들은 사회분할과 위계질서 체제를 다시 제정하고, 경제자본·통치권력·과학지식 등을 어떻게 활용할 것인지 결정한다. 그 수정은 전형적으로 기존 구조틀의 일부를 불안정하게 하면서 다른 것들을 강화한다.

형성적 맥락이 분리될 수 없다는 환상에는 그것이 예시하는 사회이론의 형태처럼, 위험한 실질적 결과가 뒤따른다. 이 환상은 총체적인 혁명에 미치지 못하는 모든 변화가 단지 보수적인 개선에 지나지 않는다고 주장한다. 이렇게 주장하는 이론은 그 열렬한 신봉자들에게 정당한 이유가 없는 확신과 좌절 사이의 치명적인 동요를 일으킨다.

형성적 맥락의 내적 구성에 관한 관점은 항상 맥락 형성에 관한 설명과 동전의 앞뒷면이다. 그러므로 앞에서 설명한 맥락 변화에 대한 접근방법은 사회구조틀의 구성요소에 대한 접근방법을 제시한다. 이러한 접근방법은 사회구조틀의 단계적 재구성을 허용한다. 이뿐만 아니라 그것은 사회생활의 질서를 형성하는 구성요소들의 대체와 재조합의 제약요인들을 밝혀낸다.

그런데 만일 이러한 요소들이 허위의 필연성으로부터 해방되는 정도에서 차이를 나타낸다면 그것들은 오래 공존하지 못할 것이다. 이에 관해 형성적 맥락의 두 주요 부문 간의 관계, 즉 자본의 분배방법과 정부조직에 대해 살펴보자. 현재 북대서양 국가들의 소유권에 근거한 규제적 시장체제는 다양한 형태의 민주적 또는 권위적 정치체제와 공존할 수 있다. 하지만 이 소유체제가 어떻게 통치상의 신분이나 계급적 특권 그리고 토지와 노동에 대한 특권적인 집단적 통제와 밀접하게 연결된 제도들과 병존하면서 유지될 수 있는가를 이해하기란 쉽지 않다. 그 제도들은 보통 절대적 소유권에 기반한 경제적 분권화를 수반하는 민주적 혹은 권위적 체제보다는, 변화에 더 저항하고 경직된 역할과 위계질서를 더 지지하는 형성적 맥락들에서 발견된다. 그러한 부의 체제는 덜 고착화된 정치체제보다 소유권에 기반한 시장체계를 수반하는 정치체제와 더욱 잘 공존할 것이다. 그런 체제에는 동원적 민주주의나 독재체제가 포함되는데, 동원적 민주주의는 사회질서의 모든 측면을 집단적 도전이나 수정에 열어놓고 모든 경직된 역할과 위계질서를 녹여내는 반면 동원적 독재주의는 경제적·군사적 강화를 위한 인위적인 계획에 따라 사람들을 이리저리 배치한다. 이유와 결과 모두 다르지만, 이러한 정치질서에서는 거의 절대적·영구적인 소유권이 함축하는 사적 특권의 행사나 사회통제에 대한 제약이 용인되지 않을 것이다.

이처럼 부정의 능력이 서로 다른 수준에서 제시되는 제도적인 해법은 우리가 사회를 다시 만들고 다시 상상할 수 있는, 또 그렇게 해야 하는 정도에 관해 타협할 수 없는 메시지를 제공한다. 더욱 중요한 점은 그것들이 매우 다른 수준의 상향식 집단참여나 하향식 개혁의 주도권을 허용하고 요구한다는 것이다.

실천적 함의들

앞 절에서 간략하게 기술한 반자연주의 사회이론은 변혁적 실천에 대해 다양한 함의를 지닌다. 이 실천적 교훈을 환기함으로써 그 이론의 특성을 명료하게 보여주고자 한다.

| 프로그램적 사고의 사명

프로그램적 사고는 첫째, 사회생활의 형성적 맥락이 다시 조성·상상될 수 있으며 둘째, 이처럼 재구성된 활동의 결과가 예정된 것이 아니라고 믿을 수 있을 때, 비로소 우리의 사고 속에 확고하게 자리를 잡는다. 실증주의 사회과학은 우리가 거래하고 대립하는 구조틀을 비교적 논란이 적은 방식으로 설명하는 어려움을 무시하거나 경시함으로써 첫번째 조건을 거부하며, 우리는 구조틀 내에서의 선택을 그러한 방식으로 정당화한다. 심층구조 사회이론은 맥락 수정의 결과에 미리 결정된 한계를 부여함으로써 두번째 조건을 충족시키지 못한다. 마르크스주의 같은 입장에서는 그러한 한계가 특히 심하다. 우리는 사회진화의 다음 단계인 사회주의에 대해 거의 듣지 못하면서도 논증에서 우선권을 장악하지도 못한다. 설사 다음 단계에 대한 상세한 기술이 이 틈을 메운다 하더라도 우리에게는 과거의 생산양식을 주창했던 이들이 향유했던 것보다 훨씬 적은 발명의 여지만 남아 있을 것이다. 우리의 역할은 단지 국지적인 변화에 적합한 구조를 맞추는 데 불과할 것이다.

그러나 앞서 예를 든 것처럼 반자연주의 사회이론에서는 프로그램적 사고가 작업을 수행한다. 사회생활의 제도적·상상적 형성 맥락은 물론 한꺼번에 이루어지지는 않지만 다시 조성·상상될 수 있다. 더욱이 이 변혁작업의 결과는 미리 예정되지 않는다. 이 견해에 의해 촉구되는 주도적 힘은 가능한 구조들의 목록을 선정하지 않으며, 구조들의 당연한 결과는 더더욱 기대하지도 않는다.

앞 절에서 다룬 핵심 테마들에 대해 사회이론은 프로그램적 사고에 사명을 부여할 뿐만 아니라 프로그램적 노력에 지침의 척도를 제공한다. 이 이론은 우리에게 맥락의 변화에 대해 신뢰할 수 있는 설명의 단초를 제시한다. 그럼으로써 우리는 사회현실에 대한 현재의 관점이 가져오는 귀결을 피할 수 있다. 이 관점에서는 재건을 위한 청사진의 현실성을 현재 제도와의 유사성에 비추어본다. 역량강화의 의미와 조건에 구체적인 내용을 부여함으로써 이 이론은 사회재구성의 목표를 설정하는 데 도움을 준다. 특히 급진적 프로젝트의 개념을 사회조직이나 사적 경험의 가능한 형태에 관한 불필요한 제약적 가정으로부터 벗어나게 한다.

| 시장경제와 대의민주제의 대안적 제도형태에 관한 탐구

심층구조 사회이론과 실증주의 사회과학의 가정에 대해 의식적으로 추종을 하지 않는 사람들조차 습관적으로 시장경제나 대의민주주의 같은 추상적인 정부조직이나 경제조직을 마치 그것들이 구체적·내재적인 제도적 내용을 갖고 있는 것처럼 여긴다. 따라서 사람들은 경제체제에서 집중화 혹은 분권화의 서로 다른 방식이나 집중화와 분권화 간의 눈에 띄게 차이 나는 결합방식 중에서 선택하는 것이 아니라 시장경제와 계획경제의 다양한 혼합물에서 선택하는 것처럼 이야기한다. 그들은 시장이라는 추상적 관념, 즉 많은 경제 주체가 자신의 주도권과 이해타산에 따라 거래하는 질서로서의 시장을 특정한 계약이나 소유권 체제와 동일한 것으로 받아들인다. 그들은 경제활동의 사회적 통제를 국유화나 이와 유사한 규제방식 같은 것으로 여긴다. 그들은 대의민주제를 18세기의 자유주의적 입헌주의와 19세기의 정당정치 간의 독특한 결합으로 생각한다.

자유주의자들과 급진주의자들은 이러한 편견을 보수주의와 공유한다. 자유주의자들은 자신들의 이상을 실현하려 할 때 기존에 계승된 제도형태들이 부과하는 제약요인을 극복하는 데 실패했다. 급진주의자들은 자유주의자들의 주장을 그대로 받아들인다. 이들은 필요 이상으로 시장원리의 폐기를 주장하면서 현 시장경제의 대안을 추구한다. 이들은 무모할 정도로 직접민주제와 지속적인 시민참여를 주장하면서 부르주아 민주주의를 공격한다.

앞서 살펴본 반자연주의적 관점은 이러한 편견으로부터 벗어나게 해준다. 이 관점은 시장경제와 대의민주제의 대안 형식을 안출해내는 작업으로 우리의 관심을 돌린다. 경제체제는 사회통제와 경제활동의 분권화 간의 긴장을 해결하는 면에서 차이가 있다. 우리는 이 둘 모두를 성취할 수도 있다. 민주체제는 과감한 제도적 실험이나 특권의 폐지를 가로막는 명시적 혹은 묵시적 장애물의 정도 면에서 다르다. 법적 권리체계는 정부나 사적 억압으로부터 개인을 보호하기 위해 마련된 장치들이 타인에 대한 복종을 손쉽게 해주거나 사회생활의 유연성을 제한하는 정도 면에서 차이가 있다. 사람들은 이러한 다양성의 실제적인 내용에 관심이 있다. 자유주의와 급진주의가 그러한 변형들이 만들어내는 기회를 잡고, 사회생활의 구조들이 덜 경직되는 방안을 상상하고 수립하는 작업을 스스로 수행하지 않는 한 무기력한 상태로부터 벗어나지 못한다.

│ 집단 이해관계의 잠정적인 힘

이 절에서 다루는 이론은 변혁적인 정치 실천에 대한 접근을 제시한다. 그 실천은 기존의 집단적 이해관계의 영향력을 인정하지만, 그것을 유지하는 데 도움이 되는 제도 장치나 상상적 선입관보다 그 이해관계를 더 확고한 것으로 다루지는 않는다. 상대적으로 안정된 사회적 상황에서 작업을 시작하는 변혁운동은 사회를 구성하는 계층과 공동체가 이해관계를 인식하고 있음을 안다. 변혁운동은 대의와 이들 이해관계를 조심스럽게 연결시켜야 하지만 또한 이러한 이해관계의 개념이 영구적이 아니라는 사실을 염두에 두고 행동해야 한다. 이해관계 개념은 집단적 정체성이나 사회적 가능성에 관한 가정에 근거한다. 그런데 이 가정들은 일상적인 거래나 분쟁의 세계를 형성하는 기존의 제도 장치와 사교 모델에 기반을 둔다.

이 장치와 모델에 관한 갈등이 고조될 때 집단의 소속감과 변혁 가능성에 관한 가정이 흔들리며, 이로써 집단 이해관계의 관념이 재구성된다. 집단 이해관계에 관한 새로운 관점이 취하는 방향은 형성적 맥락이 바뀌어온 방식에 그대로 의존하고 있다. 가능한 구조틀의 목록이 한정되지 않고 형성적 맥락의 결말이 미리 예정되지 않았기 때문에, 지금의 집단 이해관계 체계가 거칠 변화에 대한 어떠한 한계도 존재하지 않는다. 따라서 변혁운동은 새로운 제도적·상상적 요소들이 일상적인 분쟁이나 교환의 구조틀에 편입될 때, 기존의 집단 이해관계 관념들이 어떻게 변화할지를 예상하면서 그 개념들을 진지하게 이해해야 한다.

이러한 접근은 중요한 결과를 낳는다. 안정된 사회세계에서는 특정 계급이나 공동체의 연합이 좀더 쉽거나 어려울 수 있다. 어떤 계급이나 공동체는 주어진 변혁 프로그램을 더욱 적극적으로 받아들이거나 반대할 수 있다. 그러나 집단적 협력이나 적대관계의 영구적인 논리는 없으며, 사회질서의 특정한 변화에 필수적인 주체나 선구자로서 기여하도록 선택된 계급이나 공동체 또한 존재하지 않는다.

| 안정화 수단은 탈안정화의 기회를 낳는다

내가 서술한 이론에서, 안정된 사회구조틀 내에서 일어나는 싸움은 그 틀에 대한 더 폭넓고 강력한 투쟁의 과도하게 생략된 버전에 불과하다. 형성적 맥락은 이러한 생략에 영향을 미치고 이를 강요하는 정도에서 차이가 있다. 모든 실천적이거나 상상적인 갈등은 통제의 범위를 벗어난다. 어느 누구도 대본에서 주어진 역할을 수행하기 위해 큐(cue) 사인을 기다릴 필요가 없다. 제휴와 적대 혹은 화해와 대립을 주고받는 과정을 통해 각각의 국지적 분쟁은 기존 질서에 의해 묵인되는 가능성을 넘는 인적 결합의 기회를 암시한다.

이러한 관점에서 구성된 반자연주의 사회이론은 실천적·상상적 갈등이 억제되거나 저지된 이후, 형성적 맥락이 어떻게 심층적 필연성이라는 겉모습을 갖게 되는지 이해할 수 있도록 한다. 또한 이 이론은 안정화의 방법들이 어떻게 탈안정화의 기회를 만들어내는지 보여준다.

예를 들어, 안정된 형성적 맥락은 집단 간의 명시적 혹은 묵시적 타협이나 집단과 일부 정부기관 간의 조정을 거쳐 상정되고 강화된다. 따라서 그 맥락은 집단 정체성과 사회적 가능성에 관한 가정의 본보기로 작용하며, 집단 이해관계의 개념을 형성하는 데 도움을 준다. 타협과 조정 그리고 집단 이해관계의 개념이 정착되면, 제도적·상상적 질서는 거의 불변적인 것처럼 보이기 시작한다.

하지만 좀더 면밀하게 관찰하면 숨겨진 부조화를 찾아낼 수 있다. 예를 들어, 가장 협소하게 인식되는 집단 이해관계는 언제든 두가지 전략으로 방어될 수 있다. 한가지 전략은 그 집단의 현재 위상이나 특권을 고수하고, 가장 가깝거나 바로 밑에 있는 집단을 경쟁자나 적으로 설정하는 것이다. 다른 전략은 상위 집단에 대항하여 앞서 말한 집단들과 공동의 목표를 만드는 것이다. 이 두가지 방법은 각각 매우 다른 함의가 있다. 전자의 경우 기존 질서를 재확인하는 반면, 후자는 조만간 그것에 도전한다. 왜냐하면 일시적인 전략적 연합으로 출발한 것들은 새로운 집단 정체성을 형성하고, 집단 이해관계의 새로운 관점을 고양하며 새로운 선입관과 제도의 형성에 기여하기 때문이다.

따라서 안정된 제도적·상상적 사회생활의 질서는 독자적인 기술적·조직적 양식을 발전시키는 토대로 역할을 한다. 기업의 관리방식에서부터 기계설계에 이르기까지 모든 것이 사회의 제도적·상상적 정착을 당연한 것으로 받아들이기 시작한다. 이러한 정착의 전복은 지배적인 관리와 기술 방식에 실질적인 위협을 가한다. 이러한 양식이 국가체계를 통해 경제력과 군사력의 불평등한 수준에까지 확산될 경우 위험수위가 증폭된다. 아직 충분하게 발달하지 못한 국가의 개혁엘리트 집단은 새로운 사회적 토대 위에서 생산능력이나 파괴능력의 최고단계에 도달할 수 있다는 사실을 서서히 깨닫게 된다. 심지어 그들이 이 사실을 알게 되더라도, 대안적인 관리방식과 기술적 방법을 개발하는 데에는 상당한 시간이 걸린다.

그럼에도 불구하고 실제의 압박과 경쟁은 탈안정화의 기회도 제공한다. 실제 생산능력이나 파괴능력의 발달은 사람들과 자원이 단 한번이 아니라 여러 차례 반복해서 움직일 것을 요구한다. 이러한 유연성을 확보할 수 있는 제도는 강제적이거나 자발적일 수 있으며, 기존의 집단 이해관계 패턴과 단절을 최소화하거나 최대화할 수 있다. 중간 수준의 위기상황이 지속되면, 미래의 사회질서에 대한 투쟁이 시작되는 계기를 제공할 것이다.

만약 변혁운동이 안정화 방법 속에서 탈안정화의 기회를 포착할 수 있다면 형성적 맥락의 실패 속에서 영감을 얻게 될 것이다. 또한 사람들의 실제적·정서적인 관계에 활기를 불어넣으며 과거 사회생활의 방식을 압도하게 될 것이다. 흔적, 변칙, 일탈 및 위반 행위들은 대안적 사회 질서를 만드는 데 셀 수 없이 작은 규모의 실험들이 존재함을 나타낸다. 어제의 좌절된 대안이 새로운 제도적 용어로 재투사되면, 이는 곧 미래의 성공적인 해결책이 된다.

어떠한 결정적 위기도 제도적·상상적 질서의 특정한 재구성이 성공할 것이라고 보장하지 않는다. 하지만 그 기회와 영감이 함께한다면 어떤 안정성도 잠재적인 전복 요인이 굴복할 수 있는 구실을 제공할 만큼 안전하지는 않다.

| 혁명적 개혁의 우선성

실증주의 사회과학자들이 형성한 정치적 상상력은 점진적인 사회개혁을 선호하는 경향이 있다. 왜냐하면 이러한 유형의 사회분석은 우리가 문제해결이나 이해조정의 확립된 절차를 중립성과 효율성이라는 비논쟁적인 이념들에 더 가깝게 만들도록 장려하기 때문이다. 예를 들어 그것은 규모의 경제를 활용할 수 있는 능력을 위태롭게 하지 않고서 어떻게 시장경제가 소수의 독점을 제거할 수 있는지, 어떻게 기업가가 다른 사람들에게 미치는 해악을 그의 사업비용으로 편입시킬 수 있는지, 혹은 시장의 배분을 제한하고 보완하는 행정적 규제를 통해 사회적 요구를 어떻게 보호할 수 있는지에 관한 질문을 이끌어낸다. 이러한 질문을 받는 사람들은 경제적 분권화나 사회통제의 특정한 제도형태들을 당연한 것으로 받아들인다. 이에 반해 심층구조 사회이론가들은 형성적인 제도적·상상적 사회생활의 구조틀을 한 덩어리로 존립하는 불가분의 단위로 취급한다. 그 결과, 정치적 행동은 전체적인 사회생활의 형성적 맥락의 혁명적인 대체와 중대한 변화를 피하는 개혁적인 임시변통 중에서 하나를 선택해야 하는 상황에 맞닥뜨리게 된다.

앞서 다룬 주제들을 토대로 정립된 이론에서 변혁행동의 일반적인 양태는 혁명적 개혁이다. 그것은 형성적 맥락을 구성할 느슨하고 불균등하게 연계된 제도나 신념 가운데 어느 하나의 대체물로 정의된다. 혁명적 개혁이 발생했는가를 판단하는 기준은 한 사회의 형성적 맥락의 정의에 실천이나 신념을 포함시키는 규준에서 도출되는 당연한 결과다. 혁명적 개혁은 자원의 활용과 통제, 즉 자본, 통치권력, 기술적 전문지식 혹은 법적·도덕적 정당화에 대한 일상의 투쟁에서 당연하게 받아들여져 온 제도적·상상적 가정들을 바꿔낸다. 그 자원을 활용하고 통제하면서, 특정한 사회적 지위에 속한 사람들은 다른 지위에 속한 이들에게 조건을 부과한다. 결국 그러한 개혁은 사회분할과 위계질서 계획의 내용 심지어는 성격까지 바꾼다. 정부정책이나 경제의 번영과 쇠퇴의 순환주기는 새로운 구조와 결과를 획득한다. 그리고 인구학적·기술적 변화 같은 형성적 구조 바깥에 있는 힘들이 사회생활에 미치는 효과에 다른 종류의 선입관이 심어진다.

그러므로 지금의 서구 민주주의 환경에서는 경제분야에서 투자결정의 기본 흐름에 공적 통제를 부과하거나 이와는 정반대로 선거로 선출된 정부가 차별적인 재무정책을 통해 투자결정에 영향을 미치지 못하게 하는 것이 혁명적 개혁일 것이다. 정부에 특별부서를 설치하여 계층·인종·성에 관한 차별금지처럼 아직 충족되지 않은 법질서의 이념에 맞도록 조직과 사회적 실무의 주요 영역을 대대적으로 재구성하는 임무를 부여하거나, 아니면 정반대로 기존의 행정부나 사법부 공무원들이 이 재구성 활동을 더 온건하게 바꿔 수행하는 것을 막는 일, 모든 노동인력의 조합화를 요구하는 일(예를 들어 계약주의 체제를 조합주의적 노동법으로 대체하는 일), 노동조합을 전면적으로 금지하는 일, 또는 노동을 대변하는 수단으로서의 노조를 공무원과 노동자가 공동으로 기업을 통제하는 체제로 대체하는 일 등은 혁명적 개혁으로 받아들여질 것이다.

혁명은 임시변통을 통한 안정적인 치국책에 대한 유일한 대안이기보다는 변혁행동을 제한하는 사례가 된다. 혁명의 통속적 개념은 두가지 요소를 포함한다. 첫번째, 과정으로서 중앙정부의 폭력적 장악이다. 그것은 거대한 일반 시민대중의 참여와 국가의 억압적인 장치의 마비 혹은 적극적인 협력을 수반한다. 두번째, 결과로서 사회생활 전체 형태의 전면적 재구성, 즉 기존 위계질서와 분할의 전면적 재구성이다. 그러나 실제로 그런 결과가 늘 일어나지만 이 과정에 그런 결과가 따르지 않을 때도 자주 있다. 더욱이 폭력적 전복으로 정의되는 혁명은 그 과정이 매우 불확실한 사건이고, 전쟁이나 점령처럼 정부를 타파하는 사건에 혁명의 발발을 지나치게 의존하기 때문에, 우리가 맥락들을 다시 만들기 위해 혁명에 의존하지 않는다는 점이 다행스럽다.

모든 것이 정치라는 관념을 발전시키는 두가지 방법: 슈퍼이론과 울트라이론

모든 것이 정치라는 주장은 두가지 근본적으로 다른 방향으로 발전할 수 있다. 이 한쌍의 의제는 사회사상의 곤경에 대한 서로 다른 대응책, 즉 심층구조 분석과 실증주의 사회과학 모두를 극복할 수 있는 서로 다른 방법을 제시한다. 여기에서는 그것들을 반어적으로 슈퍼이론 (super-theory)과 울트라이론(ultra-theory)이라고 명명하고자 한다.

슈퍼이론이 제시하는 대응책은 사회적 사실과 역사적 사건에 관한 설명적 주장들에서 풍부하고도 포괄적인 관점을 발전시키는 것이다.

그것은 앞 절에서 서술되고 『정치』에서 발전된 주요 테마와 실천적 함의를 내포하는 지적 지침이다. 슈퍼이론은 가설과 논증의 범위, 일반성, 구체성의 측면에서 심층논리 이론과 경쟁한다. 그것은 심층구조 분석의 첫번째 해법, 즉 형성적 맥락과 형성된 일상 간의 구별을 유지한다. 하지만 그것은 두번째와 세번째 해법을 대체한다. 즉 각 구조틀을 불가분적·반복적 사회조직의 유형 속에 포섭하고, 이러한 유형들의 목록이나 순서를 산출할 수 있는 법칙 같은 제약이나 경향에 의존하지 않는다. 이 관점은 하나의 구조틀 내에서 어떤 것이 다른 것과 결합할 수 있는 제약조건을 구체화하면서 사회와 역사 연구에서 일반적인 설명이 어떻게 사회조직의 불가분적·반복적 유형이라는 개념을 불필요하게 하는지 보여준다. 그것은 맥락 형성, 즉 우리 구조틀의 내용뿐만 아니라 성격에서 나타나는 축적적인 변화 가능성까지도 설명한다. 그러나 이 반자연주의 사회이론은 세계사적 진화 논리라든가 어떤 가능한 사회세계도 충족해야 하는 일단의 기준이라는 관념에 의존하지 않는다. 또한 역사적 주체가 활용할 수 있는 사회적 지식과 이들의 행동을 기술하고 설명하는 이론가의 통찰 간의 질적 대비를 포함하지도 않는다.

사회분석에서 도출된 방법은 지적 프로젝트의 실현을 양보해온 과학적 관행에 대해 심층구조 이론의 주요 의도, 즉 사회질서를 주어진 것이라기보다는 만들어지고 상상된 것으로 이해하는 방식을 옹호한다. 따라서 그것은 실망의 연속처럼 보이는 것 속에서 건설적인 전망의 단편을 인식하며 심층논리 작업에 대한 내적 비판을 극단으로 밀어붙인다. 사회사상의 문제점에 대한 이러한 대응은 우리가 사회적·역사적 설명이나 우연과 필연이라는 형식적 범주에 부여하는 의미를 바꾸어낸다. 하지만 재구성된 설명방식은 끊임없이 일반이론으로 인식될 수 있을 것이다. 어떤 점에서 그것은 대체할 이론보다 자아 관념이 더 야심적일 수도 있다. 따라서 새로운 형식이나 가장된 형식 속에 그 결함을 영속시키면서 단지 심층논리 분석을 또다른 국면으로 이전시키는 것에 불과하다는 비판을 피할 수 없다.

『정치』는 슈퍼이론의 관점을 취한다. 이 책의 논증은 진단과 비평을 통해 앞으로 진행될 구성적 작업에서 좀더 확실하게 드러날 슈퍼이론적 관점의 대체적인 윤곽을 예시할 것이다. 여기에서 제시된 견해의 장점은 심층구조 분석에 가해진 비난을 회피하는 데 성공할지 여부, 그리고 사회사상의 문제점을 다루는 대안적 방식들의 결과와 그 성취를 비교하는 데 달려 있다.

왜냐하면 슈퍼이론이 이 문제점에 대해 가능한 유일한 대응이 아니기 때문이다. 이 책 앞부분에서 서술되었던 사회사상의 상황에 대한 비판적인 전망을 공유하고자 하는 사람들에게 알려진 또다른 지적 의제가 있다. 이 대안을 울트라이론이라고 부르고자 한다. 울트라이론은 슈퍼이론처럼 아직 완성되지 않은 프로젝트다. 그것의 실천이나 프로그램의 단편들이 오랫동안 이용되어왔지만 누구도 그 프로그램을 발전시키거나 그 실천을 성문화하지 않았다.

슈퍼이론과 울트라이론 간의 핵심적인 차이점은 울트라이론이 이론체계를 발전시키려는 시도를 거부한다는 점이다. 울트라이론가는 포괄적·체계적 설명의 추구가 모든 것이 정치(생산자로서의 사람들, 인공물로서의 사회, 도구로서의 갈등)라는 원칙을 배반하고, 심층구조 사상이 지닌 문제점의 또다른 형태에 이르게 될 것이라고 믿는다. 그는 심층논리의 시도를 근본적인 사고, 즉 큰 그림, 저변에 깔린 전제, 궁극적인 원인, 은폐된 진실을 추구하는 사례로 생각한다. 그리고 지성사에 대한 자신의 해석을 토대로 그것이 선언한 의도가 무엇이든 체계적·포괄적 이론은 근본주의와 타협하게 될 것이라고 본다. 여기에 사회사상 내의 근본주의는 통제구조나 이를 지배하는 법칙에 대한 호소를 의미한다고 덧붙인다. 그것은 모든 것은 정치라는 통찰에 대한 장벽을 의미한다. 이 관점에서 울트라이론가는 슈퍼이론가가 새로운 형태로 심층논리 분석의 실책에 빠지지 않을까 의심한다. 슈퍼이론가들조차 슈퍼이론이 결국에는 심층구조 이론이 겪는 문제점을 해결하지 못하는 취약점을 가진다는 울트라이론가의 지적에 동의한다.

울트라이론은 슈퍼이론처럼 실증주의 사회과학과 고답적인 역사 서술을 거부한다. 따라서 울트라이론은 습관적인 이론적 부정론에 대해 최소한 하나의 예외를 만든다. 그 예외는 형성적 맥락과 형성된 일상이 다르다는 것이 대단히 중요하다는 점을 인정하는 데 필수적이다. 울트라이론 역시 특정한 맥락의 불연속성과 독창성을 주장한다. 하지만 울트라이론은 심층구조 분석의 두번째와 세번째 해법에 대해 더욱 방어가능한 대안을 가지고 이러한 통찰을 발전시키려 하지 않는다.

일반적으로 울트라이론가는 자신의 부정적 관점이 지적 마비상태를 가져오고, 현존하는 사회에 대한 비판적 관점을 붕괴시킨다는 점을 부인한다. 이와는 반대로 그는 오직 그의 길을 따를 때에만 우리가 필연론적 미신을 이와 유사한 관념들로 대체하는 것을 피할 수 있다고 주장한다. 울트라이론은 이론체계를 고수하기보다는 일련의 지적 실천을 되풀이하여 펼침으로써 스스로를 특징짓는다. 울트라이론가는 이러한 실천이 포괄적인 설명체계를 필요로 하지 않을 뿐만 아니라, 그러한 체계와 조화될 수도 없다고 믿는다. 이제 울트라이론가의 세가지 특징적인 작업을 살펴보자.

첫번째는 부정적인 설명적 치유(therapeutic)다. 울트라이론가는 사회변혁의 심층논리적 설명에 직면할 때마다 동일한 사태가 어떻게 심층구조 논증에 의거하지 않고서도 충분하게 설명될 수 있는지를 보여준다. 그는 그 사태들을 실천적·상상적 갈등을 안고 있는 특정한 역사의 결과로 표현한다. 어떤 주제가 관행적인 사회과학에 의해 다루어지는 것을 볼 때마다 그는 그 설명이 구조틀의 압도적인 영향력을 이해하지 못함으로써 어떻게 왜곡되고 사소해졌는지를 보여준다. 하지만 울트라이론가는 구조틀과 그것의 형성이나 내적 구성에 관한 일반이론을 발전시키기를 거부한다. 심층구조 이론가나 실증주의 사회과학자가 제시하는 환상적인 설명의 관념적인 핵심을 지적하기보다는 이를 훼손하는 데 더 관심이 있다. 그는 다른 사람들이 지적 공허라고 조롱하는 것을 자신의 비판자들의 논쟁 수준으로 끌려가는 것에 대한 거부라고 하며 이를 방어한다.

울트라이론의 두번째 특징은 억눌린 해법, 즉 어제의 놓친 기회, 오늘의 잊힌 변칙 그리고 내일의 의심할 여지 없는 가능성을 옹호하는 것이다. 울트라이론가는 사회현실에 대한 통찰과 패배자에 대한 동정 간의 연계성을 파악한다(이 점에서 슈퍼이론가를 닮았다). 좌절되거나 일탈적인 해법의 옹호는 실제 일어난 사태에 대한 심층구조적 설명이나 관행적인 사회과학적 설명에 대한 비판에서 바로 나타난다. 지배적인 제도나 생각을 진화 논리나 고착화된 경제적·조직적·심리적 제약요인의 결과로 적절하게 설명할 수 없는 만큼, 그것들은 특정 원인이나 갈등에 기인하는 것으로 파악해야 한다. 달라졌어야 할 결과를 위해 인간본성이나 사회현실의 심층적인 변화가 요구되지는 않을 것이다. 만약 특정 제도나 관념의 승리가 상대적으로 우연적이라면 그 대체물 역시 현실성이 있다고 더욱 쉽게 상상할 수 있다.

울트라이론가는 우연성과 대체가능성이라는 테마를 전개한다는 명목으로 구조틀에 대한 일반이론이 필요하다거나 이를 만들어야 한다는 사실을 거부한다. 오히려 그는 포괄적인 지식의 가면이나 특권적인 우월한 관점에 의존하지 않는 특별한 형태의 상상력을 키우기를 원한다. 그는 기억하고 기대하고 도전하지만, 은밀하고도 근본적인 지식을 드러낸다고 주장하지는 않는다.

울트라이론의 세번째 실천은 건설적이고 규범적이다. 울트라이론가는 더욱 이상적인 사회생활의 비전을 전개하기 위해 비판이나 설명을 간과하기도 한다. 그러나 여기에서도 울트라이론가는 제1원리나 정교한 이론을 회피한다. 변혁의 실제 경로에 대한 일반적인 관점에 의존하기보다 그는 과거의 성공적인 변화에 대한 유추를 추구한다. 그는 근본 이념의 함의를 밝히기보다 우리가 이미 받아들인 이념을 더 완벽하게 실현하고 이 새로운 실현에 비춰 그 이념을 재평가하는 방법을 제시하는 일탈적 요소를 현재의 경험 속에서 포착한다. 만약 그가 어떤 일탈적 해법을 좀더 확장시킬 가치가 있는 것으로 선택하는 기준을 설명하도록 압박을 받는다면, 그는 그러한 기존의 기준이 있다는 사실을 거부할 것이다. 그 대신, 억눌러졌거나 실망스러웠던 열망을 가져다준 이론 이전의 경험에 호소한다. 또한 우리가 참여행동을 통해 이 열망 중에서 선택할 수밖에 없음을 솔직히 인정한다. 선택은 도박이며 실험이다.

울트라이론의 약점은 형성적 맥락과 그 기원, 내적 구성에 관한 대립적인 이론의 도움 없이 기존 사회과학의 관점에 저항하는 데서 안게 되는 난관이다. 비록 울트라이론가가 제도적·상상적 구조틀의 영향력과 그것이 형성하는 생활방식의 특성을 인식한다고 주장하더라도 그는 이 인식을 단지 협소한 비판이나 설명행위 또는 유토피아적 비전에 의해서만 확인할 수 있다. 오래된 기억이나 주의 깊은 의도를 제외하고 그는 특정한 맥락을 당연하게 받아들이는 위험성에 대해 어떠한 대비책도 갖고 있지 않다. 그는 구조틀과 그 역사에 대한 어떤 특정한 접근을 정당화하기 위한 방법, 적어도 일반적이고 논쟁적인 방법이 없다. 심지어 자신이 특정한 접근방법을 취했다는 사실조차도 부인해야 한다. 그는 형성적 맥락이 그 속에서 살아가는 사람들의 맥락 변경의 자유와 다양한 관계를 맺는다는 생각 같은 테마를 쉽게 탐구할 수 없다. 형성적 맥락에 관한 이론을 갖지 않는다는 것과 그것에 대해 논할 방법을 갖지 않는다는 것은 별반 차이가 없다. 이러한 구별이 붕괴될 때, 울트라이론은 실증주의 사회과학으로 되돌아간다. 그것은 마치 한때 호전적인 좌파가 한편으로는 체제유지 재분배의 정치에 완전히 굴복하면서, 다른 한편으로는 체제도전 운동의 수사를 반복하는 것과 같다.

울트라이론이 기존의 사회과학으로 편입되는 것을 피하려고 할 때 또다른 위험에 직면한다. 특히 그것은 왜곡되고 오도된 형태의 모더니즘에 섣부른 공약을 표명하는 위험에 빠진다. 이 해석이 바로 실존주의 사상인데, 진정한 자유가 모든 정착된 구조에 대한 끊임없는 도전으로 형성된다는 것이다. 즉, 한 맥락에서 다른 맥락으로의 끊임없는 이동이다. 모더니스트의 메시지에 대한 실존주의적 해석은 우리가 대부분의 시간을 한 맥락 내에서 살아가고 생각해야 한다는 나쁜 소식과 우리가 맥락 수정의 자유를 더 완전하게 준수하고 장려하는 맥락들을 만들어 낼 수 있다는 좋은 소식을 해명하는 데 모두 실패한다. 실존주의자는 우리의 모든 구조가 역사적이라고 주장하지만, 그런 구조들이 우리를 가두고, 보이지 않는 강제의 희생물로 전락시키는 상대적 힘 자체가 역사 속에 사로잡혀 있다는 사실을 보지 못한다.

울트라이론의 기획은 이러한 모더니즘 형태와 피상적인 유사성 그 이상을 가진다. 우리의 형성적 맥락에 관한 설명적 혹은 규범적 이론의 거부나 주어진 맥락의 불가피성 혹은 권위에 관한 모든 논증을 폐기 처분해야 한다는 언명은 "끊임없는 부정의 노동" 속에서 진정한 인간성의 유일한 진실된 원천을 찾으려는 견해와 유사하다. 동시에 구성요소들에 관한 이론이 부재하기 때문에 구조틀이 자유에 대한 제약으로서 지금의 구조틀과 동일하게 유지될 것이라는 주장에 이르게 된다. 울트라이론이 제시하는 프로그램 중 가장 설득력 있는 예시 가운데 많은 것이 모더니스트의 이설(heresy)을 옹호하는 사람들 사이에서 발견된다는 것은 전혀 놀라운 일이 아니다.

울트라이론은 적어도 슈퍼이론보다 수행하기 쉬운 것처럼 보인다. 그것은 방대한 저술을 요구하지 않으며, 단지 특정 활동의 개방적인 수집을 필요로 한다. 또 지식이나 연구에 대해 그렇게 급작스럽고 포괄적으로 주장하지도 않으며, 적은 양의 설명과 프로그램적 담론으로의 전환도 요구하지 않는다. 따라서 우리의 사회 인식이나 비판의 일상적인 경험을 좀더 쉽게 고취하고 이로 인해 고무된다. 그러나 울트라이론이 실증주의 사회과학으로 퇴락하는 것을 막고, 모더니즘의 부정주의적·실존주의적 해석과 연계되는 것을 방지하거나 정당화하는 데 얼마나 많은 노력이 들어가야 하는가를 알게 될 때, 〔울트라이론이 슈퍼이론보다 쉽다는〕 상대적 용이성의 감동이 사라지기 시작할 것이다.

그럼에도 현재 사회사상의 상황에 대한 대응으로 슈퍼이론과 울트라이론 중 어느 것을 더 선호해야 한다는 설득력 있는 선험적 근거는 없다. 각각은 연구의제를 나타내며, 연구의제는 사람들이 결국 그것으로 무엇을 하느냐에 따라 판단되어야 한다. 예상컨대, 학생들은 작업의 상대적 성과에 관해 저마다 추측하고 자기 자신의 강점과 약점을 평가함으로써 도박을 벌일 것이다. 그런 연후에 우리는 결과를 비교한다.

『정치』는 분명하고도 당당하게 슈퍼이론의 행보를 따른다. 슈퍼이론의 전망은 이미 이 비판적 서문의 아이디어를 넘어선다. 하지만 나는 울트라이론가들이 저기 어딘가에서 작업을 계속해나가기를 희망한다.

제2부

/

현대의 형성적 맥락들의 생성

제5장

세 복합체의 기원:
노동조직, 정부, 사적 권리들

회의적인 서막: 사적 기업과 정부 정책

앞에서 언급한 주요한 제도적 복합체의 기원을 살펴보기 전에, 예비적인 사례와 권고의 일환으로 종속적이고 파생적이며 절충적인 제도적 실천의 역사, 즉 중앙정부와 거대기업 간의 의사결정 책임의 분리 과정을 살펴보자. 어떤 점에서 이러한 분리가 사적 권리의 복합체를 확장한다. 기업조직은 공적 통제 및 공적 논쟁으로부터 상대적으로 차단되어 있는데 계약 및 소유 체계와 함께한다. 그뿐만 아니라 경제성장의 기본 방향이나 속도에 대한 집단적 통제를 강화하자는 주장을 제한하는 정부형태와 밀접하게 연결된다. 또한 기술적 협력과 포괄적 규제 권한을 혼합하며 이로써 과제규정과 과제수행 간의 엄격한 구분을 가능하게 하는 업무조직에 대한 접근과도 맞닿아 있다.

정부가 제공하는 거대한 규모의 보조금, 인센티브, 특혜, 일부 영역에서 정부와 기업 간의 공공연한 제휴, 그리고 여타 영역에서 공기업의 지배 등으로 인해 정부와 기업 간의 권한 분리는 이루어지지 않는다. 자본과 노동의 거대한 집중은 재산법의 이름으로 관리자들이 지배하는 분리된 영역에서 실현된다. 신화적 역사는 우리로 하여금 이러한 배치가 경제적 분권화와 규모의 경제(economy of scale)를 조화시키려는 시도에서 야기된 불가피한 결과라고 믿게 할지도 모른다. 하지만 이 주장이 맞는가? 역사의 아주 작은 부분은 의문을 갖게 할 만하다. 이러한 해법이 현재 그 문제가 가장 가시화된 국가에서 어떻게 확산되었는가를 살펴보자.

19세기 초 미국에서 정부와 기업은 다양한 관계를 맺고 있었는데, 정부의 권한과 기업의 권한 간의 적절한 제휴에 대해 많은 원칙이 서로 경합했다. 이 다양성은 국가 차원의 정책토론에 초점을 맞출 때 가장 좋게 평가될 수 있다. 당시의 제도적 상황은 공적-사적 통제 및 소유권이 혼합된 상태에서 기업이 중요한 역할을 수행하는 것이었다. 법인의 권리는 자주 철저하게 감시를 받기는 했지만, 불법적인 청탁을 주고받는 도구가 되었고 (토지수용권 같은) 정부 권한을 위임하는 댓가로 회사에 대해 잠재적으로 고도의 통제력을 행사하는 것이 정당화되기도 했다. 법인을 통제하기 위한 세가지 주요 원칙들이 서로 영향력을 행사하기 위해 각축을 벌였다. 첫번째 원칙은 개인 기업의 이념을 촉구하는 포퓰리즘 관점에서 모든 법인에 대해 적대적이었다. 두번째는 당시 상황의 국면을 발전시킬 것을 제안했는데, 그것은 정부의 권한과 회사의 권한을 중첩시키고, 그럼으로써 회사의 내부 구조와 외적 활동을 정부 관리들의 통제에 개방하는 것이었다. 세번째 견해는 법인의 특권을 좀더 쉽게 활용하기를 원했으며, 회사의 재량권과 정부 권위 사이에 더 두터운 방벽을 세우려 했다. 남북전쟁이 시작할 즈음 이 세번째 원칙이 실질적인 승리를 거두었고, 1880년대에는 그 승리가 확고해졌다. 결국 회사의 형태는 노동자와 시장에 대해 거대한 경제 권한을 집중하는 장치가 되었으며, 이로써 당파적 민주주의의 충돌 위험으로부터 거리를 두게 만들었다. 진보주의에서 시작해 뉴딜(New Deal)정책에 이르는 19세기 후반과 20세기에 걸친 개혁운동은 초기 경쟁에서 형성된 구조를 당연한 것으로 받아들였다. 기업에 대한 규제나 기업을 지원하는 행정조직 문제 등이 이 후반기 사회운동에서 주요 주제였지만, 규제나 합리화 어느 것도 초기에 확립된 국가 정치로부터 기업의 핵심 보호막을 위태롭게 할 정도로 나아가지는 못했다.

이 결과에 관한 사실들은 매우 다른 종류의 것이었다. 그중 하나는 자율적인 사적 법인에 대립하는 힘들의 분산으로, 기업에 대한 포퓰리스트적 비판자들과 회사와 정부 권한의 폭넓은 중첩을 지지하는 옹호자들 간의 분열이었다. 또다른 요소는 기업가들이 행사하는 경제적 영향력이었다. 비록 내부자들의 파벌이 엄격하게 감시되는 법인을 선호함으로써 이득을 볼 수 있었지만, 좀더 많은 이들은 자신들의 법인화된 기업에서 엄격한 정부의 간섭을 제거하기를 열망하는 동시에 법인화가 좀더 용이하기를 바랐다. 이들은 자신의 염원을 정치적 영향력으로 전환할 수 있는 물적 수단과 인적 연결고리가 있었다. 게다가 비교적 통제받지 않는 자영 기업들은 기존의 관행에서 이탈하기보다는 정부와 기업의 관계를 더욱 심화하고자 시도했던 것으로 보인다. 이들은 주정부의 기관이나 정당 정치인들에게 막대한 책임을 지우려고 압력을 가했다. 그 부담으로부터 벗어나기 위해서는 정치적 행동이나 조직의 형태가 일찌감치 바뀌어야 했을 것이다.

그러나 그 결과가 나오게 된 또다른 결정적 원인은 자유와 효율성 원칙의 우세와 관련이 있다. 그 원칙들은 스스로를 기업이익에 적대적이라고 여겼고 또 당시에 그렇게 받아들여졌던 법률가들과 비평가들에 의해 부풀려졌다. 하지만 이들은 기업의 법적·개념적 기반을 공고히 하는 데 일조했다. 이들의 자유 개념의 핵심은 노동과 상품을 통제하는 절대적인 결정권의 영역 주변에 형성된 계약 및 소유 권리의 구체적인 체계를 분권화된 시장 결정이라는 추상적인 개념과 부당하게 동일시하는 데 있었다. 경제발전과 관련된 개념의 핵심은 — 생산력의 장애물을 끊임없이 극복하는 것을 포함하는 — 계약 및 재산의 선택된 체계에 내재해 있는 부여된 권리의 보장과 경제성장 간에는 깨어질 수 없는 자연스러운 연계성이 있다는 믿음이었다. 이 믿음은 이중의 오류를 담고 있었다. 첫번째 오류는 권리 보장이라는 것을 타인들로부터의 보장과 구별하는 것을 전제하는 데에서 비롯된다. 두번째 오류는 기득권이 혁신을 제약하는 요인을 적절하게 다루지 못하면서 생긴다. 이러한 자유와 발전의 원칙들이 공유한 것은 권리와 경제정책의 기본적인 구조를 탈정치화하려는 노력이었다.

초기의 갈등과 불확실성이 잊혀지면 그 권리들은 자연성과 필연성이라는 허울 좋은 모양새로 자리 잡는다. 그러나 그렇게 형성된 구조는 자연적·필수적이라기보다는 이해관계와 환상에 불과했으며, 그 형성 초기 통합의 원인이면서 이후의 붕괴를 모면했던 전술적 성취와 전술적 실패에 지나지 않는다. 기본적인 투자결정 흐름에 대한 권력의 엄격한 제한이라는 정의는 그 구조의 한 측면이었다. 대중 정당정치가 뿌리를 내리고 건전재정 원칙이라는 보호막이 제거되자 거시경제정책의 특징적인 딜레마가 나타났다. 즉, 선거에서 패배하거나 번영의 조건을 붕괴시킬지도 모른다는 두려움 때문에 기업 이익에 완전히 굴복해서는 안 된다는 요구, 그리고 투자 회수를 피하기 위해 기업의 신용을 박탈하지 않아야 한다는 정반대의 요구가 나타났다. 당시 떠오르던 체제 역시 상상 속에 존재했다. 바로 민주주의 원리가 적용되는 사회생활 및 정치, 그리고 민주주의 원칙이 적용되지 않는 노동 및 거래라는 더 큰 세계의 명확한 분리다. 결국 어떤 이념이 어디에 적합한가 하는 신념들이 대부분 묵시적이었지만 다양하게 직조되었으며, 그 신념들의 영향력은 한

때 논쟁의 선봉에 있었던 자유와 안전이라는 소박한 원리들보다 더욱 중요한 것으로 판명되었다.

이러한 발전의 완전한 의미는 좀더 폭넓은 역사적 환경들을 비교하면 명확해진다. 미국이나 영국 같은 서구 국가들은 상대적으로 풍부한 민주적 갈등의 경험이 있으며, 서로 상반된 조직원리를 갖는 기업과 정부 간의 견고한 장벽을 받아들이는 발전 경로를 택했다. 반면, 일본이나 독일 같은 후발 산업국가들은 좀더 권위주의적인 국가 정치환경 속에서 정부와 기업이 더욱 깊이 관계를 맺는 실험을 했다. 일본과 독일에서 경제성장의 공약과 그것을 위해 선택한 경로는 개편·재통합된 엘리트 집단의 비호 아래 국력 신장을 위한 의식적인 전략의 일환이었다. 민주적 대중정치와 국가와 기업 간의 긴밀하고 다양한 관계의 결합이라는 세번째 대안은 사라졌다. 이 결합은 엘리트들이 산업화를 따라잡으려는 집단적 노력의 후견인을 자처하는 경우보다 산업화를 선도한 경우에 달성하기 더 쉽다고 할 수 있는데, 그 결합의 부재는 후발주자의 정치·경제 경로에서는 결정적이었다. 하지만 그것은 어떤 내재적이거나 막을 수 없는 논리를 따른 것은 아니다.

미국의 이러한 이야기는 더욱 흥미로운 두가지 점을 보여준다. 첫째, 경제적 분권화의 적절한 제도형태에 관한 논쟁이 경제사의 다른 측면들도 특징지을 수 있다는 것이다. 이 논쟁의 구조를 재구성해보면 경제 질서의 시장형태를 현재 우리가 알고 있는 특정한 종류의 시장과 동일시하는 오류를 완화할 수 있을지도 모른다. 둘째, 우리가 특정 장소에서 특정한 제도 장치들의 출현을 더 자세히 이해하려 하면, 발전 추동력이나 법칙 같은 제약이 순조롭게 작동된 것이 아니라 예상치 못한 변화로 중단되고 종종 자신들의 혼란스러운 목표를 좌절시키는 데 조력한 사람들의 혼탁한 경쟁을 보게 된다. 우리는 이러한 사건과 인간성이 객관적이고 불가피한 명령(imperative), 즉 경제적 분권화와 규모의 경제를 결합하는 고유한 시장제도들을 결정한다고 추정되는 명령의 예상치 못한 요인이었다는 결론을 내리기 전에 한번 더 생각해야 한다. 그 필요조건에 호소하는 것은 이론적 불가지론에 대한 유일한 대안으로 보일지도 모른다. 하지만 우리는 역사적 삶의 미세한 결인 외관(appearance)을 구해내고, 사실들을 끊임없이 설명하면서도 우리가 재구성할 자유를 옹호하는 방안을 발견할 수도 있다.

노동조직 복합체의 기원

| 노동조직의 신화적 역사

서구 선진사회에서 노동조직의 지배적인 형태는 산업 전반에 걸쳐 합리화된 집단노동의 경직된 형태가 주류를 이루고 산업의 선도 부문에만 유연한 형태를 허용하는 것으로 특징지어진다. 경직된 형태는 과제규정(task-defining)과 과제수행(task-executing) 활동의 차이를 강조하지만, 유연한 형태는 그 차이를 완화한다는 사실을 기억하라. 노동조직에 대한 이러한 접근의 차이는 대량생산 산업, 획일적인 생산과정을 통한 규격화된 상품 제조, 생산품에 특정된 기계, 그리고 자본과 노동의 거대하고 중앙화된 집중 등이 얼마나 확산되었는가에 달려 있다. 대량생산 방식의 보급은 유리한 산업조건들과 특정한 국제적인 노동분업에 의해 지탱된다.

전통적으로 역사적·경제적·사회학적 연구의 관점은 보수주의건 진보주의건 경제조직의 특정 형태에 관한 타협이 필수적이었음을 보여주었다. 진보주의자들이 주장하는 것처럼 그것이 다른 단계로 나아가는 필연적 단계를 나타내는 것이든 아니든 간에 말이다. 이러한 설명의 목적은 대개 노동조직의 신화적 역사에 핵심적인 논증을 통해 수행된다. 그 논증은 대개 영국식 경로로 불리는, 산업성장을 향한 영국의 경로가, 비록 초기 산업발전의 유일한 길은 아니었지만 우리가 선호해온 방식이라고 주장한다. 전형적인 영국식 경험에는 소규모 가족농장과 독립적 소작농이 귀족부호와 신흥 자작농이 소유하며 주로 외국 시장에 판매할 물건들을 생산하는 대규모 농업기업으로 바뀌게 된 것, 기계화된 공장과 법인 기업이 더욱 집중된 생산체계의 단계를 거치며 결국 장인 길드를 대체하게 된 것, 새로운 대규모 산업체뿐 아니라 관료사회에서부터 병원에 이르기까지 사회생활의 다른 비산업 분야에서도 노동을 잘 규정된 반복적인 업무체계로 재조직한 것, 국가경제 전체의 특화를 통해 이 산업형태를 세계적 규모로 재생산해내는 하나의 기계처럼 전 세계 경제를 재조직한 것이 포함된다.

이 이야기는 산업화된 시장사회, 즉 역사적으로 보편적이면서 특수한 혼란의 체제인 자본주의의 신화적 역사에서 핵심을 이룬다. 그것은 『자본』에서 잔인하지만 운이 좋았던 드라마로 폭로되었고, 수많은 교과서에서 세상 가장 자연스러운 것으로 소개되는 경제발전의 경로다. 이러한 경제성장의 경로에 부합한 사회세력은 세대에 걸쳐 노동·자본·문화 및 통치권력에 대한 특권적 통제력을 상속받아온 운 좋은 부유한 가족들이다. 결국 신화적 역사는 그들에 관한 이야기이며, 그들의 이해관계가 사회진화의 올바른 편에 있다는 확신이다.

이렇게 해석된 서사는 뒤에서 좀더 다룰 텐데, 나는 산업발전에 대한 이 견해가 영국의 경제·사회 변혁 같은 신화적 역사의 대표적인 사례에서도 나타난, 주류로부터 이탈한 정도를 철저하게 과소평가했다는 점을 지적하고자 한다. 사실 이 일탈적인 형태들은 주류의 형태들보다 서구의 독특성 그리고 서구를 비교할 수 없을 정도로 혁명적으로 만든 것들을 드러낸다. 또한 전통적 관점은 더 경직된 형태의 노동조직이 사회 속에 보급된 정도를 왜곡한다. 신화적 역사에 따르면 일탈은 특별한 이유, 즉 일탈이 발생한 지역의 특수성 때문에 나타났지만, 일반적 이유인 산업발전의 내재적 요청 때문에 실패했다. 그러나 현재 서구 산업사회의 주류적인 제도형태는 그 본질적인 생산력과는 거의 관계가 없는 근거들 때문에 승리하고 경쟁 제도들에 대해 우세를 점하게 되었다는 결론을 내릴 수 있는 근거들이 있다. 이러한 근거 가운데 하나는 주류에서 이탈한 형태에 대항하고 헤게모니적 형태를 지지하기 위해 국가권력이 동원되었던 다양한 방법과 관련이 있다. 또다른 근거는 초기의 그리고 여전히 불확실한 성공의 임계효과(threshold effect)다. 기계설계, 조직 실무 및 기술적·경제적 관념이 새롭게 등장하는 형태의 노동조직 주변으로 결집하기 시작했고 그것에 2차적 필연성을 부여했다. 심층논리 사회분석 자체와 그것이 고취했던 역사적 해석들이 이처럼 엄청난 자력 성공(bootstrap)에 기여했다. 이들은 역사적 가능성에 관해 제한적인 견해를 형성하는 데 조력했으며, 그 견해는 항상 성공적인 정착이나 해법을 포장하는 자연스러움의 의미에 조건을 달기보다는 이를 악화시켰기 때문이다.

주류 산업발전에서 이탈한 경로는 어디에나 있으므로 도드라지게 마련이다. 그에 대한 토론은 광범위한 논쟁 속에 있는 민감한 주제로 초점이 맞춰진다. 서구 현대사에서 매 시기마다 몇몇 논쟁가들은 표준양식의 산업화가 대안적인 경제질서로 전환하는 시기에도 주류를 이루어야 한다는 데 이의를 제기했다. 그들은 가족농장이나 가내공업, 군대 식의 공장이 아닌 기술혁명과 저가 생산, 부의 집중을 초래하는 허가제 없는 시장분권화, 더 협동적인 형태의 노동과 교환으로 이뤄지는 경제를 옹호하는 사람들 편을 들었다. 그들의 주장은 프티부르주아의 감상적 프로그램이며, 완강한 급진주의자와 보수주의자와의 논쟁에서 지는 싸움에 발을 디딘 거라며 조롱당했다. 비판자들은 프티부르주아적 대안이 자기파괴적이고 비효율적이라고 지적했다. 자기파괴적이라 한 것은 더 성공한 소규모 기업들이, 경제에서 실질적인 권한을 갖게 될 국가에 의해 끊임없이 제한되거나 소유권을 박탈당하지 않는 한, 곧 대규모 기업으로 커질 것이기 때문이다. 비효율적이라 한 것은 대안 체제가 지속적인 경제개혁을 가능하게 하는 거대한 규모의 경제를 수용할 수 없기 때문이다.

그러나 이 비판자들은 그들이 프티부르주아라고 한 상대보다 진실되지 못한 것으로 판명되었다. 제기된 대안이 사실상 주류가 된 제도와는 다른 형태로 시장과 민주주의를 위한 제도 장치를 마련하지 않는 한, 그 대안은 자기파괴적이고 비효율적이라는 점에서 비판자들의 주장이 옳다. 소규모 상품생산은 소유권에 기초한 시장경제나 미국식 민주주의 제도하에서는 별로 장기적인 전망이 없었다. 그것은 다른 제도적 구조틀을 필요로 했을 것이다. 이 구조틀은 그것의 사회적 의미와 결과를 획기적으로 바꾸었을 것이다. 하지만 프티부르주아 낭만주의자들은 자신들의 대안이 비편파적인 다원식의 경쟁에서 패배하기보다는 반복적으로 억압되어왔다고 주장한다는 점에서 옳다. 또한 자신들의 프로그램이 대안적인 산업사회로 나아가는 실행 가능한 출발점이라는 주장 또한 옳다. 심지어 비록 단편적인 형태이지만, 이 대안적인 산업화가 신화적 역사가 인정하는 것보다 서구의 실제 산업화에서 더 중요한 역할을 해왔다는 그들의 주장은 일리가 있다.

이 논쟁은 실제로 중요한데, 그 이유는 그 대안이 완전히 포기된 적이 없기 때문이다. 이는 현대 경제사에서 끊임없이 재주장되었으며, 오늘날엔 변경된 형태로 산업조직의 중대한 가능성으로 남아 있다. 그 사례나 대안이 이론 혹은 실제의 관심 대상인 이유는 현대 경제사에 대한 다른 접근을 제시할 뿐만 아니라, 심층논리 사회사상을 괴롭힌 오류들로부터 자유로운 변혁이론을 예시하기 때문이다.

나의 논의는 세 단계에 걸쳐 진행될 것이다. 산업발전의 초기 형태에서 시작하여 그것에 대항했던 농업주의로 넘어가며, 마지막으로는 이후에 나타난 산업화의 주류 형태와 일탈적인 변형들 간의 경쟁을 살펴보고자 한다.

| 제조업의 조직형태에 관한 갈등

근대 유럽의 제조업과 농업의 신화적 역사의 가장 강력한 지적 도구는 원형-산업화 이론(proto-industrialization theory)이었다. 이 이론의 가장 중요한 극단적인 결과는 프티부르주아가 고도 산업화에 재빨리 길을 터주지 않자, 이들을 경제발전의 막다른 골목으로 접어드는 불안정한 과도기의 형태라고 규정한 것이다. 원형-산업화 테제의 주요 요소는 다음과 같다. 토양의 상대적인 황폐화 또는 목축농업의 특성으로 인해 특정 지역이 대규모 비고용 노동력을 갖고 출발했다. 이 지역들은 초창기에 농촌기반 산업화가 일어나는 최적의 후보지였으며, 원형-산업화 테제는 바로 그것의 활용과 종국의 실패를 설명해내고자 했다. 비옥한 지역에서 농업기술이 발달하자 이는 오히려 황폐한 지역보다 더 많은 불완전고용을 초래했다. 산업화 이전 대부분의 경제 주체들과 마찬가지로 소작농은 이윤의 극대화보다는 관행적인 삶의 방식을 보존하는 데 더 치중했다. 따라서 가난한 인구밀집지의 소작농들은 자신들의 토지에 집착했고 부업을 찾아나섰다. 그들은 생산 시스템이 이용할 수 있는 값싼 노동력을 제공했다. 그리하여 유럽의 많은 지역에서 일제히 농업노동과 밀접하게 연결되고 장거리 무역에 종사하는 상인들과 결탁한 분권화된 제조활동이 시작되었다.

처음에 상인들은 상업중개인으로 그리고 지속적으로 자체 노동수단을 소유한 가정의 원재료를 공급하는 납품업자로 기능했다. 그러나 가내산업에 남아 있던 독립성은 농업 기반이 무너지면서 점차 사라질 운명에 처했다. 소규모 농촌산업이 확산됨으로써 조혼을 제한했던 맬서스식(Malthusian) 압력이 약화되었다. 이미 빈궁한 농업기반으로 고통받던 지역에서 급작스러운 인구증가는 소작농의 토지재산을 분쇄했다. 한때 소규모 자작농이자 독립된 계약자였던 소작농들은 자신들이 토지를 갖지 못한 채 기업적인 토지소유주나 상인을 위해 일하는 임금노동자라는 사실을 깨닫게 되었다.

이야기는 여기서 끝나지 않는다. 이제 생산과정을 책임지게 된 상인들 입장에서 볼 때, 농촌의 생산체계는 치명적인 결함이 있었다. 이는 직접 감시할 수 없는 노동자들의 효율성을 통제해야 하는 힘든 문제를 고용주에게 안겨주었다. 그들은 자신들에게 익숙한 생활수준을 보장해 줄 수 있는 만큼만 일하려는 노동자들의 저항이나 불신에 부닥쳤다(후방굴절 노동공급곡선). 농촌 생산체계의 분권화된 특성은 운송비용을 늘려 생산 네트워크의 확장에 제약을 가했다.

원형-산업화 주창자들은 집중화된 공장에 노동자들을 결집함으로써 이 문제를 해결할 수 있다고 주장했다. 결국 공장체제가 먼저 등장했고 산업의 기계화와 극단적·기술적 노동분업이 가능해졌다. 분권화된 농촌산업의 생명을 연장하려던 시도는 실패하거나 생산활동의 주류 형태에 딸린 위성도시를 만들어냈다. 이 주류 형태는 대부분의 인구가 빠져나가고 대규모 농업기업에 넘어간 농촌을 배경으로 운영되는 기계화된 대량생산 산업이 되었다.

원형-산업화 테제가 뒷받침한 광범위한 사회·역사 관념들을 당혹스럽게 하는 것은 주류 모델에 내재한다고 여겼던 많은 특징이 최근에야 나타났고 그것이 처음 도입된 지 불과 몇세대 만에 곤경에 처하게 되었다는 점이다. 1920년대와 30년대 미국의 거대기업들이 선도한 포드주의(Fordism), 즉 조립라인을 통한 생산공정과 분업구조가 한 예다. 이처럼 뒤늦게 나타난 발전이 제시하는 바는, 원형-산업화의 탐구자들이 기술했던 사태가 제대로 진행된 후에도 현대적인 형태의 시장조직이 거의 예견되지 못했다는 점이다. 하지만 우선 원형-산업화 테제가 초창기 유럽의 산업화 역사에서 일탈과 갈등의 정도를 얼마나 과소평가했는지만 생각해보자. 원형-산업화 논증이 수용하는 데 실패했던 파격적인 실험과 경로 대부분은 변종 소상품 산업의 성과를 보여준다. 이는 앞서 언급한 주류 이론이나 역사 서술에서는 배제된 것들이다.

유럽 역사의 근대 초기 많은 지역에서 이 대안적 산업화의 길을 예시하는 제조업 단지의 발전을 볼 수 있다. 이 산업 벤처들은 다음과 같은 특징으로 차별화되었다. 상대적으로 작은 규모, 규격화된 수요를 충족하는 경직된 생산과정보다는 개별적이고 다양한 수요에 맞는 유연한 생산과정을 활용하는 풍부한 자원, 감독과 실행 간의 긴밀한 공조를 허용하는 방식으로 업무를 조직하려는 노력 등이다. 이 모든 측면을 볼 때 이러한 초기 산업은 이후 선진 서구경제의 선도적 분야를 이루게 된 것들의 선조였다. 물론 다른 분야에서 사라지기도 하고 주류적 산업모델에 동화되기도 했지만, 많은 부문에서 살아남아 선도적 분야의 일부가 되었다.

이 사례들로는 웨스트 라이딩(West Riding)의 모직산업, 버밍엄(Birmingham)의 철재무역(hardware trade), 영국 셰필드(Sheffield)와 독일 졸링겐(Solingen)의 식기구산업(cutlery industry), 리옹(Lyon)의 직물

산업이 있다. 이 산업발전은 역사학자들과 사회이론가들의 연구가 늘어나면서 혜택을 입었다. 연구들을 꼼꼼하게 비교해보면 신화적 역사와 조화될 수 없는 이 실험들의 성공과 실패 원인을 파악할 수 있을 것이다. 성공과 실패의 패턴을 보면, 대부분의 경제 부문이 지금 주류 생산형태 혹은 선도 생산형태라고 여기는 것에 본래부터 더 적합하다는 전제는 오류임을 알 수 있다. 주류 이탈의 실험들은 별개의 지역·시기·영역에서 성공하기도 했고 실패하기도 했다. 주류 모델을 강화하기 위해 법규범과 경제정책을 제도화하는 데 통치권력이 사용되지 않을 때 그리고 일탈된 형태의 기업가들이 그들 기업의 유연성을 활용하여 주기적인 경제위기에 대처할 때 그 일탈의 형태가 더 번성하는 것처럼 보인다.

셰필드의 식기구산업과 리옹의 직물 생산자들의 경험을 이와 관련하여 비교해보자. 영국에서는 정부정책과 시장조직의 일반적인 추세가 장인이나 영세 기업가와 몇세대에 걸쳐 투쟁하면서 대규모의 상인과 제조업자를 선호하게 된 것이 분명하다. 이는 영세 생산자들이 경제적 반동분자나 종속자(satellite)로서 역할하도록 강제하는 데 기여했다. 이 적대적인 배경에 대해, 셰필드의 식기구 생산자들은 1870년대와 80년대의 경제위기, 높은 관세 그리고 기량이 풍부한 졸링겐의 경쟁업자들에 맞서 가내산업의 고전적 방어책략을 갖고 대응했다. 이 책략들은 심지어 영세 기업가들에게 최소한의 경제적 생존을 보장할 때조차도 일탈적 양식의 잠재적인 경제적 중요성을 철저하게 제한했다. 몇몇 식기구 제조업자들은 주문제작의 고급상품으로 틈새시장을 찾았다. 그들은 이처럼 스스로 경제적으로 하찮은 지위로 물러남으로써 주요 생산활동의 한 부문을 차지하는 싸움을 포기했다. 다른 이들은 주류 모델의 경제적·조직적·기술적 수단들로 갈아탔다. 특수강을 만들기 위해 생산제조용 기계, 엄격한 생산과정, 감독자와 피감독자 간의 더욱 철저한 위계질서 등이 활용되었다. 규모의 이점이나 정부의 지원이 없는 상태에서, 대기업의 경직성을 떠안은 채 이들은 시장 상황의 향후 변화에 손쉬운 먹잇감이 되었다.

이러한 결과를 리옹의 직물제조업의 역사와 비교해보자. 직물제조는 17세기부터, 물론 간혹 중단되기도 했지만, 장인조합과 영세 기업가들에 의해 추진되었다. 이러한 형태의 제조업은 비록 혁명기간에 해체되었지만 그후 오를레앙 정권 초기에 재편되었다. 그것의 가장 특징적인 조직장치는 마스터 장인에게 직조를 하도급하는 것이었다.

두번의 연속적인 수요 변화로 인해 리옹의 직물제조업은 위기를 맞았다. 첫번째는 질감과 디자인이 독특한 복잡한 직조물에서 색이 선명한 값싼 옷감으로 수요가 바뀐 것이다. 이 변화는 좀더 저렴하고 이윤을 적게 남기는 하도급업자와 계약을 맺는 대량이동 사태를 낳았으며, 19세기 가장 큰 규모의 장인들의 반란 중 하나인 1831년과 34년 리옹 폭동을 가져왔다. 두번째 변화는 1870년대와 80년대에 걸쳐 면과 비단 자투리를 혼합한 더 값싼 천이 급부상한 일이다. 만일 제조업자와 장인이 경제적·기술적으로 모호한 그들 상황에서 약점으로부터 강점을 끌어내지 않았다면, 리옹의 직물산업은 쇠퇴했을 것이다. 소규모 제조업자들은 혼합직물과 새로운 형태의 나염과 염색을 사용했다. 직물시장의 고도의 수요 불안정, 저렴하고 분산된 동력원으로서의 전기 보급, 농촌 직조공들의 비교적 낮은 임금, 이 모든 것이 영세 직물업에 유리한 조건을 조성했다. 그뿐만 아니라 프랑스 정부의 정책 기조는 영국보다 대안적인 제조방식에 더 적합했다. 장인이나 영세 기업의 핵심 그룹들이 번성했던 유럽의 다른 지역과 마찬가지로, 프랑스에서 이들이 많이 살아남을 수 있었던 것은 독립적인 소지주 농업의 생명력에서 그 근거를 찾을 수 있다. 이 생명력은 절대주의 정부의 확립에서부터 혁명 이후의 정권에 이르기까지 통치권력의 지지를 얻기 위한 프랑스 농민과 프티부르주아의 지속적인 능력을 반영한다. 영세 기업가들과 소유주들은 가장 성공적인 시기에 적은 물질적 혜택을 얻는 것뿐만 아니라 삶 전체를 보호받기 위해 정부의 권한을 동원했다. 1960년대에는 가내공업이 리옹의 직물제조업을 지배했다. 직물의 55퍼센트와 방적생산의 70퍼센트가 영세 직물업자들의 손에 달려 있었다. 산업역사에서 조롱을 받아온 반동주의자인 소규모 상품생산자들은 주요 위기상황에서 보인 독창적 반응에서 드러나듯 끊임없는 자기변혁을 통해 산업의 최첨단 부문에서 독보적인 위치를 확보했다.

적어도 이러한 성공 스토리는 경제행위를 주류 산업유형이나 일탈유형 혹은 작업조직의 경직된 형태나 유연한 형태에 배치하는 자연적인 방법이 존재하지 않는다는 것을 보여준다. 가내공업의 후기 유형에 의해 리옹에서 생산된 직물은 영국에서부터 대만에 이르기까지 전세계에서 대량생산, 즉 생산제조용 기계들과 엄격한 생산공정 및 계획과 실행 간의 엄격한 구분 등을 통해 만들어지고 있다.

성공적인 대안들은 장인 제조나 소규모 상품생산과 선도적 산업 간의 연속성을 예시한다. 이는 산업화라는 국가적 양식과 국가권력 원조의 확보, 집단적 전략이 어떻게 산업조직의 두 유형 간의 경계에 영향을 미치는지를 잘 보여준다. 심지어 서구의 산업화에서 후발주자인 장인과 하이테크의 선두주자가 놀라울 정도로 긴밀하게 연결되어 있음을 보여준다. 하지만 대안적인 산업 유형이 그때 경제에서 주류가 될 수 있었을지, 혹은 지금 그렇게 할 수 있고 또다른 사회적 성격을 부여받을 수 있을지는 입증하지 못한다. 다른 관점에서 보면 성공한 사례조차도 실패다. 즉, 어떤 경우에도 경제의 한 부문에서 대안적 양식이 확립되었어도 서구 산업주의의 성격을 과감하게 전환해낼 수 있는 시장과 정치체의 제도형태를 바꾸지는 못했다.

따라서 변형된 사례들의 더 큰 가능성을 평가하는 시도는 우회적이어야 한다. 주류 산업양식이 그 자체로 끊임없는 투쟁대상이기도 한 경제 외적인 제도 장치들에 얼마나 의존하는지 탐구하는 것도 하나의 접근방법이다. 대안적 산업이 더 넓게 번창할 수 있게 해주었던 제도적 조건을 상상해보는 것도 이 의존성 연구에 보완이 될 것이다. 이는 『허위적 필연성』의 후반부뿐만 아니라 현재의 형성적 맥락에 대한 해석의 역사를 통해 탐구되어야 할 주제다. 또 하나의 정밀한 접근방법은 주류 모델과 일탈 모델 간의 경쟁이 근대 초기의 농업을 둘러싼 투쟁이나 경제조직에 대한 현재의 갈등과 어떻게 관련되는가를 밝히는 것이다. 이렇게 함으로써 매우 국부적이고 오래전에 해결된 분쟁으로 받아들여져온 것이 일반적·지속적 논쟁의 일부라는 사실을 알게 될 것이다.

┃농업의 조직형태에 관한 갈등

제조업 역사에 나타난 일탈 모델과 견줄 만한 것은 가족농장과 소지주의 협력관계에 첫번째로 역할을 부여했던 농업발전의 양식이다. 이 둘 간의 유사성의 의미가 그렇게 자명하지는 않다. 버밍엄과 셰필드의 금속무역이 전성기일 때 보았던 것처럼, 가내산업은 토지집중화를 배경으로 번성했다. 이와 달리 피에몬테(Piedmont, 이탈리아 북서부), 카탈루냐(Catalonia, 스페인 북동부) 그리고 네덜란드의 몇몇 지방에서처럼 가족단위 농업은 제조업 활동이 거의 없거나 침체기나 쇠퇴기에 간간이 나타났다. 그럼에도 일탈적 농업양식은 경제적·사회적 함의가 있었다. 원형–산업화 테제는 경제적 함의를 보여주는데, 소규모 토지소유나 소작의 해체가 제조업 역사의 특정 경로에서는 결정적이었다는 게 그 테제 지지자들의 연구결과다. 이들의 오류는 이 방향을 생산력의 최고 수준에 이르기 위한 우선적이거나 필연적인 길이라고 생각했다는 것이다. 제조업과 농업의 주류 모델과 일탈 모델이 동일한 사회집단들을 선호하거나 그들에게 해를 끼쳤던 사실을 생각해보면 좀더 넓은 사회적 함의가 분명해진다. 소규모 생산계급이 번성하는 곳에서는 어디에서든, 가내산업이 원형-산업화 테제에 의해 주어진 역할에서 가장 빨리 이탈했다. 하지만 공장 같은 제조업이나 토지집중이 이 계급을 없애지는 못했으며, 유력층과 의존계층으로 양극화된 사회를 만들어내지도 않았다. 거대하고 경직된 기업들은 경제적 불안정성 탓에 소규모의 생산층이라는 완충장치가 필요했다. 그 이유는 더 논의되어야 하겠지만, 이처럼 집중된 시장체계들을 규정하는 법적 장치와 그것들을 보호하는 정치체는 고대 농업-관료적 제국이 겪었던 치명적인 위기가 반복되는 것, 즉 소생산자들이 노예 신분으로 전락하고 이로 인해 노동과 상품시장이 위축되는 것을 허용하지 않았다.

근대 서구의 농업 역사는 상대적으로 농업분권화의 실현가능성에 대해 두가지 주요 결론을 뒷받침한다. 이 결론들은 소규모 상품생산에 대한 논쟁에서 진실과 거짓의 요소들을 보여준다.

첫번째 결론은 에이커(acre) 규모와 노동생산성으로 판단할 때, 가족농장이 집중된 형태의 농업 못지않게 효율적인 것으로 판명되었다는 점이다. 이 방식의 농업발전은 산업화로 나아가는 초기에 가장 성공적이었던 것으로 입증된 지역들에 많이 퍼져 있었다. 소유가 집중되는 곳에서, 농업의 경작형태는 많은 면에서 끊임없이 가족생산 형태를 닮아갔다. 이 생산양식이 중앙통제를 받는 노동자들이 경작하는 대규모의 농장으로 대체된 많은 경우에, 중앙정부와 대토지 소유주들의 적극적인 연대는 법, 정책, 의도된 부작위를 통해 지원되었으며 그 결과에 대한 책임은 이들에게 있었다.

그러나 두번째 결론은 첫번째 결론을 제한한다. 소규모 생산이 번성하여 더욱 높은 수준의 산업화와 농업 기계화 단계로 진입하는 경우, 그것은 불안정하거나 정부와 가족농장 간의 특별한 거래에 의존했던 것으로 입증되었다. 이 거래로 소생산자들은 다른 원리에 기초하여 조직된 경제로부터 농업 분야를 차단하고 농업의 불안정성에 저항할 수 있었다. 두번째 결론은 소규모 농업을 위한 좀더 안정적이고 영향력 있는 위치가 시장과 정치체의 제도적 성격의 변화를 필요로 했으리라는 점을 다시 한번 시사한다. 다음은 첫번째 결론을 보여주는 유럽 역사와 두번째 결론을 뒷받침하는 19세기 프랑스와 미국의 경험을 언급할 것이다.

16세기부터 18세기에 이르기까지 유럽의 농업 지역들을 비교해보면, 소유권과 관리권의 집중은 주로 후진 지역에서 우세한 반면 가장 번성한 지역에서는 주로 가족 규모의 농업이 주류를 이뤘음을 알 수 있다. 시칠리아나 나폴리와 대조되는 피에몬테와 롬바르디아, 스페인의 다른 지역과 비교되는 카탈루냐, 엘베 강 너머의 독일과 대비되는 플랑드르와 네덜란드 등은 공통된 문제에 대해 상이한 양상을 드러냈지만, 똑같은 이야기를 전한다. 카탈루냐 농업의 역사는 정부의 권력(예를 들어 카탈루냐 의회)과 대단히 중요한 도시 시장에 대한 접근이 어떻게 가족 규모의 농업에 혜택을 주었는가를 잘 보여준다. 플랑드르의 예를 보면, 고도로 전문화된 노동집약적 농장이 대규모의 곡물생산 소유지와 공존하고 소규모 농장은 산업화가 무르익는 환경에서도 꾸준히 번성했다.

근대 초기 유럽의 이러한 경험은 세계사적 맥락에 놓일 때 의미가 명백해진다. 북대서양에서 발현된 기술과 아이디어 혁명 이전에 가장 인구가 많고 지속적인 사회는 거대한 농업-관료적 제국들이었다. 특유의 위기가 시장을 좁히고 중앙정부의 권위를 약화시키며, 역행해서는 안될 상업화와 산업화를 향한 기회를 차단했고 이들 사회의 번영 심지어 생존까지 위협했다. 예상하지 못했던 경제적·군사적 위험으로 인해 중앙 정부가 재정적·군사적 동원을 추가로 요청할 때마다, 대토지 소유주들은 지역의 공공행정을 통제하고 있었기 때문에 그 부담을 소규모 지주와 다른 영세 생산자들에게 떠넘겼다. 이 영세 민중은 감당할 수 없는 가혹한 세금으로 인해 파탄했으며, 그들을 파멸한 권력가들에게 자발적으로 혹은 떠밀려 종속될 수밖에 없었다. 이처럼 군주의 보호에 예속됨으로써 시장활동의 가장 중요한 지지기반이 흔들렸다. 교환의 영역은 경제적 자립과 위계적 규율체제를 지향하는 거대한 영역들 간의 거래로 협소화되었다. 위험할 정도로 약화된 중앙정부는 대토지 소유주들에게 이전보다 더 신세를 져야 하는 형편이 되었다. 이 사회에서 가장 예리한 정치가들과 개혁가들이 정부의 재정과 군사력을 토대로 소지주와 영세 상인을 보호하려는 시도에 집착했던 것은 그리 놀라운 일이 아니다.

왜 그들이 반복적으로 실패했는지, 왜 유럽이 의도치 않게 그러한 제국들의 파괴적인 주기에서 벗어났는지, 그리고 왜 이 두 물음이 반필연적 사회이론에 의해 가장 잘 설명될 수 있는지 하는 것은 이 책의 다른 부분에서 다루어질 논제들이다. 지금 중요한 것은 유럽 농업발전의 가장 독특한 형태가 소농들의 소위 일탈적이고 퇴보적인 농업이었다는 점이다. 농업집중화의 "영국식" 모델이라는 표준의 두드러진 특징은 외견상 비슷한 움직임을 보인 다른 사회에서 빈번하게 발생한 시장파괴적 위기를 유발하지 않고 최대한 집중화로 나아간 능력이었다.

그러나 가족경영농이 근대 초기 유럽의 경제환경에서 농업집중에 대한 실행 가능한 대안이었다면 산업화와 농업 기계화 시대에도 진보적인 역할을 꾸준히 수행할 수 있었을까? 이에 대한 답은 놀랍게도 기술적·경제적 고려보다는 정부 권한의 활용에 달려 있다. 집약적으로 정돈된 토지, 국가와 농민계층 간의 강한 연대의 전통을 지닌 프랑스에서는 법규범과 정부정책이 중소 규모 농장의 상대적으로 노동집약적인 경작기술을 보호하는 데 조력했다. 프랑스 농업발전의 최종적인 양식은 개념상 좀더 집중화된 영국보다 노동생산성이 떨어졌다. 그러나 최근 연구들은 적어도 19세기에 총체적인 경제효과의 측면에서 손해가 있다고 하더라도 그것은 매우 미미한 정도에 불과했음을 보여준다. 농업에서는 프랑스의 일인당 생산량이 영국의 생산량보다 낮았다면, 산업에서는 프랑스가 영국보다 지속적으로 높았다. 1815년부터 19년까지 프랑스의 연간 상품생산 증가율은 영국보다 고작 1퍼센트 낮았다. 이 격차의 주요 원인이 농업 조직형태의 차이 때문인지는 확실치 않다. 그 격차는 농민의 전원생활을 파괴하고 도시의 하층민을 만들어낸 영국의 극단적인 형태를 피하는 데 지불해야 할 비용으로는 아주 저렴한 것이었다고 할 수도 있다.

이와 대조적으로 19세기 미국의 가족농장은 멀리 떨어진 국경지역의 토지에 있었고, 사회계층도 불분명하며 공동체 전통도 빈약한 상태였고 별로 보호받지 못하는 환경 속에서 살아남아야 했다. 1830년대와 40년대부터 농민들은 은행의 채무를 갚고 흉작을 보상하기 위해 지속적인 기술개발과 재배작물 특화가 필요했다. 비교적 큰 기계화 농장들과 맞아떨어진 것은 지방의 성공한 프티부르주아와 토지 없는 노동자들 간의 분열이었다. 프티부르주아는 주요 시장을 제공했고 노동자들은 제조업 부문의 초창기 노동력을 제공했다. 뉴딜과 2차대전 기간에는 가격보조금과 농업확장 프로그램만 갖고도 미국의 가족경영 농업양식이 프랑스보다 훨씬 높은 생산성을 유지했다.

프랑스와 미국의 경우는 대조적이지만 보완적인 사례들이다. 미국에서는 프랑스보다 집중을 지향하는 경쟁이 더 많이 허용되었다. 미국 정부가 소규모 농민들을 자리 잡게 하는 데에는 오랜 기간이 걸렸다. 다시 말해, 상대적으로 비효율적인 자영농지법(Homestead Act)의 시기로부터 훨씬 효율적인 기술과 가격보조체계의 시기에 이르는 기간이 소요되었다. 성공하지 못하는 농민층은 배제되었다. 미국과 프랑스의 경험은 소규모 상품생산에 대한 비판자들이 어느정도 옳다는 것을 보여준다. 즉, 이 농장들이 있던 지역의 정치체와 시장의 일반적인 성격을 볼 때 경쟁은 집중을 창출하고 토지를 공동화(empty)한다. 왜냐하면 대규모 생산자들은 자본을 손쉽게 동원할 수 있고, 거리가 먼 시장에 대한 접근성을 확보하고 흉작도 견딜 수 있기 때문이다. 프랑스와 미국의 경우, 정부의 특별조치가 농업생산의 주류 형태로 가족농장을 보존하는 데 필수적이었다. 두 국가에서 취한 조치는 한편으로는 경제 전반에 걸쳐 분권화된 생산방식의 전형적인 중요성을 과감하게 축소하면서, 다른 한편으로는 고립된 농업 부문에서 그 생산방식을 보존하는 것이었다.

정부는 거대한 자본축적에 대해 절대적·영구적 통제력을 배제할 수 있는 방식으로 재산 및 계약의 법적 범주를 재설정하지 않았다. 또한 투자와 자본축적에 대해 대중의 민주적 통제를 촉진하기 위한 헌법제도나 정당정치의 경쟁 구도를 재조직하지도 않았다. 정부는 농업의 내재적인 위험부담과 함께 지속적으로 생산활동을 불안정하게 위협하는 제도 환경에도 불구하고 특정 형태의 생산활동이 살아남도록 돕는 데 그쳤다. 제조업 부문에서 소규모 상품생산은 대안 원리를 토대로 조직된 산업체제에서 후발주자 또는 선두주자로 나타났다. 농업 부문에서 소규모 생산은 고유한 사회적 매력과 더할 나위 없는 실용적인 유효성으로 정당화되는 이례적인 것으로 나타났다. 두 영역에서 소규모 생산의 잠재적 중요성은 단편적이고 잘 드러나지 않았으며, 그 발전 가능성은 적대적인 제도에 의해 희생되었다.

| 오늘날의 논쟁들

　서구 사회에서는 소규모 상품생산을 좀더 높은 수준의 생산력을 발휘할 수 있는 현실적인 형태의 사회조직으로 탈바꿈해내는 정부 및 경제 활동의 제도적 구조가 나타나지 않았다. 그럼에도 근대 초기 유럽의 제조업과 농업의 역사에서 일탈형태로 나타났던 대안적 가능성이 서구의 사회·경제사의 후반부에 다시 등장했다. 이 작업조직의 기본형태에 대한 후기의 실험들은 두가지 주요 그룹으로 나뉜다. 첫번째 그룹은 19세기와 20세기 초의 혁명적 공격에 의해 형성되었으며 1848년 혁명과 1차대전 직후에 정형화되었다. 두번째 그룹은 최근의 선도 산업형태를 포함한다. 초기의 일탈과 후기의 일탈 간의 관계를 이해하기 위해서는 비록 명백한 연결고리가 없지만, 후기에 나타난 일탈의 두 유형이 얼마나 밀접하게 연결되어 있는가를 먼저 이해할 필요가 있다.

　초기 공장의 단순한 폭압(despotism)과 선진화된 형태의 조립라인 조직 간에는 연속성이 있다. 조립라인 방식에서는 감독자가 기술적인 협력 기능을 훨씬 능가하는 규율 권한을 끊임없이 행사했다. 이 시스템은 불필요한 부분을 없애고 사람과 기계를 움직이는 설비를 통해 성장을 가속화하는 데 기여했다. 그러나 그것의 기본적인 경제적 단점, 즉 그 시스템을 유지하는 제도 장치들의 단점은 경제적 실험의 기회를 경제적 특권의 이익에 종속시킨 것이었다. 또한 장인이나 가족농장의 팀과 현대적인 산업, 행정 및 복지의 선도적 영역들을 특징짓는 유연한 특공대 유형(commando type)의 조직 사이에는 실질적인 연관성이 존재한다. 핵심적인 공통 특징은 작업계획의 유동성이다. 특공대 유형의 강점이 실용적 편의주의에 있다면, 약점은 규모와 복잡한 조건에 적응하기가 어렵다는 것이다.

　경제발전과 조직발전의 각 경로에서 가장 최근 추세, 즉 포드주의 공장이나 선도적인 직무그룹은 더욱 합리화된 모습을 보여준다. 그 이유는 작업장 내 사람들 간의 관계가 추상적인 생산과제와 구체적인 작업행동 간의 상호작용 개념을 좀더 충실하게 반영하기 때문이다. 두 발전 경로 각각은 이 상호작용에 다른 해석을 부여한다.

그러나 제조업의 주류 형태에 대한 대중의 반항적인 도전과 장인의 상점에서부터 특공대 유형의 산업에 이르는 축 간에 어떤 연관성이 있는가? 혁명운동의 다수가 교리의 이름으로 이러한 일탈을 프티부르주아의 감성적 또는 반동적 행위라며 조롱하고 싸워온 것도 분명하다. 하지만 그 슬로건은 급진적인 저항운동을 지탱한 사회세력의 성격이나 무수한 혁명적 실험의 실제 내용과는 완전히 배치된다.

현대 역사학자들은 숙련공들과 감상적인 프티부르주아 이데올로기 론자들이 19세기와 20세기 초 저항운동에서 중요한 역할을 했다는 사실을 반복해서 강조해왔다. 이 집단들은 산업화의 주류 모델의 발전에 그 누구보다도 더 격렬하고 끈질기게 저항했을 뿐만 아니라, 종종 혁명적 대안들의 주요 조직자로 활동했다. 경제와 정치에서 이 대안들의 고전적인 형태, 즉 협동적 작업집단과 행정기구의 소비에트 또는 위원회 형태는 영세 생산업자들이나 그 동조자들이 방어하려 했던 조직의 이상적인 형태로 이해될 수도 있다. 이러한 조직형태의 출현은 이 실험들에서 낡은 신봉건주의적 특성과 공상적인 공약이 두드러질 정도로 혼재된 상황을 설명해준다. 또한 그것은 저항가들이나 이데올로기주의자들이 자신들의 포부와 대량생산 및 행정 요건을 조화시킬 수 있는 경제적·행정적 조직체계를 만들어내는 데 끊임없이 실패한 원인을 밝혀준다. 따라서 혁명적 실험들은 산업주의와 민주주의의 지배적인 양식이나 관념에 대해 현실적인 대안을 제공할 수도 있었을 법한 제도 기획의 요소를 후세에 제공하는 데 실패했다. 그리고 이 실패에는 독선과 쓰라린 각성이 따르면서 작업조직에 대한 주류적 접근방법을 견고히 하는데 기여했다.

이후에 나타난 일탈형태들을 이 관점에서 해석하면, 그것들의 소멸이나 제한이 원래 대체하려 한 제도 장치의 필연성으로 설명될 수 없다. 하지만 제안된 대안책이 실제 생산(또는 행정이나 복지) 능력의 가속화된 발전을 위한 사회적 요구와 양립할 수 없었다는 사실을 반증하는 것은 아니다. 왜냐하면 경제조직의 대안적 양식은, 그 옹호자들이 사적 자본의 거대하고 영속적인 축적을 허용하지 않으면서 지속적으로 경제를 분산시키고, 이 경제장치를 지원하고 관리하는 정부를 확립할 수 있는 제도를 창출하지 못하면, 그러한 요구와 공존할 수 없기 때문이다. 그 대안 제도들이 과거에는 어떠했는지 또는 장래에 어떠해야 하는지에 관해서는 제10장부터 14장까지 논의하겠다.

이제 우리는 작업조직의 일탈적 양식의 상대적 실패를 설명하는 요소들을 한데 모을 수 있다. 그 양식은 신화적 역사를 거부하며, 심층논리 사회이론의 전제나 비성찰적 보수주의의 편견에 사로잡히지 않을 것이다. 이렇게 수정된 설명이 새로운 역사적 발견과 사회적 실험에 의해 지속적으로 강화되기는 하지만, 이는 기초단계의 경험적 연구에서의 혁명을 나타낸다기보다는 익숙하지만 소극적으로 다루어지거나 잘못 이해된 사건들의 재해석을 표현한다.

이 경로를 따라가보면, 작업조직 내의 혁명적 실험들이 상당 기간 시도되거나 적용과정에서 개선되기도 전에 강제적으로 억압되었다는 사실을 발견하게 된다. 이에 우리는 일탈운동의 활동가들과 이론가들이 가능한 계급연대에 대한 편견, 그리고 기존의 또는 새로 등장하는 시장이나 민주질서에 대해 가능한 제도적 대안에 대한 편견으로 잘못 인도되어온 사실을 강조할 것이다. 이 편견들 때문에 그들은 현실적인 대안의 구성요소를 개발할 짧은 순간의 실험 기회를 활용하지 못했다. 이처럼 재건된 사회의 설계자가 되려고 했던 사람들의 패배는 부분적으로는 자신들이 파괴하기 시작한 세계의 지적 권위로부터 충분히 벗어나지 못했기 때문이다. 이 무능력으로 인해 그들은 자신들이 이해하거나 이탈하는 데 실패했던 현실을 거꾸로 뒤집는 이데올로기적 환상 속에서 피난처를 찾을 수밖에 없었다.

산업조직의 유연한 선도적 형태의 예외상태로 돌아가보면, 앞에서 제시된 경로를 따라 대량생산이 지배하게 된 것은 우월한 경제효율성의 직접적인 결과가 아니라고 주장하게 된다. 대량생산의 지배는 상품·노동·금융 시장에서의 불안정성을 제거하도록 제도적으로 보장된 능력뿐만 아니라, 저렴한 노동이나 기술적 혁신경제가 안정적인 세계시장을 뒤흔드는 것을 방지해주는 국제적인 노동분업에 달려 있다. 이 조건들이 충족되지 않을 경우, 과제규정(task-defining)과 과제수행(task-executing) 활동을 엄격하게 구별하는 대량생산 산업이 경제의 모든 영역에서 급작스럽게 무너지지는 않겠지만, 많은 생산영역에서 대량생산 산업의 확고한 지배력이 무너지리라 예상할 수는 있다.

그럼에도 유연하고 선도적인 산업 유형의 확장은 새로운 경제 기업체들 간의 경쟁을 촉발할 수 있다. 더욱 집중된 기업들은 다시금 과거 대량생산 산업의 새로운 형태로 진화하고, 경제적 불안정과 대외경쟁에 대해 자신들을 보호하기 위해 시장과 정부에 영향력을 행사할 수도 있다. 물론 가장 근본적인 경제제도가 개선되지 않으면 그러한 결과가 뒤따를 것이라고 예상할 수 있다. 즉, 경제적 결정권한을 분산하기 위한 수단과 자본을 집중하기 위한 장치 간의 균형을 이루는 제도 장치가 개선되어야 한다.

경제제도의 그러한 성격 변화는 공공연하게 자본의 정치적 관리(예를 들어 국가의 순환자본기금)를 수반하기 때문에, 결국 정부조직의 변화와 권력배분의 변화를 요구하게 될 것이다. 권위주의적·혁명적 국가는 단지 사회통제의 집행에 집착하고 자신들의 가신이나 수하, 즉 관료·관리자·기술요원의 이해관계에 사로잡힌 계급집단을 만들어낼 것이다. 반면, 탈동원화된(demobilized) 자유민주주의에서는 경제적 축적의 기본형태를 효과적인 당파경쟁에 종속시키는 데 필요한 통치구조와 시민의 투쟁성이 부족해질 것이다.

이 같은 반사실적(counterfactual) 우화에는 이중적인 관점이 있다. 그것은 소규모 상품생산의 초기 형태가 직면한 문제 — 기존의 제도적 틀 안에서 주변적 위치 이상을 차지할 수 없었던 무능력 — 가 어떻게 멀리 떨어져 있지만 여전히 쉽게 파악할 수 있는 초기 일탈의 상대(counterpart)가 직면한 딜레마로 다시 등장할 수 있었는가를 보여준다. 이 교훈은 또다른 관점을 제시한다. 대안적인 직무조직 형태를 활용하고 발견하는 일은 시장과 민주주의를 조직하는 대안적 방향을 상상하고 확립하기 위한 가능성에 의존해왔다. 우리는 이미 주류가 되어버린 시장과 민주적 조직형태의 기원을 어떻게 이해해야 하는가?

노동조직의 신화적 역사에 맞서는 앞의 논증이 기술 및 자원의 제약요인에 대한 영향력을 부인하지 않는다는 사실을 유념하라. 그것은 다음과 같은 가설에 호소하고 또한 이를 지지한다. a)어떤 시기에도 그 제약요인이 노동조직의 형태를 결정하지 않는다. b)기술적 제약요인은 사회제도의 원인이자 결과이며 그것은 노동조직의 형태처럼 제도 장치로 규정된다. a)나 b)보다 놀라운 사실은 c)기술 및 자원의 제약요인에 대한 적절한 조직적 대응의 범위를 미리 혹은 소급해서 이해할 수 없다는 것이다. 우리는 경제조직의 역사를 이해하기 위해 가능한 대안들의 범위를 정의할 필요가 없다. 따라서 좀더 거시적인 역사적 규모에서 볼 때, 우리는 어떻게 맥락들이 다시 만들어지는지를 이해하기 위해 형성적인 제도적 맥락들의 역사에서 주변적인 논점을 미리 정의할 필요는 없다.

사적 권리 복합체의 기원

| 구성요소들의 검토

사적 권리의 복합체는 시장의 제도적 성격을 규정하는 장치로 구성된다. 이 장치는 대개 법적 권리들의 집합체. 이 장치의 놀라운 특징 중 하나는 시장을 정의하는 과정에서 비경제적 거래(정당정치나 공공행정 이외의 것들)의 기본 구조를 구성하는 능력이다. 그러나 시장을 설정하는 법적 범주가 왜 모든 법적 권리에 모델을 제공해야 하는가? 이 질문에 대한 답변은 결코 자명하지 않다. 이것은 사적 권리 복합체의 출현을 해명할 때 반드시 설명해야 하는 사실 중의 하나다.

이 복합체의 핵심적인 특징은 사회자본의 분할된 몫에 대해 거의 절대적인 ── 권한행사의 범위와 임시적인 승계의 지속성에서 절대적인 ── 청구권을 부여함으로써 경제적 분권화를 보장하는 소유권 체계라는 점을 기억하라. 이 소유권 체계에 대응하는 계약은 사적인 의존관계에 대해 법적 효력을 거부하는 계약권리의 구조이며, 권리보유자에 의한 일방적인 채무 보증이나 국가에 의한 일방적인 의무 부과로 특징지을 수 없는 상호관계의 구조다.

이러한 사적 권리의 복합체에 활기를 불어넣는 정신은 자유로운 인간의 상호작용이라는 정치 이전의 순수한 논리 추구다. 계약 및 재산 제도는 놀라울 정도로 사적 질서에 내재된 법적 구조로 표현된다. 자율적인 자기규제가 만능이 아닐 수도 있다. 사적 권리 체계의 주요 관점은 여러 방식으로 다양화될 수 있다. 어떤 사람들은 다른 이들에 비해 자신들의 권리를 행사하기에 좋은 위치에 있을 수도 있다. 하지만 그러한 조건이 사적 협력체계를 구축하기 위한 보편적 프로젝트와 이러한 사적 권리를 동일시하는 것을 가로막진 않는다. 이 동일시는 단순한 이론적 재고(再考)가 아니다. 또한 그것은 단순히 합법성의 요건으로 이해될 수도 없다. 그것은 사적 권리의 이해와 적용의 방향을 정한다. 그것은 이데올로기적 또는 법적 논쟁이 발생하는 중대한 전환기에 시장이 그리고 사적 질서 전체가 특별히 어떠한 제도적 형태를 가질 수 있고 가져야 하는가를 사람들이 다시 묻는 것을 가로막는다.

사적 권리 복합체에 관한 신화적 역사는 노동조직 복합체의 발전을 설명하는 전통적인 방법을 그 스타일과 효과 면에서 지지한다. 이 역사적 접근을 원형 그대로 찬동하는 사람은 거의 없을 것이다. 그러나 사회적·역사적 탐구의 관습에 예로 나타나듯, 그것은 법적 권리와 제도 장치에 관한 실제 우리 사고의 많은 부분에 계속 영향을 미친다. 이 개념이 갖는 권위에 대한 증거는 그것이 자유주의자들이건 마르크스주의자들이건 모두에게 똑같이 영향력을 발휘한다는 점에 있다. 자유주의자들은 시장구조의 점진적인 발전, 즉 이기적인 교환의 자유로운 활동을 자의적으로 제한했던 봉건주의 및 신봉건주의의 제약들로부터 시장구조가 점진적으로 출현했다고 이해한다. 시장질서가 사회생활의 넓은 영역으로 점차 확장되면서 그 내재적인 법적 구조 역시 단계적으로 발전했다. 이 구조는 대부분 근대의 계약 및 재산 체계로 구성되었다. 따라서 자유주의자와 마르크스주의자 모두 초기 근대 유럽의 사법(private law) 체계와 사고방식을 현재의 계약법이나 재산법, 즉 시장체제에 필수불가결한 버팀목으로 인식될 수 있는 법으로 나아가는 연장선에서 핵심으로 파악한다. 시장질서와 정치적 자유 간의 이러한 관계에 대한 법적 개념에서 주류 자유주의의 시각은 둘이 분리될 수 없다는(각각은 다른 것의 조건이자 확장이기 때문에) 확고한 신념과, 이 시장질서를 대체하려는 어떠한 시도도 자유를 파괴하는 제도 장치를 만들어낼 것이라는 좀더 부정적이고 회의적인 믿음 사이의 전 영역에 걸쳐 있다.

마르크스주의자들은 신화적 역사에 포함된 이 부가적인 요소에 대해 전통적으로 기대했던 것보다 훨씬 덜 이의를 제기했다. 마르크스주의의 영향을 받은 좌파 사회이론 내에서 시장경제는 고도로 통제된 세 가지 외관을 띤다. 첫째, 시장경제는 세계사적 진화의 명백한 단계로서 자본주의의 핵심적인 제도 장치다. 둘째, 시장경제는 소규모 상품생산에 대한 제도적 틀을 제공하는데, 자본주의가 사라지지 않는다면 그것에 동화되거나 보조적인 역할을 하게 될 불안정한 사회질서를 제공한다. 이 두가지 외관에서 기본적인 시장구조는 친숙한 계약 및 재산 체계와 동일한 것으로 간주된다. 셋째, 여지껏 무겁게 눌러왔던 억압과 결핍의 부담으로부터 벗어나 공산주의체제 아래 시장이 다시 나타날 수도 있다. 그러나 공산주의는 명확한 프로그램보다는 계급지배 역사 먼 곳에 있는 정점에 해당하기 때문에 그 제도 장치들은 여전히 회색지대에 놓여 있다. 공산주의 옹호자들은 인간 생산물의 교환이나 안정적인 사회적·기술적 노동분업을 전제하지 않는 교환체계라는 관념에 실천적인 세부안을 제공하지 못해왔다.

시장에 대한 마르크스주의의 양면성은 사적 권리에 대한 양면성으로 이어진다. 즉, 사적 권리가 때로는 자본주의의 상품화된 세계 내의 부수적인 것으로, 또 어떤 경우에는 용인할 만한 사회체제의 특징으로 나타난다. 따라서 마르크스주의자들은 자유주의자들과 마찬가지로 사적 권리의 신화적 역사의 근본적인 교리를 받아들인다. 그 교리란 근대 유럽에서 계약 및 재산 제도의 발전이 사회생활의 필수적 단계 혹은 영속적 가능성 중 하나로서 시장질서의 출현을 구현했다는 확신을 말한다. 자유주의자들과 마르크스주의자들이 다른 점은 다만 그들이 시장체계의 결함을 수정하기 위해 어떤 방식의 제안을 하느냐에 달려 있다. 즉, 시장체계를 대안적인 분배형태(계획된 사회민주주의)와 결합할 것이냐 아니면 주변적 역할로 축소할 것이냐 하는 점이다.

다음에 전개할 논증은 마르크스주의자와 자유주의자가 공유하는 이 신화적 역사의 전제를 그 뿌리부터 공격할 것이다. 그 공격은 사적 권리 복합체의 세가지 외견상 드러나는 역설적 특징과 그 형성과정을 밝히는 데에서 시작할 것이다. 이 역설들을 하나씩 설정한다는 것은 계약 및 재산 제도의 특수성을 강조하는 것이다. 특히 그것은 계약과 소유권의 지배체계가 사회조직의 대안 원리들과 지속적으로 싸워왔고, 이 원리들 중 몇몇은 소규모 상품생산의 성공적인 제도적 재구축을 위한 요소들을 제시한다는 점을 확증한다. 그러나 신화적 역사를 대체할 수 있는 견해가 지니는 가장 강력한 함의는, 계약 및 재산의 이러한 체계가 사법 체계에 명시된 목표를 부정하고 심지어 이를 뒤집어버리는 제도 장치와 결합할 때에만 사회생활에 영향을 미칠 수 있다는 제안이다. 하지만 이와는 달리, 실제 경제생활을 자유롭고 신중한 주체들 사이에 이루어지는 상품과 노동의 교환이라는 이상적인 관념에 좀더 근접시키려는 시도가 성공하려면, 경제적 분권화를 위한 완전히 상이한 법적 기반이 요구될 것이다.

│ 기원의 역설

우리에게 익숙한 특수한 형태의 사적인 법적 권리의 발전은 유순하고 책임 있는 정부와 맞닥뜨리면서 자유로운 권리보유자들의 사회를 점진적으로 형성해온 그런 과정이 아니다. 그 권리와 이론은 특별한 사회적 합의의 일부로 등장했으며, 그 사회적 합의에는 부수적이건 혹은 결과적이건 절대국가의 형성이 포함되었다. 초기 근대 유럽의 법률가들이 골격을 만들고 체계화한 계약과 소유 권리들은 친숙한 과정에 수단을 제공했는데, 그 과정을 통해 절대적인 권리들(특히 토지에 대한)이 통일된 정부의 주권과 함께 강화될 수 있었다. (정부의 재정으로서) 세금과 (사유지 사용에 대해 사적 권리보유자들이 부과하는) 임대료는 명확하게 구분되었다. 동시에 정부는 이윤을 획득하는 경제활동을 다루는 기존의 방식을 바꾸었다. 때때로 국가는 제조업자들과 (특히 원거리 상거래에 종사하는) 상인들을 최대한으로 착취하는 희생양으로 다루었다. 좀더 안정되고 야심 있는 국가들에서 이 약탈적인 태도는 사회의 조화상태를 유지하려는 관점에서 경제적인 생산과 교환에 대한 더욱 공격적인 감시로 이어졌다. 이 태도는 상업과 산업에 적용되지 않았을 때조차도 농업정책에서 지배적이었다. 초기 근대 유럽에서 가장 성공적인 정부들은 경제활동에 대해 새로운 접근방법을 제창했다. 그들은 경제성장을 촉진하기 위해 정부 권한과 군사력을 국내외에서 교묘하게 사용했다. 따라서 무역과 산업의 공공정책에도 자유 사유지(allodial property in land)와 정부의 관계를 특징지은 것과 동일한 패턴의 제휴관계와 경비절감(retrenchment) 방안이 적용되었다. 보호주의를 통해 부를 창출하는 활동을 질식시키거나 아사시키지 않고 보호하는 다양한 방법이 고안되었다.

이 제도혁신은 특정한 사회적 타협의 산물이자 도구였다. 무수한 변수 중에서 기업을 경영하는 귀족과 성공한 평민층으로 구성된 신진 엘리트는 토지·노동·유동자본에 대해 견제받지 않는 통제력을 획득한 반면, 정부는 더욱 강력한 행정적 응집력을 갖추고서 통제영역을 확장했으며, 조화의 유지보다는 부의 획득을 중시했다. 이러한 결과는 대부분 직접적인 거래로 표현될 수 있다. 국가는 엘리트 계층에게 토지·노동·부에 대해 방해받지 않는 지배력을 부여하는 한편, 엘리트 계층은 새로운 국가의 — 비유럽 문명사회의 관료들보다 더 약하고 동시에 더 강력한 — 관료들이 세금과 군대를 좀더 자유롭게 활용하고 공격적인 행정장치를 개선하며 부의 창출과 보호 간의 관계에 대해 다양한 접근방법을 갖고 실험할 수 있도록 허용할 것이다. 계약 및 재산 체계는 단지 교환의 절반만을 나타낸다. 즉, 기초단계에서 사적 통제의 강화를 허용하는 절반이다. 이 거래를 인정한다고 해서 중앙정부가 엘리트 계층이 아닌 다른 사람들로 구성된다거나 비엘리트 계층의 국민들에게 헌신한다고 전제하는 것은 아니다. 단지 엘리트 계층의 상대적인 분열과 돌이킬 수 없는 경제의 상업화라는 이중적 배경하에서 새로운 형태의 국가 지배자나 관리가 좀더 자유롭게 자신들의 협소한 목표를 추구할 수 있는 권력을 획득했다는 사실만 가정하면 된다. 이러한 자유의 일부는 국가 경제를 관리하는 광범위한 책임이나 권한을 가져본 적이 없었던 데에서 기인했다.

고대 농업-관료 제국의 경험과 비교해보면 이러한 제도적 해법이 지니는 독특성을 추론해볼 수 있다. 고대사회에서 토지·노동·상업의 부에 대한 엘리트의 견제되지 않는 통치력 장악은 경제의 비상업화와 통치 권위의 근본적 분열의 전조가 되었다. 따라서 외견상 유사한 경향이 구체적 맥락에서는 완전히 다른 의미를 갖는다. 왜냐하면 근대 초 서구에서 엘리트의 이러한 소유권 측면의 승리는 경제에서 이루어진 돌이킬 수 없는 상업화와 엘리트 계층의 철저한 다양화를 통해 변혁된 사회에서 발생했기 때문이다. 그러한 현상은 서유럽의 농민과 장인이 그들에게 완전한 굴복을 요구한 거대한 지주계층과 지역 권력층에 대한 저항에서 상대적인 성공을 거두었음을 의미한다. 이 저항은 지역에 따라 성공하는 경우가 달랐지만(영국과 프랑스의 비교 또는 카탈루냐와 프랑스 여타 지역의 비교) 근대 이전 유럽이나 비유럽 역사에서 거대한 농업-관료적 제국들보다 유럽의 엘베 강 서쪽 지역에서 더 성공적이었다.

기원의 역설에 관한 논증으로부터 잠정적인 결론을 이끌어낼 수 있다. 계약 및 재산 제도는 현재 우리가 이 제도에 부여하는 이념들과는 눈에 띄게 다른 사회질서와 사회 비전의 출현에서 중요한 요소를 나타낸다. 물론 그 제도는 이 기원의 징표들을 벗어버릴 수도 있었다. 하지만 여기에서 살펴본 바에 따르면, 계약과 소유권은 겉으로 드러난 모습과는 다르다. 다음 논의는 그것들이 결코 외관(appearance)과 현실(reality) 간의 괴리를 좁힐 수 없었음을 보여줄 것이다. 이상화된 시장의 비전은 서구 근대사에서 시장체제를 규정해온 것들로부터 과감히 벗어난 법적 장치들에 의해서만 더욱 완벽하게 실현될 수 있었다.

| 구체화의 역설

사적 권리 복합체의 역설적인 두번째 특징은 첫번째 역설에서 얻은 교훈을 일반화·심화한다. 만일 우리가 시장의 법적 구조가 부조리한 기원을 가진다는 사실을 보여주는 것으로 첫번째 역설을 처리해버리려고 한다면, 이제 이 법적 구조가 사회질서의 외견적 의미를 바꾸고 뒤집은 대안적 원리들과 지속적이고도 불가사의하게 연계되어 있음을 발견할 것이다. 이 전도는 이데올로기적으로 동기화된 위선보다는 계약 및 재산 체계의 무능함, 다시 말해 그 체계의 분명한 정신에 배치되는 제도 장치의 도움 없이는 사람들 간에 이루어지는 실제 거래의 결정적 특성을 통제하지 못하는 무능함을 반영한다.

서구의 전통적인 계약 및 재산 형태가 적어도 사회생활의 두 측면에는 완벽하게 침투할 수 없는 것으로 판명되었다. 하나는 실제 경제생활에 핵심적인 것이고 다른 하나는 주변적인 것이다. 핵심적인 측면은 실제 생산조직으로 특히 실제의 목표를 추구하는 데 노동과 협력하려는 노력이다. 실무 조직은 구성원 간의 관계가 엄격하게 규정된 권리와 의무 체계에 의해 미리 결정되면 효율적으로 기능할 수 없다. 집단노동의 합리화가 의미하는 바는, 작업팀이 냉혹할 정도로 목적과 수단의 편의적인 계산과 과제규정과 과제수행 활동 간의 가속화된 상호작용을 통해 실천이성의 가시적인 구체화를 이룰 수 있다는 것이다. 합리화된 집단노동의 유연한 변형의 강점은 기존의 사회분할과 위계질서에 의해 부과된 제약요인들로부터 벗어나 이러한 기회주의와 자유를 최대한 이용하는 것이다. 이와 반대로 생산조직에 관한 모든 실무적인 결정을 권리나 의무의 절대성과 연결한다면 실무적으로 실패할 수밖에 없을 것이다. 당신이 재량적 운용권의 필요성을 인정하는 순간, 당신은 어떤 제약조건 아래 누가 재량권을 행사해야 하는가를 결정해야 하는 문제에 맞닥뜨린다. 계약 및 재산 체계 자체는 이 문제에 어떠한 답변도 제공하지 않는다. 비록 그 체계가 특정 권력의 행사를 합법화할 수 있지만 형식상 여전히 협력관계의 법적 구조에 불과하기 때문이다.

근대 계약 및 재산 체계가 충분히 침투할 수 없는 사회생활의 다른 측면은 가장 근대적인 변형들 속에서 작동하는 많은 생산활동에 비해 지엽적일 수 있다. 하지만 우리의 실제 사회경험에 언제나 매우 중요한 요소이며 우리의 일상적인 노동활동 저변에 흐르는 주제로 지속되어왔다. 이것은 바로 공동체 관계의 영역으로서 상호 간의 유대 자체가 목적으로 평가되고 동료에 대한 행위의 결과가 실제로 중시되며, 서로 치고받은 것을 치밀하게 계산하기보다는 서로의 약점을 수용한다.

실제 공동체적 삶은 고전적인 권리체제의 획일적인 제한에 저항한다. 사적 권리 복합체는 사회조직의 다른 수단들로부터 도움을 받지 않고는 이 실제적 혹은 공동체적 제도를 구체화할 수 없다. 이 제도를 구체화하라는 요구는 우리가 관찰하는 것들의 가능성을 창출한다. 사적 권리의 질서가 구체화의 필수적인 보완책을 제시하는 관념이나 제도와 함께 기능한다면, 그것은 완전히 다른 사회적 의미를 갖게 될 것이다.

사회조직의 두 주요 보완원리가 연이어 사적 권리에 실제 사회생활에서 없어서는 안 될 쐐기(wedge)를 제공해왔다. 첫번째 원리는 근대적 계약 및 재산 체계가 처음으로 나오게 된 특정 사회협약을 단순히 일반화하고 재진술했다. 이것이 바로 근대 초 유럽의 신분제국가(Ständestaat)였다. 사회조직에 대한 이러한 접근은 사회가 잘 확립된 분업체계와 위계질서로 분할되는 것으로 파악했다. 특정 집단이나 제도는 이러한 사회 지형에서 차지하는 위치에 따라 분명하게 정의되었다. 왜냐하면 공동체적 위계 단위가 조직체의 정체성을 분명하게 갖고 있었기 때문이다. 가장 악명 높은 사례가 교회와 상비군이었는데, 이 조직체들은 사회에서 자연적인 기능을 수행하고 사회질서를 굳건히 하는 역할을 하는 것으로 받아들여졌다. 사람들은 사회에서 이 조직체 중 어느 것에 속하느냐에 따라 특권을 얻기도 하고 의무를 지기도 했다.

사적 권리 복합체의 신화적 역사를 따라갈 때 근대 초기의 법원칙이 교리적인 계약 및 재산 체계를 획일적으로 옹호하는 데 몰두한 것으로 보일지 모르겠다. 실제로 이후에 벤담(Bentham), 베카리아(Beccaria), 훔볼트(Humboldt), 스튜어트 밀(Stuart Mill) 같은 사상가들의 저술에서 그런 옹호를 발견할 수도 있다. 그러나 제도 질서의 세세한 부분을 체계화·정당화하는 데 관심을 기울였던 블랙스톤(Blackstone)이나 크리스티안 볼프(Christian Wolff) 같은 가장 영향력 있는 법률가들에게 눈을 돌리면 상이하고 더욱 흥미진진한 장면이 떠오를 것이다. 이들의 주된 지적 야망은 신분제국가의 법적 제도와 자유주의적 계약 및 재산 체계를 통합하는 것이었으며, 만일 그 통합에 실패한다면 이 둘을 공존 시키는 것이었다. 좀더 정확하게 말하면, 이들은 이러한 조정을 고대와 근대 간의 전술적·임시적 타협이기보다는 옹호할 만한 사회질서의 법적 기술에서 핵심 요소로 여겼다. 신분제국가는 단지 봉건주의의 잔재가 아니었다. 그것은 사적 권리 복합체의 기본요소들과 동시에 등장했다. 따라서 권리 일반과 개별 소유권의 분류에서 신분제적 법질서인 계급 고유의 특권과 형식적으로 보편적인 계약 및 재산의 규칙들이 선호되었다. 법률가들은 이러한 두 종류의 권리를 포함하기에는 충분하지만 그밖의 다른 것들은 모두 배제할 만큼 제한적인 보편적 권리관을 세우는 데 실패해왔다.

계약체계를 보완하기 위해 사회질서의 원리를 구체화하는 두번째는 사적 권리 복합체가 지속적으로 효력을 발휘하는 사회에서 대규모 조직을 특징짓는 법 외적인 질서와 통제 기법들로 구성된다. 대체로 이 기법들은 노동조직 복합체에 내재하며, 정부조직체(governmental-organization)로 설명되는 국가와 사회 간의 독특한 연계에 의해 뒷받침된다. 대규모 조직에 의해 특징지어지는 경제 부문의 기본적인 고용관계를 살펴보자. 고용을 계약적으로 정의해온 법체계에서조차 개별 계약은 노동규제의 시작일 뿐이었다. 개별 합의는 집단 협정체계 틀 안에서 첫번째 포석이었으며, 집단 협정체계는 집단적 불평등과 개인적 의존성의 등급에 따라 계약을 파기할 수 있는 토대 위에서 계약의 현실을 재설정하기 위한 것이었다. 이처럼 특별한 계약 과정을 거쳐 작성된 협정서는 단지 감독 권한의 집행에 관한 가장 일반적인 조건을 설정할 수 있을 뿐이었다. 물론 이 권한에 대한 복종이 선택(몇가지 되지도 않고 비슷비슷한 일자리만 있는 노동자들의 세계에서 어떤 선택이 있을 수 있을지)의 표현으로 취급될 수 있지만, 노동을 감독하는 실제 과정은 앞에서 기술한 이유 때문에, 엄격하게 규정된 의무와 권리를 위한 문서로 전환될 수 없었다. 따라서 묵시적이건 명시적이건 이 노동조직에서 기술적 필요성, 즉 실무적인 불가피성에 호소하는 것이 필요해졌다. 기계의 디자인에서부터 합리성의 개념에 이르는 모든 것은 노동조직에 대한 이 접근방식에 의해 영향을 받았으므로 그러한 주장은 그럴듯한 것으로 받아들여졌다. 문제는 그 주장을 궁극적 진리, 즉 이러한 결과를 초래해온 갈등과 휴전의 실제 국면을 초월하는 진리로 받아들인 데 있다. 기술적 필요성에 호소할 수 있는 근거가 약할수록 그리고 저변에 깔린 사회현실이 철저한 복종을 더욱 요구할수록, 계약 및 재산 체계에 의해 전달되는 사회생활의 모습과 일상 속의 노동현실 간의 대조는 더욱 견고해졌다.

이러한 대조로 인한 관념적·정치적 곤혹스러움의 직접적인 사례는 미국 노동법에서 유보된 권리(retained right)라는 문제로 알려진 법적 쟁점에서 발견할 수 있으며, 비록 용어가 다르지만 현대 서구의 모든 법체계에 이와 유사한 사례가 있다. 사전에 집단적 합의에 포함되지 않은 문제는 어느 정도까지 집단협상에 포함되는가? 이와 반대로 그 문제가 경영자의 재량(경영의 유보된 권리)에 맡겨지는 것은 어느 정도까지인가? 유보된 권리의 범위를 좁히는 것은 수정된 계약체계(즉, 집단협상의 틀)의 적용력을 높이는 것이다. 그것은 경영 재량권의 필수적인 실행과 이 재량권이 최근에 실행되는 특정 제도 장치(즉, 노동조직의 복합체) 모두를 위태롭게 한다. 따라서 이 제도 장치에 대한 공격은, 정당하지만 부분적으로만 적절한 논점, 즉 재량권의 한계가 실용성 관점에서 유지되어야 한다는 논점에 의해 회피될 수 있다. 판에 박힌 법적·정치적 사고는 의심할 여지 없는 실천적 명령과 이를 충족하는 임시적 수단 간의 차이를 인식할 수 없다.

서구 선진국가들에서 법원칙 논증의 대부분은 ─ 사법(private law)이라고 느슨하게 알려진 영역 내에서 대부분의 논증이 그러하듯 ─ 유보된 권리 같은 문제들에 몰두한다. 여기에서 내가 지적하고자 하는 바는 교환과 생산의 실질적인 제도적 관행들, 즉 사회적 특권과 통치권력 간의 연계성이 고도로 발전된 배경하에서 영속화된 관행들과 계약 및 재산 체계를 조화해내려는 시도에서 드러난 문제점이다. 다시 말하지만 이것은 블랙스톤과 볼프의 과제이기도 했다. 물론 구체화하는 보완책의 성격이 변했지만, 사적 권리 질서에 대한 파괴력은 여전히 동일하게 남아 있다.

신화적 역사에 대한 대안은 근대 서구의 법과 법사상의 역사를 쉽게 시험해볼 수 있는 가정을 만들어낸다. 주류의 법적 논쟁들은 내가 구체화를 통한 전도의 위험이라고 묘사한 바에 관한 것이었다. 법률가들이 설정한 1차 과제는 법적으로 정의된 시장질서의 내용과 비전을 사회조직의 대안 원리들과 조화시키는 것이었다. 이 대안 원리들은 사적 권리 복합체가 생산과 공동체로 침투하고 사회의 실제 제도적 틀을 조정하는 데 필요했다. 하지만 주요 사건들에서 보완체제는 사적 권리 복합체에 의해 명시된다고 여겨지는 고유의 자유주의적 메시지를 손상하거나 심지어는 역전하고자 위협을 가했다. 이러한 부조화를 관리하는 것이 법원칙의 지속적인 선결과제가 되었다. 만일 이 가정이 사실이라면 우리는 신화적 역사가 이 사건들을 통해 "탄생하고 쇠락하는"것으로 이해해야 한다. 또한 신분제 원리가 기울기 시작하고 노동조직의 현대적 양식이 아직 명료화되지 않았던 비교적 짧은 시기에 가장 뚜렷이 나타난 낯익은 사적 권리의 자유주의적 변형을 기대해야 한다. 더 나아가 우리는 자유의 이념과 제도가, 제도의 세밀한 구조를 이해해야 하는 법률가보다는 선동가나 철학자에 의해 더욱 진취적으로 진술되기를 기대해야 한다.

신화적 역사에 대한 비판은 사적 권리 체계의 어떠한 보완책도 그 전제된 중요성을 역전시키는 것 외에는 할 수 있는 일이 없었다는 의구심을 불러온다. 만일 대안적인 시장의 법적 정의가 기존의 제도적 정의에서 벗어났기 때문에 불안정성으로 고통을 받지 않는다는 사실을 보여줄 수 있다면, 그 의구심은 설득력 있는 논증으로 변할 것이다. 이러한 대안책의 몇몇 요소가 과거 경험의 일탈적 측면들에서 이미 형성되었고 그것들이 불안정성으로부터 벗어났다는 사실을 보여주는 것은, 설명적 목표를 향해 한걸음 내딛는 것이며 이러한 제도적 계보의 중대 관심사에 해당한다.

| 잉여의 역설

사직 권리 복합제의 역사에서 살펴볼 마지막 역설이 있다. 계약 및 재산의 고전 이론은, 비록 법을 설명하는 데 사용되는 정도가 덜하긴 하지만 여전히 지지받는다. 계약의 일반이론, 근대 서구 법의 분석적 순수성의 모델, 19세기 법학자들의 최고 기술적 성취와 자유주의 정치철학의 가정을 가장 완벽하게 표현한 법사상의 일부를 생각해보라. 20세기가 끝나는 시점까지 고전 계약론이 여전히 무엇을 지배하고 있는가? 핵심적인 계약론의 적용에 대한 몇몇 제한사항은 처음부터 있어왔다.

첫째, 주요 원리에 대한 예외가 있었다. 계약 당사자와 계약조건을 선택하는 자유는 항상 반대원리들에 의해 제한되어왔다. 상대방을 선택하는 자유는 사회생활의 공동체적 측면을 무너뜨리는 방식으로 작용하도록 허용되지는 않았다. 예를 들어, 의존관계나 부의 추구는 자발적으로 취하지 않은 법적 의무를 만들어내기도 하며, 법적으로 구속되는 의사를 지배하는 규칙이나 법률상의 추정을 조작함으로써 내부적인 가족 관계가 계약론의 논리에 빠지지 않도록 했다. 계약조건을 선택하는 자유는, 불공정한 거래는 강제되지 않는다는 반대원리가 부과하는 제약에 부딪힌다. (예상치 못한 시장 상황의 변화에서 발생하는 불균형을 포함한) 불공정성은 실제 가치의 총체적 불균형 또는 계약체제와 권력 질서 간의 차이를 무력화하는 불평등과 의존의 수단에 있기도 하다. 원리와 반대원리 간의 관계를 통제하는 어떠한 상위의 원리도 존재하지 않는다. 원리와 반대원리가 법원이나 형평법원(court of equity) 같은 독립된 제도적 기관을 상실했을 때, 주류 원리와 예외적인 반대원리 간의 경계를 그어줄 수 있는 간단한 방법이 사라진다. 누구도 그 예외들이 얼마만큼 인정되어야 하는가를 확실하게 말할 수 없다.

주류 계약론의 적용 범위는 예외뿐만 아니라 억제를 통해 제한되어 왔다. 주류 계약론은 이방인들 간의 거래와 조직 내부의 협정 중간에 위치한 지속적인 사업관계보다는 일회적인 개별 거래에 더 적합했다. 계약법이 적용되는 경제의 실제 기능에서 이 지속적인 관계가 지니는 중요성에도 불구하고, 이는 적절한 법적 규제 없이 방치되었다. 그러한 곤경은 근접한 영업거래를 중점적으로 규정하는 계약법의 전제나 함의에 일부 놓여 있다. 그 법은 계약과 조직, 계약과 공동체 간의 두드러진 차이를 거부하고, 어느정도 분명한 상호의존 관계를 의무의 원천으로 인정해야 할 것이다. 이러한 인식은 절대적 소유권이 법적 권리의 모델에 제공하는 이념에 위험요인이 되는 법과 의무의 관점을 함축하며, 사적 권리 복합체에 의해 구현된 법과 의무의 관점과 양립할 수 없을 것이다.

세월이 흐르면서 고전 계약론의 지속적인 예외와 억제는 철저한 배제를 통해 악화되었다. 그 영향력이 정점에 이르렀던 시기에 계약론은 법의 더 좋은 부분을 수용할 수 있는 것처럼 보였다. 그러나 규칙과 원칙의 전 체계가 법전에서 하나씩 제거되었고, 일반론과 조화되지 않는 특별 규칙과 범주에 복속되었다. 이 변화에는 상법, 노동법, 독점금지법, 가족법, 심지어 국제법까지 포함되었다.

예외, 억제, 배제의 규칙을 부가함으로써 고전 계약론은 그 어느 때보다 상호관련성이 없어진 것처럼 보였다. 그 이론이 능동적으로 전달한 법은 거의 없었다. 계약의 자유가 성했다가 쇠락했는데, 이 쇠락이 법적 회의주의와 사회민주주의의 이중 공격의 희생양이라는 것은 신화적 역사의 옹호자들이 이끌어낸 사소한 결론에 불과했다.

그러나 틀에 박힌 이러한 설명은 근대법과 법역사의 두가지 큰 특징을 설명하지 못한다. 하나는 명백한 것이고, 다른 하나는 부차적인 것이다. 부차적인 특징은 명백한 특징을 이해하는 실마리를 제공한다. 명백한 특징은 고전 계약법에 대한 완고한 집착이다. 배제된 법체제가 이미 소멸한 모델에 반대함으로써 꾸준히 작동한다. 하지만 그것은 의무의 원천이나 권리의 본질에 관한 어떠한 대안적인 일반론도 제시하지 않는다. 부차적인 특징은 고전 계약론의 부정적인 의미다. 사적 권리와 의무에 대한 대안적·체계적 접근이라면 계약으로부터 배제된 특별 법체제에 내재한 원리들을 사법적으로 확장함으로써 기존의 시장조직 형태를 위협했을 것이다. 예를 들어, 사적 권리 체계를 통해 노동법의 제한적인 수정 방법을 적용한다는 것은 어떤 상황이 계약법 체제보다는 권력질서와 유사한 경우인지를 묻는 것이다. 교섭력의 불평등으로 계약 협정을 너무 자주 또는 전면적으로 수정하는 것은 비계약적인 할당 방법으로 계약을 대체하는 일이 될 것이다. 그러나 그런 협정들을 자주 또는 급격하게 바꾸지 않으면, 계약거래의 거대한 영역이 명령에 의한 할당의 보호막을 대변하는 데 지나지 않을 위험을 자초할 것이다. 특정하게 제도화된 시장의 형태에서 계약체제의 현실을 보장하는 데 필요한 최소한의 수정이, 계약체제가 요구하는 분권화된 결정과 양립 가능한 최대한의 수정에 미치지 못할 것이라고 장담할 수는 없다. 경제생활의 거대한 영역에서 다른 기준은 그대로 놔두고 하나의 기준을 수정함으로써 이를 바로잡을 수는 없을 것이다. 물론 집단적 협상을 위한 특별한 구조틀인 노동법의 해결책이 그 자체로서는 적절한 것이지만, 시장의 제도적 형태를 전면적으로 바꾸지 않고서는 전체 경제에 일반화될 수는 없는 것이다.

외견상 아무 관련이 없는 계약론의 관점이, 계약 및 소유권의 대안적 체제와 그로 인해 형성되는 시장의 대안적 제도형태가 차지했을 공간을 손쉽게 차지해버렸다. 이처럼 유령 같은 예방 역할을 통해, 계약론은 신화적 역사가 제시한 것처럼 사라지거나 좀더 진취적인 이념들과 조화롭게 결합되지도 않았다. 그것은 항상 그곳에 위치했으며, 다른 시장 질서가 개발될 때까지 그곳에 계속 존재할 것이다. 계약론의 옹호자들과 비판자들이 공유하는 가정은, 계약론이 실패하면 그것과 경쟁했던 어떤 것도 성공할 수 없으리라는 것이다.

여기에 근대법 역사에서 인식되지 않은 딜레마 가운데 하나가 존재한다. 고전 이론에 대립하는 법원리가 예외적이거나 억압된 요소로 계약의 주요 체제 내에 살아 있으면서 법과 사회적 관행의 많은 영역이 계약법의 적용 영역으로부터 배제될 때에만 계약론의 핵심부분은 옹호될 수 있었다. 하지만 예외·억압·배제의 요소 각각은 거래와 생산이 상이한 제도적 틀 내에서 정립되고 다른 규칙들 아래에서 수행되었음을 보여주었다. 이러한 일탈 가능성 중 몇몇은 일단 개정 과정에서 일반화·재결합·재구성된다면, 계약체제와 권력질서 간의 차이를 보존하는 데 필요한 수정적 개입의 정도를 눈에 띄게 줄일 수 있다. 계약법은 호혜적인 의존관계에 법적 효력을 부여하는 사적 권리질서를 지향했던 일탈의 요소들을 포용했으며, 책임의 원천으로서 명시적인 의사행위와 이례적인 역할에 대한 국가의 일방적인 의무 부과를 제한했다. 그밖의 일탈 경향들은 거래 상대방의 제도상의 지위를 바꾸거나 실제 시장을 사람들이 선호하고 꿈꾸는 시장의 기능에 의거하여 수정했다. 그러나 이 개별적인 변형들이 기본적인 법적 형식을 재구성하고 분권화된 경제적 의사결정들을 정착시키는 것으로 대체될 수 있었다면 실질적인 전환점이 도래했을 것이다. 즉, 사회자본의 분할 가능한 부분에 대한 절대적인 통제권을, 순환적이고 분할되고 혹 그렇지 않다면 자본에 대한 조건적 접근으로 대체할 수 있는 개조가 이루어질 수 있었다. 그러한 재설정 없이는 거래를 수정할 필요와 수정하지 않을 필요 간의 근본적인 관계가 변화될 수 없었다. 또한 노동조직의 지배적인 형태에 대한 주요 대안책을 해석하고 개선해가는 제도적 틀을 구축하려는 희망도 없었을 것이다. 그 대안책은, 과제수행자와 과제규정자, 대량생산과 선도적 산업, 자가 재생산적인 집중 자본의 특권과 혁신이나 실험의 요구 등을 엄격하게 대조하는 환경으로부터, 생산의 규모나 지속성의 조건을 좀더 효과적으로 구별해내는 실제적인 수단을 창조해냈을 것이다.

통치조직 복합체의 기원

| 구성요소들의 검토

통치조직과 통치권력을 둘러싼 갈등을 위해 마련된 제도 장치는 형성적인 제도적 맥락에서 세번째 부분을 차지한다.

이 제도 질서에서 국가의 헌법적 구조의 주요 특징은 대의민주주의와 보편선거를 통한 국민주권과, 국가의 상이한 기관들 그리고 헌법적 갈등의 상이한 영역들로 권력을 분산하는 장치들과의 결합이다. 이 장치들은 단지 통치권력을 지속적인 교착상태에 종속시킴으로써 통치권력을 제한하고 책임 지게 만든다. 이 입헌체제하에서는, 제도 장치와 집단협상의 안정된 패턴 내에서 국가권력의 의도적인 활용을 통해 발생하게 되는 혼란에 직접 비례하여 교착상태의 기회가 증가한다.

통치조직을 둘러싼 이러한 형태의 갈등이 지닌 핵심적인 특징은 정당 간 혹은 지배정당 내 파벌 간 경쟁방식이다. 이 당파 갈등은 사회의 주요 공동체적·위계적 분할을 때로는 분명하게 하고 때로는 무시한다. 당파적 정쟁과 사회질서 간의 이러한 이중적 관계, 즉 분할과 위계의 범주가 약화·파편화되며 또한 여전히 보존되는 사회의 징표로부터 그밖의 근대 정당정치의 모든 주요한 특징이 나온다. 정당정치의 갈등은 사람들을 일상생활에서 분열시키는 불화와 희미하게 연결된다. 이 당파 갈등을 야기하는 이슈들은 특히 모호한 이데올로기적 공약이나 조직화된 이해관계에 대한, 냉소적이며 돈을 목적으로 하는 약속의 뒤범벅일 뿐이다. 일관되고 발전적인 프로그램이 이 두가지 요소를 거의 연결하지 않는 탓에, 정당의 정강이 형성적인 제도적 맥락에서의 변화를 과연 어느 정도까지 요구하는지 혹은 의도하는지를 말하기가 쉽지 않다. 그 결과로서 발생하는 혼란 속에서 개별 유권자건 정치인이건, 자신의 이데올로기적 구호가 좀더 직접적인 이해관계를 은폐하는 데 언제 기여하는지, 그리고 이와는 반대로 언제 이러한 이해관계들이 회복할 수 없을 정도로 이데올로기적 안개 때문에 혼동되어왔는지 알기 어렵다.

이 혼동은 단순히 통찰이나 기술의 실책이 아니다. 오히려 그것은 국가정치의 경험이 사회질서의 중요한 특징과 불화하는 사회의 조짐이다. 협의의 전통적인 의미에서, 정치는 그 구성원들이 서로 교차하는 와중에 모호하게 정의된 집단들 간에 동맹관계를 바꾸는 문제가 되었다.

그러나 사회생활은 혼란에 저항하고 사회분할과 위계체제를 재생산하는 데 협력하는 상대적으로 안정적이며 역사적으로 독특한 노동분업에 의해 계속 특징지어진다.

입헌적 조직과 당파 경쟁의 이러한 양태는 자유의지의 자유로운 결합에 대한 공약이 비록 그 자체의 지속적인 자유의 이해관계에만 한정된다고 하더라도, 사실상 엄청나게 제한된 체제를 만들어낸다. 사회적 관행과 조직적 삶의 주요 영역은 — 노동분업의 기본적 형태를 포함하여 — 정당정치와 개혁주의적 야망의 혼란으로부터 격리되어 있다. 다른 한편, 안정된 계층과 공동체로 나뉜 시민사회의 소극적인 대중은 정치에 대해 거의 기대하지 않으면서도 때때로 습관적인 생활 기준이나 자신들이 수용한 도덕 관념에 대해 으르거나 달래주길 기대한다. 회의론자들은 이러한 환경이 기대할 수 있는 최상의 것이고, 가장 있음직한 대안들보다 훨씬 낫다고 주장할 것이다. 역사적인 이해는 비록 이를 반박할 수 없겠지만 그 견해를 그럴듯하게 해주는 몇몇 가정을 뒤흔드는 데 도움이 될 것이다.

| 두 연대기

통치조직 복합체는 가장 오랫동안 깨어지지 않은 역사를 지닌, 현대 북대서양 사회들의 형성적 맥락의 구성요소다. 방금 살펴본 입헌적 조직 양식은, 종국에 그것이 결합된 당파 경쟁의 수단이 아니라면, 중세 말부터 지속적으로 발전해왔다. 중앙 법원조직의 구성, 지방행정과 행정 전문화 간의 점진적인 대조, 중앙정부와 그것이 조정할 수 있지만 급격하게 교란하거나 무시할 수 없는 기본법과의 관계, 행정·사법·입법기관들의 뚜렷한 특성화, 이 모든 것은 새로운 국민주권주의가 피할 수 없는 출발점으로 받아들인 제도적 전통의 일부를 형성했다.

그러나 다른 의미에서 통치조직 복합체는 형성적 맥락의 어떤 구성요소보다도 짧은 역사를 갖고 있다. 그것은 18세기 후반부터 19세기 후반 사이에 짧지만 보기 드문 분출을 통해서 발전했다. 첫번째 분출은 18세기 말과 19세기 초에 나타난 자유주의적 입헌주의의 발전이었다. 이 헌법체제는 후견주의적 의존성과 구속받지 않는 파벌주의로부터 모두 자유롭고, 정치적으로는 자신들이 통치하는 정치체를 폭도들의 지배나 선동정치가들의 유혹으로부터 충분히 보호할 수 있도록 교육받고 재정적으로 안정된 귀족들에게 허용하고자 했다. 따라서 초기의 자유주의적 입헌주의는 권력을 분할하고 갈등을 분산하는 기법에, 바람직하지 않거나 과도한 대중적 혹은 선동적 영향력을 걸러내는 방법들을 추가했다. 이 방법들은 시민생활을 자주적인 대중의 손에 맡기려는 열망에 의해 정당화되었으며, 투표권 제한, 중산층 대표의 적극적 활용, 지방의 눈에 띄는 지도세력을 와해할 수 있는 대중 정파와 출현을 겨냥한 다양한 예방조치와 편견을 포함했다.

제도적 고안의 두번째 주요 분출은 서구의 선도적 국가인 영국·프랑스·미국에서 19세기 2, 3분기에 일어났다. 이 시기의 뚜렷한 특징은 보편적인 투표권과 대중에 기반을 둔 정당의 새로운 활동이 선별 방식을 대체한 것이었다. 이 정당들은 대중운동의 조건에 거의 근접하지 못했다. 그러나 이들은, 여전히 특권을 보유한 통치권력을 장악하기 위해 대중의 지지를 얻으려는 유권자들의 연합체가 아니었다. 이들은 관직을 좇는 사람들과 특정 계급이나 공동체의 이익과 이념을 대변하는 사람들, 동시에 그런 계급이나 공동체를 가로질러 사람들을 규합하려는 뜻을 대변하고 옹호하는 사람들의 깨지기 쉬운 동맹이었다. 어떠한 제도적 가공물도 근대의 정당만큼 사회질서를 엄격한 사회분할과 위계질서로부터 벗어나게 하려는 역설을 완벽하게 표현하지 못한다.

두번째 분출 시기에 있었던 결정적인 사건들 중에는 영국에서 두차례 개혁기에 치러진 투표법과 정당조직에 관한 재조정이 있다. 그것은 마틴 반 뷰렌(Martin van Buren)과 정당정치의 원칙·제도를 정비한 그의 동료들에 의해 발전되었다. 또한 나폴레옹 3세의 참모였던 페르시니(Persigny), 올리비에(Ollivier), 모르니(Morny) 등에 의해 통치권을 위한 중앙과 지방의 대립적인 성격에 변화가 일어났다. 19세기 말 독일의 경험에서 특별히 관심을 끄는 것은, 비록 자유주의적 입헌주의의 첫 시기가 철저하게 생략되었지만, 새로운 정당정치의 실천이 얼마나 광범위하게 실현될 수 있었는가를 보여준다는 점이다.

왜 이처럼 괄목할 만한 변화가 일어났는가? 공적은 사회의 공공연한 위계적 배제의 지속적인 탈도덕화에 돌려져야 한다. 그 사회는 이미 통치권력이 사회적 신분의 위계질서로부터 어느정도 이탈하는 것을 경험했고, 이 책의 다른 부분에서 이러한 제도적 계보에 관해 기술했던 것처럼 부분적이나마 사회를 허위적 필연성으로부터 해방시키는 실험을 감행했다. 이러한 배경에서, 더욱 큰 대중적 지지를 얻기 위해 대중에게 더 많은 권한을 약속하는 엘리트 계층의 통상적인 유혹을 떨쳐버리기란 더욱 어려워졌다. 새로운 형태의 정당정치를 향한 변화의 추가적인 원인은 대중의 충성심을 확보하고 내전 기간에 지역의 경쟁자들을 압도해야 한다는 압박이었다. 제한적인 전쟁 체계(the system of limited wars)가 무너지기 시작했을 때, 그러한 압력이 급격하게 증폭되었다. 그러나 만일 지배계층이 전방위적인 사회의 동요와 부나 권력의 급진적인 재분배에 길을 터주지 않고서도 걸러내는 방식과 귀족의 특권을 폐지할 수 있다는 사실을 발견하지 못했다면, 이 원인들이 그렇게 신속하고 결정적인 효과를 가져올 수 있었으리라고 생각하기는 쉽지 않다. 이 발견은 놀라운 것이었으며, 사실 19세기 정치사에서 가장 놀라운 것이었다. 우리가 여전히 대의민주주의로 의미하는 바는 초기 헌법체제와 19세기 중반 일련의 혁신이 이처럼 전혀 예상하지 못했던 통합의 결과다. 이 제도적 역사가 다루는 그밖의 모든 업적처럼 이러한 통합은 논쟁의 여지가 없는 거부할 수 없는 진보의 결과로 보일 수도 있다. 하지만 만일 그런 게 있다면 그것은 짜깁기 작업이었다.

이처럼 신속하게 제도적 고안을 해낸 두 사태의 산물과 이를 명료하고 권위 있게 만든 신조들이 마침내 부유한 서구세계로 퍼져나갔다. 이 제도 장치들과 상상적 선입관이 통합됨으로써 새로 등장하는 형성적 맥락의 다른 측면을 둘러싼 갈등 조건이 대폭 변경되었다. 이 같은 변화 이전에 노동조직과 사적 권리 복합체는 훨씬 더 효과적으로 유리한 위치를 차지했다. 통치권력과 파벌 갈등을 효과적으로 조정하는 새로운 방식이 제도화된 분쟁을 더욱 급진적인 위협으로부터 제도적 틀로, 그리고 이 틀이 재생산하는 데 기여했던 사회분할과 위계질서의 고안으로 이전시켰다. 그것은 권위의 외관을 근대 정치의 가장 영향력 있는 절반의 진리에 부여했다. 바로 개혁적인 임시변통과 전면적인 혁명 중에서 선택해야 할 필요성이었다. 이제 형성적인 제도적 맥락의 다른 부분에 대한 성공적인 공격이 통치조직 복합체를 가장 우선하여 포함할 것을 요구하게 되었다. 그것이 전면적인 대체가 아니라면, 적어도 집단조직과 집단갈등의 이단적인(unorthodox) 양식들에 의한 부분 대체였다. 다음 절들에서는 통치조직 복합체의 장기적이고 미묘한 연대기보다는 이처럼 단기적이고 좀더 드라마틱한 것에 집중하고자 한다.

민주주의의 신화적 역사

근대 대의민주제의 신화적 역사는 산업조직과 사적 권리의 신화적 역사와 함께 발전해왔다. 다시 한번 말하건대 자유주의와 마르크스주의가 부여하는 의미는 매우 다르지만 이들은 핵심 요소를 공유한다. 결과에 대한 견해가 과정의 이해에 영향을 미친다. 신화적 역사의 옹호자들은 대중이 어떻게 점진적으로 정치체로 통합되었는지, 그리고 자유를 보장하는 제약요인이 어떻게 정부의 권력에 부과되었는지 설명하기 위해 호기심을 자아내는 일화와 소위 불가피한 발전을 이어붙인다. 이 같은 결과를 가능하게 했던 헌법적 조직과 정치적 갈등의 실제 형태는 복잡하면서도 때로는 놀라운 역사가 있다. 그러나 신화적 역사에 따르면, 근대 정치경험의 시행착오와 그동안 제시된 대안의 실패는 새로 등장한 제도적 해법이 요행 이상의 것임을 보여준다. 그것은 규모, 복잡성, 행정적 효력, 법적 제한, 그리고 그 시대 민주주의가 반드시 충족해내야 하는 대중적 책임 등 주요 제약요인들 간의 확고하고도 필수적인 타협을 나타낸다. 실제로 그것들은 민주주의의 실질적인 의미다.

민주화의 이러한 이상적인 결과는 사회의 모든 주요한 제도 장치가 선출된 대표들과 경쟁하는 정당들을 통해 행동하는 다수의 통제하에 놓이는 환경이다. 물론 몇몇 소수자는 효과적으로 정치적 국가로부터 배제될 수 있지만, 단체조직이나 단체압력이라는 익숙한 방법을 통해 참여할 수 있다. 이 관점에서 볼 때, 국가통제를 위해 각축을 벌이는 엘리트와 정당은 각 집단이 대중의 지지를 얻어내는 데 얼마만큼 성공하느냐에 따라 결정적으로 영향을 받을 것이다. 하지만 만일 다수가 자유롭고 평등한 의지를 결합하기 위한 체계를 무너뜨리려고 자신들의 권력을 사용한다면, 다시 말해 관직의 순환 방식을 파괴한다면 민주주의는 더이상 존재하지 않을 것이다. 민주공화정은 확고한 구조이지, 단순히 대중의 판단(verdict)은 아니다.

만일 민주주의하의 사회생활이 그러한 결과를 지향한다면, 우리는 왜 민주정치에서 안정성과 침체를 그렇게 자주 발견하는가? 왜 정부정책은 선거정치의 역전을 통해 그렇게 협소한 궤도를 맴도는 것일까? 특히, 왜 상대적으로 박탈당한 다수는 그들 사회에서 불평등하게 분배되는 부와 권력을 자신들에게 부여하기 위해 참정권을 사용하지 않는 것일까? 이 물음들에 대해 신화적 역사와 그것이 지지하는 민주주의 관점은 두가지 대답 가운데 하나를 제시한다. 첫번째 대답은 비현실적이고 위험스런 많은 대안에 대한 실망에 비추어볼 때, 실제 지금의 정책적 선택이 비록 내키지 않는 선택이더라도 압도적 다수가 선호하는 최상의 기회를 지닌 대안을 대변한다는 것이다. 두번째 대답은, 비록 이러한 실제 선택이 어느 특정 파벌이 선호하는 정책들의 목록 맨 앞에 있는 것은 아니지만, 그 선택이 집단이나 개인의 신중한 선택의 많은 방향성(vectors)의 결과물, 즉 서로 긴장관계에 있으면서 공존하는 다양한 집단적 이해관계들 간의 비의도적이고 유동적인 타협을 기술한다는 것이다.

민주주의와 시장의 관계에 관한 어느 한 견해가 신화적 역사를 완성한다. 이 견해는 시장경제와 이를 동반한 사적 권리 체계가 민주적 구조틀 외에서도 발전할 수 있다는 점을 인정한다. 그것은 시민들의 계약과 소유 권리를 존중하는 몇몇 권위적인 체제와 결합되어왔다. 그러나 신화적 역사는 그 반대의 경우는 성립하지 않는다고 지적한다. 시장 없이 민주주의가 결코 살아남은 적이 없고 지속될 수도 없다. 왜냐하면 중앙의 권위체나 군주의 과도한 권한에 의해 재화와 서비스가 분배되면, 민주적 시민권의 진정한 실천에 필수불가결한 독립성이 훼손되기 때문이다. 이 테제의 표준적인 해석 가운데 어떤 것도 시장과 이를 규정하는 권리체계가 사실상 현재의 주류적인 형태와는 완전히 다른 형태를 지닐 수 있다는 인식과 반드시 불일치하는 것은 아니다. 하지만 그 논증의 실질적인 설득력은 민주주의가 요구하는 시장체계가 근대 서구의 역사과정에서 주류를 이뤄온 시장체계와 동일하다는 가정에 달려 있다. 민주주의가 시장에 의존한다는 테제는 신화적 역사와 이 역사가 예시하는 광범위한 사회사상에 포함된 그밖의 다른 것들처럼 신화적 역사가 통상적으로 의도한 것과는 매우 다른 의미에서만 진실로 판명된다. 새롭게 등장한 민주정치의 양식은 그것이 다른 시장체계와 부조화를 이뤘던 것처럼 특정 형태의 시장조직의 존재에 의존했으며 여전히 의존한다. 좀더 급진적인 민주주의, 즉 사회의 제도 장치에 의지를 결합하는 권위를 더욱 극단적으로 밀고 나가는 민주주의는 분권화된 경제적 결정에 더 큰 역할을 부여할 것이다. 단, 그것은 상이한 제도적 지원하에서 가능할 것이다.

신화적 역사에 대한 비판의 한가지는 결과를 신화적으로 특징화하는 데 대한 공격이다. 그것은 지금의 민주주의 형태들이 자유의지들의 자유로운 결합에 의한 통치라는 이상에 근접해 있으며, 그것들은 그 이상에 접근하는 데 극복할 수 없는 어떠한 장애물도 제공하지 않는다는 관념이다. 현재의 분석을 위해 단계를 설정하는 개혁 주기에 관해서는 『허위적 필연성』 제2장에서 다뤘다. 또다른 접근방법은 신화적 역사가 묘사한 민주주의 발생의 실제 양상에 관해 논의하는 것이다. 이것은 지금부터 내가 전통적인 역사 해석에서 적절하게 설명하지 못하는 근대 대의민주주의 발전의 두가지 측면을 검토하며 다룰 내용이다.

│ 신화적 역사에 대한 이의제기: 보편적 참정권의 놀라운 등장

신화적 역사는 보편적 참정권의 놀라운 효과를 수용하는 데 실패한다. 신화적 역사의 저변에 흐르는 주요 전제들은 19세기 대부분의 보수주의자와 진보주의자가 공유한, 보편선거가 사회를 개혁할 것이라는 견해에 동조하도록 이끌 것이다. 우려든 기대든 투표는 군중과 그 지도자들에게 사회생활에서 권위와 혜택의 기존 구조를 무너뜨리는 수단을 제공할 수 있다. 온건주의자(고전 자유주의자, 근대화된 보수주의자, 철저한 회의론자)와 급진주의자는 왜 이렇게 기대했던 결과가 실제로 일어나지 않았는지를 설명해내려 했다. 이러한 설명은 신화적 역사에 단지 아주 작은 흠을 내는 데 그쳤으며, 급진주의자들과 온건주의자들이 얼마나 많은 가정을 공유하는지를 드러낼 뿐이었다. 하지만 그 설명은 별 효과가 없다. 이들의 실패는 자신들이 구해내려 한 관념을 고발하는 격이 되었다.

이로써, 온건주의자들은 선진국들이 경제적으로 성공하면서 인구 대부분이 기존 질서의 보존에 관심을 갖게 되었다고 강조했다. 온건주의자들은 자산과 계층이 중첩적이며 전혀 성격이 다른 구성원으로 형성된 무수한 분파로 분산되었음을 강조했다. 그들은 현존하는 제도 장치에 대한 현실적인 대안이 존재하지 않는다고 거듭 강조했다. 여기에서 리얼리즘(realism)의 첫번째 기준은 끊임없는 인간의 욕구와, 기존 과학지식과 기술 능력의 수준에서 이 욕구를 충족·조화해내는 데 필요한 고유의 조직적 요건들 사이의 상호작용이 되었다.

선거 민주주의의 결과를 다루는 이 같은 시도의 문제점을 검토하기 전에, 초기의 급진주의자들과 보수주의자들이 투표에 관한 한 완전히 틀린 것이 아니었음을 기억하라. 적어도 현재의 민주주의 형태가 불가피하다는 시대착오적인 생각에서 손쉽게 인정하는 것에 비하면 그들이 옳았다. 많은 선진국가에서 대중의 통합은 위험천만한 것으로 판명되었다. 불우하거나 분노한 유권자들이 좌파나 우파 선동가들에 현혹되어, 자유민주주의의 복수정당제를 이용하여 자유민주체제를 파괴하는 정파적 이익이나 대중적 지도자들의 진출을 돕는 것처럼 보였다. 이 위협의 궁극적인 패배는 이미 예정된 민주주의의 승리에서 기인했다기보다는 좌파나 우파의 대안책에 강제된 패배에서 기인했다. 그것은 19세기와 20세기에 걸친 시민전쟁과 세계대전 과정에서 강요된 패배였다.

이 사건들의 기억은 자연적 진보라는 억지스러운 의미를 수정하는 데 기여하겠지만, 지금의 논의에서 기본적인 이론적 문제들과는 관련이 없다. 온건주의자들은 이 같은 위험에 직면하면, 비록 집단적인 시행착오가 드러날 수도 있겠지만, 여전히 민주공화정은 본질적인 제도적 구조를 가진다고 주장할 것이다. 여전히 본질적인 구조가 존재하고 자유의지들의 자유로운 결합에 의해 사회의 통치를 보장한다는 기본적인 관념에 따라 민주공화정의 이러한 상대적 안정성을 설명하려 할 것이다.

보편적 참정권에 관해 설명하는 전통적인 방법은 두가지 반대에 부딪혔다. 하나는 정제되지 않은 직설적인 것이고. 다른 하나는 좀더 미묘하고 논쟁적인 것이다. 그러나 전자의 설득력은 후자의 진실성 여부에 달려 있다. 첫번째 반대는 하위의 질서는 삶의 물질적 기준이 차츰 나아지면서 충족될 수 있으며, 개인들은 자신이건 그들의 자녀이건 사회적 위계질서에서 지금의 위치에서 벗어날 수 있다고 기대한다는 점을 인정하면서 출발한다. 하지만 그 점을 인정한다 하더라도 유권자 다수가 왜 대중정치 시대에 여전히 지속되는 부·소득·권력의 극단적인 불평등을 계속 감내해야 하는가를 설명하지 못한다고 지적한다. 이처럼 수동적인 다수의 반응은, 물질적 향상의 기대가 대안적인 사회조직 형태의 실현가능성이나 혜택에 대한 자각과 결합할 때에만 합당하고 자연스러운 것으로 보이기 시작할 것이다.

참정권의 놀라움과 민주주의의 신화적 역사를 조화해내려는 전통적 시도에 대한 두번째 반대 견해는 이러한 자각의 경험을 분명하게 진술한다. 한가지는 일련의 선택을 역사적 상황에서 손쉽게 활용할 수 있는 유일한 것들로 받아들이는 것이다. 다른 한가지는 완전히 다른 문제인데, 이 선택들에 심층적인 실천적 필요성을 부과하고 그것들을 경제적·

조직적·심리적 명령을 통해 실행 가능한 유일한 가능성으로 취급하는 것이다. 이 두가지 해석 중 첫번째에 관한 과제는 이렇게 제한적인 선택 사항들이 어떻게 그 효력을 얻고 유지했는가를 설명하는 것이다. 이는 신화적 역사의 가정에 대해 이미 대립적인 가정에서 진행되는 탐구다. 그러나 두번째 해석은 이처럼 해석된 많은 서사와 이 책의 많은 부분이 비판하고자 하는 테제를 내포한다.

마르크스주의와 비마르크스주의 급진주의자들은 길들여진 투표에 대한 신화적 역사의 윤색을 기대 이상으로 더 많이 공유해왔다. 이들은 파벌적 갈등의 안정화를 "허위의식"(false consciousness) 탓으로 돌렸다. 이 관점에서 보면 사람들은 기존 제도적 질서를 명확하고 권위 있게 만드는 관념의 주문(spell)에 얽매여 살아간다. 그들은 안정된 사회질서 의 규칙을 사회와 인간본성의 영구법으로 착각한다. 그러나 보편선거 의 순화기능을 설명하는 데 허위의식의 주장에 요구되는 것과 마찬가 지로 사람들의 지각과 감각은 결코 기존의 선입관이나 권력에 완벽하 게 좌우되지 않는다.

형성적 맥락의 어떤 요소를 둘러싼 공개적인 갈등이 억제되거나 방 해받을 때, 안정된 질서는 2차적인 필연성을 얻기 시작한다. 그것이 형 성하는 일상의 관행은 가능한 것과 실제적인 것에 관한 사람들의 가정 에 영향을 미친다. 허위의식 테제는 이만큼만 옳다. 그러나 사람들의 가 정에 대한 이 관행의 영향력이 제도·관행·선입관의 구조틀보다 결코 더 강력하지 못하다는 사실을 망각할 때마다, 이 테제의 옹호자들은 오 류를 범한다. 내가 지적해왔듯이, 그 질서는 사소한 분열의 끊임없는 흐 름에 빠지기 쉬우며 그 분열은 언제라도 좀더 파괴적인 갈등으로 증폭 될 수 있다. 정말이지, 이 같은 증폭이 시작되는 순간 사람들은 놀랄 만 큼 민첩하게 그때까지 그들을 매혹해온 것으로 보였던 충성심을 던져버리기도 한다. 이 관찰은 대중정치, 세계정치, 확대된 경제 합리성의 시대에 존속할 수 있는 혼란스럽고 반쯤 신뢰받는 형성적 맥락에서 배가된 힘을 갖고서 적용된다. 따라서 우리는 현대 민주주의에서 가능성의 의미가 왜 그렇게 협소하게 지속적으로 제한되어왔는지 그리고 맥락-보존을 위한 싸움이 맥락-파괴의 투쟁으로 발전하는 경우가 왜 그렇게 드문지 설명할 필요가 있다. 만일 이 글의 일반적인 주장이 옳다면, 맥락이 사회조직이나 역사적 진화에 내재된 필연성을 포함하고 있기 때문에 맥락이 변혁에 저항한다는 관념에 의존해서는 안 된다.

허위의식 테제가 더 극단적으로 나아갈수록, 그것을 보편선거의 경이로움에 대한 자유주의적 접근과 구분하기가 더 어려워진다. 이 극단적인 입장은 여전히 정치적 경험을 지배하는 유효한 선택사항을, 조직화된 집단의 이해관계들 간 간섭이 낳은 의도치 않은 결과로서보다는 개인이나 집단 선호의 직접적인 표현으로 파악한다. 그 선택은 행위자가 거의 장악할 수 없는 강제력의 영향 아래 결정된다고 여겨진다. 이 강제력은 역사적 투쟁에 참여한 이들의 착각과 이론가들의 통찰을 더욱 동떨어지게 한다.

심층구조적 사회분석의 전통과 유럽 좌파의 습관적인 관행에서 마르크스주의에 빠진 급진주의자들은 완전히 다른 제도적 체계만이 진정으로 자유의지들의 자유로운 결합을 실현할 수 있다고 특징적으로 주장할 것이다. 하지만 사회체계는 분리할 수 없는 총체라는 이념, 이 총체가 미리 정해진 연속성에서 어느 계기를 대변한다는 신념, 진실된 의식과 허위의식 간의 극단적인 대립, 즉 심층논리 사회이론의 불구화된 유산 등은 구성적인 프로그램적 사고를 거부하는 데 기여한다. 이러한 전승된 급진적인 가정들에 따르면, 진정한 민주주의의 출발은 전부 아니면 전무, 즉 아마도 전세계 모든 사회의 지각변동 같은 쇄신을 요구하는 것처럼 보인다. 물론 이들은 자신들의 주장이 "과학적" 토대 위에 있다고 하지만, 실질적인 제도적 제안들은 현존하는 제도 장치들의 상상적 전도에 지나지 않는다는 사실이 밝혀지곤 한다. 이 전도는 의회민주주의의 자리에 직접민주주의를 뿌리내리고, 현대 시민들의 비자발적·일시적 활동을 전방위적인 맹렬한 정치생활로 대체한다. 그 특징적인 산물이 현대의 봉기 과정에서 끊임없이 재탄생하고 또한 포기되었던 소비에트(soviet)나 회의체(conciliar) 형태의 조직이다. 단순히 전도를 통해 구성하겠다는 이러한 시도는 프로그램적 사고의 실천이기보다는 프로그램적으로 생각하는 능력에 대한 자포자기의 표현일 뿐이다. 그것은 스스로 벗어나려 한 바로 그 사회현실에 의해 압도당한 상태로 놓여 있다. 그 안의 지적 보수주의는 변혁의 기회와 변혁에 대한 저항이 혼재된 사회현실에서 이탈한 또다른 모습이다.

| 신화적 역사에 대한 이의제기: 정당과 안정성의 조건

신화적 역사의 또다른 골칫거리는 규범적 민주주의 이론이 정부의 안정화 조건에 관해 설정한 가정들 간의 관계와 연관된다. 신화적 역사를 비판하는 이 주장은 투표의 길들여짐을 설명하지 못한 실책에 초점을 맞췄던 이전의 비판과 연결된다. 둘 다 실제 사회생활과 유권자의 의사에 따라 사회적으로 배치하겠다는 약속 간의 균열이 함축하는 바를 밝혀내기 때문이다. 게다가 이 비판의 핵심적인 부분은 이전 비판의 결론을 토대로 한다.

근대 초기에도, 더 앞선 서구 정치사에서 볼 수 있는 것처럼 현대 정치정당과 매우 흡사한 조직이나 운동이 짙은 의심의 대상으로 남아 있었다. 이 의심은 당파적 이해관계들이 본래 위험하고 불법적이라는, 설명될 수 없지만 막연한 신념 그 이상이었다. 이는 당파들이 다음 두가지 중 한가지 면에서는 사악할 것이라는 믿음을 나타냈다. 우선 이 당파들은 현직 관료들, 관직을 추구하는 사람들, 측근들의 약탈적인 신디케이트[독점기업 연합체]에 지나지 않으며, 이들은 국가를 약탈하거나 신디케이트의 사적 이익을 위해 국가권력을 악용하고자 조직되었다는 것이다. 다른 한편, 당파는 거대한 사회계급이나 신념을 지닌 집단들 간의 전면적인 투쟁에 참여할 수도 있다. 그런데 그 투쟁은 정부와 사회의 안정에 필요한 최소한의 조건들과 양립하지 못하는 것으로 입증될 것이다. 비록 마키아벨리가 로마공화정에서 귀족과 평민이 줄곧 갈등한 것을 국력의 원천으로 보았지만, 그의 견해는 당파 갈등과 제도적 연속성 간의 관계에 대한 분석보다는 공동체의 응집력과 사회적 강점을 단순하게 동일시하는 것에 대한 비판으로서 더욱 설득력이 있다.

근대 서구의 자유민주주의에서는 국민주권과 그에 대한 제약이 정치 정당의 순환을 통해 작동했다. 따라서 찬란한 민주주의 역사의 주요 과제는 정치 정당이 격렬한 사회적·종교적 전쟁의 도구로 전락하지 않고서 어떻게 약탈적 신디케이트가 되는 것을 멈추었는지 보여주는 것이었다. 또한 자유의지들의 자유로운 결합에 의해 그 사회의 정부와 조화될 수 있는 방식으로 이러한 결과가 나타났다거나, 아니면 적어도 그 결과가 합당하게 기대될 수 있는 것만큼 이상적인 목표에 가까이 다가갔음을 보여주는 것이 중요했다.

이 목표를 위해서는 세가지 조건이 충족되어야 했다. 첫째로 정당은 정부의 권한을 실행하기 위한 프로그램을 채택해야 했다. 이 프로그램은 특정 집단의 편협한 이기적 이해관계를 수용한다는 약속뿐만 아니라, 공공정책과 사회복지 또는 권리의 내용에 관한 이상적인 관념들로 생명력을 불어넣어야 했다. 프로그램적 요소는 현대적 정당을 약탈자들의 무리와 구별해준다. 두번째 조건은 종교의 사적화(privatization)

였다. 종교적 차이는 사적인 공개토론의 안건이 되어야 했다. 거기에 한정함으로써 사회구조를 둘러싼 세속적 갈등에 대한 종교의 직접적이고 긴밀한 관련성을 포기하도록 해야 했다. 세번째 조건은 더욱 유동적이고 분산된 사회를 생성하는 것이며, 그것은 때로는 중첩되고 때로는 서로 대립하는 기준에 따라 구성원을 선정하는 집단들로 구성된다. 각 집단, 즉 노동력, 인종이나 출신국가에 의한 집합체, 지역적 문화 등으로 분할되는 집단은 그 구성원들 삶의 일부에만 영향을 미친다. 또한 집단들을 전체적으로 정렬시킨다고 해서 사회분할과 위계질서의 응집 체계를 생성하지는 못한다.

첫번째 조건과 맞물려 작용하는 세번째 조건은, 두번째 조건이 신념의 대립에 대해 수행하는 역할을 계층적 차이에 적용한다. 종교적 대립은 사적화되었기 때문에 치명적일 수 없다. 세속적인 이데올로기 대립은 그 대립을 위험하게 하는 극단적인 계급대립이 사회성격의 변화로 완화되었기 때문에 파괴적일 수 없다.

그러나 이 변화, 즉 세번째 조건을 충족하는 것으로 추정되는 사건에 대한 설명이 지나치게 과장되어 대부분 거짓이라고 생각해보자. 좀더 구체적으로 이 설명이 현대 민주주의에서 정당정치의 성격과 실제 사회생활의 특징을 혼동한다고 가정해보자. "정치"의 부수적인 성격이라는 관념의 영향을 받은 급진적 사회이론가들이 인정하기를 꺼리는 진실, 하지만 이상적 경험과 경험적 연구에 의해 수시로 확인되어온 진실은 선거 행태, 정당 가입 및 전문적인 정치 영역 등이 사회질서의 명확한 논리를 벗어난다는 것이다. 한마디로 말해, 잭슨(Jackson) 대통령[6]

6) 미국의 제7대 대통령 앤드류 잭슨이 재임했던 18세기 초(1829~37)를 말한다──옮긴이.

시절의 미국이나 20세기 후반 미국의 선거를 연구하면, 당파적 차이를 특정 사회계층의 예측 가능한 결과로 이해하려는 시도가 얼마나 심각한 한계를 갖는지 발견하게 된다. 계층 분석을 넘어 인종·종교·지역 환경 등을 고려한다 하더라도, 그 설명들은 특히나 회고적인 미봉책의 성격으로 고충을 겪는다. 다시 말해 차기 선거에서 일어날 연합은 그 설명을 믿을 수 없게 만든다. 유권자 사이에서 나타나는 이 변화무쌍하고 신뢰할 수 없는 분열의 성격은 정당이나 정파 그리고 이들을 이끄는 전문 정치인들이 재편성될 때 더욱 두드러지게 나타난다. 정치를 부수현상으로 파악하는 관념만이 이 같은 정당정치적 경쟁의 특성이 사회 자체에서 기인한다는 사실을 설명할 수 있다.

그러나 현재 서구 사회의 실제적인 분할이나 위계구조는 자유주의 정당정치의 거울이라 할 수 없다. 계층적 지위, 인종적 정체성, 노동력의 분할 등은 자유민주주의 정치에 나타난 유권자들의 대립이나 연합보다 훨씬 더 안정적이다. 자유주의 사회가 자유주의 정치와 유사하다는 생각을 진지하게 받아들이려면, 우리는 현존하는 사회생활이 지속적으로 수정되는 사회적 지위 사이를 쉽게 이동할 수 있는 자유로 특징지어진다고 보아야 할 것이다. 그 견해가 때때로 보수적인 정치인들의 자족적인 수사에 들어 있다 하더라도, 그것은 일상 경험이나 경험적 사회연구의 공통된 전제나 결론과는 일치하지 않는다.

이 책에서는 정치의 성격과 사회생활의 성격 간의 불일치를 논증하고자 한다. 선진화된 서구 민주주의에서 정당정치의 관행은 정부조직과 당파 경쟁의 독특한 양식에 속한다. 이 양식은 자유의지들의 자유로운 결합을 위한 순수한 방법을 시장과 더불어 구체화하기보다, 특정한 분열과 위계질서가 풍부하고, 가능하고도 바람직한 특정 결사체제를 선호하는 독특한 사회조직을 재생산해내는 데 기여한다.『허위적 필연성』의 설명적 논증 부분은 이 제한적인 영향력이 작동하는 모습을 보여주고자 기획되었으며, 다른 부분에서는 그 저변에 있는 제도적 정착의 상대적으로 우연적인 성격을 강조하고자 했다. 프로그램적 논증은 대안이 현재의 자유주의 제도보다 전통적인 자유주의 이념에 더 잘 부합한다는 것을 보여줌으로써 그 비판을 끝맺는다. 결국 자유사회는 자유주의 정치(정치라는 용어의 협소하고 전통적인 의미에서)와 다르다. 자유주의 정치는 현재 모습 그 자체이기 때문이다. 자유주의 정치의 이미지에 따라 사회를 개조하려면 정치생활을 바꿔내야 한다. 자유민주적 정치가 지금의 모습과 달라져야만, 자유민주적 사회는 원래 기대했던 모습이 될 수 있다.

이 논증은 사회생활에 대한 우리의 일상적인 관찰에서 급격한 수정을 요구하지 않는다. 이 논증의 강점은 심층구조 이론이나 실증주의 사회과학의 전제로부터 자유로운 사회이론에 근접하는 것 이외에도 정파 갈등의 성격과 사회생활 간의 불일치를 설명한다는 점이다. 정치에 대한 주요 자유주의적 접근방법과 마르크스주의 접근방법 모두 한 조건을 다른 조건으로 환원시킴으로써 이러한 불일치를 부정한다.

이를 고려해볼 때, 정파 갈등과 필수불가결한 안정성의 화해는 민주주의의 신화적 역사에 그리고 자유주의적 민주주의 이론에 장애가 된다. 사회분할과 위계질서 체계에 대한 이중적인 관계를 공유하는 여론 정당들(parties of opinion) 간의 경쟁은 사회를 민주정치에 이르도록 개방하고 또한 사회가 민주정치의 범위를 넘어서게끔 작용한다. 사회질서의 많은 근본적인 토대는 기존의 체제가 허용하는 갈등이나 논쟁의 유형으로부터 상대적으로 면제된 상태로 남아 있다.

한편, 회의적이며 최소주의적인(minimalist) 자유주의자는 강제력을 피해가면서 이 관점들을 인정할 수도 있다. 이 자유주의자는 기본적인 배치와 선입관, 심지어는 사회분할과 위계질서를 만들어내는 데서 부분적으로나마 갈등을 피하는 것이 개인의 자유의 범위와 현실적으로 가능한 경제적 효율성을 확보하는 데 필수적이라고 주장할 수도 있다. 이 주장에 대한 만족할 만한 대응은 궁극적으로 경제적·정치적 조직체의 가능한 대안형태에 대한 논의를 필요로 한다. 제10장부터 14장까지 기술된 제도적 프로그램은 엄격한 위계질서나 역할의 유지 그리고 맥락-보존적 일상과 맥락-변혁적 갈등 간의 대립을 모두 약화시키는 데 기여하는 정부조직 및 정당 경쟁의 양식을 통해 개인의 자유와 시민적 평화를 확보할 수 있을 것으로 보인다.

그러나 회의적 민주주의자들과의 이 같은 논쟁에서 먼저 다루기 위해 골라낼 수 있는 측면이 하나 있다. 이 측면은 안정성이라는 관념에 의해 제기되는 문제이며, 처음부터 정당정치에 관한 논쟁의 주요 테마였다. 정당에 대한 초기의 적대적인 전제 가운데 하나는 사회에 관한 근본적인 불일치가 시민사회에 필수적인 최소한의 평화를 파괴한다는 것이었다. 이유는 그러한 불일치가 절충될 수 없기 때문이다. 이후에 나타난 정당정치의 옹호론자들은 이 전제에서 새로운 결론을 이끌어냈는데, 그들이 이전에는 인식하지 못한 국가와 사회의 재조직에 필요한 실천적인 가능성을 보았기 때문이다. 따라서 사회를 자유주의 정치의 거울로 보는 낙관론자들은 종교가 사적화되고 견고한 위계구조와 분할이 폐기됨으로써 근본적인 불일치는 불필요하게 되었다고 주장한다. 회의론자들은 좀더 근본적인 불일치를 위해 정치를 설계하는 일이 참을 수 없는 수준의 정쟁을 초래할 것이라는 점을 주시하는 데 만족한다.

그러나 협상 불가능한 것과 근본적인 것(이제 우리는 이것을 사회생활의 형성적인 제도적 맥락이나 상상적 맥락과 관련되는 모든 문제라고 해석할 수 있다)을 동일시하는 것은 저 멀리에 있는 옹호할 수 없는 가정으로부터 개연성을 획득한다. 이 전제는 심층구조 사회이론의 특징적인 생각이며, (제한적으로나마 형성적 맥락으로 해석되는) 사회체계들이 분리될 수 없는 총체를 표상한다고 여긴다. 그들은 하나로 존재하거나 붕괴된다. 게다가 근본적인 것을 협상 불가능한 것과 동일시하는 것은 일상의 정치 경험과 배치된다. 사회재구성을 위한 포괄적인 접근방법들은, 구체적인 변화의 전략이나 상세한 사회적 실천으로 해석될 때보다 추상적인 원칙으로 진술될 때 결합하거나 절충하는 것이 훨씬 더 힘들다. 근본적인 것들에 대한 논쟁을 일상생활 속에서 좀더 쉽게 이용할 수 있게 해주는 제도적 고안물은 그 논쟁을 일상생활의 직접적인 관심사에 더 확고하게 뿌리내리도록 해야 한다. 그 고안물은 근본적인 것들이 절충 내지 재결합에 저항하게 하는 조건을 약화시킬 수도 있다. 뒤에서 살펴볼 프로그램적 주장은 이 제안에 뒤따라오는 것이다. 안정과 갈등에 관한 새로운 관점의 최종적인 옹호는 현재의 민주주의 이론과 실제가 배제한 방식을 통해 이 둘을 실질적으로 이어줄 것이다.

제6장

또다른 형성적 맥락의 기원: 공산주의의 대안

| 제도적 계보학의 정신을 비서구세계에 적용하기: 두가지 사례

제도적 계보학이 보여주는 바는 언뜻 냉혹한 기술적 요청과 저항할 수 없는 사회적 영향력에 의해 강력하게 결정된 정치적·경제적·법적 제도로 보이는 것들이, 좀더 면밀하게 살펴보면 일련의 복합적이고 불안정한 합의, 즉 발명과 습관, 타협과 강제, 통찰과 착각 등 많은 요소가 느슨하게 연결된 궤적의 결과물로 판명된다는 것이다. 우리가 자유주의자, 마르크스주의자, 근대화 이론가의 도그마로부터 벗어나는 순간, 현대의 혼합경제와 의회민주주의를 향한 개선행진의 나팔소리 아래서 침묵해온 잊혀지고 억압되고 종속된 제도적인 초안들의 놀라운 변형을 인식하게 된다. 승리감과 마찬가지로 그 요란스런 찬사는 항상 실제 세계보다 책 속에서 훨씬 더 큰 법이다. 프티부르주아로 이름 붙여진 일군의 제도적 대안들은 다양한 형태와 환경 속에서 끈질기게 다시 나타났다. 급격한 제도적 변형 속에서 오늘날 그것은 특별한 전망을 제공한다.

이 장의 역사적 논의는 소비에트 양식의 제도를 만들어내고 이를 재생하는 데 실패한 두 에피소드(1920년대 말부터 30년대 초 소련과 60년대 후반 중국 문화혁명이라는 결정적인 사건들)에 관한 논의로 끝을 맺는다. 권고에 가까운 내 이야기는 일반적·개별적 목적 모두에 기여한다. 일반적인 목적은 우연적이고 뒤범벅된 과정이 서구의 산업민주화에 독특한 제도를 제공했던 것과 똑같이 다른 세계에 어떻게 작용하여 완전히 다른 제도적 체계를 만들어냈는지 밝히기 위한 것이다. 반필연적 접근방법은 제도적 전통의 세부에 적용될 뿐만 아니라 새로운 전통의 구성을 밝혀준다.

제도적 계보학에 관한 이 최종적인 혼합의 특별한 목적은 북대서양 세계로부터 멀리 떨어진 곳에서 일어난 갈등과 논쟁에 대해, 개선된 소규모 상품생산 방식이 갖는 의미를 제시하는 것이다. 러시아에서는 어떤 정당도 실제로 그러한 대안을 제시한 적이 없었다. 이 대안은 패배한 부하린파(Bukharinist)와 트로츠키파(Trotskyist)의 대의명분에서 많은 부분을 공정하게 평할 수 있었을 것이며 지금도 그렇게 할 수 있다. 신속한 경제성장을 확실히 보장하고 정부에 대한 대중참여를 강화하기 위해 그들이 겪어야 했던 변화와 그들의 숨겨진 공동의 기반을 드러냄으로써 말이다.

중국의 문화혁명을 주도했던 어떤 당파도 그러한 제안을 옹호하지 않았다. 실제로 문화혁명론자들은 위든 아래든 제도 개혁을 위한 상세한 프로그램을 제공하지 못해 대중 투쟁을 폭력적이고 아무런 성과도 없는 좌절에 빠뜨렸다. 그러나 만일 문화혁명의 투사들이 초기의 후원자들에게서 벗어나 자신들의 반관료적 의도를 좀더 광범위한 호소력을 지닌 계획으로 바꿔냈다면, 이들은 아마도 앞에서 제시했고 제10장부터 14장에 걸쳐 논의할 제도적 프로그램 같은 방향으로 나아갈 수 있었을지도 모른다.

물론 얼마나 많은 제도가 어떤 마스터플랜으로도 통제되지 않는 갈등과 화해의 고유한 역사들 속에서 곤경에 빠지는지를 강조하고, 유사한 제도 장치가 매우 다른 사회의 프로그램과 관련된다고 파악하는 사고방식이 처음에는 모순된 것처럼 보일 것이다. 왜 해법은 특정 상황에 고유한 역사들만큼 개별적이지 못한가? 간단하게 말하면, 그 답변은 두 부분으로 구성된다. 일단 우리의 관심이 우리의 상황만큼 독자적이지 못하다. 또한 허위적 필연성에서 부분적으로나마 벗어난 시대에 사는 우리의 상황은 한 장소에서 제시·시도되었던 것을 조정을 통해 다른 모든 곳에도 적용될 가능성이 있는 것으로 여기게 한다.

제도의 역사는 기성의 혹은 보편적인 대본에 따르지 않는다는 의미에서 우연하고 독특하다. 이들 각각의 역사는 놓친 기회들의 기록이다. 그것은 이제 전세계로 퍼져나가는 급진적인 이념들, 즉 부와 힘을 추구하고 개인을 위축시키고 노예화하는 역할과 지위를 분쇄함으로써, 개인에게 권한을 부여하도록 사회에 요구하는 이념들을 실현할 기회를 포함한다. 형성적 제도와 신념이 우리 자신의 개조에 미치는 영향력을 줄일수록, 우리는 좀더 자유롭게 원하는 어느 것으로부터든 실마리를 얻고 유사한 열망과 불안에 대해 유사한 방식으로 대응할 수 있게 된다.

심층구조 사회이론의 도움 없이 소비에트 대안을 이해하기

『조형력』에서 나는 현대 서구 산업민주주의의 기본적인 제도 질서와 다르면서도 그와 유사점을 지닌 20세기 후반 공산사회의 형성적인 제도적 맥락을 기술한 바 있다. 소비에트 제도 체계는 그와 대응하는 서구의 제도가 지금의 형태를 갖추기 전에 나타났다. 이들 각각은 비록 대응 차원이었지만 서로 영향을 주고받았다. 소비에트 대안의 직접적인 이념적 기원은 동일한 서구의 제도 체계의 초기 형태에 대한 두가지 대응에 있었다. 한가지 대응은 당당하게 표명되었다. 그것은 노동계급의 경제적·정치적 종속을 전복하겠다는 공약이었다. 서구식 제도 체계는 경제적·문화적으로 뒤떨어진 국가들에서는 단지 대중에 대한 억압을 무한정 영속시킴으로써 실현될 수 있는 것처럼 보였다. 또다른 대응은, 비록 첫번째 대응 못지않게 강력한 것이었지만 거의 알려지지 않았다. 그것은 전통적으로 억압적인 관료조직과 약탈적인 소수 독재자 간의 긴밀한 제휴로 고통받아온 국가들 사이에서 국가의 부와 힘을 서구 수준만큼 달성하려는 노력이었다.

이 두가지 목표가 결국 중앙집권적 국가에 의해 수행되었다는 점은 결정적이다. 국가권력은 경제적 분권화나 국민주권이라는 대안체계에서 균형점을 발견하지 못했다. 소비에트나 위원회 형태의 조직은 소련의 혁명주의자들과 다른 국가의 추종자들이 인지하고 있던 유일한 대안이었다. 이는 정부와 경제를 새로운 토대 위에 세우려는 진지한 노력보다는 기존 제도의 유토피아적 전복과 큰 문제를 다루는 과제로부터의 회피를 나타낸다. 이처럼 고집스런 혁명적 꿈의 되풀이되는 실패는 어떠한 댓가를 치르더라도 국내외에서 살아남는 데 집중했던 중앙정부의 냉혹한 현실만을 남겨놓았다. 그러자 이 새로운 권력의 원천에 대한 접근이 가장 중요해졌다. 과제규정자와 과제수행자 간의 구별은, 비록 전자가 후자에게 과제를 부과하는 것이 재산법 규범이 아니라 정부 권한의 이름으로 이뤄졌지만, 훨씬 더 경직된 것이었다. 서구식의 재산 및 계약 체계는 특히 농업 부문에서 소규모 자산을 위해 유지되었으나, 중앙집권적이고 책임을 지지 않는 정부는 주요 생산 및 재정 자본에 대해 총괄적인 경제적 주권을 행사했다. 공산주의 개혁 주기는 그 특징적인 구조를 취한다. 분권화가 반복해서 일어나는 시기는 단지 하위직 관료와 관리자의 주도권이 커지는 기회를 의미했다. 이 개혁 주기가 특유의 형태를 유지하는 동안에는, 분권화에 의해 자본에 대한 접근을 할당하는 완전히 새로운 방법이 만들어지지 않았다. 또한 과제규정 활동과 과제수행 활동 간의 벽을 무너뜨리거나 통치권력의 과두적 통제의 위협을 가하는 일도 없었다.

어떻게 이 같은 제도 체계가 탄생했는가? 서구 제도 질서의 신화적 역사에 영감을 준 방법과 관념은 이에 위로가 되는 답변을 제공한다. 즉, 소비에트 모델은 근대적 삶의 환경 속에서 산업화되었거나 산업화 중인 사회들에 개방된 의기양양한 서구적 해법에 대해 유일하게 가능한 대안을 대변한다는 것이다. 만일 그 분석가가 동정적인 입장에서 벗어나 비관적·세속적 리얼리즘을 표현하고자 한다면, 그는 관료적·기업적 독재의 결합──잉여의 강제적인 징수와 재투자──만이 오늘날의 가난한 국가들을 빈곤으로부터 벗어나게 할 수 있다는 사실을 계속해서 주시하게 될 수도 있다. 소비에트 모델에 관한 이러한 해석은 서구의 제도 장치들을 둘러싼 추가적인 정당화의 후광을 이끌어낸다. 절망적인 환경 때문에 그 지경에 내몰리지 않는 한, 누가 그런 대안을 원하겠는가?

따라서 신화적인 역사에 관한 비판적인 논의는 소비에트 모델의 기원에 대한 재해석을 포함해야 한다. 이러한 재진술은 두가지 핵심적인 주장을 이끌어낸다. 첫번째 테제는 조직적·심리적 혹은 경제적 필요성의 심층논리적 제약에 호소하지 않고서도 소비에트 형태의 형성적 맥락의 생성, 전파 및 집요함을 설명할 수 있다는 것이다. 우리는 소비에트 체제가, 인류가 지금의 부와 지식 수준에서 선택해야 하는 몇몇 사항 중의 하나라고 전제할 필요는 없다. 사실, 소비에트 모델의 기원에 대한 설득력 있는 분석은, 심층논리 사회이론에 친화적인 원인 유형과 연계될 수 없는──적어도 이 원인과 실제 사건을 매개하는 연결고리의 길고도 터무니없는 연속성을 가정하지 않고서는──요인들을 강조해야 한다.

두번째 테제는 적어도 현대 서구 사회에서 승리한 제도 체계에 대한 하나의 주요한 현실적 대안을 발견할 수 있다는 것이다. 이 대안은 앞에서 논의한 제도적으로 수정된 소규모 상품생산에 대한 대응물을 나타낸다. 그것은 특별히 후진국가의 환경에 적합한 대응물이다. 그 해법은 성공한 경쟁자보다 더욱 대담한 제도적 고안을 요구할 것이다. 하지만 이는 상당히 많은 실제 이점, 즉 허위적 필연성으로부터의 해방이라는 과제를 진척시키는 제도에서 얻을 수 있는 모든 이점을 갖고 있을 것이다.

이 논의는 두 방향으로 전개된다. 첫번째, 소비에트식 체계의 가장 중요한 전환점에 관하여 논의할 것이다. 두번째, 중국의 문화혁명 기간에 소비에트 모델에서 발생한 실패, 즉 공산주의 개혁 주기가 통제를 벗어난 사태를 분석할 것이다.

┃ 소비에트 모델의 기원

1930년과 31년 사이의 겨울에 시작된 소련 정부와 러시아 소농 간의 전쟁[스탈린의 농업집단화에 저항하여 일어난 농민 폭동]은 소비에트 모델 형성에 결정적인 영향을 미쳤다. 이 전쟁은 전후 사태와 관련해 부하린 "우파"와 트로츠키 "좌파" 모두에 패배를 가져온 사건이었다. 이는 11월 혁명에 의해 아직 결정되지 못한 채 남아 있던 국가와 사회 간의 관계를 결정하는 계기가 되었다. 많은 사람이 자신의 물질적 생활에서 무엇을 기대할 수 있는지, 그리고 정부는 그들에게 무엇을 요구할 수 있는지 결정하는 데 오랜 시간이 걸렸다. 이 일련의 회담을 통해 나온 축적과 협력의 조건들이 소비에트 역사의 후반기에 서서히 조금씩 변화했다. 그 조건들은 공산주의 정권을 위한 관행적인 기반이 되었고, 그 정권은 다른 곳에서도 재생산될 수 있었으며, 소련에서처럼 몇세대에 걸쳐 거의 변화가 없을 수도 있었다. 1920년대 말 소련정부는 어려운 상황에 직면했다. 소련정부는 권력을 유지하고 최소한의 프로그램적 목표를 달성하기 위해 하루 빨리 경제성장을 이뤄야 했다. 소련정부는 외국자본에 의존할 수 없었다. 서구 산업세력의 적대감에 직면했기 때문에, 비록 외국자본의 유입을 원했다고 하더라도 높은 수준의 경제적 자립에 나설 수밖에 없었다. 또한 급격하고 지속적인 임금 하락 때문에 쉽사리 자본을 조달할 수 없었다. 그 정책은 사회의 한 집단을 소원하게 할 수도 있었을 것이다. 그 집단의 지지(적극적이건 혹은 마지못한 것이건)는 실제적이고 교조적인 이유들 때문에 지도력에 중대했다. 1930년대 소련경제 같은 상대적 후진성과 규모를 지닌 어떤 경제체제에서도 마찬가지였겠지만, 이러한 상황은 사태를 더욱 악화시켰다. 도약을 위한 축적자본의 대부분이 잉여농산물을 도시인구와 산업노동자에게 값싼 식량으로 제공함으로써 확보되었으며, 공작기계와 산업원자재 지불수단으로 쓰일 자금은 농산물 수출로 조달되어야 했다.

악화된 상황은 신경제정책(New Economic Policy) 초기에 소련경제의 생산자원, 특히 산업시설에서 제대로 사용되지 않은 채 남아 있던 생산능력에 의해 은폐되었다. 이 여유가 계속 남아 있는 동안에는 농업 부문에 대한 압력이 비교적 적정한 상태였다. 농업생산품과 산업생산품 간의 거래 조건을 통제함으로써 농업경제를 저해하거나 농민들의 격렬한 저항을 일으키지 않고 농업에서 산업으로 별 탈 없이 가치를 이전(a transfer of value)할 수 있었다. 그 통제는 1923년과 24년 사이의 "가위위기"(scissors crisis)[7]를 극복할 수 있었던 것으로 판명되었다. 잠시나마 이렇게 성공하면서 신경제정책 기간에 부하린파의 슬로건에는 그럴 듯한 외관이 만들어졌다. 그것은 상품의 순환조건들이 가치와 가치 이전을 결정하기에 충분하며, 경제발전은 제한된 시장자유 구조 내에서

---

7) 1920년대 소련경제에서 산업생산품과 농산물의 극심한 가격 차이에 의해 발생했던 경제위기 — 옮긴이.

농업 축적과 산업 축적이 서로를 강화하는 영향력에 의해 자연스럽게 보장된다는 생각이었다.

그러나 불완전 고용상태에 있을 때 작동했던 정책은, 생산능력이 한계에 도달하거나 깨어지자 더이상 효과적일 수 없었으며 실제로도 효과가 없었다. 농업경제에 대한 압박은 더욱 심해졌다. 가격정책을 보완하는 다른 방안이 마련되어야 했다. 이런 점에서 신경제정책은 케인즈학파와 닮았으며, 케인즈학파의 몇몇 한계점을 공유하고 있었다. 생산능력을 획기적으로 높이는 과제로 옮겨갈 경우, 불완전 고용상태의 특별한 조건에 관한 원칙이 붕괴된다.

분명한 것은 혼란스럽고 변동폭이 큰 가격정책이 농업경제를 파탄시키는 데 일조했다는 점이다. 그러나 고정적이고 알기 쉽게 관리되는 가격체계는 1927년과 28년 사이 조달 위기 당시 표출된 문제를 해결하기에 충분하지 못했다. 만일 국가가 쿨라크(kulak, 부농)에 덜 의존하고 농업생산을 빠르게 확장하려고 했다면, 대안적인 농업정책을 펼칠 필요가 있었다.

그 대안 가운데 하나는 소련정부가 수백만 소농으로 운영되는 협동농장에 확고한 기반을 구축하도록 요구하는 것이었다. 즉, 이들 농업협동체에 우선적으로 기술적·재정적 지원을 해주면서 그들로 하여금 국가에 의존하는 시장과 조달 체계를 만들어내게 하는 것이었다. 하지만 그 프로그램은 경직되고 권위적인 정부에 의해 쉽사리 실행될 수 없었다. 이때 필요한 정부란 시민사회의 거대한 부문에서 민중의 집단조직을 기꺼이 촉구할 수 있으며 그러한 조직이 불가피하게 야기하는 협상·압력·위험에 허심탄회하게 열려 있는 곳이어야 했다. 그 대안은 앞에서 기술한 소규모 상품생산의 재구성된 형태 같은 것을 드러냈을 것이다.

강제적인 집단농장화와 폭력적인 반(反)쿨라크운동을 골자로 하는 정책이 사실상 2500만 가구로 구성된 농민사회를 대상으로 한 전례 없는 혁명 캠페인에 소련정부를 끌어들였다. 이 캠페인은 처음에는 농업에서 산업 부문으로의 이전을 늘렸으며, 비록 지속되지는 않았지만 급속한 성장을 이뤄냈다. 하지만 엄청난 댓가를 치렀다. 소련의 농업은 상당 기간 동안 상처를 입은 채 방치되었다. 집단조직 형태에서 농민과 농업노동자가 얻지 못한 자율성은 강압적인 집단화와 잉여농산물의 강제징발에 저항하는 다양한 투쟁전술에서 다시 등장했다.

게다가 수백만 가구를 붕괴시키는 결정은 혁명적 독재의 수법에서 한치의 망설임도 없는 국가와 지도력을 요구했다. 정당의 우파와 좌파에 의해 대변되었던 공산 민주주의의 대안 관념들은 그 투쟁의 희생양이 되었다. 결국 경제성장 문제가 해결되는 방법과 국가의 발전이 긴밀하게 연결되었다. 〔1917년〕 11월혁명부터 〔1930~31년〕 농민과의 전쟁에 이르는 전 기간은 축적 메커니즘과 정부조직 모두가 규정되지 않은 시기로 볼 수 있을 것이다. 한편에서는 불완전 고용상태가 경제적으로 유예되고 있었고, 다른 한편에서는 당파적 정쟁이 해결되지 못하고 정치적으로 불확실한 상태에 있었다.

부하린 우파와 트로츠키 좌파 모두 무슨 일이 일어나고 있는지 그리고 무엇이 필요한지를 이해하지 못했다. 부하린주의자들은 1920년대말 조달 위기가 터질 때까지 축적 문제의 심각성을 이해하지 못했다. 프레오브라젠스키 좌파들은 경제계획을 갖고 노동대중의 협력을 얻기 위한 구체적인 제도형태를 상술하지 않은 채 영웅적 산업화를 조롱하는 파우스트식 언어에 매몰되어 있었다. 두 정파가 모두 권력에서 내몰렸을 때, 이들은 협력하지 않고 독자적으로 정당과 국가 내의 민주주의 문제를 제기했다. 어떤 정파도 자본축적의 형태와 정부형태가 서로 연결된 정도를 파악하지 못했다. 이들은 많은 공통된 목표와 이념을 갖고 있었지만 서로를 가장 위험한 적이라고 오인했다. 이 공유된 관심사 중에는 시장체제(경제적 분권화 같은 체계의 의미에서)가 축적의 방향과 비율에 대한 중앙의 정치적 통제와 결합될 수 있는 방식으로 협력적 경제 장치를 어떻게 구축할 것인가 하는 핵심적인 문제가 있었다. 국가를 사회에 대한 혁명적인 전쟁에 몰아넣지 않고서 농업 혹은 산업 기업가들과 정당 관료들 간에 새롭게 형성되는 연합을 해체해야 했다. 결국 부하린주의자들은 스탈린과 손잡고 트로츠키주의자들에 대항했다. 잔존했던 좌파들은 적시에 손을 잡고서 자신들의 민주적 슬로건을 대중 유권자들의 조직 속으로 전파하는 데 실패했다.

그 결과를 이해하기 위해 우리는 우파와 좌파의 전략적 실책과 가능했던 선택사항의 혹독함을 고려해야 한다. 하지만 그 사건만으로는 그들의 확실한 논리를 파악하기 힘들다. 각 지도자들의 개인적 성향, 트로츠키와 부하린의 자만심과 환상, 스탈린의 관료조직 장악력, 살인에 대한 확실한 본능 및 천재적 처방과 운 등이 엄청난 역할을 했다. 역사에서 안정화 정책의 전환점은 물질적인 삶의 다루기 힘든 비인격적 힘과의 충돌을 나타낸다. 하지만 역사는 크든 작든 정치적이기를 멈추지 않는다는 사실을 상기시키듯이 엄청난 우발성이 작동하게 된다.

그 결과의 요소들이 가까운 장래에 소비에트 체제가 어떻게 될 것인가를 결정했다. 결국 그것들이 다른 공산체제들의 출발점을 확립했다. 당시 나타난 해법은 두가지 결정적인 양상을 띠었다. 한 측면은 강제적인 집단화에서 직접 도출된 반면, 다른 측면은 그것과 다소 간접적으로 연계된다.

농민과 전쟁을 벌이고 정당 내의 우파와 좌파를 분쇄한 결정이 의미하는 바는 선택된 축적의 구조가 상향적 협동과 자율적 조직의 역할을 축소할 것이라는 점이다. 그 대신, 이는 체계적인 국가 테러리즘에 가까운 강제적인 명령의 부과를 강조할 것이다. 지배 이데올로기적 선입관이 무엇이든 관계없이 수백만의 농민을 이러한 방식으로 관리할 수 있는 정부와 지도력이 산업 노동력을 같은 방식으로 관리할 것이다. 무수한 사람들의 삶의 방식을 폭력적으로 분쇄하고, 농민들의 독립적인 협동적 삶의 자취를 거의 모두 파괴하고서 형성된 냉혹한 중앙집권화는 공동체적 자율성이나 저항의 모든 표식 속에서 음모와 붕괴의 징조를 발견해내는 유의 국가와 지도자의 승리를 의미했다. 이는 다른 부문에 있는 사람들을 다루기 위해 쉽게 켜고 끌 수 있는 제도와 태도가 아니었다. 따라서 소련의 경험은 집단적 동원의 유무와 통치권력이 운용되는 특정한 방식들 간의 관계가 대단히 중요하다는 점을 다시금 확인해주었다.

이러한 축적체계에 동원 없이 우회적으로 대응하는 방안은 정당이나 관료조직 내에 있던 지배엘리트, 그리고 관리자나 전문가 혹은 과학요원으로 형성된 기술지식인(technical intelligentsia) 사이에 새롭게 부상하는 제휴관계였다. 비록 불평등하지만(기술지식인은 결코 고위 간부와 동등하지 못했다) 상호수용의 과정이 신경제정책이 출발하기 전에 시작되었다. 그리고 신경제정책 기간 동안 이들의 관계가 심화되었다. 이들은 숙청이라는 외상효과에도 불구하고 스탈린주의하에서도 살아남았다. 이러한 관계의 생존은 상호 이익과 의존이라는 직접적인 사실을 반영했다. 체제가 점차 도농 지역에 질서를 부과하는 데 몰두하면서, 제2전선에서 기술지식인들과 싸울 여력이 없었다. 결국 기술자들은 또다른 체계가 고안되고 기술간부들이 훈련될 때까지 기존의 생산체계를 무너뜨릴 수 있는 권한을 갖고 있었다.

그 체제는 집단적 지지를 댓가로 기술지식인들에게 제공할 수 있는 무언가를 갖고 있었다. 비록 부하린주의자들의 아이디어가 관리자, 엔

지니어, 그밖의 전문가 사이에서 유행했고, 혁명적 독재의 테러적 측면이 특히 증오의 대상이었지만, 최소한의 합의를 이룰 수 있는 기반은 있었다. 그 기반은 일반적인 생산과제들을 처방하거나 그 집행을 통제하는 사람들과 반복작업을 하는 사람들을 구분하는 노동조직의 형태를 보존하려는 소망을 포함하고 있었다. 기술지식인들은 국가에서 지배하지는 않지만, 적어도 관공서·공장·집단농장·군대·학교·병원 등에서 (감시의 눈 아래서) 지배했다.

지배엘리트와 기술지식인들은 권력에 대한 노골적인 관심이나 부수입 이상의 것을 공유했다. 또한 그들은 점차 분명하게 효율성과 합리성의 관념 그리고 이 관념을 구체화하는 조직형태의 관념을 공유했다. 이 관념이 당시 서구의 산업화된 국가들에서 유행하던 조직형태와의 단절을 최소화했다(예를 들어, 테일러주의에 대한 레닌의 지대한 관심). 또한 집단적 갈등이 확산되는 것을 막고 경제의 모든 주요 영역에서 집단적 동원력을 높이는 것을 전제했다. 따라서 소련식 해법의 두가지 요소, 즉 독립적인 집단의 연합이 없는 자본축적 그리고 과제규정자와 과제수행자 간의 엄격한 차별화를 통한 기술지식인들과의 화해가 서로 얽혀 있었다.

소련의 역사에서 이 중대한 사건의 결과는 11월혁명 이후 소비에트들의 억압과 관련이 있다. 그 관계는 서구의 경험과 공산주의 경험 간의 특별한 연관성을 분명하게 해준다. 또한 그것은 국가의 지배력과 사회구조를 둘러싼 급진적인 갈등과 경제성장이나 안정화를 위해 새로운 조건이 부과될 때 발생하는 더욱 세밀하고 구체적인 해결 간의 일반적인 연관성을 밝혀준다.

소비에트 조직은 11월혁명 이후 곧바로 억압받았다. 소비에트는 집단 동원 장치라는 본래의 역할을 박탈당했으며, 대신 정부통제의 단순한 도구가 되었다. 이러한 점에서 소비에트의 역사는 농업을 기반으로 한 제국의 재정정책의 수동적인 도구로 변형되었던 소작농 공동체들의 역사와 유사했다. 소비에트에 대한 억압은 모든 독립적인 집단조직을 제한하는 방식으로 정부와 경제를 방향짓는 기회를 창출했다. 그러나 소비에트의 몰락이 이 결과를 불가피하게 하거나 축적이 어떤 조건 위에서 나아가야 할지를 말해주지는 않았다. 다만 1920년대 말의 충돌과 이후의 결과가 그 조건을 정했다. 이와 유사하게 1차대전 이후 서유럽 급진운동의 패배는 경제적인 안정과 성장뿐만 아니라 지속적인 시민사회의 평화를 위해 필요한 권력과 생산의 기존 형태들의 변화를 최소화하는 기회를 창출했다. 이러한 기회는 이후 2차대전 기간에 발전한 경제정책의 형태와 전후 국내적·국제적 경제재편과 국가들의 연합에 의해 실현되었다.

사실 서유럽(좀더 일반적으로는 대서양 지역)에서의 사건과 소련에서의 사건 사이에는 일반적인 유사성 이상의 것이 존재한다. 즉, 직접적인 상호영향력이다. 세계의 한 지역에서 대안적인 노동조직과 민주주의 형태를 창출하지 못한 실패는 다른 지역의 실패를 그만큼 더 불가피한 것처럼 보이게 했다. 소비에트들이 이미 이빨이 빠진 뒤에 그 조직구조(예를 들어, 다중적으로 분할된 회사구조)가 선진 서구 국가들에서 다시금 발전했으며, 각 구조의 정교화는 소련 지도자들에게 그들 자신의 통치나 소유 형태와 양립할 수 있는 가장 가까운 대응책을 찾을 필요가 있음을 보여주었다. 1차대전의 결과는 위험부담과 단절 현상을 최소화하면서 자원과 노동의 동원을 가능한 한 빨리 달성하는 것이 얼마나 중요한지를 깨닫게 함으로써 이러한 선별 경쟁의 설득력을 배가했다.

1920년대 말과 30년대 초의 해결방식이 이후 소련과 다른 공산주의 국가들에서 발생한 갈등을 해결하는 근거를 결정했다. 그 투쟁에는 외곽과 내부의 세력이 있었다.

외곽 세력은 과거에 패퇴했던 "우파"와 "좌파"의 경향성을 급작스럽게 표출하곤 했다. 우파가 부활한 사례는 동유럽에서 일어난 반체제운동이었으며, 좌파가 부활한 사례는 중국의 문화혁명이었다. 이들이 공통적으로 지닌 욕구는 독자적인 집단 동원을 허용하지 않고 축적 전략을 뒤집는 것이었다. 그들은 생산과 권력의 기존 형태를 뒤엎겠다고 위협하는 이 전략에 대한 공격을 나타냈다. 이들은 지배집단과 (적어도 새로 부활한 좌파의 경우에) 기술지식인의 특권을 위태롭게 했다. 그런데 이들은 위험에 빠진 정부기관의 대응, 지도자들의 우유부단함 그리고 다른 공산주의 세력의 군사적 개입으로 분쇄되었다.

갈등의 내부 세력은 만성적으로 지속되는 투쟁들로 나타났다. 그 투쟁들은 안정화 단계에서 원천적인 취약성으로부터 발생했기 때문이다. 수동적이고 겁에 질린 시민들에게 성장 노선을 부과하기 위한 일환으로 국가가 사회에 대해 테러적인 폭력을 사용하는 데에는 한계가 있었다. 의사소통과 간단한 진실-말하기(simple truth-telling)가 붕괴되고, 냉혹한 압력을 유지할 필요가 있는 정부, 그리고 모든 사람이 생존과 자기방어에 몰두하는 상황에서 공포정치는 댓가를 치러야 했다. 국가 공포정치가 완화되면, 지배자와 기획자는 모든 위계질서 단계에서 노동대중의 능동적인 협력을 얻기 위해 더 큰 조치를 취해야 했을 것이다. 이 같은 협력을 얻고, 난관과 기회에 대한 이들의 상대적인 무지를 보상하기 위해 중앙의 계획입안자들은 생산체계에서 더욱 큰 분권화를 허용해야 한다는 압력을 자주 느꼈을 것이다. 하지만 중앙의 통제를 완화한다고 해서 전면적인 집단 갈등이나 민중의 동원으로 나아가는 것이 용납될 수는 없었다. 사회 전체적으로 혹은 거대기업 내에서 기본규칙의 위계질서가 위협받는 식으로 용인될 수는 없었다. 그것은 과제규정자와 과재수행자 간의 벽을 허물 정도로 자유로울 수 없었다. 이러한 한계 내에서 분권화는 관리자, 기술자, 지역 당국에 더 큰 권력을 집중시키는 것을 의미했다. 결국 그런 조치는 체제를 유지하는 데 필요한 만큼 자신들의 부하에게 권한을 양도하는 것에 불과했다.

그러나 분권화운동은 그 자체의 위험을 초래했다. 하위기관은 자신의 경쟁자나 상위기관에 대한 의존으로부터 더 큰 자율성을 확보하기 위해 모든 추가적인 재량권을 사용했다. 하위기관은 업무를 위해 획득한 이권을 기득권으로 전환하려 했다. 경제 전체가 성가시고 불만스러운 중앙 계획의 구조틀 내에서 당파적 특권과 자기방어적인 행동으로 뒤범벅인 상태가 되었다. 이것은 마치 구체제의 꿈이 사라진 기관원(apparatchik)의 형태, 즉 특권을 통한 자유였다. 혁명적 독재보다는 완화된 수정주의가 이를 중단시키는 데 충분했다.

가장 협소한 자본축적의 관점에서 보아도 이러한 주변환경들 중 어떠한 것도 만족스럽지 못했다. 각각의 측면에서 볼 때, 그럭저럭 꾸려나가는 것이 기대할 수 있는 최선인 것처럼 보였다. 그럼에도 불구하고 방향전환은 불가피했다. 이 방향전환은 1920년대 말 결정적인 시기에 소련에서 등장했던 것과 같은 유의 질서 내에서 협동을 위한 실제적 필요를 충족시키지 못한 데서 나타났다.

이 사건에서 가장 두드러진 것이 무엇인지 파악하기 위해 우리는 20세기 소련과 서구의 해법을 좀더 일반적인 수준에서 비교할 필요가 있다. 두 경우 모두 수용된 해결방안은 경제를 가속화된 혁신의 고속 기어로 밀어넣으려는 정부의 능력에 지속적인 한계를 가져왔다. 달리 말하면, 어떠한 해결책도 세속적인 성공을 위한 현대적인 방식의 절박함을 정당화하지 않았다.

두 사례에 나타난 한계는 그 근본구조가 동일하다. 지배적인 안정화

정책들 그리고 이 정책들이 지원했던 권력과 생산의 형성적 맥락들은 다소 폐쇄적이고 특권화된 그룹이 집단적 번영의 조건을 억누를 수 있도록 했다. 어느 경우에 이 그룹은 기술지식인들의 상층부와 연대한 정당과 관료 엘리트들이었다. 다른 경우에는 투자 결정의 중대한 흐름을 통제했던 관리자들과 관료들이었다. 두 경우 모두 나머지 그룹은 완강하게 버텼다. 그들은 자기방어와 발전을 위해 스스로를 조직하고자 시도했다. 그들은 모든 새로운 이권을 기득권으로 전환해내고자 했다. 또 연합체를 확장하는 전략에 의해 그룹의 경계를 없애기보다는 오히려 그룹 구성원 자격과 연합체의 기준을 강화했다. 이들은 개입할 수 있는 자신들의 권력을 이용하여 혜택을 얻었는데, 좁은 의미에서 생산체계를 둔화하거나 넓은 의미에서 정파적 지지를 보류하는 등의 방법을 썼다. 확실한 것은 각 그룹이 약탈할 수 있는 능력과 그 그룹이 실질적으로 경제에 기여하는 것 사이에 일반적인 비례관계가 없었다는 점이다.

새로워진 혁신에 기본적인 장애물은 사회적 기회와 당파적 이익을 혼동한 엘리트와, 집단조직으로 무장하고 우선적인 안보전략에 헌신하는 더 큰 그룹들이 서로를 속박하는 상호작용이었다. 이러한 방식으로 작동하는 한 사례가 있었는데, 그것은 사회를 재편하려는 바로 그 힘들—집단 동원과 통치권력의 변혁적 활용 간의 상호작용—이 공격으로부터 이 세계를 방어하는 데 기여하는 보호막으로 전환되었다.

집단의 물질적 진보에 대한 이러한 제약요인들의 결과는 종국의 경제위기가 아니었다. 그것은 끊임없는 분쟁의 연속이자 강화된 정파적 특권을 향해 재발하는 엔트로피적인(entropic) 움직임이었다. 대부분의 세상 사람들은 체제가 항상 이런 식으로 존재해왔고 앞으로도 그럴 것이라고 생각한다.

| 소비에트 모델에서 벗어나려는 시도의 실패: 중국의 문화혁명

중국의 문화혁명은 정반대의 사례를 제시한다. 그것은 처음에 위태로웠던 생산과 통제의 바로 그 방식에 의해 강화되는 다른 산업사회 유형으로의 돌파로 보였던 것을 성취하지 못한 실패다. 적어도 얼마동안은 경제성장을 위한 재건 ── 그 목적의 상대적 중요성은 서로 경쟁하는 주제들 중 하나였다 ── 이 달성되었다. 당시 제안들 중에서 결론이 나지 않은 경쟁적인 제안이 익숙한 분권화의 진전과 함께 기존의 제도들을 다시 선보이는 길을 터주었다. 일시적으로 국내의 도전자들을 제거하고 생존을 위한 싸움으로부터 새로운 힘을 얻고서 견고한 체계가 등장하게 되는 사건은, 제도적 형태와 실제 필요 간의 관계가 영향력을 소진했을 때 나타나는 가장 중요하고 일반적인 방식들 중 하나다. 혁명과 마찬가지로 반동은 개혁으로부터 쉽게 분리될 수 없다.

중국의 문화혁명 경험은 맥락 형성 이론과 사회재건 프로그램을 기대하는 제도적 계보학과도 특별히 연관된다. 나는 1920년대 소련 "우파" 일탈론자들이 차후에 서구에서 주류가 된 제도 장치에 의해 제기된 문제점을 드러냈다고 지적했다. 이들의 프로그램에서 가장 독창적이었던 것을 충족하려면 궁극적으로 경제적으로 역동적이고 내부적으로 안정된 소규모 상품생산이 실현되어야 했고, 따라서 시장경제와 민주체제의 새로운 제도적 편성이 필요했다. 중국의 문화혁명은 일상 사회생활에서 높은 수준의 집단 동원과 맥락-도전적 갈등을 영속화할 수 있는 안정된 질서를 확립하려는, 혼란스럽고 내키지 않는 시도를 벌이는 과정에서 직면한 어려움을 분명하게 보여준다. 소규모 상품생산과 동원 이념은 단지 느슨하게 연계되는 것처럼 보인다. 하지만 이 둘은 과도하게 분권화된 경제를 불안정, 악용 및 후퇴로부터 구출하기 위해 충족시켜야 하는 요구사항을 통해 연결된다. 유럽의 제도사에서 특정 전환점을 논의하는 가운데 처음 제시된 이 주장은, 동원 이념과 분권화 이념에 적합한 제도적 재건을 위한 프로그램을 전개하는 제10장부터 14장에 걸쳐 더욱 명확해진다.

사태의 기본적인 진행상황을 살펴보자. 제1단계는 마오 쩌둥과 그의 정파가 엘리트 내부에 일격을 가하고자 시도한 사건이다. 문화혁명으로 이끈 논쟁을 한단계 높이려 한 이들의 초기 동기는 확실히 복합적이었다. 그 동기 중에는 권력에 대한 솔직한 관심, 즉 국가장치와 당내에서 경쟁적인 권력의 핵심을 꺾으려는 야심과, 예지적 공약, 즉 이미 소련에서 악에 비유되던 관료 권력의 강화로부터 벗어나려는 의지 등이 있었다. 하지만 이처럼 가장 급진적인 시기에도 이 공약은 완전히 새로운 토대 위에서 권력을 재조직하고 전혀 예상치 못한 규모로 대중의 참여를 제도화하는 가능성을 결코 허용하지 않았던 것으로 보인다.

사태의 제2단계는 엘리트 내에서 싸움을 시작한 정파가 자신의 의지를 관철하기 위해 광범위한 대중의 지지를 얻으려 시도했을 때 시작되었다. 그것은 대중 지지자들의 충원을 통해 과두의 내부투쟁을 뒤흔드는 특징적인 메커니즘의 한 변형이었다. 관료 권력에 대한 혼란스럽고 미적지근한 공격에 맞춰 대중선동의 촉구가 점점 더 고조되었다. 그러나 대중의 반응은 곧 그 설계자들의 예상을 뛰어넘기 시작했다. 주요 지지자들은 무산자들(임시 계약직 노동자 같은 중국의 하위계층)과 언어의 의미를 적절하게 다루는 기술을 아직 습득하지 못한 젊은이들이었다. 그 중심부는 몇몇 도시였다. 이들의 주요 행동방식은 대중적인 시위와 자아비판 기법의 변형이었다. 자아비판은 내포된 갈등을 통해 합의와 통제력을 복원하는 미묘한 방법이었다. 그것은 바로 일상적인 정치의 이미지가 기업이나 작업조, 이웃의 미세한 세계까지 파고들어간 것으로서, 한 개인이 자신을 동료에게 투명해 보이도록 할 수 있는 방법을 미묘한 심리학으로 보완한 것이었다. 모든 단계에서 권력의 근본요소는 갈등과 불평의 범위 밖에 있었다. 그러나 문화혁명론자들의 손에서 자아비판은 고발된 적들과 관료 고관들을 모욕하는 도구가 되었다. 인민을 위해 무엇을 할 수 있었는지, 누가 부패했는지, 비판받아야 하는 것은 무엇인지 등의 경계가 무너지기 시작했다. 일상 정치의 도구를 정치적 강화의 매개수단으로 전환하는 방식의 한 패러다임으로서, 이러한 사태의 진전은 한때 정당 엘리트의 지도자였으며 주류 전통에서 자아비판의 최고 이론가였던 류 샤오치(劉小奇, Liu Shao-chi)에 대한 공격을 통해 상징적으로 나타났다. 갈등이 확대되자 문화혁명 뒤에 숨어 있던 정치인들과 군부의 동료들은 두개의 선택사항 중에서 선택해야만 했다. 그 선택사항들은 소요가 커지면서 더욱 경직되고 위험할 정도로 대조되었다. 하나는 그러한 경향성을 이끌면서 폭동의 흐름을 전적으로 지지하는 것이었다. 다른 하나는 상층부에 있는 정당 지도력의 기본 구조와 하위의 관리적 권위가 붕괴되지 않도록 통제력을 복원하는 것이었다. 그렇게 되면 대중의 소요는 원래 목적으로부터 그렇게 멀리 나가지 않을 것이고, 엘리트의 충돌에서 협박 무기로 사용될 수 있을 것이었다. 놀라운 일이 모두 일어나는 것은 아니다.

두번째 사항을 확고하게 선택함으로써 제3단계가 시작되었다. 사태를 통제하려는 시도가 1969년 초 "권력 장악" 움직임과 함께 시작되었다. 지역 노동자, 당 간부 및 군부 대표자의 참여와 더불어 각 기업에 설치된 새로운 "혁명위원회"가 핵심적인 장치로 작용했으며, 그 장치로 인해 대중의 참여가 무해한 상태로 축소되었다. 이 방식 탓에 정치적 엘리트 중에서 좀더 진보적인 정파는 자신들의 잠재적인 지지자들과 소통할 수 있는 독립적인 통로를 상실했다. 그 상실의 정도는 한참 지난 뒤에야 분명해졌다. 군인이 아닌 급진주의자는 고용주의 생존에 좌지

우지되는 재직권을 지닌 총신(favorites)의 위치로 전락했다.

갈등의 제4단계는 통제력을 재건하기 위한 대체로 성공적인 결정에 따라 과거 급진적인 동료들 사이에 묶은 원한을 갚는 기간이었다. 또한 이 시기는 이러한 갈등이 지닌 국내정책적 측면과 대외정책적 측면 간의 관계가 분명해지는 단계이기도 했다. 1970년 루산(廬山, Lushan)에서 열린 제9차 중국공산당 중앙위원회 총회에서 두가지 이슈가 제기되었으며, 린 뱌오(林彪, Lin Piao)와 급진적 군부의 정파가 소련과 대립관계를 설정한 신노선을 받아들이지 못한 실책에 대해 비판을 받았다. 그 협상의 주안점은 국제정치의 새로운 프로그램을 당과 국가 관료들이 수용하는 대신 급진적인 군부 정파를 폐지함으로써 더욱 신뢰할 수 있는 최소한의 안보를 보장하자는 것이었다. 하지만 이처럼 새롭게 세계정치에 맞추려는 노력에서, 앞서 이뤄진 통제력 재건의 원인을 파악하려 하는 것은 잘못된 생각이다. 물론 대중이 새로운 대외정책을 위해 동원될 수도 있었다. 하지만 그들이 해산되었을 때, 복권된 엘리트가 바라던 국제적인 목표에 동의해야 할 조건들의 문제가 절박해졌다.

사태의 제5단계는 복권, 대응, 개혁 이후의 시기였다. 마오 쩌둥 사후, 그의 노선이 탁월한 것이라는 외관이 부정될 수 있었고, 그의 충신들이 숙청될 수 있었다.

이 이야기의 결말은 하나의 역설을 보여주며, 그것을 분석하면 더욱 심층적인 줄거리의 의미를 발견할 수 있다. 마오 쩌둥과 그의 동지들, 지지자들이 처음부터 사태에 책임이 있는 것처럼 보였다. 그들이 소요를 촉발했고, 소요를 통제하는 데 성공했다. 이들은 반란을 제압한 이후 타협의 조건을 설정했다. 하지만 결국 그들의 초기 적들이 권력과 재판관의 자리에 앉았다. 경제성장 프로그램이 이전보다는 관리자와 당의 위계질서에서 분명하게 자리를 잡았다. "사회주의 합법성"(socialist legality)에 양보함으로써 대중참여에 남겨진 실질적인 내용이 거의 없었다. 분권화 개혁이 공산주의 개혁 주기의 한계를 받아들였다.

이러한 역설에 대한 설명은 지속적인 동원과 탈동원 중의 선택에 놓여 있다. 권력이나 생산조직에서 어떤 실질적인 대안이 강화되기도 전에 해산을 선호하는 안이 명백하게 채택되었다. 속성상 그 재건의 성공은 경제를 운영하고 정치체를 단결할 수 있는 권력과 생산의 대안적인 논리의 등장을 기대할 수 있는가에 달려 있었다. 결국 대안적인 조직 양식은 기껏해야 반쯤 후퇴한 타협이나 다른 원리로 구성된 체제에 기반을 둔 성장으로 남게 되었다. 참여적 체제들 중 어떠한 것도 반대를 극복하지 못했다. 기업조직이나 협력의 발전된 대안체제가 부재했기 때문에 "혁명위원회" 같은 모호한 참여 권한은 관리 권한을 강화하는 데에서 기껏해야 성가시고 비용만 많이 드는 비효율적인 장애물이 되었다. 서구 경제계에서도 투자에 관해 권력의 근본적인 패턴을 바꾸지 않고 재분배나 규제 프로그램을 밀고 나가려 할 때, 유사한 문제가 발생한다. 이와 마찬가지로 정부의 결정, 통제 및 의사소통을 위한 새로운 체제가 나타나지 않은 상태에서 대중노선 혹은 다른 노선의 이름으로 기존의 관행을 벗어나는 것은 혼돈을 향하는 몸짓으로 보일 것이다. 이것들의 운명은 잘 조직된 세력이 쇠퇴하는 열정에 대항하여 벌이는 불평등한 싸움에 의존하게 될 것이다.

따라서 통제력이 재건될 때, 대중운동 같은 문화혁명은 패배하게 된다. 또한 혁명의 초기와 이후의 마비상태에 책임이 있는 엘리트 정파들 역시 그렇게 된다. 권력 진영으로 살아남기 위해 스스로 지도자의 성격을 바꿔야 했을 뿐만 아니라, 예정된 방향에 매이지 않고 다른 방식으로 스스로를 규정했어야 했다. 과거 그들의 적들, 정부와 당의 관료들은 자신들이 행정과 생산의 실질적인 도구를 장악하고 있다는 사실을 깨달자, 새롭게 밝혀지는 환경에서 그들 자신의 권력에 대한 이해관계가 사태를 해결하고 재화를 전달하는 실질적인 필요에 부합한다는 사실을 발견하게 된다. 이 사실을 인정하기 위해 우리가 문화혁명의 누구든, 엘리트건 대중이건, 실행할 수 있는 대안을 찾아내는 데 근접했다거나, 그들이 찾아낼 수도 있었던 결속의 계획이 더 나은 변화를 보여주었으리라 믿을 필요는 없다. 문제는 어떠한 대안도 실제로 심사를 거치지 않았으며, 그것을 찾으려는 집단적 과정이 출발부터 거의 마비상태에 있었다는 점이다.

바로 이것이 사회주의와 산업주의의 대안 양식을 향한 약진의 실패 사례다. 그 약진이 기존 제도들의 좀더 명확한 형태로의 회귀, 즉 제한된 분권화 실험을 허용하며, 촉발되고 통제를 벗어나고 결국 억압되는 봉기를 장기간 겪는 댓가로 성취되는 회귀로 규정되지 않는다면 말이다.

제7장

형성적 맥락의 운용에 나타난 안정성과 탈안정화

| 핵심 개념

맥락 변화에 관한 견해에서 첫번째 관념들은 제도적·상상적 구조틀의 일상적인 삶을 다룬다. 그것은 혁명적인 개혁의 막간에도 지속되는 삶이다. 문제는 형성적 맥락의 일상적인 작용이 어떻게 맥락 변화를 가능하게 하는가를 이해하는 것이다. 이러한 추측의 초기 그룹은 사회생활의 미세한 구조에 관한 정태학(statics)[8] 같은 것을 나타낸다. 그러나 그것은 특이하게도 반정태학적(antistatic) 유형의 정태학이다. 왜냐하면 그 핵심 주제가 안정성이 필연성보다는 인위성이나 환상에 의존하는 정도를 밝히고, 이 세계를 방어하는 데 사용되는 바로 그 수단들로부터 사회세계를 재구성하는 기회가 끊임없이 다시 등장하는 데 관심을 갖기 때문이다.

이미 예상했겠지만, 이 장에서 논할 주요 내용과 가정이 여기에 있다. 형성적 맥락의 안정화에는 구별되는 두 계기가 있다. 일부 구조틀에 대해 고조된 격렬한 충돌의 시기는 종결되어야 하고 충돌은 억제·저지되

---

8) 사회학의 창시자 오귀스트 콩트(Auguste Comte)는 사회학을 동태학과 정태학으로 구분했는데, 동태학은 역사적 변동의 법칙을 발견하려는 시도이며, 정태학은 공존의 법칙을 발견하려는 시도다 ── 옮긴이.

어야 한다. 이 사회 평화는 기존 제도 장치 혹은 상상적 예측을 수용하거나 부분적으로 교체함으로써 성취되기도 한다. (구조틀의 전면적인 교체는 비현실적이고 제한적인 사례다.)

이러한 평화는 강제되어야 한다. 그것은 일련의 폭력적 혹은 비폭력적, 실천적 혹은 상상적 투쟁으로부터 나와야 한다. 이 투쟁은 그 결과를 왜곡하는 이전의 장치와 선입관의 배경에 맞선 싸움이기도 하다. 그 투쟁 강도가 아무리 온건하고 그 형태를 감지할 수 없더라도 항상 승리와 패배가 존재한다. 그러고 나서야 비로소 맥락 안정화의 두번째 계기가 시작될 수 있다. 강요된 맥락은 이 절에서 검토할 안정화하는 힘의 수혜자가 된다.

형성적 맥락의 2차적 필연성(second-order necessity)에 관한 세가지 원천을 살펴보자. 첫번째 원천은 경제활동의 조직적·기술적 양식 강화다. 특히 부와 권력이 불평등한 상태에 있는 국민국가 체제에서 이 양식은 그것이 처음에 부가된 제도 장치를 강화한다. 두번째 원천은 집단적 정체성, 집단 이해관계, 사회적 가능성에 관한 가정의 경직화이며, 각 집단이 누리는 특권과 통치권력에 대한 각 집단의 접근권 간 상응관계의 경직화다. 파생적인 세번째 원천은 부과되거나 수용된 제도 질서를 사회적 존재의 다른 영역에서 실현되어야 할 인적 결합의 권위적 모델로 바꾸는 것이다. 이러한 상상적 체제는 공식적인 법적·도덕적 도그마의 더 유연하고 조직된 형태, 그리고 사회적 존재의 다른 영역에서 사람들의 관계가 어떠해야 하는가에 관한 묵시적이고 폭넓게 공유된 가정의 더욱 알기 어렵고 양면적인 형태 속에 살아 있다.

이 두번째 안정화 계기에서 작동하는 힘은 근본 요소들을 둘러싼 싸움의 저지나 억제를 전제한다. 안정화 메커니즘은 형성적 맥락의 특징적인 내용을 설명할 수 없다. 그 메커니즘은 이 내용이 무엇이든 작동한다. 이때 과제는 제도나 신념을 특정한 방향으로 조정하는 것이 아니라, 제도나 신념에 부족할 안정성을 어느정도 제공하는 것이다. 그 메커니즘은 형성적 맥락을 경험하는 사람들의 주관적 속성을 바꾼다. 이러한 변화는 실제 결과를 낳는다.

따라서 안정화하는 힘은 그것이 영향력을 행사하는 사회질서에 2차적 필연성을 제공한다고 말할 수 있다. 2차적 필연성이라는 용어는 제2의 본성으로서 관습이라는 전통적인 관념에 대한 유추로 보아야 한다. 그것은 우리의 비결정적인 종적 본성(species nature)에 첨가된 독특하고도 강박적인 본성이다. 안정화의 힘은 사회생활의 일상화된 형태가 대체로 구성하는 굴성〔tropism, 외부의 자극을 향하거나 그 반대 방향을 택하는 성질〕을 만들어낸다. 각각의 힘은 형성적 맥락에 추가적인 수준의 안정성을 부여하는 과정에서 그 맥락을 탈안정화하는 기회를 제공한다. 또한 형성적 맥락의 독특한 내용뿐만 아니라 제약적인 권력에서 장기적·축적적 변화를 가능하게 하는 힘이 작동할 수 있는 기회를 제공한다.

맥락 안정화의 기회가 작용하면서 나타나는 변혁적 기회가 바로 그것이다. 그 기회들은 장점으로 전환될 수도, 그렇지 않을 수도 있다. 각각은 일련의 소소한 교란의 형태를 띤다. 변혁적으로 쓰이려면 이 교란들은 좀더 폭넓고 밀도 있는 갈등으로 상승되어야 한다. 우리는 이러한 상승을 부추기거나 제어하는, 즉 그것을 더 어렵게 하거나 더 쉽게 하는 환경을 묘사할 수 있다. 하지만 우리는 갈등의 상승이 발생하는 필요충분조건의 목록을 작성할 수는 없다. 그 목록을 만드는 데 장애물은 우리의 사회 이해에서 단지 국부적이며 치유할 수 있는 결함에서 나오는 것이 아니다. 오히려 필요충분조건의 탐색은 사회생활이 어떠해야 하는가에 관한 잘못된 가정에 의거한다. 그것은 심층구조 사회이론과 실증주의 사회과학에 공통된 가정이다.

맥락 변화에 대한 관점은 형성적 맥락의 2차적 필연성에 기여하는 세 가지 힘에 대한 분석을 통해 발전된다. 관건은 각각의 안정화 영향력이 어떻게 탈안정화의 기회를 제공하는지를 보여주는 것이다.[9] 이 세 힘에 대해서는 어떠한 마법도 존재하지 않는다. 다른 요소가 부가되어야 하고, 이는 다른 방식으로 나뉘거나 결합될 수도 있다.

| 형성적 맥락의 2차적 필연성: 조직적 양식과 기술적 양식

일련의 안정된 형성적 제도 장치는 경제활동의 조직적·기술적 양식을 위한 토대가 된다. 이 양식은 그것이 당연하게 생각하는 제도와 이 제도가 지지하는 집단분할과 위계질서에 소급적인 안정화의 영향력을 미친다. 새롭게 확립된 제도의 정착에 반대하는 사람들은 그러한 정착에 도전하기 위해서는, 기술적 설계에 대한 지배적인 접근과 이 접근에 뒤따르는 생산과 교환을 조직하는 방식을 위태롭게 할 수밖에 없다는 사실을 알게 된다.

이 장의 앞부분에서 논한 현재의 노동조직 형태에 대한 계보학이 광범위한 사례를 제공한다. 지금의 형성적 맥락을 특징짓는 경제조직 형태를 강화한 사건들은 변화하는 환경 속에서, 그리고 예상치 못한 결과를 놓고서 싸움을 벌였던 대단히 폭넓은 집단갈등을 포함했다. 엘리트는 재규정되었고, 정부의 중앙 권력체 및 지역 권력체와의 관계가 조정되었다. 정부의 권한은 가장 폭력적인 억압의 방법들과 법규범 및 경제정책의 완만하고 미묘한 축적 간의 간극을 메우는 방식으로 대안적인 발전노선에 대항하여 동원되었다. 이 갈등에 따라 과제규정과 과제수

---

9) 『사회이론』에서 안정성과 탈안정화 간의 연계라는 관념이 생존, 정체성 및 과두적 효과에 관한 논의를 통해서 표출되었다. 그러나 지금 나에게 필요한 것은 좀더 상세한 분석의 목적에 기여할 수 있는, 특히 맥락 변화에 관련된 범주들이다.

행 활동이 엄격히 구분되고 합리화된 집단노동의 경직된 형태가 선호되었다. 이 같은 구별을 누그러뜨리는 다양한 노동조직은 경제의 상업적·기술적 후발주자와 선도주자에게 밀려났다. 노동조직의 주류 양식은 산업조직과 기계설계에 대한 차별적인 접근을 위한 토대가 되었으며, 이들은 서로 긴밀하게 적응했다. 대량생산 산업은 훈련과 효율성의 목적을 뒤섞었다. 그것은 시장의 불안정에 맞서 방어하는 장치를 개발했다. 엄격하게 조직된 생산과정에서 작동하도록 고안된 특수한 목적의 기계들을 도입했다. 일반적인 목적이나 메타기계들은 산업의 선두주자들에 한정되었고, 오랫동안 기계설계의 표준이라기보다는 예외적인 형식이 되었다. 결국 제도 장치와 집단 위계질서가 복합적인 관리와 기술적 관행의 토대가 되었다. 식별력이 매우 뛰어난 사람들을 제외한 모든 이들이 이 같은 관행을 경제적 합리성과 동일시했다.

더 높은 단계의 안정성으로 올라가는 일이 단번에 일어나지는 않았다. 제도 장치와 집단분할이나 위계질서의 투명화가 명확한 단절이나 시간지체를 통해 제도적·기술적 복합체의 발전으로부터 분리되지 않았다. 그러나 그 복합체가 형성되었을 때, 그것은 저변에 놓인 제도적 질서에 보호층을 추가로 제공했다. 상이한 질서는 다른 제도적 기법과 기계설계의 기법을 요구할 것이다. 예를 들어, 주류 산업양식과 달리 재구성되고 실행 가능한 프티부르주아의 대안형태는 과제규정과 과제수행 활동 간의 엄격한 구분을 깨뜨려야만 했다. 그 대안은 고립되고 전혀 재량권이 없는 역할에 매인 수동적인 노동자를 전제하는 기계설계의 전통을 받아들일 수 없다. 그 제안이 실행 가능한지가 논쟁의 대상이 될 것이다. 기존 질서의 반대자들은 실제 조직의 이론적인 가능성 이상의 것에 호소해야 하기 때문에 더더욱 그러하다. 예를 들어, 메타기계라는 생각은 그것이 산업의 선도 부문에서 실현되기 전까지는 기계설계 이론에 의해 제시된 순전히 사변적인 관념으로 오랫동안 남아 있었다.

그러나 대안적 양식이 궁극적으로 실행 가능한가가 논쟁에서 벗어난다 하더라도, 그것이 발전하기 위해서는 엄청난 변화의 난관들을 극복해야만 한다. 또다른 기술적·조직적 질서가 확립되려면 그 전에 한 질서가 붕괴되어야 한다. 그 붕괴는 실제 경제적인 댓가를 요구한다. 더욱이 기존의 기술적·조직적 양식은 사회적 가능성과 집단의 이해관계에 관한 사람들의 파악하기 힘든 가정에 영향을 미칠 것이다.

안정화 메커니즘에 대한 앞선 논의는 이 장의 뒤에서 개진할 가설을 전제한다. 기능주의적 사회이론들이 사회조직의 형태와, 생산적 혹은 파괴적, 경제적 혹은 군사적 목적을 위해 기술적 기회를 이용하는 능력 간의 연계성을 이해한다는 점에서는 옳다. 팀워크의 조직은 실제적인 테크닉과 기계를 개발하고 발전시키는 능력에 제약을 가한다. 더 넓은 제도적 환경(그리고 특별히 내가 형성적 맥락이라고 부르는 것의 일부)이 역으로 팀워크의 형태를 형성한다. 우리는 이 제약요인들을 인식해야만 한다. 뿐만 아니라 우리는 기술적 능력, 노동조직, 제도 장치의 상이한 수준에서 제도들 사이에 일대일 관계가 없으며, 어떤 수준에는 특별한 해결책이 있다는 식의 해법 목록이 존재하지 않는다는 사실을 이해해야 한다.

조직적·기술적 양식은 경제성장과 군사력이 불균형 상태에 있는 상호 의존적인 국가들의 체제를 통해 확산되는 경우에 추가적인 안정화의 힘을 얻는다. (지금의 논의에서 그 국가체제가 전세계를 포괄하는가라는 문제는 그다지 중요하지 않다. 그러나 만일 그것이 지구상의 적은 부분만 포함한다면, 경제적·군사적으로 자급자족인 상태라고 가정한다.) 거대한 경제력과 군사력을 향유하는 국가는 더 약하거나 뒤처진 국가에 자신이 선호하는 제도나 도그마를 부과할 수도 있을 것이다. 그것은 가장 초기 단계의 이데올로기적 충동, 즉 자기재생산의 욕구를 채워주게 될 것이다.

그러나 부과할 것도 없다. 성공이 최상의 설득력을 지닌다. 선진국가들이 성취한 실천역량이 이들 국가체제에서 주도적인 방법과는 다른 작업조직 방법을 통해 키워질 수 있다는 사실을, 더 낙후된 국가들의 지배엘리트나 유산계층이 깨닫는 데에는 시간이 걸린다. 상대적 후진국들은 그들이 수입한 작업조직 방식이 선진국가들에서는 아직 알려지지 않은 통치 혹은 경제 제도와 결합될 수 있다는 사실을 아주 서서히 깨닫는다. 처음에는 실천역량이 조직적·제도적 환경과 분리될 수 없는 것처럼 보인다. 하지만 그 환경은 취사선택에 따라 이용 가능한 것으로 보이게 된다.

주도적인 국가에서 탁월성을 인정받은 조직적·제도적 해법의 설득력은 실제적인 진보와 그것을 가능하게 하는 환경에 관한 가장 영향력 있는 아이디어들에 의해 강화된다. 문화적 주도권을 얻으면 대개 실천적 승리가 뒤따른다. 주도적인 국가에서 통치술과 경제관리의 지배원칙들은 기술적·조직적 양식이 형성적 제도의 맥락이나 상상적 맥락과 혼합된 전형을 보여준다. 그러한 혼합은 마치 세속적인 성공의 필수조건처럼 보인다. 예를 들어, 2차대전 이후 몇년 동안 북대서양 부국의 대학에서 나온 경제정책과 관리에 관한 많은 아이디어는 대량생산 산업과 이의 기술적 보완을 산업발전의 조건처럼 표현했다. 이 유력한 이론들은 당시의 규제적 시장경제와 대의민주주의의 서구식 형태들을, 현대 파시스트 혹은 공산주의 독재를 제외하고는 산업에서 대량생산을 가능하게 하는 유일한 산업적 토대로 취급했다. 19세기 초의 자유주의 정치경제학자들과 저술가들은 약간 다른 메시지를 담기는 했지만 동일한 복음을 전파했다. 내가 신화적 역사라고 명명한 당시의 제도적 계보학이 이미 어떻게 지금의 우리가 되었는가를 이해하는 데 지배력을 행사하기 시작했다.

그러나 어떤 기술적·조직적 양식이 국가체제 전반으로 확산되기 시작할 때, 그 양식이 성취하는 추가적인 안정력을 위해 환상이 필수적인 기반은 아니다. 비록 더 후진적인 국가의 지도자가 산업 혹은 군대의 역량과 작업을 조직하는 방식 간의 관계, 또는 그 조직 방식과 더 큰 규모의 산업환경 간의 관계가 그렇게 밀접하지 않다는 사실을 이해했더라도, 그는 대안을 개발할 시간이 부족하다고 느낄 수도 있다. 왜냐하면 그 일을 추진하다가 자신이 외부로부터 지배당하거나 내부로부터 축출될 수도 있기 때문이다. 이처럼 무수한 모방의 동기들을 감안하면, 한 국가체제 내에서 지도자 추대의 결과가 마치 동일한 객관적인 제약요인들의 보편적인 영향력에 의해 진행되는 자발적인 수렴으로 잘못 인식될 수 있는 것이 그리 놀라운 일은 아니다.

지금까지 나는 조직적·기술적 양식이 어떻게 그것이 부과된 제도 환경에 2차적 필연성을 부여하는지 설명했다. 이제 논의의 방향을 바꿔 이 안정화의 힘이 어떻게 탈안정화의 기회를 창출하는지 보여주고자 한다. 이를 위해 바로 앞에서 논의한 국제적 왜곡현상에서 시작하여 핵심적인 현상을 다루고자 한다.

조직적·기술적 양식이 더 광범위하게 확산될수록, 그것이 기능할 사회·문화 환경에서 직면하게 되는 다양성은 훨씬 더 커진다. 그 차이들 때문에, 수입된 기술적·조직적 양식은 기계적으로 모방할 수 없다. 후진국의 제도 질서와 작업조직 방법이 그 국가가 따라잡으려는 기술적·경제적·군사적 발전을 뒷받침할 수 없을지도 모른다. 혁명적 개혁을 장려하는 데 실패하면, 후발국가는 속해 있는 국가체제 내에서 더욱 의존적인 위치로 전락한다. 그러나 외국의 조직적·기술적 양식과 그 전체적인 제도적 환경을 단지 재생산하려는 시도 또한 비현실적이다. 혁명적 지도자들이 세계질서에서 그 국가가 차지하는 위상을 바꾸기 위해 사회생활의 실제적·상상적 질서를 대체하기를 원한다고 해서 그것이 한꺼번에 바뀔 수는 없다. 성공적인 모방은 재창조를 요구한다.

혁신적인 개혁가들과 분별력 있는 보수주의자들로 구성된 엘리트집단이 기존의 제도와 집단분할이나 위계질서에 대한 혼란을 최소화하면서 그 국가의 경제력과 군사력을 강화하는 데 필요한 변화를 수용하기 원하는 공통된 상황을 고려해보자. 이것은 가장 강력한 단계에 있는 하나의 국가체제 내에서 확산되는 조직적·기술적 양식의 안정적인 효과를 기대할 수 있는 상황이다. 따라서 그것은 안정화의 힘이 탈안정화의 함의를 갖는다는 가설을 입증할 수 있는 최상의 환경이기도 하다.

혁신 엘리트는 작업조직이나 기계설계 형태에서 자신들이 지향하는 실천역량과 자신들의 현재 환경 사이에 존재하는 연관성을 밝혀야 한다. 또한 그들은 이 관리·기술 양식과 그 나라의 기본제도 간의 조화, 그 후진국의 현재 제도적 배치에서 가능한 한 최소한으로 벗어나야 하는 조화를 확립해야 한다. 개혁가들은 내부적으로는 분열을 최소화하면서 자신들의 국가를 선도국 수준으로 끌어올릴 외국의 조직적·기술적 양식에 대응하는 안을 고안해내야만 하는 것이다.

가장 독창적인 해법은 후진국의 고유한 특징들을 활용하여 낡은 장애물처럼 보이는 것을 실제적인 이용으로 전환하는 것이다. 하지만 산업양식과 제도 질서 간의 연관성이 느슨하다는 점과 처음부터 기술과 작업조직에 대한 새로운 접근방법을 개발하는 데 어려움이 있다는 사실을 기억하라. 이러한 느슨함과 난점 때문에 혁신적 개혁은 일반적으로 양면적인 결과를 낳는다. 그 개혁의 관리적·기술적 접근방법은 국가체제의 발원지인 선도국에서 선호되는 해결책에 비교적 가깝지만, 그것의 광범위한 제도적 환경은 훨씬 더 멀리 떨어져 있다. 혁신된 형성적 맥락은 그 사회의 과거 질서나 경쟁국의 낯선 질서와는 다르다. 그것은 고유한 창조를 나타낸다.

세계사의 시대(the age of world history)는 안정적인 고안을 통해 경제와 군대를 강화하는 국가적 실험의 많은 사례를 제시한다. 이를 수행하는 것은 주로 자신의 관심사를 부국강병의 확신과 동일시하는 엘리트 내의 한 정파나 정파들의 연합이었다. 개혁은 서구 안팎에서 다양한 숙고와 핵심적인 지침을 갖고 끊임없이 일어났다. 빌헬름 치하의 독일은 영국의 원형과 그다지 다르지 않지만 효과적인 조직적·기술적 양식을 발전시켰다. 독일 경제는 합리화된 집단노동의 정밀한 변형의 경로를 따랐으며, 새로운 양식의 대량생산을 포용했다. 하지만 독일은 장인의 실무 가운데 비교적 많은 요소를 산업조직 자체에 통합했다. 독일은 과제규정과 과제수행 활동 간의 대비를 완화했으며, 중간적인 작업 역할을 다변화했다. 동시에 짧은 시간 내에 지속적으로 진행되는 산업이 전문화되었으며, 그 산업들은 특정한 목적의 기계 개발과 배치를 덜 권장했다. 기술적·산업적 양식에서 이처럼 미묘하고 적절한 독창성과 더불어 부와 권력에 대한 영국의 방향과는 완전히 다른 정부 조직과 실무를 추진했다. 독일에서는 좀더 권위주의적인 헌법이 차티스트 운동(Chartism) 이후의 19세기 영국에서 볼 수 있었던 것보다 훨씬 더 큰 규모로 대중동원에 좀더 적합한 관행들과 공존하게 되었다.

일본은 서구 밖에서 가장 널리 알려진 보수주의 개혁의 성공 사례를 제공한다. 그곳에서는 메이지유신 이후 정권의 정책들이 훨씬 더 계획적이었고, 영국의 원형과 비교했을 때 변형의 정도가 훨씬 더 광범위했다. 기존의 공동체 조직 방식과 후원자-수혜자(patron-client)의 관계가 재구성되었으며, 이는 합리화된 집단노동의 확고한 변형 위에 덧씌

워졌다. 동시에 정부의 제도 재조직은 재구성된 엘리트들에게 특권적 지위를 보장해주었다.

독일과 일본의 발전은 국가체제 내에서 후발국가들이 기술적·조직적 양식을 보수적으로 흡수한 사례다. 하지만 이 같은 보수적 양식의 확산조차 변혁의 기회를 꾸준히 만들어낸다. 성공적인 보수적 개혁은 노동조직의 변화를 요구한다. 심지어 그것은 작업이나 전투에서의 실무적 협동양식에 제약을 가하는 기본 제도와 신념을 바꾼다. 이 변화들은 이해관계의 정의와 순위, 유산 지배엘리트의 성격과 구성, 지배자와 피지배자 그리고 유산자와 무산자의 통치권력에 대한 접근 등에 관한 재편성을 전제할 뿐만 아니라 이를 실행한다. 그러한 재편은 미리 설계될 수 없다. 그것은 불확실성을 창출하며 갈등을 야기한다. 엘리트나 노동대중 가운데 어떤 집단은 변화에 저항하며, 다른 집단은 새로운 질서 내에서 자리다툼을 벌인다. 이 같은 전환기적 논쟁은 격렬해지거나 확산되기 쉬우며, 보수적인 에피소드를 더욱 급진적인 방향으로 전환시킬 수 있다. 보수적 개혁가는 그 투쟁의 존재를 고려한다. 그는 이 투쟁을 막을 수 없기 때문에 그들을 포용하려고 노력해야 한다.

보수적 흡수의 가장 성공적인 사례들이 실제로는 얼마나 많은 갈등을 겪었는지를 잊기 쉽다. 예를 들어, 20세기 초반 20여년간 대중의 격렬한 파업과 사회적 갈등이 일본을 뒤흔들었으며, 그 혼란은 아마도 일본인의 문화적 고유성과 심리적 성향에 의해 이미 결정된 제도적 결과의 회고적 윤색 때문에 가려졌다. 다른 모든 곳과 마찬가지로 일본에서는 상대적으로 보수적인 결과가 자연스러움과 필연성이라는 허위적인 외관을 띨 때까지 장기간 격렬하게 싸워야 했다. 국가경제와 군사력이 퇴보한 사례들은 때로는 "실패한 근대화"(예를 들어 20세기 아르헨티나)라고 불리지만, 제도와 분배 방식을 둘러싼 갈등을 어느 방향으로건

결정적으로 해결하는 데 실패했던 사례로 파악할 때 가장 잘 이해될 수 있다.

이제 조직적·기술적 양식의 안정화 측면의 국제적 차원으로부터 핵심적인 현상 자체로 넘어가보자. 조직적·기술적 양식의 강화는 다양한 사회·문화 환경을 통한 확산과는 별개로 맥락 변화의 기회를 만들어낸다. 기존의 과학이론이 그것을 위협하는 지각이나 발견을 완벽하게 통제할 수 없는 것처럼 관리와 기계에 대한 접근방식이 실제 생산기회를 제대로 파악하지는 못한다. 기계 설계자들, 작업팀의 관리자들, 기업의 수장들은 이 기회 가운데 몇몇을 붙잡고 관리적·기술적 전통의 범위 내에서 혁신을 시작할 그들 나름의 이유가 있다. 소규모 모험적인 실험의 중요성은 이 논쟁의 핵심적인 가설과 연결될 때 명확해진다. 이 가설에 따르면, 형성적 맥락은 작업을 조직하는 방식을 느슨하지만 분명하게 제약하고, 작업조직 형태는 사람들이 실제 생산기회를 붙잡는 능력을 제한한다. 만약 이 가설이 옳다면, 기술적·조직적 양식 위에서 수행되는 실험들은 사회생활의 기존 제도적·상상적 틀에 압력을 가해야 한다. 그 실험들은 더 큰 규모의 실험들을 불러오며, 그렇게 함으로써 기본적인 것들에 대한 갈등도 불러일으킨다.

맥락 구성 이론의 다음 부분은 이 갈등과 산업적 혹은 군사적 역량의 진보를 연결하는 또다른 이유를 제공한다. 다음 절에서는 특정한 조건하에서 실용적인 기회의 압력이 축적적이며 지향성의 속성을 지닌다는 점에 대해 논의할 것이다. 만일 특정 계급이나 국가 전체가 자신들의 경쟁자로부터 패배하거나 실각하지 않으려면, 기존의 사회적 역할과 위계질서가 생산과 교환의 형태에 부과하는 제약요인을 때때로 없애야 한다. 결국 우리는 사회분할과 위계질서가 우리의 사교관계의 경험에 부과하는 영향력을 약화하고, 맥락-보존적 일상과 맥락-변혁적 갈등 간의 대립을 완화해야 한다. 기술적·조직적 통찰의 내적 발전 자체가 이러한 거대한 가능성과 연관성을 인식하게 하는 데에는 미약하지만 현실적으로는 기여할지도 모른다. 따라서 그것이 한때 강화한 바로 그 질서를 탈안정화하는 데 기여할 수도 있다.

이 같은 변혁에 관한 논증을 전개하는 다음 절들에서는 실천적 기회와 제도적 탈안정화를 연계하는 사례를 보여주는 일련의 변형들을 다룬다. 이 사례는 제도적 계보학에서 다룬 과거의 변혁보다는 미래의 변혁에 초점을 맞출 것이다.

제3세계 국가 중 선두그룹의 산업화와 함께 국제적인 노동분업이 변화하면서 이는 선진화된 경제체의 대량생산 산업과 경직된 방식으로 합리화된 집단노동에 대한 강조를 위협한다. 이와 유사한 효과는 더 부유한 국가들에서 소비의 기대치와 노동자의 태도에 점진적인 변화를 가져온다. 마지막으로 일반 용도로 쓰이는 (컴퓨터화된) 기계들의 발명과 더불어 상대적으로 값싼 상품을 비교적 싸게 만들어낼 수 있는 기술의 독자적인 발전이 이와 동일한 방향으로 압박을 가한다. 이러한 압력들은 지금까지 주로 가장 선진화된(자본집약적이고 기술적으로 정교화된) 경제 분야와 가장 낙후된 분야에 한정되었던 생산, 작업조직 및 기계설계의 양식을 크게 중시할 필요성을 제기한다. 대안적인 조직적·기술적 양식은 합리화된 집단노동의 유연한 형태의 묘사에 좀더 가깝게 접근한다. 즉 과제규정과 과제수행 활동 간의 대립을 완화한다.

우리는 기존 제도의 붕괴를 최소화하면서 보수적인 의도 아래 성취된 이러한 양식의 변화를, 마치 상대적으로 후진국가의 엘리트들이 이 새로운 양식이 대체하게 될 접근방식을 보수적으로 흡수한 것으로 생각할 수 있다. 그러나 교훈은 똑같다. 산업 재구성의 보수적 브랜드가 아무리 성공적이었다 하더라도 그것은 제도의 재조정을 필요로 한다.

그 재조정은 계급, 공동체 혹은 노동력의 부문들 간에 그리고 이들 집단과 국가정부 간에 세워졌던 묵시적인 화해 패턴을 교란한다.

한 사례를 살펴보자. 전통적인 대량생산 산업의 침식은 그 부문에서 삶을 영위해온 조직된 노동의 위상을 위협한다. 그러므로 그것은 조합으로 결성된 노동이 앞으로도 조합에 의존할 것인가 아니면 완전히 다른 방식으로 노동을 대변하고 권한을 부여할 것인가라는 문제를 제기한다. 그 조정의 형식과 효과를 둘러싸고 촉발된 갈등은 더 급진적인 변혁의 목표를 가진 운동에 의해 장악되고 확대될 수 있다. 아니면 그런 갈등이 통제 범위를 벗어나 논쟁자 누구도 예상하지 못한 제도적 결과를 만들어낼 수도 있다.

| 형성적 맥락의 2차적 필연성: 집단 이해관계의 논리

형성적인 제도적·상상적 틀은 일련의 역할과 지위를 만들고 지지한다. 그 안에 거주하는 사람들은 특정한 사회적 지위뿐만 아니라 지위의 질서 아래 살아가며, 이는 실제 협동과 정서의 애착이라는 일상 속에서 매일 재확인된다. 이러한 지위와 일상적인 과정은 상상되지 않고서는 다시 만들어질 수 없다. 그 최종적인 가정은 사회세계를 에워싸는 데 조력한다.

몇몇 가정들은 집단적 정체성의 경계를 설정한다. 즉, 각 개인에게 자신의 실제 역할과 삶의 여정을 토대로 자신이 어떤 집단의 구성원인지, 즉 자신이 동일시해야 하는 우리란 무엇인지 고려하도록 이야기한다. 그리하여 일련의 불완전하고 부분적으로는 모순되지만, 그럼에도 서로 연결되어 있고 힘을 주는, 사회 속에서 이어진 우리는 무엇인가 하는 상을 그려낸다. 그 가정들은 사람들이 집단들로 분할되고 집단들이 서열화하는 많은 방식의 상대적 권위와 필연성을 규정하고 밝힌다.

또다른 가정들은 사회적 가능성들을 다룬다. 이 가정들은 개인에게 그가 자신과 가족에 대해 무엇을 기대하는 것이 합당한지를 가르쳐준다. 그것들은 사회와 그 내부 집단들이 선택해야 하는 생생한 선택사항들을 기술한다. 그리고 실행 가능한 것과 유토피아적인 것을 나누며, 이를 통해 개인이 활동해야 하는 사회 영역을 경계 짓는다.

하지만 다른 가정들은 집단 이해관계의 내용을 기술한다. 즉, 각 집단의 이해관계가 무엇인지 그리고 한 집단의 이해관계가 다른 집단의 이해관계와 어떻게 충돌하는지를 규정한다. 서로 다른 집단들은 이해관계의 충돌을 어떻게 규정할 것인가에 대해 동의할 필요가 없다. 하지만 이 고도의 안정성을 성취하기 위해서는 이 불일치가 너무 과격하거나 만연해서는 안 된다. 다른 계급이나 공동체가 기본적인 제도 장치의 재구축에 대해, 혹은 실현 가능한 것과 유토피아적인 것 간의 구별에 대해서는 다투지 않고 자신들의 이익을 위해 싸울 수 있다는 생각을 공유하지 못하게 해서는 안 된다.

집단 이해관계의 논리는 이 가정들 가운데 가장 분명하고 효과가 있는 부분이다. 하지만 그것은 명확성 측면에서 사회적 가능성과 집단적 정체성에 관한 다른 가정들에 의존한다. 다만 집단 이익에 대한 관례화된 압박은 가능성과 정체성에 관한 신념이 굳어지기 시작할 때에만 일어날 수 있다.

집단적 정체성, 사회적 가능성 및 집단 이해관계에 관한 가정들이 세워지기 시작할 때, 그것들은 안정화된 형성적 맥락에 새로운 필연성의 척도를 제공한다. 사람들이 이익 분석을 가능하게 하는 모든 것을 당연하게 받아들이기 때문에 자신의 이익이 무엇인지를 아는 세계가 만들어진다. 각 개인은 비공식적인 실증주의 사회과학자가 되어 자신이 아무런 의심 없이 받아들인 제도적·상상적 틀을 가져오고 은폐하기도 하면서 관례화된 사회세계의 단조로운 이야기를 되뇐다.

앞에서 다룬 역사적 서사로부터 이끌어낸 사례가 이해에 도움이 될 것이다. 그 이야기는 북대서양 국가들에서 점차 주류가 된 제도 질서에 대해 가장 중요한 일련의 대안을 기술하기 위해 프티부르주아라는 경멸적인 딱지를 연거푸 사용했다. 하지만 이 꼬리표는 조건부로 사용해야 한다. 전통적인 장인 집단, 새로운 숙련 노동자, 소규모 경영자, 상인, 농민이 이 운동에서 두각을 나타냈다. 하지만 이 지속적인 반란의 주류적인 자아상(self-image)은 기업적 지주, 계급 혹은 노동력 부문 간의 차이를 무시하는 고용주나 지배자에 대한 사람들의 저항을 묘사했다. 프티부르주아와 노동자 간의 거대한 분열을 진심으로 수용하고 구축하는 일이 완전히 확립된 것은 새롭게 등장한 제도적 질서에 대한 19세기 초반의 가장 심각한 도전이 진압되고 나서다. 1차대전 직후 몇년 동안 사회 동요와 제도적 발명이 뒤따르면서 집단협상과 조합주의적 노동체제의 발전이 이루어졌다. 이 추가적인 동요와 발명 뒤에 조직된 노동계급과 권리를 박탈당한 불안정 하층계급 간의 구별이 사람들이 집단 이해관계의 갈등을 이해하는 방식의 일부가 되었다.

집단 이해관계의 경직화에 대한 대안적인 접근은 보이지 않는 가정보다는 가시적인 타협과 관련이 있다. 그것은 사회집단들 간의, 그리고 관습과 기대, 특권과 의무 간의 일련의 상세한 명시적 혹은 묵시적 조정의 발전을 기술한다. 그 조정은 각 집단에 정부권력의 집행과 사용에 대한 분명한 접근 수단을 제공한다. 제도 장치들이 도전 받지 않고 대략적인 타협이 작동될 때, 집단들 사이 그리고 집단들과 정부 사이의 협상은 맥락 안정화 초기 단계의 유사한 조율에 지나지 않을 수도 있다. 그러나 그 두가지 조율이 서로 영향을 미침으로써 집단 이해관계 체계의 2차적 필연성에 기여한다.

공권력은 사적 특권이 된다. 즉, 통치권력이 사회적 노동 분할 안팎의 위상을 집단들에 할당하는 일을 방어하는 데 적극적으로 개입한다. 동시에 각 집단은 통치권력의 일부에 대한 선취권을 유지하기 위해, 다른 집단들, 즉 계층, 공동체 혹은 노동 부문과의 공개적 혹은 내밀한 거래를 활용한다. 집단 협상이라든지, 정부의 접근과 당파적 특권 간의 조화가 반전이나 모호성 없이 순조롭게 진행되지는 않는다. 그 효과가 조화로울 것이라고 기대할 수는 없다. 그러나 얼마 지나지 않아, 그 두 과정은 서로 얽히게 된다. 각각은 다른 것의 취약점을 보충한다. 이것들은 서로 결합되어 집단적 경쟁의 관심사와 무기를 형성하게 된다. 그들이 조장하는 소소한 공포와 야심은 다른 열망을 궁지에 빠뜨린다.

사회 평화가 보장되지 않는 한 —— 그것은 결코 보장되지 않는다 —— 사람들은 자신들이 인지한 이해관계 그리고 그 이해관계가 의미를 획득하는 제도적·상상적 틀에 관해 끊임없이 싸운다. 집단들은 기존 맥락에 의해 결정되지 않는 방식으로 결합하며, 구조 내의 이해관계를 둘러싼 평범한 투쟁에서 구조 그 자체에 대한 싸움으로 나아간다. 이 환경은 집단 동원의 전형적인 유형을 선보인다.

통치권력과 사적 이해관계의 연관은 적어도 부분적으로는 늘 포착할 수 있다. 국가 없는 사회를 제외하고, 한편으로는 통치권력 다른 한편으로는 사회적 역할 및 지위 체계 간의 관계의 동요는 맥락-변혁적 갈등의 불가피한 요소다. 집단 동원에서 이해관계를 둘러싼 반목은 이해관계의 조정을 위한 제도적·상상적 틀에 대한 갈등으로 확대된다. 이와 유사하게 국가의 구조틀을 동요시키는 투쟁에서, 통치권력을 다른 당파적 목적과 엮어내려는 시도는 통치권력을 집단적 특권의 상이한 질서와 연결하거나 대립시키는 바로 그 방식을 둘러싼 싸움으로 흡수된다.

안정화의 초기 단계에서 맥락-변혁적 갈등이 억제·저지될 경우, 집단 동원은 집단적 계약주의(collective contractualism)로 전환된다. 즉, 집단 간에 일부는 타협되고 일부는 강제되는 협상이 그것이다. 이 협상은 곧 어느정도 수정 가능한 것처럼 보이기 시작한다. 국가에 대한 가장 광범위한 투쟁이 특권의 정치로 바뀌어간다. 그것은 마치 정부의 선호에 접근하는 사다리를 오르내리는 자리다툼과 같다. 특권의 정치와 집단적 계약주의의 정치가 서로 딱 들어맞고 이로써 어느 한쪽이 다른 쪽으로부터 지지를 받지 못할 경우에 결핍하게 될 지속적인 영향력을 획득하기 시작할 때, 2차적 안정화의 중요한 계기가 발생한다.

따라서 조합화되고 상대적으로 특권화된 노동세력 부문이 현재 서구 민주주의에서 차지하게 된 위치는, 정부와의 협상과 다른 집단들과의 조정을 결합한 장기간에 걸친 일련의 사건들에 달려 있다. 이 사건들에는 다음과 같은 것이 포함된다. 때때로 폭력적인 군사행동에 의해 진압되기도 했던 더 급진적인 노동운동의 패퇴, 노동운동을 사회의 전반적인 재조직을 위한 캠페인으로서보다는 당파의 이익을 옹호하는 것으로 보는 자기규정(self-definition), 노조 지도자와 거대기업의 소유주나 경영자 간의 불확실한 이해, 작업 부담의 내용뿐만 아니라 상대적인 보상과 지위에 의해 규정되는 노동 범주들 간의 기본적인 차이에 대한 조직된 노동자들의 수용, 경영자-소유주에 대해서뿐 아니라 배제되고 조직되지 않았으며 제대로 혜택 받지 못하는 노동 부문에 대한 부정적인 연대의 발전, 법규범과 정책을 입안하는 데 정부의 적극적인 개입 등이다. 이 같은 법과 정책을 통해 노동계층의 고르지 못한 조직화를 조장하고, 더 잘 조직된 노동세력이 자신들의 조직적 이점을 국가권력이나 공적 부조에 대한 추가적인 주장으로 전환함으로써 이들의 조직적 이점이 부풀려졌다. 핵심은 새로 등장하는 제도 장치들의 내용에서 이 거래와 조정의 내용을 추론해낼 수 없었다는 점이다. 그 제도 장치들은 다른 무엇, 즉 자연성(naturalness)과 제약의 새로운 수단을 추가했다.

이제 집단 이해관계 논리의 경직화가 형성적 맥락을 안정화하는 데 도움을 줄 때조차 어떻게 탈안정화의 기회를 산출하는지 살펴보자. 집단 이해관계의 논리가 변혁의 기회를 만들어내는 가장 근본적인 이유는, 그 이해관계에 관해 가장 관례화되고 아주 근접하게 규정된 가정들조차도 지속적인 실질적·전략적 모호성을 지닌다는 데 있다. 이 가정들은 이미 승인된 이해관계를 사회생활의 기존 제도적·상상적 구조틀과 어긋나도록 하는 데 쓰이기도 한다.

그 일련의 가정들에 의해 차별화된 이해관계는 어떤 사회적 지위에 있는 사람들에게 그들의 이해관계에 관해 일치된 단일한 견해를 제공할 만큼 충분히 통일되거나 상술되지 않았다는 점에서 실질적으로 모호하다. 따라서 유사한 위치에 있는 개인이나 집단, 또는 다른 시기에 이와 동일한 개인이나 집단은 자신들의 이해관계에 대해 다른 견해를 갖고 행동한다. 일반적인 형태의 이해관계의 충돌과 더불어 이러한 불확실성이 사회를 끊임없이 작은 동요로 채운다. 사회생활의 이 같은 브라운 운동이 일어나는 와중에 제시된 이해관계의 관념들은 현재의 제도적·상상적 구조틀 내에서 완전하게 만족시키기가 더 힘들다. 어떤 관념은 현재의 장치들을 인지된 이해관계의 충족에 대한 제약으로 재규정하는 데 다른 관념보다 훨씬 더 앞서 나간다. 예를 들어, 산업노동자들의 유일한 관심사는 직장을 얻어 더 많은 돈을 벌고 덜 일하는 것이라는 생각, 그리고 이 같은 관심사와 그밖의 이해관계들이 오직 정부와 경제의 좀더 광범위한 재조직에 의해서만 완전하게 확보될 수 있다는 대립적인 견해 사이에는 무수히 많은 중간적인 신념들이 존재한다.

이해관계는 실질적으로뿐만 아니라 전략적으로도 모호하다. 사회평화를 위한 매우 다른 함의를 지닌 대안 전략들은 가장 명확하게 정의된 집단 이해관계를 촉구한다. 예를 들어, 어떤 집단은 사다리의 한 계단 밑에 있는 모든 집단을 경쟁자이자 적대자로 취급하는 우선적인 (preemptive) 보장이라는 매우 협소한 전술을 추구할 수도 있다. 더 좋은 위치에 있는 집단의 특권은 그 집단 바로 아래에 있는 사람들의 지속적인 곤궁에 빌미가 된다. 이와 달리 그 집단은 상위에 위치한 집단들과의 공동투쟁에서 바로 밑의 하위집단들과 잠재적인 경쟁자들을 포괄하는 폭넓은 연대정책을 채택할 수도 있다. 확장 전략과 축소 전략은 상대적으로 더 실행 가능하거나 그렇지 못할 수 있으며, 이미 받아들여진 집단 이해관계의 견해와 조화하는 데 상대적으로 더 쉽거나 어려울 수 있다. 하지만 두 전략 가운데 어떤 것이 다른 것보다 항상 더 효과적일 것이라고 믿어야 할 일반적인 근거는 존재하지 않는다.

그러나 그 전략들은 사회구조틀 내에서 이해관계 충돌의 영속화에 대해 매우 다른 함의가 있다. 축소 전략은 각 집단으로 하여금 기존의 위치를 고수하도록 장려한다. 그것은 정체성, 가능성 및 이해관계에 관한 기존의 가정들을 복원해내며, 그 가정들 위에 세운 제도적·상상적 구조틀에는 도전하지 않은 채 이를 놔둔다. 그러나 확장 전략은 집단적 계약주의로부터 집단 동원으로 나아간다. 전술적 연합에서 출발한 것이 거대한 집단적 정체성으로 끝난다. 순수하게 제도적 시도에서 출발한 것이 궁극적으로는 가능성의 의미를 확장시킨다. 갈등이 확대되고 격렬해짐에 따라 호전적인 투사들은 권력과 생산의 기존 제도가 그 목적을 충족하기 위해 부과하는 제약요인들을 자각하게 된다. 심지어 그들은 대안적 장치들을 작게 해서 실험을 시작할 수도 있으며, 그 장치들은 그들 자신의 창의나 그들의 연합체와 함께 획득한 통치권력의 일부에 의해 정립된다. 집단적 정체성이 융합되고 사회적 가능성의 의미가 확대되면서 기존의 집단 이해관계의 정의가 바뀐다. 이해관계에 대한 새로운 정의가 기존의 맥락에 대한 새로운 갈등과 도전을 촉발한다. 결국 이해관계의 전략적 모호성은 앞에서 논의한 실질적 모호성을 명확히 하고 확대하며 극적으로 만든다.

이제 이 같은 2차적 필연성의 원천에 대한 대안적 묘사(이는 정부가 지원하는 특권과 집단적 계약주의의 공고한 병합을 강조한다)의 관점으로부터 뚜렷해지는 탈안정화의 전망을 살펴보자. 묵시적 혹은 명시적 집단 협상과 정권에 대한 특권화된 선취권은 정체성, 가능성 및 이해관계에 관한 비가시적인 가정들 못지않게 형식상 명확하지도 않고 함의 면에서도 분명치 않다. 그것들은 주변부에서 저항에 부딪히게 될 것이며, 주변부에서 논쟁을 유발했던 것은 더욱 근본적인 논쟁의 핵심이 될 수 있다. 협상을 개정하고 특권을 재설정하려는 시도는 형성적 맥락의 저항을 가린다. 만일 제도적 변화가 일어난다면 협상과 특권은 흔들릴 수도 있다.

탈안정화의 화살이 반대 방향으로, 즉 제도적 개혁을 국지적인 제도적 변화로부터 특정한 협상으로 전환하기 위한 투쟁으로 나아갈 수도 있다. 형성적 맥락의 재조정이 반드시 고조되는 갈등으로부터 나올 필요는 없다. 때때로 그것은 대내외 위기에 대한 다소 신중한 대응으로부터 나오기도 한다. 이러한 위로부터의 변화는 온건할 수도 있다. 그러나 만일 형성적 맥락이 실제 생산기회를 장악하는 역량에 대해 제약요인을 부과한다면 그 변화는 일반적인 것이 된다. 따라서 지배적인 조직적·기술적 양식의 전환을 지지하기 위해 마지못해 뒤늦게 도입된 온건한 제도적 개혁은 국가가 지원하는 특권과 집단적 계약주의의 패턴을 뒤흔든다. 그것은 불확실성을 늘리고 더 변혁적인 목표를 지향하는 갈등을 촉발한다.

산업적 재조직에 관한 앞의 사례는 이러한 형태의 역전된 탈안정화를 잘 보여준다. 대량생산으로부터 선도 산업의 조직적·기술적 방법을 강조하는 방향으로 전환하면 전통적인 조합의 형태는 위협받는다. 그것은 조합 혹은 대안적 방안을 통해, 독립적이고 숙련·조직된 노동자들과 하위계층 노동자들 간의 전통적인 차별을 재확인하는 방식으로 노동에 권능을 부여할 것인가, 아니면 차별을 무너뜨리는 방식으로 노동에 권능을 부여할 것인가 하는 문제를 제기한다. 정부, 기업, 노동 간에 확립될 필요가 있는 새로운 관계가 궁극적으로 기존의 제도들, 그리고 이 제도들이 뒷받침하는 협상과 특권, 역할과 위계질서 등에 대한 혼란을 최소화하면서 확립될 수도 있다. 그럼에도 보수적 관료들의 이러한 승리는 갈등으로 인해 고통받게 될 것이다. 여기에서 유래하는 논쟁은 시장경제와 대의민주주의의 기본적인 형태를 바꾸는 데 기여하는 더 폭넓은 투쟁의 시발점이 될 수도 있다.

| 형성적 맥락의 2차적 필연성: 명료하고 옹호될 만한 인적 결합 체제 상상하기

2차적 필연성의 또다른 원천은 인간공존을 위한 명료한 계획으로서 안정화된 형성적 맥락의 재해석이다. 동일한 주제가 제10장부터 14장까지의 프로그램 논의에서 다시 다루어지기 때문에 안정성과 탈안정화 간의 관계에 대한 논의는 간략하게 다룰 것이다.

사람들은 재안정화된 제도들과 맥락 안정화의 초기 단계를 구분 짓는 대략적인 타협을, 사회 내 공존을 위한 계획으로 규정하게 된다. 그 계획은 사회의 추상적·불확정적 이념을 인적 결합(human association)의 특정한 모델이나 일련의 모델들과 맞바꾼다. 그것은 개인 간의 관계가 사회생활의 다른 영역에서 어떻게 될 수 있고 또한 되어야 하는가를 설정한다.

상상적 체제는 기존 제도의 수정이나 이상화된 해석에 도덕적 권위를 부여하며, 강자가 권력과 특권을 향유하는 것을 정당화하고 약자에게는 지속적인 투쟁을 허용한다. 하지만 그것은 기본적으로 이 질서의 도덕적 권위에 대한 지지보다는 안정화된 사회질서의 명료화(intelligibility)에 기여한다. 그 상상적 체제는 다른 사회적 지위의 사람들에게 서로 간에 무엇을 기대할 수 있는가를 말해줄 뿐만 아니라, 사회적 행위의 기초 문법을 제공한다. 이 체제는 사람들이 행동하도록 기대되는 방식에 관한 가정들과 사회적 존재의 특정 영역에서 그 행동이 수반하는 의미를 상세하게 설명하지 않고서도, 그들이 복합적인 상호의존이나 실천 및 제도에 참여하게 한다. 사회생활의 상상적 계획은 사람들이 공통된 경험이나 신의를 거의 공유하지 않고 상호거래를 가능한 한 상세하게 규제하려고 하는 계약 당사자들처럼 굴지 못하게끔 한다. 형성적 맥락을 더 재구성하려는 투쟁의 포기에는 이 방식으로 사회세계를 권위 있고 명료하게 만드는 것이 함축되어 있다.

이러한 명료성과 권위는 쉽게 수용된다. 첫째, 안정화의 초기 단계에 앞선 혼란은 보통 국지적이다. 많은 관례와 선입관은 도전받지 않은 채 남아 있다. 사람들은 새로운 규범적 관례나 완전히 새로운 상상적 체제를 고안하기보다 옛 관례를 유지하고 현 체제를 수정하기를 바란다. 둘째, 인적 결합의 현실적이고 바람직한 형태에 관한 지배적인 견해는 단지 강압적인 부과나 우연적인 타협을 다시 말하지 않는다. 그것은 상황이 어떠해야 하는가에 관해 개선된 기준, 즉 정당화할 뿐만 아니라 비판하고, 강화할 뿐만 아니라 완화하는 데 쓰일 수 있는 기준을 견지할 것을 약속한다. 안정화된 사회세계의 거주민들은 복종하지만 그들의 복종은 건성으로 이루어진다. 그들은 새로운 설정에서 나오는 개선된 제도와 신념에, 행복과 역량강화를 위한 자신들의 희미하고 혼동된 기대를 투사한다. 갈등의 휴전선과 전리품을 재구성해온 문명의 권위적 이미지는 검증·계발되지 않았으며 충족되지 않은 채 남아 있는 열망의 매개체가 된다.

상상적 계획은 인적 결합의 단일한 예증적 모델의 형태를 취할 수도 있다. 다시 말해 그것은 사회적 관행의 모든 영역에 걸쳐 적절한 조정을 통해 실현되도록 계획된다. 우리는 대개 그런 단일하고 반복적인 사교의 기준이 매우 확고한 구조틀을 지닌 사회와 개인적·사회적 경험의 가능한 형태에 대해 매우 제약적인 가정을 소중하게 간직하는 문화에서 수용되고 있는 것을 발견한다. 이 단일 모델 체제는 동일한 관계들에서 실제의 교환, 공동체적 충성 및 철저한 복종을 결합하려 하는 후견관계(patron-client)의 이념이 그 특징이다.

허위적 필연성의 제약에 덜 순종적인 사회의 경우, 개인관계의 가능하고도 바람직한 형태를 구상하는 지배적인 방식들이 서로 다른 사회적 관행의 영역에 상이한 공존 모델을 부여한다는 점이 특징이다. 그러므로 내가 일전에 그 형성적 맥락을 연구한 바 있는 20세기 후반 북대서양 국가들에서 사람들은 실제의 교환, 공동체적 충성심 및 비상호적인 권력을 서로 상치되는 경험의 형태들로 생각한다. 그들은 사적 공동체의 이념을 가족과 교우관계에서 실현되는 것으로, 민주적 참여와 책임의 이념을 정부조직과 시민권의 집행에 관련되는 것으로, 자발적인 계약과 비인격적인 기술적 위계질서나 협력의 혼합물을 노동과 교환의 실용적인 세계에 적합한 것으로 믿는다. 더욱이 이들은 이 이념들 각각을 특정 관행이나 제도와 동일시한다. 따라서 그들은 민주주의를 그 슬로건과 숙고적인 이론들이 표명하는 막연한 열망일 뿐만 아니라 정부와 당파 갈등을 조직하는 역사적으로 독특한 방식으로 이해한다.

인적 결합의 가능하고도 바람직한 형태에 관한 신념과 법원칙과의 관계는 논의에 도움이 된다. 정치에 의해 덜 손상된 사회에서는 법원칙이 인적 결합 모델의 배경 체제를 공공연하게 언급할 수 있다. 그 인적 결합 모델은 신의 권위에 의해 명령되지 않았을 경우에도 인간본성과 사회질서의 영구적인 필요조건에 새겨져 있다고 주장한다. 그러나 탈고착화와 반자연주의적 회의주의로 더 나아간 사회에서는 그러한 형태의 법원칙이 받아들여질 수 없게 된다. 왜냐하면 가능하고도 바람직한 인적 결합의 최상의 기준에 대한 분명한 호소가 이데올로기 주창자나 선동가의 개방적인 논쟁에 법분석가를 끌어들일까 봐 두려워하기 때문이다. 그러므로 그것은 사회생활의 기본 조건들에 대한 갈등을 재개할 위험이 있다. 이 같은 환경하에서 법분석은 인적 결합의 가능하고도 바람직한 형태에 관해 그 가정들에 의존하는 것을 공언하거나 피할 수 없다. 법률가들이 법을 단지 이해집단이나 계급 갈등의 표현으로 나타내거나 법적 추론을 협의의 선례나 해석에 매우 가깝게 유지하려 하지 않는 한, 그 가정들을 포기할 수 없기 때문이다. 사회질서에 상위의 합리성이라는 윤색을 부여하기 위해 법원칙을 사용하려는 이들은 더욱 어려운 장애에 직면하게 된다.[10]

가능하고도 바람직한 결합 모델의 상상적 체제는 다소 느슨하고 혼잡한 형태로 대중의 의식 속에 살아 있다. 사회를 구성하는 계층과 공동체는 가능하고도 바람직한 인적 결합의 지배적인 비전을 그들의 독특한 방식으로 비튼다. 사회적 존재의 다양한 영역에서 사람 간의 관계가 어떠해야 하는가에 관한 이들의 공언된 생각이나 묵시적인 전제 가운데 많은 것은 부유층이나 권력자의 법적·도덕적·당파적 담론 혹은 다

---

10) *The Critical Legal Studies Movement* (Cambridge: Harvard University Press 1986) 참조.

른 집단의 신념과 조화되지 않을 수도 있다. 그러나 그 국가가 원주민들에게 이질적인 정복자 엘리트에 의해 지배되지 않는 한, 또는 고립되고 반목적인 집단들이 부과된 구조와 공존하지 않는 한, 우리는 좀더 미묘하고 모순적인 상상적 체제나 일련의 중첩적이고 유사한 체제들을 발견하리라 기대할 수 있다. 인간공존의 권위적인 모델들의 비공식적인 비전과 법원칙 같은 엘리트 담론에 의해 전제되는 비전 간의 차이는 자연 언어와 메마른 컴퓨터 언어의 관계와 유사하다. 하지만 더욱 풍부한 언어의 실질적인 주제들은 생략되고(truncated) 편견에 치우친 상태로 빈약한 컴퓨터 언어에 넘겨질 것이다.

단일하든 다원적이든, 엘리트적이고 체계적이든 아니면 대중적이고 모순적인 형태든, 상상적 체제는 사회질서에 소급적인 안정화의 영향력을 행사한다. 사회규범으로부터 한 개인의 명백한 일탈은 그 행동의 실제 동기가 무엇이든 이기적이고 반사회적으로 보이기 시작한다. 그 체제에 도전하는 어떠한 갈등도 그것이 작은 것이라 하더라도, 사람들이 서로를 평가하는 세세한 독실함 내에서 그리고 신뢰를 지지하고 소통을 허용하는 묵시적인 가정들 내에서, 문명 자체를 위협하는 것처럼 보인다.

그러나 경쟁자들과 마찬가지로 안정화의 힘은 탈안정화의 기회를 산출한다. 이 기회들이 어떻게 발생하는지를 보여주기 위해서는 법원칙에 관한 엘리트 담론이나 숙고적인 도덕적·프로그램적 논쟁에서 발견할 수 있는 것처럼 가장 분명하고 일관된 형태의 사회생활의 상상적 질서를 생각해보라. 인적 결합의 이상적인 이미지는 항상 다른 방식으로 해석될 수 있다. 각각의 이미지가 잘 규정된 사회생활의 영역에서 독특한 관행이나 제도에 의해 표상되는 한, 이 모호성은 은폐되고 억제된다. 이상적인 이해, 대표적인 관행 및 적용 영역의 혼합체가 확신감을 뒷받침한다.

그러나 실용적이고 적합하게 적용될 수 있는 사회적 관행의 영역과 결합의 모델을 적절하게 나타내는 실질적인 형식에 관해서는 항상 불확실성이 남아 있다. 더욱이 다른 계층, 공동체 및 여론의 동향은 이 주변적인 불확실성이 특정한 방식으로 해결되는 것에 관심이 있다고 스스로 믿는다. 따라서 사람들은 모호성의 해결에 관해 다툰다. 그들은 당파 혹은 계급 경쟁이라는 조악하고 개방적인 방법을 갖고 다투며, 세련되고 격리된 형태의 법적·철학적 논쟁을 벌이기도 한다.

이 소소한 언쟁은 증폭될 수 있다. 그 언쟁이 통제를 벗어나거나 변혁운동이 그것을 이용하고 악화할 수 있기 때문이다. 그 결과는 공존의 권위 있는 이미지, 실제 표상, 적용 영역 간의 표면적인 조화를 교란한다. 그 교란은 사람들로 하여금 인적 결합의 원래 내포된 이념들에 대한 상이한 해석들 중에서 선택하도록 강요한다. 어떤 해석은 지금의 제도적 질서와 잘 맞고 인간공존의 지배적인 모델을 다시금 증명해준다. 그러나 다른 해석은 제도적 질서에 대한 도전을 부추길 수 있으며, 상상적 체제를 풀어놓기 시작한다. 왜냐하면 이렇게 수용되고 제정된 사회적 교제의 관념에 우리가 부여하는 의미들은 결코 사회생활의 특정 구획에 확립된 관례나 제도로 완전히 소진되지 않기 때문이다. 사람들이 특정 사회영역에서 서로를 어떻게 대해야 하는가에 관한 신념은 손쉽게 적용할 수 있는 도그마 이상이다. 또한 그것은 역량강화와 상호승인을 향한 불명확한 열망을 전달한다. 따라서 그 신념들은 심리유보(mental reservation)의 수단이며, 특정한 제도적·상상적 구조틀에 무조건 굴복하는 것처럼 보이는 사람들은 그것을 통해 비밀스러운 독립성과 충족되지 않는 갈망을 끊임없이 키워나간다. 분석적으로는 다르지만 일반적으로는 중첩되는 다음의 두 과정은 결합의 권위 있는 모델들의 체제와 안정화된 형성적 맥락의 관계 속에서 이 같은 잠재적인 양가성(ambivalence)을 끌어낼 수 있다.

첫째, 수평적 갈등이 있다. 인간공존의 서로 다른 모델이 적용되어야 하는 사회적 관행의 정확한 범위에 관해서는 항상 불확실성과 불협화음이 존재한다. 형성적 맥락에 동화되기를 거부하는 숱한 실천적·상상적 요소가 혼동에 부가된다. 여기서 발생하는 주변적인 논쟁, 즉 상이한 이념들 간에 그리고 그것들이 적용되는 사회생활의 영역들 간에 경계를 긋는 갈등이 숙고적인 도덕적·이데올로기적 논쟁이나 당파적 갈등과 사회적 실험의 주제가 된다. 그 주변적인 논쟁들은 익숙한 이념들을 약간은 낯선 사회영역으로 밀어붙이는 결과를 가져온다. 그 같은 투영이나 이동이 배가될 때, 사람들은 기존의 인적 결합의 이미지가 전제하는 실천형태에 동의하지 않기 시작한다. 이러한 불일치는 전통적 모델들의 숨겨진 모호성과 구조틀 보존 및 구조틀 변경의 다양성을 드러낸다.

예를 들어, 민주주의의 이념을 산업조직으로 확대하려는 시도의 결과를 살펴보자. 이 환경에서 민주주의가 무엇을 의미하든, 그것은 전통적인 형태의 삼권분립 국가나 기존의 민주적 대의와 책임의 메커니즘에 따라 수행하는 것을 의미할 수는 없다. 만일 산업민주주의가 경영의 결정 과정에서 제한된 수준의 노동자 참여를 의미한다면, 그것은 기존의 제도적·상상적 구조틀과 큰 불협화음 없이 공존할 수 있을 것이다. 하지만 자본의 할당이나 투자 결정에 대한 통제의 기본형태의 변화를 요청하는 것으로 이해된다고 생각해보자. 그것은 민주적 원리를 위해 보존되는 영역과 자발적인 계약이나 기술적 위계질서에 의해 지배되는 영역을 구분하는 상상적 비전을 뒤흔들 것이다. 이 상상적 교란은 외부로 퍼져나가 사회적 자산과 가능성에 관한 지배적인 비전의 모든 부분에 도전할 것이다.

수평적 갈등뿐만 아니라 수직적 갈등도 존재한다. 전통적으로 특정 모델의 인적 결합에 쓰인 사회적 실천의 핵심 영역 내에서도 적합한 실천형태에 관해 불협화음과 의구심이 발생할 것이다. 이 부조화를 둘러싼 주변적인 갈등은, 기존의 관행이 이념을 실현하는 데 실패했다는 감정, 즉 그 관행이 약속을 배신했다는 느낌 때문에 더욱 악화된다. 공적 도그마와 기존의 관행에서 발견될 수 있는 것 이상을 암시하는 막연한 열망의 주변부가 항상 존재한다. 그런 변수와 긴장이 갈등을 부채질한다. 그 갈등은 수용된 사교 모델의 모호성을 폭로하며, 그것이 일상적으로 정당화해온 제도 장치와의 양면적인 관계를 드러낸다.

그러므로 지금의 산업민주주의에서 기술적 위계질서와 자발적 계약이라는 브랜드는 과제규정과 과제수행 활동 간의 차별을 강화하거나 완화하는 경제 부문에서 각기 다른 형태를 취한다. 광범위하게 승인된 도덕적 가정들은 개인적인 복종을 본보기가 되는 사회악과 동일시한다. 이 가정들은 개인적·집단적 계약이건 소위 기술적 필요성이건, 과제규정자와 과제수행자를 가장 엄격하게 구분하는 경제 영역에서의 노동의 경험으로부터 그러한 복종의 부담을 걷어내기에 충분치 못하다. 노동자들은 무력함과 수치심을 강하게 느끼는 경험으로 계속 고통받는다. 경제의 선도 부문에서는 대안 노동조직 양식의 제한적이지만 분명한 사례를 제시한다. 급진적인 비평가들은 이 대안이 경제의 상당한 영역으로 확대되고 일반화될 수 있다고 주장해왔다. 그러나 그 확대와 일반화는 궁극적으로 권력과 생산조직에서 일련의 축적적인 변화가 일어나지 않는 한 성공할 수 없다. 또한 그런 변화는 대의민주주의 영역과 계약 및 기술적 위계질서 영역 간의 적절한 차별에 관한 기존의 지배적인 신념과 조화를 이룰 수 없다.

| 갈등의 증폭: 필요충분조건의 이용불가능성

앞의 논의의 핵심 주제는 안정화와 불안정화 간의 긴밀한 연계, 즉 소급적인 2차적 필연성을 안정화된 맥락에 전달하는 바로 그 힘에 의해 생성되는 변혁적 기회에 관한 것이었다. 사소한 다툼의 끊임없는 연속, 즉 영속적인 브라운 운동은 가장 안정된 사회세계조차 억제해보려 하지만 억누를 수 없는 동요에 빠뜨린다. 심층구조 사회이론가는 이 하위단계의 혼란을 사소한 것으로 치부하며, 그 속에서 우발적이고 비생산적인 투쟁이나 기존 사회질서의 법칙 같은 판에 박힌 일상을 발견할 뿐이다. 그는 질서의 대체를 동반하는 갈등과 이 논란 간에 기본적인 불연속성이 있다고 본다. 이와 반대로 실증주의 사회과학자는 이 지속적인 언쟁을 사회생활의 진정한 요소로 드높인다. 그것은 그의 사회 이해에서 매우 큰 역할을 하는 문제해결과 이해관계 조화를 실행하는 것이다. 그러나 그는 일상의 과정과 구조틀 간의 구별이나 특별히 관심 있는 문제들에 대한 구조틀과 구조틀 변경의 영향력을 체계적으로 무시하거나 회피하기 때문에, 브라운 운동을 제대로 파악할 수 없다. 그는 변혁적 전망의 본질이나 범위를 인식할 수 없으며, 그 많은 형식에 대해 포괄적이고 통일된 관점을 얻을 수 없다.

2차적 필연성의 각 형태에 의해 발생하는 소규모의 억제된 싸움은 언제든 증폭될 수 있다. 증폭의 주관적 징표는 싸움 강도가 세지는 것이다. 더 가시적인 외형적 징표는 갈등 범위가 확대되는 것이다. 투쟁에 더 많은 집단이 가담하고 더 광범위한 이슈들에 대한 관심이 커짐으로써 범위가 확대된다. 하지만 증폭의 특별한 의미는 갈등이 맥락-보존으로부터 맥락-변혁으로 점차 이동하는 것이다. 구조틀을 당연하게 받아들이는 실천적 조정, 집단적 정체성 및 도덕적 이상을 둘러싼 다툼이 그 구조틀을 문제 삼는 투쟁으로 바뀌어간다.

그 증폭은 사소한 언쟁이 확대되는 가운데 그 기회를 포착하는 운동의 작업일 수도 있다. 아니면 통제력으로부터 벗어난 갈등의 본의 아닌 결과일 수도 있다. 이 사건에서 확장된 투쟁은 단지 소급적으로만 그 변혁적 의미를 보여준다. 예견과 우연이 훨씬 더 자주 결합되어 증폭의 원인이 된다.

어떤 비판자는 우리가 증폭의 필요충분조건을 확보할 때까지 설명할 수 있는 것이 거의 없다고 이의를 제기할 수도 있다. 그러나 이 책의 주요 테제의 추론 결과는 그러한 필요충분조건의 목록을 이끌어낼 수 없다는 것이다. 그 문제는 우리의 지식상 제한적이고 수정 가능한 결함에서 유래하는 것이 아니므로, 우리가 좀더 열중해서 생각하거나 좀더 많은 것을 발견함으로써 바람직한 결과에 이를 수 있는 그런 차원의 것이 아니다. 사회현실과 사회변동에 관한 사실들은 이러한 탐구를 실망에 빠뜨린다. 그 목록의 존재나 그것을 점진적으로 드러낼 수 있는 가능성을 믿으려면 우리는 적어도 심층구조 사회이론을 닮은 어떤 것을 믿어야 한다. 우리는 맥락 변화, 즉 맥락 선택이 법칙 등의 제약요소나 발전적 경향에 의해 지배된다고 믿어야 한다(필요충분조건에 의한 설명방식에 대한 논박이 뒤에서 다른 형태로 사회구성에 관한 설명과 이어질 것이다).

필요충분조건 대신 여기에서 개진된 견해는 어떤 환경은 일반적으로 증폭을 조장하지만, 다른 환경은 그렇지 않다는 사실을 인정한다. 증폭 친화적인 환경 중에서 두드러진 것은 중간 수준의 위기이며, 그 위기는 외부의 군사적·경제적 경쟁자에 대응해서 기본적인 제도 장치들을 개혁하거나 인구의 다른 부문의 상대적인 규모와 부를 조정해야 할 필요성에 의해 촉발되는 위기다. 하지만 노련하고 운이 좋은 변혁적 실천은 친화적인 환경이 없는 경우에도 증폭을 야기할 수 있다. 이와 반대로 가장 좋은 기회를 놓칠 수도 있다. 가장 중요한 것은 이전의 제도나 선입관 그리고 그것들이 지지하는 사회분할과 위계질서의 체제가, 증폭되는 갈등의 발생이나 범위를 미리 결정하지 못하는 것처럼 그 결과 또한 미리 결정하지 못한다는 점이다. 다른 집단이나 정부에 의한 덜 확고한 궤도의 선택과 사람들이 이렇게 선택된 궤도를 추구하게 되는 상대적인 통찰이나 환상, 숙련이나 미숙련 등이 최종적인 결과를 형성하는 데 기여한다. (제10장에서 14장에 이르는 프로그램 논의에서는 증폭의 친화적·비친화적 환경들을 살펴볼 것이다. 이 검토를 통해『허위적 필연성』의 설명적 관념과 프로그램적 관념 간의 많은 연계성 중 하나를 설정하게 될 것이다.)

확고한 신념을 가진 결정론자들은 브라운 운동의 변혁적 이용이나, 갈등의 확대를 위해 필요충분조건을 기술하기를 거절하는 이러한 주장에 반대할 수도 있다. 그들은, 우리가 좀더 면밀하게 관찰하면, 증폭의 발생, 규모 및 결과를 설명하는 원인들, 즉 한 사회의 일시적 상황에서부터 개인의 상세한 자서전에 이르는 원인들을 발견할 수 있다고 주장한다. 심지어 그들은 적어도 라플라스식(Laplacean)으로 이상화된 기준에서 볼 때 이 원인들이 연결된다고 주장한다. 이 책 또는『허위적 필연성』의 어떤 부분도 이 같은 결정론자의 반박에 의거하지 않는다. 그들의 주장에 대해 어떤 입장을 취할 필요는 없다. 여기에서 맥락 변경에 접근하는 협의의 목표는 심층구조 분석이나 전통적인 사회과학의 가정들로부터 자유롭게 사회를 설명하는 것이다. 즉, 형성적 맥락의 정체성, 실현 혹은 계승이 상위의 법칙이나 심층적인 경제적·심리적·조직적 제약요인들에 의해 지배된다는 사실을 부정하면서 구조와 일상 간의 차이를 존중하는 것이다.

물론 우리의 재구성적 자유의 주관적인 경험이 환상이라면, 맥락 변경의 이 견해가 그 권위의 상당 부분을 상실할 것이다. 그러나 지금의 논의는 자유의지와 결정론이라는 형이상학적 수수께끼를 다루거나 자유의 경험이 인과적 설명의 실천과 어떤 의미에서 조화되는지를 보여주는 것이 아니다. 우리는 사회적 설명의 일반성에 대한 관심과 사회세계의 수동적인 객체로서 우리 자신을 묘사하는 습관 간의 연결고리를 느슨하게 할 때, 이미 우리의 재구성 권한을 옹호하는 무엇인가를 행한다. 그 세계가 자체의 재구성에 부과하는 제약요인의 측면에서 매우 다르다는 사실을 보여줄 수 있다면, 우리는 재구성 권한을 더 잘 옹호하게 될 것이다.

사회생활의 브라운 운동, 즉 안정화의 방법으로부터 나오는 탈안정화 기회의 출현은 장기적으로 맥락 변화를 형성하는 영향력에 기회를 제공한다. 이 영향력들은 서로 협력하든 대립하든 뚜렷한 가능성을 설명한다. 맥락들은 내용뿐만 아니라 질도 바꿔낸다. 그것들은 그 내부에서 활동하는 사람들을 구속하는 힘이 다양하다. 이제 우리의 논의는 장기적이고 방향성 있는 가능한 변화의 원천들로 나아간다.

제8장

부정의 능력과 조형력을 권력 속으로

핵심적인 생각

형성적 맥락을 안정화하는 바로 그 장치들은 끊임없이 탈안정화의 기회와 도구를 제공한다. 구조틀-보존의 일상을 구조틀-변혁의 갈등으로 확대하는 것은 맥락 형성에 미치는 두가지 거대한 영향력을 위한 기회를 창출한다. 이 영향력은 기존 질서의 불안정성뿐만 아니라, 축적된 맥락 변화의 가능성을 뚜렷한 방향에서 밝힌다는 점에서 앞서 논한 안정성과 탈안정화의 기제와는 다르다. 특히 그것은 우리의 형성적·제도적 구조들의 내용과 속성, 즉 이 구조들과 우리의 구조-개선 역량과의 관계를 장기간에 걸쳐서 바꾸어내는 전망을 제시한다. 장기간에 걸쳐 맥락 변화에 작용하는 이 영향력과 안정성 및 탈안정화 기제의 공통점은 변혁 의지에 제약을 가하는 만큼 기회도 제공한다는 것이다. 이 영향력은 급진적 프로젝트와 사회현실의 본질 간에 어떠한 궁극적인 배타성도 없다는 것을 보증한다.

만일 그러한 장기적인 영향력이 존재하지 않고, 다만 안정성과 탈안정화의 기제와 구조틀-보존적 갈등의 상승을 선호하거나 저지하는 환경들의 개방적인 목록만 남아 있다면, 어떤 일이 일어날지 생각해보라.

우리는 각 형성적 맥락의 구성요소들이 서로 결합하여 강화되는 이유나 과정을 설명하기 힘들 것이다. 사회질서의 내적 구성에 대한 우리의 생각 이면에는 항상 그 질서들이 어떻게 변할 거라는 믿음이 있기 때문이다. 어쩌면 우리는 구조들과 일상의 차이점의 의미를 무시하고, 사회생활을 일련의 이권 조정과 문제해결의 활동으로 묘사하는 실증주의 사회과학에 저항하는 것이 쉽지 않다는 사실을 발견하게 될지도 모른다.

설령 우리가 형성하려는 구조와 형성된 일상 간의 차이를 지켜낸다 하더라도, 형성적 맥락을 구성하는 요소들의 교체나 재결합에 가해진 선택적 제약요소들을 믿어야 할 근거는 없다. 따라서 우리는 불완전한 형태의 심층구조 사회이론에 이끌려, 사회생활의 제도적·상상적 구조틀을 불가분하지만 궁극적으로는 자의적인 것으로 이해한다. 즉, 구조틀이 거기 존재하지만, 왜 존재하는지는 알 수 없다. 만일 이 같은 결론을 피해 가는 데 성공하더라도, 여전히 우리가 구축하는 사회질서의 더 완전한 주인이 될 것이라고 기대할 어떠한 근거도 갖지 못한다. 역사는 조건적인 사회세계들의 행렬(procession)일 것이다. 세계는 저마다 법칙을 부여하며, 각 세계는 다른 것들과 동일한 의미에서 조건적일 것이다. 적어도 실제로 의존과 지배의 구조들로부터 사회생활을 떼어놓는 것이, 사회조직의 어떠한 주요 국면도 도전과 투쟁에 대해 보호받지 못하는 상태로 있어야 함을 전제하는 것이라면, 급진적 프로젝트는 환상에 기초한 것이 될 것이다.

이 절에서는 맥락 변화에 미치는 두가지 장기적인 영향력 중 가장 논쟁적인 것을 다룰 텐데, 이는 자유와 구조의 관계를 바꾸려는 것과 무엇보다 연관되기도 한다. 형성적 맥락들과 그것들을 구성하는 광범위한 일련의 합의와 선입관은 내가 탈고착화(disentrenchment), 탈자연화(denaturalization) 혹은 허위적 필연성으로부터의 해방이라고 부르는 속성 면에서 다양하다. 이 속성은 두가지 측면이 있다. 이 측면들이 연결되어 있다는 것은 경험적인 주장이다.

탈고착화의 한 측면은 형성적 맥락이 일상적인 사회생활에서 도전받을 수 있는 정도다. 구조는 그 도전을 제한하는 만큼 고착화 혹은 자연화되어 있으며, 그것이 도전을 허용하는 만큼 탈고착화 혹은 탈자연화된다. 이러한 의미를 따져보면 탈고착화는 우리의 맥락-보존 활동이 맥락-변혁 활동으로 전환될 수 있기 전에 건너야 할 거리를 단축하는 것을 뜻한다. 그것은 우리가 무료한 일상과 역사의 혁명적 막간 사이에서 갈팡질팡하는 것을 중단하고, 시민사회의 평온함 속에서 의식적인 지배를 성취할 수 있는 비교적 손쉬운 것이다. 게다가 더욱 탈고착화된 구조는 수정을 위한 더 큰 기회를 그 구조의 재생산에 필요한 활동으로 설계한다.

탈고착화의 다른 측면은 역할과 위계질서의 기존 구조로부터 우리의 실천적이고 열의에 찬 관계들을 상대적으로 떼어놓는 것이다. 이런 의미에서 탈고착화는 개인의 사회적 지위, 즉 범주, 계층, 공동체 및 성별의 차이에서 그가 차지하는 위치가 그의 인생의 기회와 경험에 미치는 영향력을 줄이는 것이다. 그것은 우리의 실제적·정서적 관계로부터 사회분할과 서열의 격자(grid)를 들어내는 것이다.

탈자연화의 두 측면 간의 관계는 그렇게 자명하지 못하다. 특정한 방식의 사회생활을 규정하는 제도적·상상적 가정이 확보될 때까지 특정한 사회적 역할과 지위를 위한 대본은 존재하지 않는다. 이러한 가정이 공격으로부터 상대적으로 면제되어 있지 않는 한, 안전은 보장되지 않는다. 그 가정들은 확립된 제도와 선입관을 당연한 것으로 받아들이는 일상, 즉 경제적 교환, 당파적 갈등, 규범적 논쟁을 형성함으로써 확보된다. 앞 장에서 안정화와 탈안정화 활동 간의 차이가 결코 절대적일 수 없다는 점을 강조했다. 이에 탈고착화의 개념은 그 차이가 상대적일뿐만 아니라 가변적이라는 점을 함축한다.

이런 해명은 맥락 형성 관점의 주요 테제를 소개하는 데 도움이 된다. 형성적 맥락의 탈고착화는, 생산능력의 향상을 장려하는 것에서 사회환경에 대해 좀더 의식적인 지배력을 행사하는 데에 이르기까지, 일련의 유무형의 장점들을 사회에 제공한다. 사실상 개별적·집단적 역량강화(empowerment)의 모든 형태는 탈고착화나 탈자연화가 묘사하는 지배력과 어떠한 방식으로든 연결되어 있는 듯하다. 나는 이러한 역량강화를 가능하게 해주는 맥락 변화와의 관계를 고려하여, 다양한 역량강화를 "부정의 능력"(negative capability)이라고 부르겠다. 맥락들 내에서 분할과 위계질서의 고정된 체제로 그리고 일상과 저항 사이의 강요된 선택으로 우리들을 밀어넣는 것이 무엇이든, 그것을 거부하는 데에서 나타나는 역량강화에 이름을 붙이기 위해 키츠(Keats)의 문구를 사용할 수는 이유가 여기에 있다.

탈고착화의 정의에서 볼 때, 부정의 능력으로 나아가는 길이 무정부 상태, 끊임없는 변화 혹은 단순한 불명확성으로의 도약이 아니라는 점은 분명하다. 부정의 능력을 강화하는 제도적·상상적 구조들은 탈고착화의 정도가 상대적으로 덜한 구조틀 못지않게 개별적이고 구체적으로 묘사될 수 있다. 예를 들면, 자유주의 부르주아 민주주의의 실제 제도와 지도원리는 유럽의 절대주의 왕정의 제도나 도그마보다 덜 고착화되어 있고, 부정의 능력에 더욱 친화적이다. 뒤에서 설명할 프로그램적 논증에서 등장하는 강화된 민주주의의 가설적 제도와 원칙은 그것들이 대체하고자 하는 대의민주주의와 시장경제의 형태만큼이나 독특하다.

확실히 덜 고착화된 구조는 말하자면 일상의 사회생활 속에서 수정되기가 더 쉽기는 하다. 하지만 그렇다고 해서 그 구조들이 더 불안정한 것은 아니다. 부분적인 조정이 자주 일어나는 환경이 급작스런 주요 대변혁에 의해 주기적으로 혼란에 빠지는 경직된 구조의 상황보다 더 불안정하다고 할 수 있는 예외적인 상황을 제외하고는 말이다. 경직성은 안정성이 아니며, 우리 관행 면에서 투명성과 수정가능성이 높아졌다고 해서 이것이 우리가 끊임없이 그것들을 수정하기를 원한다는 것을 의미하지도 않는다. 자유주의 부르주아 민주주의는 이전의 절대왕정 못지않게 안정적이다. 물론 다른 의미에서 안정적이지만. 더욱이 탈고착화가 의존과 지배의 기제를 약화하기 때문에, 일반 남성·여성 노동자들은 이들 민주주의에서 비교적 더 안전했다.

부정의 능력은 탈고착화를 지향하는 축적적인 운동의 가능성을 이끌어낸다. 어떤 경우에 이 운동은 탈자연화의 장점을 획득하기 위한 의도적인 노력을 통해 나타날 수 있다. 다른 경우에 그 운동은 다윈의 자연선택설에 대응하는 사회이론에 의해서 설명될 수도 있다. 즉, 더욱 큰 탈고착화의 이점을 획득한 사회는 경제적·사상적 투쟁에서 경쟁자들을 제치고 살아남는 데 더 용이하며, 조직과 비전의 양식을 확산하는 데 더 용이할 것이다. 하지만 지금까지 탈고착화의 이점을 통해 탈자연화된 형성적 맥락들을 발생·지속시키는 가장 공통된 방법은 의도론자(intentionalist)나 다윈주의자의 특성 어느 것에도 어울리지 않는다. 이러한 가장 공통되고 독특한 형태의 작인(agency)은 특별한 분석을 요한다.

영향력 측면에서 부정의 능력 관념은 곧 맥락 형성 이론에서 기능주의적이거나 이데올로기적 요소를 나타낸다. 덜 고착화된 제도적·상상적 질서의 출현과 증식은 그에 뒤따르는 결과, 즉 부정의 능력 발전에 의해 설명된다. 하지만 곧 논의하겠지만, 제약조건들(qualifications)이 이 관념의 기능주의적 성격을 덜어낸다. 우선, 길항하는 힘이 부정의 능력이 지닌 흡인력을 압도할 수도 있다. 여기서 가장 중요한 힘은 강제적인 잉여 추출의 능력인데, 그것은 상대적으로 더 고착화된 질서와 그 질서가 지탱하는 위계질서 위에서 생산적 혹은 파괴적인 능력의 개발을 위해 경쟁적 토대 —— 어떤 환경에서는 심지어 더 강한 토대 —— 역할을 수행한다. 또한 "부정의 능력"의 표제하에 요약되는 역량강화의 형태는 제도 장치들의 대안적 묶음을 통해 진전될 수 있다. 어떤 대안은 다른 비경제적 역량강화의 형태를 위태롭게 한다. 이 조건들이 가져오는 가장 주목할 만한 결과는 더 큰 부정의 능력을 향한 모든 행보가 그다지 중요하지 않은 일시적인 변방으로 빠지기 쉬울 뿐만 아니라, 불확실하고 역전될 수 있다는 점이다.

부정의 능력은 맥락을 형성하는 특별한 역사적 사건에 의해 생겨난 제도적·상상적 요소에 영향을 미친다. 이러한 사건은 우리의 저항과 창안 능력을 느슨하고 불규칙하게 제약한다. 따라서 주어진 어떤 수준의 부정의 능력에 필요한 수단을 구성하는 제도적 체계는 무한하다. 부정의 능력의 향상에 대해 이야기한다고 해서 그것이 취해야 할 특정한 제도적·상상적 형태를 구체화하는 것이 아니다. 덜 자연적인 질서를 향한 점진적인 운동 역시 다음 단계로 나아갈 기회를 기다리는 제도적 체계와 사회적 도그마의 미리 설정된 진화과정을 의미하지 않는다.

이 조건들을 모두 더했을 때, 그 결과는 부정의 능력에 관한 테제를 거둬들이는 것이 아니라, 진화론적 심층구조 사회분석의 선입관으로부터 그 테제를 떼어내는 것이다. 이때 드러나는 것은 가능한 진보의 관념이며, 이로써 급진적 프로젝트는 기회를 얻는다. 좀더 수정 가능하면서 위계질서를 뒤엎는 구조를 향한 운동 가능성이라는 관념을 이해하는 생각들은 급진 프로젝트에 대한 공약을 정당화하는 생각들과 그 맥을 같이한다. 왜냐하면 부정의 능력 테제는 인간의 역량을 강화하는 조건과 인간 상호관계에서 의존과 비인간화의 부분을 축소하는 방법을 찾아내는 데 중요한 역할을 하기 때문이다.

이 예비적 진술의 관점에서, 이 장 서두에서 언급한 논쟁적인 계보학을 다시 한번 살펴보자. 새로 등장하는 경제적·법적·행정적 제도는 모두 이전의 제도보다 덜 자연주의적이었다. 새 제도로 말미암아 생기는 이점은 그것이 나타나고 성공한 것을 설명하는 데 보탬이 된다. 어떤 기제 때문에 유리한 결과들이 더욱 탈자연화된 맥락을 가져왔는가에 대해서는 한층 더 분석해야만 한다.

그러한 변혁을 가능케 한 제도적·상상적 재료는 유럽 역사에 고유한 것이었다. 하지만 그 재료에서 얻어낸 해결책은 하나의 사례로 판명되었다. 세계를 정복하려는 서구 세력의 지배적인 제도적·상상적 질서는 경제적·군사적 역량의 발전에서 비약적인 도약을 위한 환경처럼 보였다. 또한 그 질서는 기존의 역할과 위계질서로부터 공동체생활과 개인의 자기표현을 상대적으로 더 해방시키는 기반을 제공했다. 유럽식의 제도를 퍼뜨리는 데 정복이 불필요했던 것으로 판명된 것은 놀라운 일이 아니다. 자신들과 나라를 위해 유사한 이득을 확보하려고 열망했던 개혁엘리트들은 정복자들이 하지 못했던 것을 성취했다. 선구적인 서구 국가들의 형성적 맥락과는 현저하게 다른 제도적·상상적 기반에서 그러한 이득을 얻을 수 있다는 사실을 발견하기까지는 오랜 시간이 걸렸다. 하지만 유럽의 고전 사회이론가들은 이러한 대안적 가능성이 분명해지기 이전에 글을 써냈다. 그들이 성공적인 유럽식 해결책을 세계사의 필연적인 단계로 오해한 이유가 여기에 있다.

또한 이처럼 널리 퍼진 유럽의 해법이 유럽 세계 자체 내에서 안정적이거나 자명한 것과는 거리가 멀었다는 사실을 기억하라. 발전의 역사동안 유럽은 경쟁적인 제도적 아이디어를 조정해야 했다. 사실 가장 중요한 경쟁자, 즉 내가 소규모 상품생산이라 명명해온 경제적 대안이 아마 지금의 지배적인 경제적·행정적 제도보다 부정의 능력을 촉진하는 데 더 나았을 것이다. 하지만 프티부르주아 대안의 옹호자들은 자신들의 주장을 실현한다는 명목으로 대의민주주의와 시장경제를 새로이 조직할 방법을 찾아야 했을 것이다.

이러한 초기적 설명에서 분명한 것은 부정의 능력 테제에 두개의 핵심적인 조율이 요구된다는 점이다. 첫째는 부정의 능력 관념이 내포하는 역량강화의 형태들을 구분하고, 역량강화의 각 측면이 어떻게 더 탈고착화되고 수정 가능한 제도들의 창안에 의존하는지를 보여주는 것이다. 두번째 조율은 행위자(agency)의 문제를 해결하는 것이다. 우리는 부정의 능력 향상을 권장하는 제도들의 역량이 어떻게 그것들의 발생과 존속에 기여하는지를 설명해야 한다. 이를 위해서는 기능적 결과나 이점이 설명의 근거가 되는 메커니즘을 이해할 필요가 있다.

| 탈고착화의 실천적 이점들

부정의 능력을 가장 확실하게 보여주는 사례는 사회의 생산력과 파괴력의 발달이다. 제도적 탈고착화와 실천적 역량강화가 연결되어 있다는 관념은 단지 실제의 발전에 필요한 것들에 대한 통속적인 신념을 이용하고 일반화할 뿐이다. 이 관념의 비교적 명확한 협의의 형태는 경제적 합리성이나 효율성이 생산요소를 최대한 이롭게 결합하거나 대체할 수 있는 자유를 전제로 한다는 테제다. 이 테제의 상대적으로 더 포괄적이고 모호한 유형은 최대한의 조형력이 실제 성공에 기여한다는 생각이다.

우리의 실천활동은 편의주의적이다. 변하는 환경에 따라 자원은 끊임없이 대체되고 기술적·조직적 방법은 수정되어야 한다. 또한 모든 것이 지속적으로 재고안되거나 투쟁의 대상이 되지 않기 위해서는 공유된 이해와 실천의 구조틀이 필요하기도 하다. 하지만 현실적인 성공을 위해 우리는 새롭게 등장하는 실천적 기회에 비춰 이 구조틀을 수정할 수 있어야 한다. 우리가 공동의 실천적 노력을 할 때, 사람들 상호 간에 그리고 기계들과 결합하는 방식을 구조틀이 미리 결정짓게 놔두어서는 안 된다는 것이다. 더 구체적으로는 실천적 이성과 합리적 집단노동의 바탕은, 목적 정의와 수단 선택 간의 그리고 과제설정과 그것을 수행하기 위한 집행 활동 간의 지속적인 상호작용이다. 노동조직과 그 조직이 가용할 수 있는 물질적·기술적 자원의 조화가 실천이성의 가시적인 이미지가 되어야 한다. 이와 달리 실천이성 관념은 유연하고 스스로 수정하는 협업을 개인의 정신활동이라는 관념으로 해석한다. 우리의 실천적 협력사업을 실천이성의 더욱 충실한 이미지로 만들려면, 우리는 기존의 사회적 역할과 위계질서가 협업 노동자들 간의 관계에 미치는 영향력을 약화시켜야 한다. 고정된 규칙이 특정 직업 보유자들, 혹은 특정 공동체나 지위에 있는 사람들이 서로 교류하는 방식을 미리 결정하게 해서는 안 된다. 실천적 삶의 반복적인 일상을 깨뜨려 그것이 실천이성의 재결합 활동에 개방되도록 해야 한다. 형성적인 제도적·상상적 맥락이 사회적 역할과 위계질서를 느슨하게 해줄 수 있는 동일한 변화들 또한 맥락-보존적 일상과 맥락-변혁적 갈등 간의 대립을 줄여준다.

탈고착화와 실제적인 생산적·파괴적 역량의 발전 간의 연계성을 다른 각도에서 살펴보자. 경제적 팀이나 군사적 팀의 조직양식은 기술적 역량의 완전한 개발과 활용을 제한한다. 또한 정부와 경제의 광범위한 제도 장치가 노동집단의 조직을 제약한다. 작업팀의 내부생활이 사회적 신분체계의 영향력에서 부분적으로나마 벗어나지 않는 한, 그것은 유연해질 수 없다. 실천적인 역량강화는 영구히 사회분할을 약화하고,

사회질서들의 자의적이고 완강한 현상유지력을 줄이는 제도와 선입관을 필요로 한다.

초점을 좁혀서 전형적인 사례를 살펴보자. 프랑스혁명이 발발하기 전 몇십년 동안 더 가볍고 정밀한 대포류가 개발되었다. 혁명기의 프랑스군은 전투전술과 군사배치를 혁신하면서 이 신병기의 이점을 최대한 활용할 수 있었다. 당시의 조밀했던 군사진형은 단순히 앞으로 전진하는 진격을 선호했다. 그러한 편성단위는 보병과 경포(輕砲)의 조합을 최대한 활용하는 데 필요한 유연성을 갖고 전장에서 나아갈 수 없었다. 동시에 고전적인 군사진형은 정밀한 총으로 무장한 더 유연한 적들의 손쉬운 표적이었다.

혁명 전의 사회상황이 혁명 전의 군대가 선호한 전술과 군사배치에 영향을 미쳤다. 독일군의 경우, 전쟁의 목적을 공유하거나 이해하지 못했고 정서적으로 애국심을 갖고 있지 않았던 우울한 농노들이 왕실의 전쟁에 강제로 투입되었기 때문에, 장교들은 전투의 순간이 다가오면 병사들이 흩어져 도망갈까 두려워했다. 그래서 각 부대 뒤에서 총검으로 무장한 특수군이, 마지못해 참여한 병사들을 앞으로 밀어내면서 행진해야 했다. 혁명기의 프랑스군은 더 가늘어진 대형과 유연한 전술을 사용하는 것이 상대적으로 쉽다는 사실을 깨달았다. 프랑스군은 절대왕정에 시달리는 국민적·대중적 혁명을 지키기 위해 나선 병사들의 재량과 충성을 충분히 신뢰할 좀더 좋은 근거를 갖고 있었다.

따라서 새로운 기술을 사용할 기회를 잡기 위해서는 새로운 조직양식이 필요했다. 새로운 양식을 위한 제도적·정신적 창안은 군대가 국가의 것이고, 국가는 특권을 지닌 엘리트들만의 것이 아니라고 군인들을 설득했다. 이 특별한 사례를 무수히 증식시켜 군사 기술, 조직 및 전략의 다른 측면에도 영향을 미친다면, 혁명을 주도한 나폴레옹의 프랑스군이 대륙의 적들과의 전쟁에서 적어도 한가지는 크게 유리한 점이 있었다는 사실을 파악할 수 있을 것이다.

이야기는 여기서 끝나지 않는다. 프랑스의 적들은 국가의 제도적 형태와 지배적인 유산 엘리트들과 노동자들의 관계를 바꾸지 않고서는 대포의 개량 같은 발전이 가져오는 새로운 기술적·전술적 기회를 활용할 수 없었다. 하지만 프랑스의 경쟁자들은 프랑스의 혁명주의자들이 했던 것처럼 앙시앵 레짐(ancien régime, 구체제)을 격렬하게 혹은 많은 부분을 바꿀 필요가 없었다. 그들은 민족공동체의 감정을 정당화하고, 군대와 정부조직에서 성과에 따른 채용과 승진의 영향력을 확대하는 데 필요한 대중적 개혁방안만을 필요로 했다(우익 민족주의조차도 평등주의에 양보해야 했다). 슈타인과 하덴버그(Stein and Hardenberg) 시대[11]에, 프로이센 군대 개혁론자들은 성공적인 보수개혁론자들이 재발견한 것을 몸소 입증했다. 다시 말해 그들은 두가지 모두 가질 수 있었다. 그들은 당시의 기술적·제도적 기회들을 이용하는 데 필요한 제도적 탈고착화의 수단과 당시의 사회분할과 위계질서를 적합한 형태로 바꾸어 융화할 수 있었다. 위태로워진 엘리트들이 낯선 제도적 사례의 재생산과 개혁의 전적인 거부 사이에서 선택을 강요당한다고 느끼게 되면, 그것이 부득이 기존의 사회질서를 그 바탕까지 흔들어놓을 것이라는 두려움 때문에 실패한다. 예를 들어, 이집트의 맘루크(Mamluk) 왕조[12]는 군의 주력을 기병대에서 무장보병대로 바꾸는 것을 거부했기 때문에 오스만제국의 공격에 저항할 수 없었다. 타지에서 온 잘 조직된 지배계층

---

11) 1806년 나폴레옹에게 패한 프로이센에서 카를 슈타인(Karl Stein)과 하덴버그(Karl August Hardenberg)에 의해 독일 근대화를 위한 개혁이 이루어졌다 ── 옮긴이.

12) 13~16세기에 걸쳐 약 250년간 이집트 지역에서 무슬림을 기반으로 군사를 담당했던 노예 맘루크가 세운 왕조이며, 1517년 오스만제국에 의해 멸망했다 ── 옮긴이.

이었던 맘루크들(오히려 맘루크의 지도자들)은 자신들의 통치수단과 집단적 정체성을 기병 중심의 군사조직과 분리할 수 없다고 느꼈다.

어떤 이들은 앞의 가벼운 대포 사례가 폭넓은 의미를 갖지 못한다고 이의를 제기할지도 모른다. 다른 형태의 생산 혹은 파괴 능력은 좀더 광범위한 제도적·사회적 환경을 요구하지 않을지도 모른다. 그 능력들은 유연성이나 평등보다는 경직성과 위계질서를 요구할 수도 있다. 실천 영역에서 부정의 능력 테제가 분명하게 전제하는 것은 실천역량의 개발을 가능케 하는 사회적 조건으로서의 점진적인 탈고착화가 지니는 우월성에 대한 신념이다. 부정의 능력 테제의 변호 가능한 형태는 자원과 인력의 강제적 착취(더욱 고착화된 맥락과 경직된 역할이나 위계질서에 의해 지지되는)가 생산능력이나 파괴능력의 개발에 대안적인 기반을 제공해줄 수도 있다는 점을 인정해야 한다. 문제는 이러한 고착화에 기반한 대안이 점진적인 탈고착화에서 실천적인 진보의 가능한 축을 지속적으로 파악하려는 이론 내에서 합당한 비중을 가질 수 있는가다.

경직된 역할과 위계질서를 재생산하는 제도 장치들은 강제적 잉여추출의 기반으로 확실히 기여할 수 있다. 도전을 가로막는 제도와 장치에 의해 정당화되고 강요되는 위계적 의무는 물적·인적 자원이 소수 엘리트에게 거의 자동적으로 이전되는 것을 조장한다. 이러한 장치는 자원의 몰수를 의지와 갈등의 결과라기보다는 도덕적 질서나 자연적 질서의 피할 수 없는 결과로 보이게 하는 놀라운 실천적 이점이 있다. 결국 제도적 고착화가 인간에게 주는 의미는 사회생활의 질서를 정치적 인공물이기보다는 자연적 사실인 것처럼 보이게 하는 것이다. 상대적으로 더 고착화된 질서에서 자본과 노동에 대한 권리의 집중은 위협, 거래 및 도전에 방해받기보다는 당연한 것으로 받아들여지기 쉽다. 하지만 자원·기계·노동을 결합하여 대안적인 형태의 교환과 생산을 통해 실험할 수 있는 역량을 제한하는 댓가를 치르게 된다.

물론 어떤 역사적 상황에서는 탈고착화의 실천적 이점이 강제적인 잉여추출의 실제적인 이점에 미치지 못한다. 어떤 상황을 가리키는가? 현재의 소비에 대한 노동과 자본의 잉여 창출이, 기술혁신이나 조직의 유연성 문제보다 훨씬 상위에 있는, 사회의 대단히 중요한 실천문제로 남아 있는 상황들이 대개 그렇다.

어쩌면 당신은, 적어도 그 사회들이 막대한 부를 획득하고 경제적 결핍을 거의 없앨 때까지는, 모든 사회의 상태가 분명히 그렇다고 말하고 싶어 할지도 모른다. 하지만 그런 상황은 사실 아주 가난한 나라들, 즉 세계사 속의 더욱 번영했던 농업-관료제 제국들이나 산업혁명 이전의 근대 초 유럽의 국가들보다 더 가난한 국가들의 환경에만 해당하는 것 같다. 경제학자들과 역사학자들은 생산량과 생산성의 급격한 상승(우리가 산업혁명이라고 부르는 일련의 사건들)을 사회저축률의 차이로 설명하는 것이 얼마나 힘든지를 반복적으로 밝혀왔다. 보통, 일반 저축률과 경제 혹은 정부의 엘리트들이 강제로 가져간 잉여의 양은 생산능력에서 엄청난 성장을 보이는 나라보다는 경제적으로 침체된 나라에서 더 높았다. 19세기의 청나라와 대조를 이루는 당시 영국의 주요한 특징은 영국인들이 중국인들보다 더 많이 저축하거나 검소했던 것이 아니라, 그들이 다른 방식으로 자원을 활용하고 각자의 역할을 수행하고 생산요소를 재조합했다는 것이다. 잉여추출의 필요성이 사라지는 것이 아니라 활용방법에 그것이 부차적인 것이 된다는 점이다.

고착화의 실질적 이점이 처음 인식되는 것보다는 더 적다고 생각할 만한 이유가 또 있다. 모든 강제적 잉여농산물의 추출이 경직된 사회적 역할과 위계질서에 의존하는 것은 아니다. 또한 허위의 필연성으로부터의 해방과정이 강제적일 때도 있다. 사회생활은 합의적이고 탈집중적이며 참여적인 방법에 의해 실천적 실험에 개방될 수도 있고, 중앙의 명령이나 강제에 의해 그렇게 될 수도 있다. 이 개방을 가능하게 하는 제도들은 사회형성을 위한 자원을 특권으로 장악하지 못하게 하는 급진적 민주주의를 향해 나아갈 수도 있다. 하지만 그 제도들은 인력과 자원을 재조합하려는 의지와 능력을 가진 중앙당국의 계획에 사회생활을 가차 없이 복종시키는 동원적 독재를 향해 나아갈 수도 있다. 실천역량의 개발을 장려하는 협의의 관점에서 볼 때, 합의적 경로의 위험요소는 분권화된 참여적 주장들이 실천의 혁신에 개방된 사회생활 영역을 좁히는 기득권 체제로 굳어질 것이라는 점이다. 또한 이처럼 제한적인 관점에서 볼 때, 독재 경로의 위험은 생산적인 기회를 활용하려는 의지가 중앙당국의 권력욕에 희생될 것이라는 데 있다.

동원적 독재를 분열과 위계질서의 고착된 질서로 착각해서는 안 된다. 비록 둘 다 실천역량의 개발을 위한 기반으로 작용하고, 두 요소들이 대중정치시대에 많은 사회에서 주기적으로 결합되기도 했지만 말이다. 동원적 독재는 강제적인 수단으로 부정의 능력을 얻으려 한다. 따라서 그것은 모든 중간 단계급의 법인단체(intermediate corporate bodies), 독립적으로 조직된 사회계층, 공동체, 지방정부를 없애려고 시도한다. 독재 특유의 경제적 야심은 단지 잉여물을 추출하는 것뿐만 아니라, 재결합·재조직하며 그 재결합과 재조직을 지속하는 것이기도 하다. 오래전에 토크빌(A. Tocqueville) 같은 사회이론가들은 새로운 유형의 민주주의와 전제주의가 사회분할 및 위계질서의 안정적인 질서에 대한 적개심과 더불어 사회관계를 실천적 실험의 대상으로 다루려는 의지를 공유한다는 점을 깨달았다. 현대의 계획독재(modern planning dictatorships)는 좀더 강한 부정의 능력을 얻으려 노력한다는 점이 특징적이다. 자연적인 고착화보다는 강제된 재결합이 그들의 할 일이다. 독재의 특징을 일단 이해하면, 고착화를 통해 실천적 진보를 추구하는 역사의 역할은 훨씬 더 제한적인 것으로 보이기 시작한다.

계급사회와 생산력 발전 면에서 부정의 능력 테제와 마르크스주의 테제를 비교해보자. 마르크스주의가 서술하는 생산양식의 발달은 역사 속의 모든 사회가 계급 위계질서와 그 위계질서가 요구하는 제도적으로 규정된 생산관계에 따라 강제적인 잉여추출의 논리에 의해 전진한다고 설명한다. 원시 공산주의는 평등주의다. 하지만 원시 공산주의 아래에서 사람들은 물자 부족과 무분별한 전통에 사로잡혀 있었다. 계급사회와 계급갈등이라는 고통스럽고 기나긴 우회로를 거쳐야만, 인류는 공산주의를 통하여 원시 공산주의하에서 누렸던 것보다 (더 자유로운 형태라는 점에서) 더 높은 차원의 평등을 쟁취할 수 있다.

하지만 사적 유물론의 진화체제는 우리가 부정의 능력 테제의 특별한 형태로 재해석할 수 있는 부차적이지만 중요한 주제를 내포한다. 생산양식의 발전은 노동이 자유롭게 이동하고, 단일하고 보편적인 속성을 드러내는 일련의 단계들이다. 계급사회의 분할과 위계질서는 노동의 이러한 속성을 은폐하고 억제한다. 따라서 비록 자본주의는 계급을 탄압하고 노동계급의 비참함을 악화하기도 하지만, 이전의 생산양식보다 인간 노동력의 교환 가능한 특성을 더 뚜렷하게 보여준다. 자본의 독재가 어쩌면 근대적인 공장을 지배하게 될지도 모른다. 하지만 이 독재는 인간과 기계의 자유로운 재조합을 가로막는 방벽을 무너뜨린다. 동시에 순환영역에서 사용가치에 대한 교환가치의 우월성은, 노동을 가차 없이 상품으로 취급하는 것과 결합되어, 모든 형태의 생산활동이 다른 형태로 전환될 수 있다는 것을 강조한다.

마르크스의 저술에서 부정의 능력 테제에 매우 가까운 이런 생각들은 여전히 심층구조 사회이론의 진화론적 변형 속에 갇혀 있다. 더구나 마르크스는 고착화된 위계질서에 기반을 둔 잉여물의 강제적인 착취와 제도적 탈고착화를 전제하는 실험적 재조합 간의 차이를 이끌어내는 데 실패한다. 마르크스 추종자에 따르면, 이런 구별에 대응할 만한 것이 없다는 사실은 우연이 아니다. 왜냐하면 역사유물론은 공산주의의 출현이 필연성에서 자유로 가는 하나의 결정적이고 최종적인 전환점일 것이라는 신념을 위해 부정의 능력에서 나오는 통찰을 희생시키기 때문이다.

| 부정의 능력 테제에 대한 비교사적 관점

경제적 측면에서 부정의 능력 발전에 대한 이러한 논의가 앞서 도식적으로 설명한 제도 장치의 특성과 어떤 관계를 맺는지 살펴보자. 새로운 형태의 농업과 산업 조직은 잉여물의 강제적 착취 양상을 보였다. 이를 지탱하는 법적 권리와 행정 제도는 기본적으로 엘리트들을 지속 가능하게 했다. 이들의 역사적 배경에서, 토지임차권과 공장제의 독점은 토지·자본·노동의 광대한 영역에서 거대기업들이 집행할 수 있는 통제력의 증대를 의미했다.

그러나 이 조직적 변화를 더 폭넓은 비교사적 배경에 놓고 보면 강제적인 지배력의 조율이 이야기의 일부에 불과하다는 것이 분명해진다. 새로운 강제장치들은 새로운 형태의 고착을 실현할 뿐만 아니라, 더 탈고착화된 장치들을 반영하기도 한다. 농지 집중(agrarian concentration)은 양적이면서 질적인 과정이었다. 토지에 대한 단일하고 통합된 권리가 다른 권리보유자들에게 부여된 많은 청구권을 대체했다. 이러한 변화의 양적 측면이 더 많은 노동력을 이용하게 함으로써 공장제의 발달을 가져왔다면, 질적인 측면은 사회적 상위자와 하위자 간의 가신적(clientalistic) 관계의 제약요인을 타파하는 데 기여했다. 질적 변화는 양적 변화가 적정한 경우에 발생했다. 다시 말해, 질적 변화는 소농과 소규모 제조업이 가장 활기를 띠던 지역에서 일어났다.

지금까지 나는 계약과 소유권의 새로운 체계가 처음에는 신분적 특권(estatist prerogative), 특히 특정한 사회신분이나 법인체와 공존하다가 나중에는 기술적 필요라는 이름으로 정당화된 조직적 규율과 감시 수단과도 공존했다는 사실을 강조해왔다. 사적 권리의 고전적 체계는 고착화에 기반한 잉여물의 강제적인 착취의 지속을 허용했다. 이와 달리, 이후의 규율 기법들은 실천적 실험과 탈고착화의 강제적인 형태를 지지했다. 비록 법적 체계가 과제규정자와 과제수행자 간의 권위적인 구별에 편향된 방식으로 작용하고 타협되었지만, 재산과 계약 권리들의 보편적 체계는 자원과 사람 그리고 업무의 재조합을 위한 법적 체계를 제공했다. 새로운 질서를 전파했던 초기 자유주의와 공리주의 전도사들은 보편적 권리의 새로운 체계하에서 자유로운 사회에 대한 실험이 성공할 것이라고 제대로 이해했다. 이들의 잘못은 이 권리의 특정한 형태와 내용을 신성시하고, 법적 권리의 실제 사회적인 의미를 제한하고 심지어는 뒤엎는 타협들을 오해했다는 데 있다.

근대 초 유럽 사회의 모든 주요 국면은 자발적 실험의 가능성이 높아진 이런 사회생활의 실재를 확인해준다. 초기의 공장은 단지 노동자들을 지배하기 위한 조직이었을 뿐만 아니라, 어떤 사회적 각본에 의해 미리 결정되지 않은 방식으로 사람과 기계를 재배치하는 방법이기도 했다. 초기의 공장 형태를 넘어 등장한 사회로 좀더 확대해보면 이와 똑같이 말할 수 있을 것이다. 그 당시의 절대주의 왕정과 새롭게 등장한 중앙정부에 소속되었던 관료는 지주와 상인이라는 엘리트에게 의존하지 않는 수단을 갖고 행동할 수 있는 능력을 갖추게 된 것에 지나지 않는다고 생각할 수도 있다. 그러나 지난 역사 속에 등장했던 주요 농업-관료제 국가들의 중앙정부와 이 국가들을 비교해본다면, 다음과 같은 사실을 알게 된다. 즉, 새로운 유럽의 체제들은, 과거의 농업-관료제 국가들을 여러차례 붕괴시켰고 그렇게 붕괴된 정치와 경제 조직이 군벌과 부호에게 넘어가게 만든 위기를 훨씬 더 잘 견뎌낼 수 있게 되었다. 새로운 유럽 국가들은 소자작농, 소규모 상인, 제조업자들과 재정 및 군사 문제 면에서 직접적인 관계를 잘 유지할 수 있었다. 이 하급 생산자들은 자신들의 독립성을 더욱 성공적으로 유지했다. 상업화된 농업경제는 반복되는 비상업화의 재난으로부터 영향을 덜 받았다. 이러한 변화들은 지속적인 집단투쟁을 위한 제도적·경제적 토대를 제공했다. 지배층이었던 유산 엘리트들은 서로 단합되어 있지 않았기 때문에, 아래로부터건 위로부터건 제도적 실험을 막을 수 없었다.

유럽의 새로운 장치들이 안정된 질서로 확립되기 전에는 사람들이 가변적인 갈등의 연속물처럼 살아야 했다는 사실을 기억하라. 서구에서 로마 질서가 해체되면서 집단적으로 조직된 농민들은 지역의 지주들이나 권력자들과 좀더 대등한 조건에서 싸울 수 있게 되었다. 왜냐하면 더이상 귀족들의 편을 들어줄 정부기구가 없었기 때문이다. "봉건제의 위기"는 지속적인 집단투쟁을 통해 얻어낸 결과에 붙여진 이름에 지나지 않는다. 동유럽같이 민중의 집단조직이 가장 약하고 중앙집권적인 귀족의 대응이 가장 거셌던 곳에서는 인구학적 위기(demographic crisis)에도 불구하고, 농민은 자유로워지지 못했고 오히려 농노가 되었다. 중앙집권화된 정부가 등장하면서 지역 엘리트에게 힘을 실어줬다. 하지만 나라와 지역마다 그 정도가 달랐다. 몇몇 국가는 농업-관료제 제국에서 가장 성공적이고 단호한 개혁론자들조차도 힘들게 했던 소자작농과 중앙정부 사이의 반(反)부호적(antimagnate) 연합과 교섭하기 시작했다. 중앙정부와 지주 또는 상인 엘리트 간의 연합이 가장 강했던 서유럽에서도, 노동대중의 자유로운 이동, 정부기관의 결정의 자율성, 엘리트의 갈등과 붕괴가 어느정도 받아들여졌다. 과거의 대(大) 농업-관료제의 어떠한 국가도 그만큼 잘하지는 못했다.

조형력과 타협: 유럽의 사례들

지금부터 언급할 유럽 역사의 사례들은, 중세 전투방식의 붕괴와 산업경제의 등장과 함께 나타난 대대적으로 기계화된 군대의 도입과 연대기적으로 연결된, 19세기와 20세기의 에피소드에서 가져온 것이다.[13] 장기간에 걸쳐 일어난 일들임에도 불구하고, 이 사건들은 지속적인 주제와 상호 간의 효과에서 놀라울 정도의 통일성을 보여준다. 그 사건들은 전쟁 규모의 확대와 무기 개발이라는 이중의 압력하에서 전쟁의 전환점을 보여준다. 각 중요 시점에서 기술적 혹은 동원적 기회를 잡으려는 시도들이 직접적으로 서로 영향을 미쳤다. 또한 그 사건들은 최초로 유럽과 북대서양에서 일어나게 될 산업화와 가속화된 경제적 혁신을 일으킬 사회조건들을 형성하는 데 기여했다.

봉건제의 중심지역에서 특징적으로 발달했던, 중세 유럽의 지배적인 전투방식은 보병과 궁병의 지원을 받으면서 개별적으로 싸우는 중무장한 기사단을 통한 전투였다. 수세기 동안의 주요 군사기술은 날카로운

---

13) 군대 역사에 관해서 저술하는 모든 사람들처럼 나는 한스 델브뤽의 저서에서 많은 도움을 받았다. *Geschichte der Kriegskunst, im Rahmen der Politischen Geschichte* (Berlin, G. Stilke 1900~1936), 특히 part 3, "Neuzeit." 도움과 영감을 얻은 다른 주요 자료는 William H. McNeill, *The Pursuit of Power: Technology, Armed Force, and Society since A. D. 1000* (Chicago 1982), 특히 3장과 4장.

철제무기를 든 기병대로 타격을 가하는 것이었다. 등자〔鐙子, 말을 탈 때 발을 디딜 수 있도록 만든 발받침대〕와 안장의 개선은 그러한 타격에 힘을 보탰다. 그 어떤 정부도 전투에 지속적으로 인력과 자원을 동원할 수 없었다. 기사들은 각자 자신의 무기와 병사들을 데리고 특정한 조건하에서 아주 드물게 치러지던 전투에 참가해야 한다는 충성과 교환에 속박되었다.

이 전투부대는 최소한의 전술적 유연성과 협력체제를 갖추고 전투에 임했다. 전투방식은 일반적으로 두가지 방식 사이에서 오락가락했다. 밀집된 기병대가 돌격하고, 그뒤에 백병전이 뒤따랐다. 처음부터 두 형태의 전투방식 모두 작전상 융통성을 발휘할 수 없었다. 개선된 무기들, 즉 날 끝이 철로 된 창과 보병이 사용하는 초기의 화기에 대응하여 말을 탄 기사들은 더 무거운 갑옷을 착용했고, 그 결과 기동성을 잃었다. 기사들은 작전과 팀워크를 희생하면서까지 홀로 안전을 확보하려고 무모하게 시도했다. 결국 신무기에 맞서 방어책을 강구하려던 시도가 이미 심각한 결함이 있는 것으로 판명된 전투방식을 급속히 사라지게 만드는 효과를 가져왔다.

분명히 전쟁에 대한 이러한 접근방식은 매우 제한된 무기고와 인력과 물자를 동원하는 제한된 방식과 분리될 수 없었다. 조직의 심도와 전술의 교묘함이 거의 허용되지 않았다. 전투방식은 처음에 그 발전을 촉진한 정부가 해체되고 시장이 무질서해진 상황을 극복하고 살아남을 수 없었다.

하지만 전쟁을 수행하는 데는 기병대를 완전히 대체할 수 있는 어떤 단일한 방법이 존재하지 않았다. 처음부터 여러 대안이 발전했는데, 심지어 선호하는 무기들도 달랐다. 유럽 역사에서 동일한 시기에 중세 절정기의 전쟁방식에 대해 논쟁하는 과정에서 최소한 두개의 다른 노선이 선택되었다. 각 노선은 봉건적 의무에 매인 기병대의 범위를 넘어선 기술적·동원적 기회를 활용했다. 따라서 각 노선은 중세 절정기에 유행했던 갑옷으로 무장한 기사에게 결정적 타격을 주기에 충분했다. 하지만 어떤 노선도 스스로를 전적으로 바꿔내지 않고서도 다음 단계의 기술적·동원적 기회를 충족할 수 있다는 점을 입증하지는 못했다.

반봉건적 군사 발달의 첫번째 노선은 상비군을 이용하는 것이었다. 물론 나는 여기서 상비군이라는 말을 기존의 쓰임보다 포괄적이고 느슨하게 사용할 것이다. 상비군은 정규 보병이라는 점에 그 특징이 있다. 이들은 신흥 지역국가의 농민층에서 차출되었고, 군사령관인 군주의 절대적인 지휘를 받았으며, 개선된 무기를 공급받았다. 상비군의 가장 완성된 형태는 독립 자작농에서 차출되어 보수를 받는 군인들의 조직이었다. 그들은 화력을 집중하고 상이한 무기를 사용하여 서로를 보완할 수 있도록 부대를 조직하고 작전을 수행할 수 있었다. 특히 더욱 강력한 장거리 무기인 장궁이나 머스킷 총은 보병대의 공격을 보완해줄 수 있었다. 이런 조합은 봉건적 군대가 교전 중에 수행해야만 했던 무모한 공격 대신에 수비-공격(defensive-offensive) 전술의 발달을 가능케 했다.

중세 절정기의 전투방식에 도전한 초기 사례 중 하나는 1346년 크레시(Crécy, 프랑스 북부) 지역에서 일어났다. 에드워드 3세 군대의 전술적·조직적 탁월성은 웨일즈의 장궁이 미친 효과 못지않게 중요한 결과를 가져온 듯하다.[14] 다음 사건은 한세기 뒤에 포르미니(Formigny, 프랑스 북서부의 마을)에서 일어났다. 이번에는 프랑스가 승리했으며, 중세의 야포였던 컬버린 포는 장궁을 대신해 최후의 일격전에 적을 무너뜨리는 장

---

14) Herbert James Hewitt, *The Organization of War under Edward III, 1338~1362* (Manchester: Manchester Univ. 1962) 28~49면 참조.

거리 무기(missile) 역할을 했다. 사실 샤를 7세의 군대는 상비군의 가장 초기 형태 중 하나였다. 샤를 군은 엄청난 규모로 물자와 인력을 배치했고, 보병과 기병의 집중 공격과 장거리 무기를 결합했다.

초기의 성공에도 불구하고 이 전투방식은 전쟁의 동원 규모가 확대되는 부담을 쉽사리 해소하지 못했다. 전쟁을 치르기 위해 인력과 물자를 동원하는 데 여전히 한두가지 난관에 부딪쳤다. 토지를 차지하고 있거나 무역 내지 정부에서 힘을 가졌던 과두세력이 새로운 중앙정부에 자금이나 인력의 지원을 중단할 수도 있었고, 물적·인적 자원을 이용하는 데 조건을 정할 수도 있었다. 이러한 경향은 유럽 역사에서 끊이지 않았다. 혁명기 프랑스의 대중운동에서부터 20세기 세계대전에 이르는 시기에 정치가 대중정치로 바뀌고, 전쟁이 국민들의 전쟁으로 전환되자, 이러한 경향은 대체되었다. 새로운 상비군의 지휘관이자 고안자였던 중앙의 군주들이 과두의 적들을 공격했을 때, 그들은 귀족들의 반동에 의해 무너지거나 자신들이 부추긴 대중의 동요에 의해 압도당할 수 있는 위험을 감수해야 했다. 절대주의 국가에서 군주와 과두세력 간의 전형적인 공존을 감안하면, 민중의 반란 위험은 과두세력에게 지배당할 위험보다는 가능성이 희박했다. 그렇지만 농촌과 도시의 대중이 공동체적 자립성을 활기차게 유지하고, 지배자가 그들과 대의를 같이하여 영토 내의 부호들에 대항했던 곳에서는, 민중반란이 일어나기도 했다. 스웨덴 에릭 14세의 투쟁이 좋은 사례다.[15] 이 책의 제5장에서 자연경제(natural economy)로의 복귀로 기술하는 유럽은 정부와 경제의 주기적인 붕괴로부터 이례적으로 벗어났음에도 불구하고 농업제국 당시에 존재한 고대 치국책의 곤경으로부터 완전히 자유롭지 못했다.

---

15) Ingvar Andersson, *A History of Sweden* (London: Weidenfeld, 1955) 147~49면 참조.

화기의 지속적인 발전에 의한 기술혁신 또한 초기의 상비군에 쉽사리 흡수되지 못했다. 화력을 효과적으로 운용하고 이를 타격전술과 통합하기 위해서는 숙련과 정밀함이 필요했다. 이러한 기량을 갖춘 군대는 기존의 위계질서와 분할체제를 지닌 사회에서 하나의 작은 소세계로서 내부적으로 조직될 수 없었으며, 또한 그 사회 대부분의 생산활동을 특징짓는 강제적인 복종과 개인적·가족적 주도권이 병존하는 상황에서 효과적으로 작동할 수 없었다. 독립적인 과두세력의 선처에 의존하지 않고서는 직접적으로 병사와 자금을 충분히 확보할 수 없었다. 이에 사회의 가장 일반적인 협력과 복종의 형태를 교란하는 대응모델로 확립할 만한 조직의 형태를 출범시킬 필요가 있었다. 가장 초기의 성공적인 상비군 형태는, 더욱 향상된 무기 제조에 필요한 조직과 군사작전 및 전술 등을 화력의 기술발전 수준이 긴급히 요구하지 않는 한편 국내외의 예외적 상황이 국가를 건설하려는 군주들과 재정비된 귀족들, 노동대중 사이에 휴전을 가져온 환경에서 나타났다.

 봉건제 절정기의 교전상태를 전복하는 또다른 노선을 공동체적 저항 (communal resistance)이라고 부르자. 그것의 독특한 점은 자유농민 혹은 도시 거주자들을 밀집된 사각편대로 배치하는 것이었다. 자유농민과 도시 거주자들은 공동체에 대한 유대감과 외부 권력자에 대한 저항이라는 사명감을 공유했다. 그들은 무장한 기사를 떨어뜨리기 위해 곤봉과 장대(처음에는 미늘창, 후에는 도끼창)로 무장했다. 1302년에 쿠르트레(Courtrai, 벨기에 서부의 도시) 전투에서 플랑드르 시민들이 프랑스의 기사들을 격파한 것은 예전의 공동체 저항의 생생한 본보기다. 그 전투에서 시민들의 무기는 아즈텍(Aztec) 무기보다도 더 원시적인 곤봉이었고, 승리의 결정적 요인은 습지를 이용한 전술이었다. 이 방식의 좀더 발달된 형태는 16세기에 오스트리아의 기사들에 대항해 승리를 쟁

취한 스위스의 방진(方陣, phalanx)이었다.[16]

방어가 공격과 병행했으며, 창이나 미늘창처럼 기병의 타격을 막는 무기와 격발식 활에서부터 권총에 이르는 장거리 무기가 결합되었다. 마을이나 농촌에서 저항하는 민중공동체가 전투에 인력을 제공했다. 이 기술적·동원적 기회들을 활용할 수 있게 한 군대 조직과 작전에 대한 접근방법은 기존 공동체 생활의 경험에 의존했다. 이처럼 새로운 기반 위에서 전투를 치러야 할 필요성은 추후 플랑드르와 스위스 민중의 삶 속에 협동적 조직형태를 강화하고 다양화했다.

다만 공동체적 저항의 군대와 그 군대를 자리 잡게 한 사회는 초기 형태의 상비군 이상으로 전쟁에서 동원적·기술적 기회를 확대하는 데 필요한 요건을 쉽사리 충족시킬 수 없었다. 이 같은 대중적 저항(popular resistance)의 지역들은 거대한 영토를 가진 신흥국가들이 확보한 자원이나 인력과 경쟁하기 위해, 자체적으로 넓은 영토와 인구를 지배할 수 있고 외부세력과의 싸움에서 단호하게 행동할 수 있는 그런 중앙집권적인 국가제도를 만들어야 했다. 국가건설에서 이러한 실험은 대규모의 집단적 자기변혁을 이룰 수 있는 과감한 제도 개혁 없이는 완수될 수 없었다. 무기 제조의 기술적 발달에 대한 접근조차도 공동체 저항의 전투에는 쉽사리 개방되지 않았다.

거기에는 제작에 참여하는 기술자들의 그룹과 협력해 화기 생산을 후원할 수 있는 발전된 국가체계가 필요했다. 일단 무기를 사용할 수 있게 되면, 이를 최대한 활용할 수 있는 조직적·전술적 그리고 군사작전의 방식이 있어야 했다. 밀집대형의 강력한 집단적 충성심은 전문화, 협

---

16) 상세한 설명을 위해서는 *Landesknechte* in Eugen von Frauenholz, *Das Heereswesen in der Zeit des freien Söldnertums*, 2 vols. (Munich: Beck 1936).

력 및 감독하의 재량권의 대안이 되지 못했다. 하지만 공동체의 군대를 지원해주는 나라들은 보통 산간지역이나 변방에 위치했고, 그곳에서는 봉건제도가 제대로 발달하지 못했거나 이전에 붕괴했다. 물론 이 지역에 플랑드르, 보헤미아 및 북이탈리아가 포함되지는 않지만, 이 지역들은 더욱 다양화된 상업적인 농업이나 제조업 경제를 발전시키는 데 실패한 곳들이었다. 따라서 공동체적 저항방식은 무기의 획기적인 약진을 군사작전의 혁신으로 전환할 수 있는 지침을 거의 제공하지 못했다.

군대 역량의 수준을 높이는 데 장애가 되었던 것들이 공동체적 저항의 모든 경우에 적용되지는 않았다. 하지만 그 난관들은 대체로 공동체적 저항의 조직적·사회적 기반을 크게 바꿔야 할 정도로 심각했다. 대중참여 전투의 초기 형태를 지탱해주던 제도들은 어떻게든 거대 영토국가의 새로운 상비군이 보여주는 몇몇 장점들과 결합되어야 했다.

15세기 초의 후스파〔Hussites, 15세기 종교개혁가 존 후스John Huss의 신봉자들〕에게서 그러한 결합을 향한 움직임을 감지할 수 있다. 비록 보헤미아 전쟁위원회에서 체르넴블(Tschernembl)이 대중 모병을 촉구한 것이 완전히 무시당하기는 했지만, 얀 지슈카(Jan Žižka)의 군대는 전쟁의 동원적·기술적 선봉에서 싸울 수 있는 능력을 거듭 보여주었다.[17] 당시 유럽의 어떤 전투부대도 지슈카의 부대보다 조직과 전술 면에서 정교하지 못했다. 어떤 전투부대도 이들보다 더 다양하고 활기 넘치는 경제적 후원을 기대할 수 없었다. 하지만 후스파 국가는 영토 군주국들보다 독립적인 민중조직에 훨씬 더 큰 역할을 부여했다. 후스파 국가의 멸망은 외부세력의 연합과 "한 국가" 내의 실험에 수반된 난점에 직면한 상황에

---

17) J. V. Polišenský, *War and Society in Europe, 1618~1648* (Cambridge: Cambridge 1978) 64면.

서 발생한 내부적 불화 때문이었다. 가장 선견지명이 있었던 북이탈리아 도시공화국의 군사개혁가들과 정치선동가들은 대중민병대의 조직적·사회적 기반을 급진적으로 바꿔내야 프랑스, 스페인 및 교황의 군대에 대항할 수 있다는 사실을 간파하고 있었다. 이 변화들은 이탈리아 연합의 성립에서부터 다양한 형태의 무기로 무장한 소규모 전투부대들의 과감한 조합에 이르기까지 모든 과정을 거쳐야만 했다.

상비군의 내부적 변혁도 어쩌면 유사한 결과를 가져올지도 모른다. 영토 군주(territorial monarch)는 자신의 국가상비군 전체를 농촌과 도시의 자영업자들로 구성된 민중의 집단조직에 기반을 둔 대중적인 민병대로 변경할 정도로 귀족들과 싸워나갈 수도 있었다. 스웨덴의 에릭 14세는 이처럼 민병대 조직에 근접했으며, 16~17세기 스웨덴의 역사에서 그 경향은 지속되었다. 이와 달리, 과두세력의 투쟁이 확대되면서 국가구조가 붕괴되기도 했다. 내전에 의해 생겨난 더 넓은 기반을 가진 군대가 자체적으로 대중의 추진력을 얻어 국가의 전 위계질서 체제를 전복하겠다고 위협할 수도 있었다. 예를 들어, 영국의 내전과정에서 신모델 군대가 거의 통제되지 않으면서 국가의 기본적인 제도들이 위험에 빠졌다.

17세기 초 반봉건적인 전쟁의 주요한 두 방식, 즉 상비군과 공동체적 민병대는 모두 더 큰 파괴력을 얻기 위한 기술적·동원적 기회를 창출하고 활용하는 데 어려움을 겪었다. 하지만 이 방식들 각각이 직면한 주요 난점과 그것들이 가져올 실제의 이익에는 시기상으로 중대한 차이가 있었다. 장기적으로 공동체의 저항 방식은 대규모 자원과 인력을 동원하고 선도적인 작전방식을 전투부대의 작은 단위까지 확대하는 총력전에서 더 빠르게 대응할 수 있었다. 하지만 단기적으로는 어느정도 조직된 다수의 소규모 소유주들에 의해 강력하고 안정적인 국가가 직접적·

자발적으로 지탱될 수 있도록 하는 제도와 신념을 창안해야 했다. 절대주의와 귀족제의 유럽에서 상비군 제도의 발달은 과두적 특권과 대중 탄압의 제약요인을 극복하는 데 실패할 수도 있었으며, 그 제약요인은 장기적으로 전쟁의 기술적·동원적 강도가 높은 단계에서는 치명적일 수 있었다. 하지만 단기적으로 상비군은 대중민병대에 비해 왕, 지주 귀족, 다수의 상인이 지배하던 곳에서는 이미 굳어진 권력을 다시 규정하거나 박탈할 필요성이 덜했다. 공동체적 저항 방식의 지지자들은 전 유럽의 해법으로서 이 단기적 취약점을 상쇄하기 위해, 동원적·기술적 역량에 미치는 장기적인 이점을 최대한 빨리 단기적 이득으로 전환하려고 시도했다. 후스파 세력의 개척의 면모는 이러한 전환의 가능성을 시사한다.

유사한 수준의 실제 생산력과 파괴력을 두고 대안적인 조직적·사회적 토대들이 경합하는 상황에서 부분적으로 승리를 좌우하는 것은, 경쟁적인 방법을 차용하여 자체의 방법 일부로 만들고, 이를 통해 자신들의 정치적 감각 전체를 바꾸거나 전도하는 능력이다. 공동체적 저항의 길을 택한 작은 공화국들과 농촌이나 도시의 집단들은 이와 같이 성공하기 위해 대규모의 연합, 기술직과 관리직의 간부요원, 상설 특수군을 만들어야 했다. 상비군을 창설한 군주들은 이와 반대 방향으로 나아갔다. 국내 귀족들과 전면적인 투쟁을 하지 않고서 군대에 병사를 보충하고 자금을 공급하는 데 난관에 부딪치자, 그들은 공동체 군대세력을 자신들에게 유리하게 돌리려고 시도했다. 그들은 대중의 군대를 자신들이 고용한 용병부대로 전환하면서 이같이 역전을 시도했다.

군사 기업가들에게 고용된 용병부대는 자신들의 기존 운용방식과 결합된 무기의 강점을 유지하면서 새로운 대중적 편대를 국민군에 편입시키는 수단으로 작용했다. 그렇지만 이 부대는 모든 면에서 사회체제에 이식된 이질적인 군단이었기 때문에, 결합의 대항모델로서 별로 위협이 되지 않았다. 이러한 전략은 군대 개혁과는 거리가 먼 통치술을 사용하던 곳에서 채택되어왔다. 예를 들어, 17세기 후반 오스만제국의 쾨프뤼뤼(Köprülü) 개혁기[18]에, 알바니아인들은 국가 행정의 요원들로서 주요 역할을 했다. 우호선서(oath of friendship) 혹은 베사(besa, 알바니아 말로 "약속을 지키다"라는 뜻)를 신성히 여긴 덕분에, 고위 관리집단에서 대부분의 후견관계가 해체되었을 때에도 그들은 대안적인 조직구조에 밀려나지 않고 신뢰를 얻을 수 있었다.[19]

30년전쟁이 발발했을 때, 서유럽과 중부유럽에서 지배적이었던 전투방식은 프랑스의 샤를 7세와 영국의 에드워드 3세 같은 전쟁지도자들이 개척한 제한된 형태의 상비군에 의한 전투였다. 인력과 자본을 제공하는 광범위한 대중적 기반에 접근할 수 있는 상황이 불안정하고 이를 유지하는 게 힘들었기 때문에, 대부분의 거대 영토국가들은 용병과 강제 징병된 농민군을 조합·운용해야 했다. 이 군대는 처음부터 한정된 기간 동안 고용 내지 소집된 임시 전투부대였다. 엄청난 재정적 부담 때문에 전쟁을 치르기 위한 인력과 자원 동원의 가능성이 극도로 제한되었고, 군벌이 되려고 했던 이들은 빈틈없는 은행가들의 수중에 놓이게 되었다.

더구나 이 군대의 본질상 화기 제조의 기술적 이점을 활용하고 화력으로 급습할 수 있는 능력이 제한되었다. 이러한 특징은 강제 징집된 농

---

18) 쾨프뤼뤼 파질 아메드 파샤(1635~76)가 대(大)와자르로서 통치한 시기(1661~76)를 말한다. 오스트리아, 베네치아, 폴란드와 전쟁했으며 크레타와 폴란드령 우크라이나 등을 점령했다 ─ 옮긴이.

19) William H. McNeill, *Europe's Steppe Frontier, 1500~1800* (Chicago: Chicago 1964) 134~35면.

민들이나 단기로 고용된 사람들의 기강을 잡기 위해서는 엄격한 밀집 대형으로 배치해야 한다는 강박감으로부터 나왔다. 그 결과, 전장에서 공격과 방어를 할 때 기동력이 저하되고, 장거리 무기와 급습 전술을 이용한 불시의 집중적인 타격이 어려워졌다.[20]

널리 인기를 얻었지만 별 효과가 없었던 두가지 화기작전을 살펴보자. 그중 하나는 기병대 돌격 시에 바퀴식 방아쇠 권총을 사용하는 것이었다. 창병과 머스킷 총병(musketeer)으로 이뤄진 적군의 밀집대형을 향한 발포는 보통 기병대 돌격이 시작될 때가 아닌 마지막에 이뤄졌으며, 결국 급습전술로서의 가치를 완전히 상실했다. 보병부대에서도 이와 유사한 발전이 있었다. 머스킷은 더이상 창을 이용한 급습공격의 사전 준비로 활용되지 않고, 전투의 주무기로 사용되었다. 보병들의 전투는 머스킷 총으로 무장한 군인들 사이의 끝없는 대결로 전락했다. 포위공격전(siege warfare)은 신무기의 성능을 시험하는 최상의 장이 되었다.

전쟁사를 살펴보면, 기동작전과 교전의 기회를 살리기보다는 기술적인 진보에서 다른 대안을 찾는 경향을 자주 발견할 수 있다. 그러나 18세기의 오스만제국 사람들은 다루기에도 힘든 거대한 대포보다는 안전을 추구했다. 그 대포는 정확성이 떨어져 전술적인 효과를 마비시킬 정도였기 때문에 더이상 사용되지 않았다. 반면 1960년부터 73년까지 베트남전쟁에서 미국인들은 압도적인 수의 병사들을 직접 전투현장에 착륙시키기 위해 헬리콥터를 습관적으로 사용했다.[21] 미국인들은 보르네오의 폭동진압 작전에서 영국인들이 이미 발견했던 사실, 즉 이동수

20) Gustav Droysen, *Beiträge zur Geschichte des Militarvessens im Deutschland während der Epoche des Dreissigjährigen Krieges* (Hannover: Shlüter 1875) 특히 10~11면.

21) Robert B. Asprey, *War in the Shadows: The Guerrilla in History* vol. 2 (N.Y.: Doubleday Garden City 1975) 1412~14면.

단을 통해 즉각적이고 압도적인 화력을 무모할 정도로 집중시키려다 전술적 이점을 잃게 된다는 사실을 무시했다.[22] 전투의 공포심과 불사신(invulnerability)이라는 매력을 고려해보면, 이러한 작전상의 실책은 이해할 만하다. 하지만 야수화된 농민과 나태한 용병으로 구성된 근대 초기 유럽의 군대에서는 이 실책이 훨씬 더 컸다.

앞에서 살펴본 환경은 17세기 군대의 발전을 이해하기 위한 맥락을 제공한다. 한마디로, 이러한 진보는 상비군의 노선을 이전의 퇴보적인 형태보다는 초기의 대담한 형태와 비슷한 방식으로 발전시키려는 시도다.[23] 가장 혁신적인 지도자들이 의중에 품은 목표는 전쟁을 위한 조직적·사회적 기반을 개혁함으로써 전쟁의 기술적·동원적 기회를 활용하는 것이었다. 하지만 중요한 것은 그 개혁이 국가와 사회의 급진적인 변화를 가져오지 못했다는 점이다. 이런 변화로 인해 탄생한 군대들은 국민징병제, 국민의 전쟁 및 산업화된 전쟁기제가 등장하기 전까지는 유럽에서 가장 효과적인 전투력이었다. 하지만 이 군대들도 심각한 한계가 있었으며, 18세기 왕실의 제한적인 전쟁 시대에 그들이 처음부터 의존해온 일련의 복잡한 타협의 영향을 받아 퇴보했다. 이 새로운 군대양식의 가장 과감한 기획자는 스웨덴의 구스타프 아돌프(Gustavus Adolphus)[24]였다. 그 양식의 초기 단편적인 모델 중에는 스페인의 테르시오(Spanish tercio)와 세기의 전환기에 나사우(Nassau)의 마우리츠

---

22) Walter Walker, "How Borneo Was Won," *The Round Table* (Jan. 1969).

23) Michael Roberts, "The Military Revolution, 1560~1660," in *Essays in Swedish History* (Minneapolis: Univ. of Minnesota 1967) 195~225면. Geoffrey Parker, "The Military 'Revolution' 1550~1660—A Myth?" *Journal of Modern History* vol. 48 (1976) 195~214면.

24) 1611~32년 사이에 스웨덴의 왕으로 국가를 부흥시키기 위해 강력한 개혁을 실시했다.

(Maurice)가 조직한 보병부대가 있었다.

이런 변화에 대해 나는 군대의 속성에 대한 개혁에 초점을 맞추는 데서 설명을 시작해보려 한다. 즉, 군의 구조와 신병모집, 전술에서의 혁신 등에 초점을 맞추려 한다. 그러고는 전쟁의 조직적 기반의 발전이 어떻게 혁신자들이 기술적·동원적 기회를 활용·확대하도록 했는지 보여줄 것이다. 파괴력의 진보는 국가와 사회의 다른 국면들에서 의도된 개혁이나 의도치 않은 변화 없이는 시작되거나 유지될 수 없었다. 이런 변화를 초래하거나 용인하는 과정에서 끼어들어간 절충안이 군사력을 키우고 운용하는 능력을 제한했다. 그 과정 중의 개별적인 조정은 권력과 생산에 대한 기본적인 제도 장치나 이 장치가 유지하게 하는 계급관계에 의해 미리 결정되지 않았다. 하지만 그 합의들은 실제적 혹은 비전적인 갈등의 현장에서 맺어지는 여타의 타협과 함께 사회 전체에 형성적 영향을 미쳤다. 그것들은 경제발전이 일어나게 될 사회적 조건들에 영향을 줬다.

가능한 곳이면 어디에서든 군대는 영속적인 조직이 되었다. 군대가 용병으로 구성되는 경우에 그들은 무기한으로 고용되었다. 징병에 의한 경우에는 지주 과두세력이 자신의 지역 내에서 모병에 대한 특별 책임(예컨대, 프로이센의 칸톤 체제)과 더불어 장교양성단을 독차지할 특권을 갖게 되었다. 국가에 의해 보호받는 농장을 가진 독립적인 소자작농 계층에서 직접 징병하는 스웨덴 방식은 예외적인 것이었다. 그것은 주권자와 민중의 거의 혁명적 제휴에 가까웠다.

어떠한 방식으로 군대를 모집하는 경우든 전쟁을 치르기 위한 자금 조달이 더 안정적이게 되었다. 이러한 발전에 가장 공통된 제도적 배경은 최소한 세가지 조건을 포함한 협정이었다. 납세계층의 공동대표, 정부관직, 토지지배, 상업적 혜택에 대해 이들의 우선적인 접근을 보장하겠다는 국가권력의 약속, 그리고 전쟁의 비용과 인력을 지원하겠다는 계층 사이의 합의였다. 중앙정부와 과두세력 간에 무기 생산의 재정 지원에 협력하기로 한 유사한 협상이 있었다.

군대의 운용방식은 이러한 지원 환경에서 좀더 손쉽게 개혁될 수 있었다. 더욱 효과적인 중앙의 명령체계가 향상된 재량권이나 유연성과 결합했다. 한편으로는 엄격한 훈련, 보조를 맞춘 행진, 통일된 군복을 바탕으로 공동의 체계가 확립되었다. 다른 한편으로 평범한 병사는 기술자나 전술가처럼 변했다. 보병의 대형은 점차 더 작은 그룹으로 나뉘었고, 그 그룹들은 전장에서 신속하게 흩어졌다가 모이고, 다른 종류의 무기들이 서로 보강하는 효과를 활용할 수 있었다. 구스타프 아돌프의 새로운 군대에서 작전행동 단위는 이와 같이 대대(battalion)였고, 이 대대는 부대 자체의 경포를 가진 창병과 머스킷 총병으로 이뤄진 기동성 전투부대였다. 경기병(輕騎兵)과 창병의 급습에 앞서 화력이 사용되며, 군사작전은 최상의 집중과 기습의 강점을 다시 회복할 수 있었다.[25]

이러한 진보는 단숨에 이뤄지지 않았다. 스페인의 테르시오는 여전히 다루기 어렵고 상대적으로 유연하지 못한 대형을 유지했고, 나사우의 마우리츠와 그의 용병들에 의해 시작된 작은 전투단위들은 교전보다는 회피를 습관적으로 선호했다.[26] 이와 유사한 전술적 결과에 도달하기 위한 여러 사례와 경로가 있었다. 코르테스가 아즈텍에 맞서 놀랄 만큼 유리하게 사용했던 전술은 기본적으로 테르시오의 진화과정에서 나온 특공대식 변형이었다. 그럼에도 그 전술은 거의 한 세기 이후에 브

25) Michael Roberts, "Gustav Adolph and The Art of War," in *Essays in Swedish History*, 56~81면.

26) Werner Hahlweg, *Die Heeresreform der Oranier und ide Antike* (Berlin: Junker 1941) 33~38면.

라이텐펠트(Breitenfeld)에서 검증된 스웨덴의 작전 혁신과 거의 같은 방향으로 발전했다.

이 같은 발전은 전쟁의 후원과 수행에서 신무기 생산을 촉진하고 그 무기들의 전술적 가치를 파악하는 것을 가능케 했다. 30년전쟁에서 도입된 더 가볍고 더 빨리 장전되는 머스킷과 기동성이 더 좋은 야포는 정부와 제조업자들 간의 끈질긴 협력의 산물이었다. 또한 그것들은 더 빨라진 기술혁신 과정의 첫 결과물 중 하나이기도 했고, 그 혁신을 통해 수리공과 실용과학자 요원들은 기계를 이해하는 법을 배웠다. 이들은 기계부품과 제작원리의 한정된 목록을 수립해야 했다. 부품들은 다양한 방식으로 조합될 수 있었으며, 제작원리들은 선창이나 교회 종에서부터 권총이나 야전포까지 광범위한 영역에 걸쳐 유사하게 사용될 수 있었다.[27] 하지만 이 기술적 약진도 전문화와 맞물린 신속한 군사작전을 펼칠 수 없거나 명령 규율체제와 전장에서의 자율권 모두를 동시에 개진하지 못한 군대에서는 군사적 목적으로 제대로 사용될 수 없었을 것이다. 군대의 징집, 구조, 전투방식에서 이와 똑같은 개선이 이루어졌어야만 지도자들이 국가 간의 격렬한 투쟁 시기에 거대한 영토국가의 자원과 인력을 더 효과적·대대적으로 활용할 수 있었다.

이 같은 군사적 성취의 핵심적인 사회적 토대는 앞서 언급한 국내 엘리트들과의 타협 유형이었다. 군사력의 정점에 있었던 스웨덴의 예외적인 특징을 감안할 때, 가장 발전된 형태는 브란덴부르크-프로이센 군대에서 나타났다. 프로이센 군사조직의 사례는 군사력에 부과된 과두세력의 이해관계를 존중하는 제약요인들에 대한 통찰의 원천으로서 매

---

27) Carlo M. Cipolla, *Clocks and Culture, 1300~1700* (New York: Noton 1977) 39~40, 50~51면.

우 인상적이다. 왜냐하면 프로이센이 혁명 이전의 유럽에서 가장 성공적인 군사강국이었기 때문이다.

브란덴부르크-프로이센에서 이뤄진 것과 유사한 타협 없이는 (혹은 스웨덴이나 보헤미아에서 입증된 것처럼 더 급진적인 출발 없이는) 전쟁의 조직적 기반과 그에 상응하는 군대의 운용방식은 17세기 유럽에서 변혁될 수 없었다. 유럽의 군대는 원망에 가득 찬 농민들과 유동적인 용병들의 임시적인 집단에 불과하여, 전술상 그것에 더 큰 재량권을 부여하거나 기술적인 책임을 맡길 수 없었을 것이다. 전쟁의 재정과 징집은 여전히 화해하지 못한 과두세력에게 볼모로 잡혀 있었을 것이다. 또한 무기 생산도 지속적인 지원이나 지도를 받지 못했을 것이다. 하지만 그 타협들은 군사력의 장기적인 유지와 발전을 제한하는 효과를 가져왔다.

효과의 일부는 기술적·동원적 기회를 개방하고 이용하는 데 직접적으로 나타났다. 무기 개발과 생산에 대한 정부 지원은 매우 드물었다. 베네치아의 병기고와 밧줄공장 그리고 장기채(長期債) 운영 같은 초기의 사례들이 있지만, 이처럼 개혁된 유럽 국가들은 무기 생산에 유입되는 투자를 일정 수준 이상으로 유지하는 제도적 수단이 없었다. 이러한 제도를 도입하려는 국가들은 경제 전반에 걸쳐 투자에 관한 결정을 관리하고 상업적 과두세력과 충돌할 수밖에 없었다. 따라서 콜베르(Jean Baptiste Colbert, 17세기 프랑스의 정치가) 같은 개혁가는 해군을 창설하면서 생산에 대해 정부가 독자적인 책임을 지거나 자발적인 투자자들과 효과적인 협력관계를 맺는 처지에 놓일 수밖에 없었다.

군수산업을 압박하며 괴롭히던 위협은 전쟁자금 조달에서 더 일반적인 형태로 나타났다. 장기채 및 지방과 중앙 의회에서 계급대표는 분명히 공적 재정을 사적인 금융업이나 기업의 적이 아니라 아군으로 돌리는 데 협력했지만, 전쟁이 격화된 시기에 이런 기제들은 금세 무용해졌다. 재정 체계의 취약성으로 인해 사소한 곤경이 큰 위기로 변할 수 있었다. 프랑스는 비교적 조심스럽게 미국 독립전쟁에 개입했지만, 이는 앙시앵 레짐을 폭력적으로 해체하게 한 핵심적인 사건이 되었다. 다시 말해, 재정의 지원이나 조달방법을 확대하려는 시도는 국가구조와 국가가 특정 사회계층과 맺는 관계의 성격에 훨씬 파급력이 큰 변화를 요구할 수 있다.

이와 유사한 타협들은 인력동원을 제한하는 효과가 있었다. 여기에서 그 효과는 무기 제조와 전쟁 재정의 경우보다 더 복잡하고 미묘했다. 신병의 안정적인 공급을 확보하려는 단순한 노력은 국가가 받아들이기 쉽지 않은 딜레마를 안겨주었다. 브란덴부르크-프로이센의 경험을 예로 들어보자. 초기 단계에서 칸톤 체제(프로이센 당시의 지방행정체제)는 민중의 갈등과 부패의 구실을 늘렸다. 징집 의무를 채우기 위해 군 지휘관들과 지주들은 법적으로 면제받은 농민들을 징집하려 했다. 그러자 농민들은 저항, 뇌물수수, 도주 등의 방법으로 자신들을 보호하려고 했다.

다른 한편, 만일 프리드리히 대제 치하에서처럼 중앙정부가 개입하여 각 계급의 권리와 의무를 분명하게 규정했다면, 로마제국 후기의 디오클레티아누스 정권을 떠올리게 할 정도로 전체 사회질서를 얼어붙게 만드는 결과를 가져왔을 것이다. 이 해법은 자체 결함이 있었다. 각 사회계급과 국가의 관계를 경직시킴으로써 사회생활의 모든 영역에서 갈등과 혁신의 여지가 줄어들었다. 또한 농민층을 제도화된 종속상태로 만듦으로써, 그들을 정부에 대한 영구적인 내부의 적으로 만들었고, 국가의 군사적 노력에 마지못해 참여하게 했다.

바로 앞에서 언급한 것은 17, 18세기의 타협 전략에 내재된 인력동원을 제한하는 좀더 불가해한 일면을 보여준다. 지도자들은 국가의 군사적 번영에 헌신할 마음이 없는 대중을 거의 믿을 수가 없었다. 대중의 헌신은 대중의 신뢰를 전제한다. 오만한 과두세력이 좀더 제한된 역할, 즉 무엇보다 자기를 내세우지 않는 역할을 떠맡지 않는 한, 그러한 신뢰는 형성될 수 없었다. 근본적인 변화는 정부권력과 사적 특권에 대한 투쟁이 오래 지속되는 상황에서만 상상되고 일어날 수 있었다.

17세기 후반과 18세기 전반에 걸쳐, 30년전쟁에서 이룩한 군대 구조와 운용방식의 진보가 여러 면에서 쇠퇴하기 시작했다. 무엇보다도 혁신들을 뒷받침하던 타협이 쇠퇴를 촉진했다. 퇴보의 징후 중 하나는 고정된 일직선 형태의 야전 전술이 성공한 데서 엿볼 수 있다. 이는 17세기 초·중반의 군대 운용 개혁 이후 성취한 기술적 약진의 낭비와 왜곡 현상을 보여주기 때문에 특히 시사하는 바가 크다. 소켓 총검(socket bayonet)이 발명됨으로써 방어용 창이 불필요해졌고, 효과적인 전투부대들을 좀더 얇은 횡대(shallow line)로 만듦으로써 유연하게 했다. 가볍고 이동성이 좋은 야포를 생산함으로써 보병부대와 보조를 맞춰 신속하게 화력을 지원할 수 있었으며, 탄도무기와 급습을 결합할 수 있었다. 더 신속하게 재장전할 수 있는 부싯돌식 소총(flintlock musket)이 개발됨으로써 보병들은 더 큰 자율성을 갖게 되었고, 총을 장전하는 동안 엄호사격에 덜 의존하게 되었다. 이러한 변화는 얇은 횡대의 전술적 장점들을 재확립했다. 하지만 이 장점들은 17세기 후반과 18세기의 전술가들이 선호한 고정된 기계적인 대형에 의해 거의 없어졌다.[28]

그러나 병사 개인이 여전히 국가에 대해 적극적인 사명감을 갖지 못하고 징병이나 용병으로 남아 있는 한, 병사들은 더욱 자발적인 기술자

---

28) 여기에서 언급된 무기들의 전술적, 작전상의 함의에 관해서는 David G. Chandler, *The Art of Warfare in the Age of Marlborough* (New York: Hippocrene 1976) 특히 28면, 75~78면 참조.

나 전술가로 쉽게 바뀔 수 없었다. 병사들은 여전히 대열을 흩트리거나 숨거나 탈영할 기회를 엿보고 있었고, 상관과의 관계는 농민과 지주, 하인과 주인의 관계를 본보기로 삼았으며, 조직적인 책임이나 능숙한 기계조작을 접할 기회가 거의 없었다.[29]

퇴보의 다른 측면은 병참술에 의한 전술의 압박이었다. 군대는 고정된 병참기지에 묶였고, 그 기지는 점령에 취약했다. 이처럼 병참기지에 대한 의존은 수송 기술의 제약보다 더 중요했다. 격화되고 장기화된 전쟁 기간에 다수의 공급기지들에 충분한 재정적 지원을 해줄 넓은 기반을 확보하면서, 조세 투표권을 쥐고 있는 과두세력과의 파국적인 갈등이나 교착상태에 빠지지 않고 지원을 확보하는 데에 어려움이 따랐다. 공급은 또다른 문제가 있었다. 프랑스 혁명군 같은 민중 군대는 물자를 즉석에서 징발함으로써 병참의 취약점을 전술적 이점으로 전환할 수 있었다. 하지만 18세기 유럽 군주국의 군대들은 병사들이 약탈자로 변하고 시민들을 성난 적으로 만들기 때문에 그 방식을 택할 수 없었다.

타협 전략에 의해 군사 역량의 발전에 부과된 직간접적인 제약들이 해군력에 끼친 영향력은 훨씬 적었다. 해군은 과거 용병부대 같은 상태를 유지했다. 즉, 해군은 주요 사회생활로부터 분리되어 있었고, 권력이나 생산의 핵심적인 제도를 위태롭게 하지 않으면서 조직적 실험을 위한 장으로 활용될 수 있는 이질적인 조직체였다. 해군의 인력 수요는 상

---

29) Otto Busch, *Militärsystem und Sozialleben im Alten Preussen* (Frankfurt: Ullstein 1981) 21~50면에 기술된 농민군인의 상황과 Busch의 "Three Essays on Light Troops and Infantry Tactics" (1811)에서 기술된 샤른호르스트(Scharnhorst) 같은 군대 개혁가에 의해 향상된 전술적, 작전상의 이념들과 비교하라. 부쉬의 글은 다음 책에 부록으로 실렸다. Peter Paret, *Yorck and the Era of Prussian Reform (1807~1815)* (Princeton 1966) 249~62면.

대적으로 제한되어 있었고, 상업에 대해 이들이 지니는 이점이 분명했다(물론 네덜란드와 프랑스의 상업 엘리트들에게는 충분할 정도로 분명하지는 않았다). 해군 전술은 융통성 없는 지상전의 경직된 형태로 유지될 수 없었으며, 명령과 재량 간의 미묘한 관계에 대해 초기 모델을 제공했으며, 그 모델은 20세기 전차전(armored combat)에서 놀라울 정도로 발전했다. 이 모든 요소는 해군의 기술발전을 촉진했다. 서양 해군의 강점은 동양에서 비서구 세력과 처음으로 마주칠 당시 명확한 조건들을 결정짓는 데 핵심적이었다. 예컨대, 만일 서양의 침략자들이 해군력의 우위를 결여하고 있었거나 일본이 조기에 확실하게 영토를 침략할 수 있는 능력을 입증했더라면, 일본에서는 전반적인 사태의 추이가 달라졌을 것이다.

유럽 군사 역사에서 일어난 그다음 국면은 이미 지적한 점들을 확인시켜준다. 혁명기 프랑스군은 유럽의 세력들이 그뒤에 일어난 군대 혁신의 거대한 흐름에 동참하게 만들었다. 국민에 대한 호소를 통해 어느 정도 운용상의 유연성을 확보했다. 그 유연성 덕분에 가장 최신의 무기 개발에 투자하고 전투에 적극적으로 가담하는 인력과 자원을 확대하는 것이 가능해졌다.

다시 한번 비교적 성공적인 조정의 흐름이 있었다. 선도적인 국가들과 후발 국가들 사이에는 단순 비교가 이뤄지지 않는다. 예컨대, 혁명기와 나폴레옹 치하의 프랑스 징병제도는 제한적이어서 징집병은 자신의 선택에 의해 돈으로 복무를 대체할 수 있었다. 이것은 프로이센과 달리 유산계급의 환심을 사기 위한 조치였다. 다시 말하지만, 타협은 모든 수준에서 군사적 역량에 댓가를 요구했다. 유럽 사회에서는 일련의 양보와 진전을 통해 권력과 생산의 형성적 맥락이 조성되었다. 유럽 내에서 타협의 패턴은 산업화의 사회적 조건과 대중정치의 외적 한계를 결정하는 요소였다. 유럽 밖에서 그것은 파괴력 면에서 유럽의 중대한 강점의 기반이었으며, 국가와 경제 브랜드의 토대였다. 세계 다른 지역의 엘리트들과 국민들은 그것에 대응할 수밖에 없었다. 내가 반복적으로 주장해왔듯이, 이 국가들은 분열의 명령, 즉 실천적인 역량을 그 역량이 서구의 핵심국가들에서 원래 근거하는 제도적 기반으로부터 분리해야 할 필요성에 직면하게 될 것이다. 그러나 출발점, 즉 분열되기 시작한 현실은 몇몇 영역에서 개별적인 투쟁의 산물이었다. 군사력의 추구는 단지 그 영역들 중 하나일 뿐이었다. 다른 환경들에서 다른 문제들을 놓고서 일어난 이 투쟁들은 상이한 외관을 쓴 동일한 싸움이 아니었다. 또한 그 투쟁들은 혹독할 정도로 전개되는 변혁의 결과로 나타난 에피소드로 이해될 수도 없다. 그럼에도 불구하고 그것들은 사회형성의 일반적 특징을 드러내는 유사한 속성이 있었다. 거기서 우리는 실천역량과 그것을 가능하게 하는 환경에 대한 분석과 사회에 대한 일반적인 정치적 이해(understanding)를 잇는 방법을 배울 수 있다. 그러나 이 교훈들이 작동하려면 유럽의 사례에 대한 분석을 조금 더 밀고 나가야 한다.

20세기 전면전에서 전쟁의 기술적·동원적 강도는 되풀이하여 사회질서를 뒤흔들 정도로 위협적이었다. 전쟁에서 패하면, 패자는 나라가 갈기갈기 찢겨지고 통치자들이 쫓겨남으로써 질서의 동요를 겪게 되었다. 모든 교전국에는 일련의 복합적인 전시 압박을 통해 다음과 같은 위협을 전달했다. 그것은 투자와 인력 정책에 대해 점증하는 통제수단을 취할 필요성, 작업장 훈련에 따르는 위험과 함께 완전고용의 유지, 노동자·관리자 및 관리에 의한 새로운 형태의 공동책임제 도입, 가장 주목할 만한 것으로는 모든 측면에서 전적으로 통상적인 노동자들과 군인들에게 속하는 사회를 만들어냄으로써 전면전 같은 극단적인 공포가 보상되어야 한다는 보편적인 생각 등이다.

강화된 전투에 대한 기술적·동원적 수요는 군대의 조직적 실천에 대한 수요도 창출했다. 결정 체제와 운용 스타일의 혁신들이 가장 극단적으로 진행된 경우에, 그것들은 대부분의 생산체계에 스며 있는 조직방식을 대체하는 모델을 제공했다. 조직적 정통성으로부터 가장 뚜렷한 이탈은 전차전의 발전에서 일어났다.

1차대전 때 탱크가 처음으로 쓰이자, 대부분의 공식적인 군사전략가들은 그것에 부차적인 역할을 부여했다. 어떤 이들은 탱크를 참호를 가로지르는 이송수단, 즉 부가적인 포위공격용 무기 이상으로 생각하지 않았다. 다른 이들은 한걸음 더 나아가 탱크를 자동화 무기로 무장한 적의 집중공격에 직면하여 보병의 전진을 지원하는 화력을 제공하는 것으로 보았다. 다시 말해 그들의 눈에 탱크는 기습공격을 지원하는 탄도무기였다. 더 가볍고 더 빠른 탱크가 기병대를 대체할 기계적 대안으로 기능할 것이다. 탱크는 노출된 보병의 측면을 보호하고 척후(斥候) 임무를 떠맡는 것이었다. 탱크 전투에 대한 이러한 관념은 군대의 병과들 사이의 관계에서, 명령체계 혹은 운영방식에서 급진적인 변화를 거의 요구하지 않았다. 이와 달리 기술적 발전은 (기관총 같은) 다른 기술적 혁신에 의해 위협받았던 배치와 (보병의 공격 같은) 절차를 보전하는 데 이용되었다.[30]

좀더 통찰력 있는 사람들은 탱크가 훨씬 더 많은 것을 의미할 것이라는 사실을 깨달았다. 그것은 완전히 다른 부류의 무기가 될 수 있었다. 그러나 탱크부대의 설립은 다만 시작에 불과했다. 탱크부대의 역량은

---

30) Field Marchal Lord Carver, *The Apostles of Mobility: The Theory and Practice of Armoured Warfare* (London: Weidenfeld 1979). Edward N. Luttwak, "The Strategy of the Tank," in *Strategy and Politics*, ed. Edward N. Luttwak, Transaction (New Jersey: New Brunswick 1980) 295~304면.

새로운 구조의 의사소통과 통제에 의해서만 제대로 발휘될 수 있었다. 2차대전 당시 가장 유명한 탱크부대 사령관 중 일부는 이러한 필요성을 파악하지 못했다. 탱크부대원들을 지휘하는 소장 장교는 신속하고 강력한 침투나 포위를 위해 불시의 기회들을 이용할 수 있어야 했다. 그는 고정되고 미리 짜인 계획을 고수할 수 없었으며, 명령을 내리는 자와 그것을 집행하는 자 사이에서 중계자의 역할로 제한될 수 없었다. 그러나 만일 중앙의 지시가 이 재량권의 균형을 맞추는 데 실패한다면, 탱크부대는 분산되어 집중력을 상실하게 될 것이다. 어디로 집결할 것인지 그리고 공군의 지원과 기갑부대의 공격을 어떻게 협력·융화할 것인지를 말해줄 목소리가 있어야 했다. (시대에 뒤떨어진 군사전략가들이 보병을 위해 탱크가 감당해야 한다고 생각했던 것들은 탱크를 대신하여 비행기가 수행할 수 있었다.) 그럼에도 불구하고 탱크부대 사령관은 전장 한복판에서 이리저리 움직여야 했고, 그의 계획은 개별 탱크부대원들이 포착한 기회와 이들이 직면했던 장애물에 따라 수시로 수정되어야 했다.

전차전에 대한 이러한 접근방식은 생산과 전투의 선도적인 방식을 가장 잘 보여준다. 그것은 과제와 수행, 그리고 과제규정자와 과제수행자의 구별을 약화하는 전쟁의 방식이다. 장기화된 전투에서 자가수정 계획이 운용의 핵심이 되었다. 만일 군대의 모든 병과가 유사한 절차를 채택했더라면, 전쟁기제 전체는 산업체에 줄곧 퍼져 있던 조직적·운용적 접근방식을 대체하는 모델을 제공했을 것이다. 그와 같은 확장에 의해 위협받는 이해관계, 편견 및 관행의 압도적인 결집을 감안할 때, 이러한 대응모델은 그 실천적 이점이 즉각적이고 명백하며 필수적인 곳에서만 뿌리를 내릴 수 있는 것처럼 보인다. 만일 그러한 선구적 형태의 집단적 노력이 산업적·군사적 조직의 주류를 관통하도록 허용되었더라면, 20세기 후반에 부유한 서구 민주주의의 경제적·통치적 제도는 근본적으로 달라졌을 것이다.

잠정적인 결론

앞에서 다룬 유럽 역사의 에피소드는 파괴능력을 가능케 하는 상황에 대해 몇가지 잠정적인 결론을 제시한다. 이 결론은 실천역량과 그 조직적·사회적 토대 간의 일반적인 관계를 이해하는 부분적인 모델로 기능한다. 따라서 이 주장들은 이중적으로 해석되어야 한다. 첫째, 군사적 환경 내부의 결합방식에 관한 설명으로 해석되어야 하고, 둘째, 사회의 변형과 생산력 혹은 파괴력의 발전이 맺는 관계에 대한 관점으로 해석되어야 한다. 그러나 이 결론들 각각은 다양한 조건과 모호성으로 둘러싸여 있어 그것의 가치는 좀더 광범위한 분석과 비교를 통해서만 결정될 수 있다.

유럽의 역사과정에서 무력충돌의 강도가 고조되면서, 기술적·동원적 기회를 개발하거나 이용하려는 시도는 전쟁의 조직적·사회적 토대를 바꿔내려는 압력으로 이어졌다. 이러한 압력과 그에 대한 대응을 넓은 역사적 흐름 속에서 고찰한다면, 무수한 퇴행과 우회가 있었음에도 불구하고, 전체적으로 보았을 때 그것은 일정한 방향으로 변화해왔다는 사실을 발견할 수 있다.

전쟁의 사회적 토대에서 변화의 움직임은 이전에 확립된 모든 사회적 위계질서와 분할을 뒤엎는 방향으로 진행되었다. 그러한 위계질서와 분할은 전쟁을 치르기 위해 자원과 인력을 동원하고 시민들의 충성을 요구할 수 있는 정부의 권한을 제약했다. 이러한 움직임은 국가와 경제 면에서 평등주의나 민주주의를 뜻하지 않았다. 그것은 어떠한 독립적인 과두세력도 통치권력의 정점과 인간 및 자본에 대한 접근 사이에 개입하는 것이 허용될 수 없다는 것을 의미했다. 권력과 생산의 형성적 맥락을 규정하는 데 기여하는 권리나 특권조차도 전쟁이 최고조에 이른 기간에는 매우 급격하게 바뀌어야 했을 것이다. 이 전복적인 압력은 전국민이 전쟁에 참여해야 하는 시대가 시작되면서 더욱 증가했다. 국가의 폭력적 투쟁이 모든 사람의 일이라는 주장이 마치 진리처럼 받아들여질 수 있기 위해서는 사회와 정부가 질서 정연해야 했다.

전쟁의 조직적 토대에서는 명령체계와 운영방침을 개진하는 방향으로 나아갔다. 그것은 단순히 사회환경에서 강제된 의존관계나 피보호자의 관계를 재생산하는 것이 아니었다. 구조와 양식 면에서 전투력은 전투 시험을 이겨낼 수 있는 구체적인 책임과 협력 방안을 규정하는 조직된 집단적 노력의 총체여야 했다. 전쟁의 폭력성과 기술적 정교함이 강화됨에 따라, 가장 선도적인 부대들은 과제규정과 과제수행 간의 엄격한 구분을 포기하고, 동시에 통제와 협력의 구조를 보존하는 접근방법을 채택하도록 압박받았다.

사회적·조직적 움직임은 메시지와 효과 면에서 서로를 강화했다. 주변 사회의 위계질서를 어느정도 무너뜨리지 않고서는 핵심적인 조직개혁이 수용될 수 없었다. 기존의 특권구조는 신병모집과 자금에 대한 정부의 접근 권한을 눈에 띄게 제약했다. 또한 그것은 사회에서 손쉽게 활용하고 궁극적으로는 전쟁에 전용할 수 있는 협동체제를 제한했다. 군대는 자체의 조직구조와 운용절차에서 사회질서와 완전히 다른 상태로 존속하는 것이 쉽지 않았다. 일상생활의 익숙한 관행들이 결국에는 군대조직에 침투하여 이를 바꿔내거나 아니면 군대 자체의 저변에 깔린 원칙이 집단적 작업의 다른 영역으로 침투되기도 했다. 그 영향력 또한 반대 방향으로 나아갔다. 조직개혁 없이는, 고착화된 특권을 재편함으로써 가능해진 자원과 인력의 결합이 낭비되기 십상이었다.

조직개혁과 사회개혁 사이의 직접적인 인과적 연결은 더 포괄적인 병행 발전을 가져왔다. 전쟁 준비는 유연하고 합리화된 집단노동의 정신과 관행으로 전체적인 사회질서가 확립된 사회에서 아마도 최대한 잘 이루어질 것이다. 시민들의 경우에는 대중에게 해명해야 하는 의무와 제도적 갈등이 생겨날 수 있지만, 이것들은 전차부대에서는 허용되지 않는다. 그러나 부대의 재편·관리·협력·재량의 결합, 과제규정과 과제수행의 통합은 지속적으로 이용될 것이다.

여기에서 예로 든 다수의 결정적인 군사적 개혁들은 그것들의 민간 대응물보다 앞서 이뤄졌으며, 전쟁에서 기술적·동원적 기회에 대한 대응으로 분명하게 이해되었다. 중요한 방법론적 결론은 다음과 같다. 부상하는 산업경제의 형성적인 제도 장치들은 비산업적 심지어 비경제적 환경에서 발생한 갈등이나 산업 조직과 투자의 핵심 영역에 관한 논쟁에서 유래했다. 이 영역들에서 일어난 투쟁들은 어떠한 마스터플랜도 따르지 않았다. 하지만 북대서양의 산업혁명처럼 이 사건들을 일반화할 수 있는 가능성은 구조와 테마에서 중요한 유사점을 발견하고, 사회생활의 상이한 군사적·경제적·행정적 영역들의 영향력이 서로 연계되어 있음을 발견할 수 있는가에 달려 있다.

군사 역사의 주요 전환점마다 파괴력의 발전을 향한 대안적인 조직적·사회적 노선이 있었다. 이 대안 중 몇몇은, 중세 전성기의 전쟁방식이 붕괴될 시점에 공동체의 저항이나 상비군이 그러했던 것처럼, 그 조직적·사회적 함의 면에서 감당할 수 없을 정도로 체제 전복적이었다. 게다가 어떤 국가가 사회의 급진적인 재편을 요구하는 것처럼 보이는 조직적·사회적 개혁의 복합체에 기반한 군사력에 직면할 때마다, 그 통치자들은 유사한 수준의 군사적 역량을 달성하기 위해 덜 급진적인 방법을 발견할 수 있었다.

처음에는 이러한 대안적 조정의 해법들이 미봉책에 지나지 않는 것처럼 보인다. 그것들은 국가의 대응을 다음에 나타날 동원적·기술적 기회들에 한정함으로써 미래에 과중한 부담을 부과한다. 그러나 이 관점은 너무 단순하다. 성공적인 타협은 실천역량과 그것을 가능케 하는 상황 간의 필연적인 관계에 기초하여 이미 설정된 장기적인 과정에서 다음 단계를 유보하는 방식이 아니다. 그것은 다소 다른 장기적인 과정을 위한 출발점이다. 얼마나 다른가는 미리 추상적으로 이야기할 수 있는 것이 아니다. 오로지 점진적·잠정적으로만 말할 수 있다. 따라서 실천역량의 조직적·사회적 토대에 대한 갈등은, 군사적이건 아니건, 미리 예정된 노선을 따라가는 여정에서 속도를 내거나 늦추거나 하는 것 이상의 것이다. 그것들은 예기치 못한 길을 열어놓기도 하고 도착 지점을 변경하기도 한다.

무력충돌의 조직적·사회적 토대에서 가장 급진적인 혁신이 이루어진 시기는 모두 전쟁이 격화된 시대였다. 그 시기에는 전국민의 전쟁이라는 관념과 실천에서 정점에 이르렀다. 혼란의 특징적인 계기들은 17세기 후반과 18세기 전반에 걸친 시기였으며, 당시 절대주의 군주들은 제한된 목적으로 그리고 냉혹할 정도로 전쟁을 수행했다.

이 제한적인 전쟁들이 치러진 목적은 어떤 궁극적이고 자명한 의미를 갖지 않았다. 경쟁국들 내에서도 이익과 비전의 충돌을 초월하는 국가이익의 확고한 논리가 없었다. 그러한 논리에 대한 모든 호소는 경우에 따라 일련의 사회적 동맹이나 비전에 기여한다. 국가이익의 논리는 다양한 방식으로 이해될 수 있다. 동일한 이해에 근거하더라도, 그것은 다른 해법들과 어울릴 수 있다.

제한적인 전쟁의 사회적 풍조가 구체적인 전투운용 측면에서 값비싼 엄격성과 환상을 선호했다는 것 또한 사실이다. 앞의 18세기 사례들은 선형적 보병전술의 비유연성, 기동작전에서 병참술의 질식, 전투의 지속적인 회피 등이었다. 그러나 모든 것을 고려해볼 때, 제한적인 전쟁은 수단 활용의 경제성, 목적 설정의 명확성, 목적과 수단의 균형에 대한 세심한 통제를 권장했다.

20세기의 국민전쟁에서는 이러한 관점들이 반대로 나타난다. 충돌의 목적은 적어도 평범한 노동자와 군인이 인정하는 집단적 목적과 어떤 관계를 맺는 것처럼 보여야 한다. 성공을 위해서는 전쟁의 조직적·사회적 체계의 모든 것이 재편의 용광로 속으로 던져진다. 하지만 폭력과 증오의 역동성은 그 자체의 생명력을 얻는다. 그것은 목적과 수단의 계산을 어렵게 한다. 궁극적으로 그것은 조직적 혁신이나 사회적 혁신을 인식하는 과정을 방해하도록 위협한다. 또한 애초에 전쟁이 왜 일어났는가에 관한 생각을 혼란스럽게 한다. 그것은 전면적인 전투라는 무모한 도박과 내부적 불화가 신중한 실험의 결과를 압도하는 상황을 창출한다.

유럽 군사 역사에 대한 논의에서 이끌어낸 결론들은 다음과 같다. 숙명적인 적들과의 싸움에서 살아남기 위해서는 어떤 국가도 파괴역량과 그것을 가능케 하는 조건의 관계에서 두가지 핵심적인 연결고리를 완화하고 재편하는 데 성공해야 한다. 그 연결고리란 첫째, 기술적·동원적 기회와 전쟁의 직접적인 조직적·운용적 또는 전술적 장치 간의 연계성, 그리고 둘째, 이러한 장치와 더 광범위한 경제적·정치적 삶의 제도적 틀 간의 연계성이다. 유럽 근대사의 긴 여정에서 이 두 연결점의 성공적인 재편은 강력한 방향성을 지닌 추진력을 획득한 것처럼 보인다. 근대의 많은 경험을 통해, 첫번째 연계의 재편은 과제규정자와 과제수행자 간의 팀워크로서 실제의 활동들을 재구성하는 방향으로 나아갔다. 극단적으로는 전투 및 생산의 선도적 부문들에서 이러한 재편이 과제규정과 과제수행 기능 간의 대립을 약화했다. 두번째 연계의 재조정은 엄격한 사회적 역할과 위계질서를 약화하는 데 기여했다. 적어도 그것은 통치권력에 대한 특권계층의 압박을 완화했으며, 조직적 실험에 개방되는 사회생활의 영역을 확장했다.

그러나 몇가지 고려사항은 방향성을 지닌 운동이라는 관념이 균형감을 준다. 한가지는 이처럼 명백한 진화의 행진이 민주적 책임성, 평등주의적 재분배 및 개인의 해방이라는 어떤 특정한 비전과 동시에 일어나지 않는다는 것이다. 내용은 거의 전적으로 부정적이다. 운동의 축은 점증하는 사회적 조형력(plasticity)을 향하고 있으며, 그것의 진정한 성격이나 함의는 좀더 명확하게 규정되어야 한다. 이 같은 목적에 대한 지속적인 접근은 우리의 이상과 정반대되는 구체적인 사회형태를 취할 수 있다. 그러나 이 반(反)이상적인 결과들은 우리가 받아들이는 이상적인 목적들과 여전히 공통의 토대를 공유할 수 있다. 전시든 평시든, 거대조직 안에서든 밖에서든, 그것은 실천적 목적을 위한 협동의 노력이 사회분할과 위계질서라는 경직된 질서에 의해 제한받는 것을 완화해준다. 이 가능하고도 축적적인 운동은 진행과정에서 새로운 질서의 대안적인 실현과 옛 질서와의 성공적인 타협을 허용한다. 그러나 그 운동은 갈등이 고조된 상황에서 활성화되며, 그 갈등의 특수한 성격은 군사 개혁의 성취에 무작위성·불확실성·모호성을 부여한다. 사회적·조직적 수정가능성이 고조될 때에는, 완전히 다른 제도적 형태가 나타날 수도 있다. 비록 이 수정가능성에 대한 어떤 특정한 제약들이 조만간 위험한 것으로 판명된다고 하더라도, 우리는 어느 특정 제도나 절차가 사회혁신의 영구적인 동력장치가 될 것이라고 기대할 수는 없다. 게다가 우리는, 혁신적인 개혁이나 그것이 간직하는 영리한 타협을, 필연적인 진보를 지연하는 시도에 지나지 않는 것이라며 배척할 수는 없다. 그것들은 대안적인 미래를 창출하기 때문이다.

단순한 진보주의에 대한 이 조건들은 하나씩 변해간다. 점증하는 파괴력(혹은 생산력)을 획득하는 길이 무수히 많다는 것은 어떠한 이상적인 프로그램도 승자의 편에 설 수 있음을 확신할 수 없다는 점을 보여준다. 그럼에도 불구하고 특정하게 고정된 위계질서와 사회분할 체제를 확고하게 고수하는 사회재구성 프로그램들은 조만간 실행의 장애나 도덕적 위반으로 포기된다.

진보주의 관점을 전면적으로 거부하지 않고 그것을 적정한 위치에 둘 때, 우리는 군사력 — 좀더 일반적으로는 어떤 실천역량 — 과 그것이 선호하는 사회적 조건 사이의 연계성에 관한 심오한 통찰을 얻을 수 있다. (내가 진보주의 관점으로 의미하고자 하는 바는 물질적인 진보의 요구가 자유주의나 사회주의의 자유와 평등의 이념들과 동일한 방향을 가리킨다는 테제다.) 진보주의 관점은 진실인 동시에 진실이 아니다. 실천역량을 가능케 하는 조건들에 대한 적절한 설명이 그것의 진위의 명확한 관계를 밝혀준다.

이러한 결론을 통해 우리는, 분리되어서 다른 제도 장치들과 재결합될 수 있는 경제질서가 어떻게 제일 먼저 결합될 수 있었는지를 이해하게 된다. 전세계가 산업화되기 시작하면서, 서구의 산업경제 및 산업화된 전쟁기제의 초기 방식이 서구에서 이를 유지해왔던 것과 다른 조직적·사회적 토대 위에 있게 되었다. 심지어 유럽과 미국의 역사 자체 내에서조차, 산업화의 제도적 맥락에서 제한적이지만 중요한 변형들이 있었다. 생산체계가 채택한 형식은 느슨하게 결합된 일련의 무대에서 발생한 갈등의 결과였다. 이 가운데 일부는 산업조직의 방식이나 결과를 둘러싼 논쟁과는 거리가 먼 것이었다. 군사 역사는 경제조직의 핵심영역으로부터 다소 멀리 떨어진 그러한 무대의 사례를 제공한다.

산업경제가 등장하면서, 생산능력과 파괴능력은 훨씬 더 밀접하게 연계되었다. 그러나 생산능력과 파괴능력이 결코 동일한 것은 아니었다. 별개의 조직이 그것들을 지배했다. 그것들은 연결되지만 별개의 역사가 있다. 군사적 타협은 경제적 해법에 영향을 미치기도 하고 그것에서 영향을 받기도 한다. 예컨대 유연하고 선구적인 조직방식이 산업과 군사 두 영역 중 어느 하나의 제한된 부분에 한정되어 있다면, 다른 하나에서는 훨씬 더 제한적이게 될 것이다.

이 연구가 군사 역사로부터 도출한 추론이 군사적·경제적 성공의 제도적 조건들에 관한 주장과 잘 어울리도록 하는 방법이 있다. 우리는 제한적인 영향력이 어떻게 변형을 위한 잠재력과 공존하는지를 좀더 잘 파악하고 기술할 수 있을 것이다. 우리는 일어난 일을 이해하는 데 일어나지 않았던 일에 대해 상상한 것을 편입시키기 시작한다.

여기에서 파괴의 역사에 관해 지적된 논점들이 생산의 역사에 관한 테제로 전환된다. 실천역량과 산업장치의 관계에 관한 분석 체제, 군사와 경제 역사에서 방향성을 지닌 추진이라는 테마, 이러한 테마를 좀더 제한적이고 좀더 명확하고 진실되게 해주는 조건들에 대해서도 유사하게 이야기할 수 있다.

예컨대, 방향성 테제에 대한 많은 조건 중의 하나, 즉 파괴력의 발전에 끼친 전면전의 모호한 효과들을 살펴보자. 경제적 혹은 군사적 진보를 촉진하는 조건 중 하나는 부여된 권리를 주기적으로 개편하는 것이다. 이러한 대변동은 전형적으로 정부 주도의 하향식 개혁이 상향식 대중동원의 형태와 수렴할 것을 요구한다. 만일 기존의 제도 장치들에 대한 이러한 이중적인 공격이 지나치게 폭압적이라면, 예컨대 전쟁이나 혁명에 의존한다면, 그것은 대단히 드물고 우연적이고 파괴적일 것이다. 사회는 정부에 의해 보호받는 특권과 집단적 타협이 생산조직의 실험을 밀어내는 장기적인 침체, 그리고 새로운 것이 창출되기도 전에 많은 것이 파괴되는 단기적인 막간 사이에서 동요할 것이다. 혁신의 실천을 지속하기 위해, 사회는 그 격렬하고 폭력적인 동요를, 담합과 특권을 더 서서히 용해시키는 방식으로 대체해야 한다. 사회는 구조를 더 쉽게 바꿔낼 수 있는 구조를 고안해내야 한다.

타협의 한계: 중국과 일본의 사례들

지금까지 유럽의 갈등 맥락에서 논의해온 테마들은 더 넓은 세계사적 배경에서 재검토될 수 있다. 이러한 새로운 분석단계는 이미 산업화가 진행되었고 군사력이 막강한 서구와 비서구 인민들과의 충돌이 야기한 문제에 초점을 맞춘다. 내가 이 문제를 다루기 위해 드는 사례는 19세기 서구의 군사적 위협에 직면한 중국과 일본의 서로 다른 대응이다.

유럽의 에피소드들은 분해될 수 있는 무언가가 어떻게 조합될 수 있었는지를 이해하는 근거를 제공한다. 초기 유럽 산업주의에서 매우 자연스럽게 결합된 것처럼 보였던 생산력, 노동조직의 형태, 국가와 사회의 광범위한 측면들의 조합은 분리될 수 있었다. 따라서 이들의 최초의 조합에 대한 설명은 추후에 발견된 그것들의 분리가능성과 양립할 수 있어야 한다. 염두에 두어야 할 분석양식은 유럽의 초기 산업주의 방식을 만들어내는 데 그 한계성이 변화가능성과 어떻게 결합되었는지를 보여주어야 한다. 다시 말해 설명의 필연주의적 함의는 제거되어야 한다.

생산체계의 핵심 영역으로부터 다소간 구별되는 분야에서 나타난 발전상을 분석하는 것은 이런 점에서 유용하다. 그런 연후에 우리는 서구 산업주의의 윤곽을 갈등의 결과로 이해할 수 있을 것이다. 다시 말해 그 갈등들은 불확실한 결과를 가져왔을 뿐만 아니라 사회생활과는 다소 동떨어진 곳에서 그리고 별로 관련이 없는 쟁점들에서 발생했으며, 다소 다른 방향으로 나아갔다. 생산과 파괴 능력의 역사는 서로 가장 근접해 있는 중요한 영역들이다.

지금부터 논의하려는 일련의 사례들은 동일한 문제를 역으로 제기한다. 전형적인 상황에서, 비유럽 국가는 유럽 세력의 파괴역량과 직면하는데, 이들의 파괴역량은 이미 특정한 방식으로 생산력과 결합되어 있었으며, 생산과 파괴의 특정한 조직적·사회적 조건과 맞닿아 있었다. 당시 위협받은 국가와 현재의 사회연구자에게 문제는 다음과 같은 것이다. 즉 어떤 체계가 이미 구축되었을 때, 우리는 그 체계의 재건을 어떻게 이해할 수 있는가? 만일 재건이 가능하다면, 어디서부터 시작해야 하는가? 가장 손쉬운 영역들 중 하나는 군사조직 및 전쟁을 위한 생산이다. 이러한 가능성에 대한 근거는 간단하다. 군사적 위협은 쉽게 무시될 수 없다. 그것은 급박하고 혹독하다. 그러나 그 위협에 직면한 통치자들과 엘리트들은 자신들의 사회 전체를 외국 침략자들의 이미지로 개조하기를 원치 않는다. 그들은 그 모방을 충실하게 실행할 역량, 시간 및 의지가 부족하다. 그들이 방법을 안다면, 스스로 해체할 것을 기대해 보라.

앞에서 유럽을 다룬 이유는 실천역량과 그것을 가능케 하는 조건 간의 관계를 좀더 일반적으로 이해하기 위해서였다. 산업화된 경제가 출현하기 이전에 군사적 역량이 군사력과 훨씬 약하게 연결된 시기에서 사례들을 취함으로써, 그 작업은 더 수월하고 개념적 체제도 더 단순해졌다. 하지만 군사적 위협이 산업적 전쟁기제에 의해 제기되는 그다음의 사례들에서는, 생산력과 파괴력의 조직적·사회적 토대들이 서로 더욱 광범위하게 통합되기 시작한다. 그 결과, 생산 및 파괴 역량의 발전에 우호적인 조건들에 대한 관점은 앞서 유럽이 농경사회의 폐쇄적인 고리로부터 이탈한 것을 설명하기 위해 쓰인 관념들과의 차이점을 상실하기 시작한다. 이러한 수렴은 집단적·세속적 성공의 제도적 조건들을 좀더 일반적인 관점에서 설명할 수 있는 가능성을 열어준다.

유럽의 군사적 위협에 대한 중국과 일본의 대응을 비교하려는 나의 주된 목적은 왜 일본이 중국보다 단기적으로는 더 성공적이었는가를 밝히기 위한 것이 아니다. 어떤 사태든 성공의 기준은 그것이 아무리 세속적인 부와 권력의 영역에 한정되더라도 포착하기 어렵다. 만일 19세기의 중국과 인도를 비교한다면, 군사적·외교적 치욕에도 불구하고 중국이 비교적 외국 정부나 상업의 침투를 덜 받은 상태였다. 인도나 동남아시아 대부분의 국가들과 달리 중국의 개항도시들은 전국토에 걸친 군사적 지배나 경제적 침탈의 기지가 되지 않았다. 50년 전의 일본으로 비교를 확장해본다면, 일본의 성공의 의미가 더이상 놀랄 만한 것으로 보이지 않을 것이다. 비록 일본의 물질적 생활이 훨씬 더 높은 수준을 유지했지만, 초창기에 서구의 군사적·기술적 기법에 적응하는 데 실패한 중국은 서구의 산업화 모델을 더 철저하게 중국식으로 변형하기 위한 단계에 놓였다. 나의 비교의 핵심에는 세속적 성공 전체가 아니라 군사적 행동을 가능케 하는 조건들이 놓여 있다. 그러나 무력충돌이 산업화된 경제를 배경으로 일어나고 있었기 때문에, 군사력의 조건들이 더이상 경제적 역량과 분리된 채 유지될 수 없었다. 따라서 중국과 일본의 사례들은 우리의 시야를 넓혀주며, 나의 주장의 중심에 놓인 두가지 연관성에 관한 통찰을 심화해줄 것이다. 그것은 실제적인 생산 혹은 파괴 역량과 그것의 기술적·조직적 장치들의 배치 사이의 연관성이며, 이 장치들과 국가·사회의 포괄적인 재편과의 연관성이다.

먼저 1911년 신해혁명 당시 중국의 군사적 역량이나 1895년 청일전쟁이라는 비극적인 대결상황을 살펴보자. 중국 군사력의 주요 측면에는 상당한 제약요인이 있었다. 화기와 전함의 제작, 전투와 무기 생산을 위한 자원 및 인력의 동원 그리고 군대의 실제적인 운용능력이나 조직력 등의 제약을 말한다.

중국은 초창기 화기 개발에서 선구적이었다. 10세기에 발명된 화약은 이미 13세기에 폭발성 발사체를 추진하고 있었다. 그러나 한(漢) 왕조 이래 중국 국가에 의해 확립된 무기 생산에 대한 독점적 통제, 자족적인 농업경제에 기반한 제국에서 유교적 관리들의 전형적인 관심사, 그리고 오랜 기간 지속되어온 평화, 이 모든 것은 화기의 신속한 발전을 저해했다. 좀더 광범위한 관점에서 보면, 산업화된 경제의 부재 그리고 실험과학이나 제작기술 간의 지속적인 교류의 부재도 그 원인이었다. 명 왕조의 통치기간(1368~1644) 동안, 유럽의 대포에 비해 중국 화기의 열세가 분명해졌다. 그리고 1520년 중국인 스스로도 처음으로 포르투갈의 무기를 목격하고 나서 그 사실을 깨달았다. 중국인들은 이 무기들을 사들였고, 외국의 도움을 받아 자체적으로 만들려 했다. 그들은 만주족을 막기 위해 이 무기들을 사용했다. 권력을 장악한 만주족은 1685년과 86년 러시아와의 전쟁에서 이 무기들을 성공적으로 활용했다. 그러나 제1차 아편전쟁(1839~42) 당시 중국의 총포와 대포는 영국의 무기에 비해 치명적으로 열세에 놓였으며, 중국 해군력은 취약하기가 이를 데 없었다.

아편전쟁 이후 군수공장을 세우고 무기 생산을 신속하게 발전시킨 직접적인 배경에는 두가지 요인이 있다. 태평천국운동이라는 위협적 민중봉기의 진압과 유럽이건 미국이건 일본이건 간에 외국 군사력의 침입이었다. 서구의 위협에 대응하느라 일본에 대한 대응이 취약할 수밖에 없었다. 민중봉기를 진압하기 위해 외국의 재정적·기술적 원조를 받아들임으로써 서구 세력과의 대결에서 중국의 군사적 독립성이 떨어지게 되었다.

병기창 설립과 군대 개혁을 주도했던 개혁적인 정치인, 하급관료 및 매판지식인[31]은 현실주의자들이었다. 그들은 화기와 해군의 빠른 발전이 국가안보에 중대하고, 증기 기관과 기술 그리고 병기창에서 채택된 조직들이 경제 전체에 변혁적 함의를 갖게 될 것이며, 필수적인 생산의 주도권과 군사정책이 폭넓은 행정적·재정적·사회적 개혁을 요구하며, 그 충격의 외적 한계를 예측하는 것이 불가능하다는 사실을 이해하고 있었다. 그럼에도 불구하고 개혁가 중 다수는 "양무운동"이 국가와 사회의 기본적인 위계질서를 훼손하지 않은 상태로 남겨두기를 기대하거나 희망했다.[32]

1875년경 상하이, 톈진, 난징의 주요 군수공장들은 완전히 가동되고 있었으며, 이때부터 국가의 해상방어정책이 출현하기 시작했다. 관리들과 산업가들은 무기 생산에 선도적인 기업에서 사용하던 정부보증이나 상인관리의 형태를 다른 제조업 분야로 이전했다.[33] 군수공장과 관련 하청업체들은 산업화에 의해서 뒷받침되는 군사력의 실질적인 출발을 대변했다. 그러나 그들은 더 광범위한 사회적·행정적 맥락에 의해 부과되는 제약조건 때문에 고충을 겪었다. 이러한 제약의 주요 책임은

---

31) 매판(買辦)이라 함은 중국에 있는 외국상사, 영사 등에 고용되어 거래의 중개를 하던 중국인들을 말한다 — 옮긴이.

32) 청말 군사개혁을 위한 시도의 초기 단계에 관한 분석을 위해서는 Mary Wright, *The Last Stand of Chinese Conservatism: The T'ung-Chih Restoration, 1862~1874* (Stanford: Stanford 1957) 196~221면.

33) Thomas L. Kennedy, *The Amrs of Kiangnan: Modernization in the Chinese Ordnance Industry, 1860~1895* (Boulder, Colo.: Westview 1978) 특히 152~54면.

서로 다른 부류에 속하는 관리자들, 상인들 및 관료들 간의 심한 분쟁을 근절하지 못한 약화된 정부의 실책에 있었다. 즉, 정부는 필요한 노동자와 자금을 끌어모으고, 일부 사람들의 특권을 억제하고 다른 이들의 돈을 몰수하고, 그 정책의 도구이자 수혜자로 기능하는 엘리트의 반체제적·야심적·모험적 요소들을 확인하고, 중국이 준비될 때까지 외국의 침입을 배제하는 등의 임무를 수행하지 못했다. 확실히 일본과의 충돌은 중국의 관리자들이 통제할 수 있었던 것보다 군수공장에 훨씬 더 큰 중압감을 가져왔다.

군수공장 자체는 비록 실패였지만 유망한 출발이었다. 다만 군사력과 산업적 실험의 좀더 광범위한 재정적·인적 토대는 거의 준비되지 못한 상태였다. 이 징표들 중 하나가 지방 군사력에 대한 중앙 통제력의 약화였다. 19세기 중반 민중봉기에 대한 절박한 투쟁과정에서 이미 국가장치에 잘 편성되어 있던 지방 엘리트들이 국가의 주요 군대 인력자원이었던 시민군을 이끌고 그들을 지배하기 시작했다. 중앙의 개혁가들이 군사적·생산적 목적으로 활용할 수도 있었던 인력에 대한 이와 같은 압박은 정부의 재정적 결핍과 밀접하게 연계되어 있었다. 비록 토지세에 대한 총 부담이 상대적으로 높았지만, 그것의 비상식적인 양은 지방 관료나 토호의 수중에 들어가거나 상대적으로 비생산적인 용도에 충당되었다. 그 부담은 농업경제에서 대들보 역할을 하던 소작농 및 지주에게 가장 과중하게 부과되었다. 하지만 그 자금은 군대 혹은 민간의 산업공장을 위한 투자 그리고 중앙에서 통제하는 군대의 신병 보충이나 조달에 쓰이지 않았다.

제국 말기 중국에는 자신감에 찬 기업가, 산업적·군사적 혁신을 위해 제도화된 기회, 개혁을 위해 대중의 지지를 얻으려고 헌신하는 통치자가 부족했다. 이런 환경에서 군대나 기업이, 군인이나 노동자가 서로 그리고 상급자와 새로운 방식으로 관계를 맺는 영역이 된다는 것은 쉽지 않았다. 특징적인 발전이 있긴 했지만 이는 군사·산업 조직 내에서 주변 사회에 대한 대항모델이 출현한 것이 아니었다. 오히려 그것은 소작농 연대와 충성이라는 기존의 형태와 낯선 새로운 작업을 수행하기 위한 임시변통적인 훈련과의 혼합이었다. 훨씬 뒤에, 공산주의자들은 자각적으로 농민들의 자위조직을 군사조직의 토대로 이용했으며, 점진적으로 농민들을 다른 구조의 위계질서와 신념 체계로 끌어들였다. 군대·산업 개혁 초기에는 이와 유사한 조직적 실험을 하지 못해 비싼 댓가를 치렀다. 결국 작전수행의 재량권, 협동 및 유연성 같은 고도의 수단들을 갖추고 소규모 단위로 싸울 것으로 기대하지 않은 군대를 만들어냈으며, 독창적이고 스스로 깨우치는 장인들의 집단이 한 지붕 밑에서 최신식 기계들을 운용하도록 허용되었을 경우에 가장 효과적으로 작업하는 산업노동력을 배출했다.

제국 말기 수십년 동안 중국 군사발전의 제약요인과 기회는 통치권력의 통제와 이용을 둘러싼 더 큰 투쟁의 일부였다. 청나라는 19세기 중반 대중의 봉기와 외국의 침략에 대처할 수 있는 방안이 거의 없었다. 지주·상인·관료가 서로 간에 그리고 국가와 맺은 관계는 당시 상황에서 특히 중요한 요소였다. 청 말기에 지주·상인·관료 등 중국의 엘리트들은 국가권력을 자신들에게 유리하도록 독점하고, 중앙 및 지방 정부에 대한 그들의 특권적인 접근을 위협할 수 있는 세력에 맞서 적극적으로 연합해야 한다는 이해관계와 확고한 신념을 공유했다. 필수적인 연속성과 국가의 구제를 위한 대담한 재조정을 제안했던 개혁파에 대한 광범위한 지지를 부정할 정도로 엘리트들의 의견은 매우 다양했다. 고위관료들은 민중봉기를 진압해야 한다는 압력 때문에 지방군대에 대한 통솔권을 지방의 사대부들에게 넘겨야 했다. 마을의 쇠퇴하던 협동적 공동체 생활방식이 대부분 새롭게 군사화되고 사대부들이 통제하는 지방조직의 형태로 대체되었다. 지방 자치정부를 향한 개혁운동은 그 자체가 지주와 상인에 의해 지방행정을 조종하는 구실이 되었고, 민중적(grassroots) 정부와 민중적 과두세력 간의 경계를 더욱 모호하게 하는 구실이 되었다. 국가는 그 근본에서부터 약육강식의 세상이 되었다.

당시 상황의 다른 측면들은 이 과두세력이 농촌 대중, 즉 소규모 자작농, 소작농 및 농업노동자 그리고 대도시에서 번성했던 반체제 지식 엘리트와 어떤 관계를 맺었는가에 주목하면 분명해진다. 이 두 사안에 대해, 공화국 초기의 기간을 보면 그 사실과 함의는 분명해진다.

지방행정이 지방에 뿌리를 둔 비교적 통합된 지배계급과 유산계급에 의해 장악되었던 정도를 고려해보면, 앞에서 내가 자연경제로의 복귀로 기술했던 현상이 청 말기에 거의 나타나지 않았다는 사실은 놀랍다. 사실 소작권과 토지소유권은 지속적으로 농업생산량 증가의 주요인이었다. 인구의 모든 부문이 시장활동에 깊이 참여한 것이다.[34]

정부구조의 개혁과 심화되는 경제의 상업화 간의 초기 상호작용의 결과가 이를 설명해준다. 초원지대 사람들과 꾸준히 교류하면서 국가는 지방의 존재를 최소한 보장하고, 재정적 궁핍과 행정적 무능으로부터 스스로를 구제할 수 있는 제도적 수단들을 획득해왔다. 동시에 엘리트들은 점차적으로 시장과 행정에 대한 그들의 적극적인 참여를 요구

---

34) 공산주의 지배가 확립되기 전, 중국에서 화폐를 토대로 한 농업경제의 마지막 단계에 관한 분석에 대해서는 Ramon H. Myers, *The Chinese Peasant Economy: Agricultural Development in Hopei and Shantung, 1890~1949* (Cambridge: Harvard 1970) 특히 288~91면. 마이어의 논문 같은 연구들은 광범위하게 퍼져 있던 대규모의 농지소유자들과 소규모 농지소유자들의 활력을 확인해준다. 뿐만 아니라 이 연구들은 전통적인 농사법으로 회귀하는 것으로부터 점진적이고 갈등을 유발하지 않고서 벗어나는 기술적인 침체기를 묘사하고 있다.

하는 방식으로 자리매김했다. 농민 대중에 대한 그들의 특징적인 지배 형태는 정부와 시장 제도를 통해 작동했다. 이는 다양한 형태의 "기생적 지주제"(parasitic landlordism)와 세금 부담의 중요성을 조명한다.

물론 이것이 시장이나 정부의 완전한 붕괴공식은 아니었지만, 곧 도시와 시골의 대중이 자기조직을 위한 법적 수단과 경제적 기회를 강탈당했다는 것을 의미했다. 이와 관련하여 사대부가 통제하는 지방군이 협동적 형태의 촌락 조직을 기능적으로 대체했다는 것은 매우 인상적이다.[35] 지방 민중의 삶에서 공동체적 구조가 살아남은 경우는 사대부 지도자가 부족장이거나 경제적·군사적 위기의 순간에 그 촌락이 자기방어적으로 결속력을 다졌기 때문이다. 그러한 환경에서 집단적 민중조직은 비밀조직이나 반체제 형태를 취했다. 지하의 이러한 저항투쟁은 비밀사회를 조장하고, 성공적인 저항기간 동안 공동체와 위계질서의 대항모델을 고취했다. 노동자들이 집단적으로 조직할 수 있었던 틈새 공간은 항상 국가 관료와 지방 엘리트의 차이에서 만들어졌다. 이러한 차이가 사라질 때마다 노동자, 소자본가 및 소작농은 곤경에 처했다. 이들의 비폭력적·조직적 투쟁을 위한 기회는 사라졌다.

당시 상황의 또다른 측면은 지방에 근거한 경제와 행정의 지배적인 과두세력과 대도시에서 출현한 좀더 서구화되고 자유로운 엘리트들 사이의 관계였다. 이 반체제 엘리트들은 농촌이나 소도시에서 권력 기반에 깊이 관계하지 않았기 때문에, 기존 사회질서의 보존에 거의 미련이 없었다. 이들의 모호한 민족주의와 좌파 성향은 공화주의 운동과 민족적 저항을 위한 용광로가 되었다. 이 운동은 농민들이 스스로 반응을 보

---

35) Philip A. Kuhn, *Rebellion and Its Enemies in Late Imperial China: Militarization and Social Structure* (Cambridge: Harvard 1970) 211~23면.

이지 않고 좌파의 반란이 소련의 동요에 의해 차단당하고, 침략자에 대항하여 전국가적 통합정치가 혁명군과 대중적 지지를 구축하는 데 소중한 보호막을 제공했을 때, 공산주의 출현에 주요 역할을 했다.

이렇게 해서 중국은 광범위한 국가권력의 마비와 대중동원을 위한 기회를 상실했다. 군사역량의 발전에 가해진 제약의 모든 특수한 측면은 이 같은 좀더 근본적인 환경에서 발견될 수 있다. 그러나 모든 실제 상황과 마찬가지로, 그것은 막연하게 인식되고 거의 놓쳤던 기회들로 가득 차 있었다. 개혁적 정치가와 불만을 품은 사대부, 관료 및 지식인이 연합하여 국가를 장악하고 지방에 근거한 과두세력의 수중으로부터 그 권력의 일부를 해방시킬 수 있었던 무수한 기회들이 있었다. 청 말기의 이러한 기회들 중 가장 주목할 만한 것은 1898년의 변법자강운동이었다. 어린 광서제(光緖帝)와 그의 개혁적 동료들이 서태후(西太后) 주변의 반동세력에게 패배하리라는 것은 운세에 적혀 있지 않았다. 개혁주의자들이 권력을 장악하면서 대중조직에 호소하는 다양한 수단과 결합할 수도 있었다. 대중에게 흔든 손짓이 급진적 개혁안을 시작하는 데 실패했을지도 모르지만, 그것은 포위된 개혁가들과 전복주의자들이 어떻게 해서든 권력에 남아 있을 수 있는 사건이 될 수도 있었다.

같은 시기에 일본은 중국보다 훨씬 더 성공적으로 군사력을 발전시킨 사례를 제공한다. 이 둘의 차이점을 분석하면, 생산과 파괴의 수단이 이미 산업화된 시기에 무력과 부를 가능케 하는 조건을 밝히는 데 도움이 된다. 그러나 비교 분석의 두번째 사례에 들어가기에 앞서, 각국의 경험이 타국의 경험으로부터 얼마나 영향을 받았는가를 살펴볼 필요가 있다.

일본이 서양의 직접적인 지배를 피할 수 있었던 가장 중요한 배경 중 하나는 그렇게 하지 못한 중국의 실책이었다. 서구의 제국주의 세력은 프랑스-프로이센 전쟁에서부터 미국의 남북전쟁에 이르기까지 별로 관계가 없는 죽기살기식의 싸움에 묶여 있었을 뿐만 아니라, 중국으로의 진출에서도 마찬가지였다. 뛰어난 선견지명이 있었던 일본의 지도자들은 중국의 아편전쟁(1839~42, 1856~60)을 통해 부와 권력을 위한 변혁을 고되게 겪지 않은 국가들에게 기다리고 있는 것이 무엇인지 교훈을 얻었다.

제국주의적 침략으로 전환한 일본의 세속적 성공은 훗날 중국 자신의 변혁 방식에 결정적인 영향력을 미쳤다. 일본의 점령에 대한 국민의 저항은 공산주의 세력과 민족주의 세력 간 투쟁의 장이 되었고, 노동자 대중과 정치 국가 사이의 새로운 관계를 위한 교훈이 되었다. 따라서 그 저항 시기는 중국 사회가 앞으로 직면하게 될 징표를 확실하게 남겨놓았다. 그것은 중국이 일본에서 이미 실현되었던 것보다 훨씬 더 철저하게 북대서양의 산업화 모델을 해체하는 방향으로 나아가는 계기가 되었다.

두 나라가 서구와 충돌한 시기에 두 국민의 역사 상호 간의 간섭은 비교 분석에서 지적될 수 있는 논점에 대한 첫 교훈으로 기여할 것이다. 중국과 일본의 경험에 대한 비교 분석에서 추론해낼 수 있는 좀더 큰 진실이 무엇이건, 그것은 두 영토의 물리적 근접성처럼 외견상 그다지 관련 없는 환경에 의존하고 있다. 다시 말해 그것은 이 역사적 충돌이 발생한 시기에 두 영토의 대중이 우연히 지구의 표면에 놓여 있었던 특정한 방식이다. 역사 리얼리즘의 분석기준 가운데 하나는 틀림없이 그러한 우연적인 연관성에 의해 야기된 무질서를 인식하고, 이 무질서가 제한적인 경험 측면에 한정되지 않고 또다른 방식으로 모든 측면에 관통한다는 사실을 인식할 수 있는 능력일 것이다. 진실된 보편성을 지닌 통찰은 새롭게 나타나는 현실과 가능성의 비전을, 느슨하게 연관된 환경과 선택이라는 냉정하고 운명적인 축적에 대한 이해와 조화를 이루게끔 해야 한다.

우선 1895년 청일전쟁과 10년 뒤의 러일전쟁 당시 일본의 군사역량의 특징적인 요소들을 살펴보자.

군사역량의 첫번째 기반은 군수산업이었다. 서구의 어떤 국가에서보다 일본의 산업화는 기계화된 공장 기반의 무기 제조에 의해 주도되었다. 도쿠가와 체제가 막을 내리던 시기에 주물·무기 생산·선박 건조 등 핵심적인 선도 부문에서 진취적인 정신이 이미 급격하게 확산되기 시작했다. 이 같은 노력에 가장 파급력을 미친 동기는 실제적인 혹은 충분히 예견되어온 서구 침략의 압력이었다. 제철 공정을 위해 건설된 최초의 반사로(reverberatory furnace)들이 도쿠가와 막부와 사쓰마, 미토, 사가 같은 강력한 지방의 번(藩)에 의해 세워졌다. 훨씬 더 많은 지방(번)들이 적극적으로 조선소 건설에 참여했다.[36] 1868년 이후, 메이지정부는 이 분야들에서 산업적 주도권을 대대적으로 확장했다.[37] 군사적 목적과 직접 관련되지 않은 최초의 거대 산업부문인 섬유산업조차 정부의 후원하에서 출발했다. 그 산업들이 개인의 수중에 들어간 것은 나중의 일이었다. 물론 그 산업들이 민간에 넘어가게 된 이유는 국가의 재정적 압박이었지만, 그 결정 역시 확고한 협력관계와 프로그램에 의한 것이었다. 반동적인 대중의 세력은 억눌러졌고, 재편된 관료와 기업 집단들 사이에서는 정부의 직접적인 산업관리가 불필요하고 성가시다는 공감대가 형성되었다.

---

36) W.G. Beasley, *The Meiji Restoration* (Standford 1972) 123~24면.

37) Kajinishi Mitsuhaya, "The Birth of Heavy Industry in Japan: With Reference to a Re-Examination of the Meiji Restoration," 다음의 책에 요약이 되어 있음. *An Outline of Japanese Economic History, 1603~1940*, eds. Mikio Sumiya and Koji Taira, (Univ. of Tokyo 1979) 201~203면.

19세기 후반 이들 산업 가운데 다수가 처음 설립되었을 때에는 우왕좌왕했다. 투자기금은 주로 토지세에서 나왔고, 세제는 1873~74년 개혁을 거치면서 그 기준과 할당에 중대한 변화를 겪었다. 서양의 공학과 과학을 강박적으로 학습하고 이러한 재정자원을 이용함으로써 일본의 군수산업은 중국과 달리 서구의 자본이나 원조로부터 상당한 독립성을 확보할 수 있었다.

상당한 잉여농산물의 존재가 이 정책에 대단히 중요했던 것은 분명하다. 이와 관련하여 도쿠가와 정권 초기에 자연경제 회귀로부터 벗어난 것은 군사력 증강에 큰 힘이 되었다. 그럼에도 실제 경작자들, 즉 소작농, 소농민 및 농업노동자에 대한 총 지대세 부담은 전체적으로 메이지와 도쿠가와 시대 모두 청 말의 중국보다 더 높았다. 메이지의 중앙정부 장악, 지방 지주들의 약진 및 농민들의 강제적인 이동금지 등은 모두 당시 주도적이었던 투자전략에 핵심적이었다.

군수산업과 더불어, 일본 군사력의 두번째 토대는 대중징병제의 확립이었다. 다시금 그 돌파구는 국가의 기본적인 성격과 지지세력에 달려 있었다. 정부는 자신들의 권력적 이해관계와 정체성에 대한 위협을 내세우며 징병제 군대에 반대했던 강력한 사무라이 집단을 제압할 필요가 있었다. 사무라이 집단의 저항은 대결구도를 촉발했으며, 징병문제를 사무라이 수당 폐지 및 정한론과 뒤섞었다.[38] 또다시, 민중봉기의 위험을 진정시켜야 했다. 징병군의 형성은 반란 움직임에 대한 최소한도의 통제를 전제했다. 그러나 군대가 양성되자, 오히려 이는 사람들을 탄압하는 데 이용되었다. 하지만 1878년 제국경비대의 폭동 같은 에피

---

38) E. Herbert Norman, *Soldier and Peasant in Japan: The Origins of Conscription* (Vancouver: British Columbia Univ. 1965) 특히 43~47면.

소드가 보여주듯이, 군대 내에서 반란의 위협은 지속되었다. 국가의 새로운 지배자들이 권력의 군대 구조를 변혁하는 데 성공할 수 있었던 것은 이 위험들을 한꺼번에 직면하지 않았기 때문이다. 이러한 유예에 대해 그들은 자신들의 영민함뿐 아니라 행운에 감사할 수 있었다.

일본의 군사역량에 대한 세번째의 무형적인 추진력은 군대, 산업 및 행정의 기획에서 조직구조의 점진적인 발전에 있었다. 그 발전은 고도의 효율성 성취와 상호 긴장관계에 있었던 두가지 다른 목적들을 접목했다.

이 목적 가운데 하나는 일본의 협동적 연대와 위계적 복종이 산업적 규율을 위해 만들어낼 기회를 활용하면서, 새로운 조직적 제도가 재편된 사회와 개혁된 국가의 위계질서나 관행에 미칠 분열적인 효과를 최소화하는 것이었다. 비록 쇠퇴하고 있었지만 오랫동안 유지되어온 도쿠가와 시대의 협동적 촌락제도의 생명력이, 거대조직 내에서 감독받는 협동적 활동에 초창기 도제제도를 제공했다. 영세 수공업과 결합된 상업화된 농업시스템은 원시적인 제조에서 숙련된 노동 경험을 지닌 많은 인력을 제공했다. 또한 그것은 재정적 산업화에 기여한 농업경제를 심화했다.

이와 대조적인 다른 한 목적은 당시 서구에서 출현한 것과 철저히 구별되는 구조를 고안해낼 필요성을 최소화하는 것이었다. 지배계층의 어떤 지도자도 이미 국가에서 적응해온 군사적·경제적 계획과 완전히 다른 방식으로 인간과 기계의 조직화된 복합체를 바꾸려고 하지 않았다. 어떤 형태의 조직이나 기술을 과감하게 다시 설계하는 일은 시간이 걸리고 위험을 수반하며 상상력을 요구할 것이다. 사회의 혼란을 피하려는 욕구와 대담한 조직 혁신에 대한 무관심 사이의 대비가 서구 모델이 지닌 과제규정과 과제수행의 엄격한 분할에 의해 약화되었다. 또한 그 대비는 서구식 제도의 취약점, 특히 기업 내부에서 발생하는 대결과 저항을 다루는 데 일본인들의 성향을 이용하는 방식으로 완화되었다. 농업환경에서 산업환경으로 바로 이전할 필요가 없었으므로 계약, 공동체, 지배의 모호한 혼합이 쉽게 확산될 수 있었다. 농업과 영세 제조업이 결합하면서 점차 상업화되는 경제에서 많은 조합체가 협력적인 연결고리를 제공했다.

그러한 환경이 있었음에도 일본과 유럽의 조직방식은 손쉽게 결합되지 못했다. 1911년 공장법을 둘러싼 충돌과 다른 폭력적인 노동의 동요 움직임이 입증하는 것처럼, 격렬한 투쟁이 나타났으며 그 결과는 오랫동안 불확실한 상태로 남았다.[39] 국가의 새로운 지도자들과 산업계 및 관료 내에 있는 제휴세력들에게 최소한의 공감대나 모든 억압적·재정적 수단을 정부의 뜻대로 사용하려는 의지가 없었다면, 이 투쟁에서의 승리는 생각할 수 없었다. 되돌아보면 매우 자연스럽게 보일지 모르지만, 일본 사회는 주도 세력의 의견불일치 그리고 대안적인 미래를 발견하려는 노동자들과 선동가들의 필사적인 시도에 의해 사실상 끊임없이 위태로워졌다.

바로 앞에서 기술했던 군사역량은 두가지 서로 얽힌 발전노선으로부터 나왔다. 하나는 복원된 국가, 재편된 엘리트들 그리고 노동자들 사이에 확립된 연대였다. 다른 하나는 제국과 외국 세력의 관계였다.

두가지 노선 중 첫번째 것을 이해하기 위해서는, 메이지유신을 일으킨 야심이나 세력 간 연합과 메이지유신 이후 정부정책의 내용을 구분

---

39) Stephen S. Large, *Organized Workers and Socialist Politics in Interwar Japan* (Cambridge: Cambridge 1981) 40~50면. Andrew Gordon, *The Evolution of Labor Relations in Japan: Heavy Industry, 1835~1955* (Cambridge: Harvard Univ. Press 1985) 116~21, 211~35면.

할 필요가 있다. 전자에서 후자로 이어지는 직접적인 결과는 없다. 대정
봉환(大政奉還, 도쿠가와 요시노부가 천황에게 통치권을 넘겨준 사건)을 이루어낸
핵심집단의 대다수는 막부가 몰락하는 시기에 일어난 당파투쟁에서 패
배하며 좌절을 경험했다. 유신으로 이어진 사태로부터 혹은 일본 사회
의 심층적인 특징으로부터 이 문제에 대해 누가 승자이고 패자인지를
확실하게 예견할 수 있는 사람은 아무도 없었다.

　도쿠가와 말기에, 적어도 두 주요 사회집단이 매우 불완전한 상태로
국가구조 속에 통합된 채로 남아 있었다. 즉, 중간계층의 사무라이나 촌
락 사무라이와 상업화된 농업 및 수공업 경제의 한층 기업화된 지주기
업가였으며, 이들은 국가권력에 참여할 수 있는 직접적인 수혜로부터
배제되었다. 그 기업가들은 해체되거나 길들여지지 않은 채 정부의 규
제로부터 괴롭힘을 당했다. 사무라이들은 무력을 사용할 수 있는 수단
을 전면적으로 박탈당하지는 않았지만, 막부구조에서 제거되었다. 이
두 집단이 유신운동에 중요한 지원을 제공했다. 중국에는 이들에 비견
할 만한 집단이 없었다. 일본에서는 관리·지주·상인 간의 비교적 긴밀
한 합의가 지방행정과 군사력의 구조 속에 뿌리 깊게 그리고 통일적으
로 자리 잡고 있었다. 그밖에도 지방정부는 권력의 토대로서 중국의 지
방정부보다 훨씬 더 큰 자율성이 있었다. 전반적으로 일본의 엘리트는
중국의 엘리트보다 국민성의 특성과 취약점을 훨씬 더 예리하게 파악
하고 있었다.

　그러나 새 정권의 첫 십년간 개혁의 핵심 내용은 또다른 문제였다. 토
지세의 재편과 행정이 소작인보다 지주에게 더 유리할 것이라는 사실
은 유신 이전과 그 기간에 활동한 세력들로부터 기대될 수 있었다. 그
러나 사무라이 특권의 폐지나 재편은 국가의 재정적·군사적 자원이 봉
록을 받는 신분계층에 의해 고정되는 것을 우려한 지도자들의 과제였

다. 메이지 시대 초기(1868~1912)에 일어난 싸움에서 승리함으로써 이들은 국가적 이해관계와 과두세력의 이해관계를 융합하는 방식으로 생산, 행정 및 전쟁을 위한 조직적인 제도를 개선하기 위해 광범위한 책략의 권한을 획득했다.

국가의 장악, 군사적으로 경도된 산업에 재정 지원을 위한 잉여농산물의 활용, 그리고 섣부른 군사적 진출의 신중한 회피 등은 외국의 통제로부터 독립할 수 있는 수단을 제공했다. 국가자율성이 향상됨으로써 세계동맹 혹은 세계경제와 일본의 관계를 재설정하는 데 국가의 선택권이 확대되었다.

이 모든 수단을 통해 통치권력은 특권의 질서로부터 자유로워졌고, 그 특권을 제한함으로써 군사력과 경제력을 가능케 하는 조건들을 추구하면서 어떠한 시행착오의 결과도 막을 수 있었다. 그러나 부유하고 권력을 가진 자들은 줄곧 자신의 정체성을 유지했다. 새로운 체제의 치열한 싸움에서 패배한 자들은 새로운 정체성 아래에서 생존하고 번영할 수 있는 기회를 얻었다. 집단들은 엘리트의 재편, 토지 보유와 토지세 제도의 개정, 그리고 정부체제와 산업관계의 불완전하고 불확실한 준 입헌체제의 창출을 통해 스스로 재규정하고 재조직할 수 있는 구조를 만들어냈다. 그러나 지속적인 집단적 투쟁의 기회가 제한됨으로써 좀더 과감한 산업적 성공을 이뤄낼 수 있는 대중동원이나 제도적 고안 방법은 확산되지 못했다. 권력은 중심에 있었고 단호했으며, 변혁에 비교적 쉽게 이용할 수 있었으며, 집단적 재규정과 자기조직을 위한 차별적·제한적이면서도 현실적인 기회를 지지할 수 있었다. 바로 이러한 권력이 메이지정권의 핵심적인 성취였으며, 청 말의 중국보다 우위를 점할 수 있었던 원천이었고, 무엇보다도 일본의 군사적·산업적 성공의 일등공신이었다.

중국과 일본의 이러한 경험에 대한 비교연구는 두가지 연관된 결론을 제시한다. 하나는 무언가를 가능케 하는 환경과 실천역량의 관계에서 자유와 제약의 본질과 관련된다. 다른 하나는 군대의 토대와 생산능력의 토대 간의 관계, 그리고 이 장에서 전개된 논증의 맥락과 앞 장들에서 제시된 북대서양의 획기적인 약진의 관점 간의 연계를 다룬다.

이 비교 논의를 서구의 위협에 대항하는 과정에서 19세기 말 중국이 불행하게도 실패했고 일본이 성공을 보장받은 원인 분석으로 오독해서는 안 된다. 더 장기적인 관점에서 보면 분명해지는 성공과 실패의 상대성을 기억해야 한다. 이 국가들이 서구 세력에 서로 다르게 대응하는 과정에서 상대방에게 끼친 영향이 얼마나 중요했는지를 고려해야 한다. 사태의 주요 국면에서 놓친 기회들을 염두에 둘 필요가 있다.

사실 성공의 모든 수단이 전진을 향한 플랫폼으로 기능했다. 일본의 경험에서는 대내적 개혁과 대외적 자율성이 서로를 강화해주었다는 점이 대단히 중요하다. 일반적인 관점에서 이야기하면, 엄격하게 규정된 특권과 집단적 연합 구조, 즉 고정된 위계질서와 분할체제로부터 정부 권력을 이탈시키는 모든 조치는 다음 단계에서 선택의 폭을 넓혀준다. 그것은 군사적·생산적·행정적 활동과 그 활동의 조직적 토대 간의 연계성을, 또한 이러한 토대와 국가·사회의 더욱 광범위한 질서 간의 연계성을 완화해준다. 그것은 개혁적 지도자들이나 혁명적 지도자들이 효과적이면서 동시에 정당화될 수 있도록 이 연결고리들을 재규정하도록 해준다.

그러나 성공에서 성공을, 실패에서 실패를 이끌어내는 것은 쉽게 부풀려진다. 어떤 역사적 실제 상황에 관한 두드러진 사실 가운데 하나는 외관상 성취의 순위가 자주 뒤바뀐다는 것이다. 권력은 특권에 의해 마비상태가 되며, 집단조직은 사람들이 세속적 성공에 대한 위협으로부터 벗어났다고 생각할 때 나타나는 경직된 협상과 위계질서에 의해 마비상태가 된다. 변혁적 정치를 위한 기회는, 그것이 개혁적이건 혁명적이건 간에, 정부가 무기력해 보이고 집단적 동맹이나 정체성들의 재구조화가 거의 불가능한 것처럼 보일 때, 갑자기 다시 나타난다.

다시 말해, 우리는 비교 논의로부터 몇가지 측면에서 일본이 서양의 군사역량과 산업역량에 대해 제한적이지만 개혁적으로 적응하는 데 중국보다 더 나은 위치에 있었다고 추론할 수 있다. 단 하나 가장 중요한 일본의 장점은 지방에 토대를 둔 엘리트들의 존재였다. 그들은 중앙정부의 구조에 완전하게 통합되어 있지 않았고, 그들의 눈에 일본 사회는 이미 국가와 전쟁상태에 있었다. 반면 중국이 성공의 기회를 잡으려면, 처음부터 기존의 사회적·통치적 질서로부터 훨씬 더 급진적인 단절을 시도했어야 했다.

그럼에도, 보호적인 개혁정치를 위한 상대적 이점에 대한 판단은 처음 보는 것과는 달리 훨씬 더 잠정적이다. 중국에서 발생한 일련의 사태들을 좀더 면밀하게 검토해보면, 개혁파가 거의 국가를 장악할 수 있었던 사건이 많다는 데 놀라게 될 것이다. 아마도 당신은 중국의 개혁파들이 메이지정권 창시자들보다 훨씬 더 많은 대중 지지자들에게 호소했어야 할 거라고 말할지도 모른다. 중국의 개혁가들은 지방권력의 특권층에 더 깊이 자리 잡고 있었던 엘리트들, 더 직접적인 외국의 위협 그리고 더 어려운 소통과 통제 과제와 대결해야 했을 것이다. 이러한 관점에서 보면, 중국의 개혁가들은 좀더 급진적인 방향으로 나아갔어야 했으며, 그래야 자신들의 생존 기회를 상실하지 않을 수 있었을 것이다. 급진주의나 조정의 수준이 어떠하건 간에, 중국과 일본의 해법은 자신들을 지지하는 세력들과 변혁 프로그램의 구체적인 내용에서 달랐어야만 했다고 제시할 때, 비교 분석이 좀더 안전한 토대 위에 설 수 있다.

하지만 통속적인 역사 서술과 사회과학, 심층논리 사회이론과 일반적인 편견, 이들 모두는 상이한 결과들에 대해 소급적 불가피성(retrospective necessity)이라는 외관을 제공한다. 우리는 고대 농업군주제의 궁정사가들을 그들의 아첨 때문에 조롱한다. 적어도 그들은 달성된 사실에서 도덕적인 통찰을 찾는다고 공언했다. 심지어 어떤 이들은 권력자에게 제약을 가하려고 역사의 교훈을 이용하기도 했다. 현대판 필연론자들은 이 같은 변명거리조차 없다.

사회적 조형력의 명령을 이해하고 활용하기

앞서 논의한 유럽의 경험들은 특정 국가로 하여금 전쟁에서 새로운 조직적·기술적 기회를 이용하게 한 제도 장치의 해체와 재조합에 관심을 집중시킨다. 그 뒤에 다룬 아시아의 사례들은 동일한 문제를 약간 다른 각도에서 보여준다. 이 사례들은 서구의 산업화된 제국주의적 사회의 몇몇 속성들을 다른 속성들로부터 떼어내려는 시도라는 점에서 우리의 관심을 끈다. 즉, 서구의 생산·파괴 역량의 수준을 고유하거나 새롭게 고안된 협동작업의 방식과 결합시키거나 아니면 좀더 일반적으로 말하자면, 서구로부터 수용한 작업조직 양식과 비서구적인 행정적·경제적 제도를 결합시키는 것이다.

유럽의 산업화 이전의 상황 그리고 아시아의 산업화 이후의 상황 모두에서, 성공 아니 생존조차도 제도적 해체와 재조합 기술의 실행을 요구했다. 이 기술은 이 책에서 반복해 검토하는 두 연결고리를 끊임없이 재배치한다. 한 연결고리는 실천역량을 그것의 직접적인 조직적 배경, 즉 생산이나 전쟁에서의 협력방식과 연결시킨다. 다른 연결고리는 조직

작업 방식을 좀더 포괄적인 일련의 행정적·경제적 장치들과 연계시킨다. 제도적 해체와 재결합의 실행이 사회분할과 사회적 서열 방식을 뒤흔들고 서서히 파괴한다. 역할과 위계질서의 유지는 특정한 제도들의 안정성에 의존한다. 이러한 동요와 파괴는 역사에서 자기변혁이라는 명령(imperative)에 의해 채택되는 주요 형태들 가운데 하나를 나타낸다.

지금까지 논의한 군사적 성공과 실패의 경험들은 제도적 해체와 재결합을 실행하는 데 나타나는 일련의 수수께끼와 역설을 부각한다. 이 수수께끼와 역설을 고찰하는 것은 이 장의 논의를 세속적인 성공을 위한 제도적 조건들에 관한 테제로 일반화하는 작업의 출발점이다.

군사적 사례들이 제시하는 바는 제도적 해체와 재조합의 반복적인 실천이 무계획적인 횡보가 아니라는 것이다. 그것은 일정한 방향성을 지닌다. 장기간 자주 실행하면, 그것은 사회를 더 큰 조형력으로 이끈다. 되풀이해서 말하지만, 전쟁이나 생산에서 기술적·조직적 기회의 발전과 이용에 가장 적합한 것으로 판명된 변화들은 다음과 같은 두가지 특징을 결합한다.

우월한 해법들은 노동자들이나 군인들의 관계를 실험적·실천적 근거를 지닌 가시적인 사회적 이미지로 전환한다. 노동자나 군인은 미리 정해진 경직된 계획을 수행하는 수동적 집행자로 머무르지 않는다. 그들은 계획을 집행하는 과정에서 다양한 변화를 주면서도 전체적인 협력은 유지한다. 그 결과, 그들은 고정된 역할에 매어 있지 않게 된다. 과제규정 활동과 과제수행 활동 간의 대조의 유동성은 과제수행 활동들 자체의 차이를 누그러뜨리는 것과 일치한다. 오늘날 전쟁(게릴라부대, 탱크, 공군력)과 생산(유연한 생산과정과 특정되지 않은 "메타기계들"을 갖고 운영하는 하이테크놀로지 산업)의 선도적인 형태는 이 같은 유동성을 향해 가장 멀리 나아간 실천활동을 대변한다. 이러한 이상을 향한 움직임은 일반적으로 그것을 달성한 개인, 집단 및 국가에 성공을 가져다주었다.

또한 제도적 해체와 재결합의 지속적인 실천은 두번째 특징을 가진 사회적 제도들을 선호한다. 이 두번째 특징은 생산 또는 전쟁의 직접적인 조직적 환경, 즉 노동조직의 양식이 아니라 이 같은 노동조직의 형태가 존재하는 더 큰 행정적·경제적 제도의 틀과 관련이 있다. 전쟁과 생산의 실천적 활동의 제도적 틀 내에서 축적된 움직임을 확인할 수 있다면, 그것은 사람들의 실제 관계를 미리 규정하는 경직된 사회적 역할이나 위계질서를 허용하지 않는 해법으로 나아가려는 움직임이다. 사회분할과 위계질서의 계획이 이와 같이 노동자나 군인이 협력하는 방식에 미치는 영향력이 약화되면, 노동과 교환의 조직은 시의적절한 실험과 실천이성의 사회적 모방에 줄곧 개방된 상태에 놓이게 될 것이다.

이 같은 지점을 넘어, 사회적 역할이나 위계질서가 직업이나 교환관계에 미치는 영향력을 약화한다는 것은 사회적 역할과 위계질서 자체의 약화를 함축한다. 사회 계층체계의 강도는 그것이 사람들의 실천적 혹은 정서적인 관계에 미리 짜인 각본을 부과하는 정도에 달려 있다. 19세기 초반을 전후한 모든 통찰력 있는 개혁가들과 마찬가지로, 프로이센의 군사 개혁가들은 시큰둥한 농노보다 군인이 좀더 기동성 있는 새로운 전술과 작전기술을 수행하리라고 기대할 수 없다는 사실을 알고 있었다. 그보다 독일 사회를 바꾸기 위한 무언가가 행해졌어야 했다.

경제적 또는 군사적 활동에 관한 광범위한 제도적 환경에서 이러한 점진적인 변화는 새로운 제도, 심지어는 전혀 다른 종류의 제도 발명을 요구한다는 점에 주목하라. 그것은 덜 확고하고 덜 안정적인 제도 장치를 요구하지 않는다. 또한 그것이 무정부 상태나 영구적인 변화를 의미하는 것도 아니다. 어떤 제도나 실천은 실천적 실험의 영역에 개방되어 있다는 점에서 다른 것들보다 더 낫다. 사실 경직된 역할이나 위계질서의 실제 영향력을 줄이는 해법들은 그것들이 대체하는 제도들보다 더 정교하지는 않지만 좀더 투명해 보인다. 왜냐하면 그와 같이 위계질서를 뒤엎고 역할을 완화하는 장치들은 어느정도 명료한 기존 관행들에 부과된 의지의 산물을 나타내기 때문이다.

이 두가지 특징은 사회적 조형력이라는 관념에 정밀성을 제공한다. 이 서술은 집단적 부와 권력의 추구가 생산, 교환 및 전쟁의 조직적·제도적 설정에서 더 큰 조형력을 향한 점진적인 이동을 요구한다는 테제를 명확하게 해준다. 조형력이라는 명령(imperative)은 생산력이나 파괴력의 진보가 사회분할과 위계질서라는 고정된 기획, 그리고 과제규정과 과제수행 간의 엄격한 구분을 전복함으로써 달성되어야 한다고 말한다. 가능한 한 신속하고 자유롭게 모든 가능한 조합이 시도되어야 한다. 존속될 수 있는 유일한 구조는 냉혹한 재결합이라는 이 원리에 가장 적은 장애를 제공하는 것이다.

우리가 조형력 테제를 보다 풍부하고 명료하게 기술하는 순간, 그것에 몇가지 조건이 주어져야 한다는 사실을 깨닫게 된다. 앞에서 논의한 군사 역사의 에피소드들은 이 조건들을 설명해주며 그것들의 영향력을 제시해준다. 문제는 우리가 이러한 유보 조건들을 완벽하게 정당화한다면, 첫번째 테제에는 과연 무엇이 남게 될까다.

첫번째 조건은 언제나 이용될 수 있는 상대적으로 보수적인 다양한 대응책과 관계된다. 어떤 엘리트는 더 큰 조형력의 명령과 기존의 제도적 질서에 의해 지지되는 기존의 이익과 전통적 신념의 보존을 융화하기 위한 시도의 일환으로 그러한 대응책들을 이용할 수 있다. 그렇지만 그것이 구체화한 조형력의 정도 면에서 대안적인 노동조직의 양식이나 대안적인 행정적·경제적 제도들이 경쟁자들을 압도하기에는 충분치 못하다. 이에 개혁 프로그램이 수용되고 이행되어야 한다. 그밖에도 제도 장치들 그리고 그 갈등의 결과에 대해 편견을 갖게 하는 폭넓게 공유된 선입관들 사이에서 실천적 도전에 대한 대안적 대응책들을 둘러싼 투쟁이 발생한다. 기존의 선입관들은 특정 집단들을 좀더 나은 자리에 위치시켜 해법을 지시하게 함으로써, 또한 전통 방식과의 단절을 지나치게 강압적으로 요구하는 해법들을 억제함으로써 그 결과에 대해 편견을 갖게 한다.

더욱이 이들이 고려하는 성공의 기준은 어떤 전쟁무기나 산업경제를 가장 가깝고 위협적인 경쟁자들과 비교하는 것이다. 장기적으로 볼 때, 우리 모두는 죽는다. 단기적으로 보면, 우리는 다르게 죽는다. 유능한 보수 엘리트들은 자신들이 경쟁국가를 따라잡을 수 있으며, 기존 사회질서의 상당 부분을 유지하고 있는 조직이나 제도를 기반으로 그 역할과 위계질서 및 가능하고도 바람직한 인적 결합의 형태들에 관해 그 질서가 규정한 도그마를 갖고 국민의 기대에 부응할 수 있다고 생각한다. 나폴레옹 시대에 프로이센 군사 개혁가들은 독일이 프랑스의 위협에 대적할 수 있는 사회적·제도적 기반을 구축하기 위해 자신들이 호엔촐레른(Hohenzollern, 1413년에 기사반란을 진압하고 독일 북부지역을 통치한 왕가)의 독일을 혁명적인 프랑스로 만들어서는 안 된다는 점을 제대로 이해했다. 프로이센의 군사 개혁가들처럼 개혁가들이 운과 창의력을 갖고 있다면, 그들은 자신의 사회에서 낡은 특징으로 여겨지는 것들을 경쟁력 있는 장점으로 바꿀 수 있는 방법을 찾을 것이다.

조형력의 명령에 대해 영리한 보수적 대응이 가능하다는 사실은, 부와 권력의 추구가 특정한 제도적 방향성을 갖고 있다는 테제에 대해 또 다른 조건을 상기시킨다. 우리는 사회적 조형력의 정도를 판단하는 데 필요한 제도적 수단들을 발견할 수 없을 것처럼 보인다. 물론 우리는 일련의 대안적 실천이나 제도가 앞서 구분한 조형력의 두 측면에 더 잘 대응하는지 아닌지를 비교할 수 있다. 하지만 조형력의 수준, 즉 조형력이 허용하는 실천역량의 수준을 특정 제도 장치들을 통해 실현해야 한다고 말할 수는 없다. 우리가 알기에 그렇게 할 수 없는 이유는 그와 같이 필요한 대응을 구체화하는 모든 시도가 현재의 제도적 해체와 재결합의 차후 에피소드에 의해, 또는 과거의 제도적 해체와 재결합에 관한 후일의 발견에 의해 저지되기 때문이다. 따라서 이 책에서 논의한 군사적 도전에 대한 성공적인 대응들은 실천역량의 수준을 특정 제도적 체계와 연결시키는 이론에서 선호하는 패턴에 적용되지 않는다. 근대 사회사상사에서 가장 영향력 있는 교리들은 바로 그러한 이론들이었다. 마르크스주의가 단적인 예다.

제도적 해체와 재결합의 기술은 대안적인 제도 장치들의 목록에서 최상의 해법을 선택한다고 해서 작동하는 것이 아니다. 그 목록이 존재한다고 하더라도, 우리는 그것이 무엇인지 알지 못하고, 그것의 본질이나 내용에 대한 우리의 생각이 끊임없이 의심을 받아왔기 때문이다. 오히려 제도적 재고안은 사람들이 현재 속한 전통에 의해 또는 그들이 기억·복원·학습할 수 있는 전통에 의해 전수된 실천적·개념적 자료들과 함께 작동한다.

보수적 개혁가의 근거로 자주 활용되는 연속성의 영향력은 왜 우리가 제도적 형식들의 역사 속에서 과거나 현재 제도들의 심층적인 필연성에 관한 정당한 회의론에 의해 기대되는 것보다 더 적은 다양성을 발견하게 되는가를 설명하는 데 도움이 된다. 군사적·경제적 활동의 조직에 대한 실험 기록들은 너무나도 복잡해서 특정 수준의 역량과 특정 제도 체계들 간에 서로 대응시킬 수 있는 목록을 예시할 수 없다. 또한 그것은 협소한 강박관념과 모방에 의해 그리고 특권층의 억압에 의해 너무나도 오염되어 있기 때문에, 가장 낙관적인 순간에 과감하게 주장하고자 하는 구속받지 않는 발명의 자유를 드러내지 못한다. 우리의 제도적 정착과 고안이 임시방편적이고 덧붙인 모습을 보일 뿐만 아니라 놀라운 반복성을 갖게 되는 이유는 먼저 온 것이 뒤에 온 것에 영향을 미치기 때문이다.

연속성의 의미는 조형력의 테제를 더욱 적합하게 하고 이 책에서 분석한 경험들과 더욱 밀접하게 연계되는 방식으로 일반화될 수 있다. 일반적인 관점은 제도적 해체와 재결합의 실천이 역사를 갖는다는 것이다. 이 역사는 지금 그리고 앞으로도 전세계적이다.

유럽 세력은 안팎으로 충돌하면서 산업화된 전쟁무기와 생산체제를 만들어냈으며, 그 체제는 전쟁의 동원적·기술적 요청을 특정 방식으로 해결했다. 왜 선도적인 전투방식이 좀더 빨리 등장할 수 없었는지, 더 많은 영역의 군사활동들로 확산되지 않았는지에 대한 심층적인 이유는 없다. 그러나 혁명 이전의 유럽에서 급진적인 조직적 혁신이 좀더 속도를 내려면 중앙정부의 관료들과 일반 노동자들 간의 지속적인 연대가 필요했을 것이다. 또한 사회생활의 다양한 영역에서 무수한 충돌의 결과들이 전례 없는 형태의 대중적 자기조직이나 혁명적 전제주의로 수렴되어야 했을 것이다.

그 혁신들은 실제 보급된 해결책들보다 훨씬 더 높은 제도적 고안의 조치를 필요로 했을지도 모른다. 또한 그것들은 더 높은 수준의 역량과 기존 특권체제의 유지 사이에서 실천적 절충안을 발견해내려고 노심초사했던 보수적 정치가 측의 더 많은 실패를 요구했을지도 모른다. 그럼에도 이에 필적할 만큼 거대한 약진이 일어났다. 만일 이 일들이 일어나지 않았다면, 유럽인들은 폐쇄적인 농업사회에서 이탈하지 못했을 것이다.

혹은 증폭된 갈등의 압력을 해결하는 것이 선도적인 전투의 수행이나 기존의 위계질서와 사회분할을 뒤집는 데 더 적은 여지를 허용했을 수도 있다. 과거에 비교적 성공적이었던 유럽의 과두세력이 전쟁기제와 생산체제의 좀더 유연한 스타일을 자신들이 물려받은 특권에 더 잘 적응시키는 것으로 드러났을 수도 있다. 그들은 후견인과 피후견인, 즉 주인과 하인의 관계를 과제규정자와 숙련된 복종적 과제수행자의 관계로 더욱 과감히 바꾸어야 했을 것이다. 훗날 일본인들은 이와 거의 비슷하게 진행했다.

산업화된 경제와 전쟁기제의 초창기 유럽의 방식이 일단 정착되자, 그 방식은 유럽의 위협에 대한 대응책으로 비유럽인들이 이용할 수 있는 직접적인 선택권에 영향을 미쳤다. 만일 산업화와 전쟁의 성공적인 서구 모델이 선도적이고 유연한 생산과 전투의 방식을 향해 더 나아갔더라면, 일본의 엘리트들이 자신들의 특권과 정체성의 핵심을 보호하기 위해 이 모델을 해체하려던 시도가 훨씬 더 어려웠을 것이다. 해체와 재결합의 기술은 보수적인 개혁론자들에게 더 많은 기교를 요구하고, 대중이나 엘리트들 가운데 이들과 대립하는 사람들에게는 더 많은 기회를 제공해주었을 것이다. 다른 한편, 만일 산업화된 군대와 경제를 갖춘 서구의 주류적인 모델이 기존 위계질서를 덜 전복시키고 역할을 덜 느슨하게 하는 것이었다면, 중국의 개혁가들이 더 짧은 시간에 이를 따라잡을 수 있었으며, 더 큰 성공의 기회를 가졌을 것이다. 전세계의 개혁적인 엘리트들은 기존의 사회질서에 대해 일으키는 혼란을 최소화하면서 좀더 큰 생산력과 파괴력을 획득할 수 있는 가능성에 대한 확신의 근거를 가질 수 있었을 것이다.

따라서 우리가 제도적 실험을 세계적인 규모에서 살펴보고 장기간에 걸쳐 그 작용을 검토해보면, 초기와 후기 계기들이 법칙과 같은 힘들의 외적인 효과로 이해할 수 없는 관계를 맺고 있다는 사실을 발견하게 된다. 이러한 연속성 내의 각 움직임은 중앙정부의 통제력을 확보하고서 보수적 혹은 혁명적인 목적을 위해 자신들의 의지를 관철하려는 사람들의 목적과 현 세계에서 활용할 수 있는 생산체계나 전쟁기제들 사이의 교류를 나타낸다. 현재의 산업적·군사적 조직형태들이 통치자들의 목적에 잘 맞지 않을 수도 있다. 그러면 해체와 재배치의 작업이 더욱 어려워진다. 책임 있는 사람들이나 이들의 계승자들은 실천역량을 위해 더 많은 대안적인 조직적·사회적 맥락들을 고안해내야 한다. 하지만 이 야심찬 실천은 실패할지도 모른다. 이 계획이 실패하는 이유는 그 실행자들이 작동되지 않는 해법을 선택하거나 고안자들이 너무 늦게 계획을 고안해내기 때문이다. 혁신가들이 생산과 전쟁을 수행하는 새로운 방법을 찾아내려고 궁리하는 동안, 국내외의 적들이 이미 자신들의 의지를 관철해버릴 수 있다.

전투와 생산의 제도적 형태들의 역사 속에서 조형력과 연속성이 서로 밀고 당기는 복합적인 관계를 이해하는 것은, 실천적 역량강화를 위한 우리의 집단적 동인(動因)에 내포된, 해결되지 않은 중대한 모호성을 파악하는 것이다. 조형력을 향한 움직임이 과연 작업을 조직하고 생산·파괴 활동의 좀더 광범위한 제도적 틀을 배치하는 특정 방식을 향해 수렴되는가? 아니면 이와 반대로 우리가 무수히 많은 사회조직의 형태들 가운데 자유롭게 선택할 수 있게 하는 것인가? 그것은 정해진 운명인가 아니면 단지 과격한 우연성의 운명인가?

우리는 이 질문들에 대한 답변을 알지 못한다. 우리는 조형력의 요건이 얼마나 많은 내재적 내용을 담고 있는지 말할 수 없다. 그렇다고 해서 조형력이 어떠한 내용이라도 지닐 수 있다는 것이 역설적이라고 생각하며 자위할 수도 없다. 스스로 수정할 수 있는 기제 또는 제도적 체계가 명확한 구체성에 따라 설계되어야 한다는 생각은 역설적인 게 아니다. 사람들이 그 기제나 체계를 그 이상의 수정을 위해 더 개방적으로 혹은 덜 개방적으로 만드는 방식으로 수정할 수 있다는 사실을 발견한다고 해서 놀라운 일은 아니다. 우리가 이 책의 논증을 통해 도출되는 좀더 명확한 조형력의 개념으로 불확정성이나 수정가능성이라는 모호한 생각을 대체하면, 그 역설의 외관이 사라진다.

우리가 사회적 조형력을 얼마나 결정할 수 있는지에 관계없이 우리의 과제는 언제나 동일하다. 연속성의 영향과 유연성의 요구로 말미암아 많은 다양한 제도적 결합이 발생하고 유지된다. 우리는 인간의 역량 강화라는 더 포괄적인 개념에 이바지하는 변형들을 선택해야 한다. 물론 조형력이 우리에게 많은 특별한 것을 요구하겠지만, 우리는 이 요구들을 어떻게 얼마만큼 충족시킬 수 있는지를 선택하는 데 여전히 많은 여지가 있기 때문이다. 동원적 전제주의가 이 요구들을 채울 수도 있다. 하지만 우리가 사회적 현재 속에서 사회적 미래를 창조하는 자원들, 즉 경제자본, 국가권력 또는 기술적 전문지식 등에 대한 권리 주장들을 분해하고 용해하는 더 급진적인 민주주의 역시 그러한 요구들을 충족시킬 수 있다.

우리는 더 높은 사회적 이상에 조형력의 요건을 부착할 수 있다. 우리는 사회생활로부터, 엄격한 위계질서에 복종하고 주어진 역할에 굴복하는 의존과 탈개성화의 폐해를 꾸준히 제거함으로써, 이 요청에 부응할 수 있다. 우리는 개인 및 집단으로서 서로에 대한 실천적·정서적·인지적 접근의 조건에 대해 좀더 계획적인 통제력을 주장할 수 있게 하는 수단들을 통해 그 요건을 충족시킬 수 있다. 이를 발판으로 맥락을 수정하는 힘을 키우고 맥락을 초월하는 우리의 소명을 존중하는 사회적 맥락을 만들 수 있다. 우리는 조형력의 명령에 그것이 결핍하고 있는 초점과 권위를 부여할 수 있다.

제3부

/

강화된 민주주의의 제도적 프로그램

제9장

원형이론

설명적 테마와 프로그램적 테마

『허위적 필연성』은 사회의 설명이론과 사회재구성을 위한 프로그램을 제시한다. 그 이론은 마르크스주의에 대한 급진적 대안으로 작용하며, 그 프로그램은 사회민주주의에 대한 급진적 대안을 제시한다.

사회의 설명이론으로서 『허위적 필연성』은 우리가 사회생활의 형태에 저항하고 새롭게 이를 만들어낼 자유가 있음을 부정하는 것으로부터 사회적 설명을 자유롭게 해주고자 한다. 그것은 냉철한 반필연론적 견해를 제공하지만, 광범위한 사회적·역사적 설명을 만들어낸다. 그 가운데 어떤 것들은 포괄적이고 추상적이며, 어떤 것들은 집약적이고 구체적이다. 이 이론은 사회의 모든 것이 정치, 오로지 정치라는 테제를 극단으로 밀고나가며, 그러고 나서 일견 부정적이고 역설적인 이 생각으로부터 사회생활의 상세한 이해를 이끌어낸다.

사회재구성을 위한 프로그램으로서 『허위적 필연성』은 고착화된 사회적 역할과 위계질서로 인한 제약에도 우리가 실천적·정서적 관계들을 자유롭게 하는 급진적 프로젝트를 어떻게 추진할 수 있을지를 보여준다. 이 책은 이러한 급진적 동인, 즉 좌파들이 자유주의자들과 공유하고 있는 동인을 촉진하기 위한 최상의 희망이 정부와 경제 조직 그리고 우리의 개인관계의 성격에 대한 일련의 혁명적 개혁에 놓여 있다고 주장한다. 이 책의 설명적·프로그램적 생각들은 밀접하게 연결되어 있는데, 서로 지지하며 또한 각각이 서로 공유하는 비전의 한 측면을 표현하기도 한다.

이 비전은 근대 역사주의의 여정 마지막을 장식하는, 가장 놀라운 단계로 나아간다. 그것은 맥락 수정의 주체로서 우리가 설립하고 살아가는 제도적·상상적 맥락과 우리가 맺는 관계의 성격 자체가 역사 속에서 파악된다는 것을 인정하기 때문이다. 우리는 새롭고 다른 사회세계를 만들어낼 수 있을 뿐만 아니라, 모든 사회와 문화가 억압하거나 제한하는 창조력을 더욱 완전하게 구현하고 존중하는 사회세계를 건설할 수 있다. 이러한 방식으로 우리는 폭력적인 혁명적 장악으로 중단되고 장기화된 집단적 수면상태에서 벗어나 지루하고 퇴화적인 역사의 리듬을 한층 더 깨뜨릴 수 있다. 서로 간에 실천적·정서적·인지적 접근을 확보하려는 노력에 부담을 주는 사회분할과 위계질서의 짐을 어느정도 덜어낼 수 있다. 어떤 제약적인 환경이 우리와 맞지 않는지를 표현할 수 있는 환경을 찾아내는 일을 좀더 잘 해낼 수 있을 것이다.

| 설명적 테마들

설명이론의 주요 관심사는 몇가지 다른 방식으로 기술될 수 있다. 지난 두 세기 동안 출현했던 포괄적이고 영향력 있는 대부분의 사회이론은 내부의 갈등을 경험했다. 무엇보다 그 갈등은 좌파에 지적 도구를 제공했던 교리들에서 두드러졌으며, 그중 마르크스주의에서 가장 심했다. 그 의도가 급진적이든 아니든 간에, 이 이론들은 모두 사회를 인공물(artifact)로 보았다. 그 이론들은 사회생활의 모든 조직을 인간본성이나 사회적 조화에 의해 영구적인 패턴으로 주어진 것이기보다는 만들어지고 상상된 것으로 취급한다. 따라서 그것들은 사회생활의 형태들 사이의 명백한 불연속성을 강조하며, 각각의 형태를 인간적인 다양한 방식의 표현으로 인정한다.

그러나 이 이론들은 인공물로서의 사회라는 자신들의 이해를 사회적 설명의 구체적 실천으로 바꿔내는 방식에서 되풀이해서 그러한 이해를 배반했다. 이들은 자신들의 이론적 야심을 역사와 사회과학의 발달에 두었다. 이 과학은 인간을 그 자신이 바꿀 수 없는 진화논리의 산물이나 심층적인 경제적·조직적·심리적 억압의 산물로 표현한다. 만일 이러한 보호막이 없다면, 우리는 이론적 불가지론에 빠지고 변혁의 정치가 지적 지침을 상실할 것이라는 점에서 실행 의사를 약화하는 것이 정당화될 수도 있다. 그 결과, 우리는 우리가 사는 사회세계의 영향력에 더 종속된다.

『허위적 필연성』의 설명이론은 우리가 이 명백한 딜레마를 해결할 수 있음을 보여주고자 한다. 우리는 인공물로서의 사회라는 관점을 그 이론의 최종적인 결론까지 이끌어갈 수 있다. 게다가 이론적 허무주의에 빠지거나 기존의 사회질서에 저항하는 우리의 능력을 약화하지 않고서도 그렇게 할 수 있다. 따라서 이 책의 설명이론을 기술하기 위한 한가지 방법은 사회는 만들어지고 상상된 것이라는 관념을 극단으로 밀고 나가는 것이다. 이처럼 극단으로 나아갈 때, 무이론(no theory)이 아니라 이론을 발견하게 된다는 것이다.

두번째 해석으로 이 책은 현대 사회사상에서 대체로 암묵적이지만, 주류적인 논쟁에 참여하면서 이 논쟁의 용어들을 바꾸려는 시도를 나타낸다. 논쟁의 한쪽 편에 서 있는 사람들 — 보수주의자든 좌파 혹은 중도파든 — 은 현재 활용할 수 있는 사회조직의 형태가 뿌리 깊은 제약요인이나 사회발전의 논리를 반영한다고 주장한다. 대체로 이들은 각 사회의 제도를 이해관계의 조정이나 문제해결이라는 무수한 에피소드의 누적된 결과로 설명한다. 이들은 그러한 결과가 실제 이익과 발생 가능한 조정, 실질적 문제와 가능한 해결책에 관한 객관적 사실에 의해 형성된다고 주장한다.

이에 반대하는 사람들은 모든 것이 정치라고 주장하는데 그것은 어떤 의미인가? 적어도 기존의 사회형태들이 그러한 특정 개인과 상관없는 저항할 수 없는 힘을 반영한다는 사실을 부정하려는 것이다. 오히려 비판자들은 기존의 제도 장치가 등장하게 된 실제적 혹은 상상적 갈등의 특정한 결과로 관심을 돌리려 한다. 그들이 염두에 두고 있는 갈등은 무엇보다도 먼저 통치권력(좁은 의미의 정치)의 활용과 지배력을 둘러싼 투쟁이다. 그러나 이 갈등은 우리가 사회적 현재 내에서 사회적 미래를 만드는 다른 유무형적 자원들을 둘러싼 분쟁을 포함한다. 현재의 사회적 배치가 상위의 합리적 또는 실제적 필요성을 반영한다는 것을 부정함으로써, 비판자들은 이러한 배치가 다시 상상될 수 있고 다시 만들어질 수 있다고 주장하고자 한다.

모든 것이 정치라는 슬로건은, 만일 사회이론의 전통적인 주장을 제거하지 않는다면, 아무것도 아니다. 사회사상과 역사 서술에서 수용된 일반화 방식은 제도적 또는 상상적 구조에 의거해 갈등, 즉 모든 사회에서 발생하고 있는 투쟁을 설명한다. 따라서 모든 것이 정치라고 말하는 이들에 대한 반대론자들은 자신들이 비판하는 사람들의 노력이 자기파괴적이라는 식으로 그럴듯하게 주장할 수 있다. 사람들은 역사적 상황에 있는 제약이나 기회의 패턴을 폭로하고 자신들의 행동에서 예상되는 효과를 밝히려 하지 않는 한, 사회를 급진적인 방식으로 바꾸도록 행동할 수는 없기 때문이다.

『허위적 필연성』의 설명이론은 결정적으로 모든 것이 정치라고 주장하는 사람들의 편을 든다. 하지만 편을 들면서도, 모든 것이 정치라는 관념을 설명적 추정과 설명적 실천의 포괄적인 합으로 개진할 수 있다고 주장한다. 여기에서 도출되는 이론은 포괄적인 이론들에 대한 비판자들의 특유의 적대감만 제외하면, 이들이 원하는 모든 것에 충실하다. 하지만 이 적대감이 잘못 놓였다는 것이 나의 주장이다. 사태를 설명한다는 것이 무엇을 의미하는가에 대한 우리의 생각에서 근본적인 변화를 기꺼이 받아들인다면, 사회이론은 반이론가(antitheorist)들이 못마땅해하는 성격을 제거할 수 있다. 주류적인 사회적 배치와 실제적 필연성을 동일시하는 것에 대한 비판이 사소화(trivialization)와 역설을 피하려면 이론으로 무장되어야 한다.

『허위적 필연성』의 설명이론의 주요 논점을 정의하는 세번째 방법이 있다. 이것이 모든 진술 가운데 가장 명확할 것이다. 왜냐하면 어떤 이론적 전통의 발전이나 현재 특정한 논쟁의 해법이기보다는 영구적인 수수께끼와 관심사를 표현하기 때문이다. 『허위적 필연성』의 설명적 관점은 서로 조화를 이루기 힘든 것처럼 보이는 우리의 사회생활 경험의 두 측면을 정당하게 다루려고 한다.

모든 사회환경에서 발생하는 많은 것들은 일상활동이나 갈등이 일어나는 제도적·상상적 맥락(질서, 구조 또는 구조틀)의 산물로 설명될 수 있다. 역사의 어느 곳을 바라보든지, 우리는 뒤섞인 채로 사회생활에 압도적인 영향력을 행사하는 몇몇 기본적인 장치와 선입관을 발견할 수 있다. 때때로 우리는 그것들을 생성·유지하는 구조틀이나 세력의 꼭두각시에 불과한 것처럼 보인다.

그러나 우리의 사회적 경험은 다른 면도 보여준다. 우리는 이따금 이러한 구조들을 무시하기도 한다. 우리는 부조리하고 놀라울 정도로,

마치 그것들이 사실이 아닌 것처럼, 그것들에 도전할 기회를 기다리면서 단지 겉으로 복종하는 것처럼 생각하고 행동한다. 우리는 일련의 형성적인 제도 장치나 인적 결합의 정해진 이념 없이는 살아갈 수 없으며, 일상의 갈등이나 활동 내에서 포착되는 것들과 그렇지 않은 것들 간의 차이를 완전히 무시할 수 없다. 그러나 이러한 기존의 구조들을 무너뜨릴 수는 있다. 만일 한꺼번에 바꿀 수 없다면, 하나씩 대체할 수 있다. 심지어 우리는 그것들이 우리를 제약하고 구속하는 힘을 줄여갈 수 있다. 가장 중요한 점은 이 구조-교란적이고 구조-창조적 활동이 법칙 같은 강제나 경향의 체계, 다시 말해 가장 야심만만했던 현대 사회이론들이 전통적으로 촉구해온 진화논리나 냉철한 실천적 명령에 의해 지배되지는 않는다는 것이다.

『허위적 필연성』에서 발전된 설명방식은 사회와 역사 속에서 우리 자신을 상상하는 방법을 제시하며, 우리 경험의 대조적인 두 측면을 정당화한다. 우리는 두 종류의 관찰 결과, 즉 구조의 제약과 구조를 흔들 수 있는 우리의 능력을 병렬시킨다고 해서 그 과제를 해결할 수는 없다. 어떤 개별적인 상황에서 각각 얼마나 믿을 만한지 알 수 없기 때문이다. 우리에게는 더 발전되고 받쳐줄 만한 견해가 필요하다. 어떤 사회에서 구조-복종적인 편과 구조-도전적인 편 모두를 비판할 수 있고 바꿔낼 수 있는 능력을 가진 견해 말이다.

이 책에서 개진한 설명적 사회이론은 자유의지와 결정론에 대한 궁극적인 논쟁에서 어떠한 입장도 취하지 않는다. 사회이론 내의 모든 이슈를 지식, 현실 및 가치에 관한 가장 일반적인 문제나 협소한 사실적·규범적 논쟁들로 환원할 수 있는 것처럼 다루는 한, 우리는 사회와 역사에 대한 접근방법을 대단히 우연적이고 비성찰적인 방법 외에 다른 방식으로 재조정할 수 없다. 형이상학적 수수께끼를 풀 수는 없는 노릇이다. 그보다는 전통적인 형이상학적 과제로부터 가장 다루기 쉽고 긴급한 문제들을 떼어내고자 해야 한다. 이러한 충고가 자유의지와 결정론의 논쟁보다 더 절박한 곳은 없다.

『허위적 필연성』의 사회이론에서 중심적인 위치를 차지하고 있는 구조틀-수정의 자유는 어떤 유물론자나 신학적 관점에서 볼 때, 환상에 불과할 수도 있다. 그러나 우리의 일상적인 경험으로부터 멀리 떨어진 관점에서 볼 때, 우리의 사회적 기술이나 설명이 현혹적이거나 환상적일 수 있다는 사실을 인정하는 것과 이 기술이나 설명에 내재하는 힘을 이유로 이러한 자유를 부인하는 것은 별개의 문제다. 우리가 그러한 자유를 존중하고 그 의미를 분명하게 하는 정상적인 담론을 형성하지 않는 한, 그 자유는 위태로워진다.

『허위적 필연성』은 개별적인 설명의 문제를 풀어보려는 시도를 통해 사회적·역사적 설명에 대한 반필연적 접근방법을 전개한다. 이 문제는 현재 서구 산업민주주의와 공산주의 국가를 모두 특징짓는 개혁과 긴축(retrenchment) 주기의 기원과 토대다. 우리는 경제정책의 방침 같은 주요 이슈와 관련하여 통치권의 사용을 둘러싼 당파적 갈등과 태도가 몇몇 낯익은 선택지들 사이에서 움직이는 것을 거듭 보게 된다. 따라서 서구 사회에서 중앙정부는 내키지 않는 재분배를 위한 힘겨루기와 대기업이나 노동조합에 양보하여 경제성장을 재개하기 위한 시도 사이에서 갈피를 못 잡는다. 이와 유사하게 공산주의 정권들은 경제적 집중화와 분권화의 주기를 번갈아 활용하며, 주기의 축이 변경될 때마다 잘 정비된 상세한 기법들과 반복되는 난관이 나타난다. 각각의 전통적인 선택지는 대체로 논쟁에 가담하는 모든 주요 경쟁자들에 의해 차선의 해법으로 인정된다. 그 목록에 추가되거나 제외되는 선택사항은 거의 드물다. 왜 정책은 계속해서 거의 희망을 불어넣지 못하는 제안들로 되돌아가야 하는가? 어떤 이들은 정부정책의 강제적인 순환이, 사회분할과 위계질서의 단일하고 일관된 계획이 결여된 사회 내에서 조직화된 이익들이 서로 저항하는 탓이라고 주장한다. 또다른 이들은 모든 상상적 대안을 실행 불가능하게 만드는 불가피한 심리적·조직적·경제적 명령들을 지목한다. 그러나 이렇게 위안이 되는 설명은 별 소용이 없으며, 이들의 실패는 처음의 수수께끼를 반복·심화할 뿐이다. 완강하고 풀기 힘든 이러한 순환은, 자신들의 공식 문화가 근본적인 사회배치를 맹목적인 추진이나 강제적인 권위보다는 자유롭고 비교적 평등한 시민과 권리자의 의지를 바탕으로 한다는 사회들에 대한 영구적인 모욕을 드러내는 것이다.

현대사회의 개혁과 긴축의 이러한 순환에서 보이는 수수께끼는 우리의 사회적·역사적 경험에서 훨씬 더 만연한 특징을 나타내는 특별한 사례에 불과하다. 역사 속 어느 곳을 보든, 우리는 사회의 미래 모습을 결정하는 자원의 활용을 둘러싼 갈등이 항상 좁은 테두리 내에서 움직였다는 사실을 알 수 있다. 그 갈등의 주제 가운데 두드러진 것은 통치권력과 사회적 특권의 관계 그리고 기존의 사회질서를 대내외 적들로부터 보호하는 데 필요한 개혁의 성격을 둘러싼 지속적인 논쟁이다. 그러나 이러한 사회적 재생산 과정 역시 여타의 집단적 활동을 포함한다. 또한 그런 활동에 의해 사회의 경제적 혹은 인지적 자원은 지금의 사회적 배치, 즉 이용 가능한 노동조직이나 경제거래의 형태 그리고 도덕적·정치적·법적 논증 내에서 수용될 수 있는 행동의 범위를 영속화하고 변혁하는 데 동원된다. 예를 들어, 제도 개혁을 꾀하는 정부의 정치 내에서 실제 선택권의 범위를 볼 때, 우리는 가장 강력하고 결연하며 통찰력 있는 지배자와 정치가 들이 가망성이 없는 몇개의 전략을 집요하리만큼 고수하며, 결국 그들 자신이 필요하다고 생각하는 것을 달성하지도 못하는 모습을 보게 된다.

그들은 마치 보이지 않고 저항할 수 없는 강제에 사로잡혀 있는 것처럼 행동한다. (이 책의 제5장에서 상세히 논의했던 한 사례는 독립적인 소농계층을 보존하려는 농업-관료적 제국 지도자에 의한 반복적이지만 무익한 시도다. 그들은 소농들이 중앙정부에 세금과 병사라는 직접적인 자원을 제공하고, 그 결과 대지주와 군벌에 대한 정부의 재정적·군사적 의존을 줄일 수 있다고 생각했다.)

왜 활성화되고 인지된 가능성의 범위가 이러한 갈등과 선택의 모든 장에서 그렇게 협소하게 정의되어야 하는가? 실제의 필요성을 제약하는 요인이나 이해관계와 여론의 균형에 호소하는 설명은 특성상 너무 부족하거나 지나친 것으로 판명된다. 너무 부족한 것으로 판명되는 이유는 기본적인 실제의 요구를 채울 수도 있는 사회적 장치가 적극적으로 고려되는 제도적 해결책보다 언제나 훨씬 더 많은 것처럼 보이기 때문이다. 따라서 설득력 있는 사회이론이라면 실제 선택지들의 부분집합이 어떻게 그리고 왜 선택되었는지를 보여주어야 한다. 또한 설명이 지나친 것으로 판명되는 이유는 때로는 선택의 폭이 급작스럽게 확대되고, 그 확대가 이전의 편협성이 지닌 이해할 수 없는 특성을 소급적으로 심화하기 때문이다. 개혁과 긴축의 주기를 유지하는 힘들을 이해하려는 시도는 이 장의 앞부분에서 기술한 이론적 기획을 위한 수단으로 기여할 수 있다. 왜냐하면 이 주기들은 단지 억제되고 축소된 가능성의 일반적인 경험을 예시하기 때문이다. 즉, 그것은 굉장히 강제적이고 몽유병적인 역사의 특성이며, 놀라운 사회적 혁신에 의해 잠시 깨어날 뿐 판에 박힌 일상과 반복에 의해 장기간 수면상태에 취해 있는 것이다.

『허위적 필연성』에 대한 논증이 발전하면서 이처럼 협소하게 정의된 선택지들에 관한 설명은 결국 내가 사회생활의 형성적 맥락, 구조 또는 구조틀이라고 명명한 것들의 영향력과 특성의 연구로 귀결된다. 형성적 맥락은 기본적인 제도 장치들과 상상적 선입관이다. 이것들은 우리의 일상적인 실천·담론 활동을 둘러싸고 있으며, 그 활동들의 탈안정화 영향에 저항한다. 성공적인 사회이론이라면 이러한 맥락들의 영향력을 인정해야 한다. 하지만 그 맥락에 저항할 뿐만 아니라 그것들이 우리를 억압하는 힘을 줄이거나 늘릴 수 있는 우리의 능력도 설명해야 한다. 그 이론은 맥락을 구성하는 제도와 신념이 서로 보강하는 측면을 공정하게 평가해야 한다. 반면에 그것들의 내적 관계의 느슨함 또한 입증해야 한다. 성공적인 이론은 우리에게 그 맥락들이 어떻게 만들어지는지를 이해하는 방법을 제공해야 한다. 하지만 그것들의 실질적인 내용과 역사를 설명할 수 있는 중요한 법칙, 제약요인 또는 경향성을 발견할 수 없는 우리의 무능력을 인정하지 않으면 안 된다.

따라서 이 책의 설명 전략은 기본적으로 단순하다. 개혁과 긴축의 주기 그리고 좀더 일반적으로는 일상적인 사회갈등의 반복적인 속성을 설명하기 위해 우리는 형성적 맥락의 이론, 즉 그것들이 어떻게 구성되고 만들어졌는지에 관한 이론이 필요하다. 형성적 맥락에 적합한 이론, 즉 이러한 개혁 주기에 해당하는 우리의 경험 등을 설명할 수 있는 이론은 내가 앞서 기술한 세가지 형태의 이론적 기획이 될 것이다.

이 책의 설명적 논증은 그 범위를 볼 때 대체로 사변적이다. 주요 목적은 특정한 사실을 밝히거나 개별적인 추정의 진위 여부를 밝히기보다는 사회를 이해하는 방법을 제시하는 것이다. 우리의 논의는 수정하고자 하는 바로 그 사상의 전통에 영향을 받은 경험적 작업에 의존할 수밖에 없다. 따라서 설명적 논증의 주요 관건은 결국 지금의 사회분석의 형식에 의해 가능한 설명들보다 더욱 성공적인 상세한 설명을 고취하는 능력이다.

성공적인 설명 요건의 기준은 불변하거나 혹은 쉽게 변할 수 있는 것이 아니다. 개별이론 위에 우뚝 솟은 아르키메데스적 관점도 아니고 개별이론에 의한 자의적인 조건 문제도 아니다. 성공적인 설명을 가능케 하는 것에 관한 우리의 생각은 설명적 관념의 실체가 변화하는 것처럼 서서히 하지만 분명하게 변화한다. 이 책의 설명적 논증은 적합한 사회적·역사적 설명이 어떠해야 하는가에 대해 우리가 받아들인 신념의 변화를 제시한다.

그러나 이 책의 기술과 설명이 약간 거리를 두고서만 검증이나 반증에 열려 있다고 주장하는 것은 오해다. 논증은 많은 문제와 다양한 분야를 아우른다. 그것은 특정한 상황, 과정 및 사건에 관한 추측을 제기한다. 또한 사실을 인용하고, 익숙하거나 혹은 덜 익숙한 교훈을 얻으며 많은 상세한 사건을 이해하는 데 강조점과 접근방법의 변화를 제안한다. 이처럼 경험적 함의의 경계를 확장할 뿐만 아니라 좀더 직접적인 경험적 평가에도 열려 있다. 이들 다수의 연관된 가설들의 누적된 평가가 핵심적인 이론 프로젝트의 설명 전망을 밝혀준다. 전반적으로 나는 하나의 관점을 세우는 것과 그것을 확증하는 것 또는 이론적 일관성을 고려하는 것과 학술연구나 공통된 경험에 호소하는 것, 이것들을 엄격하게 구분하는 것을 거부한다.

사회적·역사적 탐구에서 야심적인 이론에 대해 신중한 사람들은 이러한 논증의 사변적인 성격을 인정함으로써 갖게 되는 두려움을 느낄 수도 있다. 하지만 비논쟁적인 대안은 없다. 현재의 구성적 작업을 소개하는 비판적 저술인 『사회이론』의 주장은, 많은 현대 사회과학이 전파해온 외견상 적절하게 축적된 귀납추론의 실천이 형성적인 제도적·상상적 맥락과 사회생활에서 형성된 일상의 핵심적인 차이를 제대로 취급할 수 없다는 것이다. 그것은 이 맥락이 내적으로 어떻게 구성되는지,

어떻게 다시 만들어지는지, 그것들이 어떻게 실천적·논증적 일상생활의 풍부하게 짜인 삶에 전달되는지 이해하는 데 도움이 되지 않는다. 이러한 설명의 실패는 실질적인 결과를 낳는다. 사회적 맥락의 영향력, 특수성 및 수정가능성을 파악하지 못하게 함으로써, 그 앞에 선 우리를 무력하게 만든다. 심지어 회의론자, 지식인 및 각성자로 하여금 그들이 살아가는 사회세계의 임시방편으로 붙어 있으며, 가변적인 특성을 인식하지 못하도록 기만하기도 한다.

여기에서 발전된 포괄적인 견해에 대한 유일한 실질적인 대안은 울트라이론(ultra-theory)으로 명명된 이론일 것이다. 그것은 반필연적 권능을 보존하기 위해 정교하게 다듬어지고 호전적으로 사용되는 일련의 비판적·구성적 실천들이다. 이러한 대안적인 지적 양식은 본래『허위적 필연성』이 채택한 이론상 공격적인 전략보다 더 낫거나 못하지 않다. 그것은 단지 난관, 위험 및 기회의 상이한 혼합을 나타낸다. 게다가, 만일 이 울트라이론의 실천이 진정으로 순종적이고 허위적으로 온건한 형태의 사회과학과 차별화되고, 형성적 맥락과 형성된 일상 간의 핵심적인 차이점을 다루고자 한다면, 그것은 이 책에서 실행된 과감한 이론화만큼 대담하고 논쟁적이어야 한다.

프로그램적 테마들

사회재구성 프로그램은『허위적 필연성』의 설명이론과 함께한다. 이 프로그램은 사회생활의 주요 제도, 즉 정부, 경제 및 직장이라는 거대규모의 조직과 개인적인 친분 및 사회적 역할이라는 미세한 조직을 모두 다룬다. 프로그램적 논증은 설명이론에 그 핵심을 제공하는 현대국가들의 실제와 환경을 가장 직접적으로 다룬다. 하지만 이 논증은 이 책의 제안들과는 매우 상이한 형태를 취하는 이념과 방법을 발전시킨다.

사회재구성 프로그램의 주도적인 테마는 정부 및 경제 조직의 현대적 형태들이 급진적 프로젝트를 수행해온 지점을 넘어 진척시킬 수 있는 제도 장치와 사회적 관행을 상상하려는 시도다. 급진적 프로젝트 또는 모더니스트 비전가의 프로젝트가 의미하는 바는 우리의 실천적·정서적 관계를 고착화된 사회적 역할과 위계질서의 제한적인 영향력으로부터 벗어나게 함으로써 얻게 되는 많은 형태의 개인적·집단적 권능부여를 실현하려는 시도다. 설명이론이 보여주고자 하는 것처럼, 사회분할과 서열 체계의 영향력은 일상적인 사회생활 과정에서는 수정할 수 없는 제도적·상상적 맥락들에 의존한다. 이 프로그램이 제시하는 바는 현재 우리의 형성적 맥락이 어떻게 탈고착화될 수 있는지, 다시 말해 그 맥락들이 어떻게 우리의 일상적인 갈등 중에도 도전에 더욱 완전하게 개방될 수 있는지, 그리고 그것들이 어떻게 사회분할과 위계질서의 경직된 형태를 침식하거나 방지할 수 있는지다. 20세기 공산주의 혁명에 대한 실망이 거의 일반화된 상황에서 이 프로그램이 시사하는 바는, 현재의 제도 장치가 기존의 계급·공동체·젠더 및 민족 차별의 체제에서 우리의 실천적인 협력이나 정서적인 유대에 관한 실험을 제약하는 정도를 약화하려고 하는, 단지 불완전하고 초보적인 단계에 불과하다는 것이다. 이처럼 미리 작성된 사회대본의 영향력 약화는, 좀더 넓은 선택의 폭을 생각하면 부정적이지만, 그것이 가능케 하는 역량강화의 형태를 생각하면 긍정적으로 평가되어야 한다. 더욱이 대본의 와해가 형성된 제도나 관행의 결핍을 의미하지는 않는다. 그것은 특정한 속성을 지닌 관행과 제도의 고안을 필요로 한다.

프로그램이 촉진하려는 역량강화는 부분적으로는 우리의 실질적인 생산역량의 발전이다. 뿐만 아니라 현재의 민주주의와 공동체 형태에서도 가장 높이 평가하는 것에서 비롯하는 자유이기도 하다. 다시 말해 다른 사람들로부터 고립되느냐 그들에게 복종하느냐 하는 선택에서 우리를 구해주고, 자기주장의 실현이기도 한 지지 방식을 기술하는 사회 참여 형태들을 약속하는 것이다. 마지막으로 그것은 우리 활동의 제도적·상상적 맥락들에 대한 의식적인 통제력으로 구성되는 역량강화다. 프로그램적 논증은 이처럼 다양한 역량강화가 어떻게 연결되는지를 보여주며, 사회생활의 상세한 재조직을 위한 함의를 모색한다.

사회분할과 위계질서의 고정된 체계가 우리의 실천적·정신적 접근에 가하는 압박을 완화하는 제도와 관행을 통해 인간의 역량을 강화하려는 시도가 그렇게 특이한 것은 아니다. 그것은 자유주의, 사회주의 및 공산주의라는 현대의 위대한 세속적인 해방 교리에 통일적인 요소들을 제공해왔다. 하지만 이 모든 교리 내에서 이 목표를 추구하면 사회적 가능성에 관해 부당하게 제약적인 전제들의 효과를 경험하게 된다. 나는 고전 사회이론의 핵심적인 통찰, 즉 사회생활의 인공적인 특성에 대한 통찰을 과학적 부담으로부터 자유롭게 하려는 것과 마찬가지로, 급진적 기획을 이러한 부담의 반대편에서 가능성에 관한 독단적 가정으로부터 떼어내고자 한다. 이러한 제약적인 가정들 가운데 가장 중요한 것은 민주주의와 시장이 취할 수 있는 구체적인 대안적 제도형태에 대한 우리의 판단을 무력하게 만드는 것이다. 『허위적 필연성』에서 개진된 프로그램적 논증의 대부분은 지금의 경제 및 정부 조직 양식보다 급진적 기획에 더 유용하고, 심지어 우리가 수용한 이념에 더 잘 대응하는 시장과 민주주의를 조직하는 방법을 기술하고 있다.

사회적 이념의 진정한 의미는 대체로 이러한 이념을 실현하는 제도 장치와 사회적 관행에 관한 내재적인 가정에 의해 규정된다. 예를 들어, 우리가 민주주의나 공동체에 관해서 말할 때, 추상적 원리와 투쟁적 단어는 이러한 이념을 실현하는 실천적 형태보다 우리가 의미하는 바를 제대로 전달하지 못한다. 만일 누군가가 민주제도나 공동체 생활의 대안형태를 우리에게 제안하거나 우리 스스로 발견한다면, 우리는 받아들인 이 이념들에서 전에는 생각지도 못했던 모호성에 직면하게 된다. 민주주의와 공동체의 대안형태 중에서 선택하려 할 때, 사실상 우리는 민주적·공동체적 열망 중에서 우리에게 실제로 가장 중요한 것이 무엇인지를 결정해야 한다. 민주주의나 공동체 같은 이념을 이해하는 데 요구되는 것이 정치적 사고와 감수성의 모든 활동에 적용된다. 왜냐하면 이러한 활동의 의미 또한 그것들이 요구한다고 가정되는 관행적 장치에 달려 있기 때문이다.

이 책에서 제시하고 지지하는 정부 및 경제 조직형태는 당파, 계급 또는 특정 집단이 부, 권력 및 지식처럼 사회의 주요 자원에 대해 통제력을 갖는 것을 방지하는 관행과 제도의 발전을 강조한다. 이러한 제도와 관행은 사회생활의 구조틀 내에서 일상적인 갈등과 그 구조틀에 대한 혁명적인 투쟁의 괴리를 줄인다. 『허위적 필연성』의 설명이론은 사회적 종속 메커니즘의 붕괴와 좀더 효과적으로 도전에 개방된 사회장치들의 발전 간의 연관성을 모색한다. 제도적 제안은 이러한 연관성을 유지한다. 우리는 이 이론적·실천적 이념에 의한 관점을 통해서만 내가 앞서 언급한 급진적 기획을 더 포괄적으로 이해할 수 있다. 이렇게 이해하면 급진적 관심사의 가장 익숙한 측면인 사회 평등을 위한 투쟁이 더 포괄적이고 복합적인 노력의 한 단편으로 파악될 수 있다.

개인관계(personal relation)에 대한 모더니스트의 비판과 집단적 제도에 대한 좌파의 비판은 매우 불안정하고 모호하게 연결된 상태로 남아 있다. 좌파주의와 모더니즘의 문화에서 이러한 분기점은 정치적 경험에서 증폭되어왔다. 종종 제도적 재창조의 정치가 가장 취약할 때, 개인관계에서 정형화된 역할에 대한 공격이 가장 강력하다고 입증되었다. 현대세계에서 발견된 가장 강력한 두 문화, 즉 두 변혁운동의 결별은 양쪽 모두에게 파괴적이었다. 이 결별로 인해, 좌파는 직접적인 사회관계에 접근하여 그 구조를 바꾸는 역량을 확보하지 못했다. 개인관계의 정치가 욕구 충족의 추구로 변질될 우려 또한 있었다.

이 책에 제시된 급진적 기획의 일반화된 이해는 모더니즘의 사적 정치(personalist politics)를 포용하는 동시에 비판한다. 이러한 이해는 정형화된 사회적 역할에 대한 비판을 고착화된 사회분할과 위계질서를 전복시킴으로써 역량강화를 성취하려는 시도의 또다른 국면으로 인식한다. 그리고 좀더 자유롭고 매우 상세한 사회생활의 형태를 상상하는 가운데 독아론(solipsism)과 이기심을 해소할 수 있는 수단을 발견한다.

| 설명적 테마들과 프로그램적 테마들의 연계

이 책의 설명적·프로그램적 아이디어는 여러 다른 차원으로 이어진다. 가장 피상적인 연결은 두 논증이 진술하는 역사적인 상황이다. 설명적 견해는 특정한 문제에 답하고자 하는 과정에서 사회변혁 이론을 개진한다. 현대사회에서 개혁과 긴축의 주기는 왜 지금과 같은 외양과 집요함을 갖는가? 이 물음은 이러한 주기를 지속시키는 형성적인 제도적·상상적 맥락들을 표상하는 방법 중의 하나로 신속하게 전환된다. 그러한 맥락들의 영향력을 이해하고 어떻게 그것에 저항할 수 있는지를 발견하기 위해서, 우리는 그러한 맥락들이 어떻게 만들어지며 그 구성요소들을 지탱하는 것이 무엇인지를 이해해야 한다. 이 책의 프로그램적 부분들은 현대의 개혁 주기를 설명하는 바로 그 제도와 관행을 대체하도록 고안된 계획들을 제시한다.

또한 『허위적 필연성』의 설명적 논증과 프로그램적 논증 사이에 좀더 일반적이고 중요한 관계가 있다. 일반적인 형태의 사회분석은 프로그램적 사고를 위한 여지가 없다. 강경 마르크스주의처럼, 진화론적·기능주의적 결정론에 의거하는 포괄적인 사회이론들을 생각해보라. 그 이론들은 몇개 가능한 사회생활의 구조틀을 구분하고, 종종 이것들을 사회진화의 가능한 궤도에 순차적으로 배열한다. 그들은 사회변혁의 냉혹한 논리나 이러한 논리의 저변에 놓여 있다고 가정되는 경제적·조직적·심리적 억압에 호소한다. 그러한 사유체계에서, 프로그램적 논증은 기껏해야 역사적 진화의 경로를 예상하거나 우리 앞에 놓여 있는 몇개의 가능한 미래의 혜택과 위험을 비교할 수 있다. 이와 달리, 전통적인 사회과학의 많은 형태는 우리의 일상적인 활동을 둘러싼 제도적·상상적 구조틀 간의 불연속성에 초점을 맞추지 못함으로써 프로그램적 논증에서 그 사명을 제거하고 말았다. 사회재구성 프로그램들은 일상적인 문제해결이나 이해관계를 조정하는 것 이상에 이른다. 왜냐하면 그것들은 그 실천이 발생하는 구조를 다루기 때문이다. 사회생활의 제도적·상상적 형태를 불가피하거나 저항할 수 없는 변화의 동력에 의해 결정되는 것처럼 다루지 않는 사회적·역사적 분석 양식의 배경에 기댈 때, 프로그램적 사고가 확보될 수 있다.

우리가 변혁의 확실한 관점을 갖기 위해서는 그러한 분석 스타일을 발전시켜야 한다. 우리가 그 관점을 공식화할 때까지, 프로그램적 논증은 어떠한 역할도 하지 않는다. 또한 그것은 실행 가능한 시도와 유토피아적 시도를 구별할 수 있는 현실감각을 상실한다. 감각의 결핍은 현대 이데올로기 논쟁의 상당 부분을 지배하는 정치적 리얼리즘의 수준 낮고 무능한 기준에서 엿볼 수 있다. 사람들은 어떤 계획이 이미 존재하는 것에 근접하면 현실성이 있다고 생각하고, 지금의 질서에서 벗어나면 유토피아적이라고 생각한다. 싸울 만한 것이 아닌 제안들만이 실행될 수 있는 것처럼 보인다.

하지만 이 책에서 말하는 설명적 아이디어와 프로그램적 아이디어 간에는 또다른 심층적인 연관성이 존재한다. 양쪽에서 제시한 안은 우리 문명의 장구한 핵심 테마에 대해 상호 보완적인 변형들을 제시한다. 즉, 우리는 유한성에 갇힌 무한한 존재라는 것이다. 여기에서 유한한 것은 우리가 건설·거주하는 사회세계의 개방적인 연속, 즉 형성적인 제도적·상상적 맥락이다. 무한한 것은 개인성(personality)이다. 그것은 사람들을 함께 묶어주는 실천적 협동이나 정서적 결속 형태로 이제 막 시작된 개방적인 비축물(fund)이다. 이 책의 논증 전반에서 핵심 논지는 어떠한 맥락도 우리의 영원한 안식처, 즉 우리가 원하는 다양한 실천적 또는 정서적 관계들을 모두 제도화할 수 있는 무언가가 될 수 없다는 것이다.

여기에서 제시된 사회구성의 설명이론은 어떻게 우리가 스스로를 제도적·상상적 구조틀에 의해 통제되는 동시에 통제되지 않는 존재로 상상할 수 있는가를 제시함으로써 이 테마를 개진한다. 프로그램적 논증은 우리가 어떻게 이 유한한 세계를 맥락-수정적이고 맥락-초월적인 주체들에게 좀더 적합한 거주지로 만들 수 있는가를 물음으로써 이 테마를 세밀하게 다듬는다. 설명이론은 사회생활의 제도적·상상적 구조틀이 구조틀을 변형시키는 갈등과 구조틀을 존중하는 일상 간의 차이를 심화하는 정도에서 어떻게 다른지를 보여준다. 맥락들은 점점 차이를 완화하고 체제를 침식하도록 고안될 수도 있다. 이 책의 설명적 부분을 결론짓는 변혁적 관점은 그러한 변화가 인간의 역량강화 형태들의 범위에 미치는 영향력을 기술한다. 또한 그 발전이 어떤 조건하에서 일어나는지를 탐구한다. 프로그램적 논증은 기존에 수행된 것보다 변화를 수용하는 일련의 제도 장치와 사회적 관행을 훨씬 많이 상술함으로써 이 제안들을 받아들인다. 이는 그 결과 확보하게 될 무수한 형태의 역량강화를 위해서다.

비판자들은 항상 이렇게 일반화된 급진적 프로젝트에 동조하지 않으며, 그 프로젝트가 추구하는 다양한 역량강화를 바라지도 않는다고 이의를 제기한다. 하지만 그들은 대안적인 사회현실의 비전이나 사실적 판단과 규범적 판단의 관계에 대해 다른 접근방법을 갖고 있어야 한다. 『허위적 필연성』의 프로그램적 논증과 설명적 논증은 서로 결합되어, 사실적 쟁점과 규범적 쟁점의 관계가 칸트(Kant)와 흄(Hume) 이래 현대철학의 주류가 인정해온 어떤 관계보다도 훨씬 더 밀접하다는 견해를 잘 설명해준다. 그러한 견해가 낯익은 규범적 논증의 양식들을 통합하고 변화시킴으로써 얻게 되는 결과들을 생각해보라.

자아와 사회에 대한 관념에 포함된 비전적인 요소는 궁극적으로 두 가지 방향 중에서 하나를 취해야 한다. 그것은 사회생활과 인간의 감정을 단일하고 강제적으로 배치할 수도 있다. 이는 세계사에서 가장 영향력 있는 사회적 교리들이 추종한 방향이다. 그것은 보통 신성화된 사회적 역할과 계급 체계에서 절정에 이르며, 그 체계는 우리의 능력과 기질의 위계질서라는 관념에 의해 반영·지지된다. 이와 달리 비전적인 경향은 초월적인 개인성이나, 인간성 내의 고정된 분할과 위계질서 그리고 주관적 경험의 엄격한 서열에 의해 제약되고 배신당하는 인간관계의 기회들에 호소하기도 한다. 급진적이거나 비전적인 모더니스트들은 두 번째 노선을 선호한다. 이 노선에서 나온 한 경로는 "끊임없는 부정의 작업"(endless labor of negation)으로 나아간다. 이들의 신념은 맥락은 맥락이 될 뿐이며, 진정한 자유는 오로지 모든 안정적인 제도와 관행에 대한 영속적인 저항과 한 맥락으로부터 다른 맥락으로의 끊임없는 이동에 있다는 것이다. 모더니스트의 비전적인 노선의 갈림길에서 또다른 경로는, 맥락을 만들고 맥락을 초월하는 자아의 본질을 존중하고 북돋는 역량이 몇몇 맥락들에서는 다른 것들보다 훨씬 낫다고 주장하는 이들이 취하는 길이다. 이것이 바로 『허위적 필연성』이 추구하는 방향이다.

이 지적 기획은 전통적으로 상세한 설명적 추론과 프로그램적 제안의 무미건조한 관심과 친밀감, 영감, 예언 등을 나눠놓는 경계를 조심스레 넘어야 한다. 리얼리즘, 실용성 및 세밀함을 비전적인 열정과 결합시키고, 맥락 내에서의 행동과 맥락에 관한 행동을 좀더 완전하게 연결짓는 담론을 형성하는 과제는 급진적 프로젝트의 필수적인 요소다. 우리는 기회가 있을 때마다 법적·도덕적·정당정치적 논쟁의 특정한 관행뿐 아니라 사회를 이해하려는 우리의 가장 야심에 찬 노력에서 이러한 담론들의 결합을 위해 싸워야 한다.

| 내재적 논쟁 환경에서의 설명적 테마들

『사회이론』은 『정치』의 설명적·프로그램적 이론의 출발점을 구성하는 비판적 진단을 제시한다. 이 논쟁적 배경은 『허위적 필연성』에 거의 전적으로 함축되어 있지만 여기에서 나는 긍정적 관점을 제시하겠다. 그러나 이 구성적 논증의 범위와 목적을 더욱 분명하게 규정하기 위해서는, 앞의 저서에서 발전되지 않은 채 남아 있던 생각을 밝히면서 은폐된 논쟁 배경의 몇몇 측면을 명시적으로 밝히는 것이 도움이 될 것이다.

『사회이론』은 현재 사회 및 역사 연구의 어려움을 공통적으로 규정하는 두 유형의 사회분석 이론을 뚜렷이 했다. 그것은 바로 심층구조 이론과 실증주의(경험주의 또는 전통주의) 사회과학이다. 각각의 특징을 간단하게 검토해보자.

심층구조 분석은 19세기와 20세기 초부터 우리에게 전승된 많은 포괄적 사회이론들, 즉 현대 사회과학자들이 종종 "거대이론"(grand theory)이라고 조롱했던 이론들 내에 있는, 비록 배타적이지는 않지만,

주요 요소를 대변한다. 마르크스와 그 추종자들의 저술에서 심층구조적 사고와의 동화를 거부하고 그러한 사고의 재구성에 기여한 많은 생각들을 손쉽게 발견할 수 있기는 하지만, 마르크스주의가 심층논리 방식의 가장 일관되고 영향력 있는 진술임은 분명하다. 세가지 반복적인 설명 관행이 이 사회사상의 전통을 특징짓는다.

심층구조 분석의 첫번째 특징적인 작업은 모든 역사적 상황에서 일상의 실천적·상상적 갈등을 그 전복적 효과를 거부하면서 일상의 분쟁을 형성하는 기본적인 구조틀, 구조 또는 맥락과 구별하려는 시도다. 심층논리 이론들은 그 구조틀을 제도 장치, 가상의 선입관 또는 이 둘의 결합체를 포함하는 것으로 정의한다. 두번째 특징적인 작업은 이 구조틀을 불가분하고 반복적인 사회조직 유형의 한 사례와 동일시하는 것이다. 그 구성요소들이 하나의 부속물로서 운명을 같이하기 때문에 불가분하며, 그것이 다른 사회에서는 다른 시대에 나타날 수 있기 때문에 반복적이다(물론 그것은 항상 조직 단계의 연속선상의 동일한 지점에서 발생하지만). 심층구조 분석의 세번째 특징적인 작업은 법칙 같은 경향이나 심층적인 경제적·조직적·심리적 제약들의 토대 위에서 이들 불가분적·반복적 유형의 정체성과 현실화를 설명하려는 시도다. 이러한 제약요인이나 경향은 가능한 사회세계의 목록이나 사회조직의 단계들의 강제적인 연속성을 낳는다. 여기서 심층구조 분석의 세가지 특성이 진화론적·비진화론적 이론 양측을 모두 껴안고 있음을 주목하라. 마르크스주의는 진화론적 입장 중에서 가장 두드러진다. 비진화론적 이론은 정교한 서술을 내놓은 적이 없다. 물론 (이후 실증주의 사회과학의 주요 변종에 모델이 된) 경제학이 한때 그런 약속을 한 적은 있다.

이후 심층구조 이론들의 역사는 불편한 사실과 저항의 경험에 직면하여, 위의 세가지 주요 지적 작업을 재현하는 어려움에 대처하려는 시도였다. 두가지 관련 난제가 두드러진다. 그것들은 두번째와 세번째의 심층구조 작업과 관련된다. 우선, 가능한 조직 유형들의 정해진 목록이나 사회진화의 몇가지 가능한 경로들이 존재하지 않는 것처럼 보인다. 그러나 한편, 법칙 같은 경향이나 결정적인 제약요인들이 사회생활을 위한 구조틀의 실제 정체성이나 연속성을 설명하지 못한다. 이른바 법칙이라는 것들은, 몹시 불분명해서 무언가를 설명하는 데 소급적으로 만들어지는 경우에만 그 설명의 실패가 가려진다.

심층구조 사회분석의 지지자들은 자신들의 원래 주장을 희석시키면서 이러한 난제들에 접근한다. 예를 들어, 그들은 단선적인 진화를 몇몇 대안적인 사회변화의 경로라는 관념으로 대체한다. 그러나 그 변경은 너무 크고 동시에 충분하지 못한 것으로 판명된다. 초기의 강력한 이론이 공허한 상태에 빠지는 것을 방지하기에는 그 변화가 너무 크다. 또한 그것은 그들의 정신에 비춰볼 때, 최초의 이의제기나 다른 이의제기를 충족시키기에는 충분하지 못하다. 그 이론가들은 자신들이 더 많이 양보하도록 내몰리는 사실을 발견하게 된다. 만일 이를 견뎌내지 못하면 이론적 허무주의에 빠지고 사회에 대한 비판적 관점의 지적 토대를 상실하게 될 것이라는 두려움 때문에 그들은 계속해서 버티는 것이다. 좌파가 완강하게 버티는 또다른 이유가 있다. 사회주의 운동이 높여놓은 마르크스주의의 교리적 지위가 종종 마르크스주의 전제들의 부인을 마치 좌파의 목적을 배신하는 것처럼 보이게끔 하기 때문이다.

사회사상의 현대적 상황을 구성하는 다른 주요 요소는 실증주의적·경험주의적·전통적 사회과학이다. 이 분석방식은 사회생활을 이해관계의 조정과 문제해결의 끊임없는 에피소드의 연속으로 이해한다. 그것은 형성적 맥락과 형성된 일상 간의 대립의 중요성을 부인하며, 맥락들 간의 불연속성을 경시한다. 이 접근방식은 사회생활의 전체적인 제도적·상상적 질서를 서로 연계되고 차별화되며 대체 가능한 것으로 인식하는 우리의 능력을 실제로 약화시킨다.

그러나 사회구조틀의 문제와 그 틀 내에서 발생하는 일상의 갈등에 그 구조틀이 미치는 영향력의 문제는 쉽게 피할 수 없다. 심지어 집단적 문제해결이나 이익형량이라는 가장 무미건조한 활동들도 어떤 문제나 이해관계를 파악하고 우선순위를 정하는 데 수용될 수 있는 해결책이나 타협점, 절차에 제한을 전제한다. 한마디로 말해, 그것들은 구조틀의 존재를 가정한다. 따라서 실증주의 사회과학의 주요 변형들은 구조틀의 문제를 인식하고 이러한 인식의 함의를 제한하게끔 하는 설명적 관행에 의해 구분된다.

불가지론의 전략(예를 들어, 미시경제학의 가장 엄격한 분과들에서 두드러지는)은 분석 도구를 제공하는 것인데, 이는 독립적인 인과적 내용으로부터 자유롭고, 독자적으로 정당화되는 자체의 설명적 추론을 갖고 있을 법한 분과들에 기여하도록 고안된다. 그러나 맥락들의 관점, 즉 그들의 기원과 내적 구성요소들에 대한 관점을 찾아내야 할 책임이 사라지는 것은 아니다. 다만 다른 분야로 옮겨갈 뿐이다.

이상화라는 전략은 구조틀의 선택 문제를 그 틀 내에서 최적의 해결책이나 조정을 선택하는 것에 비춰 설명한다. 따라서 좀더 선동적이고 공공연하게 이데올로기적인 우파 경제학은 특정 경제제도를 자유시장과 동일시하고, 이 특별한 형태의 시장을 효율적인 자원배분을 가능하게 하는 장치로 취급한다. 그러나 선택을 극대화하는 순수 논리는 모든 시장이나 비시장(nonmarket) 질서에 적용될 수 있다. 시장체계는 무수히 많은 구체적인 제도형태를 취할 수 있으며, 그중 몇몇은 보수적인 경제학자들이 생각하는 배치와는 상당한 거리가 있다. 이러한 관점은 일반화될 수 있다. 즉, 맥락들 내의 결정과 그 결과들을 설명하는 비교적 직설적이고 비논쟁적인 수단으로는 맥락들의 형성과 변형을 결코 설명할 수 없다.

공허한 양보의 전략은 원칙적으로 이 마지막 관점을 인지하지만 그로부터 실질적 설명을 이끌어내지는 못한다. 따라서 신케인즈주의 거시경제학자들은 인플레이션이나 실업 같은 집합적인 경제현상들 간의 관계가 특정한 제도적 배치, 예를 들어 노동조합의 형태와 강도 또는 중앙정부와 조직화된 노동이나 중앙은행과의 관계 등에 의존한다는 사실을 사소한 것으로 인정할 수도 있다. 하지만 이 분야의 내용은 경제적 사실과 제도적 제약 간의 상호작용에 대해 탐구하기보다는 주어졌다고 하는 제도들의 배경하에서 지속적으로 경제활동을 분석한다. 제도 개혁에서 장기침체는 경제 현상 사이의 특정한 관계를 그대로 지속하기도 한다. 그에 따라 이 관계가 곧 법칙 같은 제약들, 즉 규제적인 시장경제와 같이 대단히 일반적이고 모호하게 정의된 경제조직 유형에 내재하는 제약들이라는 잘못된 결론을 이끌어내기도 한다. 사실상 이러한 명백한 법칙들은 매우 상세하고 비교적 임시적인 제도 장치들에 의존한다. 이 제도 구조틀의 어떤 요소가 변화하기 시작하는 순간, 그 가정된 법칙들이 붕괴되기 시작한다.

『허위적 필연성』의 설명이론은 심층구조 사회분석과 실증주의 사회과학 양쪽에 대한 논쟁의 구성적인 후속편을 의미한다. 그러나 이러한 과제의 실행에 필요한 방법과 통찰은 주로 사회사상의 두 전통에 대한 자기비판과 자기수정(self-correction)으로부터 나온다. 좀더 견고한 관점의 자료와 원칙이 이미 가까이에 있다.

심층구조 사회분석이나 실증주의 사회과학 어느 것도 이 책의 설명적 논증을 위한 출발점을 제공하는 문제, 즉 현대사회에서 개혁과 긴축의 주기의 내용과 지속을 설명하는 문제를 풀 수 없다. 실증주의 사회과학이 그렇게 할 수 없는 이유는, 우리가 조직화된 이해관계와 실질적 억압이 작동하는 제도나 관념이라는 구조틀의 제한적인 영향력을 고려할 때까지, 그런 억압의 힘과 이해관계 사이의 긴장이 이러한 주기들의 완강함과 실체를 설명하는 데 실패하기 때문이다. 실증주의 사회과학은 그런 구조틀, 즉 그 내적 구성, 기원 및 그 틀이 형성하는 일상에 대한 영향력 등을 이해하는 방법을 제공하지 않는다.

심층구조 사회분석 역시 마찬가지로 개혁과 긴축의 주기를 설명하는 데 무기력하다. 형성적인 제도적·상상적 맥락들 내에서 발생하는 갈등과 정책의 일상을 설명하기 위해 그 맥락들을 상세하게 규정하는 순간, 우리는 그 맥락들이 너무 상세해서 — 역사적인 특수성에 지나치게 빠져듦으로써 — 사회조직의 불가분적·반복적 유형을 그럴듯하게 예시할 수 없다는 사실을 발견하게 된다. 심층논리 사회이론이 개혁 주기의 문제와 타협할 수 없다는 이 무능함은 역사 연구와 실제 경험을, 진화의 동력이나 심층의 경제적·조직적·심리적 명령에 의해 지배받는 사회조직 유형들의 목록에 대한 신념에 일치시키는 데서 나타나는 난관의 증상에 불과하다.

이 책의 설명이론은 형성·구조화된 사회생활의 특성, 즉 사회생활의 제도적·상상적 맥락들 내의 일상적 움직임과 이러한 맥락에 관한 더 급진적인 갈등 간의 차이를 인지한다. 이 이론은 이러한 차이를 진지하게 받아들이기 때문에, 이 맥락들이 지지하는 사회생활 형태들 간의 차이를 강조한다. 그러나 사회세계나 사회진화의 가능한 경로들의 목록이라는 관념에 의존하지 않고 이 맥락들을 묘사·설명한다. 또한 그 목록을 초래하는 경향이나 강제요인에 호소하지도 않는다. 비록 연계된 일련의 제도 장치들과 상상의 선입관이 우리에게 미친 힘을 인정하지만, 그렇다고 해서 역사를 미리 쓰인 대본으로 취급하거나 사회를 제정되지 않은 법칙들의 산물로 다루기 위한 근거로 바꿔내지 않는다. 따라서 이 이론은 심층구조 분석의 첫번째 특징적인 주장은 수용하면서도, 다른 두 주장들은 거부한다. 즉, 구조틀이 불가분적·반복적 유형으로 포섭되는 것과 그 유형의 정체성, 현실화 및 연속성을 지배하는 일반법칙의 추구를 거부한다. 그 결과는 사회적·역사적 설명을 일반화하는 것을 포기하는 것이 아니라, 내용과 특성 면에서 이를 변형하는 것이다. 여기서 제시된 견해는 적어도 그 주장 면에서 마르크스주의 같은 심층논리 체계의 초창기 강력한 형태 못지않게 포괄적이고 공격적이다.

실증주의 사회과학과 달리 이 이론은 변혁과 일상활동 간의 대립이 어디에나 있음을 인정한다. 또한 심층구조 분석과 달리 우리가 이 대립의 영향력을 줄이고, 사회생활의 제도적·상상적 질서가 수정 되리라는 생각을 넓힐 수 있다고 주장한다. 우리는 올바른 사회적 고안에 의해 이 대립을 없앨 수 있다. 실증주의 사회과학과 달리 이 이론은 사회생활의 형성적 맥락을 구성하는 요소들의 연관성을 강조한다. 또다른 한편, 심층구조 사상과 달리 각 구조틀이 일련의 가능한 사회세계나 필연적인 진화단계 가운데 하나를 예시한다는 편견에 빠지지 않는다. 실증주의 사회과학과 달리 이 이론은 고착화된 제도적·상상적 맥락들이 일상의 행동과 사소한 갈등에 끼치는 영향력을 중시한다. 또한 심층논리 이론과 달리 때로는, 마치 이 맥락들이 무기력한 것처럼 그리고 그 맥락들에 대한 우리의 충성심이 단지 우리가 제거하려 기다리던 책략인 것처럼 행동하는 우리의 놀라운 능력을 정당하게 취급한다. 심층논리 분석처럼, 이 이론은 일상을 형성하거나 규칙을 생산하는 구조틀의 변형을 표상·설명하는 방법을 제안한다. 그러나 심층논리 논증과 달리 그 변화들을 마치 규칙지배적인 구조에 의해 통제받는 것처럼 묘사하지 않는다. 이러한 방식으로, 이 이론은 상이한 설명을 제공하는 것 이상의 작업을 한다. 즉, 사태를 설명한다는 것이 무엇을 의미하는가에 관한 기존의 우리 생각을 수정한다.

이처럼 까다로운 기준을 충족하는 이론만이 상상적·제도적 맥락들을 수정하는 우리의 능력을 강조하는 인간활동의 관점으로부터 사회의 상세한 이해를 이끌어낼 수 있다. 오직 그 이론만이 우리가 이론을 영구적으로 희석시키지 않고 역사 서술을 왜곡하지 않으면서 이 둘을 통합하도록 해준다. 그 이론만이 이론가나 역사가의 관점과 살아 있는 경험의 속성 간의 착시적인 대조를 극복할 수 있다. 여기에서 그 속성은 어떠한 상위의 합리적 질서를 반영하지 않는 혼란스러운 제약요인의 인식과 이 제약 속에서 등장하는 놀라운 변혁적 기회의 끊임없는 재발견을 포함한다. 오직 그러한 이론만이 우리가 어떻게 우리 자신에게 권한을 부여하는지를 가르쳐줄 수 있으며, 우리의 활동 맥락들에 대해 더 큰 통제력을 확보함으로써 지배와 비인격화로 오염된 사회생활을 정화할 수 있다. 그 이론만이 우리가 역량강화나 평등을 냉혹한 역사적 진보의 미리 예정된 결과로 표현할 때마다 발생하는 이러한 교훈을 배반하지 않게 된다.

| 내재적 논쟁 환경에서의 프로그램적 테마들

『허위적 필연성』의 설명이론은 사회재구성을 위한 프로그램과 밀접하게 연결된다. 따라서 그 책의 논증은 암묵적인 프로그램적 논쟁의 배경에 비춰 읽어야 한다. 규범적 정치이론이 소중하게 생각하는 실질적인 이념과 이 이념을 지지하는 정당화 논증의 관점에서 정치이론을 비판하는 것이 관례다. 그런데 이 논쟁이 종종 실망스럽고 경쟁하는 원리의 주장이 설득력을 못 갖는 이유 중의 하나는 이런 공약을 특정한 제도 장치나 사회적 실천으로 전환하는 데 명확성이 결핍되어 있기 때문이다. 어떤 이념은 비록 모호하게 기술되었음에도 매력적으로 받아들여진다. 우리는 그것이 현재의 사회생활에서 실현될 경우 실제 어떻게 될 것인지 의구심을 갖는다. 우리는 또다른 이념이 비현실적이라고 비난하는 소리를 듣는다. 왜냐하면 그 이념이 거짓으로 모든 좋은 것을 조화롭게 모아냈다고 약속하고, 이를테면 자유와 온정주의, 자율성과 공동체, 또는 진심 어린 참여와 비판적 자기성찰 간의 긴장을 인지하는 데 실패하기 때문이다. 우리는 이러한 긴장을 실제로 다루기가 얼마나 힘든지, 그리고 그것이 사회생활의 실천적 장치의 변화에 얼마나 적응할 수 있는지 믿지 못한다. 우리의 의구심에는 충분한 이유가 있다.

　기존의 수사(rhetoric)는 우리가 이러한 이상적인 비전을 실현하고자 암묵적으로 상상하는 제도와 관행의 배경보다 그 비전의 내용에 관해 덜 알려준다. 우리가 사회의 지배적 도그마 내에서 지내는 한, 우리의 의구심은 최소한으로 유지될 것이다. 만일 누군가가 정치적 민주주의에 관해 이야기한다면, 비록 그 장황한 슬로건과 이론이 깨우침을 주지 못하더라도, 우리는 그가 의도하는 바를 안다. 우리는 지금 살아가는 세계 속에서 볼 수 있는 입헌 장치나 정당정치적 경쟁이라는 특수한 전통에 의거할 수 있다. 그러나 그 이상적인 비전이 더욱 야심적이고 현재의 해법들로부터 멀리 떨어져 있을수록, 제시된 사회생활의 모델과 그것의 실제 형태 간의 관계는 더욱 불분명해진다. 따라서 이론적 이해는 기존의 현실이 제공하지 못한 것을 제시해야 한다. 이러한 이해는 규범적 논쟁의 중심에 놓여야 하며, 보조적이고 견문을 넓혀주는 역할로 위축되어서는 안 된다.

　이 책의 프로그램적 논증은 현대 정치의 주요 원리들을 그동안 덜 강조되었지만 중대한 제도적 전제들의 관점에서 다룬다. 서구 산업민주주의의 보수적·중도적 정치운동은 대체로 민주주의와 시장을 조직하는 계승된 방법을 당연한 것으로 받아들인다. 그러나 현대의 시장과 민주주의 조직의 형태는 대체될 수 있다. 지금의 형태는 아주 광범위하고 강력한 호소력을 가진 보수적·중도적 메시지 자체를 오염시킨다.

현대사회에 대한 좌파의 비판, 특히 부르주아 민주주의와 시장체제에 대한 비판은 시장과 민주주의가 어느 정도까지 급진적으로 재조직되어야 하는지를 평가하는 데 실패했다. 좌파는 계승된 제도 장치들의 위계생산적 효과에 집중하면서 현실과 동떨어진 모호한 해법을 내놓았다. 하지만 그 해법으로는 급박한 정치적 압력을 견디지 못하고 자신들의 원래 목표와 배치되는 길을 쉽게 내주게 된다.

논증의 주요 관점은 이 책의 제10장에서 14장까지 충분하게 발전된 방식으로 다시 논의될 것이다. 현재 번영하는 민주국가에 존재하는 보수주의, 중도주의 및 좌파 정당들은 조만간 자신들이 대체로 당연하게 받아들이는 통치적·경제적 장치들과 자신들의 프로그램적 공약 간의 긴장을 해결해야 한다. 만일 우파의 자유시장론자, 중도적 공동체주의자 혹은 좌파의 재분배주의자가 기존의 제도 질서를 받아들인다면, 그들은 자신들이 공언한 목표를 달성하는 데 거듭 좌절하게 될 것이다. 그들은 이 목표를 단지 타협된 형태로서만 실현할 수 있으며, 자신들의 제안이 공정한 기회를 부여받지 못했다는 주장을 하는 데 그칠 것이다. 그러나 만일 이러한 여론의 움직임을 주도하는 사람들이 제도적 재구성을 선택한다면, 그들은 지배적인 사회분석의 양식에서 지지하는 과거의 사고 습관에 의해 전혀 준비되지 않은 길을 가게 된다. 그들은 정교한 제도적 대안들, 그 실행 전략, 그리고 자신들의 프로그램적·전략적 아이디어를 특징짓는 사회변혁의 관점을 개진해야 한다. 또한 자신들의 지도 이념을 재규정하고, 그 이념과 정치적 경쟁자들의 목표와의 관계에 관한 관념들을 재설정해야 한다. 만일 어떤 이념의 실제 의미가 그 이념의 묵시적인 제도적 배경에 의존한다면, 후자의 변동이 전자를 혼란스럽게 할 것임이 분명하기 때문이다.

이제 이 일반적인 관점을 좀더 구체화할 수 있다. 다음의 서술에서는 현대의 정치적 견해들의 충돌에서 낯익은 몇몇 주요 입장과『허위적 필연성』의 프로그램 지향적 논증을 비교·대조해보고자 한다. 전반적으로 핵심 사상은, 무능력해진 제도적 상상력이 우리의 규범적인 정치적 관념에 미치는 전복적인 효과로 남아 있다. 다만 사회변혁에 대한 믿을 만한 설명, 즉 사회생활의 형성적인 제도적·상상적 맥락들이 어떻게 만들어지고 재구성되는가에 대한 설명이 이러한 무능력에서 벗어나게 할 수 있다. 우리의 설명적 아이디어와 프로그램적 아이디어의 관계에 대한 가정이 실질적인 사회적 이념에 관한 논쟁을 뒤덮고 있다.

먼저 고전 자유주의 원리를 그 19세기 전성기의 형태에서 살펴보자. 『허위적 필연성』의 프로그램은 경제적 분권화와 정치적 민주주의의 연관성에 관한 신념을 고전 자유주의와 공유한다. 노동자, 기계, 그리고 생산과 교환의 조직형태 간의 끊임없는 재결합은 중앙집권적 권위에 의해 달성될 수 있다. 이러한 권위에 책임을 부여하는 장치를 고안하는 것은 분명히 가능하다. 그러나 만일 중앙권력이 배분과 재결합의 결정을 내리고 이를 집행하고 기존의 직업과 기업을 유지하려는 압력에 저항하면서 생산보다 소비를 더 빨리 진작시키려 한다면, 상당한 자율성의 수단을 갖고 있어야 한다. 만약 인구 전체의 안전에 뒤따르는 직접적인 통제력과 이러한 재량권이 결합하면, 정치적 다원주의는 경제적 중앙집권주의에 가려지다가 결국에는 손상되기 쉽다.

그러나 이 책에 제시된 프로그램은 정치적 민주주의와 시장조직을 현대 북대서양 나라들의 제도적 전통과 동일한 것으로 취급하기를 거부한다는 점에서 고전 자유주의와 다르다. 민주주의의 전통적인 형태는, 권력의 분산과 대중의 영향력으로부터 거리를 두는 데 집중해온 독특한 입헌 기법과, 몇 세대 후에야 진가를 발휘하게 된 당파적 갈등 및 조직의 양식을 결합한다. 시장경제의 전통적인 형태는 경제적 분권화의 중요한 장치로서 다소 절대적인(허용된 관행 내에서 그리고 유효기간 내에서 절대적인) 소유권에 의존한다. 그러나 내가 여기에서 주장하고자 하는 바는, 비록 이 통치적·경제적 장치들이 우리의 자유주의 이념에 대한 전반적인 이해에 영향을 미치지만, 그 자유주의 이념의 실현 또한 좌절시킨다는 것이다. 그것들은 사회분할, 위계질서 및 역할의 더 철저한 해체를 막는 데 기여한다. 그것들은 자유주의 비전의 원리가 일상적인 사회생활의 특성보다 정당정치의 관행(상대적으로 불분명하고 임시적인 이해관계들의 합종 연합)에서 훨씬 더 잘 표현되는 사회환경에 기여한다. 모든 사람의 기회와 경험은 탄력적인 사회 신분체계 내의 지위에 따라 지속적으로 강력한 영향을 받는다.

개인의 경험에 대한 집단 범주의 장악력을 약화할 수 있는 또다른 제도 질서의 시장과 민주주의도 있다. 정부권력의 지배력과 활용을 둘러싼 갈등이 정리되면서 분할, 위계 및 역할의 기성질서를 도전의 압력에 노출시키는 기회를 제공할 수도 있다. 이 대안적 장치들이 실천이나 상상력 내에 정착되면, 그것들은 본래의 자유주의적 비전을 확대하도록 제안할 것이다. 남성과 여성을 종속으로부터 해방시키려는 목표는 내가 앞서 모더니스트 비전가들의 기획으로 기술한 특유의 측면으로 재해석될 수 있다. 즉, 그것은 미리 기술된 사회 대본의 해체를 통한 개인적·집단적 역량강화 추구다. 우리가 그 결과를 자유주의 원리의 확장으로 혹은 그것의 대체로 기술하는가는 그렇게 중요하지 않다. 핵심은 우리가 계승된 메시지를 그것에 수반된 제도 환경으로부터 이탈시키고, 그 과정에서 그 내용을 변형해왔다는 것이다. 우리는 이미 이와 유사한 분석이 현대 정치사상의 다른 낯익은 선택들에 어떻게 적용될 수 있었는가를 살펴보았다.

자유지상주의(libertarianism)로 알려진 고전 자유주의의 극단적인 변형을 살펴보자. 자유지상주의자는 사회를 최대한 독립적인 주체들의 세계로 재창조하고자 하며, 그들의 협력적 관계는 모두 자유롭게 거래된 계약으로부터 발생한다. 자유지상주의자는 정부가 결국 상호보호(mutual-protection)의 제휴라는 최소한의 역할로 축소되는 것을 보고 싶어 한다. 『허위적 필연성』에서 옹호된 강화된 민주주의 프로그램은 계급, 공동체 또는 젠더에 관해서 미리 결정된 집단적 범주들의 압도적인 영향력으로부터 개인의 경험을 가능한 한 최대로 자유롭게 하려는 목적을 자유지상주의자와 공유한다. 그러나 이 책의 프로그램적 논증은 자유지상주의자가 이러한 목표를 성취하기 위해 제안한 방식이 두 가지 결정적인 측면에서 잘못되었다는 신념을 보여준다.

하나는 사적 권리의 중립적이고 비논쟁적인 체계 어떤 것도 시장의 순수한 사례를 간섭에서 최대한 벗어나 규정할 수 없다는 것이다. 우리는 한정할 수 없을 정도로 다양한 규칙과 권리의 대안적인 집합체들, 즉 분권화된 생산과 교환의 대안적 장치들 중에서 선택해야 한다. 그중 어느 것이 가장 분권화되었는지, 정치적 다원주의에 가장 도움이 되는지, 경제성장을 가장 잘 촉진시킬 것 같은지 등의 물음은 시장경제나 사적 질서 개념의 단순한 분석을 통해 답할 수 없는 경험적인 문제를 나타낸다.

다른 하나는 자유지상주의자가 국가와 거대한 제도나 포괄적인 제도를 모두 붕괴시킴으로써 사회적 조정의 문제를 해결하려는 시도에서 실책을 범한다는 점이다. 경제 결정의 분권화와 생산 및 교환을 위한 제도 장치들에 대한 실험의 자유를 극적으로 넓히기 위해서, 우리는 자본의 배분을 더욱 분명한 집단적 심의와 통제 아래에 두는 제도를 고안해야 한다. 우리는 시장분권화 원리를 포기하지 않고도 자본의 이러한 책임성을 확보할 수 있다. 예를 들어, 여전히 경제분권화의 주요 장치인 절대적 소유권이 순환자본의 배분(rotating capital allocation)으로 대체될 수도 있으며, 그 기금에서 기술노동자와 기업가로 구성된 팀에 조건부의 일시적 대여금이나 대출을 제공할 수 있다. 이 경우 정부와 정부의 정책을 둘러싼 갈등은 자본할당이라는 신중한 방법이 억압, 후견주의, 기득권의 영속화를 위해 악용되는 것을 방지하는 방식으로 조정되어야 할 것이다. 여기서 핵심은 사회적 간섭이 줄어들면서 사적 질서가 자연스럽게 등장하도록 해 덜 억압적인 사회협력을 이룬다는 자유지상주의자의 꿈에는 접근할 수 없다는 점이다. 오직 목표를 위해 더 독창적인 제도적 도구들을 고안해냄으로써 그 꿈을 더 제대로 실현할 수 있다. 책략을 벗어날 수는 없다. 새로운 책략은 옛 책략의 결점을 고쳐야 한다. 순수하고 왜곡되지 않은 자유로운 상호관계의 체계를 구하는 것은 신기루를 좇는 것이다. 이러한 추구는 쓰라린 환멸감이나 특정한 시장체계를 시장의 추상적인 관념과 동일시하는 변면으로 끝나게 된다.

『허위적 필연성』에서 개진한 프로그램은 서구 세계의 다른 지역보다 영어권 국가에서 전통적으로 좀더 온건하게 나타났던 관점과 비교·대조될 수 있다. 이 관점은 현대사회의 커다란 상처를 공동체적 유대의 붕괴와 동일시한다. 공동체적 유대는 각 개인을 상부상조의 네트워크 안에 안전하게 자리 잡게 해준다. 따라서 상처는 개인과 국가 간의 매개 조직들, 즉 공동체 생활의 토대로 기여할 수 있는 조직들을 발전시킴으로써 치유될 수 있다는 것이다. 이 프로그램은 위계적인 종속의 급진적 전복보다는 충성심과 자기억제를 통한 위계질서의 발전을 강조한다는 점에서 중도적이다. 때때로 그것은 조합주의적인데, 그 이유는 지역적 조직체일뿐만 아니라 생산적 기업이기도 한 매개 조직체들이 사회조직 내에서 승인된 위치를 차지하게 되기 때문이다. 이런 위치 때문에 그들은 정부의 진정한 확장으로 기능하게 된다.

『정치』의 프로그램은 중도적인 공동체주의 비전의 몇몇 측면을 공유한다. 그것은 우리가 자기주장을 가능하게 하는 조건들을 더 잘 조화시키도록 약속하는 일련의 사회적 장치들을 상상한다. 즉, 그것은 집단생활 참여의 필요성이며, 그러한 참여에 따르는 의존과 비인격화의 위험을 피하려는 시도다. 진정 그 프로그램 전체는 인간 공동체의 형태와 조건의 비전으로 읽힐 수 있다.

그러나 중도주의와 조합주의 프로그램이 지금의 제도 장치들을 전적으로 받아들이지 않을 경우, 이 장치들에 대해 이중적인 태도를 갖게 된다. 이 프로그램의 옹호자들은 마치 지금의 생산·관료 조직이 조금만 조정을 하면 공동체 이념에 적합한 수단으로 기여할 수 있는 것처럼 이야기한다. 예를 들어, 노동자들은 고용을 보장받아야 하고 기업의 정책 수립에 참여해야 하며, 고용주들과 협력적으로 협상해야 한다. 하지만 이 저변에 놓인 제도적 구조틀을 수용한 결과, 공동체 이념은 위태로워질 뿐만 아니라 무력해진다. 그 위험은 공동체와 복종이 뒤얽힘으로써 형성된다. 따라서 지배에 대한 투쟁이나 실천적 혁신의 명령이 현재의 공동체적 유대와 결별할 것을 요구할 수 있어야 한다. 무력감은 사람들이 충돌하건 동의하건 서로에게 더 전적으로 의탁하고, 서로 상처를 받기보다는 갈등이 제거된 안전한 안식처로 표상하는 데서 드러난다.

사회생활에서 지배자의 변명이나 허위적 필연성이라는 미신에 덜 민감한 공동체 형태는, 의존과 복종의 메커니즘을 지금의 제도들보다 더 효과적으로 붕괴시키는 제도적 구조틀 내에서만 번성할 수 있다. 그러한 구조틀은 갈등을 억압하기보다는 초래해야 한다. 그것은 모든 안정된 형태의 사회분할과 위계질서를 약화시켜야 한다. 그리고 목적과 가치를 갈등 없이 공유한다는 낡고 제한적인 의미에서 공동체를 지지하는 모든 규범적인 사회적 역할을 약화시켜야 한다. 그러므로 이 책의 프로그램적 논증은 이처럼 수정된 제도적 구조를 선호함으로써 정말로 공동체에 관해 가장 중요한 문제가 무엇인가라는 관념을 선택한다. 그 논증은 이러한 요소를, 동등한 신뢰의 환경 속에서 자기주장을 가능하게 하는 조건들과 더욱 조화되는 다양한 정서적 결속과 실천적 협력을 갖추고 실험할 수 있는 우리의 능력으로 파악한다. 자신의 공약에 좀더 적합한 제도 장치를 구성하려는 시도에서 출발하는 공동체주의자는 자신이 받아들인 공동체주의적 이념을 특정한 방향으로 밀고 나가거나 그 내적 양면성을 특정한 방식으로 해결하고 있음을 발견한다.

마지막으로 이 책의 프로그램적 비전과 좌파의 제도적 프로그램 간의 관계를 살펴보자. 급진좌파는 대개 자신들의 제도적 아이디어의 빈곤에 대한 변명을 심층구조 사회분석의 전제들에서 찾아왔다. (유고슬라비아의 혁신 같은) 소수의 예외가 있지만, 그들은 단지 하나의 혁신적인 제도 관념을 만들어왔다. 즉, 소비에트나 평의회(conciliar) 유형의 조직, 다시 말해 지역별·기업별 직접민주주의다. 하지만 이러한 관념은 결코 거대한 국가들에서 행정적·경제적 관리의 실제 문제를 해결할 수 있는 세밀한 제도 장치로 전환되지 않았으며, 앞으로도 그럴 것이다. 이 국가들은 내부 분열에 의해 찢기고 외국의 적들에 의해 포위당하며, 고조되는 기대감에 의해 선동된다. 따라서 대중조직의 평의회 모델은 붕괴된 부르주아 정권에 대한 유일한 대안처럼 보이는 독재정부 형태에 그 지위를 재빠르게 양보했다.

이 책의 프로그램은 좌파적 프로그램이다. 의존과 지배의 형태를 무너뜨리고 부분적으로는 일상과 혁명 간의 대립을 없애면서 그렇게 해내는 제도 장치의 창조를 통해 개인적·집단적 역량강화를 추구한다. 모든 좌파의 견해처럼, 이 프로그램은 오직 제도 변혁만이 실제로 우리의 자유와 공동체 이념을 실현할 수 있다고 주장한다. 그러나 마르크스주의 사회이론에 영향을 받은 급진좌파들의 프로그램적 사고의 주류와는 몇몇 중요한 측면에서 다르다. 첫째, 이 책의 프로그램은 상세한 프로그램적 제안들의 발전을 가능하고 정당하며 중요하게 만드는 설명적 관념들의 배경을 가정한다. 둘째, 시장경제와 대의민주주의를 지금까지 이 원리들이 가정해왔던 특정 제도형태들과 동일시하는 것을 거부한다. 오히려 반대로 대안적인 민주주의와 시장의 발전 속에서 자유주의뿐만 아니라 좌파의 목표를 성취하기 위한 최선의 희망을 본다. 셋째, 좌파 이론과 실천의 주요 흐름이 무자비할 정도로 적대적이었던 제도적 사고와 실험의 전통, 즉 프티부르주아 급진주의 전통에 크게 의존한다.

지금까지 나는 『정치』에 기술된 프로그램적 방향과 현대 정치사상의 몇몇 주요 입장을 비교했다. 그러나 이 책에 내포된 가장 중요한 규범적 논쟁은 정치운동의 원리보다는 사회변혁의 실제 경향을 다루는 것이다. 오늘날 세계에서 가장 매력적으로 등장하는 사회조직의 모델은 (가장 반대가 적고, 인간의 절실한 요구를 가장 존중하고, 따라서 사려 깊은 시민들의 다양한 지지를 받는 것처럼 보이는) 사회민주주의(social democracy)다. 사회민주주의의 지지자들은 그것을 유토피아로 채색하지 않으며, 모든 나라가 똑같이 그것을 취할 준비가 되어 있다고 주장하지도 않는다. 가장 우호적인 환경에서조차 그 성취는 불확실한데, 극단의 곤궁과 무지 속에서 그것을 성취한다는 것이 얼마나 힘든 일인지를 지지자들은 인정한다. 다만, 그들은 사회민주주의가 앞으로 다가올 시대에 인류가 기대할 수 있는 최상의 것이라고 확신한다. 우리 앞에 놓인 가장 큰 정치적 쟁점은 과연 그들이 옳은가 하는 것이다.

새롭게 등장하는 제도 체계인 동시에 낯익은 제도적 제안인 사회민주주의는 다음의 특징들을 결합한다. 사회민주주의자는 현대 서구 역사과정에서 파급되어온 시장경제와 대의민주주의의 특정한 제도형태들을 수용한다. 사회민주주의자는 이 구조틀에 의해 확립된 광범위한 테두리 내에서 재분배나 참여에 관한 자신의 이념들을 추구한다. 그는 기본적인 물질적 필요의 충족이 보장되기를 원한다. 그는 부와 수입의 거대한 불평등을 시정하도록 고안된 재분배 정책을 지지하며, 사람들이 살아가고 일하는 곳에서 자치에 좀더 적극적으로 참여하는 것을 보고 싶어 한다.

그러나 사회민주주의를 프로그램적 공약이 아닌 실제의 경험으로 볼 경우, 이들의 재분배와 참여적 목표가 매우 협소한 한계 내에서 실현된다는 것을 알게 된다. 그것은 사회민주주의자가 모든 가능한 대안들보다 우월하다고 생각할 때에만 수용하는 경제·통치 장치들에 의해서 부과되는 한계다. 따라서, 예를 들어 투자결정의 중요한 흐름에 대해 줄곧 통제력을 행사하는 비교적 소그룹의 투자매니저들이 기업 신뢰도를 이유로 복지국가 프로그램을 희생할 것을 줄기차게 요구할 수도 있다.

마지막으로, 사회민주주의자는 사회의 기본구조에 대한 광범위한 이데올로기적 투쟁의 약화를 불가피한 결과와 바람직한 목표 사이에 있는 것으로 생각한다. 사회민주주의 세계는 사람들이 스스로 자신들의 실천적 관심사에 헌신할 수 있는 세계다. 그것은 사람들이 인지한 실천적 이해들이 기존의 제도 질서 내에서 취하는 형태다. 이 비전에서는 탈동원(demobilization)이 리얼리즘과 품위(decency)의 대체물이 된다. 거대한 이데올로기의 열병이 지나가고 난 뒤에 사람들은 서로를 돌보고 자기 삶의 실질적 성공을 공유하게 하는, 건조하지만 일차적인 과제에 안주할 수 있다.

이 책은 사회민주주의가 충분하지 않으며, 사회민주주의보다 더 나은 무언가를 확립할 수 있다는 논증으로 읽힐 수 있다.『허위적 필연성』의 설명적 아이디어들은 사회민주주의자들이 의거하는 제도 장치들을, 실천적·상상적 갈등의 특정한 계기들에 의해 나타난 결과이며 이는 상대적으로 우연하고 수정될 수 있는 것으로 묘사하는 사회 인식을 제공한다. 좀더 일반적으로 말하면, 이러한 설명적 논증은 사회민주주의를 거부하는 것이 타당한 것처럼 여겨지는 사회현실의 관점을 지지한다. 프로그램적 아이디어는 사회민주주의자가 불완전하게 성취할 수 있는 이념을 더욱 완벽하게 실현하고, 이를 실현하는 과정에서 이 이념을 급진적으로 재정의하는 대안을 제시한다.

그렇다면 과연 사회민주주의에서 무엇이 잘못된 것인가? 가장 협소한 차원의 이의제기는 사회민주주의자가 재분배, 참여 및 상호보호라는 약속을 이행하는 데 일정한 선을 넘을 수 없다는 것이다. 그는 자신의 제도적 전제들, 특히 시장경제와 대의민주주의가 어떻게 조직될 수 있는가에 관한 자신의 가정들이 설정한 지점을 넘어갈 수 없다. 그의 프로젝트는 중도적 공동체주의자나 보수적 자유시장주의자의 경우처럼 치유할 수 없는 내적 불안정으로 고통받는다. 사회민주주의의 제도적 약속들을 영속화하면, 그것이 규정한 이념의 실현이 제한된다. 반면, 제도적 구조틀의 재구성은 그 이념적 목표들을 급진적으로 재규정할 것을 요청한다.

이 책의 설명적·프로그램적 아이디어들이 제공하는 관점에서 사회민주주의를 보게 되면, 우리는 그것이 해방과 역량강화의 수단에 부과하는 제약이 된다는 핵심적인 결함을 확인할 수 있다. 다시 말해 그 제약은 사회민주주의가 전제하고 영속화하는 경제·통치 조직의 형태로부터 나온다. 이 조직형태는 경제분권화와 경제적 조형력을 제한함으로써 실천적 혁신을 위한 우리의 기회를 제한한다. 또한 그것은 실제의 협력이나 정서적 애착의 실천이 쉽사리 얽히는 의존과 지배의 구조로 부터 그 실천을 좀더 자유롭게 하는 제도적 수단을 고안해내는 것을 가로막는다. 또한 집단적 존재의 제도적·상상적 맥락들에 대해 좀더 신중한 지배력을 주장하지 못하게 한다. 사회민주주의하에서 우리는 너무나 작은 존재다.

　이러한 비판의 힘은 서로 연결된 해방의 동력을 더 효과적으로 촉진하는 대안적인 제도 장치들의 유효함에 달려 있다. 그 장치들은 『허위적 필연성』에서 "강화된 민주주의"라는 제목으로 기술된 바 있다. 이 이의제기 모두 사회민주주의가 계몽의 자유주의적 프로젝트 — 자유·평등·우애 운동 — 를 일시적이고 대체될 수 있는 제도 질서에 공연히 볼모로 만들어놓았다는 테제로 귀결된다. 자유주의 운동이 제도적 가능성의 의미를 확장할 때, 그것은 모더니스트 비전가나 좌파 급진주의 프로젝트의 수정되고 일반화된 형태로 융합된다.

　사회민주주의도 이미 빈곤과 독재에 방치된 많은 인류에게는 먼 미래의 꿈처럼 보이는 상황에서, 강화된 민주주의의 이미지를 주장하는 것이 잘못되었다고 이의를 제기할지 모르겠다. 강화된 민주주의 프로그램이라는 것이 사회변혁의 초보적 수준의 이론에서 출발하여 후진성의 결과를 무시하고 만 구좌파의 유혹을 더 큰 재앙과 함께 되풀이하자고 유인하는 것으로 보일 수도 있다. 그러나 많은 제3세계 국가들이 불완전고용 노동자, 농업노동자, 소지주, 급진화된 프티부르주아 대중의 조직화된 호전성을 통해서만 경제적 평등과 정치적 자유의 수단을 획득할 수 있는 것처럼 보인다는 사실을 기억하라. 그들은 조직해야 할 뿐만 아니라 조직된 상태로 있어야 한다. 그들과 그 지도자들은 일상의 사회생활 속에서 지금의 민주주의가 전쟁과 국가적 위기 시에만 목격하는 시민의 참여와 민중의 행동주의를 어느정도 유지하는 제도를 세워야 한다. 서구 산업민주주의에 의해 발전된 경제·통치 조직의 형태는 이러한 과제에 힘을 쏟지 않는다. 그런 조직형태는 비교적 온건한 수준의 동원과 갈등을 유지하도록 설계되었기 때문에, 통상적으로 제3세계 환경에서 두가지 운명 중 하나에 직면한다. 한편으로는 후견과 후견주의라는 고전적인 게임을 수행하는 새로운 방식을 제공한다. 다른 한편으로는 스스로 통제할 수 없는 급진적 당파 갈등 형태의 토대로 이용되기도 한다. 미국의 정치학 용어로 표현하면, 참여가 제도화를 앞지르고, 사회는 독재나 일시적인 제도 혁신으로 끝나는 분쟁에 빠진다. 결국 후진성에서 나온 주장이 전면에 서게 된다. 많은 현대국가들에서 사회민주주의는 비현실적인 선택이 될 수도 있다. 이 나라들은 사회민주주의의 유산을 넘어 구조-보존적 일상과 구조-변혁적 갈등 간의 구별을 더욱 성공적으로 말소해버리는 민주정치와 경제조직의 양식으로 나아감으로써 정부의 억압과 사회적 억압으로부터 벗어날 수 있을지도 모른다.

사회민주주의에 대한 매력적이고 현실적인 대안의 존재를 믿는다면 세계가 달리 보일 것이다. 모든 역사적 상황에 대한 우리의 이해는 가능성에 대한 묵시적인 생각, 즉 다양한 형태와 수준의 압력이 전제된다면 어떻게 될 것인가에 관한 우리의 관점을 표현하기 때문이다. 심층구조 사회분석과 실증주의 사회과학에 대한 설명적 대안은 사회민주주의에 대한 프로그램적 대안을 제시한다. 강화된 민주주의 프로그램을 제시하고 지지하는 관념들은 이 프로그램이 대체해야 할 장치들에 대한 우리의 통찰을 키워준다.

강화된 민주주의 프로그램을 발전시키는 데, 나는 최근까지 중도파와 좌파로부터 조롱받아온 서구의 현대 정치에서 영감을 찾는다. 그것은 프티부르주아 급진주의의 전통이다. 역사 연구는 19세기 서구 역사를 통해 새롭게 등장하는 지배적인 정치 및 경제 조직형태에 대해 숙련

노동자·장인·기술자·전문가·소매상·영세 제조업자가, 전통 좌파의 역사 서술에서 큰 역할을 해온 프롤레타리아나 룸펜보다 더 급진적으로 도전해온 사실을 수많은 증거로 보여준다. 이 프티부르주아 급진주의 프로그램은 주로 "공상적 사회주의자"라는 경멸적인 딱지를 얻은 정치 평론가들에 의해 명확해졌다. 이들은 마르크스가 소규모 상품생산이라고 명명한 것 중에서 한두가지 형태를 옹호했다. 그것은 비교적 동등한 소규모 생산자나 생산기업의 공존을 일컬으며 경제조직의 대들보라 할 수 있다. 프티부르주아 급진주의자들은 그러한 체제를 지탱해줄 협력적 생산이나 분배의 방법에 몰두했다. 그리고 자신들이 노동과 교환에 적용했던 원리를 정부조직에 대해서까지 확장하려 했다.

물론 급진적 프티부르주아의 대안은 어디서나 패배하고 억눌렸다. 하지만 근대화, 산업화 또는 자본주의의 고정관념에 빠진 역사가들이 일반적으로 생각해온 만큼 완벽하게 패배하거나 억눌리지 않았으며, 그 이유가 고유한 결함 탓도 아니었다. 그 대안들의 상당 부분이 사실 다른 경로를 따라 조직된 경제체 내에서 일탈적·보조적 장치로 실현되었다. 이 장치는 가장 낙후된 산업 부문뿐만 아니라 가장 혁신적인 부문에서도 중요한 경제적 역할을 수행해왔다. 더욱이 다른 형태의 산업사회를 확립하려는 이 시도들은 그 장점과 약점을 가늠할 수 있는 검증을 거의 거치지 않았다. 주창자들은 정치적·이데올로기적 투쟁이라는 장기전에서는 졌지만 공정한 경제적 검증에서는 실패하지 않았다.

완고한 중도주의자와 급진적 마르크스주의자 모두가 공유하는 소규모 상품생산에 대한 반대의견은 세가지 주요 비판으로 축약될 수 있다. 첫째, 소규모 상품생산은 경제적으로 퇴보적이다. 그것은 기술적 역동성을 촉진하는 규모의 경제와 시장조직을 허용하지 않는다. 둘째, 소규모 상품생산은 경제적으로 불안정하다. 더 성공한 영세 기업가들은 곧 덜 성공한 사람들을 영업에서 내몰고 그들을 임금노동자로 전락시킨다. 재분배라는 수정적 체계만이 그러한 결과를 방지할 수 있다. 그러나 그 체계는 실제의 경제질서가 될 것이며, 그것은 소규모 생산자들의 경제적 기대를 방해하거나 위축시킬 것이다. 셋째, 소규모 상품생산은 정치적으로 불안정하다. 그 경제체제를 지지할 수 있는 중앙정부는 언제나 너무 약하거나 너무 강하다. 재산과 가족이라는 자신들의 작은 세계에 사로잡힌 자립적인 경영자들에게 의존하는 정부는 사회를 관리하고 방어할 수 있게 하는 자원에 굶주릴 것이다. 다른 한편, 만일 정부가 이 자원을 보유하게 되면, 정부는 자신의 권위에 대항할 수 있는 거대한 조직을 제거하고 사회질서를 압도하게 된다. 우리는 이러한 점 때문에, 소상품생산이 기껏해야 일시적이거나 주변적인 생산양식에 불과하다는 마르크스의 확신이 나왔다고 여길 것이다.

이 반대견해들은 재구성되지 못한 소상품생산 형태를 비판한다. 즉, 절대적 소유권을 통한 경제분권화, 견제와 균형이라는 입헌주의를 통한 대의민주주의, 사실상 서구 역사과정에서 주류가 된 제도적 해법들을 전제한다. 프티부르주아 급진주의 옹호자들은 자신들의 프로그램적 목표를 위해 신생 또는 기성의 제도적 질서가 가진 파괴적 의미를 제대로 파악하지 못한 것에 대해 비난을 받을 수 있다. 그들은 독립적이고 작고 절대적이고 영구적인 재산이라는 사물의(thinglike) 이미지에 대한 강박관념으로부터 완전히 벗어나지 못했으며, 이는 곧 중산층 농민(yeoman)의 국가라는 초기의 꿈처럼 프티부르주아 급진주의의 몰락을 불러왔다.

급진적인 경제분권화, 사회적 연대, 정당정치의 다원주의 및 시민의 참여 프로그램을 대안적인 제도적 구조틀에 다시 배치하려는 경제·통치 조직형태를 상상해보라. 예를 들어, 그 구조틀이 사회자본기금에 대한 조건적·한시적 권리 체계를 절대적인 소유권의 위치에 놓을 수도 있다(이 장의 다른 대목에서도 같은 해법이 예상된다). 그러나 이 기금의 운용이 관료의 지배나 사회적 보수주의의 수단으로 전락하는 것을 막기 위해서는, 이 새로운 제도적 구조가 대의민주주의의 계승된 입헌형태들에서 허용·권장하는 것보다 훨씬 더 폭넓은 책임과 참여의 형태들, 그리고 급진적인 사회적 실험을 대대적인 규모로 시도하는 기회들이 만들어져야 한다.

이 같은 제도적 프로그램은 프티부르주아 급진주의 옹호자들에 의해 독립적·영구적 재산의 본질을 포기하는 것이라며 거부될지도 모른다. 그들은 프로그램을 평가하며, 과거의 이념을 새로운 제도형태로 전환하는 것이 과연 궁극적으로 자신들을 그 이념에 끌어당겼던 요인을 보존하는지 되묻는 바로 그 상황에 있을 것이다. 강화된 민주주의 프로그램은 급진적 프티부르주아 운동의 무형적이고 지속적인 측면, 즉 특정 계급의 일시적인 경험에 덜 오염된 측면을 존중한다고 당당하게 주장할 수 있다. 그것이 지극히 중요한 개별화된 안전과 면책의 영역에 대한 존중을, 계획되지 않은 실험에 더 많이 사회를 개방하겠다는 약속과 결합시키기 때문이다.

현재 선진 산업국은 전통적인 대량생산 산업에 대한 강조로부터 좀 더 유연하고 혁신적인 기업의 발전으로 전환하도록 압력을 받고 있다. 그 압력은 혁신 기업의 특징인 과제규정과 과제수행 활동 간의 더 긴밀해진 관계를 등에 업고, 이 대안적인 제도적 구조틀을 고안해내는 많은 기회들 중 하나를 제공할 수 있다. 왜냐하면 조직적·기술적 양식의 모든 변동처럼 이 변화가 기존의 장치나 그것이 지지하는 기득권에 대한 개혁을 최소화하거나 최대화하는 방식으로 달성될 수 있기 때문이다.

시대의 관심사에 새로 맞춘 소규모 상품생산의 재해석은 사회민주주의의 한계를 넘어 급진적 프로젝트, 즉 모더니스트 비전가의 프로젝트를 실현하는 제도의 고안을 위한 영감으로 인식될 수 있다. 그 변화의 메커니즘, 즉 일탈적이고 억제된 해법을 새롭고 지배적인 조직의 원리로 개조하는 것이야말로 『허위적 필연성』에서 우리의 맥락들을 다시 만드는 방식의 전형으로 제시된 것이다.

원형이론

| 원형이론의 의미

이 책에서 개진한 모든 사회이론은 『사회이론』의 앞부분에서 대략적으로 설명한 인간활동에 관한 견해의 발전으로 보일 수도 있다. 여기에서는 이 견해를 간단하게 다시 써보려 한다.

우리는 항상 특정한 사회적 혹은 정신적 세계, 즉 담론과 인적 결합의 집단환경에 정착해야 한다. 우리는 언제까지나 마치 모든 것이 파악될 수 있는 것처럼 행동할 수는 없다. 그러나 어느 특정한 사회적 혹은 정신적 세계를 이성이나 문명의 결정적이고 논란의 여지가 없는 측면으로 취급하는 것은 정당하지 않다. 어떠한 맥락도 우리가 수행하는 세계에 관한 모든 발견이나, 설정하는 이유가 있는 모든 실천적·정서적 관계를 수용할 수 없다. 맥락을 수용할 필요성과 모든 특정한·맥락의 부적절성 간의 긴장을 해결할 수도 없다. 그럼에도 맥락들 자체를 수정할 수 있는 도구나 기회를 우리에게 부여하고 맥락-보존적 일상과 맥락-변혁적 투쟁 간의 대립을 줄일 수 있는 맥락들을 고안해내는 데 성공함으로써 이러한 긴장을 줄일 수 있다.

이처럼 맥락들의 구속적인 속성을 줄이는 일은 맥락의 문제에 대해 부분적인 해법을 제공할 뿐만 아니라, 우리의 곤경이 지닌 다른 기본적인 난점, 즉 자기주장을 가능하게 하는 조건들 간의 갈등을 다루도록 해준다. 우리는 스스로를 지탱하고 발전시키기 위해, 공유된 삶의 형태들에 참여해야 한다. 그러나 그 참여는 다른 사람에 대한 복종이나 사회적 역할 혹은 신분이라는 비인격적인 제약으로 끊임없이 우리를 위협한다. 사회생활의 기존 틀에 대한 우리의 지배력을 강화하는 실천적·상상적 고안들이, 집단생활에서 의존과 비인격화라는 유해한 부분을 제거함으로써 인간 결속의 문제를 다루도록 해준다는 것이 비전적인 모더니스트의 강령이다.

나는 다른 책(*Passion: An Essay on Personality*)에서 맥락들과 우리의 관계에 대한 견해가 어떻게 친밀한 교제의 삶을 연구하는 데 출발점으로 기여할 수 있는지, 그리고 이 연구가 다시금 차별화된 도덕적 이념이나 실존적 프로젝트를 제시할 수 있는지 보여주었다. 『허위적 필연성』은 설명적 사회이론과 사회재구성 프로그램의 방향에서 동일한 기본적인 견해를 개진한다.

『허위적 필연성』의 상세한 설명적·프로그램적 논증을 시작하기 전에, 맥락들과 우리의 관계라는 추상적인 관념과 이 책에서 전개된 사회이론을 연결시키는 초보적인 접근방법의 구성요소들을 제시하는 것이 도움이 될 것이다. 이 같은 관념들의 결합체가 원형이론(proto-theory)에 이르게 된다. 그것은 단일하고 일관된 이론체계의 밑그림이기보다는 많은 다양한 이론에 토대를 제공할 수 있는 아이디어의 기술이다. 이 원형이론(즉, 하나의 이론이 아님)은 앞서 언급한 인간활동의 기본적인 관점이 사회 경험의 설명과 비판에 적용될 경우, 따를 수 있는 많은 방향 중에서 하나의 논쟁적인 방향을 기술한다. 하지만 원형이론은 이 책의 특정한 제안이나 설명을 인간활동의 일반적인 관점과 연결시킨다.

즉, 맥락들과 우리의 관계라는 관념이 사회의 기본적인 이해에 영감을 주며, 이러한 이해가 사회이론을 특징짓는다. 가장 중요한 것은 그 최종적이고 상세한 결과들이다.

이 원형이론의 진술은 두가지 독립적인 목적에 기여한다. 첫째, 그것은 이 장의 앞부분에서 개진한 주제와 논쟁의 도입부를 정교하게 하며 이 아이디어들이 어떻게 일관된 관점으로 형태를 갖출 수 있는지를 제안한다. 둘째, 그것은 의도와 실행을 구별하는 방법을 제공한다. 당신은 다음 몇페이지에서 간략하게 기술될 초보적인 아이디어에 공감하면서도 이 책의 실제적인 설명적·프로그램적 논증의 많은 부분을 거부할 수 있다. 그렇다면 당신이 해야 할 일은 원형이론을 하나의 이론으로『허위적 필연성』에서 제시된 것보다 더욱 잘 전환하는 것이다.

| 원형이론의 테제들

이 책의 논증을 예견하는 원형이론의 초기 아이디어는, 모든 사회환경에서 한편에는 형성적인 제도적 장치와 상상적 선입관이, 다른 한편에는 이 형성적 맥락을 통해 형태를 갖춘 일상이 구별된 상태로 존재한다는 것이다. 이 제도적·상상적 맥락의 요소들이 자리를 잡으면, 그것들은 서로를 강화한다. 중요한 것은 그것들이 우리가 사회의 현재 속에서 사회의 미래를 결정하는 일상의 실천적·상상적 갈등의 형태와 결과에 편향된 영향을 미친다는 점이다. 그것들은 우선 다른 집단, 계급이나 공동체에 사회를 형성하는 수단에 대한 특권적인 통제수단, 즉 자본과 생산노동에 대한 지배력, 통치권에 대한 접근, 사회를 다시 상상하고 자연을 지배하는 담론과의 친숙함 등을 제공함으로써 영향을 미친다.

사회생활의 구조틀에 의해 유지되는 일상 가운데 개혁과 긴축의 다루기 힘든 주기들, 즉 현대의 실천적 문제들에 대한 차선의 해법 중에서 불행하고 서투른 교체보다 더 인상적이거나 당혹스러운 것은 없다. 우리는 지배자나 정부가 스스로도 그 타당성에 대해서 불신하는 정책적 선택지에 의존하는 경우를 시시때때로 발견한다. 실질적 제약은 그 효력이 고착화된 제도적·상상적 질서의 구속력과 결합하지 않는 한 이런 실망스런 강제들을 설명하기에 충분치 못하다.

따라서 언제나 가장 뛰어난 국가운영은 이 맥락을 바꿔 가능한 해법의 범위를 확대하는 것이다. 이러한 변혁적 정치기술은 단지 제도적·이데올로기적 가정을 동일한 종류의 다른 체계로 바꾸는 것이 아니다. 그것은 그 한계 내에서 작업하는 사람들에게 재구성의 자유를 지속적으로 더욱 개방하는 구조틀을 만들어낸다.

관행적인 사회생활의 모든 형성적 맥락은 갈등을 견제하는 데서 비롯된다. 이는 실천적·상상적 투쟁의 특별하고도 독특한 역사에서 생겨나는 것이다. 그리고 일상 사회활동의 도전이나 경쟁자들로부터의 혼란에 대한 면역력을 확보하는 만큼 정착·존속하게 된다. 사회생활의 이러한 구조틀은 관찰과 측정의 대상이 되는 자연 사물의 원자 구조 같은 방식으로 존재하지 않는다. 또한 그 구조틀은 인식이 변하면 떨쳐버리는 신념에 의존하지도 않는다. 구조틀은 변혁적 의지나 우리의 작은 집단적 경쟁자들의 끊임없는 논쟁에 반대하는 저항을 통해 실천적 의미 내에서 존속하게 된다.

사회생활의 구조틀은 그것이 명료하고 방어할 수 있는 인적 결합 체제로서 다시 상상될 때에만 안정을 얻는다. 그것은 사회적 존재의 다른 영역에서 실현되어야 하는 실천적 혹은 정서적 인간관계의 모델이다. 사회가 그렇게 다시 상상되기 전에 사람들은 확고한 맥락에 정착할 수 없다. 사람들은 끊임없는 전쟁으로 지친 퇴역군인처럼 서로를 이해할 수밖에 없다.

갈등의 봉쇄나 차단을 통해 형성되는 안정된 사회세계는 이를 지속하기 위해 특정한 실천적 혹은 개념적 활동에 의존한다. 집단 경쟁과 정당정치로부터 도덕적·법적 논쟁으로 나아가는 이런 활동이, 형성적 맥락에 의해 구체화되는 일상의 가장 중요한 것을 구성한다. 즉, 삶을 새롭게 하고 그 삶을 일상생활의 관심사와 연결짓는 것이다. 하지만 이러한 맥락-재생산적 활동 각각은 유리한 환경에서 맥락을 혼란시키는 갈등으로 확대될 수 있다. 안정적이고 분명하고 정밀한 어떠한 노선도 일상을 파괴로부터 떼놓지 않는다. 갈등의 확대가 미리 예견될 수 없는 이유는 기본적으로 사회생활의 어떠한 제도적·상상적 구조나 그런 구조의 한정된 목록도 우리의 실천적·정서적 교제를 완전히 채울 수 없기 때문이다. 어떤 것도 우리를 형성적 맥락의 꼭두각시나 일련의 제한적·강제적 결과를 초래하는 법과 제약의 조건으로 완전히 환원할 수 없다.

형성적 맥락들을 구별짓는 가장 중요한 차이점 중 하나는 동요에 대한 면역의 정도다. 어떤 형성적인 제도적·상상적 질서는 다른 것들보다 상대적으로 수정에 더 개방적이다. 어떤 맥락들은 그 맥락이 형성하는 갈등과 그 맥락을 형성하는 갈등 간의 차이를 누그러뜨리지만, 어떤 것들은 이를 강화한다. 따라서 어떤 맥락들은 맥락-보존적 활동이 맥락-전복적 활동으로 전환하기 전에 관통해야 할 간격을 넓히고, 다른 것들은 좁힌다.

수정가능성이나 탈고착화의 정도에 따른 형성적 맥락의 이 같은 변이는 사회 위계질서의 특성에서 뚜렷하게 나타난다. 예를 들어, 세습적인 카스트제도, 조합식으로 조직된 신분(corporately organized estates) 및 사회계급은 점차 도전과 수정에 개방적인 제도적·상상적 구조틀의 존재에 직면한다. 사회계급 너머에는 정당으로 조직됐든 아니든 여론의 움직임이 있다. 계급의 위계질서와 비조직적인 공동체(예컨대, 인종) 구분에 의해 차별화되는 사회에서 정당은 이중의 성격을 갖는다. 정당은 특정 계급이나 공동체의 목소리인 동시에, 공유하는 신념이 특정 계급이나 공동체의 소속을 근거로 충분하게 설명될 수 없는 사람들의 연합이다. 탈고착화의 스펙트럼을 따라 위치가 매겨지는 사회에서 여론정당은 그 자체로 사회분할의 일차적인 형태가 될 수 있다. 고조되는 갈등이 집단적 정체성과 사회적 가능성 그리고 개인적·집단적 이해관계에 관한 사람들의 전제를 뒤흔들 때마다 정당은 일시적으로 그렇게 자리매김한다.

변혁의 가능성 면에서 사회생활의 구조틀 간의 이러한 차이는 단지 그것들을 구별해주는 속성의 작은 일부만을 말해준다. 하지만 그 차이는 우리에게 특별히 중요하다. 왜냐하면 그것은 우리가 스스로 권한을 부여하고 더욱 완전하게 서로를 활용할 수 있는 많은 방법과 밀접하게 연결되어 있기 때문이다. 사회생활의 형성적 맥락이 수정 가능하고 탈고착화되어 있을 때, 실천이성의 재결합 활동에 열려 있는 경험의 폭 또한 넓어진다. 그 결과로 드러나는 우리의 생산역량의 발전은 역량강화의 관념을 나타낸다. 더욱이 형성적 맥락들의 탈고착화는 사회분할과 위계질서의 안정된 계획이나 사회질서의 경직된 체계를 침식함으로써, 우리가 자기주장의 충돌하는 조건들을 더 완전하게 화해시킬 수 있도록 한다. 충돌하는 조건들이란 집단생활에 참여해야 할 필요성과, 참여에 따르는 복종 및 비인격화의 위험을 피하려는 노력을 말한다. 자기주장을 가능하게 하는 조건들의 이러한 좀더 성공적인 화해는 역량강화의 또다른 측면을 나타낸다. 그러나 형성적 맥락들의 탈고착화가 사람들의 역량을 강화한다는 가장 직설적인 의미는, 그것이 사람들의 활동에 공유된 조건에 대해 그들에게 부여하는 더 큰 개인적·집단적 지배력에 있다. 이러한 역량강화 형태들의 범위는 맥락-보존적 일상과 맥락-

변혁적 도전 간의 대립을 완화하는 형성적 맥락들을 창조함으로써 성취될 수 있기 때문에, 부정의 능력으로 불릴 수도 있다.

사람들은 어느정도 부정의 능력을 의도적으로 계발할 수 있다. 그렇게 할 수 있는 이유는 부정의 능력이라는 더 큰 수단의 획득이 특정한 물질적 또는 이념적 이해관계의 충족에 내재되어 있으며, 그 이해관계는 다양한 형태의 역량강화와 좀더 밀접하게 연계되기 때문이다. 게다가 부정의 능력을 의도적으로 추구한다고 해서 덜 결정적인 특징을 지닌 형성적인 제도적·상상적 맥락이 고안되는 것은 아니다. 무정부나 순수 부정으로 도약하는 것도 아니다. 오히려 그것은 상술될 수 있는 어떤 특징을 지닌 형성적 맥락들의 창조를 요구한다. 형성적 맥락에서 가장 분명한 관심사만 언급하자면, 정부·경제·가족을 조직하는 어떤 방식들은 탈고착화의 스펙트럼을 따라 전개되며, 다른 것들보다 부정의 능력을 산출하는 데 훨씬 더 성공적이다.

부정의 능력을 향한 전진은 축적될 수 있는데, 그 역량강화의 결과가 의도적으로 추구되거나 그것을 선호하는 사회질서들이 경쟁에서 살아남아 승리할 수 있기 때문이다. 그러나 이러한 전진은 그 지속성 면에서 역행할 수 없는 것도 아니며, 결과 면에서도 결정적이지 않다. 그것은 기껏해야 가능한 진보이며, 발전과정에서 무수히 많은 제도적 형태를 취할 수도 있다. 더욱이 그것은 항상 매우 다른 형태의 축적적이고 장기적인 역사적 인과관계와 상호 작용한다. 각각의 형성적 맥락은 특정한 일상들을 재생산할 뿐만 아니라 맥락 변화의 특정한 경로들을 다른 경로에 비해 좀더 접근성 있게 만든다. 이전에 발생한 일들로 인해 많은 일이 뒤따르는데, 부정의 능력의 의도적인 추구는 그 영향력을 연속적인 사건들의 동력과 공유해야 한다.

맥락 형성의 관점은 맥락을 구성하는 요소들 간의 내적 관계라는 개넘 이면을 나타낸다. 연속성의 영향력과 부정의 능력이 지닌 견인력 간의 상호작용에 초점을 맞추는 장기적인 변화에 관한 이론은 사회구조틀들의 내적 구성에 대한 특정한 접근방법을 함축한다. 이 구조틀들은 단일체로 운명을 같이하는 하나의 묶음이 아니다. 그것들은 사회조직의 가능한 형태들의 미리 결정된 목록에 자리매김되거나 역사적 진화의 전체 과정의 어느 한 단계로 지정될 수 없다. 그렇다고 해서 이 형성적 맥락들이 자유롭게 재결합하거나 대체될 수 있는 요소들의 무작위적인 병렬도 아니다. 형성적 맥락들을 구성하는 장치와 선입관은 그것들이 부정의 능력의 유사한 단계를 나타낼 때에만 안정적으로 공존할 수 있다. 게다가 이 구조틀들을 구성하는 제도적 혹은 상상적 재료들이 맥락을 만드는 판이한 역사적 사건들로부터 도출될 때, 그 재료들을 결합하기란 더욱 힘들 수 있다.

원형이론의 프로그램적 함의

이 원형이론을 정의하는 테제들은 매우 추상적이지만, 사회적 설명, 사회재구성 그리고 정당정치 전략에 대해 광범위한 함의를 지닌다. 원형이론은 우리 자신을 이해하는 능력과, 맥락을 부수고 다시 만드는 우리의 자유에 대한 부정 간의 연결고리를 단호하게 깨는 방법을 제시한다. 이 이론은, 사회생활의 일반적인 이해를 개진하려는 우리의 노력에서 난관의 주요 원천을 표상하는 듯 보이는 바로 그 사실에 핵심적인 설명적·프로그램적 역할을 부여한다. 종종 우리는 우리가 살아가는 제도적·상상적 세계의 무력한 꼭두각시인 것처럼 보인다. 사회이론가들은 이처럼 우리의 자유가 위축되는 상황에서 설명의 조건을 파악하려는 유혹에 빠진다. 그러나 앞에서 소개된 원형이론가들은 우리가 언제든지 기존 환경의 규칙과 가정을 위반하는 방식으로 행동할 수 있음을 인정한다. 비록 어떤 환경이 다른 환경보다 이러한 위반에 더 우호적인 것이 확실하지만, 구조나 저변의 법칙과 제약요인의 어떠한 명시적인 목록도 우리의 구조-수정과 구조-초월 활동을 완벽하게 지배할 수는 없다. 원형이론가들은 이 활동을 우리의 설명에 대한 한계로서보다는 추론의 주제로 그리고 통찰의 원천으로 취할 수 있게 한다. 원형이론을 따르는 이론가는 주체의 자유와 구조의 제약 간의 관계가 고정적이지 않으며, 역사 속에서 갈등하고 변화해왔음을 보여준다. 심지어 우리의 자유에 더 적합한 맥락들을 형성하는 우리의 능력이 우리 자신들에게 개인적·집단적으로 권한을 부여하고, 사회생활에서 종속과 비인격화의 폐해를 제거하는 우리의 각별한 노력에 따른다고 주장한다.

원형이론은 심층구조 사회분석의 첫번째 특징적인 작업, 즉 갈등, 교환 혹은 의사소통의 일상들과 이 일상들을 형성하는 구조들 간의 차이를 확인하는 작업을 포용한다. 그러나 이 작업의 중요성이 사회를 보는 심층구조적 사고의 서로 다른 두가지 특징적 조치에 대한 거부와 결합하면, 엄청난 변화를 겪게 된다. 원형이론은 각 구조, 구조틀 혹은 맥락을 일반적인 유형의 한 사례, 즉 가능한 사회세계의 한정된 목록의 한 요소나 사회진화의 전세계적인 과정의 한 단계로 나타내려고 하지 않는 사회이론을 지향한다. 또한 원형이론은 그 목록이나 과정을 산출할 수 있는 일종의 발전법칙과 은폐된 경제적·조직적·심리적 제약요인에 호소하지도 않는다.

심층구조 사회이론의 진취적인 방법은 종종 사회적·역사적 일반화에 피할 수 없는 토대처럼 인식되어왔다. 유일한 대안은 구조틀을 부정하는 실증주의 사회과학의 작업인 것처럼 보인다. 하지만 그것은 일상과 구조 간 대립의 중요성과 구조들 사이의 불연속성을 인식하는 데 실패했다. 사실에 파묻힌 회의주의자는 단지 그 주장들을 희석하거나 온건한 이론적 불가지론의 입장으로 후퇴함으로써만, 심층구조 사회이론의 실책이 치유될 수 있다고 생각하는 경향이 있다. 그러나 이론적 온건론의 전략은 비일관되고 불필요한 것으로 판명된다. 원형이론은 그것이 거부하는 심층구조 이론화 작업 못지않게 규모 면에서 일반적이고 함의 면에서 풍부한 설명작업을 제시한다.

오늘날 사회사상의 곤경에 대한 이러한 접근은 좌파에게 특별한 의미가 있다. 마르크스주의는 좌파에게 설명과 비판의 주요 도구로 기여해왔다. 우리가 그 이론적 전통으로부터 벗어나는 데 도움이 되는 많은 장치가 마르크스 자신의 저술에서도 발견되지만, 마르크스주의는 심층구조 사회이론의 가장 명백한 사례다. 대체로 급진주의자들은 마르크스주의를 일련의 관심사, 범주 및 태도의 느슨한 연속물로 희석시킴으로써 이론적으로 엄격하지만 매우 제한적인 형태의 획일주의(procrusteanism)를 극복할 수 있다고 생각해왔다.

『허위적 필연성』의 논증은 다른 길을 따른다. 여기에서 목표는 마르크스주의의 자기변혁과 해체(dissolution)를 끝까지 수행하는 것인데, 그것은 이론적 붕괴라기보다는 또 하나의 방어하기 용이한 이론을 낳을 것이라는 확신에 근거한다. 그 결과는 다른 고전 사회이론의 교훈뿐만 아니라 마르크스 자신의 생각과 복합적인 관계가 있다. 어떤 방식으로든 이 책에서 발전된 견해는 마르크스주의와 모든 유럽의 고전 사회이론의 독창적인 정신을 옹호하려는 시도를 대변한다. 그것은 사회를 사물의 본성에 주어진 것이라기보다는 만들어지고 상상된 것으로 보려는 시도이며, 급진적 의도를 수행한다는 미명하에 이를 배반했던 과학적·필연적 장치에 들어 있는 문구에 반대한다. 다른 측면에서 『허위적 필연성』의 이론은 마르크스주의를 사회 경험의 더 일반적이고 가시적인 설명의 특별한 사례로 취급함으로써 광범위한 마르크스주의자들의 생각을 구출해내고 재해석한다.

『허위적 필연성』의 설명적 목표는 사회적 재구성과 정치적 실천을 위한 제안과 연결된다. 원형이론에 의해 예견되는 접근방법이 프로그램적 사고에 안정된 위치를 제공한다. 만일 사회적·역사적 사실을 설명하는 우리의 능력이 심층구조 사회분석의 방향에 의존한다면, 사회재구성을 위한 제안은 오도되고 겉핥기식이 될 것이다. 역사가 스스로를 보호할 것이라고 기대할 수는 없다. 역사의 주역들은 사태가 어디를 향하는가를 좀더 빨리 혹은 늦게 깨닫는 것 외에는 할 수 있는 일이 거의 없다. 다른 한편, 심층구조 사회이론에 대비되는 전통적인 사회과학의 대안들은 장기적인 변혁의 경로에 관한 어떠한 신뢰할 만한 관점도 거부하기 때문에, 프로그램적 사고에 그것이 요구하는 현실적인 변혁가능성의 의미를 제공하지 못한다. 결국 우리는 정치적 리얼리즘이라는 조악하고 무력한 관념에 이르게 된다. 그 관념은 원대한 재구성 아이디어를 유토피아적 환상으로, 그리고 즉각적이고 단편적인 재구성을 개혁적 임시변통으로 일축한다.

여기에서 개진된 사회이론은 앞의 진술들이 제시하는 것보다 사회제도에 관한 프로그램적 사고와 좀더 밀접하게 연관된다. 이 이론은 우리의 역량강화의 동기가 부정의 능력을 북돋는 제도 장치를 고안하도록 요청하며, 나아가서 사회생활로부터 지배와 비인격화의 메커니즘을 제거할 것을 주장한다. 그리고 지금의 사회조직 형태들을 더 큰 부정성(negativity)과 역량강화로 나아가는 불가피한 단계로 이해하고 정당화할 수 있다는 것을 거부한다.

『허위적 필연성』의 논증은 이 제안들을 지지하고 발전시키며, 사회재구성을 위한 의미를 이끌어낸다. 급진 프로젝트, 계몽 프로젝트, 역량강화 프로젝트는 사회분할과 위계질서의 붕괴를 촉진하고 영속화하는 제도들을 만들어내는 과정에서 많은 실망 끝에 수렁에 빠졌다. 이 실망 가운데 가장 중요한 것은 현대 서구의 역사과정에서 승리했던 제도적 해법들에 관해 매력적인 대안을 제공하는 데 실패한 20세기 공산주의 혁명이다. 이러한 실망으로 인해 무력해지는 효과는 사회변혁에 관한 신뢰할 만한 관점의 결핍으로 더욱 악화되어왔다. 이 같은 관점은 현대적 형태의 사회조직들의 회복력을 설명하고 프로그램적 제안들의 현실성을 평가하는 시각을 제공하기 위해 필요하다.

우리는 지금의 통치체제와 경제체제 그리고 그것들이 지지하는 사회조직의 형태들을 급진적 프로젝트의 불완전한 실현으로 다시 상상할 수 있다. 우리는 그것들을 심층적인 경제적·조직적·심리적 제약요인들의 필수적인 표현으로 취급하지 않고도 그 안정성을 설명할 수 있다. 우리는 다음에 무엇이 올 수 있고 와야 하는지를 미리 결정하는 예정된 연속성의 관념을 신뢰하지 않고도 계승된 제도들의 변경가능성을 인정할 수 있다. 사회분할과 위계질서를 약화해 역량강화를 달성하려는 노력을 더욱 밀고 나가는 사회재구성 프로그램들을 공식화할 수 있다는 점은 매우 중요하다. 이 프로그램들은 정부와 경제 그리고 사적인 만남 같은 개인적인 삶의 재조직에 관한 아이디어들을 포함한다. 그것들은 제도 장치에 대한 좌파의 비판을 개인관계에 대한 모더니스트의 비판과 연결짓는 토대를 제공한다.

프로그램적 아이디어들은 정치적 행동에 대한 접근방법을 제공한다. 이 접근방법은 좀더 포괄적인 목표 가운데 작은 규모나 과도기 형태를 생성하는 데 기여하는 정치적 실천의 양식을 위한 기회를 밝히려 한다. 그 목표는 성취를 위한 수단에 미리 예시되어야 한다. 그럼에도 심층구조 사회이론을 거부함에 따라 이러한 방법은 어느 한 사회집단이 급진적인 시도를 촉진하는 데 일차적 책임을 진다는 것을 거부한다. 그것은 어느 특정한 계급의 연합이나 반목이 원래 필요하다거나 불가능하다고 믿지 않는다. 고조되는 실천적·상상적 갈등이 기존의 집단 이해관계의 영향력을 약화하고 변화시킨다는 점을 인식하면서, 집단 이해관계의 기존 논리를 진지하게 받아들이는 방안을 내놓는다.

『허위적 필연성』의 논증은 두가지 점에서 희망적이다. 지적 엔트로피나 혼란의 상황처럼 보이는 것 속에서 놀라운 통찰을 기대할 수 있다. 또한 봉쇄와 실망의 환경처럼 보이는 것 속에서 사회재구성의 희망을 발견한다. 이 두가지 희망은 연결되어 있다. 우리의 사회 경험과 비전적인 열망의 더미 속에서 이 연결고리의 무수한 부침을 따라가는 것이 이 책의 핵심적인 관심사다.

제10장

실천: 권력의 추구와 권력의 장악

변혁적 실천의 문제들

| 변혁적 실천관의 과제

이 장에서 제시하는 제도적 아이디어는 두가지 근거가 있다. 하나는 지적 근거이고 다른 하나는 실천적 근거다. 지적 근거는 규범적 비판과 구성의 실천이다. 이것은 예외적으로 비전적인 사고로 나타나지만, 대부분의 경우에는 전통에서 나온 규범적 논증으로 나타난다. 설명과정에서 비전적 관념과 내부적 비판은, 그로써 정당화될 수 있는 프로그램의 윤곽을 짐작케 한다. 하지만 제도적 제안과 이념적 공약은 프로그램적 아이디어를 만들어내는 실제 심리적 경험 속에서 동시에 발전한다. 내적인 규범적 논증에서 일어나는 놀라운 전환 —상대적으로 비논쟁적인 전제들에서 논쟁적 결론을 연역해내는 우리의 항시적인 능력— 이 현재의 제도 장치들로부터 이탈을 제시하기도 한다. 변혁의 현실적인 경로에 관한 우리의 관념과 함께 이러한 제도적 제안에 관한 단편적 묘사는 인적 결합의 이상적인 모델과 이 모델을 실제로 구현하는 제도 장치 간의 긴장을 자각할 수 있게 해준다.

제도적 프로그램은 규범적 논증뿐만 아니라 정치적 실천에도 근거를 둔다. 제도적 아이디어는 집단행동을 통해 실현되어야 한다. 우리가 그 아이디어를 구현할 사회적 행동에 대한 관점을 갖고 보완할 때까지는, 설득력이 없는 몽상으로 남아 있다. 변혁적 실천에 대한 관념과 프로그램적 공약은 정당화하는 논증과 제도적 고안 간의 상호작용에 대한 경험 속에서 우리가 발견하는 쌍방향의 관계를 나타낸다. 프로그램과 실천은 하나의 단일한 비전을 형성한다. 형성적 맥락들을 다시 만드는 것에 관해 어떤 배경적 관점이 주어지면, 프로그램과 실천은 서로를 통해 추론될 수 있다(배경적 관점이란 이 책의 앞부분에 기술된 설명이론이다). 프로그램과 실천 간의 일치 여부는 제도 장치의 큰 정치보다는 개인관계의 작은 정치에서 더욱 분명하게 나타난다.

프로그램의 바람직한 결과를 예시하는 실천양식을 상상함으로써 우리는 악마 같은 정치의 문제를 다루게 된다. 이는 우리 자신의 목적을 창출하는 수단이 지닌 경향, 즉 우리가 원하지 않는 결과를 초래하는 수단에 의존하지 않고서는 우리가 선택한 목표를 실현하기 어려움을 의미한다. 상응하는 실천양식에 의지할 수 없는 프로그램적 비전은 불안정한 상태로 남아 있다. 그 옹호자들은 매번 무위와 배반 사이에서 선택해야 했다. 불가피하게 수단 내에서 목적을 예견하는 것은 변혁운동의 사회적 특성과 관련되기도 한다. 변혁운동은 사회 전체를 위해 옹호하는 미래에 대해, 단편적이고 절충된 생생한 이미지를 구체화할 수 있다. 혹은 그 예견이 사회조직의 참신한 양식에서 국지적 실험 형태, 즉 변혁운동의 도움을 받아 주변 사회에 자리 잡는 실험의 형태를 취할 수 있다. 이처럼 작은 규모의 예견을 특징짓는 실천적 해법과 규정된 이념은 좀더 넓은 사회생활 영역으로 확장될 때 수정되어야 한다. 그러나 수정된 형식은 여전히 앞서 예상되는 실험들의 변형으로 인식될 수 있다.

여기에서는 이 장의 뒤에서 논의할 프로그램적 장치들을 확립하고 재생산할 수 있는 변혁적 실천양식에 관한 관점을 다루고자 한다. 정당화와 실천에 관한 아이디어들을 추려내 제도적 제안들을 뒷받침하려 한다. 변혁적 실천의 관점은 『허위적 필연성』의 설명적 테마와 프로그램적 테마 사이에 또다른 연결고리를 확립해준다.

변혁적 실천의 일반적인 성격에 관해 말할 때 사소하지 않은 건 없는 듯하다. 왜냐하면 실천의 영역은 각기 독특한 맥락이 부과하는 제약요인들의 지배를 받기 때문이다. 그럼에도 이 책에서 기술한 사회변동 이론과 사회재구성을 위한 프로그램은 변혁적 실천의 문제들에 대한 접근을 지지하는 데 기여한다. 그렇게 하지 않으면 우리는 프로그램과 실천 간에 필수적인 상응관계를 설정하는 것을 거의 기대할 수 없을 것이다. 프로그램 자체가 개별 국민국가의 독자적인 문제를 넘어 일반성의 수준으로 고양되기 때문이다. 이처럼 국경을 초월한 단계에서 실천에 관해 설득력 있게 말하는 데 성공한다면, 이 책의 핵심적인 테제는 힘을 얻을 것이다. 그 테제는 우리가 특정한 형성적 맥락이나 그 맥락의 연속성을 깰 수 있을 뿐만 아니라, 이 구조틀과 주체로서 우리의 자유 사이의 관계가 지닌 성격을 바꿀 수 있다는 것이다. 프로그램적·실천적 관념들의 일반성은 설명의 편의 이상이다. 그것은 맥락이 지니는 강제적 영향력에 최종성을 부여하기를 거부하고, 사회가 우리를 가두는 의미를 변경시킬 것을 약속하는 총체적 관점의 귀결이다.

여기에서 기술한 변혁적 실천은 두가지 중요한 문제와 맞닥뜨려야 한다. 변혁적 실천에 대한 묘사는 이 문제에 대한 논의, 그리고 다음 논증이 그 문제를 해결하는 방식에 대한 기대감에서 시작한다.

제도 장치의 재구성과 개인관계의 개선

변혁정치의 첫번째 주요 문제는 사회적 장치들을 재구성하려는 노력과 개인들 간의 직접적인 실천적 교류나 사적 교류의 성격을 변화시키려는 시도 사이에 존재하는 관계와 관련이 있다. 이 둘 중 어느 하나의 노력만 갖고서는 성공할 수 없다. 하지만 그것들은 그렇게 쉽사리 단일 작업으로 통합될 수 없다.

정치에서 궁극적인 관심사는 사람들 간의 직접적인 관계의 성격이다. 사회생활의 내용에 대한 실천적·비전적 투쟁이 봉쇄되거나 저지될 때, 권력과 생산의 형성적 맥락이 정착될 때, 업무와 가사의 일상이 사회 평화라는 보호적 환경에서 진행될 때, 사람들이 추상적인 도덕적 슬로건에 자신들의 일상생활의 반복적인 경험과 양립하는 의미를 부여하도록 교육받을 때 개인관계의 방식은 경직된다. 이러한 사적 교제의 관행 중에는 우정과 결혼의 형태, 사람들이 서로 간의 교제에서 기대하는 것들, 그리고 그들이 갈등과 좌절에 대처하고 사회의 모임에서 자신의 감정과 원하는 바를 표현하는 데 사용하는 여러 방법들이 있다. 또한 이 관행에는 사회생활의 다른 환경에서 사람들이 자기주장과 애정을 조화시키고 공동체에 대해 위계질서의 중요성을 다루는 태도와 경중의 정도가 포함된다. 이런 방식으로 사람들은 서로 간의 교제를 통해 그들이 구원의 수단을 어떻게 획득하고자 하는지를 보여준다. 이 일상화된 인간관계의 섬세한 결이 일차적인 사회현실이다. 심지어 가장 대담한 변혁적 시도조차 종종 그것을 당연하게 받아들이거나, 그 중요성을 인정하면서 그것을 바꾸지 못한다.

사람들은 삶의 물질적 기준의 차이를 이해하고 관심을 가지며, 이 차이를 받아들이거나 거부한다. 그 이유는 이러한 차이가 인간관계의 질서와 각 개인이 그 질서 내에서 차지하는 위치를 밝혀주기 때문이다. 확실히 어떤 개인은 자신이 독자적으로 선택한 목적을 실현하기 위한 수단으로 더 많은 물질적 재화를 바라기도 한다. 그러나 안전과 생존에 필요한 가장 기본적인 것들이 부족하기 때문에, 사람들의 목적은 실행 가능하고 정당한 인적 결합의 이미지를 배경으로 하며 그 체제 내에서 특정 위치를 확보하려는 욕구에 의해 공통적으로 형성된다. 예외적인 직관·신념·용기를 통해 한 개인이 집단생활의 지배적인 비전과 모순되는 것처럼 보이는 목표를 설정하고 추구할 때조차도, 그의 목표는 인적 결합에 대한 다른 견해와 관련해서만 의미를 가지며, 그는 그러한 견해의 독자성을 인정받거나 확립하기를 원한다. 인간이 갈급해하는 주된 대상은 타인이며 그들과 어떻게 지내느냐다. 물질의 전체 세계는 포커의 칩더미 같은 것이다. 사람들은 자신들이 참여하는 거대한 게임에서 서로 간의 관계가 갖는 성격에 관해서 부침(浮沈)을 나타내기 위해 그 칩을 사용한다.

그러나 위의 사항들이 아무리 중요하더라도 개인관계의 정치는, 권력과 생산의 형성적 맥락을 재구성하지 않는 한 앞으로 나아갈 수 없다. 이 제도적 틀은 사회생활의 미세한 결을 구성하는 일상화된 교제와 선입관을 형성하는 데 기여한다. 이는 사람들이 현재의 상태로 남기를 원하고 자신들이 가진 것을 유지하기를 원하기 때문에 발생하는 통상의 개인적·집단적 갈등의 원인을 규정하고 또 그에 대한 편견을 형성한다. 그것은 일부의 사람들이 다른 사람들의 활동에 조건을 부과할 수 있게 한다.

이와 같이 사회생활을 개조하려는 집단권력의 행사는 다소 간접적으로 사람들이 서로 맺는 관계의 모든 측면에 영향을 미친다. 사랑과 결혼, 종교적 헌신과 개인적 야망 등 외견상 가장 사적인 측면들조차도 사회생활의 환경 앞에서 각 개인이 겪는 힘 혹은 무력함의 징표를 담는다. 실천적 협력이나 정서적 애착에 활용되는 형태들이 선입관과 제도의 한계에 부딪치며, 이 선입관과 제도는 다시금 좀더 큰 사회질서에 복종하고 이를 지지한다. 이런 식으로, 힘이 있건 없건 간에 모두 자아와 사회의 무한성(indefinition)을 발견할 기회를 거부당한다. 각 제도적 질서는 이 기회들을 다른 형태로 그리고 상이한 정도로 거부한다.

권력과 생산의 형성적 맥락은 또다른 좀더 미묘한 방식으로 사람들 간의 기본적인 교제에 영향을 미친다. 사회세계의 안정화는 폭력의 정화(spiritualization)를 요구한다. 계속되는 집단투쟁에서 우연히 그어진 휴전선은 이해와 방어가 가능한 인적 결합 체제로 재해석되어야 한다. 즉, 사회생활의 다른 영역들에서 실현되는 인적 결합의 가능하고도 바람직한 모델의 규범으로 말이다. 법적 권리체계에 비교적 안정된 의미를 부여할 수 있으려면, 이는 적어도 그 체제와 암묵적으로 관계 맺기를 요구한다. 상이한 구조물들을 적절하게 사용하는 것에서부터 상이한 역할들에 부여된 기대치에 이르기까지 사회의 모든 것을 이해하려는 노력조차도 사회생활의 상상적 체계에 대한 또다른 모호한 버전에 호소하지 않을 수 없다.

실천적이며 정서적인 애착의 직접적인 경험은 가능하고도 바람직한 인적 결합 형태들을 내포하는 지도(map) 내에서 상상되는 것 이상을 포함한다. 우리의 경험에서 과도한 요소들, 즉 기존의 맥락에 맞지 않는 요소들은 우리에게 사회를 다시 상상하고 다시 생성하는 끊임없는 자극의 흐름을 제공한다. 그러나 이러한 재구성의 기회는 오직 사람들이 스스로 확립한 이념을 재정의하고, 실제 사회적 관행과 — 이러한 관행을 지지하고 권한을 부여하는 — 가능하고도 바람직한 결합에 관한 가정 사이에 새로운 관계를 설정하는 만큼만 유효하다. 전제된 의미와 현실화·제도화된 실천의 결합이 이루어질 때까지 우리의 부조리한 경험들은 메시지 없는 근심으로, 그리고 남겨줄 것이 없는 반란으로 남아 있을 것이다. 그럴 경우 변혁투쟁은 인적 결합 모델이 일상적 실천에서 실현되어야만 얻게 되는 헤아릴 수 없는 위상과 신뢰성 없이 진행될 수밖에 없을 것이다.

세계 종교의 역사는 실생활의 변화된 제도 질서 속에서 개인관계의 새로운 비전을 구체화하지 못한 댓가를 거듭 보여주었다. 종교운동은 국가에 굴복한다. 때때로 이 굴복은 권력자들의 종교적 개종이라는 미혹적인 외관하에서 일어난다. 종교 신자들은 형성적인 제도적 맥락에 대한 투쟁이나 그 내부에서 발생하는 일상화된 사적 교제와 선입관들에 대한 투쟁을 추동하기보다는 오히려 이를 억제한다. 이때 우상타파적인 비전은 기존의 행동 및 인식 형태들과의 타협을 깨뜨린다. 이들은 사람들의 가장 기본적인 관습과 관념을 바꾸는 점진적인 과정에 내재하는 타협을 깨뜨릴 뿐만 아니라, 사회생활의 거대한 부분을 당연하게 받아들이려는 의욕에서 발생하는 부가적인 화해를 깨뜨린다. 그에 따라 그 종교가 망각하고 있는 것이 종교가 기억하고 있는 것을 위협한다. 결국 변혁되지 않은 사회질서가 변혁된 개인관계들의 비전에 대해 보복을 단행한다.

직접적인 개인관계의 성격을 바꾸려는 시도가 곧 제도 장치의 근본적인 변혁을 요구하는 것처럼, 제도적 재구성의 기획은 새 제도 장치가 지원하고자 하는 변혁된 관계에 대한 비전을 요구한다. 심지어 비전이 실현되리라 예상되는 사례를 요구한다.

한가지 사실은 제도 프로그램의 설득력과 현실성 모두 제도라는 거대장치가 동전만한 개인관계들로 바뀔 것을 요구한다는 점이다. 제도적 제안의 인간적인 의미는 결국 사회라는 소우주에 대해 그 제안이 갖는 함의에 의존한다. 이렇게 개인적인 수준에 놓여 있는 생각과 실천에 도달할 때에만, 우리는 일반인들의 완고하고 일상적인 관심사와 대면하며 급진적으로 재구성된 프로그램이 순화되는 것을 볼 수 있다.

또다른 사실은 변혁된 개인관계들의 비전과 경험의 기대치가 성공적인 제도 재구성에 필수적이라고 할 수 있는 자제력을 권장한다는 것이다. 기존의 제도 장치들을 방어하는 데 정부의 적극적인 참여가 폭력적 수단이나 평화적 수단에 의해서 흔들릴 때, 그리고 집단적 정체성, 이해관계 및 기회에 관한 기존의 가정들이 부분적으로 떨어져나갈 때, 제도적 재고안은 그것이 가장 선호하는 계기를 맞게 된다. 그럼에도 만약 물질적 발전의 재분배가 제도 재구성보다 우선하게 되면 이 기회가 제대로 활용되지 못할 수도 있다. 재분배는 더 많은 사람에게 안전을 제공하기 때문에 그들이 전력을 다해 갈등을 고조시키도록 하는 동원 효과를 가져오기도 한다. 그러나 급격한 재분배와 제도적 변화는 생산, 교환 및 행정의 관행을 어지럽힌다. 교란을 억제해야 할 필요성 때문에, 재분배적 목표가 제도적 목적으로부터 직접 도출되는 경우를 제외하고는 재분배적 목표보다는 제도적 목적에 우선권을 부여해야 한다. 열정이 식고 혁명적 개혁의 기회가 위축될 때, 변화된 형성적 맥락이 이미 적소에 위치해 있어야 한다. 우리의 가장 기본적인 사적 상호관계들의 성격을 바꿔내려는 시도의 일부로 제도 변혁을 파악할 수 있을 때, 이는 사회형태에 대한 갈등이 물질적 향상을 위한 도구적 투쟁을 넘어 나아가게 한다. 그것은 전략적 분별을 비전적 열정으로 확장하며, 이를 통해 냉정한 계산으로는 확보할 수 없는 희생과 자제에 대한 동기를 제공한다.

앞에서 서술한 바와 같이 개인관계의 변혁과 제도 장치의 재구성이 서로 의존하지만, 이들이 쉽게 결합할 수 있는 것은 아니다. 이 두 과제를 수행하는 데에는, 서로 상이하고 부분적으로 충돌하는 목적들에 집중하는 것이 필요해 보인다. 제도 장치를 재정비하려면 사적 인연이 뒤섞인 사회적 관행을 마구 뒤섞을 필요가 있고, 이는 민감하고 복잡한 사적 상호의존의 실타래에 묶인 상상력을 풀어준다. 재구성 프로그램이 사회를 강화된 유연성의 환경 아래 놓으려 할 때, 이는 극도로 위험해 보일 수 있다. 게다가 하나의 단일한 프로그램적 비전 속에 제도 변화를 위한 제안과 개인관계의 변혁에 관한 관념을 결합하려는 노력은 전통적으로 사회와 개인성에 대한 자연주의적 관점과 연계되어왔다.

변혁적 실천에서 가장 중요한 이 문제에 대한 지적 해법은 이 장의 프로그램적 논증이 제도 장치의 개혁과 개인관계의 개혁 사이에 세운 주제의 유사성과 상호의존의 연결고리들에서 찾을 수 있다. 이 주장은 고착화된 역할이나 지위의 무대로서 사회는 인간의 의지 밖에 있다는 생각을 축소시키겠다는 상응하는 공약과 급진적인 반필연론적 사회관에 근거하여 두 관심사를 통합시켜준다. 혁명적인 제도와 개인관계 변혁이라는 두가지 실천은 분명 서로 간의 반목에도 불구하고 서로를 강화할 수 있다.

| 하향식 변혁적 실천과 상향식 변혁적 실천

변혁의 정치적 실천의 두번째 큰 문제는 권력과 생산의 형성적인 제도적 구조를 재구성하려는 시도에 있다. 가장 일반적인 용어로 그리고 사회재구성 프로젝트의 가장 폭넓은 범위와 관련하여 기술해본다면, 문제는 프로그램적 비전의 이미지 속에서 사회를 변혁하기 위해 통치권력을 이용하는 것이 갖는 중요성과 위험성 간의 긴장이다.

사회생활의 계획을 부과하기 위해 중앙집권적인 국가의 강제력을 행사하는 것은, 관습과 정서를 덜 위압적으로 바꾸겠다는 각오가 없는 한, 무모할 뿐만 아니라 위험하기까지 하다. 국가의 권력자들은 곧 자신들이 저항하는 사회와 전쟁을 벌이고 있다는 사실을 깨닫게 될 것이다. 변혁의지와 사회적 저항 간의 상호작용의 결과는 최초의 프로그램과 거의 관련이 없을 수도 있다. 이 프로그램을 수행하겠다는 공약은 곧 고립되고 좌절된 권위를 붙잡기 위한 투쟁에서 부차적인 위치를 차지하게 될 수도 있다.

그러나 통치권력의 한 측면을 통제하고 변혁적 목적을 위해 이를 활용하려는 시도가 알아서 잘되게 놔둘 수는 없다. 왜냐하면 통치권력의 통제는 기본적인 사회형태에 관한 갈등과정에 압도적인 영향력을 미치기 때문이다. 통치권력을 획득하려는 시도를 마지막까지 미루는 사람들은 자신의 적들이 그것을 장악하는 것을 보게 될 것이다.

변혁적 실천의 첫번째 중대한 문제처럼 이 두번째 문제는 수단과 방법 사이의 반목과 상호의존이라는 특수한 경우다. 앞의 문제처럼 이것은 여기에서 개관된 프로그램이 변혁적 행동에 부여하는 독특한 목표 때문에 특유의 강도를 띠게 된다. 강화된 민주주의 프로그램은 구조틀-보존적 일상과 구조틀-변혁적 갈등 간의 괴리를 줄이고자 시도한다. 이는 우리가 평범한 활동 가운데 우리의 맥락들에 행사하는 지배력을 늘림으로써 이루어진다. 우리의 실천적·정서적 교제 그리고 이 사회와의 관계는 사회의 기본 장치들을 일상의 집단 갈등과 결정의 범위 내로 자리매김하고 이로써 사회를 개조하는 데 필요한 자원에 대한 당파적 특권을 깨뜨리는 데 성공하면 개선될 수 있다. 이 프로그램적 목표를 가장 근접하게 기대할 수 있는 변혁적 시도는 앞서 집단적 동원으로 명명한 것과 똑같은 방식이다. 따라서 변혁적 실천의 두번째 문제는 통치권력의 획득과 사용을 통해 사회생활을 바꾸는 전략과 집단적 동원을 점진적으로 고조시킴으로써 사회를 바꾸려는 시도 간의 긴장이다. 확실히 통치권력은 민중의 집단적 투쟁을 위한 기회를 확대하고 또한 그 성취를 강화하는 데 활용될 수도 있다. 그럼에도 재구성 계획의 하향식 강제는 집단적 자기동원과 자기조직을 강조하는 실천 방향과 정반대인 것처럼 보인다.

이러한 두번째 문제에 관한 프로그램 특유의 명확한 표현을 상세하게 개진하기 전에 집단 동원의 규범적 특징을 기억하라. 그것은 주변 사회에 존재하는 관계와는 다른 형태로, 그리고 이 관계의 양상을 바꾸기 위한 목적으로 사람들이 결합하는 것이다. 처음에 그 목적은 협소하고, 혁신은 대단치 않을 수 있다. 하지만 동원된 운동이 앞으로 나아가며 여기에 훈련된 조직과 조직부정적 투쟁성이 더해지면 그 목표는 더욱 대담해진다. 기존 사회와 운동 내부에서 재구성된 사회 간의 간격은 더 벌어진다. 사람들은 자신들이 속한 집단의 의미와 사회적 실험의 가능성의 의미를 확대한다. 이에 따라 싸울 가치가 있는 이해관계에 대한 이들의 견해가 변화한다. 진보의 매 단계에서 집단 동원은 사람들에게 자신들의 사회적 존재의 조건들을 개조하는 경험을 제공한다. 그것은 무미건조한 산술에 굴복하는 삶의 양상과 개인관계가 그 자체로 중시되는 영역 간의 명확한 구별을 서서히 무너뜨린다. 집단 동원은 명확하게 규정된 비인격적인 제도들을 원래 그것들이 형성되었던 불확실한 사적인 현실로 되돌린다. 집단 동원은 이러한 일을 미약하게 또는 강력하게 진행한다. 하지만 항상 이를 수행한다. 따라서 집단 동원은 사회생활을 개조하기 위한 무기 이상의 것이다. 그것은 사회가 어떻게 되어야 하는가에 관해 벌어진 투쟁과정에서 해체·변혁·폭로된 사회의 살아 있는 이미지다. 집단 동원이 평범한 수많은 남녀의 경험으로 전환되면 대중동원이 뒤따른다.

　이상적으로는 통치권력의 장악과 활용이 점진적인 사회변혁의 최종 단계가 될 것이다. 국가의 장악은 다른 수단들을 통해 얻은 승리의 최종적인 통합(consolidation)을 나타낸다. 통치권력은 나무에서 떨어지는 잘 익은 과실 같은 것이다. 제도적 삶의 영역들 ── 사회적 실천과 연계된 영역들과 거대조직의 내적 장치들 ── 은 하나씩 프로그램적 비전에 따라 고쳐진 집단 동원의 실행에 의해 변혁될 것이다. 이에 관해서는 다음 절에서 추상적·체계적인 용어로 논의될 것이다. 새로운 장치들이 공유하는 특징은 집단 동원 단계에서 사회적 경험이 취하는 몇몇 특성을 일상화된 사회적 실천 속에 더 많이 보유하게 된다는 점이다.

비록 프로그램을 미리 작성해놓은 사람은 아무도 없고 밑으로부터 일어난 사회변동의 많은 실험을 세세히 지휘한 사람도 없지만, 이러한 집단 동원의 많은 움직임이 유력한 프로그램적 방향을 취할 수 있다고 생각하는 것이 전혀 터무니없지 않다. 공유된 방향이라는 가능성을 받아들이려면 이미 제시했고 앞으로도 설명할 여러 가정들을 받아들이기만 하면 된다. 이러한 변혁의 경로가, 기존에 수용된 사회적 이념과 사회적 가능성에 대한 좀더 포괄적인 이해 간의 상호작용을 통해 조금씩 상상되고 정당화될 수 있다고 믿어야 한다. 그 프로그램의 규범적 원칙이, 우리가 특정한 제도를 비판하거나 정당화하려는 단편적인 시도에서 이미 의존하고 있는 이상적인 견해와 완전히 다른 것이 아님을 알아야 한다. 그 프로그램이 옹호하는 연관된 개혁들이 적어도 앞서 논의한 다양한 역량강화로 나아가는 하나의 가능한 노선을 나타낸다는 점을 인정해야 한다. 또한 집단 이해관계의 논리, 그리고 집단 연합과 반목의 논리는 갈등이 고조되기 시작하는 순간 그 명확성과 결정적인 영향력을 상실하기 시작한다는 점을 받아들여야 한다.

민중동원을 고조시키는 것을 앞에 놓고 중앙집권화된 정부 권위의 활용을 마지막에 놓은 순서를 뒤바꾸려는 시도의 위험성에 대해 살펴보자. 이 관계를 명확하게 하기 위해서 먼저 극단적인 사례를 살펴보자. 어느 혁명전위대가 무력, 기만 혹은 행운에 의해 중앙정부와 군대조직을 장악하고, 자신의 프로그램을 강압적인 수단을 통해 부과하려고 시도한다. 우리는 이들의 탈취가 대중선동에 의해 손쉽게 이루어졌다고 가정할 수도 있다. 하지만 선동 경험 자체를 제외하고는 어떠한 것도 예견적이고 단편적인 프로그램적 목적의 버전을 설정하지 않았다. 이러한 환경에서 강화된 민주주의 비슷한 프로그램을 배제하기 위해 두 세력이 쉽게 결탁하기도 한다. 이 세력은 수단이 목적을 압도하는 두가지 방식을 보여준다.

한편, 통치자들은 민중의 막연한 불만과 명백한 요구 속에서 거의 공감을 얻지 못하는 프로젝트에 전념할지도 모른다. 그들은 솔직히 자신들이, 만일 외부로부터의 침략에 의한 것이 아니라면, 내부로부터의 거부에 의해 위협받고 있다고 느낀다. 이처럼 불안정한 상황에서는 권력을 지탱하는 것이 그들의 최대 관심사가 된다. 어떠한 댓가를 치르더라도 권력을 유지하겠다는 강박관념이 변혁의 수단으로 생각했던 바를 보류하는 데 정당성의 외투를 입혀준다. 권위가 고립되고 거부된 환경에서는 권력을 유지하려는 시도 자체가 가장 절실한 프로젝트인 셈이다. 그것은 갈등의 봉쇄, 복종의 강요 및 불신에 대한 부단한 경계 등을 요구한다. 그러한 시도는 지지자들을 폭력과 수사 — 이는 "현실을 부정하는 두가지 방식"이다 — 로 부추긴다. 또한 통제장치를 영속화·강화하는 데 숙련된 전위대를 끌어들인다. 예언적 도그마를 거두절미해서 받아들이는 지도자들이 가장 빨리 부상할 것이다. 강화된 민주주의 프로그램을 수행하는 계기는 결코 도래하지 않을 것이다. 대신에 그 프로그램은 제도 장치의 명령과 그 장치를 관리하는 사람들의 권력 이해관계에 너무나도 많이 양보하기 때문에, 그 본래의 내용이 거의 남아 있지 않은 상태로 수행될 것이다.

다른 한편, 평범한 사람들은 혁명정권이 공언한 목표들 속에서 대안적인 삶의 질서의 요소들을 찾는 데 실패할 것이다. 확실하게 권력을 확보했을 때, 의욕적인 정권은 경제성장과 물질적 복지를 향상시키는 데 성공할 수도 있다. 하지만 그것은, 모든 사람의 의지에 개방된 사회 이념이나, 사회를 형성하는 자원에 대한 특권화된 지배력을 개방함으로써 가능해지는 다양한 형태의 개인적·집단적 역량강화를 확실하게 지지할 수 없다. 믿을 수 없는 슬로건과 의심의 여지없는 강제가 뒤섞인 것을 보면서 일반 사람들은 그들이 확보할 수 있는 가시적인 이익을 위해 자신들의 가정과 일터로 되돌아갈 것이다. 그들은 자신들의 상관이나 지배자와 음울한 싸움에 참여할 때에만 이 안식처로부터 모습을 드러낼 것이다.

이 위험성들은 저항하는 민중에게 급진적인 계획을 부과하려는 혁명 전위대의 극단적인 사례에서 가장 뚜렷하게 나타난다. 그러나 제도적 실천 영역을 하나씩 개혁해나가는 것보다 집단 동원을 확대하여 사회 재구성의 가장 중요한 도구라 할 통치권력에 대한 투쟁을 우위에 둘 때에는 언제든 똑같은 폐해가 적정한 규모로 다시 나타난다. 통치권력을 위한 투쟁은 그 자체의 무모한 규율을 부과한다. 투사와 지지자는 자신들이 이해할 수 있는 언어를 통해 전향되어야 한다. 투쟁은 그들이 이길 수 있는 환경에서 치러져야만 한다. 그러한 전술적 명령들은 대립적인 방식의 동원 전략과는 잘 맞지 않는 타협이나 자제를 요구하기도 한다. 이러한 방식으로 통치권력을 획득하기 위한 투쟁에 초점을 맞추는 시도는 변혁운동의 당파로 하여금 집단적 이해관계, 정체성 및 가능성에 관한 기존의 전제를 당연한 것으로 받아들이도록 부추긴다.

어떤 댓가를 치르고라도 획득한 통치권력의 수단에 집착하려는 시도는 자칭 개혁가들이 그들의 초기 목적으로부터 점점 멀어지도록 압박을 가한다. 예를 들어, 제도 개혁은 즉각적인 재분배의 목표에 굴복하기도 하고, 개혁가들이 권력과 생산의 형성적인 제도적 맥락을 바꾸는 기회를 갖기도 전에 그들의 재임기간이 수시로 바뀌기도 한다. 처음에는 당파적 승리의 동기가, 종국에는 당파적 생존에 대한 관심이 프로그램적 목적을 하나씩 희생시키게 된다. 개혁가들의 슬로건과 업적 간의 불일치가 점점 커지면서, 이에 실망한 지지자들은 민중 사이에 퍼져 있는 투쟁성으로부터 대거 빠져나가게 된다.

온갖 위험을 무릅쓰고 통치권력을 획득하여 변혁적 목적을 위해 노력한다고 해서 국가권력을 집단 동원과 제도 개혁의 최종적이고 당연한 전리품으로 여길 수는 없다. 통치권력의 장악을 마지막까지 미루는 위험은 심지어 사회를 재구성하기 위해 공적 기관을 활용하는 폐해보다 훨씬 더 크다. 우선 통치권력은 조직적인 구조변혁 투쟁에 결정적으로 기회와 장애의 영향을 미칠 수 있다. 그것은 국가가 사회를 재생산하는 모든 과정을 통해 영향을 미칠 수도 있다. 정부는 조직하고 개종시킬 자유를 확대하기도 하고 옥죄기도 한다. 부를 재분배함으로써 정부는 국민을 극단적인 가난으로부터 해방시키기도 한다. 당파적 특권을 폐지하기 전에 그 특권들의 균형을 맞추기도 한다.

프로그램적 비전과 독자적인 변혁 경로가 여러 운동의 산발적인 활동에서 나타나는 경우도 있다. 하지만 민중운동이 중요한 규칙과 정책을 결정하는 이들로부터 적어도 간헐적이나마 도움을 얻지 못하면, 이러한 활동은 최소한의 응집력과 방향의 지속성을 유지하지 못하게 마련이다. 제도 개혁은 법과 정책이라는 자양분을 얻어야만 한다. 개혁을 확장하려면 정책적·법적 장애물을 극복해야 한다. 그리고 이 모든 과정에서 임시 실험이든 비전을 지닌 일상이든 새롭게 등장하는 대안 구조에 거점을 마련해야 한다.

정부의 자리를 확보하려는 바로 그 시도는 집행만큼 중요한 것으로 입증되기도 한다. 정부조직 내에서 자리를 확보하기 위한 선거나 특별선거를 통한 경쟁은 국가권력에 대한 접근과 사회 내의 고착된 특권을 연계시키는 많은 연결고리를 뒤흔든다. 당파적 특권층에 유리한 공적 개입의 패턴이 술렁인다. 이러한 동요는 결국 집단적 정체성, 집단 이해관계 및 인간의 가능성 등에 관한 기존의 정의를 누구든 이용할 수 있게 해준다.

비록 당이 당신을 끝없는 인내심으로 무장시키고 더디지만 확고한 승리를 위해 여러 세대를 기다릴 것을 제안한다 할지라도, 당신은 기회가 영원히 사라졌다는 사실을 깨닫게 될 것이다. 또한 당신의 적들이 미래의 욕구와 자기기술(self-description)을 형성하는 데 기여하는 제도 장치들의 수명을 갱신해나가는 것을 보게 될 것이다. 당신은 사람들이 당신의 정당 슬로건에 실제 경험과 일치하는 의미를 부여하는 것을 보게 될 것이다. 물론 당신은 그 경험에 영향력을 미칠 힘이 없지만 말이다. 또한 운동의 열망이 고립된 채 시들어가는 동안 방관할 수밖에 없을 것이다. 당신이 진정 역사변증법에 대한 신념을 포기했으며 집단 간의 협상이 정부와 얼마나 밀접하게 연계되어 있는지를 알면서도 이런 결과 때문에 놀란단 말인가?

이제 변혁적인 정치 실천의 두번째 핵심 문제를 공식용어로 다시 이야기할 수 있겠다. 집단적 계약주의(collective contractualism, 노동분업으로 고착화된 집단들 간의 명시적 혹은 묵시적 협상)는 집단 동원으로 변화한다. 이러한 변화가 고무하고 또 그에 의존하는 과정은 사적 특권과 정부권력 간의 강한 유착이 국가에 대해 강도는 심하면서 성격은 불분명한 투쟁으로 전환되는 과정이다. 그런데 각 과정은 그 자체의 탐욕스러운 요구를 만들어낸다. 각 과정이 마지막에 이르면 그것은 다른 것을 저해하고 대체하도록 위협한다.

이러한 위험에 대한 손쉬운 교정수단은 통치권력의 추구와 자기주도적인(self-guided) 집단 동원의 확산 간의 상호작용으로 보일 수도 있다. 국가권력을 장악하려는 각각의 움직임은 자주적인 민중의 투쟁을 위한 조건을 갖추는 데 이용될 수 있다. 각각의 과정이 집단적 정체성, 이해관계 및 가능성에 관한 관념들을 재정의하려는 개방적인 투쟁으로 전환하는 데 성공한다면, 그것은 정부의 권력과 관직의 추구가 탈동원 (demobilization)의 수단이 되는 것을 막는 데 기여할 수 있다.

이와 같은 상호작용을 암시하는 것은 그에 대한 설명보다 해법의 명칭이다. 그 기술은 특정한 갈등의 환경 밖에서 성취될 수 있는 실천의 문제들에 대한 변혁적 실천의 관점이나 제한된 통찰의 관점 형태로 나타난다. 여기에서 이 견해를 구성하는 관념들과 준칙(maxim)들은 변혁적 실천의 두가지 가설적인 계기로 표현된다. 한 계기는 그 운동이 통치 권력의 꼭대기로부터 멀리 떨어져 사회에 막 뿌리를 내리기 시작했던 때이고, 다른 계기는 그 운동이 최고의 자리를 획득했을 때다. 실천에 대한 이러한 관점은 평화적이건 폭력적이건 국가권력을 장악하는 정점에 도달한 변혁운동에 적용할 수 있을 만큼 일반적이어야 한다. 문제는 어느 개별적인 상황의 문제와도 동떨어진 일반화의 단계에서조차 우리가 과연 변혁적 실천의 과제를 밝혀주는 행동의 원리들을 발견할 수 있는가다.

이 프로그램의 주체들은 누구인가? 그들은 내가 때때로 급진주의자, 변혁가 또는 변혁운동, 그리고 어떤 경우에는 강화된 민주주의의 옹호자라고 불렀던 사람들이다. 내가 급진주의자로 지칭하는 사람들은 앞에서 정의된 바와 같이 급진적 프로젝트의 신봉자들이다. 이들은 구조틀-보존적 일상과 구조틀-변혁적 투쟁 간의 갈등을 축소시키고, 생산, 교환 및 개인관계의 형태에 대한 기존의 사회적 위계질서와 역할의 제약 요소를 완화하는 경제·통치 제도들을 개진함으로써, 인간의 역량강화의 구체적인 다양성을 촉진하려는 남성과 여성이다. 강화된 민주주의 프로그램은 급진적 프로젝트를 특정 방향으로 발전시키기 위한 하나의 제안으로서, 사회현실과 사회변혁에 대한 하나의 관점으로부터 영향을 받는다. 그 프로젝트의 한 버전으로서, 그것은 특정한 역사적 환경(현대 산업민주주의와 그 경쟁자들의 환경)을 중점적으로 다룬다. 그러나 이에 필적하는 일반성을 지닌 여타의 사회 비전처럼, 그것은 이념, 방법, 그리고 더욱 넓은 범위에 영향력을 미치도록 의도된 가정을 구체화한다.

변혁 주체에 관한 이러한 대강의 예비적 확인은 어느 특정한 계급, 공동체, 국민을 동일한 혹은 다른 프로그램의 당연한 지지자로 취급하는 것을 거부하는 배경에 비춰 해석해야 한다. 물론 그것을 가장 쉽게 받아들일 계급, 정당, 심지어 국가를 확인하는 것이 가능하지만 말이다.『허위적 필연성』의 설명이론은 이미 이 같은 거부를 정당화해왔다. 프로그램적 논증은 그것을 더욱 정당화한다. 변혁운동에 관한 다음의 논의과정에서는 변혁운동과 기존의 정당이나 계급과의 관계, 그리고 그 운동 내부에서 간부, 평당원 및 잠재적 지지자 간의 관계를 다룰 것이다.

권력을 추구하는 변혁운동

| 첫번째 과제: 통치권력을 위한 투쟁과 민중 동원을 연결시키기

변혁운동의 첫번째 임무이자 가장 지속적인 임무는 민중 동원과 통치권력에 대한 투쟁 간의 관계를 유지하는 것이다. 이 연결고리를 유지해야 할 중요성을 언급하는 것은 앞서 논의한 변혁적 실천의 기본 문제를 재진술하는 것이다. 그러나 실천의 첫째 원리는 그 문제에 대한 성공적인 해법을 위한 조직적 토대를 말한다.

이 전략적 접근의 출발점은 통치권력의 일부를 장악하려는 노력이나 집단 동원을 개진하려는 시도 어느 것도 다른 시도를 배제하도록 허용되어서는 안 된다는 인식이다. 이들 각각은 다른 시도의 요구사항을 염두에 두고서 실행되어야 한다. 활동의 중요 시기마다 운동의 참여자들은 다음과 같은 물음을 던져야 한다. 통치권력을 위한 투쟁에서 어떤 민중조직이 가장 유용할 것 같은가? 그리고 이 투쟁에서 어떤 형태의 참여가 투쟁적인 집단적 자기조직을 촉진할 수 있는가? 그럼에도 변혁적 실천의 두 경쟁적인 목표는 전형적으로 두개의 다른 조직 유형에 의해 충족된다. 두 유형의 즉각적인 통합을 주장하는 것은 두 역할 중 어느 것도 효과적으로 수행할 수 없는 정치적 통합체를 만들어내는 위험을 감수하는 것이다. 조직적 통합을 허용하는 조건들을 미리 가정할 수는 없다. 그것들은 창조되어야 한다.

현재 서구 민주국가에서 통치권력을 확보하는 일차적인 수단은 정당이며, 이는 때때로 일시적인 이해집단의 연합, 비전이나 정서의 모호하지만 강력한 친화력, 그리고 직업 정치인들의 출세 야망 등이 기묘하게 결합되어 유지되는 선거 연합에 지나지 않는다. 제도적 상상력의 빈곤은 일반적으로 특정 집단에 대한 가시적인 약속과 사회재구성에 대한 이상적인 공약 사이에 어울리지 않고 불안정한 모양새를 조장한다. 일상적인 정책 선택과 형성적 맥락의 관계를 명확히 하지 못하면서 정당들은 선거 결과에 엄청난 영향을 미치는 개혁과 긴축 주기를 이해하거나 깨뜨리지 못한다. 이러한 선거 연합은 대개 기존의 집단 이해관계, 집단적 정체성 및 사회적 가능성에 관한 정의를 당연하게 받아들인다. 선거 연합은 이러한 가정이나 자신이 지닌 역사적 정체성의 의미와 일관되게 스스로 획득할 수 있는 이해관계와 여론의 가장 광범위한 연대를 추구하도록 부추겨진다. 그 연합이 이 가정에 대한 도전에 저항할 것이라는 점은 충분히 이해할 만하다. 그 도전은 고위직을 위한 기회를 포기해야 할 위험부담이 있기 때문이다. 선거 연합은 노동조합이나 인종적 결사체처럼 미래의 유권자들을 대변한다고 주장하는 조직의 견해를 따르는 경향이 있다. 또한 권력으로부터 나오는 활동을 으레 미래의 선거운동을 위한 계획이나 그 연합의 뚜렷한 정체성에 대한 의례적인 반복 주장에 국한한다. 이 모든 성향이 선거 연합을 민중의 집단 동원 작업에 어울리지 않게 만든다. 중앙권력을 향한 당파적 투쟁의 유용한 경험이 사람들을 끌어모으기도 한다. 하지만 그것은 이미 이 맥락에 저항하고, 그 맥락이 지탱하도록 도와주는 이해관계, 정체성 및 가능성에 관한 가정을 넘어서는 방식으로 사람들을 규합하게 될 것 같지는 않다.

현대 산업민주주의에서 집단 동원 작업이 수행되는 만큼, 이를 담당하는 것은 뒤얽힌 비정당조직들이다. 즉, 더 투쟁적이고 덜 경제주의적인 노동조합, 조직되지 않은 빈곤층이나 억압받는 소수자들을 옹호하고 조직하는 데 전념하는 사회활동가, 그리고 주류 정치계에서 제대로 다루어지지 않는다고 인식되는 사회적 이해관계에 헌신하는 시민운동 등이다. 정파 바깥의 다양한 대중투쟁이 사회재구성을 위한 일반적인 프로그램으로부터 떨어져 존재한다. 혹은 사회민주주의 정당들과 함께 공동 목적을 만들어 사회민주주의적 관점에서 그 공약들을 재해석할 수도 있다. 그러나 만일 그 참여자들이 앞에서 개진된 사회민주주의 프로그램의 내적 비판을 수용한다면, 그들은 자신들의 목표가 사회민주주의가 관여하는 제도적 구조틀 내에서 적절하게 달성될 수 없음을 알게 될 것이다. 더불어 강화된 민주주의를 위한 운동이 자신들의 노력을 충족시키는 것으로 기꺼이 이해하게 될 것이다.

초당파적 기층활동이 스스로 규정하려는 이런 움직임은 기존 정당의 재편이나 강화된 민주주의를 표방하는 신생 정당의 탄생과 함께 갈 수도 있다. 현대 정당정치 프로그램에 대한 내부적 비판은 시장경제와 대의민주주의의 기존 제도형태가 고전 자유주의, 중도적 공동체주의 및 사회민주주의 프로그램의 실현을 어떻게 좌절시키는지를 보여준다. 강화된 민주주의 프로그램은 기존의 제도적 구조틀이 배제한 현존 정당 정치의 강령 가운데 일부를 실현할 수 있다고 설득력 있게 주장할 수 있다. 하지만 추상적 공약과 대변된 이익은 별개의 것이다. 강화된 민주주의 프로그램은 중도적이고 보수적인 정당에서보다 산업민주국가의 개혁적인 노동당, 사회주의 정당, 그리고 공산주의 정당에서 뿌리내릴 수 있는 기회가 더 많다.

강화된 민주주의 옹호자들의 첫번째 관심사는 자신들의 비전에 가장 개방적인 정당과 정당 외의 민중운동 내에서 느슨하게 작업하는 것이어야 한다. 그런 정당과 민중운동의 프로그램적 방향에 영향을 미치는 데 성공하면, 뒤따라 정파적 정치와 사회활동 사이의 관계가 바뀔 것이라고 기대할 수 있다. 강화된 민주주의 프로그램으로 전향한 사람은 내가 지금 기술하기 시작한 성격의 정치적 실천양식을 전개해가기를 원한다. 그는 집단 동원과 통치권력의 추구 간의 연계를 긴밀히 맺으려 하기 때문에, 변혁적 시도의 각 측면을 더욱 완벽하게 대변하는 정당과 민중조직을 결합시키기를 원한다. 그러나 반드시 그가 정당과 정당 외의 조직 간의 차이를 가능한 한 빨리 없애려고 노력해야 하는 것은 아니다. 왜냐하면 그 결과가 민중의 사회활동을 단기적 전망과 선거 연합의 관심사인 합의의 형성에 얽매는 것일 수 있으며, 이 연합을 위험한 장기적 실험이나 기층운동의 분파주의에 노출시킬 수 있기 때문이다.

당신은 먼저, 강화된 민주주의의 동지들이 정당과 비정당 사회운동 내에서 느슨한 의미의 정체성을 공유하며 작업하는 것을 상상할 수 있다. 그들은 자신이 속한 정당과 사회운동의 방향을 개선해가고 정당과 사회운동이 안전하게 통합될 날을 준비하기 위해 일한다. 지금 상황은 조직의 투사를 비밀요원이나 파트너로 내보내는 음모 조직의 모습이 아니다. 오히려 그것은 다양한 출발점으로부터 나오고, 상이한 활동무대에서 점차적으로 공통과제를 공유한다는 의식을 향해 수렴해가는 사람들의 이미지다.

정당운동과 사회활동 간의 상호작용이 전통적인 당파 경쟁이나 집단 동원과도 다른 제3의 요소의 등장으로 막대하게 강화될 수 있다. 이 제3의 요소가 할 일은 정부의 경제적 또는 기술적 권한 일부를 기존의 형성적 맥락의 재생산에 대한 조력에서 떼어내어, 이러한 권력의 파편을 유동적인 자원, 즉 싸워 확보하고 변혁적 활용을 위해 전환할 수 있는 자원으로 바꾸는 것이다.

강력한 국가주의 전통이 있는 나라에서는 정부 관료 중 하위직들이 그러한 유동자원을 발전시키는 데 가장 적합한 요원들이다. 예를 들어, 라틴아메리카의 많은 나라에서 경제의 전 부문(예를 들어 농업)은 경제 관료들(공공신용 관리들과 농경학자들)에 의해 면밀하게 감독·조정된다. 그 나라들은 대체로 대부분의 노동력을 강제로 포괄하는 조합주의적(corporatist) 노동조합체계를 제공한다. 그 조합에는 공공 변호사들과 노동부 관리들이 근무하며, 이들에 의해 조합이 지도받거나 통제되기도 한다. 대개 이러한 형태의 국가 활동은 경제적·관료적 엘리트에게 복종하는 방식으로 사회적 조화를 추구한다. 그러나 관료주의는, 다소 좋은 의도가 있고 혼란스럽고 비영웅적인 내밀한 좌파들(crypto-leftist)에 의해 뒤집히는 것이 전형적이다. 이들은 중산층이고, 대학에서 훈련을 받았으며, 세상에 떠도는 모호한 좌파적 관념으로 채워진 젊은이들이다. 기존의 규칙이나 정책의 모호성, 그리고 관료적 통제의 실패가 이들에게 구실을 제공할 수 있는데, 그것은 일반적인 수혜자들에게 주어졌던 정부의 보호 등을 거부하고 이를 새로운 비율이나 방식으로 다른 사람들이 이용할 수 있도록 하는 것이다. 그러면 국가 장치가 사회질서에 끼워 맞춰지는 방식에 아주 작은 흠결이 생기게 된다. 그 결과, 변혁가들이 활용하거나 다툴 수 있는 유동자원이 창출된다.

국가주의 전통이 약한 나라(영어권 민주국가들)에서는 국가가 제공한 자원에 의존하는 것이 위험하다. 왜냐하면 사회사업가들이나 공익변호사들에게 그들의 조직운동을 실행할 수 있게 해주는 복지국가 프로그램은 개혁 주기가 긴축기에 접어들면 가장 먼저 희생될 가능성이 높은 프로그램이기 때문이다. 하지만 이들 나라의 학습된 전문가들은 더 뚜렷한 국가주의 유산을 가진 나라의 전문가보다 대체로 더 강력하다. 사회적 실천의 광대한 영역이 정당정치의 갈등 영역으로부터 효과적으로 떨어져나와, 전문적인 노하우를 적용해야 할 문제로 다루어진다. 하지만 다른 나라에서는 이와 똑같은 문제가 관료의 감독으로 넘어가기도 한다. 투쟁의 산물과 투쟁을 봉쇄·저지한 결과들이 민주적 시장체계에 고유한 법적 권리의 구조로 또는 선진 산업기업의 관리에 필요한 작업조직의 양식으로 다시 나타난다. 권리를 규정하는 변호사의 실무와 효율성을 규정하는 관리자 및 엔지니어의 실무가 사회적 결정의 탈정치화를 위해 가장 두드러진 전문적인 두가지 방법을 보여준다. 그러나 탈정치화는 예외 없이 과감하게 생략된 분석에 의존한다. 다시 말해 그것은 확정적인 합리적 제약이라는 가공의 의미를 창출하는 데 의존하며, 그러한 의미는 그 확정성(determinacy)을 가능하게 하는 방법론적·제도적 가정들을 규정할 때 개입되는 자의성을 댓가로 얻어진다. 결과적으로 탈정치화는 역전될 수 있다. 전문적인 노하우의 영역은, 특수하지만 논쟁의 여지가 있는 제약들하에서 그리고 특수하지만 변경될 수 있는 도구들을 갖고, 사회생활의 형성적인 제도적·상상적 가정들에 대한 투쟁을 수행하기 위한 영역으로 전환될 수 있다. 권리와 효율성 전문가들에 의해 행사되는 권력의 단편은 유동자원, 즉 사회를 형성하는 역량이 되며, 그 역량의 활용과 혜택은 미리 규정되지 않는다.

유동자원이 관료적 배신으로부터 나오든 또는 전문가 담론의 정치화로부터 나오든, 그것은 국가지향적인 정당정치와 민중 동원이 연합하는 데 기여한다. 그것은 정당과 정당 바깥의 활동가들의 관심을 이들 사이에 있는 거대한 사회적 실천의 탈정치화된 영역으로 돌린다. 또한 그것은 이 영역에서 여론을 환기·조직하기 시작한 이들이 이전에 기존 사회세계의 재생산에 충당되었던 자원을 독자적 영역(enclave)과 대항모델을 구축하는 데 편입시킬 수 있는 기회를 제공한다. 그것은 정당정치와 민중 동원의 혼합 속에서 시행되는 더 많은 실험을 위한 영역이며, 현재 사회생활의 형성적 맥락의 일부에 대한 대항모델이다. 변혁적 실천의 다음 원리의 핵심은 독자적 영역과 대항모델의 관계를 탐구하는 것이다.

| 두번째 과제: 강화된 민주주의 실험의 예측

강화된 민주주의를 획득하기 위한 수단에서 그 목표를 미리 예시하는 것이, 통치권력을 위한 투쟁과 집단 동원이 서로를 강화하도록 허용해야 하기 때문만은 아니다. 이는 나아가 변혁운동이 사회를 위해 옹호하는 미래의 소규모적·단편적 버전을 확립하는 데 성공해야 하기 때문이다. 프로그램에 대한 이러한 실험적 기대 없이 개혁적인 임시변통과 전면적인 혁명 간의 괴리를 메울 수 있는 방법도, 그리고 집단 이해관계, 집단적 정체성 및 사회적 가능성에 관한 일련의 가정으로부터 또다른 가정으로 넘어가는 방법도 없을 것이다.

이 책의 설명이론의 몇몇 특징은 그러한 실험의 예측을 가능하게 하는 사회현실의 특징을 제시한다. 한가지 특징은 형성적 맥락의 구성요소들 간의 느슨한 관계다. 제도적 혹은 상상적 요소들이 성공적으로 결합될 수 있고 그 요소들에 근거하여 제약요인들이 존재하지만, 형성적 맥락은 조금씩 변할 수 있다. 사회현실이 줄 수 있는 또다른 특징은 형성적 맥락을 존중하고 재생산하는 실천적 혹은 상상적 활동과 그 맥락에 도전하고 변혁하는 활동 간 차이의 상대성이다.

각각의 단편적인 예측은 두가지 기본요건을 충족해야 한다. 우선, 근본적으로 현재의 형성적 질서로부터 원하는 질서로 나아갈 수 있는 길을 나타내야 한다. 관련된 상황에서 알 수 있듯, 또 그 제한된 범위에도 불구하고, 이 단계는 항상 이중적인 의미를 갖는다. 여기엔 제도 변화가 뒤따른다. 또한 현재의 제도 장치들을 지탱하고 거기에서 자양분을 얻는 데 기여하는 집단 이해관계, 집단적 정체성 및 사회적 가능성에 관한 전제들의 변화가 필요하다. 제도 질서와 집단 이해관계의 논리 간의 일치는 전체로서의 형성적 맥락이 아니라 형성적 맥락의 부분들에 적용된다. 실험적 예측 행위는 또다른 요건을 충족해야 한다. 그것은 더욱 광범위한 변혁에 대한 예상 이미지로, 그리고 전략 도구로 기능하면서 수단과 방법이라는 가장 중요한 문제를 해결하는 데 기여해야 한다.

예상 이미지로서 실험은 그 프로그램 일부의 부분적·임시적·과도기적 버전을 구체화한다. 전략 도구로서 실험은 민중 동원의 더 많은 에피소드와 통치권력의 일부를 획득하려는 더 많은 시도에 참여하기 위해 힘을 모으는 독자적 영역을 구성한다. 실험이 잘 진행될 경우, 그것의 표현적 활용과 도구적 활용은 명확하게 구분되지 않는다. 이때 실험은 더 고귀하고 새로운 삶의 질서를 환기시키면서 구원에 동참할 것을 요구하는 예술작품의 유형(가령 셰익스피어의 후기 로맨스)과 흡사하다. 그것은 사회생활의 바람직한 변혁이 어떤 모습이 될 것인가에 대해 좀더 가시적이고 설득력 있는 의미를 제공한다. 결국 변혁가들에게 영감을 불어넣는 비전은 변혁을 함께 실현할 의지와 상상력을 이끌어내는 데 더 나은 가능성이 있다.

예측적인 실험의 어떠한 것도 다른 영역으로 확장되거나 다른 단계로 옮겨갈 때, 그 내용을 변함없이 유지할 수 없다. 그 프로그램의 단편적인 버전은 단지 그 프로그램의 축소판이 아니다. 그것은 확립되고 상상된 현실과 복합적인 프로그램이 특정한 문제들에 대해 갖는 함의를 해석해내려는 시도 간의 거래다.

예측적인 실험이 취할 수 있는 한 형태는 모델로서의 운동이라고 부를 수 있다. 조직된 정당으로서 혹은 민중활동의 느슨한 연합으로서 그 운동은 그것이 사회 전체를 위해 주장하는 미래에 대한 이미지, 즉 거짓된 공화국 내에서 진실된 공화국의 상을 추구한다. 상급자와 하급자의 관계 혹은 중앙화된 집단적 결정과 개인적 혹은 당파적 자주성 간의 관계, 민주적·공동체적 이념 상호 간의 통합, 그리고 이들의 일상적인 실천적 교제의 확장 등이 모두 그 운동을 프로그램의 살아 있는 아이콘으로 바꿔내야 한다. 확실히 이 이미지를 사회 전반의 프로그램에 적용하는 것은 현재 제도 장치의 제약요인들, 그리고 정당이나 민중조직의 특유한 문제점들에 의해 제한된다. 그럼에도 기회는 존재한다. 그것은 집단 동원의 바로 그 특성에서 나오기 때문이다. 사람들이 아무리 온건하더라도 기존의 위계질서와 역할에 도전하는 변혁적 목표를 위해서 집결할 때 집단 동원이 일어난다는 사실을 기억하라. 집단 동원은 이미 이러한 맥락이 규정하는 패턴을 벗어나기 때문에, 사회생활의 형성적 맥락을 바꿔내리라 기대할 수 있다.

모델로서의 운동의 성공 여부는 보통 어떠한 변혁 목표도 갖지 않은 조직에 전달되는 법적·재정적 지원의 일부를 획득하는 능력에 부분적으로 달려 있다. 이 목적을 위해서 그것은 수동적인 조직과 투쟁적인 조직 간의 구조적 유사성을 이용하고, 법적 관점에서 이것들을 구분하는데 나타나는 어려움을 활용하도록 돕는다. 예를 들어, 라틴아메리카의 많은 나라에서 볼 수 있는 것처럼 단일한 포괄적인 조합주의 노조 구조는 원래 통제된 동원수단으로서 사이비 포퓰리스트(pseudopopulist)인 권위주의 정권들에 의해 고안되었던 것이기도 하다. 하지만 그 노조 구조가 확립되면, 그것은 내부로부터 점진적으로 장악되기 쉬울 수도 있다. 노조 체계의 "해방된"(liberated) 부문들이 바람직한 사회의 단편적인 모델이 되기도 한다. 그리고 기존의 노동법 규범들이 수동적인 노조와 급진적인 노조 혹은 노조의 투사들을 분명하게 구별하는 데 실패(만일 그것이 그 제도들을 관장하는 사람들의 실패가 아니라면)함으로써 해방 작업이 용이해지기도 한다.

모델로서의 운동의 성공은 또다른 요인으로 조직과 선전 작업, 그리고 실제 삶의 통상적인 책임 간의 차이를 깰 수 있는 능력에 주로 의존한다. 활동이 상사나 관료와의 갈등에 협소하게 초점을 맞추는 것을 넘어 사람들이 그들의 일상활동을 끊임없이 수행하는 환경으로 전환될 때, 재편될 형성적 맥락을 미리 예견할 수 있는 가능성이 높아진다. 운동에 참여하는 것은 바로 그 지점에서 실제 관심사와의 경쟁을 멈추거나 전문적인 선동가 혹은 정치가만의 영역에서 벗어나게 된다. 이 목적은 분명히 정당으로서의 운동보다는 기존의 제도 안팎에서 수행되는 사회활동과 조직들의 느슨한 연합으로서의 운동을 통해 훨씬 더 쉽게 달성될 수 있다. 이러한 목표의 중요성은 변혁적 실천의 정당 모델이 갖는 부적절성을 확실히 하는 데 충분하다.

모델로서의 운동이, 예측적인 실험의 유일한 형태는 아니다. 다른 더 중요한 방법은 전형적인 갈등이라고 딱지를 붙일 수 있다. 모든 사회는 일련의 끊임없는 작은 실천적 갈등을 지니며, 그 갈등은 다른 집단들 간에 또는 집단과 정부정책 간에 행해진 타협의 모호성 때문에 끊임없이 갱신된다. 변혁운동은 이러한 분쟁에서 더 큰 가능성을 찾아내고, 현재 혹은 잠재적인 동맹들의 편에서 분쟁에 개입해야 한다. 그 운동은 자체의 좀더 광범위한 프로그램 일부를 예시하는 방식으로 분쟁을 해결하도록 노력해야 한다. 이 작업의 성공 여부는 중재하는 해법이 집단 이해관계, 집단적 정체성, 사회적 가능성에 관한 현재의 가정과, 강화된 민주주의 프로그램이 충분히 수용되고 확립될 경우 이 가정이 취하게 될 형태 사이의 연결고리를 제공하느냐에 달려 있다. 따라서 이 갈등은 이중으로 예시적이다. 그것은 사회 전반에 걸쳐서 확산되는 일상의 논쟁을 예시한다. 또한 온건한 관점에서 대안적인 제도 장치를 예시하는 해법과도 만날 수 있다.

다음의 사례는 그 방법을 분명히 하는 데 도움이 된다. 이 사례는 일반적인 사회동요의 모습과는 거리가 멀기 때문에 더욱 의미가 있다. 소규모 생산자와 대규모 생산자 간의 경제적 긴장을 살펴보자. 현대의 복잡한 경제적·기술적 상황의 한 극단에서는 소규모 생산자가 자본화된 농경산업의 변방이나 상대적으로 기계화되지 못한 플랜테이션에서 일하는 소작농일 수 있다. 다른 극단에는 고도기술의 "가내"(cottage) 제조업자들이 있다. 이들은 영구적인 선발주자이며 대량생산 산업과 때로는 경쟁자로 때로는 협력자로 일한다. 선발주자 또는 후발주자로서 영세 생산업자들이 자신들에게 불리한 경제적·산업적 환경에서 작업하는 것은 오직 대규모 생산업자들에 의해 조직된 시장에서 사업하도록 강요받을 경우다. 소규모 생산업자들은 하청의 위험한 역할을 받아들이고 대규모 생산업자들이 그들에게 할당하는 일은 무엇이건 수용할 수도 있다. 그들은 재정정책이나 금융, 영업 및 기술 지원의 형태로 이루어지는 정부의 지원을 위해 압력을 가하기도 한다. 혹은 정부에 대한 압력과 자신들의 조합을 결합시키기도 한다. 조합의 금융, 영업 및 공유설비는 그들이 규모의 경제를 이루고 불확실한 시장에서 자신들의 취약점을 줄이며, 대규모 생산업자들이 자신들에게 한정한 역할에서 벗어나는 데 도움이 되기도 한다. 따라서 지배적인 기업들과의 묵시적·명시적 경쟁으로부터 좀더 작고 유연한 회사들 간의 경쟁적인 파트너십의 형태가 등장하기도 한다. 소규모 기업들이 자원공유(resource-pooling)를 통해 자신들의 실험을 확대해갈 때, 그들은 강화된 민주주의 경제조직의 주요 원리라 할 수 있는 순환자본기금의 버전을 발전시키기 시작한다. 이처럼 유연한 공유장치를 다양한 형태의 국가 지원과 결합시킬 때, 그들은 정부의 자본제공자와 사적 자본수급자들의 다양한 층위(tiers) 사이 거래를 위한 예비 모델을 확립한다. 그들은 시장원리를 보완하기보다는 시장의 성격을 바꾸기 위해 정부 지원을 활용할 방법을 개척한다. 이 방법으로 그들은 재구성되고 역동적인 소규모 상품생산의 버전을 확립하는 데 작은 실례를 제공한다. 변혁운동은 영세 생산업자의 문제에 참여하고 앞에서 기술한 유형의 해법을 촉진함으로써 시범적인 갈등 방법을 실천한다. 이 사례가 제기할 수도 있는 부조화(incongruity)라는 것은 맥락-변혁적 갈등이 어떤 모습이며 누가 그 실행자로 임하느냐에 관해 부당할 정도로 제약적인 관점의 영향력을 반영한다.

급진주의자들이 스스로 지지하는 실천적 해법을 가장 도덕적으로 야심 찬 인적 결합 모델에 함축된 이념과 연계하는 법을 배울 때, 예시적인 갈등의 실천은 더욱 강력해질 수도 있다. 그것은 자기주장을 더욱 가능케 하는 조건을 받아들일 것을 약속하는 모델이다. 대의민주주의와 사적 공동체는 강화된 민주주의 프로그램이 가장 직접적으로 다루는 모델 가운데 가장 중요하다. 예시적인 갈등에 대한 예시적인 해법,

즉 변혁적 프로그램을 가장 충실하게 예시하는 해법 또한 민주적 혹은 공동체적 이념과 실천을 전에는 이것들이 없었던 사회생활의 영역으로 확장시키고, 확장하는 과정에서 이 이념을 재구성하는 해법이라는 점이 특징적이다. 그런 식으로, 예시적인 갈등의 실천은 부족했을지도 모르는 비전적 강렬함을 획득한다.

| 세번째 과제: 중간간부의 충원과 관리

변혁적 실천의 문제 중 간부의 모집이나 관리보다 중요한 것은 없으며, 이에 대해서는 제대로 연구되지 않았다. 현 사회에서 불평등은 간부와 평회원을 구별하는 기질상의 차이와 결합된다. 간부, 활동가 또는 투쟁가는 상대적으로 특권화된 사회환경과 운동에 대한 긴밀한 심리적 일체감 덕분에 그 일에 헌신할 수 있는 사람들이다. 그 운동의 일반적인 지지자나 동조자와는 다르지만, 그들 또한 지도자가 아니다. 대체로 이들 중에서 지도자가 나온다고 하더라도 말이다. 운동을 조성하고 그 운동을 깨뜨릴 수도 있는 사람들이 바로 이 투쟁가들이다.

고조되는 동원의 스펙트럼을 따라 운동이 진행될수록, 그 운명은 간부들에게 더욱 의존하게 된다. 정부의 권한을 이용하건 이용하지 않건, 산발적인 선호의 변경이나 임시적인 지지의사 표명이 차츰 기존의 장치로부터 실험적으로 이탈하면서 대체되어야 하기 때문이다. 투쟁가들은 이 실험을 관리하고 실험이 프로그램에 충실하도록 유지하는 인력을 제공한다.

실제 정치의 모든 면에서 능수능란한 정치가가 간부들 문제로 낙담하고 좌절하기도 한다. 운이 좋다면, 간부들을 능숙하게 관리함으로써 권력을 오래 지속하는 것도 가능하다. 그밖의 거의 모든 면에서는 서툴러도 말이다(무솔리니를 기억하라). 비전을 제시하는 지도자와 평등주의적 참여운동은 특히 간부들과의 불화 때문에 실패하기가 쉽다. 활동가들의 충원과 관리에 지나치게 긴밀히 연결되는 것이 자신의 도덕적 권위를 손상하게 될 것이라고 염려하기 시작한 예지력 있는 지도자는 결국 다른 교활한 정치가들이 조작하는 상징성으로 변질되고 말지도 모르기 때문이다(간디의 실패와 성 바울의 업적을 비교하라). 그리고 지도력의 사회적·심리적 현실에 의해 곤경에 빠지는 급진운동은 그것이 인정하고 통제하는 데 실패했던, 지도자, 투쟁가 및 지지자 간의 바로 그 긴장에 의해 파멸되거나 왜곡된다.

사회생활의 좀더 완전한 민주화 수단으로 기여할 수 있는 운동의 실천과정에서 간부들 문제는 하나의 쟁점으로 주목의 대상이 된다. 비록 급진정치의 기법들 중에서 어떠한 것도 이보다 큰 실천적 중요성을 지니지 못하지만, 사회운동(social activism)에 관한 문헌에서 이처럼 지속적으로 무시되어온 주제도 없다. 문제는 두 유형의 간부가 제기하는 곤경의 다양성에 있다. 간부들은 매우 다른 비율로 공존하면서 현대 정치의 급진주의 전통에서 나타난 정치운동을 지배하는 경향이 있다. 선동가와 조직가라는 주요 유형은 비전의 결핍으로 어려움을 겪는데 이는 곧바로 운동의 실패로 드러난다. 그러한 결점은 많은 급진적인 운동의 폐해가 되어왔다. 이 결점을 수정하거나 저지하는 방법은 투쟁가들 자신의 좋은 의도에 의거하거나 한 유형이 다른 유형에 미치는 영향력을 제한하는 식은 아니어야 한다. 왜냐하면 두 종류의 활동가들이 공존하는 것은 그들을 균형이 잡히도록 하는 것만큼이나 각각의 위험성을 악화하는 것처럼 보이기 때문이다.

먼저 분파주의적(sectarian) 간부를 살펴보자. 그는 운동의 바른 노선, 즉 올바른 프로그램적 목표와 사회적 제휴를 견지하는 데 강박적인 관심을 갖고 있다. 실천의 교정 가치를 끊임없이 이야기하면서도 실천에 관한 모든 주요 논쟁을 미리 설정된 체계, 특히 심층논리 사회이론에 적합한 종류의 체계에 연관짓는 것이 그의 성향이다. 그는 특정한 형태의 집단(예를 들어, 계급이나 공동체) 동맹을 사회조직의 미리 규정된 유형이나 단계에서 주어지는 것으로 취급한다. 만일 강경 마르크스주의가 존재하지 않는다면, 그는 그것을 고안할 필요가 있을 것이다. 깐깐하게 교의를 고집하면서 섬세함을 과시하는 것이 그의 모습이다.

그가 파악하지 못한 진리는 심층구조 사회이론의 비판을 통해 명확해진 통찰이다. 그는 재구성 프로그램이 기존의 선택목록에서 발견되기보다는 얼마만큼 선택될 수 있고 선택되어야 하는지를 이해하지 못한다. 또한 그는 계급 이해관계, 계급동맹, 계급 간 대립 등에 관한 명확한 계산이 자신의 운동이 저지하려는 바로 그 침체상태(stagnation)에 얼마나 의존하는지를 인식하지 못한다.

분파주의의 환상은 두가지 서로 관련된 행동과 사고의 습관을 낳는다. 한편으로, 그는 노선 자체를 위해 운동을 분열시킬 준비가 돼 있다. 그는 내부적 반목을 즐기며, 그속에서 자신의 정치적 진지함을 확인한다. 그의 에너지는 외부지향적인 축적적 투쟁보다는 끊임없는 비생산적인 내부 분쟁에 허비된다. 다른 한편으로, 그가 유발하는 분열은 조작의 여지가 있는 정치적 수사와 미신의 관용구로 표현될 때, 저속한 동기에 따라 작동하는 사적 혹은 당파적 정쟁의 도구가 되기 쉽다. 분파주의가 의거하는 범주들과 실제 정치의 내용 간의 극명한 괴리로 인해, 정당한 것과 악의적인 것 사이의 혼동이 불가피해진다. 참으로 분파주의는 노선을 급격하고 빈번하게 또한 한층 급작스럽게 바꾼다. 그의 관심을 빼앗는 이데올로기적 구별이 실천적인 경험에서 너무나도 빈약한 발판을 갖고 있기 때문이다.

분파주의의 전형적인 경쟁자는 연합을 구축하는 합의주의적(consensualist) 간부다. 그는 도덕주의적·반전략적 정치관을 함양한다. 그는 빈자와 부자 혹은 좀더 단순하게는 선과 악의 투쟁을 구상한다. 그는 주인에 대항하는 소시민들의 싸움에 뛰어들 준비가 되어 있다. 그러므로 자신의 동지와 적이 누구이며 주어진 환경에서 무엇을 해야 하는지를 판가름하는 자신의 능력에 대해 자신감이 물씬 풍긴다. 그러나 이 확신은 심층논리 사회이론의 교조적 편견보다 사회질서의 고지식하고 경건한 교화에 의존한다. 그는 가장 오래되고 보편적인 사회비판의 패턴을 현대화된 형태로 반복한다. 정치를 역사적 시간 밖에서 올바른 사회질서를 보존하거나 회복하려고 노력하는 드라마의 재현으로 상상하기 때문이다. 그는 군자연하는 것이 몸에 밴 사람이다.

합의주의적 간부는 논쟁적·갈등적 사회생활의 특성을 간파하지 못한다. 그는 소시민들의 동기가 상이하고 양립될 수 없는 방식으로 합당하게 이해될 수 있다는 사실을 인정하지 않으며, 이러한 대안적인 해석이 제도 개혁과 연합 구축의 이탈적인 궤도를 함축하고 또 그로써 함축된다는 사실도 인정하지 않는다. 그는 도박이기도 한 근본적인 선택의 필요성을 인정하지 않는다. 그는 이 선택들이 상당한 정도의 내부 당파주의를 필요로 하고 이를 정당화한다는 점을 받아들이지 않는다.

또한 이 잘못된 전제는 잘못된 전략으로 말미암아 희생을 치른다. 합의주의적 간부는 자주 특정 노선을 밀어붙이면서 그 노선에는 특별한 것이 전혀 없다는 잘못된 생각을 갖고 있다. 그럼으로써 그는 경험의 교훈을 스스로 차단한다. 그는 운동의 동지와 적이 누구인지를 안다고 생각하기 때문에, 기존의 분열을 관리하거나 자명하지 않은 잠재적인 제휴를 이용하는 데 실패한다. 그는 운동의 요구사항이 분명하다고 믿고 있기 때문에 기존의 실천을 대체할 수 있는 장치를 개발하는 데 실패한다. 그의 고지식함은 독실한 체하는 성향에 의해 지탱되기 때문에, 고집

불통의 분파주의자 못지않게 외부인에게 반발을 불러일으킬 수 있다.

두 유형의 간부들의 부적합성에 대해서는 이론적 계몽이 필요하고도 충분한 치유책으로 보일 것이다. 정치에 대해 올바른 생각을 갖고 있다면, 올바른 간부가 될 수 있다. 그러나 단기적으로는 이론적 비판으로 충분하지 않다. 왜냐하면 분파주의자와 합의주의자의 외고집은 잘못된 관념의 유산으로부터뿐만 아니라 분열된 충성심의 환경으로부터 나오기 때문이다. 분파주의자건 합의주의자건 모두 지도자들과 평당원들 사이에 갇혀 있다. 양측의 간부는 모두 지도를 받아들이며, 급진정치의 전통 내에서 쉽게 인정받기 힘든 관리인의 역할을 수행한다. 게다가 분파주의자와 합의주의자 모두 비인격적인 이데올로기적 정확성이나 논쟁의 여지가 없는 대중적 유대라는 이름으로 권력을 행사하고 그것에 복종할 수 있다. 어떤 유형의 활동가도 스스로를 위해 행한 선택의 재량적이고 논쟁의 여지가 있는 특성에 직면할 필요가 없다. 왜냐하면 그 재량권이 권력에 가장 고통스러운 통렬함을 주기 때문이다.

간부들 문제에 대한 현실적인 차선책, 즉 순전히 이론적인 계몽에 대한 대안이 있다. 해법의 첫번째 단계는 간부들이 다른 태도를 갖게 하는 것이다. 분파주의자와 합의주의자의 착각이나 단점을 공유하지 않는 태도, 이 장에서 말하는 변혁적 실천의 관점으로 충만한 태도 말이다. 이런 자질을 갖춘 간부는 서로 반대되는 양측의 역할을 수행할 수 있다. 제3유형의 간부의 창출은 활동가 집단의 전면적인 혁신보다 훨씬 더 작은 성과를 가져올 수 있다. 왜냐하면 이러한 성과는 간부들을 전면적으로 대체하지 않고 이뤄질 뿐만 아니라 각자의 열망에 따라 통찰력을 높일 수 있기 때문이다. 분파주의자와 합의주의자가 운동을 통해 개종작업이 수행되는 민중과 평당원들 사이에 저항을 유발할 것은 거의 확실하다. 그런데 제3유형의 간부는 이러한 저항을 자신의 이점으로 바꿔낼 수 있다.

차선책의 다음 단계는 분파주의자, 합의주의자 및 "계몽된" 간부들 사이에 평당원을 위한 경쟁을 유발시키는 것이다. 새 투사 집단 출신이거나 그런 집단의 형성에 기여하면서 나온 지도자는 이데올로기적 순결주의자나 위선자에 맞서는 일반 활동가들의 저항을 촉발한다. 굳이 이러한 저항의 기회를 만들어낼 필요가 없다. 분파주의자나 합의주의자의 신념이 운동을 위태롭게 하는 전략적 결정을 제안하는 기회를 기다리는 것으로도 충분하며, 그러한 기회는 자주 일어난다.

차선책의 마지막 단계는 변혁적 실천을 더욱 잘 옹호할 수 있도록 선전하고 또한 간부와 간부 아닌 사람 간의 엄격한 구분을 폐지함으로써 반란을 완성하는 것이다. 실천에 활력을 불어넣는 관념들이 더이상 밀교 같은 과학이나 신성한 강령을 닮지 않을 때, 그리고 이들 관념이 일반 정치생활을 특징짓는 불확실성과 기회들을 부정하기보다는 발전시킬 때, 운동의 모든 구성원이 간부이자 비간부인 상황이 더욱 완벽하게 그리고 손쉽게 실현된다(이 실천 개념 저변에 놓인 사회이론은 주체의 주관적 경험과 이론가의 통찰 간의 어떠한 엄격한 대비도 거부한다는 사실을 기억하라). 잘못된 실천양식의 도그마가 허위적 필연성과 고착화된 질서로부터 사회를 해방시키려는 작업을 수행하는 노력을 도처에서 좌절시키지 않을 때, 간부와 비간부를 가능한 한 최대한으로 포개어 한데 묶으려는 이념에 좀더 쉽게 다가갈 수 있다.

간부들 문제에 대한 세단계의 해법은 결코 쉽지 않을 수도 있다. 그것은 어떠한 이론적 수정을 통해서도 보장될 수 없는 통찰과 관용의 한계와 싸워야 한다. 그것은 단번에 이루어지기보다는 지속적으로 수행되어야 한다. 세단계는 중첩되고 반복되어야 한다. 그러나 적어도 간부들 문제에 대한 이러한 접근은 변혁적 실천의 전체적인 관점을 고취하는 생각, 그리고 이러한 관점이 예상하고 확증하는 사회재구성 프로그램과 긴밀한 관계에 있다. 게다가 그것은 특별한 이타심이나 특권화된 지식을 요구하지 않는다.

| **네번째 과제: 집단 이해관계의 논리를 인정하고 평가 절하하기**

이 절에서 서술된 변혁적 실천의 관점 저변에 놓인 사회이론은 집단 이해관계 논리(the logic of group interests)와 주체 사이의 관계에 대한 특정한 견해를 함축한다. 내가 말하는 집단 이해관계의 논리란 사회분할과 위계질서의 모든 체계가 만들어내는 특정한 자리들에 내재하는 것처럼 보이는 긍정적·부정적 목적들의 총체적인 구성체다.

심층구조 사회이론과 전통적인 경험주의 사회과학은 모두 집단 이해관계의 논리가 사회생활의 갈등과정에 미치는 분명하고도 결정적인 영향력에 대한 신념을 고취한다. 강경 마르크스주의 입장을 취하는 심층구조 이론가는 생산양식의 구조 그리고 생산양식의 연속성을 지배하는 힘에 함축된 계급 이해체계를 신봉한다. 그는 갈등의 고조가 바닥에 깔린 계급적 이해를 드러낼 것이며, 이 체계가 요구하는 계급동맹을 결성하거나 무시하라고 주장하는 사람들이 파멸할 것임을 확신한다. 따라서 그는 필연적인 동맹과 불가피한 반목이라는 분명한 생각을 갖고서 정치적 실천에 가담한다.

실증주의 사회과학자나 일반 정치인(실증주의 사회과학과 일반 정치 간의 친화성을 기억하라)은 유사한 결론에 다른 의미를 부여한다. 그들은 기존의 집단 이해관계 논리 속에 존재하는 탄력성과 모호성이라는 중요한 요소를 인정하기도 한다. 심지어 이 동맹과 반목 체계의 명료함이 도전받고 대체될 수 있는 제도 장치들의 지속에 전적으로 의존한다는 점을 받아들이기도 한다. 그러나 그들은 이 원리를 인정하면서도 일상적인 정치와 일상적인 사고로 되돌아가기를 원한다. 제도의 틀 내 변화에 따라 일어나는 집단 이해관계의 변혁을 표현할 수 있는 방안을 갖고 있지 못하다. 그들에게 결렬의 계기란 설명되어야 할 핵심 문제이거나 성취되어야 할 목표라기보다는 사고와 행동의 한계다.

이 책의 사회이론에 비추어 변혁적 실천의 문제를 이해하는 활동가는 집단 이해관계가 집단활동에 부과하는 제약을 존중해야 한다. 하지만 그는 처음부터 이러한 집단 이해관계가 상위법을 따르지 않는 제도의 틀에 의존하는 것으로 이해하려는 정신에 입각해 행동해야 한다. 계급적 이해관계나 공동체적 이해관계가 영구적이라는 사실을 부정하면서도 이해관계의 당면한 현실(immediate reality)을 인정하는 것이, 이러한 이해관계가 지니는 힘에 대한 상충하는 입장들 간의 임시적인 화해를 의미하지는 않는다. 오히려 그것은 사회의 특정한 이론적 이해의 실천 속에 들어 있는 직설적인 표현이다. 그 이해는 그렇게 하지 않았다면 모호하고 신중한 공식으로 남았을 무엇을 정치적 실천의 문제에 대한 접근으로 바꿔낸다.

일상화된 사회생활의 제도적·상상적 틀에 대한 갈등의 범위가 더 좁고 강도가 약할수록, 계급과 공동체의 이해관계 체계는 더 뚜렷하고 견고하며 영향력 있게 보일 것이다. 제도의 틀이 불안정을 조장하는 갈등으로부터 스스로를 격리할 때, 집단 이해관계 체계의 명료함은 더 뚜렷해질 것이다. 왜냐하면 우리의 일상활동을 형성하고 사회형성을 위한 경제적·문화적 자원을 할당하는 제도 장치들이 집단분할 체계를 끊임없이 재생시켜야 그 분할 체계의 안정이 이루어지기 때문이다. 이 장치들은 결국 일상적인 갈등으로 혼란을 겪지 않을 때 안전을 확보한다.

만일 변혁적 투쟁가가 자신이 이러한 환경에 있다는 사실을 발견한다면, 그는 그것을 이해하고 자신의 행동을 그 명령에 맞추려고 노력해야 한다. 그는 자신들의 이해관계에 대한 기존의 관점에 따라 그의 목적을 가장 손쉽게 지지해줄 집단을 파악해야 한다. 그는 현재 인식되고 있는 집단 이해관계가 부과하는 제약을 전면적으로 무시하는 집단 동맹이나 반목을 추구해서는 안 된다. 또한 그러한 이해관계의 언어로 쉽게 번역될 수 없는 목적을 제안해서도 안 된다. (집단 이해관계 체계를 과감하게 깨뜨리는 정치적 예언자조차도 현재의 사적 경험의 이례성에 호소해야 한다.)

그러나 전복적인 활동가는 안정된 사회세계에, 그리고 이해관계나 가능성에 관한 그 사회의 활성화된 레퍼토리에 열중하는 것처럼 보일 때조차도 내심으로는 유보조건(mental reservation)을 품고 있다. 그는 그 안정성을 더 광범위한 갈등의 일시적인 저지나 봉쇄에, 그리고 부정의 능력을 부분적으로 실현하는 데 바탕을 둔 것으로 이해한다. 또한 사회생활을 허위적 필연성으로부터 더욱 해방시킬 수 있다고 생각하는 대안적인 제도 질서에 전념한다. 더욱이 이러한 변혁적 실천관계에 대한 다음의 준칙이 강조하는 것처럼, 가장 경직된 사회 상황조차도 단호한 변혁가가 활용할 수 있는 모호성이 풍부하다는 점을 이해한다.

침묵할 때에도 변혁가는 완전히 사라지지 않는 평범한 기회들 속에서 더 큰 갈등의 발판을 발견하려는 노력을 그치지 않는다. 그는 모든 것을 거의 주어진 것으로 받아들여야 한다. 왜 거의인가 하면, 주어진 것에 관한 불확실성과 주어진 것 너머에 대한 비전 간의 관계가 운동의 가능성을 창출해내기 때문이다.

갈등이 고조되면, 집단 이해관계에 실제의 그러나 피상적인 명료함을 부여하는 제도적 영역과 집단적 정체성이 사라지기 시작한다. 이제 기존의 집단 이해관계가 충족되고 동시에 재정의될 수 있는 대안노선들 가운데 하나를 선택해야 하는 것이 분명해진다. 각 노선은 일련의 제도 장치에 대한 공약 ─ 또는 오히려 제도 개혁의 진행에 대한 공약 ─ 을 수반하며, 그것은 일군의 사회적 동맹의 다른 한 면이다. 각각의 과 정은 사람들이 자신들의 이해관계를 인식하는 방식을 바꾼다. 가능성 은 항상 저편에 있었다. 그러나 이제 그것은 실행될 수 있다. 이러한 실 행은 집단 이해관계의 임시적이고 재규정될 수 있는 속성을 입증한다.

예를 들어, 20세기 후반 산업민주국가들의 노동당이나 사회당을 살 펴보자. 그들은 내내 스스로를 경제의 대량생산 부문에 자리 잡은 조직 된 노동력의 대변자로 규정할 수도 있다. 반면, 그들은 전통적인 노동계 급 밖에 있는, 그 수가 더 많고 불분명한 구성원들에게 또다른 목소리를 내기도 한다. 이러한 전략에 따라 그들은 정부와 생산에 대한 기존 제 도 장치의 급격한 변경을 추구하지 않을 것이다. 그들은 부와 수입의 점 진적인 재분배, 사회보장체계의 점진적인 발전, 국유화된 산업의 확대, 그리고 노동현장과 이웃에서 더욱 참여적인 결정방법을 갖고 진행되 는 임시적인 실험 등을 추구한다. 그뿐만 아니라 이들은 쇠퇴하는 국가 산업 부문에 주저앉아 위축되어가는 노동력 부문(예를 들어, 대량생산 산업의 조합노동자)에 특권을 보장할 경우, 미래가 없다고 결론을 내릴 수도 있다. 세심한 분별력만이 그들로 하여금 더 큰 연합을 대변하는 대 안 프로그램을 강구하도록 이끌 수 있다. 여기서 연합이란 실직자, 비조 직 대중, 빈곤층뿐만 아니라 소규모 기업이나 전문직 자영업자 등 새롭 거나 오래된 방식에 속한 사람들의 결속을 말한다. 서구 역사에서 억눌 려온 대안을 재구성하는 것도 프로그램의 후보가 될 수 있다. 말하자면 수정된 소규모 상품생산으로, 정부조직과 자본할당의 체제 즉 강화된 민주주의가 상술하는 프로그램에 큰 의미를 지닌다.

이 프로그램이 시행될 경우, 하층민, 숙련노동자, 신구 프티부르주아, 그리고 독립적인 기술직 혹은 전문직 간부 사이의 차이가 줄 것이다. 그 이유는 단일한 동질적인 노동력이 등장하기 때문이 아니라, 노동력 내에 잔존하는 차이가 무수히 다양하고 단편적이며 쉽게 변하기 때문이다. 자기가 속한 집단, 자기들의 이해라고 상상했던 방식의 변화가 제도 재구성의 각 단계 이전에 먼저 일어나고 또 그 이후에도 계속된다.

갈등이 극단적인 상태로 고조되면서 단단한 사회관계들이 모두 앞서 말한 증폭된 환경 속으로 무너지게 된다. 한편, 사회는 만인에 대한 만인의 투쟁이라는 홉스식 갈등으로 넘어간다. 각 개인은 자신이 할 수 있는 것은 무엇이든 움켜쥐고, 무모할 정도로 미리미리 안전을 도모한다. 다른 한편, 계급과 공동체적 이해관계의 다툼이 대안적 프로그램 비전에 의해 고취된 정당들의 투쟁으로 나아간다. 한편, 사람들은 인정사정 없이 싸우면서 사회적 지위 같은 건 잊어버린다. 모든 사람들이 방어와 자기방어를 위한 처절한 투쟁을 치르면서 비슷해진다. 다른 한편, 이해관계에 단호한 사람의 후계자는 자신이 특정 계급이나 공동체에 속했다는 이유로 어떤 이념이나 견해에 대한 약속을 결정하지 않는 맥락-초월적 존재 같은 개인이다. 가장 강력하게 정신적 독립성을 주장하는 것은, 사회적 신분에 따라 개인의 의지와 상상력에 부과되는 제약을 약화할 수 있는 힘을 실질적으로 키우기 위해 벌이는 가장 처절한 싸움과 흡사하다. 갈등이 최고조에 이른 환경에서 변혁적 투쟁가의 전망은 부분적으로는 이론가와 예언가의 관점이 된다.

따라서 갈등이 고조되는 매 단계에서 변혁적 활동가는 기존의 집단 이해관계 체계에 대한 자신의 태도를 바꿔야 한다. 먼저 그는 이 체계가 부과하는 제약 내에서 자신의 동조자를 찾아야 하고, 그러고 나서는 그 제약을 무너뜨리는 데 기여해야 한다. 그러나 그의 외견상 모순된 태도는 동일한 이론적 관념에 의해 동기를 부여받는다. 그의 태도는 전제가 변화한 것으로 보이지만 결국 동일한 관념에 충실한 것으로 판명된다. 갈등 초기에 계몽된 투쟁가는, 심층구조 사회분석에 만족하는 전통적인 좌파 또는 전통적인 사회과학의 전제를 공유하는 진부한 이해집단의 정치인으로 오인되기 쉽다. 하지만 그는 처음부터 도덕적·정치적 지성이, 현실의 사람들에게서 사회범주의 사례 이상의 것을, 사회범주에서는 조건적인 사회세계의 **표현**만을, 그리고 그 세계가 규정하는 이해관계나 정체성과 더불어 연관된 현실과 가능성을 보도록 요구한다는 점을 수긍한다.

그의 궁극적인 목표는 단지 일련의 집단 이해관계를 다른 것으로 대체하는 것이 아니라 사회구조가 여전히 기존의 집단 이해관계 체계에 좌우된다는 생각을 바꾸는 것이다. 이 변혁적 정치관이 기대하고 지지하는 강화된 민주주의 프로그램은 반복적인 도전에 맞서 효과적으로 보호되어온 형성적·제도적 질서 속의 고정된 사회적 지위의 토대를 허물어뜨리려 한다. 정치의 일반적인 경험은 (통치권력의 장악과 이용을 둘러싼 갈등이라는 좁은 의미와 사회의 재구조화를 위한 투쟁이라는 넓은 의미 모두에서) 계급과 공동체를 정당으로 분산시키는 것을 좀더 철저하게 구체화해야 한다. 단계적 확대(escalation)의 계기를 특징짓는 집단 이해관계에 대한 태도가 정상적인 것이 되어야 한다. 그러나 사회계급을 여론정당으로 더욱 쪼개는 작업은 홉스식으로 안전을 선취하려 들지 않고 이루어져야 한다. 왜냐하면 그러한 분해는 폭력적인 무정부상태보다는 특별한 제도 장치들의 채택으로부터 나오고, 이러한 장치들이 곧 개인의 중대한 안전을 보장하기 때문이다. 그러나 안전을 확보하기 위한 이러한 제도적 수단은 통합적인 재산처럼 어느 한 집단이 사회구성을 위한 자원에 대해 특권화된 지배력을 장악하는 것이 허용되어서는 안 된다. 그 수단은 주변 사회질서 위의 개별적 안전이라는 견고한 의미를 최소화해야 한다(면제권에 관한 이후 논의를 보라).

| 다섯번째 과제: 안정 속에서 변혁적 기회를 발견하고 이용하기

변혁운동은 지금의 형성적 맥락이 가장 안정적이고 고착화된 것처럼 보일 때조차도 실천적·상상적 탈안정화를 위한 기회를 포착하고 이용하는 법을 배워야 한다. (고착화는 형성적인 제도와 선입관이 일상의 사회활동에서 도전과 수정을 허용하지 않는 정도를 나타낸다는 점을 상기하라. 한편, 안정성은 어떤 고착화의 수준에서 경제적·군사적 위기 같은 압력이나 위험에 대한 회복력과 관련된다. 심층구조 분석의 정신으로 무장한 좌파들이 좋아하는 대조를 써본다면, 고착화는 구조의 속성이며 안정성은 국면을 나타낸다.)

다섯번째 과제는 네번째 과제의 확장이거나 특수한 경우다. 앞서의 변혁적 실천원리는 집단 이해관계, 집단적 정체성 및 사회적 가능성에 관한 기존의 가정들에 대한 접근을 기술한다. 그것은 이 가정들이 결정적인 것이라는 점을 거부하면서 그것들을 진지하게 받아들이는 법을 가르친다. 이제 나는 이 접근을 적용하기 가장 어렵고 잊어버리기 가장 쉬운 환경을 살펴보고자 한다.

이 논의는 지금의 북대서양 민주국가들처럼 가장 안정된 단계에서조차 지속되고 있는 변혁적 기회의 세가지 특징적인 사례에 초점을 맞추고자 한다. 이를 위해 통상적인 법적 논쟁에서 도출된 상황을 선택할 수도 있겠지만 실제 집단갈등 사례를 선택했다. 변혁적 기회에 대한 분석은 이 책에서 전개된 사회이론의 몇몇 기본적인 테마에 의거한다. 인지된 집단 이해관계나 정체성과 제도 장치들 간의 밀접한 연계성, 실천적 혹은 정서적인 인적 결합을 위해 새로 나타나는 기회를 수용하는 제도적 혹은 상상적 구조들의 실패, 그리고 맥락-변혁적 투쟁으로 확대되는 맥락-보존적 활동의 억제할 수 없는 능력 등이 바로 그것이다. 각 사례에서 변혁적 기회의 분석은 상대적으로 사소한 위기나 불화에 대한 대응이 어떻게 대립적인 방식으로 성취될 수 있는가를 보여준다. 이러한 대응은 형성적인 제도 장치, 가능하고도 바람직한 인적 결합에 관한 형성적 아이디어, 그리고 이러한 아이디어나 장치가 지지하는 이해관계, 정체성 및 가능성에 관한 가정들의 혼란을 최대화하거나 최소화한다. 변혁가들은 초기의 기회를 알아채야 한다. 혼란을 극대화하는 대응의 실천을 숙달해야 한다. 이처럼 대응하면서 얻은 각각의 성공 사례를 자신들의 프로그램에 대한 단편적인 예상의 실례로 바꿔내야 한다.

정부권력을 사적 특권에 복무하도록 편입시키는 것과 사적 집단들이 서로 형성하는 다소 타협적이거나 강제적인 조정 간의 관계에서 변혁적 기회의 억누를 수 없는 근원이 나온다. 각 계급, 공동체 혹은 노동력의 부문이 사회분할과 위계질서 체제에서 차지하는 위치는 대체로 저마다의 이해관계를 위해 정부의 직간접적인 보호를 확보하는 데 상대적으로 얼마나 성공하는가에 달려 있다. 정부의 보호는 법규범이나 경제정책의 형태를 취하거나, 기존 패턴의 집단적 이권이나 타협을 혼란시키는 것을 거부하는 형태를 띤다. 이렇게 획득되고 확보된 영향력은 다시금 정부권력에 대한 특권화된 접근수단을 갱신하는 데 사용될 수 있다. 이는 만일 관직에 대한 세습적 권리 주장을 통한 것이 아니라면, 선거나 정책에 대해 혹은 심지어 공적 권한의 적절한 사용과 부적절한 사용에 관한 가정들에 대해 경제적·문화적 영향력을 끼치는 방식으로 이루어질 것이다. 각 집단은 가장 낮은 사회적 위치를 자임하지 않는 한, 이 투쟁에 가담해야 한다. 각 집단은 뒤처지지 않기 위해, 유리한 위치를 차지하기 위해 싸워야 한다.

그러나 정부권력을 집단편익으로, 그리고 집단편익을 정부권력으로 변환하는 것은 끊임없이 반복될 수법이다. 권력과 이권 간의 직접적인 연관성이 적을수록, 그 연관성에 투입되는 관심은 더 커지고 그것이 산출하게 될 결과들의 예측가능성은 더 작아진다. 정부 관리와 정책이 변화할 때, 다른 집단들이 상대적으로 갖는 경제적·조직적 혹은 인구학적 힘 또한 변한다. 그러므로 정부가 지원하는 특권과 무능함의 구조는 어쩔 수 없이 불안정하며, 집단들은 그 구조 내에서 운용해야 한다. 이 하위단계의 억제된 불안정성이 끊임없이 일련의 작은 갈등과 불안을 산출하는데, 변혁가들은 이를 파악하고 이용하는 법을 배워야 한다. 어떤 관점에서는 메시지가 없는 골칫거리처럼 보이는 것이, 다른 관점에서는 의외의 사실로 재인식될 수도 있기 때문이다. 만일 수용된 집단 이해관계와 정체성의 경계들이 통치권력의 장악과 이용을 둘러싼 갈등에 의해 흔들릴 수 있다면, 현재의 집단 이해관계와 정체성의 논리에 있는 모든 것이 이러한 혹은 다른 유형의 갈등에 의해 바뀔 수도 있다. 변혁의 주체들은 이러한 통찰을 정부의 특권과 집단의 이권을 둘러싼 투쟁의 주관적인 경험으로 전환시키도록 자신들이 할 수 있는 모든 일을 해야 한다. 이 목적을 위해 그들은 안정된 상황에서도 계속 존재하는 두가지 다른 주요 변혁적 기회를 이용해야 한다.

그 기회들 중 하나는 집단 이해관계를 방어하기 위한 필요조건들 가운데 줄어들지 않는 전략적 모호성으로부터 나온다. 사회의 형성적인 제도적·상상적 맥락이 매우 명확하게 정의되고 대체로 논란이 없다고 가정해보자. 노동력의 각 부문은 노동의 사회분업에서 뚜렷하게 식별되는 위치를 차지한다. 즉, 특징적인 직업들은 임금과 재량권의 상대적으로 차별화된 기준, 공유된 삶의 방식, 그리고 여러 공유된 태도·야망·이해력을 갖추고 있다(노동력 부문들의 구분은 단지 집단 이해관계 논리의 한 측면에 불과하다. 그러나 지금 논의하는 관점을 보여주기에는 충분하다). 노동력의 각 부문은 이익을 지키기 위해 두가지 전략 중 하나를 따른다. 그것은 축소 전략을 택할 수도 있다. 그리고 나서 엄격하게 정해진 현재의 위치와 특권을 고수하려고 시도한다. 그것은 자기 바로 밑에 있거나 자신과 가장 유사한 집단을 경쟁자이자 적으로 규정한다. 그것이 상위자들을 상대로 벌이는 저항은, 상위자들이 하위집단과 공동전선을 펴서 자신의 이해관계와 위상에 해를 끼칠지 모른다는 두려움으로 누그러진다. 이 전략은 단기적인 불확실성과 위험을 최소화하는 장점이 있다. 하지만 그것은 어떤 집단이 자신의 현재 위치에서 중요한 향상을 이루는 것을 어렵게 할 뿐만 아니라, 직접적인 하위자들의 지속적인 열등감에 발목을 잡히게 한다. 그 집단은 자신의 행동이 하위자들로 하여금 반란을 꾀하도록 부추길지 모른다는 두려움 때문에 과감하게 도전하기를 주저할 것이다.

축소 전략에 대한 대안은 확장 전략이다. 그 집단과 지도자들은 가장 가까운 협력자나 하위집단들과 더불어 자신들의 공동 상위자들에게 대항하려고 시도한다. 처음에는 단지 전술적 동맹의 정신으로 그렇게 할 수도 있다. 하지만 전술적 협력관계로 시작한 것이 서서히 집단 이해관계와 정체성의 확장된 정의로 전환될 수 있다. 그것은 대안적인 제도 장치나 이를 예시하는 실험에 의해 견고해지는 정의(definition)다.

집단 이해관계, 집단적 정체성 및 사회적 가능성의 논리가 잘 규정되어 있을 뿐 아니라 도전받지 않는다고 가정하더라도, 이는 축소 전략과 확장 전략 중 어느 것을 선택해야 하는지에 관해 일반적인 근거를 제공하지 못한다. 각각은 그 자체의 장점과 위험이 있다. 각각의 상대적인 설득력은 집단행동의 특정한 전통과 환경에 달려 있다. 두 전략 모두 그 견고한 가정들과 똑같이 양립할 수 있다 하더라도, 그 가정들의 미래에 대해서는 전혀 다른 함의를 갖는다. 축소 전략은 가정된 이해관계, 정체성, 그리고 가능성에 대한 제약의 영속화를 조장한다. 확장 전략은 곧바로 그 가정들을 전복하는 데 이른다. 변혁운동의 투쟁가들은 이러한 전략적 모호성을 잘 이용해야 한다. 비록 그들은 이해관계, 정체성 및 가능성에 관해 수용된 견해를 토대로 시작해야 하지만, 가능하다면 언제든 확장 전략에 따라 주장하고 행동할 필요가 있다. 논쟁하고 행동하는 가운데 투쟁가들은 현재 인식된 집단 이해관계에 따른 동맹의 확대가 어떻게 이 이해관계들을 재정의하는 데 도움이 되는지를 보여줄 최초의 기회를 기다린다.

동일한 문제에 대한 보수적 대응과 진보적 대응의 공존이 또다른 상황에서 나타난다. 이는 외견상 안정성이 굳건한 환경에서 나타나기 쉬운 가장 유망한 변혁적 기회들이다. 사회와 정부는 정기적으로 중간 수준의 위기에 직면하는데, 이 위기는 예상치 못했던 경제적 또는 군사적 도전에 맞게 제도 장치들을 조정할 필요에 의해 발생한다. 생산적 혹은 파괴적 실천역량을 발전시킬 기회를 이용하기 위해서는 지금의 형성적 맥락의 국면을 수정해야 한다. 만일 이러한 수정을 실행하지 못한다면, 경제적 쇠퇴나 외교적·군사적 패배의 위험을 감수해야 한다. 이 같은 상황이 현행 제도들에 대한 갈등을 촉발할 가능성이 높다. 그러나 앞서 나아가서 개혁을 단행한다 해도, 갈등의 가능성에 직면할 수밖에 없다. 제도 장치들은 변경되거나 보존되면서 집단 간 또는 집단과 정부 간의 복합적인 타협을 지탱해준다. 실제 목표들이 소소한 제도적 조정으로 충족되기도 한다. 그러나 중요한 것은 이 목표들이 대안적인 제도적 조정을 통해서는 예외 없이 실현될 수 있다는 점을 이해하는 것이다. 이러한 조정은 경쟁하는 각 집단들의 상대적인 지위나 국가와의 관계에 상이한 효과를 가져온다. 위기를 전환하기 위한 개혁이 갈등을 초래하는 것은 피할 수 없다. 왜냐하면 개혁이 기존의 관계들을 혼란스럽게 하고, 그 내용에 따라 이 관계들을 매우 다른 방식으로 뒤집을 수 있기 때문이다. 일단 갈등이 발생하면 범위와 강도가 확대될 수 있다. 보수적인 위기관리자들의 목표는 기존 제도와 수용된 이해관계에 대한 혼란을 최소화하면서 직면한 실제의 위험에 대처하는 개혁을 모색하는 것이다. 변혁운동의 목표는 불가피하게 발생할 논쟁들을 이용하는 것이다. 다시 말해 그 논쟁들을 확대·강화하며, 변혁적 프로그램의 방향에서 단계를 나타내는 방식으로 대처하는 것이다.

한 예로서, 부유한 산업국가들을 살펴보자. 그 국가들은 현재 산업조직의 양식을 바꿈으로써 국제 노동분업의 변화에 대처해야 한다는 압력을 받고 있다. 그 국가들은 전통적인 대량생산 산업을 강조하던 데서 (합리화된 집단노동의 견고한 형태를 선호하는 토대) 첨단기술 제조업과 용역제공이라는 더욱 유연하고 선도적인 형태의 훨씬 더 큰 강점으로 이동해야 한다. 이 변화는 지금의 자본할당과 대의민주주의의 제도적 형태에 도전하는 것을 주도면밀하게 피해 가는 방식으로 기획될 수도 있다. 하지만 이 같은 온건한 버전에서조차도 새로운 장치와 새로운 협상이 필요하다. 거기에서 또한 새로운 갈등이 발생한다. 예를 들어 전통적으로 대량생산 산업에 정착된 노동운동은 세습적인 형태의 대표권이 위협받는 것을 발견하게 된다. 노동운동은 조직된 노동과 정부와의 관계, 그리고 전에 조직되지 않았던 노동 부문들과의 관계 모두를 재정의하는 대안을 추구할 수도 있다. 또한 그 대안들은 노조의 호전성과 기업 결정과정에 참여하는 대표권 간의 균형을 바꾸기도 한다. 관리자들과 관료들은 은밀한 보조금과 조세를 통한 재분배의 우연적인 패턴이 공공정책과 기업 결정 간의 더욱 조직된 관계로 대체되어야 한다는 사실을 깨닫는다. 대기업들은 자신들의 소규모 거래 협력업체들, 하청계약자 혹은 비공식적인 연구소같이 전에 번성했던 소기업들의 이미지로 내부조직을 재구성해야 할 압력을 받기도 한다. 이 모든 변화는 넓게 보아 산업적 재구성을 위한 보수적 노선이라고 할 만한 것과 양립 가능하다. 하지만 어떠한 것도 대안을 제시하고 갈등을 겪지 않고서는 이룩될 수 없다.

강화된 민주주의 프로그램 옹호자들은 이 갈등을 포착할 수도 있다. 그들은 더욱 쉽게 그런 일을 할 수 있는데, 왜냐하면 같은 변화를 더 강력하게 추진하는 제도 장치들을 정당하게 요구할 수 있기 때문이다. 그들이 지지하는 자본할당 체계는 대량생산 산업이 전통적으로 생산, 노동 및 자본 시장의 불안정성으로부터 스스로를 보호해온 수단을 박탈한다. 또한 그 체계는 전에 대량생산 경쟁자들에게 확보되었던 제도적 편의를 좀더 유연한 선도기업들에게 부여한다.

이 같은 중간 수준의 위기들은 혁명적 개혁에 일반적인 기회를 제공하며, 보수주의자건 급진주의자건 모두 이를 중점적으로 다루어야 한다. 그 위기들의 빈도나 중요성이 실증주의 사회과학이나 심층구조 사회분석에 의해 극단적으로 폄훼되어온 것은 당연하다. 전자는 문제해결과 구조틀 변화 간의 차이에 무감각하며, 후자는 총체적이고 급작스런 구조틀의 변화라는 관념에 사로잡혀 있다.

변혁적 기회의 이 마지막 근원에 관한 논의에 함축된 관념은, 이 책의 앞부분에서 개진한 설명적 사회이론의 세가지 테제와 관련될 때 더욱 일반적이게 되고 명확해진다.

첫번째 관련 테제는 기존의 사회분할이나 위계질서 체제가 노동조직에 부과하는 제약요인을 누그러뜨리는 제도 장치들의 형성과 실천역량의 발전 간의 관계다. (가용자원과 기술적 발전의 특정 단계에서 고착화된 위계질서와 역할이 강제적인 잉여 착출에 제공하는 서비스에 의해 이 관계가 일시적으로 무시될 수도 있다는 점을 기억하라.) 이 테제는 왜 일련의 중간 수준의 위기들과 이에 대한 대응들이 맥락-변혁적 활동과 맥락-보존적 활동 간의 괴리를 좁히면서 엄격한 사회적 역할과 위계질서를 약화하는 제도 장치들의 축적적인 창조를 초래하게 되는가를 보여준다. 따라서 이 테제는 그 위기들이 강화된 민주주의 프로그램에 가담하는 정치적 실천에 대해 갖는 특별한 이해관계에 관심을 품게 한다.

여기에서 전개된 사회이론의 두번째 관련 테제는 더 큰 부정의 능력을 향한 어떠한 변화든지 대안적인 일련의 제도 장치들을 통해 성취될 수 있으며, 따라서 다른 집단들의 부, 권력 및 명성에 대한 대안적인 효과를 통해서도 성취될 수 있다는 것이다. 기존 제도들의 구체적인 내용, 이용 가능한 아이디어들, 그리고 집단행동의 전통이 기존 해법의 폭을 제한하기도 한다. 만일 어떤 해법이 부정의 능력에서 너무 급격한 진척을 요구하거나 형성적 맥락을 산출했던 독자적인 역사로부터 너무 동떨어진 자료에 근거하면 성공할 수 없을 것이다. 하지만 그 한계는 느슨하고 모호하게 남아 있다. 어떤 중간 수준의 위기에 대한 고유한 해법이나 잘 정비된 가능한 해법 목록조차도 구체화에 실패한다. 그 위기는 항상 대안적 제도 개혁을 만날 수 있으며 또 어떤 개혁도 기존의 집단 이해관계를 혼란시키기 때문에 분명 갈등은 벌어진다. 보수주의자는 이를 봉쇄하려고 시도해야 한다. 급진주의자는 이를 자신의 목적으로 전환하려고 시도해야 한다.

사회이론의 세번째 관련 테제는 제도 개혁이 부정의 능력 발전에 얼마나 기여하는가 하는 문제와, 그것이 기존의 제도적 재고안의 역사에 얼마나 쉽게 들어맞는가 하는 문제가 자주 뒤바뀐다는 것이다. 급진주의자는(급진주의자라는 의미는 단지 좀더 많은 변화를 원하는 사람이 아니라, 앞서 정의한 것처럼 급진적 프로젝트를 옹호하는 사람이라는 사실을 기억하라) 집단 이해관계, 집단적 정체성 및 사회적 가능성에 관한 기존의 가정들로부터 더 큰 단절을 요구하는 — 적어도 궁극적으로는 ── 전략적 불리함이 있다. 그러나 만일 그가 옳게 생각하고 행동한다면, 그는 사회생활의 조직을 실천역량의 더 나은 발전과 중간 수준 위기의 더 나은 관리에 더욱 적합하게 만들겠다고 그럴듯하게 주장할 수 있는 대항력을 획득할 수도 있다. 심지어 그는 이 모험적인 미래의 이익을 현재의 용도로 전환할 것을 약속할 수도 있다. 사회적 조형력에 대한 실천적 관심과 급진적 대의 간의 유사성을 이해하고 존중함으로써, 보수주의자와의 대결에서 호각을 이루는 데 도움이 된다.

| 여섯번째 과제: 비전적 언어 만들기

앞서 논의한 변혁적 실천의 모든 과제를 이행하는 데 성공한다고 해서, 실천과 프로그램을 논의하는 언어를 사용하게 되는 것은 아니다. 급진적 변혁운동에 현재 이용할 수 있는 담론의 형식들은 대체로 강화된 민주주의 프로그램에는 부적절하다. 어떤 담론들은 심층구조 사회이론의 구호 같은 형태를 띤다. 다른 담론들은 단지 기존의 집단이익 관념에 호소한다. 어떤 것들은 제도적 구체성을 거의 갖추지 못한 유토피아적인 내용이다. 다른 것들은 인간의 역량강화나 해방에 관한 일반 프로그램과의 연관성을 명확하게 밝히지 않은 채 제도 개혁을 기술한다. 현실적 의미에서 운동은 스스로 설득하여 권력을 획득해야 하고, 사용하는 언어는 세속적인 책략과 마찬가지로 설득의 도구이자 발견의 장치여야 한다.

적절한 담론의 양식이 충족해야 할 첫번째 기준은 인지된 집단 이해관계(즉, 프로그램 지지자들의 초기 연대를 구성하는 집단들의 인지된 이해관계)에 대한 호소와 바람직한 방향으로 나아가는 제도 개혁의 진행과정을 결합하는 능력이다. 적합한 담론은 사람들로 하여금 집단 이해관계의 정의들과 이러한 이해관계들이 정의되고 충족되는 제도적 구조틀의 연속적인 조정 간의 상호작용에 대해 성찰하게 할 수 있다.

이 상호작용이 의존하는 관행적 사고와 표현을 살펴보자. 제도 재구성을 요구하는 기존의 집단들을 충족시키는 형태를 그렇지 않은 형태보다 우선하기 위해서는, 가장 초기의 단조로운 논쟁에서 그 프로그램 저변에 놓인 비전적으로 충격적인 무엇인가를 예상할 필요가 있을 것이다. 전략적 계산만으로는 확실하게 위험한 실행과정 쪽으로 전환하는 데 결코 충분하지 못하다.

제도적 제안들을 현재의 논쟁이나 관심사와 충분히 연결될 수 있도록 평범하고 구체적인 언어로 기술해야 한다. 또한 그 제안들은 비전적인 견인력을 발휘할 만큼 원대해야 한다. 이처럼 다루기 힘든 딜레마에 대한 해법은 그 초점을 사소한 개혁에서부터 중대한 재구성에 이르는, 제도의 축적적인 변화의 전체 진행과정에 맞추는 것이다. 중요한 것은 그 경로상에 있는 어떤 개개의 위치라기보다는 경로 자체다. 그러므로 운동의 언어는 옳고 그른 노선들, 즉 현실적인 방향과 비현실적인 방향에 대해 이야기해야 한다. 그것은 개혁적인 수선(tinkering)과 전면적인 혁명 간의 배타적인 대조를 거부해야 한다. 그것은 사회변혁을 전체적으로 이해하는 응용버전이 현실적인 변화의 궤적들을 확인하는 데 집중해야 한다. 여타의 많은 방법에서처럼 이 방법에서도 운동의 담론은 이 책이 주장하는 사회이론 양식의 실천적인 확장을 나타내야 한다.

앞의 논의는 이미 재구성 운동의 언어가 제도적일 뿐만 아니라 예언적이어야 한다는 점을 제시한다. 그 언어는 비전의 신선함과 직접성을 확보해야 하는데, 이는 이해관계를 충족시키는 제도-도전적(institution-challenging) 형태들에서 에너지를 얻고, 현재의 경험과 궁극적인 프로그램적 목표 간에 교훈적이고 고무적인 연계성을 유지하기 위한 것이다. 이 목표들은 정치적 예언의 주제다. 왜냐하면 그것들은 연대와 맥락성의 문제들에 대해 더 나은 해법을 약속하기 때문이다. 즉, 그것은 자기주장을 가능하게 하는 조건들 간의 갈등을 줄이고, 우리의 사회적 맥락들을 덜 자의적이고 덜 속박하게 하는 더 나은 기회들에 대한 약속인 것이다.

그러므로 언어는 민주주의나 사적 공동체에 대한 현재의 이념과 실천의 국면에 끊임없이 영향을 미친다. 이 이념과 실천이 아무리 오염되었다 하더라도, 우리가 일과 교환의 일상세계에서 발견할 수 있는 것보다 더 완전한 자기주장의 경험을 믿음을 토대로 제공한다. 변혁가의 이야기는 이러한 상위의 연대 경험들이 어떻게 사회생활의 더 넓은 영역으로 확장될 수 있는지 그리고 확장과정에서 그것들이 어떻게 수정될 수 있는지를 제시한다. 그 대안으로 변혁가의 담론은 대중문화에서 평범하면서도 예외적인 모험가의 정신을 강조하는 것은 무엇이든 이용하기도 한다. 이들 모험가는 자신의 맥락에 대항해서 싸울 수 있고, 지루한 실제 삶의 하찮은 일상에 대해 승리할 수 있는 자들이다. 그 목적은 이 공상이 어떻게 현실이 될 수 있는지, 다시 말해 그것이 집단적이고 제도화된 형태로 어떻게 실현될 수 있는지를 보여주는 것이다.

그러나 수사적 전략이 추구하는 것이 무엇이든, 언어의 강조는 도그마와 실천의 비인격적인 측면들보다는 개인적인 경험의 민감성과 항상 관련되어야 한다. 우선 첫째로, 개인 대 개인의 상세한 관계에 대한 언급만이 설득력 있고 이해 가능한 직접성을 운동 담론에 제공할 수 있다. 다음으로는, 변화하는 제도적 맥락에 의해 형성되고 이론 분석에 의해 해석되는 개인적인 경험의 기준만이 궁극적으로 가능성과 역량강화에 관한 우리의 관념들을 유효하게 할 수 있다. 사적 경험에 대한 호소를 수사적으로 사용하는 것과 이들 호소의 지적 가치 사이에는 갈등이 있을 수 없다. 정치적 예언의 활용이 전제하는 것은 우리의 직접적인 실천적 혹은 정서적 교제를 형성하는 기존의 도그마와 제도들의 실패다. 예언적 비전은 이 실패로부터 야기된 변형들을 사회생활의 재생을 위한 출발점으로 삼는다.

이러한 정신으로 표현된 정치적 언어는 심층구조 사회이론의 전통에서 형성된 투쟁가들이 쉽게 생산하거나 수용하지 못할 것이다. 중간간부들이 변혁되고 이론이 대체될 때까지는 이론적 편견과 많은 타협이 이루어져야 할 것이다. 대중적 합의의 요구사항에 그저 양보하는 듯 보이는 것이 진정한 통찰의 필요조건으로 받아들여질 수 있기까지는 시간이 걸릴 것이다.

권력 영역에서의 변혁운동

| 변혁적 실천의 두번째 계기

앞의 논의들은 변혁운동이 통치권력으로부터 떨어져 있고 사회생활에서 발판을 획득하려는 투쟁을 벌일 때, 직면하게 되는 문제들을 다뤘다. 이제는 변혁운동이 변혁의 거대하고 위험한 수단인 중앙정부 권한의 일부를 행사할 때 직면하게 되는 문제들을 살펴보자.

다시금 이 분석에서는 선거나 의회의 절차에 따른 권력의 평화로운 획득과 혁명적 활동에 맞선 국가의 폭력적인 장악을 함께 다룬다. 앞서 실천 단계에 비해 여기의 유추(analogy)는 오해의 소지가 있는 것처럼 보인다. 하지만 이 절에서 유추는 이전보다 훨씬 더 많은 성과를 가져온다. 비록 유추가 차별화된 문제들을 제공하긴 하지만, 여기에 나타나는 혁명적 상황은 변혁적 실천이 진화하는 환경에서 직면해야 하는 어려움들을 단순화하고 극화해서 보여준다.

통치권력 단계에서의 실천에 관한 다음 논의는 상대적으로 무력한 선동 단계에 대한 분석에 암묵적으로 나타나는 패턴을 명확하게 해준다. 최우선적인 목표는 바람직한 결과를 예상하고 끌어내며, 표현하고 기여하는 방법을 활용하는 것이다. 다시 말해 그 목표가 요구하는 바는 실천적 방법과 전환기적 결과 양 측면에서 중앙집권화된 집단결정을 분권화된 민중의 참여나 결정과 연결짓는 것이다. 이러한 유형의 변혁적 실천이 일치시키고자 하는 강화된 민주주의 프로그램은 상위의 국가권력이 제도적 해법을 일방적으로 부과하는 것을 거부한다. 그뿐만 아니라 대규모 통치·경제 제도 없이 진행하려는 시도, 그리고 제도 장치를 순수하고 비강압적 협력이라는 비논쟁적인 체계로 대체하려는 시도를 오도되고 자멸적인 것으로 보고 거부한다. 강화된 민주주의 프로그램은 그런 체계가 존재하지 않으며, 덜 강압적인 협력체계의 발전은 통치제도들의 폐지가 아니라 그 제도들의 변혁에 달려 있다는 것을 전제한다.

| 경제적 재분배에 대한 제도 재구성의 우선성

공직에서의 변혁운동은 부와 수입의 재분배보다 제도 개혁을 우선해야 한다. 또한 기본적인 제도 장치들을 바꾸지 않고 놔두는 것보다 제도 재구성의 결과로 나오는 경제적 분배를 우선해야 한다.

주요 재분배(여기에서는 경제적 재분배를 의미함)와 제도 개혁 모두 분열 효과가 있다. 이것들은 저항과 혼란을 야기하는데, 이는 혁명적 상황뿐만 아니라 의회적 상황에서도 발생한다. 재분배와 제도 변화 모두 그 변화들이 자신의 이권을 위협하고 신념을 모욕한다고 생각하는 사람들의 반대 속에서 추진되어야 한다. 더욱이 재분배와 제도 변화는 생산, 교환 혹은 행정의 실무적인 활동을 혼란시킬 수 있고, 무질서와 위기에 대한 두려움에서 오는 반대를 야기할 수 있다. 재분배의 저항유발 효과는, 재분배 효과가 불명확하거나 지연되는 제도 개혁의 경우보다 더 클 수도 있다. 저항을 유발하는 효과는 집권당에 대한 공공연한 적개심의 형태뿐만 아니라 투자회수와 자본도피의 형태로도 나타난다. 그러나 이 "비정치적" 결과들은 곧 "정치적" 결과를 낳기도 한다. 만일 이들의 저항이 장기간 지속되도록 내버려지면, 정부에 대한 대중적 지지나 용인의 기반이 침식될 것이다. 다른 한편, 비록 재분배의 결과가 명백하거나 직접적이지 않더라도, 제도 개혁은 대규모 분열을 야기할 것이 분명하다. 의도한 대체제도가 안정되기 전에, 기존의 형성적 맥락의 일부 — 일련의 생산, 교환 혹은 행정 장치들 — 가 작동을 중단하는 전환적 시기가 나타난다. 전환의 어려움은 새로운 제도들이 변하지 않은 장치에 적응하고 거기에 어울리도록 재구조화해야 할 필요성에 따라 더 악화되거나 장기화되기도 한다.

공직에서의 변혁운동은 불가피하게 시간 싸움이다. 그 운동이 정책에서 얼마나 성공적이었든 많은 지지자들의 실망을 고려해야 한다. 이러한 실망은 부분적으로는 심리적인 것이다. 사회생활의 절정기 — 집단 동원과 대중적 열광이 고조되는 시기 — 는 영구적으로 지속될 수 없다. 그럴 수 없다는 것을 인정한다고 해서 동기부여에 관한 특별한 주장을 하는 것은 아니다. 다만 이 책의 설명적·프로그램적 주장에 생기를 불어넣는 인간활동의 총체적 견해가 지니는 주관적 측면을 강조하는 것이다. 비록 우리는 맥락들을 초월할 수 있지만, 맥락을 벗어나서는 우리의 일반적인 인간적 관심사들 중 어떠한 것도 추구할 수 없다.

급진주의자들은 사회생활의 절정기 — 집단 동원이 고조된 시기 — 의 성격 중 무언가가 냉각기 — 제도화된 사회적 존재의 일상적인 경험 — 로 이전되길 원한다. 따라서 제한적이지만 계몽적인 관점에서 보면 강화된 민주주의의 전체 프로그램은 맥락 형성 과정에서 발견되는 허위적 필연성에서 고양된 자유의 일부를 안정적인 맥락에서 포착하려는 시도일 수도 있다.

전환의 불확실성과 저항은 가능한 한 빨리 대안적 장치를 확립하도록 압박을 높인다. 여기서 재분배 목표와 제도적 목표에 주어지는 상대적 우위가 중요해진다. 만일 변혁운동이 재분배 목표와 제도적 목표를 동시에 추구하려고 한다면, 분열과 적대감을 심화하고 제도적 재구성의 계획을 실행에 옮길 기회를 갖기도 전에 선거에서 패배하거나 전복되거나 혹은 내부로부터 배신을 당할 가능성이 높아진다.

그러나 그 운동이 비제도적인 재분배를 우선한다고 가정해보자. 이행의 어려움은 여전하다. 만일 지연되거나 암묵적인 재분배의 효과를 지닌 제도 개혁에 초점이 맞춰져 있다면, 혼란이 적겠지만 오히려 저항은 더 커질 수도 있다. 자신들의 바로 눈앞의 이익을 위협받는 사람들은 집권당에 반대하는 운동을 전개하기 위해 스스로를 조직할 것이다. 물론 이들은 전반적으로 수동적인 태도를 취하겠지만, 증대된 위험에 대해 거의 반사적으로 대응하는 투자자본은 정부에 대한 지원을 위태롭게 할 경제적 어려움을 초래할 것이다. 민주적 의회 수단을 통해 권력을 잡게 되면, 변혁운동은 곧 더욱 야심찬 재분배의 목표를 포기하고 경제성장과 재안정화 프로그램을 충족시키고 이전에 자신이 공격했던 기업집단들을 달래야 하는 압박을 받게 될 것이다. 만일 권력을 차지한 급진주의자들이 긴축에 실패하면, 그들의 재임기간은 단축될 것이다. 하지만 그들이 긴축을 하든 안하든, 그들은 자신들의 제도적 프로그램의 어떤 부분도 실행하지 못하고 권력에서 물러나야 할 위험을 감수하게 될 것이다. 생산과 교환을 위한 일상의 장치들에 의해 발생하는 결과들의 수정을 끊임없이 요구하는 재분배 조세정책의 수단들이 좀더 쉽게 뒤집힐 수 있다. 심지어 그 조치들이 오래 지속되더라도, 돌이켜보면 그것들은 많은 것을 재구성하기 위한 것이 아니라 기껏해야 약간의 재분배를 행한 것에 불과할 것이다. 급진주의자들은 스스로도 의식하지 못한 채 제도적 틀을 도전받지 않은 상태로 놓아두고, 주변적인 재분배의 한계 내에서 정치를 유지하는 데 기여한 셈이 될 것이다.

변혁운동이 혁명적 수단에 의해 권력을 잡을 때 재분배를 우선시할 경우, 위험은 다른 방식으로 나타난다. 재분배 계획에 의해 자극을 받아 활성화된 저항이 그 정권을 위축시키거나 권력 밖으로 내몰도록 부추기기도 한다. 그뿐 아니라 저항에 자극을 받은 급진주의자들이 무모한 권력의 집중화를 꾀할 수도 있다. 그럴 경우, 재분배론자의 강조는 결국 그 운동과 프로그램을 독재적 왜곡에 이르게 하는 일련의 사태들 가운데 한 에피소드가 된다.

이러한 논거들은 재분배보다 제도 재구성의 우선성을 강조해야 할 중요성을 보여준다. 그 상황이 의회적이든 혁명적이든, 변혁가들은 일반적으로 긴급한 재분배 요구가 고조되면서 권력을 획득한다. 이 요구를 견뎌내기 위해 변혁운동은 다양한 조력 자원들에 의존해야 한다. 제도 개혁을 대체하는 정책보다는 제도 개혁을 통해 나오는 재분배정책의 선호, 변혁적 실천에 대한 통찰의 장기적 발전, 집단 동원의 경험에 참여하는 열정의 세심한 유지, 열정을 고취하는 데 기여하는 프로그램의 개인적·비제도적 부분에 대한 관심, 새롭게 나타나는 경제적·정치적 장치들에 대한 보통 사람들의 적극적인 참여 등이 바로 그 자원들이다.

극단적인 혁명적 상황에서는 비제도적 재분배에 대한 제도 개혁의 우선성이 거의 선택의 문제가 되지 않는다. 제도적 질서는 이미 와해되었다. 생산·교환·행정의 제도적 구조틀이 확고해질 때까지는 어떠한 분배나 재분배도 이루어질 수가 없다. 다만 문제는 어떤 구조틀이냐는 것이다. 혁명정부는 농부, 노동자 또는 프티부르주아 중 일부가 혁명 이전의 질서에 근거한 공정성이나 권리 관념에 따른 재분배를 요구하는 경향을 견뎌내기 위해 최선을 다해야 한다.

의회 환경에서는 경제적 재분배에 대한 제도 개혁의 우선성을 주장하는 명확한 근거들이 더이상 유지되지 않는다. 하지만 정부는 국가에 대해 고객과 같은 태도, 즉 정부가 자신들에게 쏟아붓는 혜택을 수동적으로 기다리는 입장을 취하는 일부 구성원들의 성향에 대처하는 대응 근거를 갖고 있다. 국민들로 하여금 새로운 제도의 발전에 필요한 갈등과 실험에 참여하게 함으로써, 변혁운동은 그들이 직접적인 재분배 이외의 다른 것에 관심을 갖도록 해야 한다. 이로써 변혁운동은 온정주의적 복지국가에 사람들이 보일 것으로 기대되는 감사나 사랑보다는 평범하게 일하는 사람들과의 연대를 더 강하게 확립한다. 또한 그것은 분권화된 사회적 행동과 중앙정부 간의 관계에 활기를 불어넣는데, 이는 강화된 민주주의의 전체 프로그램이 고취하고자 하는 것이다.

제도 변화의 우선 원칙에는 몇가지 조건이 따른다. 사람들의 참여를 실질적으로 가로막는 빈곤과 두려움에서 벗어나게 하려면 몇가지 형태의 경제적 재분배가 필요하다. 그 같은 상황들 — 제3세계 국가에 널리 퍼져 있고 심지어 부유한 서구 국가의 하층민에게도 공통되는 상황이다 — 은 제도적 목표를 압도한다. 하지만 제도적 효과와 재분배 효과를 결합하는 방식으로 이 목표를 추구하는 것은 여전히 가능하다.

이 같은 조건 부여의 중요성은 그 원리의 초기 진술에서 이미 제시된 또다른 조건 부여에 비춰볼 때 더욱 분명해진다. 거의 모든 형태의 제도 재구성은 장기적인 재분배 효과를 산출한다. 하지만 어떤 제도 개혁은 부와 수입의 재분배에 극적인 결과를 낳는 반면, 어떤 재분배 형태는 사회의 제도 장치들 내에서 아무런 변화도 전제하지 않는다. 한편으로는 단순한 세금을 통한 재분배 메커니즘, 그리고 다른 한편으로는 임금결정과 투자결정에 대한 노동자 대표의 광범위한 참여 혹은 노동자들과 소규모 기업가들이 자본을 활용할 수 있는 조건들의 변화 사이에는 차이점이 있다. 아래에서 이를 살펴보자.

초기 재분배에 관해 특별히 우호적이고 교훈적인 사례는 농업개혁에서 나타난다. 특히 이는 여전히 많은 제3세계 국가들에 만연한 상대적으로 덜 기계화된 플랜테이션 형태의 토지를 정부 지원을 받아 협동적인 재정·마케팅·기술네트워크로 조직된 가족경영 형태의 농장으로 대체하려 할 때 나타난다. 그 개혁은 경제적 재분배에 대한 제도 변화의 우선 원칙에 대한 조건 부여를 잘 보여주며, 한편으로는 그 원칙을 입증하는, 또는 더 명료하게 하는 예외로서 기능한다. 또한 그 개혁이 적합한 국가들에서 극단적인 빈곤과 후견주의적 예속의 가장 중요한 단일 원천을 완화한다. 이것이 토지 없는 농업노동자, 이민자 및 열악한 소지주의 상황이라고 할 수 있다. 동시에 이 개혁은 경제적 재조직을 위한 프로그램의 주요 테마를 기대해볼 수 있는 계기를 제공한다. 재정·마케팅·기술자원의 공동관리(pooling)를 위해 정부가 지원하는 장치들을 토대로 소규모의 농민과 중규모의 농민 간에 이루어지는 협력은 강화된 민주주의 프로그램의 순환적인 자본할당이라는 다변화된 체계를 적절하게 예시한다.

그러나 이 농업개혁은 예상되는 제도적 실험이 경제적 재분배와 결합하고 장기적인 프로그램적 공약이 단기적인 실천적 요구로 수렴되는 가장 손쉬운 사례라는 점에 유의해야 한다. 앞서의 논거들의 용어로 표현하면, 그것은 비교적 재구성되지 않은 형태의 소규모 상품생산이다. 그러한 농업적 해법과 달리 산업적 대응책은 훨씬 더 광범위한 제도 변화를 요구하며, 정권을 잡은 급진주의자들에게 재분배와 제도적 방법들 간의 더욱 세심한 균형을 요구한다. 따라서 이러한 방식의 농업개혁이 제공하는 특별한 기회가 농업 집단화의 도그마나 엄격한 사적 소유의 소지주 형태에 가로막힌다면, 이는 대단히 통탄스러운 일이다.

| 중앙의 의사결정과 대중참여의 결합

혁명 상황에서나 의회 환경에서나 모두 변혁운동은 중앙정부 권력의 조직방식, 형태 및 활용의 변화를 저변의 경제적·행정적 제도들에 대한 대중참여 확대와 연결지을 필요가 있다. 대개 그렇게 재조합하겠다는 공약은 단지 수단 속에서 목적을 예시하는 기본원칙의 재확인일 뿐이다. 하지만 여기에서 이 공약은 중앙권력이 획득되는 시기에 적합한 특별한 형태를 취하게 된다. 그 순간은 수단에서 목적으로의 이동이 가장 또렷하고 수단과 목적 간의 긴장이 가장 극적일 때다.

생산 및 교환 조직, 지방정부 및 행정에 대중참여를 확대하면서 중앙권력을 재설정할 필요성은 두 과제로 정리할 수 있다. 하나는 통치적인 과제이고, 다른 하나는 경제적인 과제다. 이 두가지 과제가 위기에 처하는 시기는 다르게 나타난다. 통치적인 것이 먼저 나타나고 경제적인 것이 뒤에 나타난다. 변혁운동의 공통되면서 치명적인 실책은 통치적인 문제를 해결할 때 경제적인 문제가 해결되었다고 가정한다는 것이다. 그럴 경우 경제적인 과제를 신속하게 이해하고 성취하지 못한 실책이 통치적 성취를 수포로 돌린다.

통치적 과제는 중앙정부 장치들의 효과적인 활용과 지방 정부 및 행정에 대한 대중의 참여를 서로 강화할 수 있는 관계를 위해 작업하는 것이다. 중앙정부 장치의 효과적 활용이 의미하는 바는 부분적으로는 강화된 민주주의 프로그램이 옹호하는 정부 제도들의 재구성(이 장의 뒷부분 논의를 참고)을 향해 추진하는 능력이다. 단지 담대한 변혁프로젝트들을 억제함으로써 자유와 다원주의를 보장하고자 하는 전통적인 입헌적 기법들을 대체하는 데 최우선권이 부여되어야 한다. 프로그램적 논증의 후반부에서는 완전히 성숙한 강화된 민주주의가 어떻게 그 목표를 성취하는지를 묘사할 것이다.

또한 효과적인 활용이 의미하는 바는 고위직에 있는 급진주의자들이 바라던 정부 개혁이 이루어졌다면 수행했을, 현재의 정부 제도들 내에서 가능한 조치는 무엇이든 행해야 한다는 것이다. 이처럼 기존 제도들을 새로운 방식과 활용으로 전환하려는 시도는 정치적으로 잘못된 신념의 실행이나 단순한 전술적 도박이 아니다. 물론 그 전환이 두가지 모두로 보일 수도 있다는 경각심에 의해 조율되어야 하지만 말이다. 이와 달리, 그 전환은 내부의 규범적 논증의 결과이며, 그것은 헌법과 법체계를 인적 결합의 논쟁적인 이념과 그 이념을 사회적 존재의 다른 영역에서 구체화한다고 가정되는 실제 장치 간의 부조화스러운 대화로 파악한다. 상이한 제도적 역할들 ─ 내각, 의회의원, 판사 같은 공직자들을 포함하여 ─ 에 적합한 제약에 관한 이론들은 현재의 장치들의 자명한 부분들이 아니다. 그것들은 현재의 제도 장치들이 기여할 것으로 기대되는 이념의 관점을 전제한다. 많은 관점들이 가능성 있는 후보에서 배제되기도 한다. 하지만 이 폐쇄성은 헌법과 법적 전통의 개략적이고 느슨한 연속체로부터, 그리고 그것이 발전해온 더 광범위한 여론의 환경에서 나오는 것이지, 홀로 서 있는 실천적 장치들로부터 나오는 것이 아니다. 따라서 가령, 사법적 역할의 적절한 한계에 관한 아이디어는 헌법이 확립한 민주주의 형태의 개념에 의존하기가 쉽다. 비록 이 개념의 선택에 누구나 참여할 수 있는 것은 아니지만, 그것은 지금 살고 있는 사람들이 어떤 형태의 헌법을 갖기를 원하는가 하는 물음으로부터 완전히 분리될 수는 없다. 간헐적인 수정을 통해 국가가 스스로 끊임없이 쇄신할 수 있는 구조라기보다 (미국에서처럼) 헌법이 쉽게 대체할 수 있는 인공물로 여겨지지 않을 경우 그러한 분리는 더욱 어려워진다.

혁명이 아닌 의회적 상황일 때는 새로운 제도를 개진하는 것보다 앞뒤가 안 맞더라도 기존 제도를 활용하는 것이 상대적으로 중요하다. 의회 환경에서는 국가의 계승된 헌법구조가 특별히 신성시된다면, 일관되지 않더라도 활용하는 것이 아주 중요하다. 하지만 그것이 결코 재구성에 대한 적절한 대체는 될 수 없으며, 단지 현실적이지만 권위가 떨어진 행동의 가능성일 뿐이다. 만일 반란 선봉대를 막는 데 충분한 대중적 지지가 있다면, 헌법적 장치들을 바꾸기에 충분한 지지도 틀림없이 있을 것이다.

평화적인 선거로 권력을 잡았든 폭력적인 혁명으로 권력을 잡았든 간에, 어떤 운동도 피할 수 없는 중앙정부의 효과적인 활용과 관련한 한 측면이 있다. 그것은 영구적인 관료제가 운동의 계획을 조용히 무너뜨리는 것을 막기 위한 노력이다. 혁명적 상황에서는 전래된 관료적 구조와 군사적 구조가 대체되어야 한다. 아주 단호하게 그렇게 하지 못한 실책이 많은 혁명적 실험의 골칫거리였다(1차대전 직후 중부유럽의 몇몇 혁명의 경험을 생각해보라). 의회 환경에서는, 비록 기회와 위험이 모두 보통 수준이지만, 혁명적 상황 못지않게 그러한 개혁의 필요성이 크다. 권력을 장악한 운동은 위로부터의 정치적 의지와 저변에서의 대중 참여를 결합함으로써, 고용이 승계된 관료들을 — 만일 이들을 제거할 수 없다면 — 훈련시켜야 한다. 비정치적 행정조직이 그 접근법과 공존하려면 기술관료들이 행정적 중립으로 위장하지 못하게 하고 단호한 정치인과 참여대중이 줄곧 공무원들을 압박해야 한다.

지금 논의하는 변혁적 실천원리는 기초단계의 정부와 행정에 보통사람들의 적극적 참여와 결합된 중앙정부의 방향 재설정을 요구한다. 혁명적 상황과 의회적 상황 모두에서 이러한 목표가 성취되기 위해서는 정당정치의 다원주의와 하위 행정직의 탈전문화뿐만 아니라 광범위한 인적 순환제의 활용이 요구되기도 한다. 대중의 참여가 그 목표를 가장 성공적으로 달성할 수 있는 경우는 분권화된 집단적 의사결정을 위해 중앙정부가 창출한 기회들을 잡을 수 있을 때다. 적극적으로 참여하는 시민대중은 다시금 중앙의 개혁가들에게 압력을 가하여 권력을 분권화해야 할 뿐만 아니라, 승계된 과두세력에게 권한이 이양되는 것을 막는 방향으로 권력을 분산시켜야 한다.

경제적 재분배에 대한 제도 개혁의 우선성과 제도 재구성을 전제하는 재분배 수단의 선호는 민중의 참여와 정부 정책의 재설정 간의 성공적인 상호작용에서 매우 중요하다. 선택된 정책은 재분배 프로그램이 지방정부의 활동과 대규모 생산기업의 내부 변혁에 토대를 두도록 해야 한다. "투쟁 없이는 재분배도 없다"라는 구호가 제도의 설계 및 작동에 반영되어야 한다.

재조정된 중앙의 정책과 강화된 민중참여의 결합이 프로그램적 의미와 전략적 유용성 모두를 갖고 있다는 점에 주목하라. 이 결합은 그 의미와 유용성 간의 긴장이 사라지는 만큼 성공적이다. 강화된 민주주의 프로그램의 기본 전제는 국가를 붕괴시키고서 인간적 협력의 순수한 체계를 그 자리에 놓는다거나 고정된 제도 장치들을 개인적인 카리스마로 감춘다고 해서, 맥락-보존적 일상과 맥락-변혁적 갈등 간의 현격한 차이가 감소되지 않는다는 것이다. 다른 한편, 자칭 선구자들이 고집스럽고 굼뜬 대중에게 부과한 해법으로부터 그러한 결과가 일어날 수는 없다. 이와 달리 강화된 민주주의는 대규모의 포괄적인 제도와 비제도화된 집단행동 간의 관계를 바꿔내고, 전자를 후자에 더 적합하게 만들려고 시도한다. 변혁운동이 권력의 순간에 가까워질수록 ― 또한 제도적 정의(definition)의 시간에 다가갈수록 — 수단과 목적이 불일치되는 여지가 적어진다. 프로그램의 핵심 테마들은 변혁운동이 중앙권력에 대해 취하는 것과 지역조직이나 비정부조직에 대해 취하는 것 간의 관계에서 직접적이고도 충실하게 표현되어야 한다.

혁명적 개혁을 천명한 정부가 대내외의 적들로부터 강하게 견뎌내고 신뢰할 수 없는 관료들을 대체하며 핵심 서비스의 방해를 막기 위해서는 적극적인 민중의 참여가 필요하다. 국민 다수가 정부의 의도에 적대적일 수도 있다는 이의제기에 대해서, 광범위한 지지가 없는 계획은 집행하기에 나쁜 계획이라고 답변해야 한다. 적어도 그것들은 강화된 민주주의의 제도를 만들어낼 수 있는 계획이 아니다. 정부가 경제적 재분배에 대한 제도 변화의 우선 원칙을 계속해서 존중하는 한, 기층 단계에서의 폭넓은 지지를 유지하는 데 필요한 만큼 긴축을 단행해야 한다. 의회정부는 혁명정권보다 적극적인 대중적 지지를 덜 필요로 하는 입장에 있다. 하지만 이에 상응해 재분배적인 국가에 대해 소극적·후견적으로 의존하는 태도를 방지해야 할 중요성이 더욱 커진다.

정치적 과제뿐만 아니라 경제적 과제가 중앙 정책의 재설정과 민중의 대중적 참여 간의 상호작용을 확보하기 위해 해결되어야 한다. 이 경제적 과제는 간략하게 다뤄질 수 있다. 어떤 점에서는 그 어려움이 통치적 과제와 비슷하기 때문이며, 어떤 점에서는 그 어려움이 경제의 재조직을 위한 구체적인 제안의 맥락에서 더 잘 이해될 수 있기 때문이다. 권력을 잡은 개혁가들은 투자결정의 기본적인 흐름에 대한 정치적 통제수단과 생산 및 교환의 기본적인 활동에 대한 노동인구의 적극적 참여를 결합시키려 시도해야 한다.

경제위기의 불안정한 외상(trauma)을 방지하는 데 필요한 투자결정에 대해 어느정도 통제가 요구되는 순간, 중앙정부는 통합을 시도해야 한다. 중앙정부는 강화된 민주주의 프로그램에 의해 지지되는 자본할당 체계를 예시하는 통제형태들을 채택해야 한다. 많은 국가들에서 일련의 대규모 기업들의 국유화가—사회적·이데올로기적 갈등이 고조된 시기에 경제적 안정과 성장을 위한 최소한의 조건을 제공해주는—자본축적의 공적 토대를 확보할 수 있는 가장 손쉬운 방법을 대변하기도 한다. 하지만 국유화는 다양한 방식들보다 전환적인 실험으로서 전망성이 훨씬 떨어진다. 국유화 대신, 중앙정부가 공동관리체제를 통해 규모의 경제라는 이점을 유지하면서 더 작고 유연한 기업들에게 조건적·임시적으로 자본을 할당하기 위한 절차들을 활용할 수 있다(재구성된 자본할당의 다양한 과도기적 형식에 관해서는 이행, 제휴 협력 및 기회를 다루는 절에서 후술될 것이다).

경제에 대한 중앙정부의 비상적인(emergency) 형태가 국유화인 것처럼, 민중 차원에서 그에 대응하는 비상대책 방법은 공장, 상점 및 농장에 대한 노동자들의 실질적인 점유다. 그러한 혁명적 상황에서 대안적인 시장질서는—자본공급자와 자본수급자의 다층적인 질서와 함께—통상적으로 준자립경제적(semiautarkic) 국가 부문 내에 구축되어야 한다. 그러나 현대의 혼합경제에서 의회적 수단으로 권력을 잡은 개혁정부는 더욱 미묘하고 다양한 기법을 활용해야 한다. 노동자에 의한 생산물자의 실질적인 점유 대신에, 개혁정부는 사적 투자정책—그리고 특히 생산적 이익보다는 재정적 환수를 극대화하는 방식으로 투자하거나 투자를 회수하려는 권력기관—을 견제하기 위해 압력을 가해야 한다. 개혁정부는 이러한 하향식 견제를 자본에 대한 접근권과 의사결정권 일부를 점진적으로 이전하는 것과 연계해야 한다. 그 권한들은 현존 기업체들의 노동력(그 기업들 중 많은 것들은 결국 좀더 작고 유연한 단위로 해체될 것이다)뿐만 아니라 사업하려는 노동자, 기술자 및 사업가의 팀들에게 이전된다. 목표는 힘없는 노동자들과 직면한 경제적 주권 정부의 상황에 다가서려는 것도, 절대적 소유권의 공유자로서 자본가를 계승한 종신고용 노동자들의 상황에 다가가려는 것도 아니다. 통합적 소유권을 몇몇 상이한 권한(faculties)으로 분리함으로써 경제적 접근, 분권화 및 유연성을 높이는 환경에 접근하려는 것이 그 목표다. 또한 통합적 소유권을 절대적이고 영구적인 새로운 권리보유자 —— 중앙정부나 기업노동자 —— 에게 이전하는 것이 아니라, 그렇게 분산된 권한들을 다양한 유형의 자본수여자와 자본수급자에게 할당하는 것이다.

중앙통제와 민중참여의 결합이 지니는 프로그램적 의미와 전략적 유용성은 이러한 경제적 임무와 대응관계에 있는 정부기관의 의미 및 유용성과 매우 유사하다. 강화된 민주주의의 경제 프로그램은 그것의 핵심적인 공약이 초기에 부분적으로 실현될 때, 그 안에 예시되어야 한다. 경제적 축적에 대한 사회적 통제는 분산된 경제적 접근권, 재량권 및 조직적 유연성을 대체하기보다는 증진하는 방식으로 달성되어야 한다. 혁명정권은 실망한 대중이 옛 엘리트나 새로운 지배자들에게 보호를 요청하지 않도록 생산과 분배를 보장해야 한다. 그러나 그 방식은 생산과 분배를 보장한다는 구실로 자신의 프로그램을 변질시키지 않는 것이어야 한다. 의회적 개혁정부는 노동하는 사람들이 경제적 제안들과 적극적·비후견적 관계를 맺고 이에 참여하도록 하면서, 자본의 파국을 막는 방식으로 개혁과 긴축의 주기로부터 벗어나야 한다.

제11장

입헌적 재조직

입헌적 재조직의 실험: 이원제의 사례

이 프로그램은 중앙정부의 입헌구조에 대한 논의에서 시작한다. 제도 질서의 어떤 영역에서도 고유한 전통에 대한 의존이 이보다 두드러진 영역은 없다. 민주적 정부조직에 대한 우리의 관점은 거의 대부분 18세기 말과 19세기 초부터 우리에게 전해내려온 몇몇 사상들에 의거하기 때문이다. 전혀 확실하지 않은 것처럼 보였던 그 사상들을 우리는 가장 뛰어난 것으로 간주했으며, 지금 보면 의심스럽고 심지어는 부끄럽기까지 한 특정 사회적 목표들의 도구로 여겨왔다는 사실을 오랫동안 망각해왔다. 이처럼 오래 지속해온 망각의 관행은 우리 사회의 안정을 위해 지지받았으며, 우리는 이러한 정부조직의 기법들이 바로 자유민주주의의 본질을 표상한다고 스스로 설득해왔다. 이 설득이 한층 쉬워진 이유는 노동자위원회 정부의 반복적으로 나타나는 사회주의의 꿈이 매우 짧았던 혁명기간을 넘어 지속되지 못한 점, 그리고 공산주의식의 대중민주주의가 현재 자유민주주의 제도에 좋은 대안을 제공하지 못했다는 점에 있다.

역사적 경험에 대한 억압이 너무나도 완벽했기 때문에, 우리는 자유주의 통치제도들이 역사과정에서 외형적 형태를 유지하면서 적어도 한 번은 그 실제 사회적 의미를 변경했다는 사실을 기억조차 못하는 것으로 보인다. 선구적인 민주국가들에서 이러한 변화는 19세기 중반에 일어났는데, 당시 보통선거체제와 대중 기반의 정당들이 처음으로 현대적인 형태를 갖추기 시작했다. 그때까지 자유주의적 입헌주의는 위험천만한 대중선동가와 변덕스런 군중을 조심스럽게 여과하는 명망가들의 공화정이 활용하는 도구로 보였다. 이 공공연한 엘리트주의적 정치체에 대한 유일한 대안은 급진민주주의가 초래하는 혼란과 위험 외에는 없는 것처럼 보였다. 바로 그 자유주의적 입헌주의가 새로 등장하는 정파적 갈등 형태와 결합하여 현재 우리가 알고 있는 대중민주주의를 형성할 것이라고 예상한 사람은 거의 없었다.

대의민주주의와 매우 독특한 입헌적 전통을 동일하게 취급하는 우리의 잘못된 경향을 감안할 때, 이 전통이 목격했던 입헌적 개혁의 주요 흐름을 살펴보는 것이 도움이 될 것이다. 최소한 이 개혁들은 중앙의 민주정부를 조직하는 방식들이 인위적이고 수정 가능한 특징이 있음을 깨우쳐준다. 그러나 이에 대해 논의해야 할 또다른 이유가 있다. 그 개혁들은 국가조직과 관련해서 이 책에서 옹호하는 프로그램의 관심사와 기법들을 제한된 환경에서 예시하고 있다. 그것은 마치 그 프로그램이 노동과 산업의 재편을 위해 옹호하는 많은 것을 현대 산업의 선도 부문이 예시하는 것과 같다.

나는 유럽에서 1차대전 이후의 헌법에서 수용되고 2차대전 이후 몇몇 헌법에 의해 더욱 발전된 일련의 헌법적 혁신들을 염두에 두고 있다. 당신은 이 헌법적 혁신들의 흐름이 갖는 두가지 측면을 구분해야 한다. 하나는 1차대전 직후 채택된 헌법의 이론가들이 처음으로 옹호한 사상과 실천이고, 다른 하나는 이 접근법이 포기·수정되었을 때 등장했던 다른 형태의 헌법적 관념과 장치다.

독일, 오스트리아, 폴란드의 헌법 또는 러시아 지방정부의 헌법 프로
그램처럼 1차대전 직후에 선포된 많은 헌법은 두 세력의 상호영향력
으로부터 나왔다. 하나는 거의 혁명적 시기의 헌법제정회의나 내각에
서 주저하고 쩔쩔매던 좌파의 우세이고, 다른 하나는 한스 켈젠(Hans
Kelsen)이나 휴고 프로이스(Hugo Preuss)처럼 이 정치 당파와 뜻을 같
이했던 법이론가들의 가르침이었다. 다수당인 사회민주당은 산업조직
에 대한 대안 구상에 비해 새로운 정부구조에 대한 급진적 구상은 별로
없었다. 그들은 대중봉기의 역사 속에서 끊임없이 수정되고 거듭 포기
되었던 위원회 유형(conciliar type) 정부의 혁명적 전통만을 생각했다.
그들의 주된 관심은 오직 바로 이전의 과거에 대응하는 것이었다. 이들
의 정치적 경험 특성이 권위적인 집행부에 대한 투쟁이었기 때문에 이
들의 우선적인 입헌 목표는 의회에 대한 행정부의 복종을 보장하는 것
이었다. 법이론가들은 통치를 "합리화"하는 목표를 추가했다. 그것은
통치권력의 모든 측면을 파악하고, 그것을 구성하고 규율하는 법적 형
식들을 만들어내는 것이었다. 법이론가들은 이 목표를 추구하면서 줄
곧 책임의 문제를 권력분산의 기법, 그리고 정부부처 사이에, 중앙정부
와 지방정부 사이에 거리를 두게 하는 기법과 암묵적으로 동일시하는
관행을 따랐다. 법이론가들이 이 기법들에 투입했던 효력이 이론상 거
의 무제한적인 권한을 의회에 집중시킴으로써, 그리고 선거를 통한 대
표의 선출과 함께 국민발안이나 국민투표제를 활용함으로써 약화되는
것처럼 보였다. 그럼에도 이 효력은 실제로 입법정책을 수행해야 하는
행정부서에 부과되는 제약들을 통해 재확인되었다.

양차 대전 사이에 형성된 유럽 민주국가들 중 많은 나라의 붕괴가 그
들의 헌법구조의 결함에 기인하는 것으로 볼 수는 없다. 붕괴는 새롭게

등장한 권력과 생산의 형성적 맥락에 대한 해결되지 못한 도전적인 환경 속에서 일어났으며, 그것은 초기에 새로운 입헌주의를 탄생하게 했던 바로 그 환경이기도 했다. 그럼에도 그 입헌적 장치들로 인해 정부가 자주 당면해야 했던 상대적인 무기력이 때로는 공화주의 제도의 몰락을 촉진하기도 했다.

그러나 새로운 헌법들이 고정되어 있었던 것은 아니다. 개정되기도 했다. 대부분의 개정은 두가지 원인에 직접 기인했는데, 하나는 좌파에서 우파로 정치세력의 균형이 바뀐 것이었고, 다른 하나는 내내 불안정한 국내외 환경에서 행정부에 결정권을 부여하려는 의도였다. 1921년 폴란드의 헌법개정처럼 어떤 개정은 원래의 헌법정신을 완전히 바꾸고 전권을 지닌 국민투표에 의한 대통령 선출제를 확립했다. 그러나 1929년 오스트리아 헌법개혁이나 1933년 포르투갈 헌법, 그리고 바이마르 공화국의 변화된 헌법체제는 매우 제한적이었지만 대안적인 헌법 프로그램의 요소를 포함했다. 이 프로그램은 이미 양차 대전 사이에 격렬한 투쟁에 휘말린 국가들을 구제하기에는 충분치 못한 것으로 입증되었다. 그러나 그것은 나중에 이원적 구조로 발전되는 요소를 지니고 있었는데, 이는 1944년 아이슬란드 헌법에서 더 명시적으로 발전했고, 1958년과 1962년의 프랑스 헌법에서 한쪽으로 더 기울었으며, 1978년 포르투갈 헌법에 의해 더 완전하게 발전된 이원구조의 요소들을 포함했다.

두개의 긴밀하게 연결된 장치들이 이처럼 새롭게 등장한 헌법체계를 특징지었다. 하나는 직접·보통선거에 의해 선출되는 두 국가권력, 즉 의회와 대통령직의 확립인데, 이는 "이원주의"(dualism)라는 용어의 핵심 의미다. 다른 하나는 실질적 정부인 의회내각을 이 권력기관들 양자 모두에 종속시키는 결정이었다. 하지만 바로 그 이유 때문에 어떠한 것에도 전적으로 종속되지 않게 되었다. 세가지의 주요한 제도적 아이디어가 이 이원체계에서 작동했다.

첫번째는 간접민주주의의 대중적인 측면을 극대화하는 노력이었다. 정당의 과두체제를 뒤집는 대통령제의 국민투표적 특징이 비례대표제로 선출되는 의회의 불가피한 당파적 갈등과 결합될 수 있었다.

두번째는 집권 정부에 의사결정의 주도권을 부여하여 대통령이나 의회 중 어느 한쪽에 기댈 수 있도록 허용하면서 둘 중 어느 하나의 지지를 상실했다고 해서 자동적으로 혹은 즉각적으로 무너지지 않도록 시도한 것이다. 따라서 국가 내 여러 세력 간의 합의로부터 독립하여 효과적으로 활동하는 권한을 정부에 부여함으로써 정부활동의 신속성과 지속성을 허용하는 것이 목표였다. (예를 들어, 대통령제에서 대통령과 입법부 사이에 존재하는 적대적인 관계의 영향, 그리고 의회제에서 사소하나 심한 집단언쟁이 일어나는 넓은 사회적 맥락에서 깨지기 쉬운 정당연합을 생각해보라.)

세번째 제도적 아이디어는 두번째 것에 한계를 주어 작동을 허용하되 첫번째 아이디어에 의해 인정된 유권자 대중에 대한 호소가 지니는 중요성을 위태롭지 않게 하는 것이다. 국가 내 다른 세력들로 하여금 즉각 총선을 실시하여 교착상태를 해결하도록 허용하는 장치의 활용이다. 이 경우 자신도 위험을 무릅써야 한다. 이것은 이미 1차대전 직후 유럽의 몇몇 헌법에서 활용되었다. 예를 들어, 의회는 순전히 정치적인 이유로 대통령을 해임할 수 있으며, 바로 그 행위로 인해 의회 자체가 해산된다. 동시에 대통령은 적대적인 의회의 다수당과 선거로 대결을 벌이는 것이 허용되었다.

이처럼 유권자 대중에게 호소할 수 있는 병행적인 두 권리들은, 정부 부처 간의 기능이 좀더 일반적으로 중복될 경우 그 중요성이 상승한다.

하나 이상의 권력기관이 특정 법률을 제안하거나 심지어는 조건부로 통과시키는 조치 등 동일한 행위를 수행하는 것이 허용될 수도 있다. 만일 국가 내의 중복된 권력기관들 중 어느 하나가 다른 권력기관으로부터 필요한 동의를 얻지 못할 경우, 새로운 선거를 정당화하는 교착상태가 발생하게 된다.

이 장치들이 주류 입헌 전통과 갖는 관계는 모호하다. 한편으로 이 장치들은 그것들이 대체하지 못한 사소한 실무 조정으로 보일 수도 있다. 이원제적 개정의 사례들은 더 오래된 헌법장치들과 공존해왔고, 대부분은 중도개혁론자들이나 국가와 사회의 급진적인 재구성에 무관심한 보수주의자들에 의해 주도되어왔다. 다른 한편, 입헌적 전통에서의 이러한 변화가 좀더 과감한 변화의 작고 제한된 버전으로 보일 수도 있다. 이원제적 실험의 동기였던 명시적 혹은 묵시적 목표를 내부적으로 분석해볼 때, 이러한 대안적 해석이 지지되는 것처럼 보였다. 입헌적 이원주의는 난관을 지속시키는 것이 아니라 신속히 해결함으로써 권력을 통제했다. 권력기관들을 떼어놓거나 분산하는 기법의 자리에 기능을 복제하고 갈등에 초점을 맞추고 정치적 과두세력을 해체하는 장치들을 설치했다. 1978년의 포르투갈 헌법 ── 제도화된 집단 동원을 명시적으로 천명한 20세기 후반의 유일한 헌법 ── 이 이원제적 실험을 통해서 작동되었던 제도적 아이디어들을 전격적으로 채택했다는 것이 전혀 놀라운 일이 아니다. 사실 다음 절에서 논의하는 대안적 헌법구조는 이미 이원제적 개혁에서 드러난 원리들을 일반화한 것이다.

이원제 체계가 이전의 입헌주의와 맺는 모호한 관계에 대해 놀랄 이유는 없다. 그 모호성은 모든 중요한 개혁의 특징이기도 하다. 좀더 구체적으로 말하자면 이원주의는 산업조직의 변화와 유사하다. 20세기에 산업조직은 한때 그것에 경직적으로 접근했던 방식들과 전통적인 조립라인에 의해 지배되었던 부문들에 유연한 형태의 합리적인 집단노동의 요소들을 도입했다. 입헌적 이원제가 이러한 산업적 혁신과 공유하는 것은 그것이 유래된 전통과의 모호한 관계뿐만 아니라 그 실질적 내용과 역사적 배경이다. 입헌개혁과 산업개혁은 기존의 권력과 생산의 형성적 맥락의 작은 변화에 머물거나, 아니면 또다른 맥락을 출범시키고 맥락들을 넘어서는 새로운 자유의 수단을 실시하는 발판이 될 수 있다.

정부의 조직: 중첩적인 권력기관과 기능의 증식

일상의 사회경험이 우리에게 사회의 기본적인 제도적 구조의 모든 측면을 개선하고 그에 대해 이의를 제기할 수 있는 수단과 기회를 제공할 때, 사회생활을 허위적 필연성에서 더 완전하게 해방시키려는 시도가 성공할 수 있다. 이 구조를 장악하려는 실천적·상상적 활동은 그 구조의 모든 주요 특징에 부합해야 하고, 이 활동은 일상의 갈등과 관심 속에서 이용 가능해야 한다. 또한 일상활동 중에서 맥락-도전적인 활동을 위한 영역으로서 통치권력의 장악과 활용을 위한 투쟁에 참여하는 일보다 더 중요한 것은 없다. 왜냐하면 이 투쟁이 우리가 다른 논쟁을 벌이는 조건들에 직접 영향을 미치기 때문이다. 민주주의의 기존 형태에 대한 나의 비판의 핵심은 그 양식이 기존의 제도적 질서의 많은 것을 사실상 민주정치의 범위 너머로 위치시킴으로써 승계된 민주주의 이념 중에서 가장 온건한 관념조차 적절하게 적용하는 데 실패했다는 것이다.

이 관점에서 볼 때, 중앙정부를 몇몇 잘 규정된 부분들 — 행정부, 입법부, 사법부 — 로 나누는 고전적 자유주의 기법은 위험하다. 그것은 답답하고 왜곡된 제도적 논리를 낳는다. 권력분리가 대통령제의 엄격한 삼권분립 형태를 취하든 좀더 유연한 의회제의 형태를 취하든 마찬가지다. 사회질서의 모든 국면을 다루려는 시도는 전형적으로 기존 질서에서 적합한 방식을 찾을 수 없는 정부권력 사용방식 ── 또는 정부권력 활용을 둘러싸고 싸우는 방식 ── 을 여러가지로 요구한다. 자칭 개혁주의자는 자신이 생각하는 재구축 활동이 입법부나 사법부 어디에도 부합되지 않는다고 이야기할 것이다. 그래서 그 시도를 해서는 안 된다는 것인데, 민주주의 내재적 헌법구조를 규정하는 데 기여했다고 생각해온 제도적 역할 체계를 왜곡할 우려가 있기 때문이라는 것이다. 하지만 그러한 시도를 회피한 결과 현재 사회에서 미래 사회를 창조하는 데 필요한 인적·물적 자원들, 즉 화폐, 전문성 및 정부 권한 등 엄청난 수단을 전형적으로 한 당파에 맡겨놓는 상황이 초래된다.

사람들의 역량을 끌어올리기 위해 민주주의를 강화하려는 프로그램은 중첩적인 기능을 부여하면서 정부 내의 부처 수를 늘려야 한다. 국가권력기관의 수를 늘리는 것은 중첩하는 두 기준을 따라야 한다. 첫째, 권한과 기능의 전 체계가 확립될 때, 사회의 어느 당파가 사회의 미래 형태를 산출하는 데 쓰일 수 있는 물적·인적 자원을 지속적으로 장악하는 상황을 방지할 것이다. 둘째, 바로 그 체계가 실천적이건 상상적이건 변혁적 활동의 다양한 실행에 기회를 제공해야 한다. 첫번째 기준이 결과에 관한 것이라면, 두번째는 수단에 관한 것이다. 특정한 권한을 설계하는 데 두 기준 중 어느 하나가 우선적인 지위를 차지할 수 있다.

중첩적인 기능을 가진 권력기관의 수를 늘려야 하는 또다른 이유는 어떠한 방식이든 보통선거에 의해 선택되는 정부 권위기관의 수를 늘리는 것이 갖는 유용성이다. 관건은 대중정치가 과두체제의 효과를 완화하는 그 장치를 정부 제도들 간의 관계로 이전하는 것이다. 즉, 그것은 국가권력의 장악과 활용을 둘러싼 경쟁과정에서 증대된 대중의 지지를 확보하려는 시도다. 이러한 과두체제의 효과를 줄이는 일이 여전히 불완전하게 남아 있는 이유 중 하나는 이들 세력을 축소시키기 위해 활용되는 제도적 수단의 결함과 관련이 있다. 기층 대중의 개입 경로가 줄어들수록 제도 질서 내에서 과두세력의 과격파가 자신들의 주장을 강화하고 이를 통해 입헌적 계획의 광범위한 의도들을 제약하거나 패퇴시킬 가능성이 높아질 것이다.

국가 내에 새로운 권력기관을 창출해낸 두 사례를 살펴보자. 각 사례는 앞서 제시한 두가지 기준 중 하나를 설명한다. 각각은 헌법 전체 체계의 좀더 일반적인 관심사를 드러낸다. 사회 창조를 위한 자원들에 대한 독점을 피하겠다는 공약은 최상위의 정부권력으로부터 작업장의 내부 장치에 이르기까지 의사소통, 정보, 전문성의 수단들에 대한 접근을 확대하는 데 특별히 책임이 있는 정부 부처나 기관의 설치를 정당화할 것이다. 기술지식 및 전문성의 자원을 통제하려는 시도는 둔감한 권력이 지닌 자연스런 야심이다. 부(wealth)가 전문화된 지식, 즉 그것의 핵심이 관례화되고 그 적용이 유연한 지식의 토대 위에서 도구적 활동을 수행하는 역량에 더욱더 의존하게 되면서, 이 시도는 그만큼 더 매력을 얻는다. 사회생활의 모든 층위에서 이 역량에 대해 고착화되고 불균등한 접근권을 획득하려는 추세에 끊임없이 맞서는 것은 확대된 민주주의에 대단히 중요하다. 이러한 추세에 저항할 수 있는 권력은 어떤 다른 권력의 단순한 도구화일 수도, 제한된 정부조직일 수도 없다. 왜냐하면 정확하게 그것이 무엇을 해야 하는가에 대한 투쟁이 통치권력의 활용을 둘러싼 갈등의 주요 형태가 될 것이며, 사람들이 실천적으로 협력하는 조건들의 주요 결정요인이 될 수도 있기 때문이다.

정부 부처는 기술적 협력이나 관리상의 조언을 작업장 내의 규율적 권위 전반으로부터 분리시키는 기본적인 제도 장치들을 관장하도록 법적·재정적 권한을 부여받아야 한다(후술하는 자본체제에 관한 논의를 참고하라). 그 부처는 내가 묘사하려는 조건들하에서 새로운 생산기업을 세우는 사람들이 노하우를 이용할 수 있도록 해야 한다. 그 부처는 거부권이나 우대정책을 통해 다른 모든 사회제도에 개입하고 그 운용을 변경할 수 있어야 한다. 그 부처의 개입 권한은 국가의 업무에 관한 정보를 최대화하며 전문 간부들을 집단적 갈등과 협의에 최대한 종속시키도록 하는 조건들을 확보하는 임무와 직접 관련되어야 한다. 그 부처의 관리들은 국가의 다른 기관, 정당 및 일반유권자의 공동선거로 선출될 것이다.

이제 정부 부처를 늘리는 데 다른 기준을 적용한 사례, 즉 모든 변혁적 실천에 기회를 제공한다는 공약을 보자. 권리의 질서——다른 정부 권력기관 모두가 공동으로 그리고 헌법적으로 규제되는 협력을 통해——가 사회이념들의 저장고를 형성한다. 물론 이 이념들은 응집력 있는 총체를 형성하지 않고, 올바르면서도 가능한 연합의 단일한 상상적 체계를 정당화하지도 않지만, 특정 제도들의 내부 운영과는 다소 긴장관계를 이룬다.

이와 같은 규범적 연합 모델이 제도적 운영의 재창조에서 지니는 함의를 이끌어내는 실천적·상상적 활동이 있다. 그 상상적 측면은 거대한 법체계를 공동의 삶에 대한 특정 비전을 고양하는 프로젝트로 이해하고 이를 구체화하는 데 있다. 실천적 측면은 사회적 실천 영역에서 광범위한 간섭이 뒤따르는 일련의 절차적 장치들에 놓여 있다. 이 장치들은 이념의 진보에 대한 장애물을 제거하고 미래의 장애를 방지하고, 지침이 되는 비전에 따라 사회생활의 선택된 영역을 적극적으로 재구성하는 것을 지향한다. 간섭을 위해서는 생산기업, 학교, 병원, 보호시설 등 주요 제도의 지속적인 관리를 통해 목표를 수행하는 부서나 기관이 필요하다(20세기 후반 미국 법원이 내린 복잡한 집단소송 결정을 생각해보고, 그것들의 급진적인 확장을 상상해보라).

정부권력이 사회적 실천체제를 재구성하는 시도를 추진하려 할 때, 훨씬 더 멀리 나아가야 할 동기가 있다. 첫째, 재구성하는 시도를 부분적으로 수행하다 보면 새로 우연한 연결고리가 드러난다. 즉, 추구하는 이념의 완전한 실현을 저지하는 다소 거리가 먼 세력이 있다. 이 인과적 연결고리는 끊임없이 모든 방향으로 확대된다. 제도적 제한의 기준과 제도적 신중함의 유보, 또는 국가 내 다른 권력기관을 제한하는 권한만이, 이 모든 절차적 간섭이 사회의 완전한 재창조에 조금씩 더 개입해 들어가는 것을 막을 수 있다. 둘째, 어떤 이념을 사회생활에 적용하려고 나아가는 매 단계에서 그 이념이 지니는 내용상의 새로운 모호성, 그 이념과 기존의 사회적 실천 간의 새로운 부조화가 드러난다. 심지어 잘 정의되고 외견상 한정된 재구성 프로젝트에서조차도 이는 결코 끝나지 않는다. 그 이념을 실현하기 위한 새로운 기회는 의미상 새로운 모호성과 새로운 요구사항을 드러낸다.

내가 지금까지 묘사한 활동의 상상적 측면 — 규칙과 원리의 체계를 인적 결합에 관한 이념의 표현으로 이해하는 것 — 은 법원칙의 모든 형태에 보편적이다. 나는 뒷부분에서 보편적인 삶의 이념들과의 관계를 분명하게 밝히지 못하는 법원칙의 어떠한 확장된 실천도 과도한 생략으로 인해 사이비 합리성(pseudorationality)으로 전락하고 만다는 점을 지적할 것이다. 그것은 모호한 법체계로는 지탱할 수 없고 다만 포괄적인 사회비판 작업에 의해서만 정당화될 수 있는 결과들의 자의적인 선택일 뿐이다. 하지만 이 활동의 실천적 측면은 또다른 이야기다. 확대된 법원칙 개념의 이행으로 인해 광범위한 사회적 실천 영역에서 체계적인 간섭이 일어나고 그 결과 주요 제도의 혼란이 일어날 경우, 그 법원칙은 민주주의라는 물려받은 입헌 전통에 입각한 어떤 정부 부처에서도 쉽사리 적용될 것 같지 않다.

법을 기준으로 옳고 그른 것을 판단하는 데 집중하는 사법부의 전통적 특성 때문에, 사법부는 사회적 실천에 지대한 영향력을 미칠 체계적 간섭을 위한 이상적인 도구가 되지 못한다. 권리의 경계를 두고 벌어지는 국지적인 분쟁에 대한 사법 판단은, 전체 법체계에서 정부권력과 전문가의 활용을 둘러싼 갈등의 압력으로부터 벗어나 있는 관리들이나 공동체의 삶에 관여하는 일반인들(인민재판소)이 가장 잘 내릴 수 있다. 어떠한 유형의 사법기관도 복잡한 절차적 간섭을 급진적으로 확장하는 데 적절하지 않다. 국가의 다른 권력기관들 혹은 일반유권자들의 직접적인 영향력으로부터 과도한 면책권을 갖는 전문 판사들은 절차적 무기를 손에 쥐고 거의 절대적인 검열관 같은 권위체로 전환될 수도 있다. 그들은 국가 건설의 과업을 마친 후 떠나는 것을 잊어버린 리쿠르고스(Lycurgus, 기원전 9~7세기경 스파르타의 전설적인 입법자로 스파르타 제도의 대부분을 제정했다고 함)처럼 공화국 주변을 맴돌 것이다. 일반인으로 구성되는 인민법정도 마찬가지로 이 과제를 수행할 수 없다. 왜냐하면 이들은 자신들의 비전문성과 분열 때문에 사회생활에 대한 체계적인 재구성적 간섭의 주체로 행동하지 못하기 때문이다.

만일 전통적 사법부가 그 목적에 적합하지 않은 것처럼 보인다면, 관례적으로 인식되어온 입법부도 마찬가지다. 기존의 법에 대해 다소 부차적인 개정을 위한 투쟁에 몰두하고 집권당을 지지하거나 전복시키는 데 열중한다면, 입법부가 막강한 권한을 통해 이상적이고 장기적이며 체계적인 간섭정책(interventionism)을 수행할 것으로 기대할 수 없다. 그 과제를 수행하려는 입법부의 시도가 단기적인 당파적 정쟁에 종속될 위험이 있고, 입법부가 그렇게 오염되었다는 합리적 의심이 존재할 경우 비록 그것이 부당할지라도 입법부의 권위가 박탈될 것이다. 관건은 그런 권력활동이 비정치적이어야 한다거나 그렇게 보여야 한다는 것이 아니라, 다소 다른 수단에 의해 그리고 다른 목적을 위해 이뤄지는 정치를 대변해야 한다는 것이다. 관행적인 입법부는 다른 측면에서도 결함이 있다. 물론 그 구성원들이 정치적 설득이라는 일반적인 방식에 유능하다고 할 수 있을지는 몰라도 대부분은 사회에서 분출되는 구체적인 형태의 규범적 논쟁, 즉 종교적·도덕적 논쟁이나 기술적으로는 법적 논쟁에 익숙하지 못하다. 확장된 개념의 법원칙이 이 차이를 누그러뜨리기는 하지만 완전히 없어지는 못한다.

이 논증들이 제시하는 바는 체계적인 간섭에 책임을 지는 권력기관이 그 기관의 최우선 과제에 가장 적합한 원리에 따라 인원과 조직을 구성하는 독립된 기관이어야 한다는 점이다. 노하우를 특권으로부터 떼어낼 책임이 있는 기관과 마찬가지로 그 권력기관의 구성원들은 다른 권력기관이나 정당 또는 보통선거에 의해 선출될 수 있을 것이다. 구성원들은 사회에서 중요한 규범적 사고의 다양한 양식을 숙지하게 하는 활동들로부터 이끌어내져야 한다. 그리고 그 기관은 주요 제도를 재조직하고 천천히 재구성을 시도하는 데 필요한 기술적·재정적·인적 자원을 갖춰야 한다.

이와 같은 정부 부처는 폭넓게 개입할 수 있어야 한다. 그 부처의 활동은 잠재적으로 사회생활의 모든 측면과 국가 내 다른 모든 권력기관의 기능을 포괄하게 된다. 만일 다른 권력기관들이 이 감독기관의 관할권에 저항하거나 간섭할 수 없다면 국가에서 압도적인 권한을 누릴 것이다. 구성원을 광범위하게 선발한다고 해서 이러한 해악이 상쇄되지는 않는다. 다시 말해 일반시민에 대한 우선적인 접근의 통제, 즉 권력과 기능을 중첩시키는 기술이 피하고자 하는 바로 그 상황이 새로운 헌법 아래 다시 등장할 수 있는 것이다. 그러나 다른 권력기관들이 행하는 저항이 18세기 이래의 전통이라고 할 수 있는 기능적 권한의 엄격한 배분, 즉 견제와 균형을 꼭 예증하는 것은 아니다. 그런 장치가 선호하는 무력한 교착상태는 중요한 실험과 참여의 확대라는 입헌주의 목표에 적대적인데, 더 많은 정부 부처들이 공존하고 충돌한다면 교착상태는 더욱 치명적이게 될 것이다. 결국 이러한 재구성적 권력의 적절한 작동을 묘사하려는 노력은 다양하고 중첩적인 정부 부처들의 입헌 기술이 고심하는 문제를 잘 보여준다.

정부의 조직:
권력기관들의 갈등을 형성하고 해결하기

수용된 입헌주의가 권력을 규율하려고 시도했던 주된 방식은 봉쇄(containment)라는 자동적인 기제에 호소하는 것이었다. 즉, 자신의 고유 영역을 넘어서는 기관은 다른 모든 기관에 의해 자동적으로 저지된다. 견제와 균형이라는 이 진부한 체계가 의미하는 바는 그것이 본래 해결하도록 고안되었던 문제와 더불어, 그 문제가 알아볼 수 없을 정도로 바뀐 뒤에도 이 체계가 오랜 기간 끊임없이 산출해내는 효과들을 이해할 때 비로소 분명해진다.

조합주의적(coporatist)이고 신분(estatist) 중심의 정치가 주류를 이루었던 혁명 이전의 유럽에서 국가 내의 다른 권력기관들은 위계적으로 조직된 사회의 특정 부문을 대변하는 것으로 인식되었다. 조합주의적으로 조직된 신분계급을 비조직적인 계급으로 대체한 사회에서 내부

분열을 고려하지 않고 국가를 세우려는 시도는, 권력기관을 다른 권력기관과의 관계 속에서 규정하지 않으면 안 된다는 뜻이었다. 그리고 정부를 특정 기능을 가진 다양한 부처들로 분할하는 것이 확고하게 정착하면서, 각 부처가 할당된 과제에 한정된 채 다른 부처의 지배영역을 침범하지 못하도록 메커니즘을 구축하는 것이 더욱 중요해졌다. 어떤 장치는 외부의 심판에 호소할 수도 있다. 만일 이 심판이 집단적 선을 대변한다고 주장하는 무책임한 (군주 같은) 주권자라면, 그는 공화주의 헌법의 형식과 정신에 심각한 위협이 될 것이다. 하지만 권력이 충돌할 때마다 일반유권자들이 중재자로 나설 수도 없다. 그러한 절차는 성가실 뿐만 아니라 위험하기 때문이다. 그것은 대중의 동요와 선동적 정치 운동가들이 책동할 기회를 최소화하는 대의제를 확립하고자 하는 자유주의 목표에 역행하는 것이다. 따라서 외부의 심판에 의존할 필요가 없는 상호억제 장치가 내장된 방법을 고안하는 게 중요했다.

공화제 질서가 더욱 민주적으로 되어가면서, "견제와 균형"의 제약적인 효과가 끊임없이 작동하게 되었다는 사실에 주목할 필요가 있다. 그 체계는 처음 고안되었을 당시에는 좀더 과시적인 다른 억제방식의 보조수단이었다. 즉 투표권을 제한함과 동시에 기층 유권자들과 중앙정부 사이에 여러 형태로 매개적인 대표제를 확립하는 여과기법이 중심이었다. 한때 이 여과기법은 유권자들이 독립적이고 충분한 정보를 갖고 있다는 공약으로 정당화되었지만, 얼마 지나지 않아 국민주권자들에 대한 참을 수 없는 모욕이자 사회 안정에 불필요한 보장으로 드러났다.

이후 사회의 위계적·공동체적 분할 위에 우뚝 솟은 입헌적 메커니즘과 권리체계라는 근본적인 자유주의 창설 신화가, 받아들일 수 없는 곤혹스런 의미에서 진실이 되어왔다. 자유민주주의 정치와 그것이 시행되는 사회는 서로 분리되었다. 노동분업 내에서 고정된 일자리를 얻고 기성 위계체계에서 안정된 지위를 차지한 다수 집단으로 구성된 사회 질서가, 서로 엇갈리고 불안정한 소속을 가진 집단들이 형성하는 변덕스런 이해관계 연합에 동조하는 정치적 관행과 공존하게 된 것이다. 나의 설명적·프로그램적 논증의 주요 테제는 자유주의 정치 ─ 그리고 그것이 규정하는 제도적 구조틀 ─ 가 정치생활에 대한 자유주의적 이해방식과 실천을 변혁해야만 그 이미지 속에서 재창조될 수 있는 사회 질서의 형태를 영속시키는 데 기여한다는 것이었다. 사회를 자유주의 정치가 이미 상당한 정도로 이뤄놓은 이미지와 유사하게 만들려면, 우리는 국가 및 정부권력을 둘러싼 갈등의 제도적 형식을 바꿔야 하며 자유주의 비전을 그 창조자들이 지금껏 고수해온 지점 너머로 밀고 나가야 한다.

견제와 균형의 고전적 기술은 변화되어야 할 구조의 작은 부분에 불과하다. 하지만 견제와 균형의 기술은 그것이 속한 더 큰 구조가 부과하는 제약의 본보기가 된다. 마치 그 기술에 따라 전개된 논증이 우리가 대체해야만 하는 비전을 명확하게 보여주듯이 말이다.

견제와 균형의 체계 때문에 야심 찬 프로그램을 지향하는 정파는 정부의 다른 부처도 동시에 장악해야 한다. 통상적으로 정부 각 부처를 이끄는 자들은 자기 자리의 특권을 기어이 지키려고 노력할 것이기 때문에 자리에 대한 자부심이 클수록 모든 대담한 계획에 대한 저항도 커질 것이라 예상할 수 있다. 실제로 그 체계가 크게 신경 써야 할 부분은 정치적 프로젝트의 변혁 범위와 입헌적 장치가 거기에 설치하는 장애물 간에 굵은 선을 긋는 일일 것이다.

어떤 이들은 이 상호제한과 의도적인 교착상태가 자유의 필수적인 보호장치로 기여한다고 말한다. 그러나 정치에서 실험역량의 마비를 피하면서 공적 자유의 의미와 기쁨을 확장할 수 있도록 제안하는 프로그램이라면 이러한 필수성에 대한 확신을 의심케 한다. 다른 이들은 교착상태의 패턴은 대부분의 사람들이 평소에 만족하는 사회에서 협소하게 조직된 이해관계들 간의 갈등이 초래하는 불가피한 결과라고 말한다. 그러나 이 관점은, 우연적이고 수정 가능한 제도 질서가 갈등의 원인과 수단을 형성하고 정체성, 이해관계 및 가능성 등에 관한 가정을 형성하는 방식을 모두 보여주려는 이론의 주요 표적이다.

따라서 민주주의의 역량강화를 공약한 입헌적 프로그램은 자동적이고 상호적인 제도적 제약의 계승된 전략들을 대체할 충분한 이유가 있다. 중첩된 정부권한과 기능의 증가 때문에라도 이런 혁신은 더욱 시급하다.

개혁헌법 아래 세가지 원리가 함께 권력기관들의 갈등을 통제한다. 첫번째는——셋 중 유일하게 기존의 자유주의 부르주아 민주국가에서 널리 쓰이던 것으로——하나의 권력이 다른 권력에 부과하는 절대적 제한이다. 이 제한은 상이한 부처들이 상대편의 구성에 관여하는 상호영향력에 의해서만 극복될 수 있다. 어떤 정당이 부와 권력을 폭넓게 분배하겠다는 강령으로 정권을 잡고 경제의 제도적 틀에 반하는 방향으로 개혁을 단행한다고 생각해보자. 나아가 새로운 지배자들이 정부의 의사결정기구의 일부를 구성하는 최상층 대의기구의 지지를 받는다고 생각해보자(중앙조직에 대해서는 다음 절을 참조하라). 몇몇 혁신은 개인의 안전을 보장하는 기본권과, 정부권력의 지배와 행사를 둘러싼 갈등에 대한 개인적 접근권에 대한 침해를 야기할 수 있다. 정부권력을 둘러싼 투쟁의 직접적인 결과와 분리된 국가기관 중 하나가 그 침해를 저지할 수 있어야 한다. 특별한 논란거리를 해결하는 것이 동일한 사법부여야 하는가, 아니면 분리된 헌법기관이어야 하는가의 문제는 그렇게 중요하지 않다. 중요한 것은 이 개별 면제권의 성격과 근거가 변한다는 것이다(뒤에서 다루는 면제권에 관한 논의를 참조하라).

권력 갈등을 통제하는 두번째 원리는 상이한 부처들 간의 우선권이다. 세번째는 헌법적 교착상태를 일반유권자에게 즉시 또는 뒤에 이전하는 방식이다. 이 두 원리는 서로를 제한한다. 정부 부처의 수가 적고 헌법이 교착상태를 영구화해 권력을 제한할 경우, 그 부처들을 동등하게 대하는 것은 당연하다. 이런 결과가 주는 설득력은 그 전제와 함께 사라진다. 어떤 권력기관의 위상은 다른 권력기관들에 그 의지를 강제할 수 있는 힘이 있느냐에 달려 있다. 더 높은 위상을 합리화하는 두가지 요인은 부처나 기관의 구성 폭(구성원이 사회 전반의 조직적 투쟁에 의해 선택되는 정도)과 책임 범위(부처의 핵심적인 헌법상 책임이 사회질서에 어느 정도까지 미치느냐)다. 예를 들어, 이 기준에 따르면 법체계 전반의 이념을 옹호할 책임이 있는 간섭정책 수행 권력기관은 정보 접근의 무결성을 유지해야 할 책임을 맡고 있는 권력기관보다 훨씬 더 중요하다. 정부의 의사결정기구는 이 양자보다 더 중요하다.

권력체 간의 갈등을 일반유권자에 즉각 이양하는 것을 정당화하는 조건을 헌법에 둘 수도 있다. 이것은 의사결정기구 내에서 분쟁이 발생하고 정당의 프로그램이 대중적 지지를 얻지 못하는 환경에 특히 적합할 것이다. 하지만 이와 같은 방법이 남용될 경우, 이는 교착상태를 영구화하여 권력을 제한하는 것만큼이나 국가의 행동역량을 무력화할 것이다. 따라서 불균등한 권력기관 간의 갈등을 해결하는 일반적인 방법은 유권자에게 이양(국민투표)하는 것을 가급적 늦추는 방식이 될 것이다. 예를 들어 집권당이 법질서라는 체계 이념의 이름으로 기성 제도를 어지럽힌 권력기관과 갈등을 일으켰다고 가정해보자. 만일 집권당이 자기 프로그램을 집행하고 이 과정에서 개인 안전에 대한 사법 보호에 의해 제지되지 않는다면, 그 당은 이후로도 계속 그 프로그램을 집행할 것이다. 그러나 다음 총선거에서 그 해법에 대해 논쟁과 해결이 있을 것이다.

이러한 헌법 절차 중 어떠한 것도 헌법체제의 핵심은 아니다. 특정한 제도적 제안들은 강화된 민주주의 프로젝트에 대한 그럴듯한 해석에 지나지 않는다. 그 프로젝트의 정신에 비춰 이러한 해석들 중 어떤 것이 가장 잘 작동하는가는 일반적인 논증으로 추론할 수 있는 것이 아니다. 세부항목들과 그 근거들 간의 느슨한 관계가 제도적 계획 전체와 그 배후에 놓인 이해방식 간의 관계에도 똑같이 적용된다.

정부의 조직: 의사결정기구

중첩된 권력과 기능을 확대하면, 견제와 균형 체계가 무력화될 위험이 있는 것처럼 정부의 의사결정기구를 서로 충돌하는 기관들의 혼돈 속으로 빠뜨리게 될 위험도 있다. 이런 결과는 수정된 헌법질서의 목표에 치명적일 수 있다. 여기에서 수정된 헌법질서의 목표란, 광범위한 기층 사회운동의 지지를 받는 정당이 자체 프로그램을 시행할 수 있는 기회를 제공하는 것을 말한다. 이 일을 수행하기 위해 활용가능한 도구들은 기존 민주주의 방식의 집권당이 이용할 수 있었던 것들보다 더 효과적이어야 한다. 그 도구들은 기존 민주주의 방식에서 대체로 건드리지 않고 남겨둔 사적 권력의 원천들에 영향을 미칠 수 있어야 한다. 그것들은 국가권력의 상층부에서 일어나는 투쟁과 일상생활의 경쟁을 연결지을 수 있는 집단운동의 의도와 균형을 맞춰야 한다. 또한 많은 정부 부처의 출현으로 야기된 복잡성을 다룰 수 있어야 한다. 더구나 경쟁 국가들의 세계에 존재하는 한, 국가는 최상층부에 결정적인 외교적·군사적 행동을 취할 수 있는 권한을 가져야 한다.

정부의 의사결정기구는 수용된 입헌적 원리에 의해 예견되는 행정부와 입법부를 포함한다. 이 기관들이 대통령제 아래에서 별개의 정부 부처로 인식되는가 또는 의회제 아래에서 단일 권력기관 같은 것으로 인식되는가 하는 문제는 그렇게 중요하지 않다. 왜냐하면 새로운 모델의 헌법은 선출된 대통령을 포용하기도 배제하기도 하기 때문이다. 이러한 의사결정기구를 형성하는 권력기관들은 사회의 전체 구조를 다루는 정당 프로그램의 이행에 대해, 그리고 평화와 전쟁 시에 다른 국가들과의 외교관계를 최종적으로 통제하는 데 가장 직접적으로 책임을 지는 기관들이다. 이 두개의 관심사가 동일한 공적 기관에 맡겨져야 하는가는 자명해 보이지 않는다. 그러나 시민과 가장 가까이 있고 대중의 결정에 가장 포괄적인 범위를 제공하는 이러한 정부 제도는 국민의 생명과 재산에 아주 깊이 관련된 판단을 내리는 제도여야 한다. 이 결정기구 밖에 있는 권력기관들은 더 집중된 책임을 지는 기관들이며, 직접적인 당파적 경쟁에서 배제되어 있다.

강화된 민주주의 헌법에서 의사결정기구의 위상을 이해하기 위해서는 이전 헌법체제의 성격이나 책임을 살펴보는 것이 도움이 될 것이다. 이들 체제에서 그 기구는 거의 전체 헌법체계에 버금가는 것이었다.

중세 유럽 헌법을 단순화해보자. (대개 의회에서 군주가 수행했던) 핵심적인 입헌 과제는 부정기적인 법의 선포나 개정이었으며, 그러한 법은 영토 내에 있는 각 계급의 권리와 의무를 결정하는 신성한 관습 체제로 인식되었다. 이 관념이 지배적일 수 있으려면 특정한 갈등의 역사 속에 존재하는 이 관습 장치들의 기원은 잊혀지거나 거부되어야 했으며, 갈등 자체가 저지·봉쇄되어야 했다. 다른 부수적인 입헌 기능으로는 관습적인 질서의 임시개정을 포함하여 긴급조치로 예상치 못한 사태를 해결하는 군주의 권한이 있었다. 이러한 군주의 수정 권한이 없었다면 큰 환경의 변화로 말미암아 관습의 안정성이나 존속이 위태로워졌을 것이다. 이러한 수정 기능 ─ 사법권(jurisdictio)과 대조되는 행정권(gubernatio) ─ 은 권리의 핵심 비전을 담고 있는 사상체계와 쉽게 동화될 수 없었을 것이다. 그 기능을 실행하거나 수용하는 것은 기존 질서가 가능한 사회생활 형태를 고갈시키는 데 실패했음을, 비록 미미하고 함축적이지만, 인정하는 것이었다. 군주가 신의 영감에 따라 행동한다고 주장하건 세속의 지혜에 따라 행동한다고 주장하건 간에, 그와 조언자들 그리고 그의 비판자들은 관습으로 전환되어 지속될 수 있는 수단을 발명해내는 능력을 활용했다.

근대 서구의 자유민주주의 국가들은 처음에 기대한 만큼 이러한 구도를 바꾸지 못했다. 주류 정치의 수사가 내놓는 묘책을 통해 개인과 소수자의 권리가 지닌 신성(santity)에 의해서만 제한되는 국민주권을 선포할 수도 있었다. 대통령제 아래에서는 대통령과 입법부가 대립하거나 협력하는 상태에서 기존의 사회적 장치들을 위한 정당 프로그램을 이행할 수 있었다. 의회제 아래에서는 주권적 의사결정기구의 이러한 개념이 더욱 명확하게 확립되었다. 최상층의 집행 관료들은 선거에서 승리한 정당이 선거에서 표명했던 원칙들에 따라 행동할 수 있는 도구가 되었다. 국가의 수장은 기껏해야 경쟁 정당들이 권력을 쟁취하기 위해 다투는 메커니즘을 관장하는 관리자로 전환되었다.

이원체계에 의해 도입된 개혁에서도 입헌적 관행의 현실이 그 의미를 급진적으로 바꿔내려는 프로그램적 주도권을 제한했다. 비동원적(demobilizing) 입헌주의의 모든 속성은 승리한 정당이 국가를 장악하거나 그 프로그램을 신속하고 단호하게 실행하는 것을 어렵게 만들었다. 정부에 대한 면책수단과 개인에 대한 통제방식이 법체계와 연계될 경우 이것이 의미하는 바는 정파의 프로그램을 사적 질서의 재구성으로 확장하려는 시도가 개인이나 소수자의 자유에 직접적인 위협으로 여겨졌다는 것이다. 지배적인 여론과 헌법적 원리가 이런 위협을 제거하는 데.협조했다. 따라서 내각과 의회 간에 연합을 이룰 수 있는 가장 큰 수단을 지닌 유연한 의회제 아래에서도 의사결정기구에 의한 정책결정과 입법이 거의 그 자체로 완강한 구조를 갖춘 사회적·법적 질서에 주변적이고 단편적인 간섭을 하는 것 이상의 일을 할 수 없었다. 결국 토론을 통해 때때로 법률을 개정하는 입법부라는 전통적인 입헌주의 관념이 지속되었다. 그 관념이 낡아 보이고 역동적인 의회제의 구조에 부적절해 보임에도 불구하고 그것은 헌법 관행의 현실을 대변했다. 왜냐하면 어떠한 당파에도 볼모가 되지 않는 국가 관념을 실현하기 위한 거시적인 시도가 정부조직 및 정부와 사회의 관계에서 주요한 변화를 필요로 하는 것처럼, 더 작은 규모로 일관된 정당 프로그램을 만들고 실행하기 위해 조직되는 정부 관념 역시 의사결정기구라는 개념 면에서, 그리고 그 구조 및 그것과 국가의 다른 기관이 맺는 관계 면에서 변화를 요구할 것이기 때문이다.

간결한 설명을 위해, 새로운 헌법이 제한적인 의회제(이원제처럼 국민에 의해 선출된 대통령이 의회로부터 독립적이고 중요한 권한을 부여받는 의회제)를 포함한다고 생각해보자. 최고의 대의기구가 두 과제를 수행해야 하며, 그중 어떤 것도 전통적인 입법 관념과 쉽게 동화될 수 없다. 한편으로, 그 대의기구는 집권당(들)이 선거기간이나 재임기간에 천명했던 프로그램에 충실하도록 감시하고 보장해야 한다. 다른 한편으로, 그 대의기구는 사회 전반으로 확산된 일련의 국민대표 형식 가운데 최고 수준으로 복무해야 한다. 이 두번째 역할에서 그 기구는 다른 부처 간의 갈등을 해결하는 데 책임을 지는 기관처럼 기능할 수도 있다. 그 기구의 임무가 가장 의미 있는 경우는 해결책이 직접 일반유권자에게 맡겨지지 않는 덜 중요한 사안들일 것이다. 또한 그 기구는 이들 하위의 대의기구들이 집권정부를 정지시키고 총선거를 실시할 수 있는 수단을 제공해야 한다.

이 두 과제 ── 집권당에 대한 감시와 유권자들에 의한 중간평가(interlocutory representation) ── 가 동일한 대의기관에 의해 수행될 필요는 없다. 보다 큰 대의체 내의 작은 위원회가 집권당을 대변하고 그 프로그램의 집행을 감독할 수도 있다. 이러한 프로그램 감시(program-supervising) 작업은 현재의 민주제도하에서 어떠한 형태로든 이루어지고 있는 작업처럼 보일 수도 있다. 하지만 그 작업의 미묘함과 중요성은 통치권력의 최상층에서 일어나는 당파적 분쟁이 노동이나 여가 같은 친숙한 분야에서 발생하는 분쟁으로까지 확대될 경우, 그리고 사회의 전체 구조가 이 분쟁으로 위태롭게 될 경우 엄청날 정도로 커진다.

입법에 대한 전체적인 관념은 이러한 체제 아래에서 변화를 겪는다. 그 프로그램을 구체화하는 법률과 지침이 내각과 작은 감독위원회에 의해 수행된다. 그 과정에서 만들어진 다양한 형태의 규범들 간에는 엄격한 구분이 존재하지 않게 된다. 감시하는 정당위원회는 입법적일 뿐만 아니라 사법적인 역할을 수행한다. 그것은 개별 사안에 대해 법률과 프로그램이 일치하는가를 판단한다. 이 소위원회가 속한 대의기구는 국가의 정책을 주도하거나 집행하기보다는 제지하는 역할을 수행한다. 동시에 이 포괄적인 기구는 그 규모, 그것을 만들어내는 선거와 대표의 다양한 형식들, 그리고 하위의 대의체들과의 밀접성 덕분에 광범위하게 벌어지는 선거전에 대한 지속적인 예고편을 제공한다.

내각과 위원회는 이러한 더 큰 대의체와 국가 내의 다른 권력기관들이 부과하는 제한 내에서 통치한다. 따라서 의사소통의 온전성을 보존하거나, 법질서의 내재적인 이념들을 간섭절차에 따라 옹호하거나, 개인들 간의 분쟁 혹은 안전에 대해 재판하도록 고안된 권력기관이 있다고 할 때, 그 기관이 특별한 경우에 통치권력의 행사를 저지하거나, 어떤 문제에 대해서는 추후에 유권자가 판단하도록 유보하거나, 즉각적으로 유권자의 판단에 넘길 필요가 있는 교착상태를 유발하는 상황들이 또 있을 것이다. 하지만 내각이 반드시 더 큰 조직 내에서 다수에 의존할 필요는 없다. 정당이 분열되고 파벌 간의 정쟁이 격화되는 상황이라면, 소수당이 국가 내의 다른 세력들이나 하위의 대의기구들로부터 지지를 얻을 수 있는 한, 그 당이 통치하게 두는 방법도 고안될 수 있을 것이다.

정부의 조직: 미니 헌법의 제정

일련의 특정 제도 장치들이 영속적인 자가수정(self-revision)의 원리를 구체화하는 데에는 한계가 있다. 이 원리가 특정 형태로 존재한다는 것 자체로 그것은 다른 헌법적 장치들을 배제한다. 다른 장치들을 배제함으로써, 그것은 또한 사람들이 원하는 실천적 혹은 정서적 유대의 특정 양식들을 제거하게 된다. 어떠한 헌법체계도 집단생활의 모든 가능한 사태와의 관계에서 완벽하게 탄력적일 수 없다. 이 한계는 헌법개정이라는 관행적 권한에 의해 적절하게 치유될 수도 없다. 그 같은 권한의 행사를 통해 기존 헌법질서의 단편적인 부분 이상을 변경시킬 수 없기 때문이다.

정상적인 헌법체계는 그 자체 규정 내에 제한된 맥락과 목적을 위해 필요한 특별한 헌법체제를 확립할 수 있는 기회를 포함해야 한다. 이 특별한 체제가 미니 헌법들(miniconstitutions)이 된다. 가장 온건한 수준에서 볼 때, 집권당은 그 프로그램의 일부로서 사회의 특정 부문에서 예외적인 권한을 갖고 비정상적인 방식으로 활동할 수 있는 제도들을 설치할 수 있어야 한다. (예를 들어, 경제의 주요 노선이 직접적으로 정치적 통제를 받는 가운데 존재하는 극단적인 기업 자유체제에 관한 뒤의 논의를 참조하라.) 가장 높은 수준에서 볼 때, 정당 지도자들은 특별 권력체제 ─ 핵심 의사결정기구의 장치와 권한에 대한 임시적인 변경 ─ 를 요구하는 일반유권자들 앞에 서기도 한다. 유권자들이 요구하는 체제는 개인, 소수자 그리고 반대자를 위한 중대한 헌법적 보호장치와 조화될 수 있다. 이러한 사태에서 선거는 국가의 형태나 최고위직 관리들의 정체성을 둘러싼 갈등을 불러온다.

　미니 헌법의 범위가 어떠하든, 그 활용은 항상 특별한 예방책을 요구한다. 예외적인 권력기관을 설치하려는 각각의 특수한 임무에 상응해서 특수한 통제기관이 나타나야 한다. 따라서 비정상적인 하위기관을 제도화하는 상위기관은 독립된 특별위원회를 설치하고, 그 위원회는 하위기관의 행동을 감시하고 정부의 다른 부서들과의 관계를 규제해야 한다. 동시에 유권자들의 눈에 특별한 제도와 특권을 추구하는 것처럼 보이는 정당은 특별 감시권한을 지닌 제도, 즉 정부의 특별 부서를 위한 제안을 내놓아야 한다. 따라서 예외적인 헌법체제하에서 모든 특별 기관은 그 업무를 수행할 때 그림자(shadow) 권력을 갖는다. 그 그림자는 특별 기관의 지배영역에 비례해서 커진다.

당파적 갈등의 조직:
강화된 민주주의에서 정치적 안정

앞서 이야기한 기법으로 규정되는 영구적인 동원적 입헌주의에 대한 가장 확실한 반론은 그것이 최소한의 안정성을 보장하지 못한다는 것이다. 그 헌법하에서는 모든 것이 국가와 사회를 마비시키는 혼란과 극단적인 투쟁에 빠뜨리도록 고안된 것처럼 보일 수 있다. 극단적으로 밀고 나가면, 그 불안정은 사람들로 하여금 지속적이고 안전한 결합 형태에서 나오는 실제적·도덕적 혜택을 누리지 못하게 할 것이다. 마치 기득권의 원리가 사회생활에서 모든 혁신을 방해할 수 있는 것처럼, 그 불안정성은 생산역량이나 파괴역량을 발전시키기 위한 사회적 기반을 붕괴시킬 것이다. 결국 극단적으로 불안정한 체제는 그 자체의 안정성을 깨뜨리고 어떠한 댓가를 치르더라도 안정된 질서로 나아갈 것이다. 사람들은 흔들리지 않는 지도자와 평화를 보장하는 제도를 요구할 것이다. 만일 삶의 모든 측면을 혼란시키는 불확실성을 받아들여야만, 또 프로그램적 불일치에서 극단적인 불화로, 그리고 불화에서 폭력으로 언제든 변할 수 있는 적대감을 수용함으로써만 자유를 유지할 수 있다면, 그 자유는 감당하기 어려운 부담이 될 것이다.

변형된 헌법체제하에서 안정성의 성격과 토대를 설명하기 위해서는 그 체제 아래 조직된 정당들이 수행해야 할 역할을 고려해봐야 한다. 일반적으로 말하면, 그것은 재정비된 사회를 특징짓는 중앙의 정치투쟁의 실제 역동성을 상상하게 하는 초대장 기능을 한다. 다시 말하지만, 조정된 사회적 실천들의 작용에 관해서 적정한 추론을 해내는 능력은 우리가 실제로 경험하는 실천들에 대한 우리의 인식을 시험한다. 이러한 인식이 아주 외적이고 기계적인 설명이나 아주 모호한 상관관계를 넘어서고자 할 때, 특정 장치나 확고한 신념을 변화시키기 위해 만들어 낼 차이에 관한 관념들을 요구하기 때문이다.

우선 허위적 필연성으로부터 사회가 해방될 때, 그것은 사회계급이 분해되어 여론정당으로 모이는 형식을 취한다는 점을 기억하라. 이러한 분산은 어느정도 이미 일어났다. 그것은 항상 역사를 통해 재현되고 있으며, 지금의 자유민주주의 정치체들은 그것을 전혀 예상하지 못했던 지점까지 끌고 나갔다. 자신들의 초기 급진적인 소명을 저버린 고전 자유주의자들은 사회가 이미 이러한 조건에 도달했다고 주장한다. 그러나 만일 초기의 분석이 맞다면, 상대적으로 경직된 사회생활의 속성은 비교적 유동적인 정치조직의 속성과는 근본적으로 다르고, 우리의 정치적 관념과 제도 장치는 그 결과에 부분적으로 책임이 있다. 여기에서 개략적으로 제시된 제도적 프로그램은 이처럼 사회계급을 여론정당으로 해체하도록 제안할 뿐만 아니라 그것의 탈안정화 효과를 강화하도록 계산된 것처럼 보인다. 불안정의 문제는 확대된 당파적 투쟁과 이 투쟁을 위험한 방향으로 전환하는 것처럼 보이는 헌법적·사회적 조건의 관계에 초점을 맞춘다.

당파 갈등에 대한 오래된 적대감은 항상 이중적인 근거가 있었다. 첫 번째는 당파적 분쟁이 본래 이기적이며 공동선을 파괴한다는 확신이었다. 두번째는 경쟁하는 정당들이 시민의 평화를 파괴할 것이라는 두려움이었다.

당파 갈등이 아주 기본적인 삶의 문제까지 쪼개어놓는 한 어떠한 정치체의 안정성과도 양립할 수 없을 것 같다. 신앙의 시대에는 구원의 조건이 이 문제 중에서 가장 중요했다. 따라서 종교적 견해를 지닌 당파들이 공동체를 찢어놓는 파벌 싸움의 전형적 사례로 여겨졌다. 이들 간의 차이는 타협이 불가능했고, 각 정파는 상대방의 완벽한 패퇴를 통해서만 살아남을 수 있었다. 적어도 종교적 교리가 보편적이 아닌 특권적인 믿음의 공동체를 요구하는 한 이러한 비타협적인 요구는 계속될 것이다.

세속적인 것으로 종교논쟁에 아주 가까운 게 전면적인 이데올로기적 불화였다. 주요 당파들이 사회가 어떻게 되어야 하는가에 관해 첨예하게 대립되는 비전으로 자신들을 규정하거나, 거대계급 하나의 가시적인 이해관계를 또다른 계급의 이해관계와 겨루려 할 때 그 공화국은 똑같이 곤경에 빠진다. 통치권력을 둘러싼 통상적 갈등이 모든 것을 장악하기 위한 사회적 전쟁으로 변한다. 협상 불가능한 약속을 실현하기 위해 사람들은 수단과 방법을 가리지 않게 될 것이다.

이 견해에 따르면, 정파 간 경쟁이 안정된 것은 그것이 서로 관련된 두가지 특성을 지닐 때였다. 각 다수당이 천명한 원칙과 이해관계는 더 이상 하나의 응집력 있는 비전에 부합되지 않으며, 다른 주요 정파들이 옹호하는 비전과도 첨예하고 명확하게 대비되지 않게 되었다. 동시에 그리고 똑같은 이유로 많은 교차적인 정파들이 — 정당이 아니라도 정당의 계파나 다른 집합체들이 — 특정한 목적을 수행하기 위해 조직될 것이다. 시민들은 사회조직을 위해, 처음에는 상징적으로 나중에는 말 그대로, 싸울 준비가 된 두세개의 시민군으로 나뉘기보다는 많은 모순적인 방식으로 분열될 것이다. 그 환경에서 당파 갈등이 사회의 형성적인 제도적 맥락이나 결합의 상상적 체계와 관련이 없는 것처럼 보일 것이다. 그 갈등은 주로 그 맥락 내에서 특정 집단들의 미미한 발전에 관한 것이 될 것이다. 사회생활의 제도 장치들이나 구체화된 비전의 어떠한 변화도 대체로 단편적인 목표나 이해관계를 둘러싼 투쟁의 부산물로 보이게 될 것이다. 이 같은 최소의 안정성이라는 관점에서 당파 간 경쟁이 공화주의적 삶과 양립 가능해 보이는 것은, 분명 근본적인 것들로부터 상대적으로 비켜났기 때문일 것이다.

안정성과 불안정성의 근원에 관해 일반적으로 받아들여진 이러한 견해가 두가지 결정적인 동일화(identification)에 의거한다는 점에 주목하라. 첫번째는 불안정을 정부정책을 둘러싼 갈등의 강도를 높이고 그 범위를 넓히는 것으로 이해하는 입장과, 물질적 안정과 복지에 대한 개인의 중대한 이해관계를 극도로 위협하는 것으로 이해하는 입장을 동일시하는 것이다. 이러한 연계는 불안정을 홉스적인 사회갈등의 이미지, 즉 사람들이 어떠한 댓가를 치르더라도 피해야 할 악몽으로 표현한다. 이 책 후반부에서는 법적 권리체계의 재구성에 관한 논증을 통해 이 두 유형의 위험을 분리하여 동원적 민주주의에서 개인의 기본적인 안전을 보장하고 오히려 강화할 수 있는 방법을 보여줄 것이다.

안정성에 관해 수용된 견해에는 핵심적인 또 하나의 동일화가 있다. 바로 근본적인 갈등과 비타협적인 분쟁 간에 확립된 등치다. 형성적인 제도적·상상적 맥락이라는 개념은 무엇이 근본적인지에 대해 더욱 명확한 해석을 제공하며, 안정성에 대한 고전적인 접근방식을 다음과 같은 말로 재진술하는 것을 허용한다. 형성적 맥락에 대한 반복적인 논쟁을 장려하도록 신중하게 고안된 제도 질서는, 만일 그것이 목적을 이룬다면, 시민의 평화를 깨뜨릴 비타협적인 요구들이 고조되는 결과를 불가피하게 초래할 것이다. 그것은 분명 서구 정치사상의 주류에서 항상 수용할 수 없는 것으로 여겨왔던 정파적 투쟁방식을 창출할 것이다.

2차대전 이후 두세 세대 동안 서유럽의 민주국가들에서 발생한 정파 간 경쟁에서 근본적인 갈등과 비타협적 관행을 동일시하는 것에 대한 논박을 볼 수 있는 것은 매우 반가운 일이다. 거기에서 당신은 사회를 조직하고 사회와 국가의 관계를 확립하는 데 서로 전혀 다른 프로그램을 천명한 주요 정당들을 발견하게 된다. 정당의 많은 간부들은 자신들의 프로그램을 확고한 신조로 취급하며, 근본적으로 다른 비전을 갖고 더 많은 유권자들을 끌어들이고자 했다. 물론 성공의 정도 차는 크다. 하지만 이 국가들은 당신이 심사숙고해서 제기하려는 어떤 형태의 안정성 기준에 비춰봐도 안정된 상태를 유지했다.

그러나 정당정치와 행정의 실제 관행은 그 프로그램이나 담론과는 다른 이야기를 전해준다. 대부분의 경우에 이 정당-정치 활동은 줄곧 개혁 주기를 맴돌았다. 개혁가들은 공직에 이르기 전 아무리 대담한 의도를 갖고 있었더라도, 대안적인 권력과 생산 조직의 토대를 세우기도 전에 누적된 저항세력에 의해 국가에 대한 지배력이 침식되고 본래의 자리에서 끌어내려지는 것을 알게 되었다. 따라서 실제 정파 간 경쟁체제는 주창자들의 수사가 보여주는 것보다 안정성을 보존하는 당파주의의 전통적인 모델로부터 그렇게 많이 나아가지 못했다. 왜냐하면 그 정치적 수사는 형성적 맥락이 위험에 처했거나 확고한 형태를 갖추지 못했던 시기, 즉 1차대전의 여파로부터 나온 것이기 때문이다. 그러나 현실은 정부정책의 급격한 변동이 지속적인 혁신보다는 고비용의 혼란으로 끝나게 되는 경우가 훨씬 더 많았던 안정된 사회세계였다. 앞서 서술한 제도들의 바로 그 구조가 너무 많은 변수에 대처할 수 있도록 다소 의도적으로 구축되어왔다.

근본적인 것에 대한 갈등과 타협의 여지가 없는 갈등을 동일시하는 전통에서 진정한 난관은 근본적인 것과 협상 가능한 것 간의 관계가 사람들이 사회에 대해서 품고 있는 신념과 정당 갈등의 제도적 구조에 따라 변화할 수 있다는 사실을 인식하지 못한 데 있다. 결과적으로 정치적 안정성에 대한 전통적인 접근방법은 평화-보존적인 부수적 분쟁이나 평화-파괴적인 근본적 분쟁과 구별되는 어떤 상황의 가능성을 무시한다. 그 상황은 기존 사회질서의 실천적·상상적 토대에 자주 의문을 제기하는 당파적 경쟁방식이다.

가장 직접적으로 타협을 거부하게 하는 사회의 기본장치들을 둘러싼 갈등은 역설적으로 특징적인 모호성, 즉 표현하기 어려운 거의 꿈 같은 속성을 지닌다. 경쟁적인 정당들이 신봉하는 추상적인 비전이 사회생활의 구조적 체계에 미치는 영향력이 적을수록 타협의 기반은 더욱 취약해진다. 사회 재편을 위한 상세한 계획이 없는 경우, 배타적인 충성만이 승리의 확실한 징표가 된다. 이는 불신자들의 패배이자 교조주의의 대두다. 이와 동시에 정파의 프로그램이 모호한 정의(definition)와 격렬한 감정을 묶어낼 경우에는, 그 프로그램의 허황되고 불분명한 약속에 대한 말들이 아무리 하찮은 이유 때문에라도 널리 퍼지면 이에 사로잡히게 된다. 운동의 일시적인 상황, 지도력에 따른 선택, 적과 맞서려는 단순한 욕구 등으로 인해 정파는 자신의 공약 중에서 어느 한 버전을 수용하게 된다. 이에 따라 바로 이 우연한 선택이 그동안 추상적인 관념에 유보되었던 모든 신념을 부여받게 된다. 상세한 계획들은 그 자체로 중요하다기보다는 그 정파의 정체성과 운명의 이미지를 나타내는 대용품처럼 보인다. 이렇게 대용품이 된 입장에서 그 계획들은 다시 타협을 거부한다. 아주 터무니없는 물질적 기준들 외에는 양보의 댓가를 판단할 수 있는 어떠한 기준도 없으며, 어떠한 양보도 그 정파의 핵심적인 정체성을 위태롭게 하는 것처럼 보인다.

종교 정파들의 격렬한 싸움도 이를 확실하게 보여준다. 이 분쟁은 두 가지 상황 중 하나에서 특유한 형태로 독이 된다. 사회의 세속적 삶을 위한 종교적 진리의 함의에 실천적 견해가 부재한 경우, 경쟁적 충성의 상대적 우위만이 다툼의 대상이 된다. 아니면 집단 존재의 거의 모든 중요한 특징을 속속들이 규정한다고 자부하는 사회생활의 상세한 프로그램을 종교가 포함할 수도 있다. 신과 맺는 관계의 사적인 속성 — 개인 간에 존재하는 모든 주장과 감정을 신과의 관계로 심화시키는 것 — 은

계시의 핵심적인 관점과 신성법의 수정할 수 없는 세부사항 간의 연계가 지니는 자의적이고 불가사의한 특성에 의해 왜곡된다. 상세화된 계획이 자의적이기 때문에 확실히 건드릴 수 없는 것처럼 보이기 시작한다. 사람들은 이와 유사한 비전이 다른 장치들에 의해 더 완벽하게 실현될 수 있는가를 판단할 수 있는 기준을 상실한다. 이 견해에는 신성법의 세부사항과는 별도로 발견·진술될 수 있는 저변의 비전이 존재하지 않는다.

갈등하는 정파의 비전들이 집단생활의 상세한 체계로, 즉 일과 여가의 가장 낮은 수준까지 침투할수록, 이 비전들이 서로 침투하지 못하는 것처럼 보이는 일이 적어질 것이다. 구체성의 힘은 정파 간 투쟁의 강도와 치명적인 비타협적 태도 간의 관계를 바꿔낸다. 프로그램적 위상이 더 심층적일수록, 그것은 사회의 기본적인 제도 장치들의 변화와 기초적인 개인관계들의 미세한 구조를 바꿔내는 데 더욱 가깝게 다가갈 것이다. 일을 진행하는 다양한 실제의 방법들을, 즉 일을 수행하고 소득이나 직업을 할당하는 방법, 교환과 분배를 조직하는 방법, 손윗사람과 아랫사람 그리고 동기 간에 관계를 맺고 가족 안에서 살아가는 방법 등을 살펴보자. 각각의 경쟁체제는 모호성(그리고 그 결과로 나타나는 자유롭게 작동하는 함축된 의미의 개방성)보다는 구체성에 대한 확신을 전달하는 속성이 있다는 하나의 조건만 부여해보자. 그 상황에서 그것은 실천 가능한 것처럼 보여야 한다. 그것은 개인적인 현실, 필요 및 갈망의 비록 불완전하지만 확고한 느낌에 호소해야 한다. 이 특징을 지닌 견해들은 많은 다양한 방식으로 해체되고 재결합할 수 있는 것처럼 보일 것이다. 그것들은 이론이 사회에 요구하는 바로 그 특징들을 갖게 될 것이다. 왜냐하면 그것들은 사회세계, 즉 상상 속에서 예견된 현존 사회세계의 변형에 지나지 않기 때문이다. 게다가 실행가능성과 개인적 열망에 대해 반응해야 한다는 요구가 제안들이 현실에서 벗어나는 범위에 제약을 가한다.

이러한 견해들이 가까운 장래에 실현될 수 있는 것처럼 보여야 한다거나 부분적이지만 즉각 실현될 수 있어야 한다는 주장이 있다. 그 주장의 설득력은 통찰 자체가 아니라면 통찰의 외관에 의존하게 된다. 가능한 사회들에 한계를 설정하거나 그 사회들의 특유한 단계를 결정하는 어떠한 메타체제가 존재하지 않음에도 불구하고, 변혁적 시도의 실제 경험은 현존 질서의 몇몇 특성이 다른 특성보다 압력에 더 강하게 저항하는 것을 보여준다. 어떤 프로그램의 설득력은 부분적으로 이어지는 사태가 줄곧 확인해주는 다양한 압력에 대한 관점을 그 프로그램의 목적과 전략의 정의에 통합시키는 데 성공하느냐에 달려 있다. 사람들의 경험에 충실할 경우, 이것 또한 억제하는 영향력을 행사한다. 왜냐하면 세계의 문헌에 나타나는 자아의 이미지처럼 정치의 예언적인 도그마는 사람들이 실제 원하는 것보다 훨씬 더 다양하기 때문이다.

이 책에서 개진한 사회이론의 논증은 이 같은 흔한 관찰에 정당성을 제공한다. 개인의 삶은 즉각적이고 비교적 비성찰적이며 이해되지 않고 훈육되지 않는 특성이 있다. 이 책의 사회이론은 사회의 상상적·제도적 형태가 이러한 개인의 삶을 특징짓는 실제적·정서적 인간관계의 더 유동적인 경험을 특정 틀로 동결하려는 시도를 나타낸다는 생각을 끌어낸다. 도그마와 장치는 이러한 삶에 영향을 미치고 이를 바꿔낸다. 하지만 그것들이 인간의 저항을 완전히 극복하거나 그의 내적 본성을 결정하지는 못한다. 정치에서 비전적인 추진력은 그 자체가 지닌 설득력의 많은 부분을 이 반항적인 경험에 대한 호소로부터 이끌어낸다. 위계질서·분할·결합 가능성의 경직된 체계가 붕괴될 때 나타나는 부정적인 충격 아래 사회들이 모두 어떤 궁극적인 수렴의 경로를 따르지 않는 것처럼, 그 깊이와 구체성을 갖고서 사람들의 일상적인 관심사와 내적 갈망을 건드리는 경쟁적인 프로그램적 비전들도 그 경로를 따르지 않는다. 그러나 그 비전들은 중첩적인 주제들의 존재로 희미해진 다른 노선을 발견한다.

오늘날 자유민주주의에서는 권력을 둘러싼 갈등의 실제 제도적 조직이건 정치적 이념이건 모두 규모와 구체성 간의 긴밀한 관계를 저해한다. 이러한 사태가 일어나는 가장 직접적인 방식은 공식적인 정치분쟁들과 일상생활의 다툼들을 지속적으로 연결하는 기회를 부정하는 것이다. 또한 좀더 일반적인 방식은 개혁 주기와 혁명 사이의 선택을 마치 시민적 삶의 정상적인 조건처럼 보이게 만드는 제도 장치들을 채택하는 것이다. 따라서 모든 급진적 비전은 기존 사회로부터 급작스럽고 전면적인 이탈로 상상되어야 하고 실제 경험이나 책임 때문에 순환됨 없이 형성되어야 한다.

이 환경이 단지 안정성에 대한 제한된 견해를 강요하거나 일상과 혁명의 딜레마를 거듭 주장하는 것만은 아니다. 또한 그것은 중요한 의미에서 가장 터무니없는 이해관계를 수용하고 추상적인 견해들 간의 투쟁을 표현하는 데 기여하는 정치의 낯설고 꿈 같은 속성을 설명해준다. 대중정치, 세계역사 및 확대된 경제적 합리성의 상황을 규정하는 경험들은 노골적인 이해관계를 제외하고는 아무것도 자명한 것이 없게 만들고, 그것들의 여론 의존성을 분명히 드러낸다. 만일 이러한 구체성의 혼란이 없었다면 현대적인 의미의 정당정치는 결코 등장할 수 없었을 것이다. 왜냐하면 정당정치의 핵심 요소 중 하나는 처음부터 이론적 원리에 대한 약속이었기 때문이다. 이 원리들은 대부분의 경우 단편적·추상적으로 남아 있거나 아주 드물게 구체화된다. 따라서 일상과 개혁 주기의 환경에서조차 사람들은 마치 추상작용에 현혹된 것처럼 행동한다. 이들의 정치적 행동은 문언적 규범을 더욱더 고수하거나 이상적인 개념들 사이에서 우왕좌왕하는 종교적 정파의 자의성 같은 성격을 지닌다. 왜냐하면 사람들이 변모된 인간의 현실에 관한 어떤 발전된 비전을 갖고 있지 못하기 때문이다.

깊이와 구체성의 결합을 권장하는 방식으로 국가권력을 둘러싼, 그리고 그것을 위한 갈등을 조직하기 위해서는 아이디어와 제도가 모두 필요하다. 제도가 없다면 아이디어는 변혁적 영향력을 잃게 될 것이다. 당신은 사회 평화라는 기존의 설명이 지닌 자의적으로 축소된 전제들을 드러내고 또다른 방식의 안정가능성을 촉구할 수도 있다. 하지만 당신은 기존의 설명이 당연하게 받아들이는 제도적 틀 내에서 그것이 제기하는 딜레마의 현실을 거부할 수 없을 것이다. 당신의 제안은 다른 시대를 위한 제안처럼 보일 것이다. 그러나 아이디어가 없다면 개혁된 제도 장치들은 그것들을 이해시키고 일련의 매개적인 연결고리들을 통해 이를 현실사회와 사회변혁에 대한 인식과 이어주는 비전을 결핍하게 될 것이다. 감내할 만한 갈등에 대해, 과도하게 생략되고 그릇된 견해가 초기 민주주의에서 맡은 역할처럼 안정의 다양성과 조건에 관한 더 충분하고 진실된 해명이 개정헌법을 위해 동일한 작업을 수행해야 한다.

이와 같이 개선된 형태의 정파 간 갈등을 형성하는 데 필요한 아이디어는 고답적인 사회과학이나 심층논리적 사고의 전제에서 자유로운 사회이론에 의해 발전·지지될 수 있다. 그 이론이 근본적이면서도 협상가능한 논쟁을 벌일 수 있는 지적 환경에 기여하는 두가지 중요한 근거는, 형성적 맥락들이 조금씩 대체될 수 있다는 견해와 어떤 사회질서에서건 일탈적 요소들이 전복적·재구성적 잠재력을 지닌다는 테제다. 혁명적 개혁 ── 이는 형성적 맥락에서 어떤 요소를 대체하는 것으로 정의할 수 있다 ── 이 가능하기 때문에, 어떠한 갈등도 견해들 간의 궁극적인 충돌을 막으면서 근본적인 것들을 다룰 수 있다. 대안적인 형성적 맥락을 위한 제안인 사회생활의 체계들이 각기 다른 방식으로 재결합될 수 있다. 새로운 주류적인 해법들은 기존의 일탈적 조직원리나 상상원리를 확대하려는 시도에서 시작하는 것이 전형적이기 때문에, 우리는 보통 가장 담대한 비전도 익숙하고 명료한 자료들을 갖고서 작업하는 제안들로 바꿔낼 수 있다.

사회적 안정과 사회적 고안에 대한 이러한 접근법을 고취하는 아이디어들은 정당 갈등의 제도 장치의 변화와 결합될 때에만 정파 간 경쟁 방식에 실질적인 영향력을 행사하게 된다. 그 변화는 앞에서 논의한 협의의 입헌적 제안과 뒤에서 다룰 경제조직 및 법적 권리에 관한 아이디어 간의 연관성을 드러내주고 서로를 강화하는 수단들의 연결망으로 나아간다.

가장 중요한 실천적 개혁이 중점적으로 다루는 것은 일상생활을 흡수하는 조직과 정당의 관계다. 일상의 경험 속에서 실천적 혹은 정서적 결합의 형식은 중앙정치의 가장 일반적인 이슈들과 연결되는 집단적 숙고와 갈등의 방법을 따라야 한다. 사람들은 이처럼 친밀한 모임 안에서 취하는 입장을, 거대한 국가영역에서 점하는 위상의 부분적이지만 인식 가능한 확장으로 파악할 수 있어야 하며, 그 역도 마찬가지다. 이 목적을 위해 정파 갈등은 규모의 폭과 의도의 구체성을 결합하는 프로그램의 용어로 경쟁할 필요가 있다. 이 프로그램들은 큰 규모의 조직 안팎에서 권위와 장점의 구조들을 중점적으로 다루어야 한다.

다른 제도적 변화들은 이러한 변동을 가능하게 하는 조건이다. 그것들은 중앙의 정치적 갈등과 일상적 관심사 간의 연계에 기여한다. 이 변화들로 인해 그 연계성은 사회 전반을 아우르는 정당이 사회계급의 무기로 전락하거나 그 계급이 노동분업에서 차지하는 위상에 의해 엄격하게 정의되는 일부 노동세력의 무기로 전락하는 왜곡된 형태를 취하지 않게 된다. 일반유권자에게 빈번하게 권한을 이양하고 사회의 모든 층위에서 정파적 선동과 동요를 일으키기 위한 기회를 극대화할 경우, 이는 시민들에게 무수히 많은 갈등을 가져온다. 권력이양이 시민들에게서 적은 시간만을 빼앗을 때조차도 그 갈등은 시민들이 자기 삶의 직접적인 관심사에 대해 갖는 의식에 깊이 침투하는 방식으로 일어난다. 복지권이 보장되면 개인은 그 갈등이 자신의 기본적인 안전을 위협할 것이라고 생각하지 않고서 그것을 받아들일 수 있다. 자기와 가족을 위한 물질적·도덕적 안전에 관한 가장 사적인 이해가 소유권 체계로부터 해방되면, 최소 안전에 관한 개인의 생각도 그만큼 줄어들게 된다. 그런데 기존의 소유권 체계는 통치권력으로부터의 면제권을 다른 사람들에 대한 통제 수단으로 바꾼다(뒤에서 다룰 권리체계에 대한 논의를 참조하라).

사회생활 밑바닥의 갈등과 통치권력 상층부의 갈등을 연결하는 가장 중요한 조건은, 소집단이 재산법, 경제에 대한 국가통제 혹은 조직생활의 고유한 규범 등의 이름으로 타인에 대해서 일반적인 규율 권한을 행사하는 것이 허용되는 지배적인 실천적 제도들의 개혁이다. 이 제도 장치들과 선입관은 최종적인 결정과 명령을 내리는 좀더 비차별적인 지위와 기술적·관리적 전문성을 체계적으로 혼동한다. 집단적 갈등과 선택이 주요 조직들 내에서 주요 역할을 하고, 전문화와 협력이 목적과 방법에 관한 궁극적인 선택과 구별되는 만큼 평범한 실제 활동을 벌이는 가운데 정당활동에 참여하는 기회가 증가한다. (국가경제에 대한 국가 정치의 우선성과 과감한 기업혁신의 기회를 유지하면서 이 기회를 구체적으로 창출하는 방법에 대한 분석은 자본체제에 대한 뒤의 논의를 참조하라.)

집단적 갈등과 숙고에 개방된 이 실천적 제도들은 앞서 국가에 부여된 많은 임무와 특성을 취해야 할 것이다. 따라서 그 제도들은 대중을 대표하고 행정적 책임을 지는 형태로 나아가야 한다. 그 제도들이 중요한 복지혜택의 분배를 위한 독점적인 통로가 되어서는 안 된다. 그러한 역할은 구성원들이 위협을 느끼는 막강한 권한을 갖게 하며, 복지권의 온전성을 위태롭게 하기 때문이다. 법과 정책은 투쟁적인 집단조직을 대체하기보다 그들을 강화하는 다양한 분배와 재분배에 우선권을 주어야 한다. 예를 들어, 일괄적인 이전보다는 협력적인 공적-사적 서비스의 제공을 우선하는 분배와 재분배가 그것이다.

앞서 대략 서술한 제도 장치들은 강화된 민주주의의 목표에 유해한 결과와 공존하는 위험을 안고 있다. 전국적인 정당들은 일상생활의 조직적 환경에 뿌리를 내리고 있다. 기층 민중은 사회의 전반적인 층위에서 자신들의 분할을 구성하고 반영하는 데 도움이 되는 방식으로 나뉘어 있다. 하지만 각 정당은 결국 노동분업에서 상대적으로 안정된 위치를 차지하는 노동 부문 혹은 거대한 사회집단이나 계급의 도구로 기여한다. 그러한 상황에서 선취적인 안전, 사소한 언쟁이나 주변적인 조정의 정치가 다시금 시민생활의 더 큰 부분을 지배하게 된다. 확고한 집단 이해의 논리, 집단적 정체성에 관한 경직된 정의, 그리고 역사적 가능성에 관해 자의적으로 협소화된 전제들은 궁극적으로는 허위라 할 수 있지만 그런 상황에서는 진정 독자적인 힘을 얻게 된다. 프로그램적 구체성은 정치적 투쟁에서 깊이와 범위에 대한 적으로 변할 수 있을 것이다.

헌법의 어느 특성 하나라기보다 헌법 전체가 그러한 결과를 방지하도록 고안된다. 그 조항을 통해 사회의 기본질서에 대한 본래의 형성적 투쟁과 이 질서 내에서 지속되는 일상의 반목 간의 차이를 상대화하여 강화된 민주주의는 경직되어 규정된 이해관계, 정체성 및 가능성의 관넘들의 새로운 등장에 대응하게 된다. 구조의 취약점을 갈등과 선택으로 확장하려는 노력이 성공한다면, 사람들 사이에 일어나는 정파적 분열의 근원은 그들의 사회적 지위의 본질이기보다는 그들이 지닌 견해의 다양성이 된다. 이러한 다양성은 독자적으로 규정된 집단이해의 저변에 놓인 어떤 체제를 피상적으로 표현한 것에 불과할 것이다. 오히려 견해란 것은 자신이 경험한 바의 부분적으로 수정 가능한 해석에 지나지 않을 것이다. 즉, 그가 자신과 다른 사람들을 위해 필요로 하고, 원하며, 가능하다고 생각하는 것이 무엇인가에 대한 해석 말이다.

 "자유주의적–부르주아" 민주주의의 사회적 기반에 관해서 관행적으로 이상화된 모습과 이 조건이 어떻게 비교되는가를 이해하는 것은 중요하다. 다시 말해 관행적으로 이상화된 모습이란 일관성 있고, 오랫동안 지속되며, 잠재적으로 위험한 정파와는 결코 결합하지 않는 교차집단의 존재다. 우선 첫째로, 개혁헌법은 이 모습이 묘사하는 상황을 실현하고 싶어하며, 공동선에 대한 공유된 비전에 헌신하리라는 공상적·감상적·고풍적·압도적 전망에 따라 그것을 뒤집기보다는 극단까지 밀고 나가기를 원한다. 관건은 집단이해에 기초한 집단화는 불분명하고 불안정하게 될 것이라는 점뿐만 아니라 이 집단화가 경직되기 시작하면 그 순간 폭발하게 될 거라는 점이다. 다른 한가지 분명한 점은 집단적 위상의 불안정이 지나치게 진행된다는 바로 그 이유 때문에 개인의 정당 참여가 노동의 사회적 분업 내의 안정된 위치로 규정되는 집단의 물질적 이익에 근거할 수 없게 된다는 점이다. 점차 직접적이고 확실한 개인적인 이해관계를 개인적인 비전이나 개조와 한데 묶는 것에 의존해야 한다. 시민들은 계급, 공동체 또는 성이라는 집단 범주의 꼭두각시나 자신이 이해하거나 이탈할 수 없는 역사 드라마의 연기자이기보다는 하나의 주체가 되어간다.

이 모든 변화가 관념과 제도에서 실현되었다고 가정해보자. 최소한의 안정성이 여전히 다른 방식으로 위협받는 것처럼 보일 수도 있다. 이같은 체제하에서 조직된 사회는 이미 기존 민주주의를 특징지어온 악의적인 부당한 비교에 지배되는 것처럼 보일 것이다. 대중정치는 사람들이 노동분업에서 다소 자연스럽게 할당된 안정적인 위치를 경험하는 것을 인정하지 않기 때문에 이들은 자신의 장점과 다른 모든 이의 장점을 비교하게 된다. 그만큼 거의 모든 사람들은 스스로를 상대적 낙오자로 판단해야 한다. 개혁되고 강화된 민주주의는 자연적인 사회적 위상과 위계질서의 의미를 더욱 약화시킴으로써 상황을 더욱 악화하는 것처럼 보인다. 따라서 이러한 공화국의 시민들은 질투와 갈망의 끊임없는 고통 속으로 던져질 것이다. 고통 자체는 공화국의 삶에서 극심한 불안정의 근원이 되기도 한다. 시민들은 항상 자신이 실패했고 실패할 만하다고 생각할 때 느끼는 무기력한 자기비하와, 자신의 불만을 제도의 탓으로 돌릴 때 느끼는 헌법에 대한 분노나 증오심을 번갈아 표출할 수도 있다. 그들은 정신을 이권에 대한 사소한 거래나 비교에 완전히 빼앗기기도 한다. 그들은 직업, 기회, 물질적 혜택의 분배를 위한 어떠한 집단규범도 받아들일 수 없으며, 적어도 그것을 몇몇 정파의 일시적인 승리 이상으로 받아들일 수 없다고 여길 것이다.

헌법이 이 불안정을 피하는 방법은 기본적으로 일상생활에 구축된 정파적 일탈이 노동분업 내에서 상대적으로 고정된 위치에 의해 규정되는 집단들의 단순한 자기방어적 대결로 전환되지 않도록 방지하는 것이다. 현존하는 민주국가에서 부당한 비교의 원동력을 만들어온 사회조건들이 급진화되어야 한다. 세가지 연결된 개혁들이 이 급진화의 의미를 확실하게 해준다.

첫째, 일상 사회생활에서 높은 수준의 집단 동원을 지탱하는 모든 제도 장치들은 부당한 비교의 원동력이 고정된 사회적 위치들 사이의 차별적인 관계에 집중되는 것을 방지한다. 이 제도들은 분노를 누그러뜨리고 혼란스럽게 한다. 그것들은 여론의 대립을 이권의 불공정성에 대한 집착에서 벗어나게 하는 데 도움이 된다.

둘째, 국가에 대한 면제권의 형태와 다른 사람들에 대한 통제수단의 분리 ─ 다음 절에서 기술될 자본체제에 의해 일차로 수행되는 분리 ─ 가 삶의 물질적 환경에서 주요한 평등화를 전제하며 또 이를 가능하게 한다. 그것은 소득 차별, 직업에 대한 접근, 교육 기회 같은 궁극적 이슈들을 국가의 의사결정기구에 개방한다. 그러나 이와 동시에 그것은 기초 수준의 조직이 위로부터 명령받는 최소한의 평등한 수준에서 일련의 변형을 제공할 수 있게 한다. 이 두번째 제도 개선이 이뤄졌다고 해서 반드시 부당한 비교의 경험이 완화되지는 않는다. 그 비교는 아주 사소한 물질적 불평등이나, 무형적이지만 궁극적으로는 더 중요한 명예와 업적의 차이를 적극적으로 이용하기도 한다. 그러나 그 개선은 부당한 비교의 경험으로부터 물질적 삶의 조직을 둘러싼 계급투쟁의 요소를 분리해내는 데 도움이 된다. 그렇게 함으로써 질투와 평등, 차이의 수용과 같은 좀더 일반적인 문제들로 관심을 끌어낸다. 다른 경우와 마찬가지로 여기에서 목표는 싸움을 억제하기보다는 사회구조의 한정된 측면들에 대한 배타적이고 집요한 집착으로부터 싸움을 해방시키는 것이다.

헌법개정이 부당한 비교의 원동력에 미치는 세번째 효과는 그 원동력이 닿지 못하는 목표들의 중요성을 높이는 개정된 헌법의 힘과 관련이 있다. 왜냐하면 비교 판단의 힘은 당연하게 받아들이는 질서 내에서 상대적 이익을 얻으려는 투쟁의 배타성에 부분적으로 의존하기 때문이다. 그러나 그 질서 내에서 상대적 위치를 둘러싼 싸움이 질서 자체에 대한 갈등과 결합될수록 부당한 비교의 원동력은 다른 동기들에 의해 빛을 잃으면서 내부로부터 변혁될 것이다(뒤의 절에서 제도와 동기 간의 관계를 다룰 것이다).

예를 들어, 20세기 후반 북대서양 민주국가들에서 소득정책 문제로 알려진 사태에 대한 그 변화의 유사효과를 살펴보자. 지속적인 경제성장과 인플레이션 통제를 통해 경제안정을 도모하기 위해 정부는 일관된 회복 프로그램에 의해 주어지는 혜택과 부담의 분배에 관해 최소한의 동의를 필요로 했다. 경제성장의 순수한 관점에서 볼 때 여러개의 가능한 회복 노선 중에서 어떤 것을 선택해야 하는가보다 특정한 하나를 정해서 한동안 그 방향으로 계속 나아가는 것이 더 중요해 보였다. 그 노선을 고수해나갈 수 있는 능력 중 하나는 노동 부문들 사이에서, 그리고 좀더 일반적으로는 전국민 사이에서 소득 몫에 대한 기존의 분배방식에 기본적인 동의를 확보하는 역량이었다. 그러한 최소한의 공감대 없이 더 잘 조직되어 있거나 더 보호를 받고 있는 노동과 기업 부문들이 자신들의 조직적 이점을 이용하여 끊임없이 추가 이익을 얻으려고 시도했다. 그밖의 모든 사람들은 이를 따라잡으려고 시도했다. 실패한 사람들(비조직 노동자, 독립적 전문가, 경영자 및 임대업자들)은 어떠한 방식으로든 정부로부터 보상적인 지원(세금 부담이나 복지권을 조작함으로써)을 요청했다. 그런 분위기에서 안정적인 핵심 노동력을 유지해야 한다는 강력한 우려 때문에 사업투자 전략들이 왜곡되었다. 임금체계의 하향 경직성(downward rigidity)이 시장의 흐름을 막고 인플레이션을 통제하는 데 도움이 되었다. 집단 임금과 소득 격차가 불안정했는데, 그 이유는 집단들이 불균등하게 조직되어 있었고 시장에서 자신들을 방어할 수 있는 그들의 힘이 정부에 압력을 가할 정도가 되지 않았기 때문이다. 이러한 불균형이 사회적 지위 또는 분업에서 확고한 위치에 있는 노동 부문 간에 결론도 없고 쓸모도 없는 다툼을 영속화했다.

이 경향들 저변에 놓인 좀더 심층적인 역사적 상황은 두가지 사실의 공존을 반영한다. 첫째로 노동분업에서 집단 위상(collective position)의 위계질서가 흔들리면서 그 질서가 주장하는 자연스러운 외관과 도덕적 권위가 약화되었다. 관습적인 임금격차가 관행적이었기 때문에 공정하다는 생각은 전체 체계의 자의성이 지니는 실제 의미 ─ 크건 작건 재개된 집단갈등에 대한 그 체제의 취약성 ─ 와 일치했다. 만일 어떤 집단이 싸움을 다시 시작해 더 잘 될 거라고 기대할 수만 있다면, 직업과 소득의 위계질서 내에서 자신들에게 배정된 위치를 받아들일 집단은 없을 것이다. 동시에 여기에는 다른 중요한 사실이 개입되는데, 집단 위상의 위계질서가 겪는 혼란이 오직 부분적으로만 진행되어왔다는 점이다. 비록 그 위계질서가 너무 취약하고 파편화되어 있어서 특정 분배 방식에 대한 암묵적 동의를 확보할 수는 없지만, 그것은 사람들이 집단적 지위체계를 재구성하기 위해 싸울 만큼 강력하고 통합되어 있었다.

개정된 헌법은 두가지 사실 가운데 두번째 것을 바꿈으로써 이러한 상황에 대응한다. 지위체계는 더 철저하게 해체된다. 이 같은 해체는 한번에 끝내는 재분배보다는 집단 계약주의로부터 집단 동원으로의 이행을 사회생활의 산발적·이례적 특징이 아니라 지속적인 것으로 만드는 조건을 심화·확대함으로써 이루어진다. 결과적으로는 소득의 공유에 대한 자발적인 공감대를 보장하는 것이 아니라, 소득정책의 실패에 의해 예시되었던 중단되지 않는 구질구질한 교착상태와 비분강개하는 집단주의(collectivism)의 토대에 타격을 가하게 될 것이다.

규칙 깨뜨리기: 분권화의 형태들

강화된 민주주의의 프로그램은 유사한 딜레마를 해결하는 방식으로 권력의 분산을 요구한다. 중앙정부의 권력은 사회생활의 변혁에 가장 큰 수단이다. 하지만 중앙의 권력자들과 그들에게 부여되는 책임감에만 모든 희망을 건다면, 이는 사회의 실험을 외골수 계획에 희생시키는 것이다. 그것은 시민의 참여를 멀리 있어 거의 보이지 않는 목표에 집중시키며, 다수로부터 얻어낸 단기적인 권위를 소수의 손에 집중시키는 것이다. 만일 이러한 딜레마가 제어되지 않는다면, 강화된 민주주의는 환상적이고 자기모순적인 프로그램이 될 것이다.

하지만 그 딜레마는 추상적인 제도적 공약들 사이의 다른 긴장과 마찬가지로 풀 수 없는 것은 아니다. 그 긴장은 매우 현실적이다. 하지만 두 목적 간의 대립이 영구불변하다는 것이야말로 환상이다. 중앙화와 분권화 모두 무한정으로 다양한 제도적 형태들을 취할 수 있다. 어떤 형태는 긴장을 악화하는 반면 어떤 것은 완화한다.

전통적인 분권화 프로그램은 보충성과 기능적 전문화라는 두가지 기본원리에 의존한다. 보충성의 원리란 규칙과 정책을 결정하는 권력은 하부 권력이 문제의 특정 책임을 적절하게 수행하지 못할 경우에만 상부 기관으로 이전할 것을 요구한다는 것이다. 물론 모든 것은 적절성의 기준에 달려 있다. 그럼에도 불구하고 기존의 제도들은 논란의 여지가 없다고 생각하는 견해와 달리 그 원리는 가능한 한 최대한의 분권화를 정당화하는 데 기여한다. 그것은 어느 개인에게 가장 가까운 당국이나 집단이 그의 문제를 해결하는 데 가장 많이 개입해야 한다는 상식적인 관념에서 설득력을 이끌어낸다. 그리고 그것은 궁극적인 최종 권한은 개인 자신에게 있다는 자유주의적 확신과 잘 부합한다. 분권화의 전통적인 근거 중 다른 요소인 기능적 전문화는 동일한 과제를 두개의 경쟁적이거나 중첩된 기관이 수행해서는 안 된다는 것이다. 이는 경영효율성의 논리가 단일제건 연방제건 관계없이 모든 국가의 위계적 정부조직에까지 연장된 것이다.

보충성과 기능적 전문화의 프로그램은 현대의 우파 및 중도 정당들이 정부권력 분권화를 옹호할 때 내세우는 말이다. 그러나 이러한 형태의 분권화는 변혁되지 않은 사회 앞에서 중앙정부를 무장 해제시키는 것과 같다. 이는 결정권을 지방의 엘리트들에게 넘겨준다. 그리고 고착화된 특권을 존중한다. 이러한 이유들 때문에 그것은 앞서 언급한 딜레마를 악화시킨다.

분권화를 향한 대안적 노선은 상이한 정당들이 더 중앙화된 권력을 강조하든 더 분산된 실험을 강조하든 중요한 변동을 위한 여지를 남겨두어야 한다. 뿐만 아니라 이러한 변동을 강화된 민주주의의 더 광범위한 공약을 지지하는 구조틀 내에 자리매김해야 한다. 그 구조틀은 효과적인 도전으로부터 면제되는 특권을 인정할 가능성이 더 적은 형태의 중앙화와 분권화를 우선시해야 한다. 분권화의 두가지 보충적인 방법을 제공하는 헌법체계를 상상해보자. 각각의 방법에 부여되는 상대적인 중요도는 집권당의 프로그램들에 달려 있다. 두가지 전략으로 구성되는 체계는 연방국가와 단일국가 모두에 적용되며, 법규칙과 개인행동의 관계를 바꿔낸다.

첫번째 방안은 상위 권위체에 의해 확립된 규범들로부터 벗어날 수 있는 조건부 권리다. 이 방안에 따르면, 중앙의 대의기관들은 폭넓은 사회환경을 통치하기 위한 규칙을 제정한다. 그러나 최소한 2명이나 더 큰 집단이 이 규칙에서 벗어나는 선택을 하여 대안적인 헌장을 만들 수 있다. 하지만 선택한 당사자들은 두개의 주요 조건을 충족해야 한다. 첫째, 그들이 대안 구조를 세울 때 개인이건 기업이건 그들은 상대적인 평등관계에 있어야 한다. 둘째, 선택한 헌장은 당사자 중 일방을 지속적인 종속의 관계로 전락시키는 결과를 가져와서는 안 된다. 첫번째 조건이 우선적이다. 그것에 내용을 부여하는 기준은 경제적 강박에 관한 현행 사법(private-law)의 원칙을 출발점으로 삼을 수 있다.

이 접근방법은 특정한 혁신들이 관행적인 도덕성의 최소 기준에 위배된다는 이유로 그것들을 배제할 수도 있다. 그럼에도 이러한 형태의 분권화 정신은 현재 우리가 익숙해진 것보다 공적 규칙들로부터 훨씬 더 광범위한 일탈을 허용한다. 즉, 그것은 경제적인 문제뿐만 아니라 가족의 문제까지 포함할 정도로 폭넓다.

분권화의 두번째 방안, 즉 권력의 제한적인 이양은 정부와 국민 사이가 아니라 위계적 정부기관 사이에 권력을 재분배하는 것이다. 권력의 제한적인 이양은 전통적인 보충성의 원리가 권고하는 방식과 같이 상부기관에서 하부기관으로 권력을 이전하는 것이다. 그러나 그것은 권력이양의 모든 국면에 그에 상응하는 보장을 덧붙인다는 점에서 전통적인 우파와 중도파의 분권화와 구별된다.

그 보장책의 핵심은 권력이양이 과거의 특권이나 새로운 특권을 고착화하는 데 조력하는 것을 방지하는 것이다. 더 구체적으로 말하면 권위와 자원의 이전이 소외된 자들의 내부적 도전이나 공화국의 큰 정치에서 오는 외적 도전에 대항하는 지역의 성채가 되는 것은 막아야 한다.

안전장치의 형태는 권력 이전의 범위와 기간에 비례한다. 정부 최상층의 사례는 앞서 기술한 특별 부처로, 사람들이 강화된 민주주의의 시민으로서 역할을 할 수 없도록 종속적 환경으로 몰아넣는 경우라면 어떤 조직이든 실천이든 중단시키고 재구성하게 될 것이다. 많은 다른 안전장치가 지역적 혹은 일시적 권력이양의 형태에 적용될 수 있다. 이러한 기제들 중에서 강화된 민주주의는 임시적인 감독위원회, 도전하고 호소할 수 있는 특별 권리, 그리고 권한이나 자원을 중첩되고 경쟁적인 기관들로 이전하는 방식을 이용하기도 한다.

반정부의 조직: 자발적 결사의 구조

정부를 재조직하기 위한 강화된 민주주의 프로그램은 그 체제 내에 정부 밖에서 사회의 자발적 조직을 촉진하는 대응 요소를 지닌다. 이 계획의 핵심은 두가지다. 부정적인 목표는 정부에 필적하는 유사국가나 반국가를 조직하는 것이다. 그것은 정부가 지원하는 사회적 실험의 기회들을 무산시키지 않으면서, 전제정으로 타락하는 위험성, 즉 새로운 민주주의 모델의 통치장치들이 독립적인 사회조직에 의해 제지되지 않는 권력집중을 주도하는 데 사용될 수 있는 위험성을 줄이는 일련의 제도 장치를 형성하는 것이다.

문제의 본질을 파악하는 데에는 유추와 대비가 도움이 된다. 현대 정치사상의 유사한 주제를 살펴보면, 민주주의 이전의 구체제는 복합적이고 차별화된 특권과 권력의 구조를 향유했다. 이러한 집단의 특권적이고 무능력한 체제는 국민주권과 중앙의 전제정을 모두 제한했다. 민주주의의 이름으로 결성된 매개조직의 파괴는 구체제하에서 실행된 어떤 일보다 철저한 전제정의 기회를 창출했다. 만일 현대 자유민주주의가 이런 위험에 확고하게 맞서려 했다면 ― 보수적 자유주의자들이 했던 것처럼 ― 자유민주주의가 인정하는 고지식한 변명보다는 세분화된 집단적 특권과 면제권 체계를 더 많이 반영하며 맞설 수 있었을 것이다.

다시 말해서 강화된 민주주의 프로그램의 부정적인 작업은 이러한 회의적인 주장의 도움을 빌려 제약적인 사회의 평형추(counterweight)를 확립하려는 시도라고 할 수 있다. 그러나 이 제동장치들은 더이상 보수적-자유주의 선동가들이나 귀족적-조합주의 정치체들이 선호하는 형태를 취하지 않는다. 그 장치들은 사회를 형성하는 자원에 대해 특권화된 억압을 확립하고 고정된 사회적 역할과 지위 체제를 재생산하는 제도에 고정되지 않는다.

긍정적인 방안은 비정부 단체의 조직적 도구들을 사회생활의 형성적인 제도적·상상적 맥락들을 발견하고 묻고 개선하는 좀더 나은 수단으로 전환하는 것이다. 사람들이 방해받지 않고 주목받지 못한 채 남아 있는 구조틀 내에서 개인적·집단적 이해관계를 추구하는 방식들이 그 구조틀에 도전할 수 있는 방식에 좀 더 가깝게 다가가야 한다. 우리는 정파들의 사적 이익추구에 공동선에 대한 이타적·계몽적 헌신을 강제하려는 무익하고 자멸적인 시도를 포기해야 한다. 그 대신 우리는 단조롭고 이기적인 시도의 규모와 정서를 확대하는 실천적인 제도 조건들을 창출할 수 있다. 이해관계를 둘러싼 갈등은 항상 그 이해관계를 규정하는 선입관과 장치를 둘러싼 투쟁으로 고양될 수 있다. 갈등의 고조와 관련되는 공포를 제거하고서 그것을 제도화해보자. 그리고 여기에서 윤곽이 그려진 제도 재구성의 전체 프로그램이 제공하는 역량강화의 형태들을 목표로 하자.

나중에 일반화할 수 있는 아이디어를 형성하는 환경의 하나로 노동조합 문제를 살펴보자. 서구의 선진 민주국가에서 노동조합 조직의 법적 환경은 다소 확고하게 계약론적 접근법을 따른다. 이 접근법은 경제적 속박으로부터 최소한의 자유를 재확립하려 하며, 이는 고용주와 고용인 간의 노동계약을 철저한 예속에 대한 은폐수단 이상의 것으로 만드는 데 필요하다. 예속에 대한 구제책은 집단적 조직과 집단적 협상을 위한 기회를 보장하는 것이다. 이러한 기회는 고용주들이 노동자들과 개별적으로 협상할 때 행사할 수 있는 오만한 압력에 맞서 균형을 맞추게 할 수 있다. 법은 계약의 핵심적인 요소들을 보존하기 위해 계약 형식의 예외를 더 잘 만들어야 한다. 여기에서 중요한 것은 대부분의 노동자들이 사실상 조합을 조직하고 집단협상을 활용한다는 사실이 아니라, 만일 노동자들이 계약파기적 강박상태에 있다는 사실을 깨닫는다면 조합을 구성할 수 있다는 사실이다.

이 관념은 두개의 주요 원리를 통해 구현된다. 첫째, 정부로부터의 자유라는 원리가 요구하는 바는 노동조합이 노동법의 확립, 제정 및 적용에 내재된 공적 통제의 최소한의 형태 아래 존속해야 한다는 것이다. 둘째, 구조적 다원주의의 원리에 따르면 법은 노동조합 형태에 대해 획일적인 체제를 부과해서는 안 된다는 것이다. 다시 말해 어떤 노동조합이 어느 노동자들을 대변해야 하는지, 또는 노동세력이 노동조합을 대표하기 위해 어떻게 나뉘어야 하는지를 결정하는 어떠한 체계도 강제될 수 없다는 것이다. 분류하는 데 어떤 지배적인 원칙이 생길 수도 있다. 그러나 조합의 구조는 마치 서로 다른 퍼즐에서 가져온 조각들을 모아둔 것과 같아서 조각들이 하나의 일관된 모습을 형성하지 못한다.

노사관계에 조합주의 모델을 도입한 나라는 소수이며, 그중 대부분은 파시즘의 영향을 받은 국가들이다. 이러한 대조적인 접근방법에 따르게 될 경우 조합은 통치구조의 연장된 부분을 나타낸다. 노동조직을 확립하고 규율하는 권력을 통해 중앙정부는 통제된 동원을 실현할 수 있는 기회를 얻는다. 정부의 통제가 국가로부터의 자율을 대체하게 된다. 그뿐 아니라, 조합주의적 노동체제는 단일한 분류의 원리를 따른다. 이 원리는 전체 노동력을 하나의 일관된 분류체계로 철저하게 분리해낸다. 모든 조각이 하나의 퍼즐을 이루는 조각들로 편성되는 것이다.

민주주의자라면 조합주의 모델의 정부통제 방식에 반대할 것이다. 그러나 계약론적 접근방법의 특징인 다원적 분류의 원리는 그 자체의 결함이다. 그것은 노조 조직자와 활동가가 조합을 형성하는 데 엄청난 노력을 쏟게 만든다. 그 원리는 그들을 다원주의적 노조체계가 조장하는 특유의 당파적 투쟁에 빠지게 한다. 그 투쟁들은 경쟁자 간에 자리싸움을 할 필요도 없고 쟁점을 하나의 구조 안으로 통합할 필요가 없기 때문에 결론이 나지 않은 상태로 있게 된다. 그들은 단지 서로 다르고 적대적이지만 의사소통이 없는 조합질서에 안주할 수 있다. 게다가 계약체제의 분산적인 다원주의는 집단조직을 사적 협상의 단순한 대리나 안전장치로 취급함으로써 노동자-고용주 관계와 노동자-정부 관계 간의 뚜렷한 차이를 조장한다. 그 결과 노동자들이 국가정치에서 작업장의 분쟁과 갈등을 동일한 연장선의 일부로 다루는 것이 억제된다.

준계약주의적(quasi-contractual) 노동조직이 순수하게 경제주의적 투쟁방식을 선호하고, 노동조직에 상대적으로 무관심하고 경제와 정치의 더 큰 제도적 구조에 관심을 덜 갖는 것처럼 보이는 것은 하등 이상할 것이 없다. 대량생산 산업에서 노조의 핵심적인 경제적 기반이 축소될 경우 계약 모델 아래 형성된 노조운동은 단지 또 하나의 이익집단으로 인식될 뿐만 아니라 스스로를 그렇게 인식하게 된다. 그것은 모든 노동인구의 목소리로, 그리고 전체 사회를 위한 메시지의 전달자로 더이상 역할하지 못하게 된다.

이와는 대조적으로 조합주의적 접근법은 극단적인 형태의 억압과 동원에 더 잘 기여할 수 있다. 강력한 권위주의 정부 통제 아래 있을 경우 조합주의 노조는 그 설계자들이 의도한 대로 산업의 기강을 잡는 막강한 도구다. 그러나 취약하거나 관대한 정부를 배경으로 할 때 그러한 노조의 일원화된 조직은 제도적으로 위임받은 투쟁을 용이하게 한다. 노동력은 이미 단일한 틀 안에 조직되어 있다. 이 구조가 처음부터 다시 만들어질 필요는 없다. 그것은 이해관계를 규정하는(interest-defining) 구조를, 구조를 규정하는(structure-defining) 이해관계를 둘러싼 투쟁의 연속성으로 파악하는 이들에 의해 장악될 수 있다. 이들의 작업은 노동자-정부의 지배영역과 노동자-고용주 관계 간의 연관성을 은폐하기보다는 극적으로 만들어내는 제도적·상상적 전통에 의해 좀더 쉽게 수행된다.

그렇다면 과연 강화된 민주주의의 관심에 따라 정부의 통제로부터의 자율이라는 계약론적 원칙과 단일 분류(unitary classification)라는 조합주의 원칙을 한데 묶을 수는 없는 것일까? 다양한 여론의 흐름들——조직된 정당과 작업장 고유의 문제를 연결짓는——이 노동조직의 통합된 구조 내에서 자리싸움을 벌이게 될 것이다. 마치 통합된 정부구조 내에서 정당들이 자리를 두고 경합하듯이 말이다. 또한 노동운동에 참여하는 노동자들 전체 혹은 특수직업군에 속하는 노동자들이 분류의 방식에 변화를 주도할 수도 있다. 물론 국가 입법부에 의한 거부권에 부딪힐 수 있겠지만 말이다.

산업조직의 변화에 따라 조합의 익숙한 역할이 바뀔 것이다. 이 장의 후반부에 그려진 강화된 민주주의의 경제 프로그램 아래에서는 더욱 그러할 것이다. 그러나 직업의 분류에 근거해서 사람들을 조직하고 대변하는 역할은 노동자들이 낯설고 이해할 수 없는 권위에 의해 부과된 관리자들과의 대결을 멈춘 뒤에도 오랫동안 남아 있을 것이다.

노조에 적용되는 자율성과 통일성의 결합이 지역조직에도 확대될 수 있다. 이웃 간 결합이라는 단일체계가 적어도 지역 수준에서 지방정부에 대한 대중의 참여를 촉진하고 지역 당국에 대한 독립적인 통제단위로 확립될 수도 있다.

사람들이 일하고 살아가는 공간에서 그들을 이와 같이 조직화하는 확고한 토대 위에 다른 형태의 결사체들이 정부의 통제로부터 자유로울 뿐만 아니라 구조적으로 다원적이고 파편적인 형태로 번성할 수도 있다. 법적 기회, 공적 자원, 의사소통 수단에 대한 자유로운 접근이 이 추가적인 집단들을 지원한다. 이 개방적인 결사의 실험은 법에 의해 설립되고 정부로부터 독립적으로 만들어지는 결사구조를 대체하기보다 이를 보완한다. 이러한 반국가적(antistate) 조직은 국가를 겸허하게 만들고, 사람들을 당당하고 많은 일에 관심 갖게 하며 활동적으로 살아가게 하는 데 기여한다.

제12장

경제적 재조직

경제의 조직: 현재의 시장체제와 그 비용

재조직이 필요한 두번째 영역은 경제생활의 제도적 틀이다. 앞서 제시한 프로그램의 주제가 민주주의에 대한 대안적 제도 환경을 제안하는 데 있었다면, 이 영역의 핵심 주제는 시장에 대한 대안적인 제도적 정의를 상상해보려는 시도가 될 것이다. 제도 체제의 이 부분은 물질적 발전을 가능케 하는 조건들을 이론화하는 작업이 될 것이며, 그러한 물질적 발전은 이 책의 핵심 사회이론을 유달리 그 의도에 저항하는 것처럼 보이는 삶의 영역으로 넓힐 것이다.

어느 사회에서든 정부조직과 경제조직은 상호 의존적이다. 그러나 그 제도들과 이것들을 설명하고 정당화하는 사고의 특징이 종종 그러한 의존관계를 간접적이고 모호하게 만든다. 여기에서 소개되는 헌법에서 그 관계는 직접적이고 투명하게 된다. 이러한 변화는 제도적 제안들의 우연적이고 사소한 특징 이상의 것들을 나타낸다. 그것은 사회에 관한 일반적인 진실을 예시하며 그 제안의 저변에 놓인 사회이론은 그러한 진실에 엄청난 중요성을 부여한다.

집단 동원은 사회의 집단적 창조의 전형적인 예다. 여기에서 사회는 확고한 근본적인 행위나 영구적이고 알 수 없는 흐름이 아니라, 특정한 사람들에 의해 의도적으로 수행되는 지속적·숙고적 사건으로 인식된다. 집단 동원의 기회를 확대하고자 하는 헌법질서는 은폐된 진실에 직접적·실제적 효과를 제공한다. 여기에서 은폐된 진실이라 함은 어떠한 제도적·상상적 질서도 실천적이거나 비전적인 투쟁에서 나오며 그 투쟁의 부분적·일시적 억제에 의존한다는 사실이다. 그 자체의 고유한 논리에 의해 작동하는 것처럼 보이는 생활의 일부는 방해를 받지 않을 경우에만 그렇게 될 뿐, 그 평화가 지속된다는 보장은 없다. 평화가 깨지는 정도에 따라 자체 법칙에 의해 지배되는 사회생활의 독자적인 영역처럼 보였던 것도 사실상 실천적 또는 정서적 유대의 더 넓고 미성숙한 영역의 임시적인 버전에 불과하며, 그것에는 내적 분화보다는 통일성이 더 중요하다는 사실이 분명해진다. 정상적인 상태에서도 동원을 영속화하는 헌법은 이러한 통합을 이끌어낸다. 즉, 상이한 사회생활 영역들이 지니는 고유의 자가운전 법칙들이 심지어 상대적 자율성의 외관마저 상실하기 시작한다. 현대 천문학자들의 지적에 따르면, 최대 붕괴와 밀도를 지닌 고에너지의 순간에 도달한 우주는 대칭성과 연계성을 보이게 되는데 그러한 현상들은 그 진화과정의 냉각단계에서 과학적으로 발견되고 수학적으로 표현되어야 한다고 한다. 강화된 민주주의 헌법은 사회세계에서 최대로 투명한 순간에 발생한 효과를 만들어낸다.

이 절에서는 기존의 경제장치들에 대한 비판을 통해 경제생활을 위한 대안적인 제도 틀을 이야기할 것이다. 그 비판은 구성적 시도를 지시하는 데 도움이 될 수 있는 설명적 관념과 규범적 관념의 통합을 강조할 것이다. 비판의 일차적인 대상은 선진 서구 국가들의 사적 권리 복합체이며, 특히 그 체계가 생산과 교환의 조직에 미치는 영향력에 중점을 둘 것이다.

사적 권리체계는 시장이라는 추상적 관념과 역사적으로 독특한 일련의 제도 장치들을 실제적·관념적으로 동일시한다. 시장의 추상적인 개념이 의미하는 바는 자신의 이익을 위해 자발적으로 거래할 수 있는 무수히 많은 경제 주체들의 존재 그 이상이 아니다. 부적절하게도 이 추상적인 시장 관념은 역사적으로 특수한 장치들과 동일시되었으며, 이 역사적으로 특수한 장치들의 핵심에는 통합적 소유권(consolidated property right)이 존재한다. 통합적 소유권은 사회적 자본의 분리 가능한 부분에 대한 절대적인 권리(entitlement)를 내포한다. 여기에서 절대성은 재산의 자유로운 사용(discretionary use)뿐 아니라, 이후에 소유권을 승계한 사람들의 자유로운 양도의 사슬에까지 이른다. 이처럼 초기의 동일화가 확립되었을 때, 시장경제는 특별한 산업조직의 양식을 함축하는 것으로 가정된다. 그것은 표준화된 대량생산을 산업의 주류로, 그리고 유연한 생산을 선도 부문으로 분류하는 방식이다. 그런데 만일 시장과 상대적으로 분산된 통합적 재산체계와의 동일성을 받아들이게 되면, 우리는 또한 산업화된 시장경제가 이러한 산업조직 방법을 선호할 것이라고 가정할 충분한 이유를 갖게 된다. 왜냐하면 대량생산 산업체들이 시장을 조정하고, 생산, 노동 및 재정 시장에서 불안정해질 수 있는 상황에 대처하도록 허용하는 조건들에 통합된 소유체계가 이에 기여하기 때문이다. 경직되고 고도로 자본화된 기업은 그 시장의 동요에서 살아남을 수 없었을 것이다.

통합적 재산체계와 산업조직의 대량생산 양식이 선진 서구 국가의 경제조직을 대체하기 위해 추진된 주요 현대적 대안들까지 특징짓고 있다는 점이 놀라워 보일지 모르겠다. 또한 통합적 소유권과 대량생산은 사회주의-관료제적(socialist-bureaucratic) 노동자 소유모델의 독특한 사업 주기에도 잘 적응한다. 어떤 경우에는 통합적 소유권이 중앙정부로 이전되고, 다른 경우에는 그 기업에서 안정된 직업을 가진 노동자들에게 이전된다. 물론 나의 비판적 논증의 직접적인 대상이 선진 서구 국가의 경제체제이지만, 이 논증 가운데 많은 것이 약간의 수정을 통해 주요 경쟁적인 경제체계에도 적용될 수 있다. 이 절에서는 이 논증의 적용을 보여줄 것이다. 이용 가능한 대안들이 그중에서 우리가 선택해야 하는 필수항목이라는 사실을 부정하고, 이 대안들이 공통적으로 지닌 것을 보여주고, 이 공통요소가 어떻게 대체될 수 있는가를 제안하는 등 이들 모두가 관점의 일부를 형성한다.

먼저 민주주의와 시장의 기존 형태들에 대한 일련의 비판을 살펴보자. 이 비판들은 두가지 주요 범주로 나뉘며, 이들은 앞서 개혁 주기에 대한 논의를 통해 이미 예상된 것들이기도 하다. 하나는 기존의 경제적 장치들이 자유에 미치는 효과에 관한 논증이다. 다른 하나는 현존 또는 대안적인 제도 장치들이 경제적 효율성과 성장에 미치는 영향력을 다룬다. 나는 물질적 향상이 언제나 자유를 고양한다고 가정하지 않는다. 그럼에도 이 둘이 함께 나아간다는 미신적인 신념에는 일말의 진실이 있다. 가난과 고된 일로부터의 해방은 역량강화의 주요 형태들 중 하나다. 게다가 그 해방은 다른 형태처럼 사회분할과 위계질서의 고착화된 계획이 교환과 생산 조직에서 우리의 집단적 실험에 부과하는 제약들을 부분적이나마 걷어내는 데 달려 있다.

현재 시장제도의 형태는 거시적으로뿐만 아니라 미시적으로 자유를 위협한다. 거시적인 차원에서 그것은 제한된 수의 사람들에게 투자결정의 기본적인 흐름에 대해 불균형한 영향력을 부여한다. 그럼으로써 시장은 효과적인 민주적 선택과 통제로부터 집단적 번영의 기본조건을 제거한다. 그 결과 개혁정부의 계획들이 개혁자에게 가장 중요한 영역에서 쉽게 좌절한다. 경제적 축적의 주요 노선에 대한 정부의 통제를 강화하려는 시도는 경제적 결정의 효과적인 분권화를 저해하고 관료의 권한을 강화하는 것처럼 보인다. 더욱 역량 있고 민주적인 대안적 정부 구조를 상상하는 데 나타나는 어려움이 중앙권력을 엄청날 정도로 강화한다.

이와 동시에 현재의 시장형태는 자유를 미시적 차원에서 약화시킨다. 현재의 시장은 부의 불평등을 야기하고 허용함으로써 그러한 사태를 조장한다. 부의 불평등은 어떤 사람들을 다른 사람들 ── 감독 위치를 차지한 사람들 ──에게 사실상 경제적으로 의존하게 만든다. 좀더 분명하게 표현하면, 그것은 과제규정자와 과제수행자 간의 비교적 엄격한 구분 위에서 번창하는 산업조직을 지탱하는 데 도움을 주는 방식을 통해 발생한다.

프로그램적 논증의 초기 단계는 지금의 경제조직 양식이 자유를 제약하는 또다른 의미를 제시한다. 앞서 개괄한 강화된 민주주의가 자유의 필요조건을 제시한다. 하지만 만일 일과 교환의 일상적인 세계가 민주정부의 원리들과 다르고 그 원리들의 규모를 제한하고 그 영향력을 침식하고 그 작용을 무너뜨리는 방식으로 조직된다면, 그 민주주의는 번영할 수 없게 된다. 만일 시장이 다른 제도형태를 취할 수 없고, 기존의 경제체제에 대한 유일한 실천적 대안이 사회주의-관료제와 노동자 소유모델이라면, 강화된 민주주의 프로그램은 처음부터 그 운명이 정해진 것이며 자유의 의미를 확장하려는 우리의 희망 역시 그와 운명을 같이하게 될 것이다.

이제 기존 시장체계가 경제발전에 가하는 제약들에 관한 일련의 논증을 살펴보자. 여기에서 경제발전이란 생산능력과 생산성에서 반복적으로 이루어지는 획기적인 약진을 지탱해주는 역량을 말한다. (이와 똑같은 비판이 또다른 의미에서, 그러나 배가된 영향력을 갖고 일반적으로 인정된 주요 대안들에도 적용된다는 점을 기억하라.) 이 비판적 논증들을 열거한 뒤에 나는 경제발전을 가능하게 하는 조건들에 관해 그 논증들 저변에 놓여 있는 기본 견해를 분명하게 밝힐 것이다.

첫번째 비판은 완벽한 정도의 경제적 분권화에 관해 초점을 맞춘다. 기존의 자본체제 내에서 규모의 경제가 요구하는 것처럼 보이는 것은 하나의 단일한 의사결정기구에 거대자본에 대한 소유권을 통합해내는 것이다. 비록 거대 주식회사들처럼 소유권의 지분이 폭넓게 분산되어 있을지라도 말이다. 파편화된 주주의 이름으로 행동하는 중앙의 경영이 거대하게 통합된 인력과 주요 자원을 감독한다. 이 경영자들은 마치 자신들이 개인적 부의 축적을 통해서 지배권을 쥐고 있는 것처럼 행동할 수 있다. 외관상 통합적 소유권 체계의 파편화가 결국 이 체계의 핵심적인 특징을 보존하게 될 것이다. 이 특성 중 가장 중요한 것은 분리될 수 있는 사회자본의 몫에 대해 어느정도 절대적인 권리의 이름으로 생산과 교환을 조직할 수 있는 법적으로 보호된 권한이다.

경영권이 극단적으로 분산되지 않은 경우라면 노동조합의 와해는 용납될 수 없는 것처럼 보인다. 적어도 노동력이 경영권에 저항할 수 있는 힘을 확고히 할 수 있는 대안적인 방안이 부재한 상황에서라면 말이다. 그러나 통합적 재산 원리의 위상을 바꾸면서 그 원리를 존중하는 대안 장치들 ― 경제적 축적이나 분노한 노동자들의 기업 소유에 대한 중앙정부의 보다 큰 통제 ― 은 효율성과 자유 또는 이들 모두에 대한 위협을 악화하는 것처럼 보인다. 이와 반대로 노동조합의 해체를 받아들일 수 없다는 주장은 현재의 경제적 집중도를 불가피한 것으로 받아들이게 되는 또 하나의 구실을 제공한다. 그러므로 경제적 분권화를 촉진하려는 시도들은 현실적인 비평가의 눈에 감상적인 공상으로 조롱받을 수도 있다.

두번째 경제적 비판은 현재의 시장경제가 허용하는 완벽한 분권화 상황보다는 그 조형력을 겨냥한다. 조형력은 경제적 합리성의 일반화된 형태다. 그것은 어떤 주어진 맥락 내에서 생산요소들을 결합하는 용이함뿐만 아니라 생산과 교환의 제도적 맥락의 구성요소들을 재결합하는 용이함을 말한다. 넓게 말하면, 조형력의 핵심은 사회생활에서 실험과 혁신의 기회를 높이는 것이다. 좀더 조형력이 높은 경제적 장치로 이동할 경우 교환과 생산의 관계가 새로운 실천적 기회를 고려하여 변경할 수 없는 규범과 규칙에 의해 미리 결정되는 정도가 줄 것이다.

이렇게 완화된 제도의 경제적 가치가 논란의 여지가 없는 것처럼 보이는 경우는, 약화되는 제약요인들이 다음과 같은 사회질서에 속할 때다. 이는 생산과 거래를 비경제적 기준에 따라 조정하고, 고착화된 사회분할과 위계질서를 존중하도록 불안한 실천이성의 논리를 종속시키는 사회질서다. 그러나 완화된 제약요인들이 모든 사람을 공식적인 평등의 똑같은 위치로 만드는 것처럼 보이는 보편적 규칙일 때, 조형력의 주장은 그 설득력이 훨씬 더 떨어지는 것처럼 보인다. 물론 이의가 제기될 수도 있겠지만, 실제 거래를 위해서는 안정적·일반적으로 이해될 수 있는 구조틀이 근본적으로 필요하다. 이는 실험에 대한 관심이 바로 이 필요에 의해 좌우되는 한계점에서 멈춰서야 하기 때문이다. 이 지적에 대해서는 두가지 답변이 있다. 한 답변에 의하면, 이 책에서 개진한 사회이론의 일반 테제에 함축되어 있듯이, 고정된 장치들은 고착화된 사회분할과 위계질서의 새로운 체계들을 창출하지 못할 것이라는 확신은 바로 그 장치들이 모든 수준의 활동단계에서 도전과 수정에 개방되어야 한다는 의미라는 것이다. 지금의 경제학 논쟁 특성에서 기인하는 또다른 답변은 대안적 경제체제나 시장체계가 비록 안정적이라는 점에서는 동일하지만 거래와 생산의 사회적 형태에서 변화를 허용하는 정도가 다르다는 것이다. 경제분권화에 대한 기여가 그러한 것처럼, 조직 혁신에 대한 개방성은 추상적인 경제나 시장의 특성이 아니라 개별 제도 체계의 특징이다. 가격경쟁제도의 기능에 의해 가장 효율적인 혁신의 확산이 자동적으로 보장될 것이라는 견해는 전통적으로 시장의 실패를 고려하지 않았다는 비판을 받아왔다. 하지만 이 비판은 좀더 근본적인 관점을 놓치고 있는데, 그것은 가격경쟁체계가 제도적으로 비결정적이라는 것이다. 분명히 가격경쟁체계는 비결정적이기 때문에, 특정 가격 체계에 상대적으로 할당된 효율성과 생산성이나 생산량에서 지속적인 약진을 촉진하는 것 사이에는 밀접한 연관성이 자동적으로 형성되지 않는다. 언급하기에 너무나도 사소한 사실들이라 하더라도 그것들의 함축적인 의미가 모두 무시되는 것은 아니다.

현재의 시장체계에 대한 세번째 경제적 이의제기는 보다 광범위한 정치적·사회적 환경에 비춰본 것으로 시장체계가 성장지향적인 거시 경제정책에 부과하는 제약요인과 관련이 있다. 경제성장을 위한 전략은 무수히 많은 대안적인 분배 패턴들, 즉 차등적 수준의 임금, 조세 또는 보조금 등을 통해 실현될 수 있다. 그러나 그 분배 중 하나는 적정한 분배를 둘러싸고 벌어지는 종결되지 않은 갈등을 피하는 데 필요한 만큼은 고수되어야 한다는 것이 매우 중요하다. 왜냐하면 그러한 갈등이 주요한 혼란을 초래하지는 못하더라도, 정부 정책이 특정 경제성장 전략을 위해 결정적으로 집중되는 것을 방지하기 때문이다.

북대서양의 부유한 민주국가들에서 우리는 비교적 독자적인 두 영역에 나타난 두 부류의 세력 간 상관관계를 발견한다. 시장영역에서 거대 기업과 조직된 노동은 모두 경직된 대량생산 산업 부문에 고착화되어 있으며, 이들은 시장과 생산 조직에 불균형적인 영향력을 행사한다. 투자와 회수 정책들, 핵심 생산체계에 대한 개입, 그리고 이들이 대중매체

수단이나 정치자금 지원에 끼치는 영향력 등을 통해 이들은 자신들의 세력이 지닌 위상을 존중하지 않는 어떠한 분배 협상에 대해서든 타격을 가할 수 있다. 다른 한편, 경제영역에서 상대적으로 약한 집단들 — 소농, 독립적 전문인들, 조직되지 못한 하층민들 — 은 투표, 사회적 동요, 심지어는 양심과 분별력에 대한 호소 등을 통해 그들을 파탄에 빠뜨리는 분배적 협상들을 뒤집으려고 시도하게 될 것이다. 어떠한 분배 협상도 세력들의 상관관계들을 모두 존중할 수는 없으며, 그 협상에서 무시되는 세력들이 불안정하게 만드는 영향력에서 벗어날 수도 없다.

확실히 이 같은 결과의 불확실성은 많은 가능한 제도 변화들을 통해 피할 수 있다. 예를 들어, 거대기업이 독자적으로 폭넓은 결정권을 보유하고 있는 경우를 제외하고, 만일 정부가 독재적인 권한("권위주의적 자본주의")을 갖고서 해법을 강제할 수 있거나 아니면 조합이 전체 노동력으로 확대되어 앞의 두 상관관계의 거리를 더욱 좁힐 수 있다면 가능할 것이다. 그러나 각각의 제도 변화는 사회에 더 큰 영향을 주고 혼란을 야기하는 결과를 가져올 것이다. 따라서 만일 권위주의적·비혁명적 국가가 특정 계급의 상대적으로 수동적인 도구가 아니라면 다른 계급과 일시적으로 타협해야 한다. 그 국가는 충돌하는 요구들 사이에서 끊임없이 끌어당겨지는 것을 느낄 것이다. 예컨대, 기존의 엘리트들과 영합하려는 갈망, 폭넓은 대중의 지지를 획득하려는 노력, 그리고 독립된 권력 이해관계를 주장하려는 시도(이는 국민국가를 강화함으로써 정당화될 것이다) 사이에서 말이다. 경쟁적인 요구들은 그 동기와 내용을 철저하게 바꾸면서 교착상태를 유지하기도 한다. 다른 한편, 노동력의 전체 조합화 그리고 노동계급과 하층계급 사이에 존재하는 차별의 극복은 적어도, 경직된 대량생산 산업이 하청을 준다거나 임시직을 고용하는 등으로 동요에 대한 방어수단을 사용하는 것을 거부함으로써,

기존의 산업조직 양식에 압력을 가하게 될 것이다. 노조 형성이 투쟁적이고 조합들이 스스로를 이익집단이기보다는 국민으로 규정하는 만큼 그 결과로 나타나는 대중 동원은 훨씬 더 큰 결실을 가져올 것이다. 왜냐하면 그것은 진압되거나 아니면 사회의 기본적인 제도들 또는 확고한 신념들을 좀더 철저하게 바꿔낼 것이기 때문이다.

이제 이러한 비판의 바탕에 깔린 경제발전 가능 조건에 관한 일반적인 견해를 살펴보자. 이 견해에 대한 서술이 제안하는 것은 비판적 논거들이 그 안에서 안전한 위치를 확보하는 광범위한 아이디어들의 영역이다. 그것은 이 주장들의 기본적인 통일성을 드러내준다. 또 현재 서구 민주주의의 경제체제에 대해 제시되는 주요 대안들을 비판할 수 있는 관점을 제공하며, 확대된 정치적 자유의 확대와 경제성장의 가속화 간의 조화를 상상해볼 수 있는 토대를 제시한다.

경제발전은 생산성과 생산량의 도약이 가속화되고, 또한 그것이 계획적으로 수행될 때 일어난다. 이를 위해서는 일하는 사람들의 관계가 가능한 한 실천이성의 구현이 되어야 한다. 즉, 그 관계들은 문제정의와 문제해결 간에 자유로운 상호작용을 표현해야 한다. 이러한 상호작용을 통해 새로운 정의가 새로운 해법을 제시하게 되고, 새로운 해법이 새로운 문제를 제기하게 된다. 전제들 — 추론을 지배하는 규칙들, 그리고 해법이나 해법의 수단으로 간주되는 것에 관한 아이디어 같은 것들 — 이 점차 상호작용으로 이끌어진다. 결국 문제로 취급되는 것과 전제로 받아들이는 것의 경계가 점차 유동적이 된다. 생산조직과 거래조직에서 이 전제들은 사람들이 경제활동이라면 떠올리는 기술적·연상적 아이디어들의 제한된 자원일 수도 있고, 생산과 거래의 제도 장치들을 구성하는 실천일 수도 있으며, 사회생활의 고착화된 형성적 맥락에 의해 만들어지는 사회분할과 위계질서일 수도 있다. 이들은 일터나 거래에서 사람들이 서로 어떻게 대우해야 하는지를 미리 결정지을 것이다. 다음의 마지막 논점이 특히 중요하다. 경제관계들이 사회적 지위라는 폐쇄적인 논리에 종속되어 있고, 이 지위를 차지한 사람들이 수행하는 활동에 종속되는 한 그 관계들은 꾸준히 발전하는 실천이성이 될 수 없다.

경제발전의 기본조건에 관한 이와 같은 견해는 어떻게 우리에게 친숙한 생각, 즉 경제성장은 특정 집단에게 혁신적 역량과 자본에 대한 접근을 결합할 것을 요구한다는 생각과 연결되는가? 시장이 고유한 제도적 구조를 지닌다는 고답적인 견해를 고집하는 한, 우리는 자본을 가장 잘 활용할 수 있는 이들에게 그것을 자동적으로 전달하는 가격체계에 의존할 수 있다. 그러나 우리가 시장이 고유한 제도적 구조라는 관념을 포기할 때, 가장 생산적인 사용자들의 정체성은 경제에 관한 그밖의 모든 것처럼 실험적 사실의 문제가 된다. 경제생활의 궁극적인 틀을 확립하는 데 책임이 있는 제도들과 사람들은 상이한 제도 장치들의 결과들을 비교해야 한다. 그 비교는 비교되는 실험이 더욱 많을 때 더 가치를 얻는다. 그리고 구조 자체가 더욱 유연해서 경제주체들이 생산과 거래의 제도적 맥락을 형성하는 장치들을 갱신하고 재결합할 수 있을 때, 그 실험들은 더욱 풍부해진다. 경제생활을 실천이성의 구현으로 변혁해내는 것이 지속적인 실험의 예상 결과와 그것을 수행하는 수단 모두를 설명해준다.

경제조직의 이러한 변화는 두가지 주요 방향을 취한다. 한 방향은 강제적이다. 일반적으로 중앙정부에 자리 잡고 있는 지도부의 의지는 과거의 혹은 재등장한 관례와 특권이 문제해결의 동력과 제도 장치의 갱신에 부과하는 제약을 타파한다. 특히 그것은 사회분할과 위계질서, 그리고 그것들에 생명을 불어넣는 제도 장치를 타파한다. 적어도 이 제도적 역할과 계층이 경제적 실험에 개방된 사회생활의 영역을 폐쇄하는 것을 저지하는 데 필요한 만큼 타파한다. 강제적 접근법이 안고 있는 기본적인 문제점은 제도적 핵심기관들이 지니는 경향성이다. 그 기관들은 문제해결의 동력을, 권력을 장악하고 있거나 명령계통에 따라 권력자의 대리인으로 활동하는 이들의 권력 이해관계에 종속시키는 지시(directing) 기능을 수행하는 경향이 있다. 따라서 강제적 접근법의 제도형태들 사이에 나타나는 중요한 실제적인 차이는 그 제도들이 그러한 남용에 제공하는 편의성이 어느 정도인가에 달려 있다.

지금까지 다룬 강제적인 접근법에 대한 대안의 방향은 합의다. 경제질서는 자신들의 이익을 위해 자발적으로 거래할 수 있는 당사자들이 상호작용을 수행하기 위한 분산된 구조의 형식을 취한다. 그 시장해법의 특징적인 문제점은 경제적 입장이나 이들을 가능케 하는 자본과 노동에 관한 요구들을 기득권으로 규정하는 경향이다. 이 권리들이 법으로 인정되고 기존의 경제조직 형태로 입력되면, 이 권리들을 영속화하려는 이해관계가 새로 형성되는 생산기회를 잡는 것보다 우선하게 된다. 이로부터 형성되는 가격체계가 확인해주는 것은 생산적인 경제활동과 단지 느슨하게 연계되는 합리성이다. 시장체계들의 차이점은 이러한 난점을 피하고 절대적인 분권화와 제도적 조형력을 고취하는 정도에 따라 다르게 나타난다. 이 결정적인 차이점들은 제도 장치들에 뿌리를 두고 있으며, 그 장치들은 계약법과 재산법의 상세한 구조를 포함하여 생산과 거래의 맥락을 규정한다. 여기에서 핵심 논점은 자본에 접근하는 권리들을 분산하기 위한 법적-제도적 장치다. 이 장치가 상대적으로 절대적인 통합적 소유권의 변형에 불과하다는 신념은 근거 없는 편견이다. 심지어 정치경제의 가장 미묘한 형식조차도 오직 부분적으로만 그러한 편견으로부터 자유롭다.

강제적이든 합의적이든 문제해결의 동력은 대안을 완벽하게 배제할 수 없다. 생산체계를 혼란스럽게 하고 국가역량을 과부하에 빠뜨리는 고삐 풀린 국가 테러리즘에 의존하는 가장 억압적인 체제조차도 자발적인 협력에 의존하지 않을 수 없다. 모든 협력의 작동은 결국 확립된 기대가능성과 부분적인 상호성을 함축하는데, 이것들은 사실상 합의된 분권화의 중요한 수단이 된다. 이와 반대로 합의적인 시장체계는 어느 정도 중앙집권화된 지시를 필요로 한다. 그 지시가 필요한 이유는 근본적인 거래규범을 다변화하도록 권력을 통제하는 기본적인 지침과 규칙을 설정하기 위해서다.

생산과 파괴의 실제 역량을 발전시키고자 하는 냉정한 관점에서 볼 때, 문제는 강제와 합의 간의 선택이 아니다. 오히려 문제는 경제적 주도권을 행정적 또는 소유권적 특권의 제약으로부터 자유롭게 하는 방향으로 나아가게 하는 합의적 해법이나 강제적 해법을 기존의 경제체제들보다 더 잘 고안해내는 것이다. 19세기 공리주의자들과 자유주의자들은 순수한 시장이라는 조정체계를 발견하여 이 문제를 단번에 해결했다고 생각했다. 마치 자신들이 민주주의에 내재한 제도적 구조를 해명했다고 주장했던 것처럼 말이다. 하지만 그들의 실책은 시장경제와 민주정부를 실현하고 재규정하는 제도 장치들의 모호성을 근본적으로 과소평가한 데 있었다.

물론 매우 협소한 실천적 관점에서 보면 문제해결과 조형력의 강제적·합의적 실현은 희망적이거나 어렵기는 마찬가지이지만, 이들 사이의 중요한 차이점은 더 넓은 환경에 놓이는 순간 드러난다는 사실에 주목하라. 경제생활에서 합의를 강조할 경우 이는 강화된 민주주의라는 포괄적인 프로그램에 부합하지만, 강제를 강조하는 경우에는 그렇지 못하다. 이 포괄적인 관점에서 현재의 시장체계들에 제기되는 반론은 그 체계들이 협의의 경제적 기반과 관련해 받게 되는 반론과 다르지 않다. 그것은 합의의 경로를 따라 멀리 나아가지 못하고 경제생활의 조형력을 북돋지 못하는 실책이다.

물질적 발전을 가능케 하는 조건에 관한 일반적인 접근을 이렇게 묘사할 경우, 그것은 왜 오늘날 북대서양 부국들의 혼합경제에 대한 대안들이 가속화된 경제성장을 위한 장치로서 또한 강화된 민주주의의 통합적 일부로서 부적절한지를 보여준다. 각각의 대안 체계는 지도적인 의지를 행사하는 이들의 특권과 효과적인 분권화의 가장 낮은 단계를 대변하는 이들의 기득권 사이에서 균형을 이루거나 오락가락한다. 소비에트 유형의 모델에서 중앙의 지도자들과 관료들의 특권은 경제적 기업들을 관리하는 관리자들의 안정된 지위와 균형을 이룬다. 구 유고의 "노동자-통제" 모델에서 지도자와 관료의 특권은 기업 내에서 고착화된 위치를 차지한 노동자들의 기득권과 균형을 이루고 있다(소비에트 모델에서 고용보장의 문제가 제약요인이 될 경우 이러한 구별은 그 의미를 상실한다). 각각의 체계를 특징짓는 개혁주기들은 이 경제체계들의 가장 강제적인 계기와 가장 합의적인 계기가 유지되는 외적인 한계를 보여준다. 그것은 강제적인 접근이든 합의적인 접근이든 경제발전의 가속화가 요구하는 끊임없는 갱신과 재결합에 좀더 적합한 형태를 확립하는 것을 저해하는 한계다.

대안적인 경제질서는 현재의 경제체계들이 문제설정과 문제해결의 자유로운 상호작용에 부과하는 제약들을 최소화해야 한다. 그 이유는 강화된 민주주의에서 진행되는 실험으로부터 실제의 성공을 이끌어내고, 또한 헌법 전반에 깔려 있는 사회이념을 확장하고 지탱해주는 경제생활의 형태를 창출하기 위해서다. 경제생활의 체제는 조직적 실험에 대한 강제적 해석보다는 합의적 해석을 강조해야 한다. 합의적 해석을 강조하려면 분권화와 조형력을 지향하는 성향이 고전적 소유권보다 훨씬 더 급진적인 경제분권화의 메커니즘을 상상해봐야 한다. 또한 우리는 경제주권을 중앙의 국가장치나 기업의 노동력에 이전하는 것이 익숙한 형태의 시장체계에 대한 유일한 대안이라고 생각해서도 안 된다. 그렇다면 과연 더 나은 시장구조는 어떠한 것인가? 그것은 사회자원을 둘러싼 민주적 갈등과 통제를 효과적으로 행사하는 것과 어떻게 연계되어야 하는가?

이 물음들에 대한 답변을 생각하기 전에 앞서의 비판적 논증들이 함의하는 구성을 위한 두가지 실마리를 생각해보자.

첫번째 실마리는 소유권의 형태와 관련 있다. 앞서 논의한 경제체계들은 통합적 소유권을 유지한다. 이 체계들은 통합적 소유권을 구성하는 많은 이질적인 권한들을 한데 모아 이 권한들을 동일한 권리보유자에게 귀속시킨다. 이 체계들은 주요 권리보유자의 정체성을 어떻게 규정하느냐에 따라 차이가 난다. 주요 권리보유자는 자유롭게 축적한 개인과 그 유산으로부터 혜택을 받는 이들, 국가와 그 대리인 또는 총애를 받는 이들, 각 기업의 노동세력들을 지칭한다. 통합적 소유권은 자본에 대한 특권적인 통제의 가장 중요한 수단으로 기능한다. 그것이 왜 그렇게 기능하는지 이유가 자명하진 않지만 어쨌든 그것은 실질적 평등과 양립 가능한 것처럼 보인다. 그럼에도 실질적인 평등과 통합적 소유권을 결합하려는 시도는 역설적인 동시에 비현실적인 것으로 판명된다. 그것이 역설적인 이유는 권리보유자들의 권리행사와 축적을 철저하게 제한함으로써 통합적 소유권의 의미를 제거하는 독립적인 제도적 기제를 통해서만 그 시도가 성취될 수 있기 때문이다. 그것이 비현실적인 이유는 그 제한의 직접적인 효과가 경제분권화의 합법적이고 추상적인 의미에서 시장원리의 기반을 약화하고, 자본의 이동성을 저해하기 때문이다. 조직화된 집단 갈등으로서의 정치, 그리고 특권이나 교착상태로서의 정치 간의 연결고리를 끊기 위해서는 소유권의 체계적인 해체가 요구되는 것으로 보인다.

현재의 경제체제들에 대한 비판의 다른 실마리는 자본체제와 정부조직 간의 관계와 관련된다. 비판적 논의가 제시하는 바는 시장과 자유가 연결된다는 관념이 유효하다는 것인데, 물론 통상 이해되는 의미에서는 그렇지 않다. 우리는 자본에 대한 특권적인 지배력의 법적 도구들이 일련의 매개적인 제도와 선입관을 통해 국가권력에 대한 특권적인 접근의 형태들과 연결되는 것을 알 수 있다. 문제는 민주주의와 시장을 선진 서구 국가들에서 이미 확립된 제도 장치들을 약간 조정한 형태 정도로 잘못 생각하는 데서 발생한다. 나는 소비에트식의 경제를 통해 시장 메커니즘의 작용에 대한 가장 기술적인 미시경제적 제약요인들이 국가 권력의 통제를 문제 삼지 못한 실책과 어떻게 직간접적으로 연결되는지를 보여주었다. 따라서 더 완곡한 사례 중 하나를 들어보자. 당신은 노동자들이 거의 권력을 갖지 못한 사회에서 노동자들의 국가라는 외관을 갖추려는 시도가 지닌 함의를 고려하지 않는다면, 거의 절대적인 고용보장의 구속력을 이해할 수 없을 것이다. 고용보장의 요구처럼 그들이 획득할 수 있는 권한들은(모든 공산주의 경제에서 인정된 것은 아니었다) 기존의 제도 장치들의 의도되지 않은 결과(철저한 임금통제의 조건 아래 노동시장의 빠듯함, 고용보장을 확립하는 데 도움이 되면서도 노동자들에게 생산현장의 권한을 부여하는 환경 등)를 이용하는 그들의 능력에 달려 있었다. 서구식의 경제에서는 이와 유사한 관계들이 좀더 미묘하다. 시장에서 나타나는 미시경제의 제약요인들은 거시경제의 제약요인들과 연결되어 있었으며, 그 경제체계들에는 투자결정의 주요 흐름을 통제하는 비교적 소규모 집단들에 순응하려는 선출된 정부의 욕구도 포함되어 있었다. 이와 반대로 시장을 정의하는 장치들을 포함하여 기존의 제도 장치들의 안정성은 사회의 장기적인 탈동원화에 의존했는데, 이러한 탈동원화는 결국 정부의 입헌조직에 의해 조장되어왔다. 그리고 한때 이러한 정책이 계획적으로 추진되었다.

경제의 조직: 순환자본기금과 민주적 통제

| 핵심적 구상

앞 절에서 묘사된 실마리의 함의를 실천할 수 있는 체제는 경제생활의 구조와 방향을 사회의 대안적인 미래에 대한 핵심적인 갈등의 영역으로 가져온다. 이 영역은 사회의 어떤 부문이나 전문가 집단이 쉽사리 지배력을 획득할 수 없는 영역이기도 하다. 그 체제는 자본을 특정한 권리보유자들의 영구적·무제약적 지배하에 종속시키는 것에 끊임없이 저항하고 이를 전복하고자 한다. 그것은 경제가 영구적인 혁신의 기제로 바뀌도록 압박을 가하고, 도전에 저항하는 사회생활 체제가 미리 결정한 것으로부터 경제관계들을 좀더 자유롭게 한다.

제도적 제안의 핵심 아이디어는 자본 통제력을 깨서 다층적인 자본수급자와 수여자로 전환하는 것이다. 최종적인 자본수여자는 강화된 민주주의의 의사결정기구, 즉 집권당과 이를 지지하는 대의기관들에 의해 통제되는 사회자본기금이다. 최종적인 자본수급자는 노동자·기술자·기업가로 구성된 팀이며, 이들은 사회자본기금의 일부에 대해 일시적·조건적 청구를 하게 된다. 중앙의 자본기금은 주요 자본사용자들에게 자금을 직접 대출하지 않는다. 그 대신 자원을 다양한 준독립적인 (semi-independent) 투자기금에 할당한다. 각각의 투자기금은 경제부문과 투자의 형태에 따라 특화된다. 중앙의 민주적 기관들은 경제적 축적과 수입 배분의 형태와 비율에 대해 최종적인 통제력을 행사한다. 이 기관들은 이러한 기금을 설치하거나 정리하고 그 기금에 자본의 새로운 유입을 할당하거나 삭감하며 이자를 부과함으로써(지불된 이자는 정부재정의 주요 자원을 형성하게 된다) 통제력을 행사한다. 가장 중요한 것은 경쟁적인 투자기금이 최종 자본수급자들에게 자본을 배정하는 조건들을 변경하는 데 객관적인 한계를 설정함으로써 통제력을 행사한다. 투자기금은 서로 자금을 이전하기도 하면서 경쟁적인 자본시장을 형성한다. 또한 이 자본시장의 작동은 중앙의 민주적인 대의기구들이 감독하게 된다. 투자기금은 다시금 자원을 1차 자본수급자들, 즉 기업가·기술자·노동자로 구성된 팀들에게 서로 다른 두 체제하에서 배정한다. 그 기금들은 재정적·기술적 자원이 획득되는 조건을 정한다. 투자기금이 중앙의 사회기금에 이자를 지불하는 것과 마찬가지로 자본 이용자들은 그들의 투자기금에 이자를 지불한다. 중앙의 정부기구들과 경쟁적인 투자기금이 설정하는 제한범위 내에서 직접적인 자본수급자들은 매매와 매도 행위를 하게 된다. 이 제한범위 내에서 그들은 자원을 서로 입찰하기도 한다. 그들은 성공적인 경영으로부터 이익을 얻고, 경영이 실패한 경우 고통을 받게 된다. 그러나 그들은 결코 자신들이 수여받은 자본에 대해 영구적인 개인적 또는 집단적 권리를 획득하지 못한다. 뿐만 아니라 성공한다고 해서 그들이 끊임없이 확장하거나 다른 기업을 사들이거나 상대적으로 발언권이 없는 불리한 입장의 특별한 범주에 속하는 노동자들을 자신의 기업으로 끌어들일 수 있는 그런 자격을 갖게 되는 것도 아니다. 성공은 단지 그들의 수입을 늘릴 뿐이다.

따라서 제시된 체제는 자본수여자와 자본수급자의 세 층위를 형성하며, 여기에서 두번째 층위는 수여자이면서 수급자가 된다. 이 층위들 사이에 경제력의 명확한 균형을 이루는 것이 강화된 민주주의하에서의 정치적 갈등의 주요 의제를 제기한다. 다음 논의는 핵심적인 직관적 아이디어를 좀더 이해하기 쉽게 묘사하기 위해 특별히 균형을 유지하고자 한다.

이 대안 경제질서의 기본적인 법원리는 소유권의 분해다. 소유권을 별개의 권한으로 분산하고 다른 주체에게 부여하는 것이다. 확실히 이러한 대안의 설계 가운데 나타나는 많은 것들이 이미 현대 자본시장의 치밀함 속에서, 그리고 통합적 소유권과 상대적으로 우연적인 정부규제 간의 상호작용 속에서 싹트고 있는 것으로 인식될 수도 있다. 비전 있는 충동을 표현한다고 주장하면서도 아무리 내부의 비판에 근거하고 특정한 역사적 환경을 주로 다루며 천년왕국설과 같은 유토피아를 지양하는 프로그램적 논증에서 달리 기대할 게 없을지도 모른다. 그러나 제안된 체제가 제시하는 제도적 틀은 그 안에서 경제적 축적의 방식과 결과에 대한 정교한 사회통제의 원리가 더욱 분권화된 경제적 의사결정과 잘 조화될 수 있다. 그것은 통합적 소유권을 분권화의 도구로 활용하고, 특별 행정규제를 자체의 통제수단으로 삼는 시장질서보다 훨씬 더 나을 것이다. 강화된 민주주의의 경제질서는 그것이 대체하려는 체계보다 훨씬 더 사회적으로 책임 있는 경제이며 동시에 더 시장적인 경제다. 여기에서 역설적인 느낌을 받는다면, 그것은 제도적 변형들이 일반원리 사이의 긴장에 미치는 효과를 제대로 파악하지 못한 데서 비롯된 것이다. 그것이 사회적으로 더 책임 있는 경제인 이유는 경제생활의 장치와 결과에 대한 집단적 심사의 수단이 상대적으로 우연적인 정부 간섭의 패턴에 의존하기보다는 제도 질서에 깊이 통합되어 있기 때문이다. 그것이 훨씬 더 시장적인 경제인 이유는 경제적 분권화의 절대적인 수준 및 생산과 거래의 조직적 환경들에 대한 수정가능성을 높이겠다고 약속하기 때문이다. 비록 그것이 자본에 대한 개인의 권리가 지닌 지속성과 절대성을 제한하는 댓가로 그렇게 하는 것이지만 말이다. 이제 좀더 상세하게 자본 수여자와 수급자의 세 주요 층위 각각에 대해 살펴보자.

| 중앙자본기금

첫번째 층위인 사회투자기금은 강화된 민주주의의 중앙 행정 및 대의기관의 통제하에 놓이게 된다. 중앙의 사회기금은 경쟁적인 투자기금을 설치하며, 그 기금들이 이 체계의 두번째 층위를 형성한다. 또한 수시로 새로운 기금을 개설하거나 오래된 기금을 폐쇄하고 자원을 이전한다. 그러나 가장 중요한 과제는 경쟁적인 투자기금이 운영되는 변화의 한계를 설정하는 것이다. 그러한 한계는 제도적이며, 어떤 한계는 매개변수적(parametric)이다.[40] 제도적 결정은 생산과 거래가 허용되는 제도형태에 경계를 설정한다. 매개변수적 결정은 자본의 이용과 비용에 영향을 미치는데, 특기할 만한 것은 이것이 그 기금 사용에 부과되는 이자를 통해 이루어진다는 점이다. 임금과 권한의 격차를 제한하는 규칙이나 정책 또는 영업 수익을 현재의 수입처럼 분배하는 기업가의 권리를 제한하는 규칙과 정책은 제도적·매개변수적 특성을 공유한다.

기금에 의해 실행되는 주요 매개변수적 또는 제도적 결정 중에는 다음과 같은 것들이 있다. 특화된 모든 투자기금에 부과되는 기본이자비율. 특별기금의 상대적인 규모를 통제하기 위해, 그리고 경제의 전체 부

---

40) 여기에서 "매개변수적"이라는 용어가 의미하는 바는 자본경매와 자본할당 체계에서 자본수급자에게 부과되는 제약요인들을 말한다. 예를 들어 배당받은 자본에 대한 이자율, 재투자의 허용수준, 이익분배의 허용수준 등과 같이 자본을 이용하는 데 따른 제약요인들이 자본수급자에게 부과되며, 이러한 제약요인에 따라 자본의 수요와 공급이 조절되는 것을 의미한다 — 옮긴이.

문들 간의 관계를 통제하기 위해 취할 수 있는 가능한 두가지 방안으로 자본의 강제적 재할당과 이자의 다양한 비율 사이에서의 선택. 두번째 층위인 특별기금이 자본을 할당하는 조건 및 체제. 축적이나 재투자, 다른 기업들에 대한 투자에 관한 최소한의 제한들, 소득으로서 수익의 분배, 자본집약적 기술에 대한 선호, 경제 전체적으로 또는 특별 기금과 부문에서 존중되어야 하는 파견 노동자들의 배제. 특별기금이 자신들이 거래하는 기업에게 그 구성원들의 집단적 결정으로부터 관리적·기술적 특권들을 격리하여, 이로써 노동 부문들 사이에 특권의 위계질서를 설정하도록 허용해주는 범위. 경제 전반 또는 특정 부문에서 기업들에 의해 존중되어야 하는 임금 불평등에 대한 외적 제한들.

어떤 결정은 경제 전반에 미치는 규칙이나 정책의 형태를 취하며, 어떤 결정은 특별 투자기금의 헌장으로 작성되기도 한다. 그리고 어떤 결정은 전적으로 이 기금의 재량권에 맡겨지거나 그들로부터 자본을 수여받는 기업이나 팀에 맡겨지기도 한다. 이러한 선택지 사이에서 정확한 균형을 잡는 것은 좀더 일반적으로는 자본수여자들과 자본수급자들, 세 층위가 지닌 상대적인 권한과 마찬가지로 강화된 민주주의하에서 정당정치의 주요 관심사를 형성한다. 점차 상세하고 강제적인 결정을 내림으로써 그 체계의 두번째, 세번째 층위들의 핵심을 제거하면, 이 경제체제 특유의 성격을 파괴하게 될 것이다. 소유권의 해체는 중앙정부로 재산을 이전하는 길을 내줄 것이다. 그러나 중앙의 민주적 기관들이 결정에 수반되는 책임을 포기하거나 그 결과로 특별기금이나 1차 자본수급자들에게 결정에 따르는 책임을 집중시킬 경우 이것 역시 체제를 전복시키게 될 것이다. 우선 한가지는 민주주의가 경제생활의 두가지 측면에 대해 궁극적인 집단적 통제를 주장할 수 있는 효과적인 수단을 결핍하게 될 것이라는 점이다. 사회의 특성에 중대한 경제생활의 두 측면 중 첫째는 경제성장의 방향과 비율, 경제적 목표들과 비경제적 목표들 간의 균형, 그리고 다른 세대의 요구 사이의 균형이다. 둘째는 이익의 분배뿐만 아니라 생산과 거래의 조직에서 허용되는 평등과 불평등의 관계, 공동책임과 상호 간의 불개입의 관계다. 또다른 것으로, 만일 그 체제의 특별 투자기금과 1차 자본수급자 두 층위가 그들 자신의 처분에 맡겨진다면, 특별 투자기금과 1차 자본수급자 간의 소유권의 구분이 오래 지탱하지 못할 것이다. 고착화된 사회분할과 위계질서의 새로운 계획에 기여하는 새로운 체계의 통합적 소유권이 더욱 성공적인 기금이나 기업들에 의해 재조직되는 경제로부터 등장하게 될 것이다.

│ 투자기금: 자본경매와 자본할당

자본체제의 두번째 층위는 중앙정부에 의해 설치되는 투자기금과 정부가 경제정책을 수행하는 사회기금으로 구성된다. 투자기금은 사회기금에서 자본을 확보하고 그것을 경제의 제3층위를 대변하는 1차 자본수급자들에게 제공한다. 자본의 수급자이자 수여자인 이러한 매개 층위가 없다면 중앙의 민주적 기관들은 이리저리 눈치를 보면서 임시방편적인 경제적 후견주의를 수행하려는 유혹을 계속해서 받게 될 것이며, 극도의 분권화와 조직적 다양성을 위한 전망이 크게 위축될 것이다. 중앙정부에 의해서 설립된 투자기금들은 경제 부문이나 투자 형태에서 특화될 것이다(단기 또는 장기, 저위험 또는 고위험, 소규모 또는 대규모 벤처 중심 등). 하지만 이 전문화가 기금을 경제질서의 특정한 위치에 고정시키고자 의도된 것은 아니다. 이들의 운용 영역들은 교차한다. 많은 기금들이 동일한 부문이나 동일한 기능영역에서 경쟁하기도 한다. 사실, 그 체계의 최상위에서 설정된 제한범위 내에서 그들은 중앙 사회기금의 통제하에 놓인 투자기금 자본시장에서 서로의 자산을 경매하기도 한다.

특별기금은 준독립적인 기구이며, 오늘날의 중앙은행이나 서구 사회의 자선재단과 매우 흡사하다. 그리고 그 직원들은 상부로부터 임명되거나 그 기금이 운영하는 부문에서 선출을 통해 임명된다. 임명 방식은 뒤에서 논하겠지만, 각 기금의 구체적인 목적과 그 기금이 자본을 할당하는 체계의 성격에 따라 다원화되어야 한다. 이 체계를 정의하는 것이 자본체계의 두번째 층위를 설계하는 데 직면해야 할 가장 중요한 문제다.

이들의 자본할당 정책에서 기금의 운영은 일반규칙과 재량적인 판단을 혼합해서 이루어진다. 중첩적이고 경쟁적인 기금이 많기 때문에 전도유망한 기업가가 거절당할 수 있는 위험성이 줄게 된다. 만일 이러한 기회가 충분한 것처럼 보이지 않는다면, 통합적 소유권 체제에서는 기업가가 이미 부유한 상태이거나 다른 사람들이 그에게 돈을 제공하도록 납득시키는 데 성공해야만 한다는 사실을 기억하라.

각 기금은 다음의 두 체제 중 한 방식에 따라 그 활동을 수행한다. 자본경매, 그리고 자본 할당이나 순환. 이들 중에서 선택은 기금의 정관에 따라 정해지며, 이 선택은 경제에서 기금의 역할에 상당한 영향을 미치며, 그 기금이 다른 기금들이나 1차 자본수급자들과 거래하는 구조에 상당한 영향력을 미친다. 두 체제의 상호작용은 강화된 민주주의의 경제질서가 지니는 전반적인 성격에 영향을 미친다.

자본경매체계의 주된 특징은 총액 한계 내에서 1차 자본수급자들이 자원 이용의 댓가로 자본경매대금을 현재의 이용자들보다 더 많이 지불하겠다는 의사를 표명함으로써 상호 간의 자원들을 살 수 있다는 것이다. 만일 자원의 가치가 급등했다면, 이 부가가치의 일부는 현재의 사용자에게 보상으로 지급될 수도 있을 것이다. 물론 경제적 불평등의 결과를 제한하기 위해 고안된 자본세, 수입세 및 소비세의 대상이 될 수 있겠지만 말이다. (조세체계는 강화된 민주주의에서 정부재정의 원천으로서 국가에 의해 부과된 이자에 보완적 기능을 하는데, 이는 경제의 자본경매 영역에서 불평등에 대한 제약요인으로 다시 도입되어야 한다는 점에 유의하라.) 다른 한편, 자산의 지속적인 고갈을 막기 위해서는 자본경매기금이 보증인 심사, 제재, 이익의 분배에 대한 제한 및 재소유를 위한 규정 등을 혼합해서 사용해야 한다.

자본경매체계와 대조적으로 자본 할당 및 순환 체계는 대체로 다른 이들이 자본수급자들의 기업을 인수하는 것을 제한한다. 그 대신 그것은 자본수급자들이 임의로 처분할 수 있는 자원의 사용에 대해서 조건적이고 일시적인 제한을 강조한다. 그것은 매개변수적 제약요인들을 자본경매체계에서 사용되는 것보다 훨씬 더 강도 높게 사용할 것을 요구한다. 허용되는 재투자의 최소한의 수준과 이익분배의 최대한의 수준에 관한 기준 설정이 그것이다. 자본할당기금은 금융자원과 자본자원을 공동 출자하고, 대규모의 지속 가능한 기업을 위해 노동자-기술자 및 기업가의 팀들을 한데 모으고, 때로는 자본을 새로운 팀들에게 재분배하고, 동기유발과 동기억제를 고안하는 등 주도권을 행사할 준비가 되어 있어야 한다.

자본경매체계에서와 마찬가지로 성공적인 기업들이 산업제국이나 금융제국을 세우도록 허용될 수 없다. 사적인 부의 획득과 기업투자가 특정한 한계에 도달했을 경우, 추가 자본의 재할당을 위해 초기 자본기금으로 되돌아간다. 하지만 기업이 지속적으로 쇠퇴할 경우, 자본경매체계하에서보다 훨씬 더 분명하게 기금의 간섭을 받아야만 한다. 이에 뒤따르는 것이 잔여 자본의 회수 및 재할당, 그리고 재훈련된 기업노동력을 노동시장으로 재투입하는 것이다. 이러한 충격은 이 장의 뒷부분에서 서술될 복지권리들에 의해 제거는 아니라도 완화는 된다.

자본경매체계의 이점은 경영상의 결정이 시행착오 할 수 있는 기회를 최대화한다는 것이다. 강화된 민주주의 프로그램에서 자본경매체계의 위험성은 그것이 경제적 축적과 불평등에 대한 사회적 통제력을 위태롭게 한다는 점이다. 자본할당의 이점과 약점은 서로 정반대되는 성격이 있다.

이러한 딜레마를 확인하는 것은 강화된 민주주의의 경제체제하에서 사회통제와 시장분권화 사이의 긴장이 영속화된다는 것을 인정하는 것과 마찬가지인 것처럼 보인다. 그러나 이 전체적인 프로그램적 주장의 핵심은 우리의 이데올로기적 논쟁의 어휘에 친숙한 기본적인 긴장들을 폐지하기보다는 그 의미를 바꾸고 그 힘을 완화하는 것임을 상기하라. 자본경매와 자본할당은 시장의 분권화와 사회통제를, 소유권에 기초한 시장과 행정규제라는 전통적인 결합이 해내는 것보다 훨씬 더 완벽하게 조화시킨다. 물론 상이한 수단과 상이한 비중으로 수행하지만 말이다. 경매와 할당 체제가 서로 결합될 경우 각 체제가 단독으로 할 수 있는 것보다 이 조화를 더욱 효과적으로 촉진한다.

더욱 표준화된 경제 부문에서는 몇몇 자본기금이 할당의 모델 위에서 주로 작동하게 될 것이지만, 제조업과 서비스 부문의 좀더 실험적인 영역에서는 자본기금들이 자본경매 모델을 따르게 될 것이다. 이러한 방식으로 전체 경제는 시장조직의 대안적인 방식과 함께 진행되는 지속적인 실험으로부터 혜택을 입게 될 것이다.

할당기금은 자본경매기금보다 자본수급자들의 경제적 운에 끼치는 영향력이 훨씬 더 강력하기 때문에, 결정과정에서 이 수급자들에게 주요한 역할을 부여해야 한다. 할당기금과 수급자들은 진정한 산업연합체를 형성하기도 하며, 그 연합체 내에서 충돌하는 이해관계의 압력과 중앙의 민주적 기관들의 요구에 종속하게 된다. 이와 대조적으로 경매기금은 자본수급자들로부터 좀더 분명하게 거리를 둘 것이 요구된다. 그것은 어떤 경우에는 고객과 거래하는 투자은행의 입장을 취하며, 어떤 경우에는 자본시장을 감독하는 정부기관의 입장을 취한다. 하지만 어느 누구도 자본의 어떤 부분에 대해서건 절대적이고 영구적인 통제력을 행사하지 못한다. 이 마지막 지적사항은 우리의 논의를 그 체계의 제2층위에서 제3층위로, 즉 경매와 할당 기금 양자 모두가 다루는 1차 자본수급자들로 이끈다.

| 1차 자본수급자: 규모와 인센티브의 문제

자본수여기금에 의해 설정된 한계 내에서 자본 이용자들은 서로 자유롭게 거래한다. 비록 경매나 할당 체제하에서 이들이 운영하는 정도에 따라 이들의 의사결정의 자율성은 그 구체적인 특성이 달라지지만, 이들이 거래하는 체제는 시장체제다. 그러나 경매체제든 할당체제든 모두 기업의 종업원들에게 작업조직에 관해서 그리고 소득과 권한을 차별화하는 범위에 관해서 중대한 발언권을 행사할 수 있는 조건들을 제공한다. 유일한 요건은 이 결정들이 경제질서의 상층부에서 설정된 광범위한 범위 내에서 이루어져야 한다는 것이다.

경매체제하에서 생산을 조직하는 권한은 분명하다. 경매기금에서는 그 이용자들이 자신들의 뜻에 따라 행동하게 하는 것이 더 쉽다. 그것은 어떤 특정 체계의 작업조직을 유지하는 것보다 장기적인 회수율과 조직적 또는 기술적 약진이나 실험에 더 많은 관심을 갖는다. 할당체제하에서는 자본수급자들의 독립성이 더욱 제한된다. 그러나 이 제한들에 대응하여 자본수급자들이 그 기금의 관리에 더 많이 참여할 수 있다.

두 체제하에서 자본 수혜 단위는 하나의 팀인데, 이 팀은 전체로서 자본금을 수여하거나 다른 이용자들로부터 경매를 통해 자본을 취득하게 된다. 폭넓은 경계 내에서 이 팀들은 자유롭게 그 내부 관계들을 관리한다. 더욱이 분해된 소유권의 전체 경제질서는 생산시장, 자본시장 및 노동시장이 불안정할 때 대량생산 산업체들이 스스로를 보호하는 수단들을 박탈한다. 이로써 그 경제체제는 이전에 경제의 실험적 선도영역에 한정되었고 과제규정 활동과 과제수행 활동 간의 더욱 밀접하고 지속적인 상호작용에 의해 특징지어지는 조직 양식을 경제의 주류로 확장하는 것을 선호한다.

그러나 경매체제나 할당체제 모두 그 고객들을 새로운 개인적 또는 집단적 소유권자로 전환시키지는 않는다. 강화된 민주주의의 경제체제는 노동자의 조합주의가 아니다. 개별 노동자는 자신의 기업이나 팀 내에서 직장 재직기간에 대해 절대적 또는 영구적 권리를 갖지 못하며, 그 기업이나 팀은 자신들이 일시적으로 사용할 수 있는 자원들에 대해서나 그 사용을 통해서 축적한 부에 대한 어떠한 절대적 또는 영구적인 권리를 갖지 못한다. 그러나 모든 시민은 법적으로 규정된 자신의 최소한의 복지 필요를 충족시키기 위한 조건 없는 권리를 가지며(뒤에서 논의할 면제권 참조), 그 권리는 단지 정부가 활용할 수 있는 복지기금의 규모에 의해서만 제한된다. 그리고 이 복지기금은 자본 이용에 부과되는 댓가와 기대되는 기본 경제성장률에 관한 결정에 의해 영향을 받는다.

개혁된 경제의 제3층위에 관한 논의는 두가지 문제를 제기하는데, 이 문제들은 좀더 상세한 분석을 요하며 경제운영 전반에 영향을 미친다. 한가지 문제는 제안된 체계가 과연 규모의 경제와 조화될 수 있는가 하는 것이고, 또다른 문제는 일하고자 하는 동기에 미치는 개연적 효과다.

경제활동의 많은 형태는 항상 인력·기술·금융자본에 대한 대규모 자원의 공동투자와 장기간에 걸친 기업들의 지속성을 요구할 것이다. 하지만 그 결과 나타나는 노동자·자본·기계의 집중이 절대적인 소유권

체계하에서 작동하는 현대 대량생산 산업이 지니는 것과 유사한 특성을 가질 필요는 없다.

대규모 기업은 개별기업으로 들어오고 나가는 팀이나 단위의 비교적 느슨한 연합체가 될 것이며, 그것은 마치 자본할당기금 전체가 이 대규모 기업들의 느슨한 연합체인 것과 같다. 그 조직체제는 대량생산 산업의 현대적 운용에서 아직 흔치 않은 유연성과 공동투자를 묶어낼 것이다. 그러나 그것은 더욱 혁신적인 대규모 사업들 중 몇몇에서 이미 식별할 수 있는 경향을 과장한 것에 불과하다. 그 기업들은 스스로 느슨하게 통합된 소규모 단위들로 조직해왔으며, 각 단위는 첨단 기술과 서비스 부문들에서 번창하는 더 작고 유연한 선도 기업들을 열심히 모방한다. 기술적 진보의 영향력이 이러한 경향을 선호하는 데 반해 소유권 기반의 시장과 작업조직 체계들이 유발하는 관리상의 이해와 재정상의 이해는 끊임없이 그것을 가로막는다. 우리는 여전히 유지되고 있는 대규모 기업의 특징들이 여기서 제안된 것과 같은 제도 개혁하에서 어떻게 변화할지, 그리고 고질적인 경제적·조직적·심리적 제약요인으로부터 어떤 결과가 나타날지를 미리 정확하게 예측할 수는 없을 것이다.

적어도 소유권의 분산이 대규모 기업의 행동에 끼칠 수 있는 예상 가능한 효과가 있다. 그 체계는 관리자들이 기술적 협력의 요구사항들과 소유(주주의 사적 재산이건 경제적으로 주권을 지닌 국가의 공적 재산이건)의 명의로 행동할 수 있는 권리를 혼동하는 노동자들에 대해 광범위한 재량권을 행사하지 못하도록 한다. 물론 소유에 따른 그 권리는 명시적 혹은 묵시적 집단 협상에 의해 적절하게 제약될 수 있는 권리이기도 하다. 또한 제안된 체계하에서는 기업의 종사자들이 불리한 처지의 노동자나 외부의 실업노동자로부터 자신들을 보호하기 위해서 고착화하거나 그들을 고용해서 종속적인 위치로 배치하지 않는다. 거의 종신

고용된 핵심 노동력과 불안정한 노동자들이나 하청업자들로 형성된 가변적인 주변부 간의 차별과, 대량생산 산업의 결합은 여기서 기술된 경제체제의 정신을 위배한다. 그 차별은 곧바로 기득권의 위계질서를 만들어내고, 더 성공한 부문과 기업에 확고하게 자리 잡은 노동자들에게 혜택을 부여한다. 그리고 그것은 조직을 혁신하고 끊임없이 재결합할 수 있는 기회들을 제약할 것이다.

그 특권과 제약을 회피하기 위해서는 치러야 할 댓가가 있다. 개인이건 집단이건 노동의 사회적 분업에서 정형화된 지위를 영구적으로 점거하는 것에 근거한 차별적인 삶의 형태를 배양할 수는 없을 것이다. 하지만 거기에는 보상이 존재한다. 기존의 사회적 역할, 위계질서 및 분할에 덜 의존하는 다양한 실천적 협력관계를 개진하려는 시도는 실천적인 목표 이상이다. 즉, 그것은 강화된 민주주의를 위한 전체 주장의 저변에 놓인 이념의 주요 측면이다. 만일 그것이 특정한 형태의 행복을 약속하지 못한다면 그것은 강력한 이상이 되지 못할 것이다. 나는 이 장의 마지막 부분에서 제도적 프로그램 전체를 고취하는 정신을 다루면서 이러한 행복의 성격을 다루겠다.

마지막으로 이 경제제도들이 일하고자 하는 동기에 미치는 효과에 대해 살펴보자. 앞서 다룬 경제체계는 개별 자본수급자들에게 주어지는 보상적 수입에서 큰 폭의 변형을 허용한다. 경매와 할당 체제하에서 개인은 자신의 팀이 경제적으로 성공할 경우 함께 번영하게 되며, 경제적으로 실패할 경우 함께 고통받게 된다. 더욱이 중앙기금과 특화된 기금에 의해 설정된 한계 내에서 각 팀은 경제적 보상과 처벌을 자유롭게 설정할 수 있다.

근면에 대한 인센티브와 평등주의나 복지적 목표 간의 갈등이 사라지지 않는다. 그러나 적어도 그것은 자본–할당 체계의 각 층위에서 분명한 집단적 실험과 토론의 주제가 된다. 개혁가들은 일의 인센티브가 부와 소득의 현격한 불평등에 의존하는 정도를 줄임으로써 그 갈등을 누그러뜨리길 바라기도 한다. 왜냐하면 제안된 체제의 많은 측면은 사회 내에서 사람들의 야망의 초점을 세습재산의 축적에서 직업의 형태로, 그리고 세속적인 성공의 외관에 나타나는 아주 작은 미묘한 차이로 이동시키도록 장려하는 조건들을 보편화하는 데 적합하기 때문이다. 그 결과는 정신적인 구제가 아니다. 하지만 그것은 사람들이 자신의 중요한 관심사와 특정 직업을 계속 유지하는 것을 구분할 수 없다고 느끼게 하는 사회의 특유한 강박관념을 넘어서도록 동기를 부여해준다.

인센티브와 불평등의 문제에 대한 이 절충적이고 개방적인 접근은 인간본성의 가변성을 향한 프로그램적 논증 전체의 일반적인 태도를 잘 나타낸다. 사회와 개인성에 대해 이러한 주장을 강조하는 관점은 인간본성의 불변적인 핵심과 가변적인 주변을 구분하려는 실망스럽고 오도된 시도를 거부한다. 그 관점은 그것이 개혁하고자 하는 사회에서 사람들이 표출하는 일련의 느슨하고 모순적이며 복합적인 동기와 열망을 고려한다. 그것은 가장 본질적이고 겉으로는 불굴의 것처럼 보이는 성향조차도 그것이 존재하는 제도적·상상적 맥락의 영향을 받으며 점차 다시 만들어진다는 점을 인정한다. 하지만 그 견해는 성공을 위해 지금 여기에서 사람들이 처한 상황을 급박하며 철저하게 바꿔내려는 어떠한 제도적 체제도 비현실적이라며 거부한다.

| 상속에서 자유로운 소유체계와의 비교

민주화된 경제는 소유권에 근거한 시장과 임기응변적 규제를 전통적인 방식으로 혼합하고 상속을 폐지하고 중세를 부과하여 사적 재산을 제한하는 체제와 비교하면 그 전반적인 특성이 잘 드러난다. 또한 강화된 민주주의의 경제 프로그램은 실질 자산의 세습적 이전을 폐지한다. 그 대신 각 개인은 직업을 이전하는 동안의 지원과 지속적인 재교육 및 재훈련의 기회를 포함하여 광범위한 최소한의 복지 혜택을 받게 될 것이다. 그러나 상속만을 폐지한다고 해서 강화된 민주주의의 정신에 합당한 경제질서가 발전되는 것은 아니다. 그것만으로는 사람들이 시민권의 행사에서 경험하게 되는 집단적 갈등이나 숙의과정 같은 실천에 일상의 사회생활을 개방시킬 수 없다. 그것은 생산과 거래의 장치들을 신중한 사회적 실험의 대상으로 전환시킬 수 없으며, 이를 통해 일상적인 사회생활에서 더 자유롭게 수정할 수 있는 형성적 맥락의 개념에 이상적인 의미뿐 아니라 실천적인 의미도 제공할 수 없다. 그것은 과제규정과 과제수행 활동 간의 불연속성을 끊임없이 강조하는 산업조직의 제도적 버팀목을 무너뜨리지 못한다. 그것은 규모의 경제를 활용하는 능력과 소유권의 이름으로 수많은 노동자들에게 명령할 수 있는 기회 사이의 연결고리를 깔끔하게 분리해내지 못한다. 왜냐하면 상속에서 자유로운 체계는 '거부들을' 또는 대부호들을 제거하긴 하지만, 대기업의 관리자들은 수많은 영세 자산보유자들의 의제적인 대변자로서 더 자유롭게 행동할 수 있기 때문이다. 그것은 비록 경제적 성취에 대한 보상과 기본적인 사회적 평등을 확보하는 방법 간의 충돌을 줄이긴 하지만 이를 극복하지는 못한다. 재분배적 국가는 여전히 조세정책을 통해 간섭해야 한다. 따라서 대략적인 평등의 논리와 시장의 실제 결과의 흐름은 일에 대한 인세티브의 필요성이 요구하는 것이나 급진민주주의 경제질서가 허용하는 것보다 훨씬 더 경직된 대립상태로 남아 있게 될 것이다.

| 보충적인 아이디어

무수한 보충적 혹은 유력한 아이디어들은 이 제도적 구상을 채우는 데 도움이 된다. 먼저 제안된 체제가 중앙집권화된("명령") 경제와 분권화된("시장") 경제 사이에 이루어지는 타협으로 잘못 이해되어서는 안 된다는 사실을 기억하라. 오히려 그것은 경제력에 대한 사회적 통제와 시장경제 모두에 대안적인 제도적 정의(definition)를 제공하는 제안으로 받아들여져야 한다. 이 대안적인 체계가 앞서 이야기한 중앙의 제도적 그리고 매개변수적 결정을 제공한다는 단순한 사실로부터, 20세기 후반 서구식의 경제체들보다 분권화의 정도가 덜한 시장(즉, 수가 적고 덜 독립적인 의사결정기구들을 지닌)을 가져오게 될 것이라고 추론하는 것이 정당화될 수는 없다. 중앙의 제도적·매개변수적 결정들은 서구의 경제체들에서도 이루어지는데, 이는 단지 더욱 단편적이고 내밀하고 불공정한 형태로 행해질 뿐이다. 왜냐하면 그것이 특권적인 사회집단들에 의해 조정되거나 무시되기 쉽기 때문이다. 이 같은 의사결정의 형태들은 제도적 한계 내에서의 재량적인 경제정책의 불안정한 행동에서부터 시장의 본질로 잘못 동일시된 계약과 재산 법체계의 이차적인 입법까지 포괄한다. 또한 그 선택들은 다양한 방식으로 집단적 행동과 숙고를 무력화하는 헌법구조 내에서도 이루어진다. 이 결정들은 더욱이 이들의 선택적 특성, 시장이 어떠해야 하는가에 관한 저변의 비전, 그리고 산업적 효율성의 요구에 관한 잘못된 가정에 의해, 사적 권력의 거대한 중심체들의 출현을 허용한다. 이 중심체들은 분권화에 대한 제약을 나타내기도 한다.

그러나 우리가 서구 유형의 경제제도와 대안적 체계 간에 논쟁적인 비교를 미루어놓는다고 하더라도, 여전히 강화된 민주주의의 경제체제 내에서도 강력한 중앙집권화의 경향들이 있음을 인정해야 한다. 보정이 이뤄지지 않는 한, 그 경향은 민주화 프로그램을 왜곡할 수 있다. (다음 절에서는 이러한 경향과 대책에 관해 논할 것이다.)

두번째 분명한 생각은, 자본체제를 그 목적에 충실하게 하는 것은 공화주의 프로그램을 구성하는 다른 좁은 헌법적 부분의 이행에 밀접하게 의존한다는 것이다. 그렇게 개혁된 정부만이 이와 같이 확대된 책임을 기술적으로 수행할 수 있다. 그 정부만이 특정 집단들이 일시적인 이권을 지속적인 특권으로 바꿔내는 데 사용되는 수단으로 전락될 위험성에 좀더 효과적으로 저항할 수 있다.

세번째 보충적인 생각은 이 같은 자본체제를 실현하기 위해서는 상이한 배경적 권리질서를 전제한다는 것이다. 특히 그것은 통합적 소유권의 해체를 전제한다. 이러한 해체는 두가지 관련된 방식으로 일어난다. 첫째, 통합적 소유권으로 병합되는 것처럼 보이는 상이한 권한들이 별도로 분리된다. 가장 분명하고 중요한 관점을 지적한다면, 거대한 자본의 사용은 항상 조건적·일시적이며, 그 수급자의 사용권한은 항상 사회자본기금과 경쟁적인 투자기금 관리자들의 권한과 공존한다. 따라서 소유권 해체의 다른 측면은 이렇게 분리된 권한들을 상이한 주체, 즉 자본수여자와 자본수급자라는 세개의 층위에 할당하는 것이다. 이러한 의미에서 보면 해체에 관해 새로운 것은 없다. 결국 통합적 소유권은 특정한 전통의 인공물을 대변할 뿐이다. 대부분의 법질서에서, 대부분의 역사적 시기에서, 소유권은 항상 이 두가지 의미에서 해체되어왔다. 그러나 그 프로그램에서 중요한 것은 그 해체가 민주화된 경제에 적합한 특정 형태를 취한다는 것이다.

경제의 조직: 중앙집권화의 위험과 그 대응책들

앞서 개관한 자본체제는 만일 견제되지 않은 채 방치될 경우 전체 체계를 왜곡시킬 중앙집권화의 경향이 있다. 이런 경향의 존재와 위험성은 중앙집권화와 분권화의 관념들을 확대해서 보면 더욱 분명해진다. 분권화는 최소한 자발적이고 자신들의 이해타산에 따라 거래하고 생산할 수 있는 무수한 주체들과 이들의 독립성의 정도와 관련된다. 이 두번째 요소는 경제문제를 운영하는 데서 다양성의 정도를 포함하도록 확대될 수 있다. 즉, 경영을 하고 작업을 조직하는 방식의 다양성, 심지어는 노동의 결과에서의 다양성, 그리고 주로 대부분의 경제 주체들이 수행하는 관행으로부터 벗어나는 정도로 측정할 수 있는 다양성 등이 포함되게끔 확대될 수 있는 것이다. 이것은 일반적인 자본체제가 주로 위험에 빠뜨리는 분권화 방식이다.

현재의 경제체제들이 경제적 다원주의에 적대적이지 않은 것처럼 이렇게 다시 중앙집권화하려는 추진력 역시 그것에 적대적이지 않다고 말하는 것은 별로 도움이 되지 않는다. 비교를 통해 어떠한 차이를 보여주더라도, 중앙집권화의 경향은 그 자체로 유해하다. 그것은 생산량과 생산성에서 지속적인 약진을 성취하는 경제역량의 기반을 뒤흔든다. 그 경제역량은 생산활동의 맥락과 구조에 적용되는 거의 열정적인 창의력을 꾸준히 실행할 수 있는가에 달려 있다. 또한 중앙집권화의 경향은 헌법의 기본 목표를 위협한다. 경제조직의 내적 장치와 외적 전략이 단일한 지배양식으로 안정화될 경우, 집단 이해관계, 정체성 및 기회에 대한 경직된 관념들의 토대 위에 형성된 잘 정비된 집단들의 출현을 선호하게 된다. 각각의 경제조직, 즉 경제생활의 각 부문은 작은 세계가 되며, 여기서 형성되는 구조는 경제조직들이 공존하고 충돌하는 모든 작은 세계의 장치들을 반영한다. 중앙권력에 의해 지지되는 이 반복적인 패턴은 집단의 분할과 위계질서가 형성될 수 있는 틀을 제공한다.

규모와 반복에 의해 경제를 제약하는 순전히 기술적인 요인들을 제외하더라도 두가지 주요한 중앙집권적인 힘이 통상적으로 자본체제 내에서 작동한다. 중앙집권화하려는 동력 중 하나는 잘 정비된 집단의 재출현이 헌법에 제기하는 위협의 함의에 대처하려는 것일 뿐이다. 통상적인 자본체제가 경제 전반에 원칙으로 적용된다. 그것은 통제와 분권화의 독특한 방식을 확립한다. 이러한 방식의 제도적 함의가 아무리 불확정적이고 사기업에 허용되는 자율성의 한계가 아무리 중요하더라도, 중앙의 경제기관과 분권화된 경제주체 사이의 관계에 대한 이러한 접근은 경제조직과 기업 거래의 주류 유형을 위한 기반이 될 수 있다. 편견과 일시적인 시장환경의 임시적 결합이 산업조직의 지속적인 양식으로 전환될 수도 있다. 집권정당들은 이 주류 유형과 그 주도권을 강화하기 위해 매개적·제도적 결정을 조정할 수도 있다. 이와 함께 쇄신된 미묘한 형태의 특권정치가 출현한다. 주류 기업형태가 순조롭게 경제 집단들이 형성할 수 있는 적소의 체계(a system of niches)가 된다. 만일 그 기업형태들이 그 사회에서 가장 수적으로 많고 선호된다면, 그들은 자신들의 이권을 공고화하기 위해 정부 권력을 이용하고자 시도할 수 있다. 따라서 국가는 기업조직의 일탈적 유형에 대한 적이 될 수 있으며, 몇몇 노동 부문이 안고 있는 우연적인 불리함을 다시금 지속적인 종속 상태로 전환하는 데 기여하게 된다. 이 결과는 자본에 대한 무조건적인 요구를 회피하기 위한 구체적인 목표, 그리고 사회분할과 위계질서의 안정화된 계획이 재출현하는 것을 피하려는 일반적인 공약 모두를 위태롭게 한다.

중앙집권화의 다른 동력은 정부 자체에 내재되어 있다. 제도적·매개적 결정을 내리는 정부기관은 집단적 동원을 영속화하고 증식·확장하도록 고안된 체제에 속한다. 그러나 이 동원적 맥락은 경제질서의 투명성과 안정성에 대한 관료적 관심이 강력하게 발휘되는 것을 방지하는 데 충분치 못하다. 경제활동의 매개적·제도적 기반에 관한 기본적인 결정이 단편적·암묵적 상태를 벗어날 경우, 그 결정은 특유의 편견에 더욱더 사로잡히게 된다. 이러한 편견의 행정적 토대는 공적 심사와 논쟁이 격렬한 영역에서 자신의 행보를 은폐하려는 모든 사람이 지닌 욕구다. 그러한 편견의 일반적인 형태는 변형을 어리석은 것으로 취급하고, 그다음에는 집단 이해관계에 대한 부도덕한 모욕으로 취급하는 경향이다. 이러한 편견의 경제적 표명은 기업이 취할 수 있는 합리적 위험에 대해 근본적인 불일치를 관용하지 않는 것이다. 하지만 이러한 불일치의 발생은 지속적인 경제발전의 조건 중 하나를 나타낸다. 선택된 제도들과 매개변수들은 일탈적 위험 스케줄에 대비하여 계획적으로 준비되며, 일탈의 한계와 관련된 위험(risk)의 규모를 체계적으로 늘린다. 많은 형태의 위험 감수는 무책임한 것으로 간주되어 의도적으로 금지되거나 상부로부터 부과되는 제도적 또는 매개변수적 요건들과의 불일치를 이유로 간접적으로 배제된다.

어떠한 헌법체제도 특권정치의 부활에 대항해 스스로를 단단히 보호할 수 없다. 갈등은 승자와 패자를 낳는다. 승자들은 자신의 전리품을 유지하고 자신이 이룬 사례를 폐지하려 할 것이다. 중앙국가가 존재하는 한, 이들은 그렇게 할 수 있는 도구가 수중에 있음을 알게 될 것이다. 만일 중앙정부를 사람들이 집단생활의 기본적인 조건들에 대해 싸울 수 있고 자신의 의견을 실행에 옮길 수 있는 영역으로 간단하게나마 이해한다면, 설령 가능하다 해도, 중앙정부를 파괴하는 것은 현명치 못할 것이다. 국가에 대한 특권적 접근과 사회에서의 특권적 이익이 서로를 강화할 위험이 있더라도, 이용 가능한 어떤 수단으로도 개선할 수 없는 사회구조가 출현할 위험보다는 크지 않기 때문이다. 즉, 사회의 자연화(naturalization)는 무국가 상태의 전형적인 위험이다. 멀리 떨어져 있는 중앙정부의 파괴를 정당화하려면, 사람들 서로의 물질적·도덕적 연계가 협소한 사회적·지리적 영역 내에 완벽하게 포함되어 이 안에서 이루어지는 것에 따라 그들의 사회적 존재의 구조가 전적으로 결정되는 그런 환경이 조성되어야 할 것이다. 그러나 이처럼 정치체를 문자 그대로의 마을이 아닌 은유적 마을로 환원하는 것은 사회의 극단적 자연화를 의미하게 될 것이다. 그것은 사회의 대안적 비전과 형태들의 더 큰 충돌을 회피하는 것이자, 역사의 롤러코스터로부터 벗어나기를 원하는 이들의 영원한 꿈이다.

무국가 상태에 이르지 못할 경우, 어떤 사회도 특권정치가 재등장하는 것을 막을 수 없다. 또한 제도들이 사회생활의 기본조건들을 수정하기 위한 명백한 맥락과 도구가 될 때, 재조직된 경제는 다른 중앙집권화의 위험에 직면하게 된다. 즉, 자신들의 제안을 시행하려는 새로운 기회를 갖춘 정당과 정부는 지나치게 무작위적이거나 동의하지 않는 변형을 제외할 것이다. 결과적으로 훗날의 프로그램에 유용한 실천적·사상적 자원이 고갈될 것이다. 개혁된 공화국의 헌법이 이러한 위험에 제공하는 포괄적인 대책은 정부제도 바깥의 갈등적인 집단 동원을 최대한 이끌어내고, 이 동원의 결과에 정부제도가 최대한 스며들 수 있도록 이중의 노력을 기울이는 것이다. 국가에 대한 단순한 반대로부터 그 힘을 이끌어내는 자발적 결사의 접근법은 안전하지 못하다. 왜냐하면 그 방법은 국내의 지배자와 국외 세력의 위협하에서 실행되어야 하기 때문이다. 뿐만 아니라 그것은 사회생활을 그 자신의 이미지로 자유롭게 바꿔낼 수 없다. 왜냐하면 그것은 영구적으로 국가를 패퇴시키거나 중립화함으로써만 극복할 수 있는 제도적 한계들에 직면하기 때문이다. 따라서 사회의 자율조직(self-organization)을 지향하는 성향을 지닌 국가를 상상할 필요가 있다.

앞의 논의가 보여주는 바는 강화된 민주주의 국가에 대한 호소가 지니는 포괄적인 위험이 경제영역에서는 독특한 형태를 취하게 된다는 것이다. 그에 대한 보충은 이에 상응하여 구체적으로 이루어져야 한다. 그 보충 가운데 하나는 통상의 자본체제와 함께 존재하는 예외적인 자본체제를 위한 규정이다. 그러나 가장 기본적인 처방책은 중간 층위의 자본할당 체계를 존재케 하는 것이다. 즉, 1차 자본수급자들을 임시방편적인 정부통제나 정교한 정부통제로부터 보호하기 위한 경쟁적인 특별 투자기금을 조성하는 것이다. 그 기금은 다양한 종류의 투자정책, 제도적·매개변수적 제약의 다양한 조합 등을 통해 운영된다. 그 방안은 최대한의 지침에서부터 최소한의 견제까지 포괄한다. 더욱이 그것이 추구하는 경매체제나 할당체제는 두가지 현저하게 상이한 시장조직 형태를 제시한다.

경제의 조직: 작업 설계

중앙집권화와 단조로움의 위험성에 대한 또다른 보충방안이 있다. 그것은 헌법이 작업조직에 미치는 효과다. 이 효과의 중요성은 분권화의 문제를 훨씬 넘어선다. 작업장 조직은 곧, 경제활동에 대한 사회적 통제와 영구적 집단 동원을 위한 노력이 고도로 기계화·산업화한 경제에 나타나는 실무적 효율성의 요구와 맞서는 영역이다. 통상의 작업경험이 지니는 특성도 헌법이 의존하는 심리적 성향들을 강화하거나 약화한다. 그 경험은 가족을 제외하면 사회적 존재의 어떤 다른 측면보다도 일상생활의 학교 역할을 하고 보통 사람들이 평소에 쉽게 잊을 수 없는 교훈을 가르친다.

이렇게 풍부해진 분권화와 관련하여 합리화된 유연한 형태의 집단노동이 확산되는 것은 몇가지 측면에서 중요하다. 감독하는 자와 감독받는 자의 구별이 완화된 유연한 작업조직은 큰 기업이나 공장(사무실, 상점, 대리점) 또는 소기업에서 번성할 수 있다. 하지만 경직된 형태는 대규모 기업이나 공장 또는 사무실을 선호한다. 큰 기업들은 자본의 지속적인 유입을 허용하고 이를 정당화하기 위해, 그리고 큰 공장이나 사무실은 전통 군대식으로 노동력을 조직하기 위해 그것을 선호한다. 더욱이 유연한 양식은 작업조직에서의 실험을 고정된 통제구조의 유지 아래에 둘 필요가 없으므로 다양한 형태의 생산을 늘리도록 장려한다. 이런 의미에서 유연한 형태는 정부의 과두적 지배체제의 붕괴가 사회 전체에 가져오는 변화를 노동조직으로 가져온다.

앞 절에서 비판한 각 경제체계는 합리화된 집단노동의 경직된 형태를 작업조직의 주류 형태로 신성시하고, 유연한 변형은 산업, 행정 및 전쟁의 선두 부문으로 추방한다. 내가 다른 장에서 주장했듯이 경직적인 형태가 압도적으로 주류를 이루게 된 것을, 기술적으로 앞선 대규모의 산업과 전쟁에 필수적인 고유의 조직적 요청의 결과로 이해해서는 안 된다. 그와는 반대로 그것은 특정한 사회적 또는 기술-경제적 조건들의 충족에 달려 있다. 산업 분야에서 이 조건들이 어떤 것들인지, 그리고 2차대전 이후 서구식 경제에서 어떻게 충족되었는지를 간단하게나마 떠올리는 것이 도움이 될 것이다.

사회조건들은 부정적 요소와 긍정적 요소를 모두 포함한다. 부정적 요소는 영구적으로 동원을 해제시키는 입헌주의, 기본적인 투자결정에 대한 준과두적(quasi-oligarchic) 통제, 그리고 작업장에서 과제규정자와 과제수행자의 엄격한 대비를 단번에 전복하겠다고 위협한 사회운동의 패배였다. 긍정적 요소는 권리질서의 발전인데, 이 질서 — 소유권과 기술적 필연성(둘은 서로를 보호하며)의 이름으로 — 는 과제규정자를 다른 모든 이와 구별했다. 그럼으로써 이 질서는 기술적 조정과 폭넓은 규율의 권한을 융합했고, 이 권한은 고르지 못하게 조직된 노동력에 의해 체결된 집단계약에 의해서만 제약을 받았다. 기술-경제적 조건은 생산품에 특화된 기계와 상대적으로 유연하지 못한 생산공정을 통해 주로 운영되는 대규모 대량생산 산업을 위험에 빠뜨리는 다양한 형태의 경제적 불안정을 회피하는 것이었다. 이 산업들에서는 합리화된 집단노동의 경직된 형태가 우세했다. 이들은 엄청난 자본을 생산라인, 생산공정, 그리고 심지어 쉽게 바꿀 수 없는 작업 배치에 쏟아부었다. 자본투자 확대와 구조적 경직성이 결합되어 이 기업들은 금융·생산품·노동 등의 시장에서 나타나는 불안정성의 파괴적 영향력에 취약해졌다. 금융시장의 불안정성에 맞서 기업들은 내부투자기금을 창출하는 방법을 이용했다. 노동과 생산품 시장에서의 불안정성 여파가 몰려오는 것에 대비하여 상대적으로 특권화되고 순화된 노동력의 유지와 외부 하청업체나 비조직된 비정규직 노동자들을 조화롭게 배치하는 방안을 개발했다. 비정규직 노동자들은 전선에서 경기하락의 충격을 흡수하고, 호황기에는 밀려드는 주문을 채우는 데 조력했다.

개혁된 공화국의 경제질서는 합리화된 집단노동의 경직적인 형태가 우세하게 된 사회적 또는 기술-경제적 지지기반을 무너뜨린다. 그것은 새로운 공화국이 확립하는 제도 장치들의 자동적인 결과다. 기존의 업무조직 형태를 안정화하는 조건들을 공격한다고 해서 유연한 변형이 경제 전반에 퍼질 것이라고 장담할 수는 없다. 이러한 공격은 단지 경직된 양식을 선호하는 편견을 없애고, 과제규정과 과제수행 간의 지속적인 상호작용의 다양한 형태들이 경제의 여러 부문에 뿌리내리도록 도울 뿐이다. 제안된 경제체계가 어떻게 앞서 언급한 각 조건들을 뒤엎는지를 살펴보자. 앞서 열거한 것과는 역순으로 논의를 전개할 것이다.

우선 기술-경제적 조건들을 고려해보자. 내부적으로 조성된 투자기금에 의존하는 방식은 기업의 축적에 가해진 제한에 의해서뿐만 아니라 자본을 조건적으로 할당하는 총체적인 방법에 의해서도 철저하게 억제된다. 사실 자본할당은 과제규정 활동과 과제수행 활동의 구별을 완화하는 조건과 전반적으로 직종 간 차별을 완화하려는 노력을 적극적으로 요구하는 조건에도 따를 것이다. 노동과 생산물 시장의 불안정성을 막기 위해 서로 연계하는 노력은 기업 내의 직장 독점을 제한하기 위해 고안된 방안이나 노동자의 근본적인 지위의 변화, 그리고 온갖 종류의 중소기업에 대한 개방적인 호의를 이겨내지 못할 것이다.

이제 작업조직의 경직된 형태를 우세하게 만드는 사회적 조건 중에서 긍정적인 요소를 살펴보자. 전체 헌법체계는 다른 이들의 노동, 즉 그 목적, 형태 및 보상을 감독할 권한을 소수의 손에 몰아주는 법적 기반을 제거한다. 개인이 큰 규모의 노동을 통제하게 할 수 있는 경제적 권리가 출현하는 것을 막기 위해서는 앞서 규정한 것처럼 소유권이 분할되어야 한다. 자본가, 정부, 또는 기업의 노동력에 그것을 몽땅 넘겨주어서는 안 된다. 소유권을 (이전하기보다는) 분할하는 것이 개혁된 자본체제가 해야 할 일이다.

끝으로, 대조적인 작업조직 방식의 사회적 조건의 부정적인 측면을 살펴보자. 급진민주주의 프로그램의 도입은 1차대전 이후 유럽 전역에서 일어난 혁명운동과 좌파 실험의 패배를 반전시키는 것을 의미할 것이다. 프로그램적 아이디어는 상대적으로 미숙했음에도 불구하고, 그 실험과 운동은 그 어떤 집단투쟁의 에피소드보다도 이 변혁 프로그램이 개진하려는 비전을 명확히 하는 데 더 가까이 접근했다. 어떤 점에서 이 프로그램은 그들이 막연하고 혼란스럽게 남겨놓은 것을 전개한 것이다. 이 프로그램의 이행은 그들이 빼앗긴 승리를 전제로 한다. 변혁 실천에 대한 앞의 논의와 과도기의 제도 장치에 대한 뒤의 분석은 이 승리를 어떻게 쟁취할 수 있는지 보여줄 것이다.

제13장

권리들의 체계: 네가지 권리

권리들의 체계

│ 권리의 재정의

권리체계는 제도 재구성을 위한 독특한 영역을 나타낸다. 내가 말하는 권리체계는 단지 사회의 제도형태를 의미한다. 다시 말해 상대적으로 안정적이고 언어로 묘사된 형태를 확보하며, 일련의 복합적인 기대가능성(expectation)을 조성하는 사회생활의 형태다. 안정성과 기대가능성은 단지 포로수용소에만 있는 것이 아니다. 권리체계는 많은 사람들(얼마나 많은 사람들?)이 옹호할 수 있는 인적 결합 체제의 표현으로 여기는 장치들을 정의한다. 권리체계가 묘사하는 조직된 사회세계는 지속적인 사회적 투쟁이나 당파싸움에서 나타나는 한낱 휴전선이나 전리품의 더미로 표현되거나 이해되지 않는다. 각 사회세계는 인간생활의 배타적 환경을 제공하려 한다. 물론 배타성을 확보하려는 시도는 여지없이 실패하지만, 그 사회세계는 스스로 존속하는 동안 기회와 실천뿐만 아니라 신념이나 동기를 형성하는 데 충분히 성공한다.

우리는 으레 권리라는 어휘를 제도와 실천에 관한 법적 정의(definition)에 한정된 것, 따라서 국가가 쓰고 국가가 집행하는 법에 한정된 것으로 생각해왔다. 다음 논의는 한편으로는 이처럼 협소한 권리 개념을 전제하면서도 그 명확한 경계를 없애려 할 것이다. 왜냐하면 여기에서 묘사된 권리체계는 국가와 시민사회 간의 구별을 약화하는 제도적 구조를 글로 표현하려 하기 때문이다. 그 제도적 구조가 공동선에 대한 헌신과 사적 이익 추구 간의 대립을 완화하는 것처럼 말이다.

권리체계를 다시 만드는 것은 제도 재구성과 별개의 과제가 아니다. 그것은 마치 우리가 정부의 헌법적 형태, 정부권력의 통제와 활용을 둘러싼 갈등형태, 자본체제, 작업조직, 그리고 법적 권리의 형태와 내용을 바꿀 수 있는 것과 같다. 오히려 그것은 그밖에 다른 변화의 불가피한 표현이다. 그러나 이 표현은 투명하거나 자동적이지 않다. 그것은 구체적인 문제를 제기하고 은폐된 연결고리를 분명히 해준다.

법적 권리를 재정의하기 위한 어떤 프로그램에 대해서든 급진주의자들이 늘 제기하는 두가지 반론을 살펴보자. 이 반론들에 대한 반응을 예상한다는 것은 지금 단계에서 프로그램적 논증이 취하게 될 방향을 적시하는 것이다.

법적 권리론에 대한 적대적인 원천 중 하나는 어떤 권리든 간에 권리 자체가 특정 유형의 사회경제적 조직 — "자본주의 같은 것" — 과 분리될 수 없다는 신념이다. 그런 조직은 극복될 수 있고 또 극복되어야만 하는 것들이다. 더 포괄적인 부류의 주장에서는 법적 권리란 — 상품과 노동의 시장교환처럼 — 특정한 사회적 관행에 본래부터 적합한 사회규제의 형식이 된다. 물론 이 비판자는 이러한 법을 지탱하는 관행이 여러 사회에 널리 존재할 수 있음을 인정하지만, 그것이 다른 사회유형들, 특히 자신이 천명하는 유형(예를 들어 공산주의)과 조화될 수 없다고 주장한다. 이 반론은 모두 가능한 사회조직 유형에 대한 잘 정리된 한정된 목록에 의존하며, 이는 심층논리 사회이론의 특징이다. 그 반론들이 좀더 직접적으로 의존하는 것은 권리를 특정한 형태의 법적 권한, 즉 내가 앞서 말한 통합적 소유권과 부당하게 동일시한다.

이 비판자들은 모든 법체계가 내용상 통합적 소유권과는 다른 권한들을 내포한다는 사실을 잘 안다. 심지어 그들은 권리들의 내용과 그 권리들이 적용되는 사회활동의 특성에 차이가 있으며, 이 차이가 권한들이 형성·해석되는 방식에 영향을 미친다는 사실을 인정하기도 한다. 하지만 그들은 상이한 법체계 내에서 법적 권리의 형식과 내용이 달라지는 정도를 철저하게 과소평가한다. 대립적인 보수주의자와 마찬가지로 이들은 모든 법체계 내에서 모든 법적 권한이 따라야 하는 모델로 설정된 통합적 소유권의 상상적 지배력에 기만당한다. 여기에서 개진한 권리에 관한 프로그램적 주장은 다음과 같다. 강화된 민주주의가 요구하는 바는 내용뿐만 아니라 형식에서도 서로 다르며 또한 통합적 소유권과도 다른 법적 권한을 정교하게 다듬어야 한다는 것이다. 또한 이 대안적인 권리 모델을 개발하는 데 넘지 못할 어떤 분명한 개념적 또는 실무적 장애도 존재하지 않으며 그 대안의 기초를 현재의 법적 사고와 실천에서 이미 발견할 수 있다는 점이다.

권리론에 대한 첫번째 반론이 사회유형들에 내재된 제약요인에 집착하는 사회학적 급진주의를 반영한다면, 두번째 반론은 모더니스트 또는 실존주의적 급진주의로부터 나온다. 이들이 권리를 비판하는 것은 권리가 특정한 제도 질서를 지지하기 때문이 아니라, 그것이 어떠한 제도 질서든 그 질서를 확립한다는 단순한 이유 때문이다. 이러한 비판에 깔린 급진주의는 우리가 모든 제도적 관행에 대항하여 끊임없이 투쟁할 때만 자유를 성취할 수 있다고 믿는다. 이 관점은 그러한 자유를 실현하고자 시도하는 사회적 맥락이나 정신적 맥락의 제한성과 우리의 역량 간의 불균형을 인정한다. 하지만 이 견해의 큰 약점은 맥락의 불가피성과 타협하지 못한다는 데 있다. 결국 우리는 특정한 사회세계에 거주해야 하며, 우리의 개인적·사회적 경험은 우리가 살아가는 세계의 관행이나 가정에 의해 지배받지 않을 정도로 거부행위를 자주 그리고 신속하게 수행할 수 없다. 그럼에도, 강화된 민주주의와 그것의 권리체계에 관한 논증이 이 자멸적인 이상(ideal)의 잔해 속에서 무엇인가를 구해낼 것이다. 그것은 권력과 생산의 형성적 맥락들이 우리의 맥락-파괴 능력을 얼마나 존중하고 촉진하는지, 그리고 개인활동의 집단적 환경에 대해 우리가 깨어 있고 의식적인 통제력을 얼마나 행사할 수 있게 하는지에 따라 그 맥락들이 바뀔 수 있다는 생각을 유지한다. 여기서 짧게 언급한 법적 권리체계는 관례화된 삶의 몽롱하고 수면발작증 같은 특성을 줄이는 사회를 규정한다. 그 목적은 개인적·집단적 역량강화의 비전을 위해서다. 이 법적 권리들의 각 세부사항은 겉으로는 공허해 보이지만 사실은 영감을 불어넣는 이상과 연결된다.

기존의 법적 권리체계와의 불화

과연 기존의 법적 권리체계의 문제점은 무엇인가? 이 제도 프로그램 전반에 깔려 있는 비판과 비전의 관점에서 볼 때, 문제점은 하나로 요약될 수 있다. 그것은 통합적 소유권의 실천적·상상적 지배력이다. 이렇게 압도적인 영향력을 행사하는 통합적 소유권은 그 내용과 형식에 의해 정의될 수 있다. 내용상 그것은 경제분권화의 원칙이며, 그 원칙은 사회자본의 분할 가능한 부분에 제한 없는 청구권을 할당하는 것이다. 여기에서 "제한되지 않는"(unrestricted)이라는 말은 일련의 시간적 연속성에서, 그리고 허용된 사용범위에서 모두 제한이 없다는 뜻이다. 확실히 법은 항상 절대적 재량권에 대해 그 한계를 인정해왔다. 이와 대응하는 계약 영역에서 법이 계약 상대방과 계약 조건을 선택할 자유의 지배원리를 제한하려 했던 것처럼 말이다. 하지만 이 제약조건들은 예외로 남아 있다. 이 조건들은 현재 사회에서 재산 및 계약의 핵심 범주로 환원될 수 없는 인적 결합의 형태를 인정한다. 그것들이 절대적 소유권과 공존하는 것은 절대적 소유권이 더 많아진다고 해서 해결될 수 없는 실천의 문제가 초래된다는 것을 보여준다. 하지만 기존의 권리체계는 법적 권리의 대안적이고 발전된 모델을 제시하지 않는다.

통합적 소유권은 더 큰 경제적 조형력과 경제분권화를 향한 발전을 저해하는 시장경제 형태와 관계를 맺음으로써 가장 직접적으로 제한하는 영향력을 발휘한다. 그 결과 영구적 경제혁신의 기회를 불필요하게 제한할 뿐만 아니라, 민주주의의 실행과 경제조직 간의 지속적인 갈등을 재생산한다. 경제적 축적의 형태, 속도 및 결과에 대한 민주적 통제가 약화되고, 동시에 과제규정과 과제수행 역할 간의 구별이 작업장을 민주적 시민권의 실현에 역행하는 영구적인 모델로 바꿔낸다.

줄곧 유지되어온 통합적 소유권은 더 간접적인 영향력도 행사한다. 경제분권화의 추상적 원리와 특정 형태의 시장제도를 동일시함으로써, 그것은 현재 시장체계에 대한 가능한 대안을 모색하는 우리의 비전을 철저히 제한한다. 상상된 대안들, 즉 분리되지 않은 경제주권을 중앙정부로 이전하거나 각 기업의 노동자들을 자영업을 운영하는 통합적 소유권의 보유자로 바꿔내려는 시도는 앞서 논의한 것처럼 공적 자유와 경제적 역동성을 위태롭게 한다. 그리고 기본적인 제도 선택은 경제 집중화와 분권화의 혼합이 될 것처럼 보인다. 하지만 심층논리 사회이론의 잔재와 특정한 권리론의 주술로부터 벗어난 급진주의자는 집중화와 분권화의 그 어떤 혼합도 상이한 제도형태들을 취할 수 있다는 점을 잘 알고 있다. 따라서 권리체계 내에서 통합적 소유권의 기능적·상상적 구심력은 내가 앞서 사적 권리 복합체의 기원에 관해 지적했던 몇몇 역설들에 깔려 있는 부정적인 편견에 기여한다. 그 체계가 몇몇 사람들에게 다른 사람들을 종속상태로 전락시킬 수 있는 수단을 제공할 수도 있고, 이 위험을 전혀 가하지 않는 다른 권리들(복지 및 시민권)과 공존하며, 사적 권리의 과도한 의미를 무효화하거나 뒤집는 조직적 감시나 위계의 방법과 결합될 필요가 있지만, 그럼에도 수용된 사적 권리체계는 필수불가결한 것처럼 보인다. 그것을 대체하려는 어떠한 시도도 폭정이나 비효율성을 야기할 수밖에 없는 것처럼 보인다. 이러한 편견에 맞서는 논박은 현 제도를 "현실적으로"(realistic) 옹호하는 견해가 의존하는 부정적인 편견에 도전하는 새로운 권리체계에 의해서만 완성될 수 있다.

통합적 소유권에 의해 행사되는 영향력의 편파적인 효과는 통합적 소유권이 특정 경제조직에 미치는 직간접적인 역할에서 끝나는 것이 아니다. 또한 그것은 경제분권화의 방법과는 거리가 먼 문제를 다루는 권리들의 모델이 되기 때문에 좀더 광범위하고 눈에 보이지 않는 영향력을 행사한다. 통합적 소유권은 일단 그 구체적인 내용으로부터 추상화되면 권리에 대한 거의 모든 사고 영역에서 재생산되는 형식을 제공한다. 자본의 절대적인 부분은 하나의 구역을 나타내는데, 그 안에서 소유권자는 결과가 어떻든 자신이 원하는 대로 행동할 수 있으며, 그 바깥에서는 아무리 자신의 권리를 주장하더라도 어떠한 보호도 기대하지 못한다. 권리가 만들어지는 순간, 그 경계는 법이나 계약에 의해 곧바로 설정된다. 그 권리가 행사되는 환경은 대부분 권리의 개념 규정과는 관련이 없다. 따라서 이러한 법적 권리 모델의 핵심을 구성하는 재량적 행동이 제한될 수 있을지언정 그 핵심적인 내용은 결코 제거될 수 없다. 권리의 개념 정의는 권리의 적용과 이어져야 하는데, 그것은 개방적인 규범 논쟁이나 복잡한 인과분석을 모두 통제할 수 있는 사법판단의 규칙 같은 방법이나 원리에 의거한 방법을 통해 적용되어야 한다. 권리의 원천은 국가에 의한 일방적인 의무의 부과나 명확하게 표현된 의지행위 혹은 이 둘의 조합 같은 그것의 차후 운명을 특징짓는 탈맥락화에 적합해야 한다.

모든 권리를 이러한 형태로 만들려는 시도는 기존의 사회적 실천이라는 거대 영역을 부조리한 법적 형식으로 강제하는 것과 같은 결과를 가져온다. 따라서 상호의존 관계에서 비롯되는 의무는 가상적 타자들 간의 대립이나 짧은 시간에 체결되는 계약에 집착하는 법체계 위에서 계약이나 불법행위의 외피에 의해 지배된다. 큰 제도들에서 작업조직은 가부장적인 규제권의 수혜자나 자유계약 체제와 유사한 것으로 취급된다. 포괄적인 감독의 재량권을 계약체제의 외관과 연결지어야 할 필요성이 비인격적인 기술적 필요에 따른 요구사항으로 정당화된다.

왜 통합적 소유권의 법적 형태는 앞서 말한 영향력을 행사하는가? 이 영향력이 소유권 체제를 유지하려는 판사와 법률가의 공모를 드러낸다거나 기존의 사회질서를 재생산하기 위한 기능적 요건에 동기와 신념이 무의식적으로 종속되는 것을 보여준다고 추측할 필요는 없다. 법적 권리의 각 유형은 그것의 가장 형식적 측면에서조차 인적 결합의 특정 모델이 지니는 불완전하지만 중요한 모습을 나타낸다. 법적 권리의 형식과 실질에서 다양성이 존재한다고 고집스럽게 주장한다면, 이는 현실숭배의 한 형태에 해당한다. 그것은 사회생활의 덜 실무적인 영역에서 이미 받아들여진 인적 결합의 모델(민주적 시민권의 실행, 그리고 가족과 우정의 삶)이 실무적인 제도를 재구성하기 위한 상상의 출발점을 어느 정도 제시하는지를 파악하는 데 실패했음을 보여준다.

| 재구성된 권리체계의 생성원리

강화된 민주주의의 통치제도와 경제제도에 법적 형식을 제공하고, 통합적 소유권의 한정적인 사례로부터 단호하게 벗어나게 하는 권리체계를 제시하는 두개의 기본 구성원리가 있다.

첫번째 원리는 도전이나 갈등에 대한 제도 장치들의 면제권을 최소화하고 어떤 개인들이 다른 이들을 의존상태로 몰아넣는 것을 최소화하는 방식으로 개인의 안전이 보장되어야 한다는 것이다. 이 원리의 의미는 그 구성요소들, 즉 개인의 안전, 사회적 무기력의 회피, 그리고 의존상태의 해소 수단을 간략하게 살펴봄으로써 분명해질 수 있다.

개인의 안전이란 공화국의 갈등이 신체의 안전, 최소한의 물질적 복지, 그리고 공적이건 사적이건 권력에 의한 종속으로부터의 보호에 대한 가장 개인적인 관심사를 위험에 빠뜨리지 않을 것이라는 각 개인의 정당한 확신이다. 개인은 자신을 표현하고 다른 사람들과 결합하는 것, 특히 사회의 미래 형태에 영향을 미칠 목적으로 타인과 결속할 수 있는 기본적인 자유를 누릴 때에만 안전이 보장된다. 각 개인이 저항할 수 없는 실제의 어려움 때문에 주기적으로 빈곤에 위협당하지 않고, 상위 권력에 대한 복종을 강요당하지 않을 것이라고 확신할 수 있는 안전이 보장되어야 한다.

맥락을 수정하는 갈등의 규모를 확대하려는 강화된 민주주의의 공약은 각 개인에게 그의 기본적인 안전, 그리고 그와 가장 가까운 이들의 안전이 보호될 것이라는 확신을 심어주는 것이 더욱 중요하다. 만약 그에게 이런 확신이 결여되어 있다면, 사회생활의 제도화된 논쟁이나 재창안을 견딜 수 없을 것이며, 그는 이것들을 자신에게 위협이 되는 상황으로 보게 될 것이다. 물론, 그 무엇도 개인의 면제권을 보장해주는 제도가 훼손되지 않을 거라고 보증할 수 없을 것이다. 하지만 그것은 단지 어떠한 제도 장치의 변화도 이를 완전히 방지하는 것이 가능하지 않다는 진부한 의미에서만 그렇다.

헌법에 초월적 기반을 두려는 시도는 일시적으로 유용해 보일지 모르나, 초월적 정당화의 효력이 한물 지나고 나면 위험한 것으로 변할 수도 있다. 만약 반동원적 형태의 정치가, 면제권을 보장하는 장치를 포함한 모든 장치가 바뀔 위험을 줄여주는 것으로 보인다면, 그것은 자체의 위험을 발생시킬 때에만 가능할 것이다. 공적 자유의 보장에서 더 중요한 것은 사회생활의 제도형태에 대한 실험에 가급적 최소한의 제약을 가하는 토대 위에 공적 자유를 자리매김하는 것이다. 이런 방법이라면 갈등이 변화를 불러올 때마다 공적 자유가 위협받을 필요가 없다. 쉽사리 도전을 받거나 고쳐질 수 없는 관행과 장치의 탈고착화는 의존과 지배 구조의 발달과 으레 긴밀히 연관되어 있기 때문에, 이런 구조에 대한 저항은 쉽사리 면제권의 보호에 대한 공격으로 변할 수 있다.

물론 강화된 민주주의의 헌법이 면제권에 대한 효과적인 방어를 요구하지만, 그것이 안전에 대해 가능한 모든 관점과 조화를 이루는 것은 아니다. 예를 들어 어떤 사람은 보호의 핵심적 의미가 조용한 정치체제하에 살면서 자유롭게 처분할 수 있는 통합적 소유권 형태의 사적인 부를 소유하는 것이라고 여길 수도 있다. 어쩌면 그는 특정 직업을 평생 동안 보장받고 특정 계급의 관례에 따라 살아가는 것이 보장되어야만 안전하다고 느낄 수도 있다. 강화된 민주주의 헌법은 이러한 안전 관념과 부합되지 않는 사회적·개인적 이상을 표명한다. 우리 자신에 대한 다른 모든 생각과 마찬가지로, 안전에 대한 주관적 관념은 고집스럽게 유지되고 있으며, 어떤 사실도 이 관념이 잘못되었다고 입증하는 데 도움이 되지 못한다. 하지만 만약 이 제도 프로그램의 저변에 깔린 이상과 이해가 유효하다면, 사람들은 본질적인 안전이 어떻게 구성되는가에 관한 자신들의 관점을 바꿀 근거를 갖게 될 것이다. 그들, 그리고 그들이 아니더라도 자녀들은 지금의 문제인 안전이 요구하는 바가 협소하게 정의된 삶의 방식의 유지가 아니라는 사실을 깨닫게 될 것이다. 그들은 부분적으로는 각자 고유한 삶의 방식들이 더욱 뒤섞이는 상태와 조화되는 안전의 의미나 다양성을 발견함으로써, 그리고 부분적으로는 맥락에 의존하면서도 동시에 맥락 파괴를 통해 강화되는 개인성의 관념을 깨달으면서 이 같은 결론에 도달한다.

면제권을 확보하기 위한 장치는 정의(definition)상 수정되지 않는 제도적 실천이어야 한다고 반박할 수도 있다. 하지만 이 반론은 핵심을 놓치고 있다. 안전에 대한 제도적 해석과 기반은 그 추상성(abstractability)의 정도에 따라 상이하다. 바꿔 말하면, 사회생활의 복합적인 구조로부터 얼마나 자유로워질 수 있는가에 따라 달라지는 것이다. 한쪽 극단에는, 개인적 면제권에 대한 안전장치가 잘 규정된 공동체 질서와 위계 내에서 어떤 집단이 차지하는 지위에 따라 규정되는 특정한 삶의 방식의 막연함(intangibility)에 놓여 있을 수도 있다. 다른 극단에 놓인 안전장치는 일련의 권리를 설정하는 방식인데, 이들 권리가 사회질서의 다른 부문에 요구하는 바에 따르면, 사회질서는 도전과 수정에 열려 있어야 하며, 맥락화된 일상과 맥락 수정 간의 괴리를 극복하는 데 기여해야 한다는 것이다. 두 극단적인 주장이 규정하는 스펙트럼을 따라가보면, 강화된 민주주의의 권리가 소유권에 근거한 권리체계와 맺는 관계는 절대적 소유권이 세습되는 사회적 지위와 맺는 관계와 동일하다. 문제는 안전을 보호하는 수단이 사회생활을 경직시키고, 그럼으로써 유연하지 못한 역할과 계층을 재생산하는 데 도움을 주는 정도를 줄이는 것이다. 여기에서 개진된 프로그램적 주장의 주요 테마는, 특정 상황에서 기존의 인적 결합의 제도 관행이나 모델의 자원들을 갖고서 외견상 모호한 이념이 긍정적인 제안들을 산출하게 할 수 있다는 것이다. 또한 권리체계의 과제 중 하나는 더욱 추상화될 수 있는 면제권이라는 외견상 공허한 관념에 명확한 내용을 부여하는 것이다.

지금까지 말한 간략한 내용에서도 분명히 해야 하는 것은 개인의 면제권을 확립하는 제도가 지닌 추상성의 차이가 단지 특정 장치들의 고립된 기술적 특성은 아니라는 점이다. 그 차이는 안전의 의미에 대한 경쟁적 해석과 이 개별적인 안전의 이념을 실현하는 데 가장 효과적인 방법에 관한 인과적 추정을 모두 나타낸다. 해석이든 인과적 추정이든 모두 그것들이 지탱해주는 사회와 인격에 대한 일반적인 견해를 예시한다.

면제권은 변혁적 압력에 대항해서 사회생활을 방해하는 정도에 따라 그 형태가 달라지듯이 지배의 도구로서 얼마나 쉽게 사용되느냐에 따라서도 그 형태가 달라진다. 이 차이를 파악하려면 앞서 다룬 기존 법체계 내의 두 종류의 권리들에 대한 비교를 상기해보는 것만으로 충분하다. 소유권자는 자유롭게 축적되고 상속에 의해 이전되는 통합적 소유권을 활용하여 타인들에 대한 의존성(또는 타인들의 재량적인 결정에 대한 의존성)을 줄이고 그들이 자신에게 더 의존하도록 만들 수 있다. 하지만 복지권이나 시민권 또는 공적 권리는 이러한 용도로 사용되지 않는다. 고의적인 조작이나 의도되지 않은 효과의 훨씬 더 간접적인 연결고리를 통해서가 아닌 이상 말이다. 법체계 내에서 면제권의 법적 형태가 낳는 종속 산출(subjugation-producing) 효과 간의 불균형은 각 법질서가 개인의 안전을 보호하는 방식에 따라 전체 법체계 간의 차이로 확대될 수 있다.

개혁된 헌법에서 면제권 보장은 두가지 소극적인 기준을 충족해야 한다. 종속의 도구를 제공해서도 안 되며, 효과적인 도전이나 수정에 대항하여 사회질서를 보호하려 해서도 안 된다. 이 책의 주요 테마 중 하나는 공동체적·위계적 분할의 체계를 유지하는 필요조건은, 이 분할들이 사회생활의 일상적인 실천적 갈등과 상상적 갈등의 위험에 맞서 보호되는 제도 장치들에 의해 생산·재생산되어야 한다는 것이다. 분명히 갈등으로부터의 이러한 격리는 사회적 전쟁에서 가장 확실한 승리의 징표를 나타낸다. 또한 그것은 다음과 같은 조건, 즉 사회적 위계질서보다 공동체적 분할에 우선권을 부여하는 방식으로 사회가 고도로 일상화된다는 조건이 없다면, 의존과 지배의 구조가 존재하기에 충분한 조건이 될 것이다. 그렇다면 비록 축소된 위계질서가 각 공동체나 집단 내에 나타날 수 있더라도, 사회질서는 상대적으로 동등하고 엄격하게 분리된 집단들의 연합으로 보일 수 있다. 그 환경에서 변화의 속도가 느린 관습에 의해 신성시되는 제도 장치들은 맥락-보존적 일상과 맥락-변혁적 갈등 간의 대립을 악화할 수도 있다. 많은 부족사회에서 이와 비슷한 상황이 존재한다. 더욱이 이 같은 환경에 대한 갈망은 상대적으로 동등한 자유농민(yeoman farmers)의 공화국이라는 관념에서부터 소규모 상품생산이라는 재구성되지 않은 버전에 이르기까지 장구히 이어진 정치적 유토피아에서 나타난다. 하지만 공동체 분할의 그 경직된 체계(때로는 분절사회 또는 다극사회로 불림)가 실제로 실현된다고 해도, 그것은 전형적인 불안정에 시달리게 된다. 이 책의 앞부분에서 소개한 물질적 진보를 가능케 해주는 조건들에 대한 견해가 옳다면, 생산적 또는 파괴적 역량의 발전은 사람, 직업 및 제도 장치의 변화를 필요로 한다. 심지어 그 견해는 직무조직이 실천이성의 뚜렷한 구현이 될 것을 요구하는데, 그것은 과제 규정과 수행 행위 간의 지속적인 상호작용을 위한 방법으로 이해된다. 경직된 사회라면 전체적으로 또는 그 내부집단이 실제 비상사태(또는 예외적인 기회)에 맞닥뜨릴 때마다 지도자들은 기존의 제도 질서에 의해 미리 결정되어 있지도 않고 심지어 용인되지 않는 방식으로 자원과 인력을 동원해야 한다. 이처럼 헌법 외적 동원을 주도하는 이들은 유동적인 거대한 권력, 비상자원에 의해 대변되는 권력이 자신들의 손아귀에 있음을 발견한다. 그러고 나서 그들은 자유롭게 표류하는 자본과 인력에 대한 예외적인 통제력을 사회질서의 제도화된 부분으로 전환하는 장치를 만들기도 한다. 이러한 주장이, 상대적으로 동등한 부족사회들에서 사회적 위계질서가 발생하는 과정에 대한 사변적인 추론을 어떻게 제시하는지를 주목하라. 이 가설이 전제하는 물질적 진보의 가능 조건에 대한 좀더 포괄적인 관점은 경직성과 동등성의 결합이 왜 생산능력이 더 높이 발전한 수준에서 다시 일어나지 못하는지를 설명해준다. 분절된(segmented) 부족사회는 역사적 사실이지만, 자유농민 공화국이라는 관념은 케케묵은 환상일 뿐이다.

　강화된 민주주의를 위한 권리체계의 첫번째 생성원리는 제도 질서의 경직화와 개인적 종속의 위험을 모두 줄이는 방법으로 개인의 면제 지위를 확립하겠다는 약속이다. 비록 이 원리가 강화된 민주주의에 적합한 권리체계의 가장 중요한 구성적 개념을 보여주긴 하지만, 이 체계의 생성이 몇개의 보충원리들에 의해 보완되어야만 가능하다. 이러한 보조적인 생각 중 하나는 사회자본의 분할 가능한 부분에 접근을 허용하는 법적 장치들이 분권화된 경제질서를 만드는 데 기여해야 한다는 것이다. 여기에서 분권화된 경제질서라 함은 부정의 능력의 발전으로 향하는 합의적 경로에 특권을 부여하는 경제질서다. 그러나 경제분권화의 법적 형태는 부정의 능력이 통합적 소유권과 대량생산 산업체제하에서 도달할 수 있는 지점을 넘어 나아갈 수 있도록 해야 한다. 그러므로 통합된 재산의 일정한 특징과 통합된 재산에 없는 다른 특성들을 한데 묶는 시장권리들(market rights)이 만들어져야 한다. 따라서 개혁된 헌법 아래에서 자본에 대한 접근 조건은 모든 소유권적 지배(proprietary control)의 임시적·조건적 성격을 강조한다. 하지만 이 조건들 내에서, 그리고 설정된 기간 동안에는 자원의 임의적 사용과 이전이 거의 절대적일 수 있고, 그런 점에서 통합된 재산과 닮았을 수도 있다. 물론 축적의 형태, 비율 및 과실에 대한 궁극적인 집단적 지배가 좀더 분명하게 주장될수록, 19세기 사법(private law)의 가장 가혹한 형태와 유사한 소유권이나 계약권은 더욱 강력하게 정당화된다. 이 보충원리에 관해서는 여기에서 더이상 논의하지 않겠다. 이를 지지·상술하는 논증은 이미 경제적 재조직을 위한 제안들을 논하는 과정에서 다루어졌다.

강화된 민주주의에 적합한 권리체계를 구성하기 위한 또다른 보충원리는 제도 프로그램의 근거와 목표를 넘어서기 때문에 좀더 확장된 분석을 필요로 한다. 이 원리는 그 형식과 내용에서 공동체 생활을 특징짓는 상호의존성의 의무와 어울리는 법적 권리들을 확인하려는 노력이다. 이 권리들은 권리체계를 구성하는 다른 유형의 법적 권리들과의 상호관계에 비춰보았을 때 공동체 관계의 특정한 규범적 비전을 구현하고 촉진해야 한다.

여기에 제시된 제도 재구성을 위한 프로그램은 그것에 영감을 불어넣는 비전의 힘을 고갈시키지 않는다. 정치의 궁극적인 관심사는 개인 관계라는 섬세한 결이다. 강화된 민주주의의 제도는 그것이 약속하는 고양된 자유, 번영 및 자아의식을 위해 중요할 뿐만 아니라, 개인적인 애착의 형식을 형성하는 틀로서도 중요하다. 이처럼 직접적인 개인관계에 대한 수정된 접근법의 핵심에는 영역으로서의 공동체 개념이 있으며, 그 영역 내에서는 상호 간의 약점을 받아들이는 일이 많아지기 때문에 자아의식이나 냉철함의 요구와 타인에 대한 애착 사이의 갈등을 줄이는 방법을 늘리는 게 가능하다. 이러한 갈등을 극복하는 것이 인간의 역량을 강화하는 프로젝트의 또다른 측면을 나타낸다.

전통적인 법적 사고에서는 공동체 생활을 법적 권리의 적정한 범위 너머에 있는 것으로 여겨왔다. 만약 그 말을 믿는다면, 만지기만 하면 무엇이든 파괴할 수 있다고 위협하는 미다스(Midas)의 손처럼 법적 규제가 개인적·공동체적 관계의 영역에서도 나타날 것이다. 하지만 이렇게 가정된 권리와 공동체 간의 적대감은 권리에 대한 경직된 관점과 공동체에 대한 빈약한 관념 모두를 반영한다. 그에 따른 실질적 효과는 종종 공동체 생활이 이기적인 교환과 지배의 형태에 더욱 종속되도록 방치하는 것이었으며, 법적 불간섭(legal abstention) 정책은 공동체 생활을 그 사태로부터 보호해줄 것으로 기대되었다.

통합적 소유권이라는 주술(spell) 밑에서 법이론은 명확하게 구분된 재량행위의 영역을 확립해주는 권리들을 상정한다. 하지만 권리와 무권리(no-right)의 엄격한 구별, 권리행사가 권리보유자의 동료에게 미치는 효력에 대한 배려 거부, 그리고 명시적 협정이나 국가의 일방적 강요를 의무의 원천으로 주장하는 것 등은 모두 공동체 생활에 부적절하다. 사실상 그것들은 동업자 간의 중요한 협력을 수반하는 지속적인 사업상의 거래에는 맞지 않는다. 공동체적·협력적 관계에 요구되는 것은 권리의 행사가 다른 사람들에게 미치는 효과에 관한 기준이나 판단에 비춰 권리의 범위가 맥락에 맞게 규정되어야 한다는 것이다. 또한 공동체와 협력에 대한 법적 개입은 완벽한 협정이나 일방적 의무 부과보다는 반쯤 명확하고 반쯤 협의적인 상호의존 관계로부터 나오는 의무들의 법적 승인을 요구한다. 현재의 법이 때때로 그러한 상호의존성을 보호하긴 하지만, 특성상 법이 보호하는 방식은 하위의 원리나 예외적 법원칙의 우연적인 결과를 통해서다. 그 결과, 그러한 보호는 기계적인 구별에 의존하게 된다.

법적 불간섭 정책은 공동체에 관한 부적절한 견해와 단선적인 권리

관념을 드러낸다. 그것은 공동체를 갈등이 배제되거나 이기심이 억제된 상태로 파악하며, 둘 중 어느 경우든 일상생활의 특성과는 대비되는 것으로 본다. 일반적으로 사용되는 법적 권리라는 용어는 갈등이나 이기심과 연결되어 있기 때문에, 위의 관점에서는 이질적이고 전복적인 것처럼 보인다. 하지만 노동과 거래가 이루어지는 일상세계와 공동체적 전원생활을 대조하는 상상은 비현실적이며 잘못된 것이다. 그것은 독립적인 주관성이 발달하여 불가피하게 생겨나는 갈등의 요소를 인식하지 못한다. 그것은 이기심에 대한 제약이 급진적인 상호수용의 원리를 따를 때에만 공동체 이념과 중요한 연결고리를 유지하게 된다는 점을 간과한다. 그러나 공동체적 조화와 실천적 활동을 엄격하게 대비하는 것에 대항하는 가장 강력한 논거는 이런 대조가 사회생활 체제의 일부를 형성하며, 그 체제는 철저하게 대립되는 두 요소를 모두 해친다는 것이다. 그 체제는 실천적 삶을 제약받지 않는 이기심과 기술적으로 정당화된 위계질서에 넘겨버리고, 사적 공동체를 외부세계의 무자비함에 대한 하찮은 피난처로 전락시킨다. 종속과 지배의 형태가 저지되지 않은 채로 남아 있는 한 공동체 이념은 권력질서를 완화하는 가림막이 될 뿐이다. 신뢰(trust)의 배분에서 평등을 주장하는 모든 시도는 현존하는 공동체적 애착에 등을 돌릴 것을 요구한다.

앞서 논의한 생성원리는 제도 프로그램의 다른 부분을 권리체계의 재구성과 잇는다. 이 원리는 다른 유형의 법적 권리를 만들어낼 것을 제안한다. 그 권리들은 희미하고 우여곡절이 많은 형태이지만 현대법에서 이미 볼 수 있는 노선에 따라 구분된다. 이 같은 유형의 권리는 운용상의 특징에 따라, 그리고 이 권리가 법적 형식을 부여하는 제도 프로그램의 특정 영역에 의해서도 차이가 난다. 그것의 독특한 운용상의 특징은 초기 형성 단계에서의 권리와 합법적인 행사 단계에서의 권리 사이의 관계와 연관된다. 이러한 특징에는 형성에서부터 집행에 이르는 과정에 가장 관련 있는 논증과 분석의 양식들도 포함된다. 권리의 각 유형과 연관되는 제도 프로그램의 측면은 하나의 뚜렷한 인적 결합 모델을 나타낸다기보다는 경직된 구별이 고착화되는 것을 방지하도록 설계된 체제의 일부를 나타낸다. 이러한 관점에서 법적 권리들의 운용상의 특징은 권리들의 고유한 특성으로 이해되지 않는다. 그것은 마치 권리들 그 자체가 더이상 정부조직이나 경제조직 또는 공동체 조직의 제도 유형이 가진 내재적 구조를 특징짓는다고 생각하지 않는 것과 같다. 이제 권리의 형식은 신중하고 직접적으로 그것의 프로그램적 역할을 반영하도록 만들어질 수 있다.

| 시장권리

시장권리(market right)는 사회의 상거래 부문에서 경제적 교환을 위해 활용되는 권리다. 그 권리는 완벽하게 실현된 재구성적 경제 형태 내에서 본래의 특성을 발휘한다. 그 경제체제는 노동자, 기술자 및 경영자로 구성된 팀들이 사회자본의 일부를 조건적·일시적으로 이용할 수 있게 허용하고, 그럼으로써 경제분권화의 절대적인 수준과 경제적 조형력 모두를 드높인다.

시장권리는 우리가 자본수급자와 자본기금의 관계에 초점을 맞추느냐 아니면 자본수급자들 간의 거래에 맞추느냐에 따라 상이한 두 얼굴을 드러낸다. 기존 시장체계들과는 대조적으로, 자본기금과 관련해서 두드러진 점은 조건적이며 임시적인 자본접근권 체제에 관한 일반적 약속과 정밀한 사용조건을 설정하기 위해 명시적인 집단적 의사결정으로 전환된다는 점이다. 이 조건들은 자본을 이용할 수 있는 기간, 기금에 의해 부과되는 이자, 자본의 사용목적(예를 들어, 기업 확장을 위해 사용할 수 있는 범위), 그리고 노동조직의 형태에 관한 실험에 뒤따르는 외적 제한 등을 설정할 수도 있다. 특정 경제 부문에서는 광범위하고 거의 무제한적인 재량권을 기업에 부여할 수도 있고, 다른 부문에서는 이 재량권을 엄격하게 제한할 수도 있다.

자본기금과 자본수급자 간의 새로운 관계의 핵심적인 법적 의미는 사법과 규제법(regulatory law) 간의 전통적인 대비에 미치는 영향력에 의해 드러난다. 이 대비는 구별되어야 하는 두 관념을 결합하고 뒤섞는다. 첫째, 시장의 특정 유형을 규정하는 규칙이나 관행과 특정 거래에서 그 결과를 수정하는 규칙이나 관행 간의 대립이 존재한다. 이 구별이 비록 명확하지는 않지만, 제 나름의 정당성이 있다. 개혁된 시장이나 수정된 시장권리 이론은 시장의 정의와 계약의 수정 간의 차이를 없애지 않을 것이다. 다만 곧 살펴보게 될 이유로 인해 특정 거래를 수정해야 할 도덕적이고 사회적인 절실한 요구를 누그러뜨림으로써 이 차이를 덜 중요하게 만들 것이다.

그러나 또다른 옹호할 수 없는 관념이 사법과 규제법의 대비에 함축되어 있다. 이 관념은 드물게 인정되나 포기되는 경우는 더욱 드문데, 바로 시장을 확립하는 규칙이나 관행(사법의 내용)과 특정 거래의 결과보다는 시장경제 전체 혹은 경제의 광범위한 부문들의 운용을 수정하는 것 사이의 대비다. 이렇게 가정된 일반 수정은 배분적 공정성 같은 사회정책에 의해 동기를 부여받지만, 이러한 정책은 시장제도에 의해서는 성취될 수 없는 것(규제법의 과제)으로 추정된다. 시장의 정의(definition)와 일반적인 시장의 수정 간의 대조는 본질적으로 상이한 활동이나 주제 간의 차이로 이해되지 않는다. 시장은 비시장(nonmarket)을 시장의 조직형태로 대체할지도 모른다. 하지만 비시장 형태는 마치 다른 형태의 시장조직, 즉 기존의 사법 규칙들에 명시된 형태들과는 어울리지 않는 그런 시장조직의 단편을 나타내는 것처럼 보인다. 수용된 경제적·법적 사고는 시장을 시장제도의 한 특정 형태와 습관적으로 혼동하기 때문에 이러한 예시적인 일탈을 인정하는 데 어려움이 있다. 그러나 개혁된 경제체계에서는 이 같은 혼동이 근거를 상실할 것이다. 계약과 재산의 기본적인 규범들은 규제법의 범주 내에서 쟁점이 되는 분배적인 사안들 못지않게 "정치적"인 것으로 보일 것이다. 또한 지적 명확성이 향상됨으로써 실천적인 사회생활의 조건들에 대한 우리의 효과적인 지배력을 획득하게 될 것이다.

이제 시장권리의 두번째 측면을 살펴보자. 이 측면은 경제적 기업들 간의 거래와 관련된다. 여기에서 회사들은 중앙의 정치적 결정에 의해 규정된 기간과 사용목적의 한계 내에서 서로 자유롭게 거래한다. 기업의 재량권에 대한 제약들이 지금의 시장제도 형태에서보다는 더 많을 것이 확실하다. 하지만 나는 이미 이 체계의 전반적인 운용이 실제로는 기업의 주도권 행사를 위한 기회를 넓혀주는 결과를 가져온다고 기대할 만한 여러 근거들을 제시해왔다. 그 추론 가운데 한가지는 경제적 권리의 형식이나 효과와 밀접히 연관되므로 여기서 이를 더욱 개진해볼 필요가 있다.

상거래 체계는 몇몇 사람들이 누군가의 명령에 따라 결정을 내리는 권력질서로부터 구분될 때에만 그 특성을 유지한다. 하지만 시장거래는 끊임없이 부의 불평등을 산출하고, 일반적으로 정보의 불평등을 전제한다. 시장에서의 성공은 무엇보다도 다음 단계의 거래에서 더 나은 우위를 확보하는 데 활용할 수 있는 이권을 획득하는 것으로 보인다. 만일 이러한 불평등이 발생하자마자 곧장 취소된다면, 시장은 재분배적 할당을 최우선시하는 방법의 허울에 지나지 않게 될 것이다. 하지만 이런 불평등이 지나치게 누적되도록 허용된다면, 시장은 점차 하나의 권력질서로 바뀔 것이다. 우리는 추상적인 시장의 관념으로부터 수정의 명령과 수정하지 않을 명령 간의 이상적인 조화를 연역해낼 수 없다. 심지어 우리는 시장제도의 모든 가능한 버전을 조화롭게 배치할 수 있으리라고 기대할 수도 없다. 어떤 경제 혹은 그 경제의 한 부문에서는 경제가 권력질서로 무너지는 것을 막는 데 필요한 최소한의 수정이 자율적인 시장의 결정과 양립될 수 있는 최대한의 수정보다 더 클 수도 있다. 시장체계들과 이들이 속한 권력과 생산의 광범위한 형성적인 제도적 맥락들이 결정적으로 차이가 나는 것은 특정 거래의 결과들을 끊임없이 수정하거나 보상하지 않고서 분권화된 거래 구조의 관념을 얼마만큼 실현하느냐에 달려 있다.

법체계는 자주 과잉수정이나 과소수정의 문제를 해결하기보다는 단지 완화하거나 혼란스럽게 만드는 전략에 호소한다. 이 전략은 규칙이나 기준으로 재분배의 전면적인 수정을 대체하며, 이 규칙과 기준은 당사자들이 어떠한 제약도 받지 않는 도박꾼처럼 서로를 취급하는 것이 허용되는 정도에 따라 계약적 상황들을 구분한다. 반도박(antigambling) 테마는 당사자들이 대략 대등한 수행능력을 염두에 두고 있다는 관념을 포함한다. 또한 그것은 그들이 협력적 벤처에 참여하고, 서로 예상치 못한 재앙이나 비고의적 실책을 절대 악용하지 않는다는 내용을 구체화한다. 반도박 테마는 전형적으로 의도의 추정을 통해서 운영되고 특정 거래들을 배제하기 때문에, 반도박 테마를 추진하는 것은 재분배적 수정이 지닌 전복적인 힘을 완화하고 은폐한다. 하지만 사실상 그것은 분산된 경제 결정의 범위를 제한한다. 계약당사자들 사이에 중대한 권력의 불균형이 존재하는 환경에서 반도박 추진이 빈번하게 나타난다는 것은 그것의 반(半)의식적이고 주된 활용 이유 중 하나가 약자를 강자로부터 보호하기 위한 것이라는 점을 시사한다.

경제분권화의 주요 기제로서 통합적 소유권을 폐기하는 경제체제는 자본을 이용하는 기간과 그 용도에 대한 제약요소를 늘릴 수 있다. 물론 이 제약요소가 경제 부문에 따라 매우 다르게 설정될 수도 있다. 하지만 이러한 한계 내에서 그 경제체제는 특별한 재분배적 수정의 필요성을 줄인다. 순환자본기금으로부터 자본을 수급하는 이들 사이에서 이루어지는 거래의 핵심영역에서 그 경제체제는 반도박 추진이 제시하는 모든 방법을 통해 주도권을 제한하려는 압력을 누그러뜨린다. 왜냐하면 이렇게 재구성된 체계는 분권화와 조형력을 장려하고, 고착화된 경제조직과 자본축적자가 시장의 불안정성으로 인해 나타나는 효과에 대비하여 자신을 보호할 수 있는 모든 장치를 무력화하도록 고안되기 때문이다. 자신의 기본적인 복지권을 확보한 자본수급자들의 임시 팀은 거의 제한받지 않는 도박꾼으로 취급될 수 있다.

시장권리의 운용상의 특징은 무엇인가? 이 권리들은 현재의 사법상 계약과 소유권이 지니는 기본적인 운용상의 성격을 가질 것이다. 사실 앞서 살펴본 바와 같이, 이 특징은 더 자유로운 형태로 실현될 수도 있다. 확실히 소유권은 그 역사의 많은 시기에 그랬던 것처럼 다양한 법인이나 권리보유자에게 할당되는 일련의 상이한 권한들로 분해될 것이다. 예를 들어, 민주주의의 중앙 대의기구, 경쟁적인 투자기금, 그리고 일시적·제한적으로 명시된 조건으로 기금에 접근하는 자본수급자들에게 분산된다. 하지만 이 한계 내에서 자본수급자들은 지금의 계약과 관련된 권리들의 모든 형식적 특성을 지닌 시장권리로부터 혜택을 얻게 될 것이다. 조건부 협정이나 공공정책에 의한 금지처럼, 기간과 용도의 제한은 통합적 소유권 그 자체가 지닌 다음의 기본적인 세가지 운용상의 특성을 손상시키지 않으면서 흡수될 수 있을 것이다.

첫째, 책임의 원천은 국가에 의해 일방적으로 부과되는 의무이거나 완전하게 명시된 합의여야 한다. 도덕적 책임에 관한 우리의 일반적인 견해에서 중요한 위치를 차지하는 상호의존과 신뢰라는 반쯤 의도적인 관계들이 여기에서는 전혀 힘을 발휘하지 못한다.

둘째, 법적 권리의 한계는 그것이 처음 형성되는 단계에서 우선적으로 규정된다. 시장권리가 행사되는 구체적인 관계적 맥락은 권리보유자가 자신의 권리를 어떻게 사용해야 하는가에 관한 정의와 단지 제한적인 관계만 맺는다. 권리가 탄생하는 순간 그 범위를 정하겠다는 공약은 확실히 판례법체계에서는 지켜질 수 없다. 그것이 교의적 개념주의(doctrinal conceptualism)를 포기한 제정법체계에서조차 약화되는 것을 피할 수 없는 것처럼 말이다. 하지만 일반적인 목적, 정책 및 원리들에 비춰 법적 권리를 재해석하는 것과 그 재해석을 그 권리가 행사되는 상세한 관련 환경에 의존시키려는 의도는 구분되어야 한다.

이 두번째 특성에서 세번째 특성이 따라나온다. 명확한 경계선이 법적 권리의 영역과 비법률적 권리 영역을 분리한다. 권리 영역 내에서 권리보유자는 권리의 행사가 다른 사람들에게 미치는 효과에는 관심 없이 자신이 원하는 대로 행동할 수도 있다. 그러나 이 경계 밖에서 그는 자신의 주장이 아무리 도덕적으로 호소력이 있다 하더라도 보호받기를 기대할 수 없다. 권리와 비권리의 영역들 사이에 그어진 이처럼 명확한 경계는 권리보유자를 도박꾼의 상황에 두게 한다.

개혁된 헌법의 시장권리는 이미 기존 경제체의 통합적 소유권에 적용되는 이러한 운용상의 특성에 어떠한 큰 변화도 가져오지 않는다. 상거래의 직간접적인 수정은 감소하지만, 법적으로 부과되는 무수한 조건과 금지조항이 증가한다. 하지만 이들 익숙한 구조적 특성을 지닌 권리들의 실제의 효과와 상상적 메시지는 경제의 제도 재구성에 의해 급진적으로 변혁된다.

| 면제권

면제권(immunity right)은 공적·사적 권력 집중이 야기하는 억압, 개인의 삶에 영향을 주는 중요한 집단적 결정으로부터의 배제, 그리고 극단적인 경제적·문화적 박탈로부터 개인을 보호해준다. 면제권은 그에게 강화된 민주주의의 확대된 갈등에 의해 근본적으로 위험에 처하지 않는다는 정당한 신뢰를 제공한다. 이 신뢰는 그가 사회조직에 관한 집단적 의사결정을 내리는 데 두려움 없이 적극적으로 참여하도록 권장한다. 면제권에 대한 이 초보적 정의는 몇가지 해명을 요구한다.

이 권리에 의해 보호되는 이해관계는 사람들이 자신의 안전에 중대하다고 규정하는 것들과 항상 동일한 것이 아닐 수도 있다. 뿐만 아니라 이 이해관계가 중대한 안전이 요구하는 바에 관해 독립적으로 규정되고 외부적으로 부과되는 견해를 표현하는 것도 아니다. 면제권 이론은 부분적으로는 폭력, 강제, 종속 및 빈곤(절대적인 의미와 상대적인 의미 모두로 정의되는)으로부터의 자유가 본질적인 안전에 관한 사람들의 일반적인 개념의 구성요소가 된다는 경험적 가설에 기초한다. 이 가치들과 그 중요성에서 필적할 만한 것은 오직 타인들에 의해 세계 속에 한 위치를 점하고 있는 인격체로 받아들여진다는 무형적인 느낌뿐이다. 뿐만 아니라 사람들은 정도는 다르지만, 항상 기본적인 안전의 의미를 특정한 사회적 역할, 직업 및 삶의 방식 유지에 둔다. 이 안전의 개념을 충족시키려는 어떠한 시도도 강화된 민주주의의 제도나 그것을 고취하는 개인적·사회적 이념과 양립할 수 없는 것으로 판명될 것이다. 개혁된 헌법의 입장은 사람들이 보호의 의미를 어디에 두어야 하는지에 관한 제한적이고 경직된 관점을 포기할 수 있고 또 포기해야만 한다는 논증에 크게 의존한다.

현대 역사는 동기가 이 같은 방식으로 바뀔 수 있음을 다양하게 보여주었다. 자유주의적 혹은 권위주의적 대중정치의 승리는 분명한 사회적 역할의 수행과 그 역할에 수반되는 자원과 지원의 요구를 통해 사람들이 자신들의 필수적인 안전을 추구하게 한 고정된 사회적 신분들의 체계를 허물었다. 제도적 관행과 삶의 방식을 무모하게 재조합해온 세계사의 경험은 모든 사람에게 추상적 의미의 집단적 정체성을 특정 관습에 대한 충성심과 분리하도록 점점 더 강요해왔다. 경제적 합리성의 영향으로 사람들은 경직된 사회적 신분체계와 생활방식들을 영속화하면 경제 둔화로 막대한 비용을 치러야 한다는 사실을 깨닫게 되었다. 강화된 민주주의의 헌법은 이러한 경향을 전제적인 목적보다는 단지 자유화의 목적으로 이용하면서 더욱 더 퍼뜨린다.

면제권 체계의 주요 목표는 시민들에게 집단적 의사결정에 적극적이고 독립적으로 참여하도록 장려하는 안전을 제공하는 것이다. 관건은 사적 이익의 추구에 반해서 공적 참여를 선호하는 것이 아니다. 그런 선택은 개인이 실제의 위험과 매력적이지 않은 선택사항에 직면케 한다. 강화된 민주주의의 제도 장치들과 활력적인 아이디어들은 점차 시민적 참여와 사익 추구 간의 대립을 약화한다. 면제권은 시민들이 활동의 사회적 맥락들에 대해 지배력을 행사하는 더욱 통합된 경험 내에서 이 둘의 속성을 결합하는 활동에 참여하도록 장려한다.

확대된 집단 갈등에 대한 개인의 참여가 장려되어야 한다면 개인의 안전도 강화되어야 한다는 생각 또한 솔직한 경험적 가정에 근거한다. 시민이 가장 중대한 문제에서 안전하다고 느끼지 못한다면, 강화된 민주주의의 삶을 풍성하게 하는 논쟁을 끊임없이 두려워하며 살 것이다. 그는 자신이 견딜 수 없이 위험한 상황으로 보이는 것에서 벗어나려 할 것이다. 그는 야심에 찬 실력자가 제공하는 보호 아래 들어감으로써 이러한 난투극의 불안에서 탈출할 수도 있다. 공화국은 곧 겁에 질린 종복들을 지배하는 선동가들이나 군벌들의 전쟁터로 변질될 것이다.

참여로서의 자유는 면제로서의 자유를 전제로 한다. 전통적인 민주주의 이론의 비판자들이 논쟁적으로 적극적 자유와 소극적 자유를 전자에 유리하도록 구분하고 참여의 기회를 면제권 보장의 충분한 대안으로 간주한 것은 잘못 나아간 것이다. 그러나 전통적인 자유민주주의의 수호자들 역시 탈동원화된 민주주의에서 이용할 수 있는 협소한 형태의 참여를 면책의 보호수단에 대한 적절한 보완책으로 간주하는 실책을 범한다. 또한 그들은 통합적 소유권(그들은 이것을 경제조직의 시장형태와 동일시하는 실책을 범했다)을 자유의 필수조건으로 파악하는 오류를 범했다. 이들은 그 권리가 교체될 때 자유가 파괴된다는 이유로 그것을 필수적이라고 보았다.

여기에서 제시된 면제와 참여 간의 관계는 단지 고전적인 공화주의 사상의 친숙한 테마를 전용해서 개진하고 있을 뿐이라는 점에 주목하라. 따라서 소유재산을 참정권의 자격요건으로 했던 관행을 전통적으로 합리화했던 근거는 가난한 투표자가 신체의 보호와 경제적 지원을 위해 후원자에게 의존하게 될 것이라는 확신이었다. 사실 현대의 제3세계 국가들에서 보통선거가 왜곡되면서 이러한 전통적인 걱정이 사실로 입증되었다.

우리는 개인에게 불가침적인 안전의 영역을 보장하기 위한 법적 수단이 필연적으로 사회생활에 어느정도 경직성을 부여한다는 생각에 익숙하다. 따라서 개인의 안전이 보호되는 영역을 확보하려는 요구와 사회적 관계의 양태를 실험적 혁신, 특히 그 혁신이 정부정책을 통해서 나올 경우 개방적으로 맡겨두자는 공약 사이에 불가피하게 긴장이 발생한다는 그릇된 신념이 생겨날 수도 있다. 이는 사회적 필연주의가 현대적 형태로 희석되어 나타난 것이라 할 수 있다.

최소한의 긴장은 피할 수 없다. 다른 경우와 마찬가지로 여기에서 우리가 운명론자이기를 멈추면서 완전주의자가 될 필요는 없다. 면제권 문제에 대한 해결책은 모두 어떤 규칙은 안정적으로 유지하고 어떤 자원들은 제쳐놓을 것을 요구한다. 하지만 개인의 안전과 사회적 경직성 간에 고정된 반비례관계는 없다. 우리는 이것들 모두를 동시에 더 많이 갖거나 덜 가질 수 있다. 카스트제도는 의존과 지배 관계의 고착화와 밀접하게 관련된 형태로 그리고 사회생활의 극단적 경직화라는 댓가를 치르면서 개인들에게 어느정도 안전의 양식과 수단을 제공한다. 절대적 소유권 역시 안전을 제공한다. 소유권에 의한 보호는 카스트제도에 비해 이동의 여지를 더 많이 부여하고, 총체적 억압에 대해서 비난받을 사람들의 수를 줄인다. 강화된 민주주의의 면제권과 통합적 소유권의 관계는 소유권이 카스트제도와 맺는 관계와 같다

면제권은 두가지 주요 이해관계를 보호한다. 그 권리는 정부나 사적 억압에 대항하여 이를 보호한다. 특히 그 억압이 사회조직이나 사회적 자원의 처분에 관한 주요 의사결정에 능동적이고 평등하게 참여할 기회를 위협하거나 제한하는 경우에도 이를 안전하게 지킨다. 면제권은 경제적·문화적 박탈에 맞서는데, 특히 그 박탈이 개인을 정부 관리나 사적 후원자에게 의존하게 하는 경우에 대항해서 이를 보호한다. 면제권 각각의 주요 방향에 대해서는 추가적인 논의가 필요하다.

민주적인 헌법이 보호해야 할 협의의 정치적·시민적 자유는 전통적인 민주적 실천에 의해 이미 보장받는 자유와 그 종류에서 다르지 않다. 그 자유에는 표현과 결사의 자유, 자의적인 구속이나 전복 활동을 이유로 한 구속으로부터의 자유가 포함된다. 사회의 부(wealth)가 허락된다면, 이 자유는 일상적인 돈 버는 사회활동으로부터 벗어나 최소한의 보장된 수입을 갖고 많은 이들이 자아도취적이고 기생적인 존재라고 생

각하는 삶을 꾸려나갈 자유를 포함할 수도 있다. 사회는 이러한 내부 망명자들이나 그들이 형성하는 대안 공동체들이 꿈꾸고 만들어내는 대안적인 사회 비전으로부터 혜택을 얻는다. 그들은 언제든 사회로부터 벗어나 당당한 자립성을 확보할 수 있다는 자각을 통해 사회 내에서 이러한 냉정함을 드러내기가 더 쉬울 것이다. 그러나 강화된 민주주의하에서 정치적·시민적 자유의 특성은 이러한 추가적 권리보다는 통상적인 자유를 행사할 확대된 기회와 이 자유를 보호하는 데 기여하는 제도적 계획이 지닌 여러 속성에 더 의존한다.

이 제도적 제안에서는 공적 자유의 행사가 더이상 전제적인 정부에 대한 최후의 방어수단도, 평범한 사회생활의 행로로부터 황홀한 일탈도 아니다. 예를 들어, 제도 장치가 정부권력의 중심부에서 벌어지는 논쟁과 일반인들의 일상생활의 대부분을 차지하는 민중조직 내의 토론이 보다 쉽게 연계될 경우, 정치적 결사의 자유는 새로운 힘을 얻는다. 심지어 헌법적 장치들이 자유의 보호수단과 제도적 실험을 가로막는 장애물을 더이상 의도적으로 연결짓지 않을 경우, 중앙의 대의기관들과 국가의 고위공직자들을 선출하는 투표가 더 큰 권한을 갖게 된다.

헌법체제는 그것이 예시하고 확증하는 신념들에 의해, 그리고 그 체제가 강화하는 동기들과 그것이 전개하는 제도적 설계 방법들에 의해 이러한 본질적인 자유들의 안정화에 기여한다. 이 기여는 강화된 민주주의하에서 전통적인 정치적·시민적 자유들이 지닌 독특한 특징을 규정하는 데 도움이 된다.

우선 이 면제권들이 지배력의 행사에 이용되지 않으며, 사회조직에 최소한의 경직성을 부과한다는 점을 기억하라. 이러한 이유로 인해, 개인의 핵심적인 안전의 어떠한 부분도 통합적 소유권 행사에 의존하도록 되어 있지 않다. 따라서 지배에 저항하고 실험하려는 시도가 — 그러한 것들이 자주 그래왔던 것처럼 — 자유의 필수적인 보호수단들을 위태롭게 할 필요가 없다.

강화된 민주주의의 제도적 구조가 정부권력을 몇몇 관직에 집중시키지 않겠다는 약속을 전통적인 형태의 민주주의와 공유한다는 사실을 살펴보자. 물론 제안된 헌법은 사회형성을 위한 자원들을 둘러싼 제도화된 갈등의 영역을 넓힌다. 그 목적은 교착상태를 조장·지속하며 사회적 장치들을 효과적인 도전으로부터 격리시키는 입헌적 기법과 정부의 독립적 부문들의 확대가 결합하는 것을 피하려는 것이다. 하지만 많은 갈등의 영역이 있기 때문에, 헌법을 왜곡하려는 정파가 국가를 장악하거나 시민들이 위험한 수동적 태도로 후퇴하는 일이 급작스럽게 일어나거나 사라질 수는 없다. 결국 이러한 사태는 정부기관 간의 관계에 장애를 일으키고, 제도적 실험을 위한 많은 독립적인 기구들을 무력하게 만들 것이다. 어떠한 입헌적 계획도 자발적인 의욕을 상실한 시민들을 구해낼 수는 없다. 그럼에도 우리의 정치적 이념이 왜곡되는 것을 발견해낼 수 있는 다양한 기회들을 제공하는 제도를 고안해내는 것은 가능하다.

이 제도 설계법이 개인의 면제권을 보장하는 장치들에 미치는 안정화의 효과는 다른 심리적·지적 힘들에 의해 보완된다. 급진적 민주주의 제도는 역량강화의 기회를 늘리며, 이 기회들은 사적 이해의 충족감과 개인 행동이 일어나는 사회적 맥락을 지배하는 경험을 한데 묶는다. 그 경험은 중독성이 있으며, 자기주장에 대한 열망은 개인의 안전을 전제로 하고 이를 보장하는 제도들의 복합체에 결부된다.

더 민주화된 헌법에 의해 고취된 동기가 끈질기게 지속되듯이, 이 헌법이 끌어낸 통찰은 되돌릴 수 없다. 이 책에서 옹호하고 개진한 프로그램적 비전은 기술적·설명적 관념과 여러 측면에서 연결된다. 하지만 그 관념의 더욱 긍정적이고 논쟁적인 측면(앞서 논한 특정한 변혁이론 같은 것들)과 긍정적인 관념이 보완하려 애쓰는 초기의 부정적인 관념을 구분하는 것은 중요하다. 여기서 부정적 관념이란 제도 체계가 미리 정의된 목록이나 순서로 분류되지 않으며, 그 체계는 맥락-보존적인 일상과 맥락-변혁적인 갈등 간의 차이를 악화하거나 없애버리는 정도에 따라 달라진다는 테제 같은 것을 말한다. 이처럼 보다 기본적이고 대체로 부정적인 관념은 원형이론(proto-theory)을 형성하며, 이 원형이론은 사회 현실과 가능성에 관한 다른 견해의 출발점으로 기여할 수 있는 관념의 구성체다. 이 관념은 특정한 사회질서를 신성시하거나 필연적인 것으로 표현하려는 시도에 대한 회의적인 각성의 형태를 나타낸다. 이러한 원형이론의 관점에서 보면, 심층논리 사회사상은 단지 허위적 필연성을 통해 관찰하는 열정 없는 경험의 형태로 인정될 수 있다. 오늘날 전통적인 민주주의의 교의는 시장과 민주주의 자체를 우연히 존재하게 된 시장이나 민주주의 형태와 동일시하는 미신에 사로잡혀 이를 전혀 의심하지 않는 것으로 보인다. 자유의 보호수단이 더이상 그러한 미신에 의존하지 않고, 외견상 허무주의적으로 보이는 통찰이 자유화 프로그램의 대의(cause)에 포함될 수 있을 때 자유는 만질 수는 없어도 엄청난 크기로 강화된다.

정부나 사적 억압에 대항하는 자유는 면제권의 두 주요 세트 중 하나를 나타낸다. 다른 권리 세트는 복지권으로 구성된다. 그것은 삶을 꾸려 나가는 데 필요한 물질적·문화적 자원에 대한 접근을 보장하는 것이다. 이 권리는 사회적 부에 비례하는 절대적 기준에 따른 양육, 주거, 의료 및 교육의 제공을 포함한다. 소득을 위한 사회활동으로부터 이탈할 권리는 전통적인 시민의 자유의 진전이라기보다는 이러한 복지권의 연장으로 볼 수 있다.

여기에서 핵심은 제안된 체제하에서 복지권은 특정 직업이나 지위를 유지하려는 요구를 존중하기보다 돈이건 서비스건 최소한의 동등한 양의 자원을 제공해야 한다는 것이다. 특정 사회적 지위를 보장하라는 요구를 수용하는 것은 사회생활을 점차 수정과 재결합에 개방하려는 희망을 품은 민주화 프로그램을 훼손할 것이다. 그리고 사회의 생산역량을 개진하려는 희망을 억누를 것이다. 복지권을 위한 주요 방향으로서 직업의 종신재직권을 거부하는 것은 강화된 민주주의 프로그램과 사회생활의 재공동체화를 위한 전통적인 제안 간의 차이를 분명하게 보여준다.

강화된 민주주의의 경제제도는 복지권에 자금을 조달할 자원을 생성하고 개인들이 물질적 복지의 개념을 특정 직업의 종신재직권으로부터 벗어나도록 장려한다. 강화된 민주주의의 장치는 생산역량의 계발에 기여하고, 복지권에 조달될 자금으로 활용할 부의 절대적인 양을 늘릴 것을 약속한다. 또한 이 장치는 경제성장의 강조와 복지의 요구를 충족시킬 의무 간의 낮익은 갈등을 줄여준다. 소비와 저축, 단기투자와 장기투자 또는 안전한 투자와 위험한 투자 사이에서 집단적 선택과 개인적 선택은 여전히 행해져야 한다. 하지만 투자결정의 기본적인 흐름은 가난한 사람들에게 양보할 때마다, 또는 더 평등한 상황으로의 발전이 있을 때마다, 겁먹고 투자를 중단하는 소수의 투자자, 경영자 및 기업가에 의해 더이상 결정적인 영향을 받지 않는다. 더욱이 상속을 급격히 축소시키고 시장 분권화의 주요 수단으로서 통합적 소유권을 거부함으로써 복지체계가, 경제 기능에 의해 끊임없이 재창조되고 심화되는 불평등을 완화하는 상대적으로 무익하고 분열적인 수단으로 기능할 필요가 없어진다.

동시에 강화된 민주주의 제도는 노동의 사회적 분업에서의 지위나 특정한 사회적 역할의 고정성을 허물고, 사람들을 이러한 고정된 위치에 매어두는 충성의무(allegiance)를 억제한다. 이러한 방법을 통해 그 제도는 특정 직종에서 기득권이 형성되는 것을 최소화하는 복지권의 유형을 안정화하는 데 기여한다.

복지권과 시민적 자유는 동일한 기능적 속성이 있다. 이는 면제권 이론의 바탕에 깔린 사회적 이념이나 경험적 가설에 대한 앞의 논의에서 쉽게 추론할 수 있다. 그 특성은 몇가지 측면을 제외하면 대체로 통합적 소유권의 형식적 특성과 일치하기 때문에, 구조적 특성에 관한 이와 같은 논의는 간략하게 정리될 수 있다. 하지만 구조적 특성의 사회적 의미는 제도 환경의 변화와 함께 급격하게 바뀐다.

우선 면제권의 원천은 사회와 지속적으로 연결되는 상황이다. 즉, 사회의 제도적 장치에 꾸준히 포함되는 환경을 지칭할 뿐이다. 기층조직이나 생산조직 내의 의사결정과정이 중앙정부의 대의기관에서 이루어지는 의사결정을 닮아가고 이를 넓혀나간다면 시민권과 영주권의 엄격한 구분이 의미가 줄어들게 된다. 면제권의 원천은 모든 개별 계약을 초월하는 상황이라는 점을 주목하라. 하지만 이 원천이 특별하다고 해서 면제권의 다른 구조적 속성이, 명확한 합의나 국가가 부과한 의무를 원천으로 하는 계약이나 재산의 전통적인 권리가 지닌 기능적 특징과 달라지는 것은 아니다.

면제권은 처음 형성될 때 가능한 한 엄격하게 규정된다. 법적용자가 불가피하게 구사하는 해석의 자유에 내재된 것 이상으로 면제권이 실행되는 단계에서 재규정될 여지는 없다. 그 권리가 행사되어야 할 특별히 관련된 환경은 없다. 왜냐하면 면제권은 개인이 참여하는 모든 거래를 시작할 때 지니는 안전장치 ─ 최소한의 방어수단 ─ 를 규정하기 때문이다.

결과적으로 각 면제권의 범위는 분명하게 제한된다. 권리보유자는 그러한 법적 권리를 행사할 때, 법이 그를 보호하는 실제 상황과 그렇지 않은 상황을 구별한다는 것을 확신을 갖고 기대할 수 있다. 그는 자신의 권리행사가 타인에게 미치는 효과를 계산할 필요가 없다. 권리체계를 형성하는 모든 법적 권리의 개발과 시행은 이러한 안전장치에 대한 편견 없이 이루어져야 한다. 이 안전장치들이 보장됨으로써 각 개인은 자신감 있고 당당한 독립성을 갖게 되며, 타인들에게 의존하게 될지도 모른다는 두려움 없이 계약과 공동체에 대해 실험할 수 있다.

| 탈안정화 권리

탈안정화 권리(destabilization right)는 거대조직들이나 사회적 관행의 광범위한 영역을 개방하려는 시민들의 관심을 보호한다. 이 영역은 일상의 갈등이 야기하는 탈안정화 효과에 대해 폐쇄적이고, 그로 인해 권력이나 우월적 지위의 위계질서를 지탱해주는 것들이다. 면제권과 탈안정화 권리의 조합이 전체 입헌계획의 핵심적인 제도 메커니즘을 법적으로 표현한다. 탈안정화의 법적 권리는 억압에서 벗어나려는 개인의 관심과 모든 제도나 실천이 비판·수정될 수 있다는 것을 확보하려는 집단의 관심을 이어준다. 이러한 연계를 위한 경험적 토대는 당파적 특권이 고착화된 영역에서 효과적인 도전을 봉쇄하는 조직이 수행하는 역할이다.

사회적 실천의 조직이나 영역을 탈안정화할 권리를 주장하는 시민들에 대한 1차 응답자는 부당한 장치를 재구성할 수 있는 법적 권한을 갖고 있거나 실제 수행할 수 있는 비정부조직이나 활동가다. 2차 응답자는 국가, 아마도 정부의 특별 부처일 것이다. 과보호되고 예속을 생산해내는 장치들을 폐기·재구성하는 정부의 조치가 필요할지도 모른다. 왜냐하면 문제되는 조직이나 실무를 책임지는 사람들이 고착화된 위계질서의 가장 큰 수혜자일 수 있을 뿐만 아니라 분명하게 책임지는 사람이 없을지도 모르기 때문이다. 특히 권리주장자(claimant)가 개별 조직보다 사회적 실천 영역을 붕괴하려 할 때 그러한 상황이 발생하기 쉽다.

이제 좀더 상세하게 탈안정화 권리의 내용을 살펴보자. 탈안정화 권리는 부정적 활용목적과 긍정적 활용목적 양자 모두 포함한다. 부정적 목적은 이미 말한 것처럼, 갈등으로부터의 면책이 지배와 종속의 안정된 연계를 초래하는 것처럼 보일 때마다 제도적 또는 비제도적 장치들에 대한 탈안정화적 갈등에서 보호받는 것을 거부하려는 시도 같은 것이다. 개방적으로 유지되어야 하는 탈안정화적 갈등은, 어떤 제도가 그 권리의 대상일 경우, 특정 제도 내부에서 발생하기도 한다. 그러한 갈등은 사회나 경제 어느 부문의 일상활동의 결과로 나타나기도 한다. 또는 그런 갈등은 공화국의 핵심적 협의과정 속에서 발생할 수도 있다. 중요한 것은 문제되는 장치가 일종의 공격 양식으로 이용될 수 있어야 한다는 것이다. 치유되어야 할 원인이 아니라 그 폐해에 초점을 맞출 경우, 탈안정화 권리는 사회의 한 정파가 사회의 현재 속에서 사회의 미래를 창조하기 위한 수단들 중 일부에 대해 특권적인 지배력을 장악하는 것을 방지하기 위한 시민의 권리라고 재기술될 수 있다. 또한 탈안정화 권리는 갈등으로부터의 면제권이 형성되고 이것이 권력과 특권을 생성하는 과정에 관심을 불러일으키는 방식으로 묘사될 수도 있다. 이 두가지 설명은 중첩적이다. 왜냐하면 사회형성을 위한 자원에 대해 특권적 지배력이 행사될 경우, 그 지배력을 행사하는 사람들은 그렇지 못한 사람들을 예속시킬 수 있기 때문이다.

잠재적으로 영향을 받는 대중의 자발적인 소극성은 특권을 고착화하는 근원이기도 하다. 하지만 탈안정화 권리 행사를 정당화할 수 있는 전환점이 형성되는 경우는 단지 새롭게 고착화된 특권의 직접적인 희생자들이 분출해내는 집단행동이 이 정치적 퇴보에 의해 빚어진 고착화 효과를 더이상 쉽사리 극복할 수 없을 때다.

탈안정화만으로는 충분치 못하다. 즉, 탈안정화 권리의 행사에 의해 촉발된 간섭이 혼란에 빠진 관행이나 제도를 바꿔내야 한다. 이 책의 전반적인 논증은 수정에 대한 민감한 특성이 단지 부정적인 것만은 아니라는 생각을 지지한다. 어떤 제도 장치는 다른 것들보다 맥락-보존적인 일상과 맥락-변혁적인 투쟁 간의 대립을 극복하는 방향으로 더 나아간다. 거대한 관행의 군집에 적용되는 것은, 물론 그렇게 명확하지는 않지만, 개별적·상대적으로 고립된 관행에도 적용된다. 구조를 수정하는 구조라는 외견상 부정적인 생각을 담은 긍정적인 내용에 대한 탐구는 일반법칙의 내용이나 개별 제도의 설계를 실험하는 자유를 불필요하게 제한하지 않는 관점에 의해 완화되어야 한다. 따라서 탈안정화 권리의 실행으로 구속에서 벗어난 재구성 활동은 소극적인 전제를 준수해야 한다. 재구성적 활동이 부정의 능력 발전에 크게 기여하고자 할 경우, 제도나 실천이 취하게 될 형식을 목표로 삼기보다는 그 권리의 소극적인 목적을 충족하는 데 필요한 최소한의 재구성을 목표로 삼아야 한다. 사람들을 자유롭게 하는 데보다는 그들이 스스로 종속되기로 결정하기 전에 한번 더 기회를 주는 데 탈안정화 권리를 이용해야 한다.

방금 이야기한 부정적 내용과 긍정적 내용을 지닌 탈안정화 권리는 현대법의 여러 형태의 복잡한 명령적 구제에서 유사한 것들을 찾아볼 수 있다. 그 구제는 종종 학교와 정신요양소 같은 주요 기관이나 선거조직 같은 주요 사회적 실천 영역에 법원이 개입하도록 하고, 복잡한 법체계를 고양한다는 민주적 이념의 이름으로 법원이 그것들을 재구성하도록 한다. 탈안정화 권리에 의해 수행되는 구제의 성격은 기존의 구제책과 대비하면 더욱 명확하게 드러날 수 있다. 한편, 탈안정화 권리는 현행법하에서 허용되는 것보다 더 나아간다. 통합적 소유권이라는 제한적 모델에서 일단 자유롭게 되면, 그 권리는 제도 붕괴와 재구성을 위한 장치로 당당하게 발전할 수 있다. 이 권리의 행사는 단순히 사회의 집단적 구조 내에 존재하는 일시적인 이익을 옹호하는 수단으로 기능하기보다는, 그 구조의 일부를 문제 삼는다. 탈안정화 권리는 통상적인 사법 또는 입법 환경에 적합하지 않기 때문에, 정부의 특별 부서에 의해 가다듬어지고 집행되어야 한다. (정부조직에 관한 장에서 그 부처가 어떻게 운영되어야 하는지에 관해 제안했던 것을 상기해보라.) 그러나 다른 한편 탈안정화 권리는 현행법의 복잡한 명령보다 더 명확한 관점을 지닌다. 탈안정화 권리는 인적 결합의 특정한 이념을 구현하는 데 기여하는 것이 아니라, 인적 결합의 규정된 형태가 무엇이건 간에 그것이 최소한의 특성을 보존하도록 보장하는 역할을 한다. 그 최소한의 특성은 무엇보다도 대체의 용이함이라는 특성이다.

이 절에서 개략적으로 언급한 탈안정화 권리의 이론 전반은 핵심적인 경험적 전제에 근거한다. 탈안정화를 유발하는 갈등의 차단이 지배와 종속의 구조를 고착화하는 필수조건이라고 보는 신념이 바로 그것이다. 강화된 민주주의 프로그램을 지탱하는 데 도움이 되는 설명적 사회이론은 종속으로부터의 자유와 맥락에 대한 지배력으로서의 자유 간의 연계성을 강조한다. 탈안정화 권리의 법적 실천은 그 자체로 이러한 가설을 실험적으로 테스트하고 개진할 수 있는 주요한 방법 중 하나가 되어야 한다.

지금까지 논의한 추상적인 아이디어를 전개할 수 있는 실제 환경을 파악하기 위해, 완전히 성숙한 형태로 제안된 헌법하에서 탈안정화 권리의 행사가 요청되는 상황에 관한 사례를 살펴보자. 자본기금하에서 거래하는 어떤 기업이 예상하지 못한 시장조건과 예외적인 근면함, 기술 등을 결합하여 대단한 성공을 거두었다고 가정해보자. 그들은 자본을 이용할 수 있는 조건을 바꾸기 위해 경제적 영향력, 선거를 통한 압력 그리고 정책적 설득 등을 성공적으로 이용한다. 새로운 조건하에서 그 기업이 다른 하청기업에 대한 지배력을 확보하고, 안정적이고 상대적으로 특권화된 노동력이 회피하는 저임금의 임시 업무를 위해 다른 노동자들을 고용하는 것이 허용된다. 일단 이 새로운 상황이 정착되면, 그들은 자신들의 부와 영향력을 훨씬 더 넓힐 수 있다. 그들은 민주주의의 핵심적인 협의과정에서부터 자본기금의 자율성을 늘리고, 우호적인 기업이나 집단으로부터 수혜를 입은 테크노크라트들이 중대한 재무의사결정을 담당하도록 한다. 이제 이 초기적인 형태의 특권들을 뒤집기 위해서는 단순한 정책의 변화와 입헌적 혁명 사이에 있는 무언가가 필요하다.

이런 상황에서는 탈안정화 권리의 개발을 맡은 정부기관이 초기적 형태의 특권들로부터 그 방어권을 박탈하려는 움직임을 보일 수도 있다. 정부의 다른 부처와의 결탁에 의해 번복되지 않는 한 또는 번복될 때까지, 이 간섭조치들이 효력을 발휘하도록 법률을 규정할 수도 있다. 따라서 집행당국은 문제의 기업들에게 그들의 내부 위계질서를 완화하도록 명령을 내리거나, 그들이 새로운 노동자들을 배제하거나 이들을 영구적으로 하위직에 배치하는 장치 중 일부를 포기하라고 명령할 수도 있다. 다른 탈안정화적 개입은 민주적 실험에 대한 자유를 더욱 위태롭게 할 수도 있다. 비록 이 조치가 즉각적으로 효과를 발휘할 수도 있지만, 그것은 단기간 내에 정부의 다른 부처나 일반유권자에 의해서 재확인될 필요가 있다. 예컨대, 순환자본기금을 직접 관리하는 기구가 자신들의 재량권을 활용하여 조직적으로 편파성을 드러내는 방식으로 특정 기업집단을 우대하는 것을 방지하기 위해 관련 정부기관이 개입할 때 그러한 절차는 적절하다. 전도유망한 혁신가에 대한 지원의 중요성에 비춰보면 그러한 편파적인 방식은 정당화될 수 없다. 다른 유형의 개입은 유권자나 여러 매개기구의 승인이 없다면 거의 효과가 없을 것이다. 탈안정화 권리가 민주주의의 주요 대의기관들의 결정과 충돌할 때마다 이러한 적용의 보류가 요청될 수도 있다. 예컨대 국회가 특권을 고착화하는 조치를 입안하는 경우를 들 수 있다.

왜곡된 자본기금의 사례는 탈안정화 권리론을 고취하는 추상적 이념에 구체성을 부여하는 기준을 개발해야 할 중요성을 시사한다. 탈안정화 권리론의 기반이 되는 이념이 실천적 결과를 산출할 수 있도록 구체성을 확보하는 데에는 두가지 방안이 있다. 이 과정을 분석함으로써 탈안정화 권리의 기본 개념과 이 권리 특유의 기능적 특징을 연계시킬 수 있다. 각각의 구체화는 다른 유형의 법적 권리에 영향을 미치며, 법원칙의 지배적인 양식들 내에서 안정된 지위를 갖는다. 하지만 여기에서 그 권리의 중요성은 매우 커지고, 이 변화는 그 권리에 특별한 속성들을 각인시킨다.

구체화의 첫번째 방법은 비판과 도전에 활용할 수 있는 추상적 관념을 고양하여 구체성을 높이는 것이다. 개별성(particularity)을 향한 행보에서 요구되는 부차적인 기준들이 전체 헌법적 계획에 의미와 정당성을 부여하는 설명적·규범적 관념의 발전적인 집합체에서 도출될 수 있다. 그러나 헌법은 최초에 그것에 영감을 불어넣었던 원칙으로부터 독립된 생명력을 확보해야 하기 때문에, 이들 기준은 그 사회의 법규범과 제도에 의존해야 한다. 왜냐하면 강화된 민주주의의 제도와 규범 체제가 구조를 수정하는 구조라는 모호한 관념에 일련의 구체적인 표현을 제공해야 하기 때문이다. 어떤 법이론이나 법실무가 시민들의 의식에 대한 지배력을 상실하고 사회생활의 실제 조직에서 더이상 실현되지 않는다면, 그것들은 더이상 이 이념을 유지할 수 없다. 제도적 실천의 전통 속에 기록되어 있는 것처럼 경험은 부정의 능력이 얼마만큼 추구되었는지, 사회의 다양한 영역에서 어떤 고유한 문제와 직면해야 했는지, 역사의 매 순간 그리고 그것이 적용되는 각 영역에서 다양한 사회적 의미 가운데 어떠한 입장을 취했는가를 보여주어야 한다.

또다른 구체화의 보충적인 방법은 자기수정을, 일련의 맥락 규정을 통해 좀더 구체화해야 하는 추상적인 이념으로서가 아니라 적절한 인과적 수단에 의해 고양되어야 하는 목표로 취급하는 데 있다. 이를 위해서는 탈안정화 권리의 주요 적용 영역과 관련한 경험적인 물음들이 제기되고 답변되어야 한다. 어떤 제도적 관행이 사실상 도전이나 수정에 가장 면제되어 있는가? 이 공격으로부터 면제됨으로써 지배와 종속의 안정적인 관계가 산출되는 가장 쉬운 때는 언제인가? 그리고 면제가 실제로 그러한 관계들을 언제 산출하는가? 어떤 형태의 붕괴와 재구성이 가장 효과적으로 그리고 경제적으로 수정에 대한 개방이라는 목표를 촉진하는가? 외부의 권위가 끊임없이 개입하는 위험성을 최소화하는 것은 무엇인가? 이 질문들에 답변하는 데 나타나는 경험적인 어려움과 그 답변들에 따라 실행하는 행정적인 어려움 때문에 전통적인 사법제도가 그런 법적 권리를 개발하고 집행하기에는 부적합하다.

탈안정화 권리의 운용상의 특징은 바로 앞서 논의한 구체화의 두가지 양식에서 직접 나온다. 첫째, 권리의 직접적인 원천은 매우 정교한 합의나 국가에 의한 일방적인 의무부과가 아니라 헌법적 계획의 기본적인 공약과 이 공약을 위험에 빠뜨리는 긴급한 현실 간의 상호작용이다. 둘째, 그 권리에 대한 초기 입법상의 정의는 그 권리의 행사가 요구되는 순간과 해당 상황에서 중요한 구체화 요소에 의해 항상 보충되어야 한다. 입법은 구체화의 두 과정을 법제화하는 방향으로 나아갈 수 있다. 이와 관련된 인과적 물음에 암묵적으로 답변하고 수정가능성을 통해 종속으로부터의 자유라는 추상적 이념의 맥락적 정의를 암묵적으로 제공하는 방식으로써 상황과 구제책을 구분하는 법이 만들어질 수 있다. 그런데 만일 맥락의 정의와 인과관계 조사가 탈안정화 권리론이 요구하는 작업을 수행하는 것이라면, 그 권리가 행사되는 단계에서는 두 가지 쟁점이 다시 논의되어야 한다. 세번째 운용상의 특징은 두번째에서 도출된다. 권리를 재정의할 경우 인과관계 조사에 나타나는 의외성과 맥락 분석에 나타나는 변화를 거쳐야 하기 때문에, 보호되는 법적 청구권의 영역을 둘러싼 명확한 경계선이 사라지게 된다. 탈안정화 권리의 핵심은 개별 권리보유자가 그 안에서 자신이 원하는 바를 할 수 있는 재량행위의 고정된 영역을 획정하는 것이 아니다. 그것은 집단 간의 반복적이고 제도화된 관계들이 확실하게 금지된 폐쇄와 종속의 관례들로 전락하는 것을 방지하는 것이다. 따라서 그 권리의 지배적인 이미지는 자유로운 개인이 가진 재량권의 철저한 보호이기보다는 복합적인 집단적 장치들을 맥락에 따라 와해시킬 수 있는 권한의 부여다.

| 연대권

연대권(solidarity right)은 의존 및 신뢰의 사회적 관계에 법적 형식을 부여한다. 연대권 이론의 목적은 제도 프로그램의 제한적인 목표를 넘어 강화된 민주주의가 생성·유지하고자 하는 변혁된 공동체적·개인적 관계로 확장된다. 연대권에 명시적인 위상을 제공하는 권리체계의 확립은 제도변혁 계획의 일부를 나타낸다. 뿐만 아니라 그것은 강화된 민주주의로 나아가려는 계획과 함께 진행되는 개인관계의 문화혁명적 (cultural-revolutionary) 변혁에 기여한다.

연대권은 현재 그들이 이용할 수 있는 어떠한 것보다도 공동체적 이념을 더욱 잘 옹호할 수 있는 버전을 제정할 수 있게 해주는 일련의 사회적 관계의 일부를 형성한다. 공동체 관념의 이러한 재구성은 집단적 조화를 이룬 특권층으로부터 갈등을 배제하겠다는 공약이나 사익추구 행위를 제한하려는 의욕에 만족하지 않는다. 이처럼 재구성된 공동체 이미지에서는 이타주의와의 조화가 덜 강조된다. 이타주의나 화합의 역할이 있다면 그것은 공동체를 공동의 취약성이 고조된 영역으로 보는 관점에 기여하는 정도다. 이 영역에서는 정서적인 애정을 통해 좀더 자유롭게 자기주장을 실현하는 방식으로 실험할 수도 있다.

뒤에서 우리는 이러한 공동체 이념을 개진하고, 그것이 공동체 이념의 핵심으로 이타주의나 화합보다 더 우월하다는 점을 논증할 것이다. 이렇게 수정된 공동체 관념은 공동체 이념을 평범한 삶의 무자비함에 대한 피난처의 역할과 이어주는 대신에 공동체 이념을 역량강화에 관한 핵심적인 관심사와 연결짓는다. 이를 통해 사람들은 가장 친밀한 개인관계까지도 특징짓는 갈등 요소를 인식·활용한다.

이처럼 공동체에 대한 변화된 이해는 명백한 역설을 해결하는 데 도움이 된다. 즉, 집단적 호전성을 북돋는 것처럼 보이는 제도 프로그램은 그 모든 갈등적 결과와 함께 공동체 이념을 지지하도록 요청받는다. 하지만 그것들의 전제된 요소들 각각이 제자리에 놓일 때, 역설은 사라진다. 우선 여기서 촉구된 공동체 이념은 더이상 갈등과 대비하여 정의되지 않는다. 다음으로 제도 프로그램이 지향하는 바는 투쟁의 영속화보다는 갈등과 공동체의 엄격한 대비와 변함없이 결합된 자동화(automatism)나 위계질서로부터 사회생활을 해방시키는 데 있다. 맥락-보존적 일상과 맥락-변혁적 갈등 간의 대립을 누그러뜨림으로써 지배와 종속의 메커니즘이 뒤집힐 수 있다. 이 전복을 통해서만 공동체에 대한 애착이 단지 일상생활의 무자비함으로부터의 일시적인 유예나 구속되지 않는 특권에 대한 제약이라는 전통적인 위상에서 벗어날 수 있다.

연대권은 특정 공동체 내의 관계와 잘 규정된 공동체 밖에서 확립된 신뢰와 의존의 관계에 적용된다(조직 안팎의 관계를 포괄하는 탈안정화 권리와 비교해보라). 연대권의 영역은 상호의존성을 신뢰하는 절반쯤 명료한 관계들의 영역이다. 이 같은 상호의존성은 아주 넓은 일상적인 사회생활을 흡수하지만, 통합적 소유권 모델에 전념했던 법이론 입장에서 보면 여전히 골치 아픈 탈선으로 남아 있다. 그러한 법적 권리의 행사를 요청하는 상황은 가족생활, 지속적인 사업관계(일회적 거래와 구별되는 것), 그리고 현행법에서 신뢰원리의 영향을 받는 다양한 범주의 상황을 포함한다. 그 관계들이 요구하는 신뢰는 자발적이고 상호적이거나 혹은 대개 권력이나 이권의 격차가 큰 환경에서 반쯤 의도적이고 불평등할 수 있다.

연대권 이론의 근저를 이루는 정교한 공동체관의 주요한 실천적·법적 표현은 타인의 상황이나 기대가능성을 고려해야 할 묵시적인 의무를 준수하라는 요청에 대한 법적 보호다. 전통적인 계약법과 달리 그 의무는 단지 부분적으로만 명백하고, 그 기대가능성들은 즉각적이고 인접한 거래보다 상세하고 지속적인 관계적 지위와 관련된다. 이 권리가 개인의 사적 이익에 가하는 제약은 상호의존성과 대의권으로 직조된 섬세한 구조를 정당화하려는 노력의 부산물로서만 의미가 있다. 연대권의 법적 핵심범주는 이 구조의 분석을 통해 개발되어야 한다.

연대권은 권리보유자에게 의무를 지는 상대방 측이 어떤 주관적 정신상태를 가질 것을 요구하는 것으로 오해되어서는 안 된다. 핵심은 의무부담자가 자비와 배려의 정신상태를 갖고 있을 것을 보장하는 것이 아니란 점이다. 그 궁극적인 결론을 따르다 보면, 그런 주관주의적 목표는 공격적이긴 하지만 효과는 별로 없는 방법에 집착하면서 숨막히는 위선적 덕성의 폭정에 이를 것이다. 그 대신, 그것이 직접 추구하는 목적은 통합적 소유권이 권리보유자에게 제공하는 것과 정반대되는 것을 성취하고자 한다. 연대권으로 결속된 사람들은 다른 사람들의 요구에 귀를 막을 수 있는 절대 재량의 영역에서 피난처를 찾지 못하게 된다. 따라서 연대권은 면제권과 시장권리가 보호하려는 재량적 활동을 거부한다. 이 같은 법적 권리가 적용되는 곳이라면, 사람들은 사실상의 의존, 반쯤 맺어진 약속, 그리고 관행적인 역할 의존에 따른 의무의 기준이 혼합된 상황에서 나오는 요구들에 답변해야 한다. 주관적인 동기가 영향을 받는다면 장기적으로만 받게 될 것이다. 연대권의 이론과 실천은 단지 사회와 개인성에 관한 특정 관념을 법제화하고 특정한 욕구를 다른 것보다 선호하는 제도 프로그램의 작은 부분만을 나타낼 뿐이다.

연대권의 기능적 특징은 현대법에서 볼 수 있는 몇몇 법원칙의 이론과 실제에서 추론해낼 수 있다. 여기에는 신탁관계법, 계약법과 불법행위법에 의한 신뢰보호, 신의성실 및 권리남용에 관한 법원칙, 그리고 사법(private law)이 사회를 이방인들의 세계로 계속 묘사하면서도 공동체 관계를 지탱하기 위해 활용하는 많은 법원리적 고안 등이 포함된다.

첫번째 구조적 속성은 연대권에 의해 보호되는 의무의 원천과 관계가 있다. 그 의무는 완전하게 거래된 합의나 국가가 일방적으로 부과하는 의무에 의해서가 아니라 부분적으로 명확한 상호의존 관계로부터 발생한다. 연대권으로 포괄되는 의무는 아주 다양한 사회에서, 심지어 그 의무에 대한 실질적인 법적 보호를 거부하는 소수의 사회에서도, 사람들이 전통적으로 인식해왔던 대부분의 의무들과 닮아 있다. 그러나 이러한 의무의 특성은 고정된 사회적 역할을 뒤섞고 체계적인 위계적·공동체적 차별을 파괴하는 행위를 북돋는 제도 질서에 의해 변혁된다.

연대권의 두번째 운용상의 특징은 초기에 정의된 권리와 그 권리가 행사되는 단계에서 재정의되는 권리 간의 관계와 관련된다. 일반원칙과 차별적 기준은 앞서 제안했던 것처럼 이 권리에 적합한 반복적인 상황을 선별해내도록 발전되어야 한다. 다른 보충적인 기준과 원리는 특정한 연대권을 인정하는 법적 결과를 결정하기 위해 그 상황들을 구별해야 한다. 예컨대, 불평등한 관계는 우월한 당사자에게 좀더 큰 자제(self-restraint) 의무를 부과할 수도 있다. 반면 더욱 평등한 공동의 노력이 있을 경우, 이는 의무의 배분에서 상호성을 정당화할 것이다. 그러나 초기의 이러한 권리 정의에서 전개된 바로 그 기준들은 맥락에 추가적인 정의를 요구한다. 왜냐하면 특수한 관계적 맥락이 상세하게 분석될 경우, 그것은 상호의존성의 구조를 드러내고 사실상의 의존관계, 반쯤 명시적인 표현, 그리고 평등이나 의존이 복합적으로 혼합된 상황을 보여줄 수 있기 때문이다. 강화된 민주주의 프로그램은 상호의존 관계가 지닌 특수성을 키운다. 왜냐하면 그것은 경직된 역할 체계와 그 체계가 생산하는 도덕적 기대를 침식하기 때문이다. 따라서 그것은 연대권의 맥락적 재정의를 더욱 중시한다.

연대권의 세번째 운용상의 특징은 두번째 특징에서 직접 도출된다. 연대권의 보유자가 보호를 요구할 수 있는 행위 영역과 이를 요청할 수 없는 영역을 구분하는 명백한 경계선은 존재하지 않는다. 전혀 문제되지 않는 재량의 영역과 비보호의 영역을 구별하는 대신, 이러한 권리의 범주는 권리보유자를 위한 법적 지원의 정도를 미묘하게 등급화하는 것을 선호한다. 권리보유자가 이러한 법적 보호의 스펙트럼에서 어디에 위치하는지를 결정하는 것은 그가 권리를 주장하기를 원하는 상대방과 법 이전에 맺은 관계에 대한 분석에 매 순간 의존한다.

연대권이 확립되었다고 해서 그것이 강제 집행되어야 한다거나, 이 권리를 시행한다는 공약이 있었다고 해서 면제권과 시장권리를 최종적으로 관장하는 사법부가 그것을 담당해야 하는 것은 아니다. 나는 탈안정화 권리가 정부의 특별 부서에 의해 시행되어야 한다고 주장해왔다. 이와 마찬가지로, 대부분의 연대권은 비공식적인 조정 수단에 의해, 그리고 당사자·가족·공동체 또는 작업팀 등의 폭넓은 참여가 이루어질 때 가장 잘 집행될 수 있다. 그 구체적인 방식은 분쟁의 주제에 따라 달라진다.

그러나 많은 연대권들은 집행되지 않은 채 이념의 진술로서 남아 있는 것이 최선일 수도 있다. 법복을 입은 재판관이나 거들먹거리는 동료에게 연대권을 집행하게 한다는 단순한 위협은 연대권이 바라는 상호 신뢰의 특성을 치명적으로 해칠지도 모른다. 강제력에 의한 집행으로부터 제외되어야 할 가장 중요한 대상은 신뢰가 가지는 엄청난 중요성에 대략적인 권력의 평등이 합치되는 그러한 관계들이다.

집행할 수 없는 권리는 권리라고 할 수 없고, 단순히 그 권리를 언급하는 것은 자연권이라는 비논리적 언어를 드러내는 데 지나지 않는다는 반론이 제기될 수 있다. 여기에서 자연권은 자연적이고 절대적인 사회생활의 맥락이라는 내용을 암묵적이지만 건성으로 암시한다. 그러나 정부의 집행이라는 실증주의와 본질적·영속적 권리라는 관념을 권리라는 언어가 담지하게 될 오직 두가지 의미로만 보는 것은 오류다. 권리에 관한 이 논의에서 쓰이는 의미에서 볼 때, 권리체계는 근본적으로 사회생활의 제도화된 일부이고, 그것은 가능하고도 바람직한 인적 결합의 비전에 의해 지지된다. 권리의 한계는 제도화 그 자체의 한계다. 만일 어떤 권리가 집행 가능하지 않을 경우, 자연권이나 무의미한 제스처로 취급될 것을 무릅쓰면서까지 권리체계에 있는 모든 것들이 집행될 필요는 없다. 정부 또는 다른 기관들이 집행하지 않는 권리는 공적 비전에 대한 공적 선언으로 남아 있으며, 그것은 권리체계의 집행 가능한 부분에 구현된 이념들을 확장하고 자격을 부여하며 그 성격을 명확하게 한다.

특정 권리에 대한 집행 거부는 그 권리가 연계된 사회생활 일부가 제도화되어 있다는 의미를 약화시키는 것이 확실하다. 그러나 그 약화는 제도화된 것으로부터 개인적이고 비제도화된 사회생활 국면으로 이동하는 통과지점이라는 연대권 관념과 잘 부합한다. 이 권리들의 저변을 이루고 전반적으로 권리체계를 북돋는 비전은 부분적으로 제도적 영역과 비제도적 영역이 서로 어떻게 연계되어야 하는지에 대한 구상이다.

제4부

/

강화된 민주주의의 문화 프로그램

제14장

제도적 프로그램에 대한 문화혁명적 대응방안

| 개인 차원의 프로그램적 아이디어

강화된 민주주의의 제도적 프로그램은 개인관계(personal relation)의 변혁을 위한 프로그램에서 대응방안을 찾는다. 이 프로그램을 문화혁명이라고 부르자. 제도적 제안과 이를 개인 차원으로 확장하는 것(personalist extension) 사이에는 인과관계와 정당성의 관계가 있다. 여느 제도 질서와 마찬가지로, 강화된 민주주의 제도는 개인 간의 직접적인 실천적 혹은 정서적 관계의 속성에서 특정한 변화를 촉진한다. 이들 제도의 생명력은 이러한 속성의 영속성에 의존한다. 동시에 강화된 민주주의의 목표를 북돋는 이념은 사회생활이라는 섬세한 결에 대한 비판을 지지한다.

곰곰이 따져보면 제도적 제안과 개인 차원의 제안이 일치한다고 해서 놀랄 필요는 없다. 우리의 직접적인 실천적 혹은 정서적인 관계의 성격은 항상 사회조직을 둘러싼 우리의 갈등이 지향하는 궁극적인 목표를 드러낸다. 어떤 제도적 구조나 사회적 도그마의 체계도 이런 관계를 완벽하게 제공해주지 않는다. 그렇기 때문에 가장 고착화되고 일관된 구조틀 내에서조차 변칙과 저항의 가능성이 보장된다. 하지만 형성적 구조는 이 미묘한 개인관계에 영향을 미치는 경우에만 그 위세를 보여줄 수 있다. 그 틀이 유지하려는 실천적·상상적 갈등의 모든 일상은 궁극적으로는 개인 대 개인의 만남 형태를 취해야 한다. 비록 그 만남이 실천적 목표와 제도적으로 규정된 역할이 지배하는 만남일지라도 말이다. 비록 제도 장치가 개인의 상호작용에 미치는 영향력 때문에 중요하다고 하더라도, 개인관계 변혁에 대한 관점을 제시하는 과제는 제도 프로그램만 내놓아서는 성취될 수 없다. 제도 질서와 개인 행동 간의 연계성은 ─ 실제적이지만 ─ 느슨하고 복잡하며 모호하다. 게다가 우리의 교제 성격에 미치는 영향력은 사회생활의 제도적 틀을 훨씬 넘어선다. 이는 생물학적 또는 기술적 제약뿐만 아니라 결코 제도로 구체화될 수 없는 생각·습관·태도 등을 포함한다.

위와 같이 추가해야 하는 더 작고 전술적인 이유가 있다. 성공적인 제도 변혁은 재분배 목표를 제도적 목표 아래에 두려는 의지를 요구한다. 종속은 어떤 희생을 포함한다. 그 희생은 어떤 비전에 의해 고무되어야 한다. 그 비전은 사람들이 가장 관심을 갖는 것, 즉 실천적인 협력과 정서적인 교제, 그리고 자기주장과 연대에 대한 자신들의 직접적인 경험을 중점적으로 다뤄야 한다. 비전적인 이념은, 그 이념이 이 책에서 옹호하는 형태를 취하건 아니건 간에, 그 추진력의 상당 부분을 개인 차원의 직접성으로부터 이끌어내야 한다.

제도 프로그램이 개인 차원의 비전을 필요로 하는 것처럼, 개인 차원의 비전도 프로그램이 없으면 존재할 수 없다. 사적인 관계는 상당한 정도로 제도적으로 정의된 맥락 안에 가능한 한 많이 들어가야 한다. 만일 이 틀이 개인적인 비전의 정신에 근접하게 일치하지 않는다면 이념의 좌절이나 전도라는 댓가를 치러야 할 것이다.

제도적인 것과 개인적인 것을 한데 모으려는 시도는 초기 서구 정치 사상사에서 정치적인 것과 종교적인 것을 통합하려는 시도로 알려졌다. 토크빌(Tocqueville)은 이 통합을 가장 위대한 혁명의 징표로 인정했다. 종교적 교리가 주관적인 경험과 개인적인 만남에 대한 규범적 현상학의 표현으로, 그리고 사회적 메시지를 포함한 실존적 기획의 전달자로 세속 영역 안에 들어오기 때문이다. 혁명가는 자신의 신념을 기존의 형성적 맥락의 총체적인 변혁에 둘 필요도 없고, 또 실제로 그래서도 안 된다. 대신에 그는 이 맥락들이 바뀔 수 있고 또 통상적으로 조금씩 변화한다는 것을 인식해야 한다. 하지만 혁명적 개혁조차도 그 목표를 달성하려면 제도 영역의 변혁과 사적 영역의 "매우 여린"(pianissimo) 변화를 연계해나가야 한다.

그럼에도 고전 자유주의자는 제도 프로그램을 개인 차원으로 확장하는 데 반대할 것이다. 그가 다음과 같은 방식으로 추론할 것이라고 상상해볼 수 있다. 강화된 민주주의 기획이 추구하는 분명한 목표는 사회생활의 다양한 영역에서 시행되는 인적 결합에 관한 권위적인 모델의 어떠한 고착화된 체제에 대해서도 그 권위를 부정하는 것이다. 특정한 방식의 직접적인 개인 상호작용을 옹호하고, 강제적이지는 않더라도 사회적 압력을 통해 이를 뒷받침하려는 것은 제도 프로그램을 확장하는 것이 아니라 그 프로그램의 정신을 배반하는 것이다. 또한 그것은 더욱 억압적으로 전제(despotism)를 행사하는 것이다. 왜냐하면 전제군주조차 대체로 간섭하지 않았던 내밀한 영역에 개입하려는 행위이기 때문이다. 그런데 문화혁명 프로그램이 조직적 또는 비공식적인 강제에 의해 뒷받침되지 않아야 한다면, 왜 사회제도를 개혁하려는 제안과는 그렇게 밀접하게 연계되어야 하는가?

이 이의제기는 이중의 오해를 반영한다. 첫째는 제도 질서가 사회적 상호작용 방식 사이에서 중립적일 수 있다는 생각에 관한 것이고, 둘째는 문화혁명 프로그램 자체의 본질에 관한 것이다. 어떤 제도 프로그램이 사람들 그리고 사람들의 관계가 어떠해야 하는가에 대해 대단히 규정적이고 제한적인 관점을 포함하고 있다면, 고전 자유주의자가 그 프로그램에 반대하는 것은 옳은 일이다. 따라서 만일 강화된 민주주의의 성공이, 고전 공화주의의 통념에서 전제하는 항상 준비되어 있고 이타적인 시민의 존재에 의존하는 것으로 판명된다면, 그 프로그램은 설득력의 상당 부분을 잃게 될 것이다.

그러나 만일 고전 자유주의자가 어떤 제도 질서를 가능한 모든 방식의 개인 상호관계 사이에서 중립적일 수 있다고 보거나, 사람들의 공적 제도와 사람들이 매력을 느끼는 긴밀한 결합이나 사적 경험 간의 차이를 완전히 구분할 수 있다고 생각한다면, 이는 잘못된 생각이다. 모든 가능한 연대방식 사이에 편파성이 없는 제도를 찾는 것은 헛된 일로, 오히려 폐쇄적인 연대 관행이나 모델에서 사람들을 더 효과적으로 자유롭게 해주는 장치를 모색하는 데 방해가 될 수 있다. 또한 절대적 중립성에 대한 집착은 우리가 제도 프로그램을 선택할 때 무엇을 선택할 것인지 충분히 검토하는 데 방해가 될 수 있다. 따라서 그것은 그렇지 않았으면 우리가 회피했을 것들을 수행하도록 약속하게 한다.

완벽한 중립성이 불가능하다는 것을 알고 나면, 중립성 기준이라는 게 사회형태 비판과 창안의 지침으로서 부적절함을 더 쉽게 파악할 수 있다. 급진적 기획의 권위는 개인적·집단적 역량강화의 비전에 놓여 있으며, 실천적·정서적 유대에서 우리가 시도하는 실험에 대한 경직된 역할, 위계질서 및 관행의 지배력을 점진적으로 완화함으로써 우리는 이 비전을 획득할 수 있다. 우리는 개인으로서 그리고 집단으로서 사회생활의 제도적·상상적 틀과 맺는 관계의 성격을 바꿈으로써 의존성과 탈개인화가 주는 부담을 적게나마 줄일 수 있다.

역량강화 ― 그 의미와 조건들 ― 에 대한 이러한 이해가 중립성 이

넘을 목표이자 수단으로 통합한다. 이는 사회생활을 이미 작성된 각본의 강요로부터 자유롭게 한다는 공약을 천명함으로써 행해진다. 하지만 그것은 대안적 결합양식들 사이에서 이루어지는 선택에 무관심할 것을 요구하지 않는다. 또한 제도적 혹은 도덕적 공백을 조장하지도 않는다. 그것은 사회제도의 설계와 개인적인 교제의 성격 양자 모두에 대해 풍부한 함의를 갖는다.

중립성 이념에 대한 이와 같은 양면적 태도는 인간본성, 그것의 상대적 결정성, 다양성 및 변이성 등의 성가신 문제에 대한 접근방법과 밀접히 연계된다. 제도적·개인적 프로그램은 인간본성에 관한 협소하고 교조적으로 정의된 학설에 의존해서는 안 된다. 프로그램적 논증과 제안은 우리가 제도와 실천을 바꿔낼 때 우리의 존재 또한 바뀐다는 점을 반영해야 한다. 어떤 동기나 의욕도 그 형태나 강도, 경험의 의미가 사회세계의 변혁에 영향받지 않은 채 남아 있을 만큼 견고하지는 않다. 하지만 우리는 서로를 향하는 많은 경향이 조작(manipulation)에 저항한다는 것 또한 개인적 경험과 역사적 기억을 통해 알고 있다. 인간본성의 불변하는 핵심과 변화하는 외연을 깔끔하게 분리하려고 시도하기보다는 다만 임시로 느슨하게 규정된 제약을 부과할 수 있다. 프로그램의 성공적인 실현을 위해서는 우리가 현재 경험하는 경향에 대해 느닷없이 큰 변화를 요구해서는 안 된다. 프로그램적 비전은 철저한 공공심 내지 이타심을 요구한다고 비판받을 수도 있다. 우리는 어떤 사람이 되어야 하는지 또는 무엇이 되어야 하는지를 선택할 수 있다. 하지만 단계적으로 진행하는 한, 결코 단번에 아주 멀리 나아가기를 기대할 수 없으며, 우리의 가장 강력한 현재 욕구를 인간본성의 영구적인 핵심으로 오인하는 유혹에 저항할 수 없다.

지금까지 나는 문화혁명 프로그램의 관념에 대한 고전 자유주의의 반론을 다루어왔다. 이들의 비판은 제도 장치는 중립적일 수 있고 또 그래야 한다는 오해에 근거한다. 이제 문화혁명의 동기가 지닌 성격과 범위에 관해 더욱 제한적인 오해를 반영하는 이의제기를 살펴보자. 당신은 문화혁명의 동기가 바람직한 개인관계나 공동체 형태에 대한 포괄적이고 상세한 밑그림을 구체화하지 않는다는 사실을 곧 알게 될 것이다. 문화혁명의 동기는 단지 공동체의 형태나 바람직한 개인관계가 보유해야 할 특정한 최소한의 속성들을 지적한다. 더욱이 그 성격상 이러한 개인적인 프로그램은 중앙정부나 다른 조직에 의해 강제적으로 이행될 수 없다. 정부나 조직이 문화혁명의 노력을 지원하기 위해 할 수 있는 것은 사회적으로 강제된 역할이나 위계질서를 전복하고 중요하게 보호되는 이해관계의 핵심 영역에서 개인들이 안전하게 느끼도록 도와주는 것이다. 나머지는 개인관계와 분권화된 제도의 정치에 의존한다. 그 정치는 픽션과 입법의 장치들에 의존한다. 즉, 당신과 타인에 대한 이야기를 전하고, 이 이야기를 통해 시도되지 않았던 유대의 가능성들을 표현하며, 이러한 가능성들을 시도하는 것이다.

강화된 민주주의 프로그램을 변혁된 개인관계의 비전으로 확장하려는 많은 근거가 있으나, 여기서 그 내용을 상세히 기술하진 않겠다. 나는 『사회이론』과 『허위적 필연성』에서 프로그램적 아이디어들이 현실과 가능성에 대한 상상력에 의해 상세하게 전달되어야 한다고 주장했다. 그렇게 해야만 그 아이디어들이 신뢰할 만한 해법을 제시할 수 있다. 그럴 때라야 현 사회질서의 자포자기적 수용과, 재상상·재구성할 힘이 없다고 느끼며 단지 현실을 부정하고 전도할 뿐인 유토피아적 묘사 사이의 허구적 딜레마를 그 아이디어들이 뚫고 나갈 수 있다.

그러나 이 책의 설명적 논증은 사회의 거대한 제도적 구조의 단계로 이동한다. 그것이 제공하는 해석은 너무 커서 그 사사로운 개인 차원의 프로그램을 형성하기 위한 유용한 지침으로 기능할 수 없다. 『사회이론』과 『허위적 필연성』, 두 저서에서는 사회생활의 미시적 구조, 즉 직접적인 실천적·정서적 관계 영역을 이해하기 위한 반필연적 테제의 함의를 탐구한다. 그 탐구로부터 나오는 사회적·개인적 가능성에 대한 세밀한 통찰은 더욱 설득력 있는 윤리를 제공할 수 있다. 윤리야말로 그 용어의 포괄적이고 완화된 단편적인 의미에서 볼 때, 문화혁명 프로그램이 궁극적으로 도달하려는 것이기 때문이다.

다음에서는 더 나은 도구를 갖고 수행될 필요가 있는 비전의 윤곽을 제시하고자 한다. 논의는 세 단계로 진행된다. 첫째, 문화혁명 프로그램의 일반적인 테마에 대한 정의가 제시될 것이다. 둘째, 문화혁명 프로그램의 두 강령을 기술할 것이다. 양자는 이 프로그램이 우리의 직접적인 만남에 부여하고자 하는 성격을 연결해준다. 마지막으로, 현재 우리 수중에 있는 불완전하지만 풍부한 자료 중 목록 일부를 제시하고자 하는데, 이 목록은 우리의 프로그램적 아이디어와 변혁적 실천에서 이 영역을 개진하려는 시도에 도움을 줄 준비가 된 것들이다.

문화혁명 프로그램의 통합적 테마: 변혁된 공동체 이해방식

사회에 대한 급진적인 비판을 내놓는 사회이론들은 종종 개인관계를 쇄신할 비전을 제시해왔다. 그러나 이 이론들이 제시하는 완벽한 인간 공동체의 관념은 문자 그대로 신뢰하기 힘든 것들이었다. 고상한 형태의 인적 연대에 관한 관점은 현재 경험의 정반대 이미지에 불과했다. 그것은 우리의 의지와 정신의 독자성으로부터 발생하는 갈등과 접근불가의 모든 위험요인을 회피하려는 소망이 극화된 것이다. 이 지속적인 환상에 대한 좌파의 공헌은 사회생활로부터 예속을 추방함으로써 우리의 자아도취와 반목을 종결지을 수 있을 것이라는 희망으로 종종 나타났다.

빈약하고 믿기 어려운 공동체 관념은 갈등의 배제와 가치나 견해의 공유를 강조한다. 우리가 역사 속에서 익히 알고 있는 사회처럼 어떤 사회에서건 이 공동체적 삶의 이념은 가족의 친밀성 같은 사회적 경험의 특권화된 공간에서만 현실적인 외관을 획득할 수 있다. 그렇지만 그 경우에도 반복되는 일상에 대한 이상화된 예외, 그리고 무자비한 지배력 행사와 무제한적 이익 계산에 굴복하는 일상세계의 성격 사이에 확립된 논쟁적이고 기만적인 구별에 의존해 영향력을 유지한다. 공동체 관계의 특권화된 범위를 표출하려는 주장은 이처럼 순화된 사적 공동체의 영역이 억압과 악의의 경험으로 이전되는 현상을 자주 은폐한다. 이러한 공동체의 이념이 모든 사회생활의 변혁이라는 비전을 북돋는 데 활용되면, 조화라는 특권화된 영역과 야만적이고 지루한 갈등의 세계 간의 반목은, 역사적 경험이라는 연옥과 역사로부터의 해방이라는 희망의 대비로 대체된다.

역사와 역사로부터의 도피 간의 이렇게 상상된 불화가 지니는 함의는 초기 낭만주의 소설의 전형적인 서사 전략과 비교해보면 분명해진다. 한 남자와 한 여자가 열정을 갖고 사랑에 빠진다. 열정의 주관적인 성격은 간절함에 의존한다. 간절함을 갖고 연인들은 자신들 앞에 놓인 사회적 장애물과 맞닥뜨린다. 종종 연인들은 다른 계급 출신이다. 합법적인 사랑과 건전한 사회적 위계질서가 분리될 수 없고, 잘못 알려진 신분이나 잊혀진 태생 덕분에 단지 일시적으로만 갈라질 수 있었던 과거의 로맨스에 도전하는 것이다. 가족, 교회 그리고 사회질서라는 권위가 연인들의 결합에 반대한다. 이 서사는 연인들이 다수의 저항세력과 맞닥뜨려 마침내 그것을 극복하면서 겪게 되는 모험 이야기로 전개된다. 결말은 결혼이다. 결혼은 모든 앞선 투쟁의 목표이자 정당화이며, 인간 공동체의 더욱 고양된 사례의 효시가 된다. 문제는 전형적인 낭만주의 소설이 새로운 제도 아래의 삶이 실제로 어떠한가에 대해서 아무것도 말해줄 게 없다는 점이다. 다시 말해 결혼의 행복이라는 이념이 비현실적이고 매력적이지 않아 보인다 해도 어쩔 도리가 없다는 것이다. 침묵은 그 알리바이가 된다. 행복한 결합에 대한 형언할 수 없는 표현 때문에 독자 여러분을 지루하게 하고 싶지 않다는 뜻이다. 혼인공동체에 관한 초기 낭만주의적 이념과 아이러니한 관계를 맺고 있는 소설 속에서만 결혼이 설득력 있는 말로 묘사될 수 있다.

이와 유사한 서사구조가 아득히 먼 옛날부터 있어온 투쟁에 대한 보상으로, 정화된 공동체(예컨대 공산주의)를 약속하는 급진적이고 천년왕국을 꿈꾸는 사회사상 유형 속에서 나타난다. 사랑에 빠진 연인들처럼 인류는 다양한 형태의 갈등으로부터 자유로운 삶의 방식에 도달하기 위해 많은 단계의 계급적·국가적 갈등의 고된 체험을 거쳐야 한다. 그러나 이 최종적인 화해는 낭만주의적 결혼처럼 그것을 유혹적이거나 심지어 믿을 만하게 만드는 방식으로 묘사될 수 없다.

구성원 간의 반목을 극복하는 데 성공한 완벽한 공동체의 비전이라도 만일 친숙한 교리에 대한 유일하고도 유용한 대안으로 보이지 않는다면 그렇게 영속적이지 못할 것이다. 이 교리는 특정 형태의 사회조직이 가진 부적절성을 사회생활의 내재적 한계로 간주하거나, 몇몇 대안적인 사회조직 형태를 우리가 선택해야 할 일련의 양립할 수 없는 이념의 저장고로 묘사한다.『정치』의 설명적·프로그램적 논증에 영감을 불어넣는 사회생활의 관점은 이 변명 같은 교리들을 거부하며, 천년왕국설의 완전주의 가정을 받아들이지 않는다. 이러한 관점은 우리가 상상력을 통해 믿을 수 있는 직접적·개인적 관계의 이념으로 제도적 제안을 보완할 수 있게 한다. 적어도 여기 제시된 대안은 이전에 우리가 경험한 사회생활로부터 급작스러운 단절을 요구하지 않는다. 그것은 단지 사회의 제도적 구조를 다루는 『허위적 필연성』에서 개진한 사회현실과 사회이념에 관한 견해를 사적 영역으로 확장할 뿐이다.

그 결과는 변혁된 공동체 이념이다. 종래의 평가 관념을 바꾸려는 여느 제안과 마찬가지로, 수정된 공동체 이해방식은 그 이념을 실현하기 위해 만들어진 제도적이거나 비제도적인 사회적 실천으로부터 묵시적인 의미를 끌어낸다. 만일 새로운 형태의 실천적 현실화를 통해, 종래의 이념에 깃든 의심의 여지가 없는 모호성이 드러난다면, 수정된 공동체 이해방식은 우리가 이 모호성을 특정한 방향으로 해결할 것을 요청한다. 수정된 이해방식은 그 이념의 어떤 측면이 실제로 우리에게 가장 중요한지 혹은 중요해야 하는지의 물음에 대해 입장을 취한다(규범적 논증의 표준적이고 내적인 양식에 대한 앞의 논의를 상기하라).

수정된 공동체 이념의 핵심은 상호취약성이 고조된 영역이라는 관념이다. 그 영역 내에서 사람들은 자기주장을 가능케 하는 조건들 사이의 갈등을 더 잘 해결할 수 있는 기회를 획득한다. 그것은 집단생활에 대한 애착과 참여 욕구, 그리고 그 참여가 초래할지도 모르는 예속과 비인격화의 두려움 사이의 갈등을 말한다. 이처럼 인정된 취약성에 대한 실험에서 성공한다면, 그것은 우리에게 열정과 역량강화의 계기를 제공한다. 이렇게 혜택받은 계기로 획득한 삶의 성격은 우호적인 환경에서 지속적인 개인참여를 통해 영속화되고, 더 폭넓은 사회경험을 통해 전파될 수 있다. 이 공동체 관념은 공동체적 이념의 중심축을 가치와 견해의 공유, 그리고 갈등의 배제로부터 옮겨놓는다. 바로 여기에, 갈등으로 위태로워질 수도 있지만 갈등을 통해 번성하는 공동체가 있다.

공동체 이념은 사회경험의 비도구적 영역에서 가장 완벽하게 실현될 수 있으며, 그 영역에서는 실질적 이득을 계산할 때 부과되는 제약이 완화된다. 하지만 그것은 더이상 사회생활의 여타의 영역과 극단적으로 대조되는 사적 존재의 특권집단이 지닌 특권화된 소유물로 보이지 않게 된다. 그 대신, 그것은 모든 사회적 관계가 많건 적건 향유할 수 있는 특성이 된다.

다음 절에서는 이 추상적이고 일견 공허한 공동체 이해방식이 사회생활의 주관적 경험에서 특정한 변혁노선을 지향하고 있음을 보여줄 것이다. 이 노선의 특징은 우리가 받아들인 사회적 역할의 수행과 배반(betrayal)에 관해 그것이 주는 메시지를 통해 밝혀질 것이다.

| 문화혁명 강령의 핵심: 역할에 대한 저항과 동요

사회적 역할은 그야말로 반복적인 사회관계에서 차지하는 전형적인 위상이다. 역할은 집합적으로 존재한다. 이 일단의 역할은 어떤 사람들이 다른 사람들과의 관계에서 유지하는 반복적인 지위가 있을 때, 그리고 이 지위가 이를 차지하고 있는 개인 간의 실무적 혹은 정서적 관계에 사실상의 영향력을 미칠 뿐만 아니라 규범적 권한을 행사할 때 존재한다. 역할은 분리되고, 반복적이며, 규범적으로 책임을 지는 지위를 필요로 한다.

사회생활의 형성적인 제도적 맥락에서 주요한 변화가 나타날 때, 그것은 기존의 역할들에 변혁적인 영향력을 미친다. 제도 프로그램이 어떤 역할체제를 단순히 다른 것으로 대체하는 것이 아니라 역할의 힘, 즉 그것이 우리의 인적 결합의 경험에 미치는 영향력을 줄이려고 할 때 그 효과는 더욱 커진다. 사실상 역할의 완화는 구조-보존적인 일상과 구조-변혁적인 갈등 간의 대립을 누그러뜨리는 결과와 같다.

경직된 역할에 대한 문화혁명적 공격의 의미를 이해하는 한가지 방법은 현대 도덕사상의 몇가지 특별한 야망이 실현되기 위해 취해야 할 것이 무엇인지를 묻는 것이다. 고전 자유주의 이론은, 그것이 해명하고 지지하는 사회세계를 자유롭고 평등한 시민들과 권리보유자들의 유동적인 무리로 여기듯이, 도덕적 사유에 대한 주류 양식은 의무와 책무를 보편적이고 역할중립적인 규범적 언어로 다룬다. 그러나 사회적 갈등의 요소가 사회분할과 위계질서의 현실에 끊임없이 지배당하는 것과 마찬가지로, 우리가 내내 차지하고 있는 역할을 특징짓는 의무, 열망 그리고 기대에 관해 입장을 취할 때 많은 도덕적 관념의 확장이 이루어지게 된다. 우리는 각자 역할의 의무가 무엇인지, 그리고 우리가 그것들을 어떻게 화해시킬 수 있는지에 관해서뿐만 아니라, 우리가 일반적으로 역할에 부여해야 할 비중과 그 의무에 대해서 얼마나 오래 저항해야 하는지에 관해 의견을 개진한다. 자유주의 이념을 실현하려는 시도가 자유주의자들에게 낯선 관념과 장치를 요구하듯이, 우리의 도덕적 경험을 많은 도덕적 사유에서 이미 전제하는 것과 매우 유사하게 만들려는 시도는 전통적인 도덕원리에 거의 존재하지 않는 역할 저항과 역할 동요의 실천을 요구한다.

문화혁명론자는 역할이 어떻게 확장·분리되고, 다른 역할과 결합되며, 또한 조화롭지 못하게 이용될 수 있는지 보여주기를 원한다. 그는 역할이 있다는 것이 의미하는 바에 관한 완화된 생각을 행동으로 실천한다. 이를 통해 그는 사회적 지위들 사이의 동결된 관계, 삶의 경험, 그리고 정형화된 형태의 통찰과 감수성을 깨뜨리는 데 기여한다. 이로써 문화혁명론자는 집단적 대조체계에서 지위보유자로서보다는 우리 모두가 되고자 하는 독창적인 존재로서 서로에게 도움이 되도록 하고, 사회성을 그 각본으로부터 자유롭게 하려는 시도를 일상적인 개인관계의 드라마로 옮겨 온다.

무엇보다도 이 문화혁명적 전복의 대상이 될 만한 역할은 계급·공동체·젠더 등 이미 확립된 분할체제 내에서 위치를 점하고 있는 것들이다. 이는 과거의 사회학 전통에서 귀속적 역할(ascriptive role)이라고 지칭해온 것이다. 전문화된 업무 역할은 역할 저항과 역할 동요의 대상으로서 본래 적합한 것도 아니고 본질적으로 부적합한 것도 아니다. 기술적·사회적 노동분업이 일상생활에서 기능적으로 배분된 견고한 격자망으로 보일수록, 그것은 제도혁신이라는 거시적 단계에서뿐만 아니라 문화혁명적 저항과 부조화의 미시적 단계에서도 더욱 분쇄될 필요가 있다.

| 문화혁명 강령의 핵심: 표현 수단의 혼동

사람들이 스스로 처한 상황에 대해 느끼는 바와 그러한 주관적인 경험을 타인과 주고받는 수단 간에는 주목할 만한 상호의존 관계가 존재한다. 상투적인 상황들이 있고, 적어도 현재의 표현수단이 지속되는 한 그런 상황에 대한 상투적인 대응이 있다. 사람들이 사회생활의 반복적인 환경에서 느끼거나 느낄 수 있다고 추정되는 바와 주관적인 반응을 전달하는, 행동하고 말하고 바라보는 결합된 방식들 사이에서 일련의 소통이 발생한다. 이 소통의 토대는 주관성과 사회 사이의 합의다.

사람들이 이러한 가능한 표현수단을 이용하는 방식은 사회가 규정한 가능하고도 바람직한 결합의 비전에서 벗어날 만큼 차이가 그렇게 크거나 많지 않다. 사람들이 사회생활의 경험에 대해 서로 소통할 수 있고, 상투적으로 표현된 반응의 레퍼토리에 약간 변형을 가해서 소통할 수 있다고 믿는 한, 그들은 핵심적이고 현실화된 사회의 도그마 일부를 지속적으로 받아들이는 셈이다. 사회질서가 이들의 야망과 이념 모두를 좌절시킬지도 모르지만, 이들의 주관성을 완벽하게 제어하지는 못한다. 따라서 그들이 이미 거짓이라고 알고 있는 가능한 경험에 대한 가정들을 소중히 간직할 것 같지 않다.

자연언어 이상으로 이러한 사회적 코드는 그것이 전달하기로 되어 있는 것을 형성한다. 이를 충실히 활용함으로써 당신은 특정한 종류의 인간이 된다. 당신은 스스로 사회의 제도와 도그마가 나타내는 인간의 가능성에 관한 묵시적인 예언을 실현한다. 모든 자연주의적 사회 교리는 이러한 진실을 이해해왔으며, 이 이해를 토대로 적합한 사회형태를 끊임없이 재규정하고 사회생활의 전형적인 상황에 대한 적절한 개인적인 반응을 꾸준히 복원시킴으로써 정념을 훈육하는 방법을 개발해왔다.

문화혁명의 목표와 방법 중 하나는 주관적인 경험과 표현수단 간의 이처럼 코드화된 친화성을 해체하는 것이다. 문화혁명가는 모든 사회적 경험의 부조화스러운(incongruous) 측면을 최대한 이용하는 데서 시작한다. 그는 사람들이 사회적 코드로 표현할 수 있는 것 이상을 항상 느낀다는 사실을 받아들인다. 표현하지 못하는 경험 중 다수는 사회의 집단적인 구조에 대한 투쟁과 무관한 것으로 보일지도 모른다. 하지만 이 모두가 지금의 코드에서 가능성을 부정하는 관계와 주관성을 획득할 기회를 나타낸다. 문화혁명가는 부조화스러운 것들의 경로를 따르면서 두가지 목표를 갖는다. 이 목표들은 함께 고려될 경우, 행동방법을 제시해준다.

문화혁명가는 고정된 결합체계가 부정하는 다양한 관계와 주관성, 즉 서로 정반대되는 관계나 주관성을 개진하기를 원한다. 문화혁명 활동의 다른 요소가 깨우쳐주는 모든 경험은 이 억압된 인간의 기회 사이에 놓여 있다. 그것들 역시 표현수단을 획득해야 한다. 수단 없이 발전이 가능하지 않기 때문이다.

그러나 문화혁명가는 표현 가능한 주관성의 범주로 다른 것을 대체하는 데 만족하지 않는다. 그가 원하는 것은 개인적인 조우라는 주관적 경험과 그것의 상징적 표상 간의 연계성을 끊임없이 느슨하게 하는 것이다. 모든 경험은 표현될 수 있어야 하며, 모든 표현은 경험의 내용에 영향을 미쳐야 한다. 그럼에도 주관적 삶이 상징 형식들의 한정된 목록에 완전한 볼모로 잡히지 않는 방법이 발견되어야 한다.

이러한 두 목표, 즉 새로운 경험을 표현하려는 노력과, 경험과 표현 간의 연계성을 완화하려는 투쟁은 일견 모순되는 것처럼 보일지도 모른다. 이 명백한 패러독스를 해결하는 방법은 표현되어야 할 경험이 문화혁명 프로그램의 나머지 부분에 의해 우선적으로 기술되는 것이다. 이 프로그램에 의해 환기되는 관계와 주관성의 모든 양식은 공통적으로 사회와 개인성의 비결정성을 일상생활의 소소한 에피소드로 통합한다. 일견 모순적인 두 목표 간에 이론적 친화성이 존재한다는 것은 양자 모두를 나아지게 하는 동일한 실천적 행동방법들이 지니는 힘에 의해 확인된다.

가장 중요한 방법은 애초에 사회생활의 상황과 결합될 수 없는 것처럼 보이는 주관적 반응을 나타내기로 되어 있던 표현 형식을 대체하고 결합하는 것이다. 다른 대안은 거의 있을 수 없다. 모든 표현은 이용할 수 있는 기호의 군집에서 시작해야 한다. 그런 식의 혼합은 새로 적절한 상징이 나타나면 사라질 임시방편으로 발생하는 게 아니다. 혼합은 계속된다. 그에 대한 지속적인 의존은 사회적 역할이나 성적 역할 그리고 규범적 결합 모델이 혼란을 겪는 현상이 영속화하는 데 기여한다. 그것은 개인적 주관성이나 관계의 묵시적 무한성을 사회생활의 통상적인 과정 속으로 확장한다. 그것은 조건 지어지지 않는 것을 향한 추구와 맥락의 침투성 간의 긴장을 유지해간다.

주관적 반응의 표준 형식이 붕괴되면서 특정한 정신적 불안이 나타나며, 그러한 불안은 문화혁명이 지닌 모호성의 또다른 측면을 드러낸다. 표현과 경험의 범위를 넓혔다는 생각이, 무질서한 사회적 언어를 말하고 있다는 자각 및 삶의 일상적인 사건에 대한 반응이 불완전하게 형성·표현되고 있다는 자각과 번갈아 나타난다. 문화혁명가는 경험과 표현 사이의 부조화 요소를 언급조차 되지 않는 구석에서 끌어내어 일상적인 실존의 중심에 옮겨놓는다. 그만큼 일반인은 시인에 가까워지며, 표출된 감정을 비전적으로 고양시킬 때 불가해함과 언어도단에 이를지도 모른다.

가능한 출발점: 과도하게 생략된 문화혁명의 두가지 형태

강화된 민주주의의 제도 프로그램과 마찬가지로, 문화혁명의 개인 차원의 프로그램은 이미 수중에 있는 억제되고 불완전한 버전에서 출발해야 한다. 우리는 그것들을 확인하고 그것들이 제시하는 기회와 위험을 이해할 필요가 있다.

우리는 20세기에 그 생각과 방법에서 문화혁명 프로그램에 근접한 두 주요 운동을 경험했다. 한편으로, 북대서양 세계의 산업화된 민주주의를 특징짓는 개인관계에 대한 급진적인 실험이 있다. 여기 나타난 자아성찰은 고도의 대중적인 모더니즘 문화다. 다른 한편으로, 우리는 대개 비서구 사회에 존재하는 주변의 가난한 세계에서 기초적인 개인관계의 미세한 구조와 그 저변에 놓인 자아와 사회에 관한 생각을 변혁해내기 위해 종종 시도되는 급진적 기획을 볼 수 있다. 그러나 이 기획들은 대체로 제도 재구성에서 좌파적 시도에 예속된 상태로 남아 있다. 다양한 방식으로, 그리고 다양한 이유 때문에 두 운동 모두 문화혁명 프로그램으로서는 부족하다. 하나가 지닌 결점은 다른 하나가 지닌 결점과 동전의 앞뒷면을 이룬다. 두가지 실패 양식 중 어떤 것이든 문화혁명 초기에는 추진력을 부여하다 그 자리에서 갑자기 멈춘다. 하지만 멈추는 방식은 제각각이다.

우선 선진 서구 국가에서 일어난 문화혁명에 대한 접근을 살펴보자. 그곳에서는 개인관계들을 둘러싼 문화혁명적 정치발전이 대체로 사회의 형성적인 제도적 구조의 안정화와 일치했다. 사실, 문화혁명적 실천에 대한 이처럼 친숙하고 제한적인 버전은 기존의 제도 질서에서 수동적인 묵인하에 적절히 성장하는 것처럼 보인다. 그럼에도, 이러한 환경에서 문화혁명에 관해 말하는 것은 은유로서가 아니며, 개인관계를 둘러싼 투쟁에 불과한 것을 앞서 간략하게 기술한 특별한 프로그램적 비전으로 오인하는 것도 아니다. 그 비전에서 각각의 테마는 오늘날에도 소수의 선도적 비판가들뿐만 아니라 더 큰 규모의 대중에 의해 집요하게 추구된다. 사실상 20세기 말까지 문화혁명 프로그램은 대중문화로 스며들었다.

물론 모든 테마가 우리를 둘러싸고 있지만, 모든 것이 과도하게 생략되어 있는 것처럼도 보인다. 마치 문화혁명이 그 세부사항과 추종자를 계속해서 끌어모으는 와중에 급작스럽게 타성에 빠진 것 같다. 이 은폐된 마비상태와 함께 자신이 공약한 것의 왜곡, 즉 앞서 기술한 개인적인 프로그램에 의한 왜곡이 발생한다. 이 같은 오류의 가장 일반적인 특징은 문화혁명의 각 국면을 끊임없는 자기만족과 자기배려를 위한 구실로 여기는 경향에 있다. 문화혁명 프로그램의 모든 부분은 고정된 역할 배분과 결합체계에 내재하는 가치와 권력의 견고한 특정 위계질서로부터 이탈할 수 있는 면허증처럼 부정적으로 해석된다. 그뿐만 아니라 더 광범위한 연계와 책임의 경험으로부터, 자기초월의 가능성으로부터 그리고 자기희생에 대한 요청들로부터 이탈할 수 있는 면허증으로 부정적으로 해석된다. 기존의 제도와 도그마로부터 개인의 가능성이 해방되는 것이, 사랑과 결혼을 향한 신낭만주의적 태도가 취하는 방식과 마찬가지로, 아주 빈번히 어떤 개인관계의 영속성이나 배타성을 부정하는 기회로 받아들여지는 것은 전혀 놀라운 일이 아니다. 왜냐하면 배타성과 영속성은 책임과 자제를 함축할 수도 있기 때문이다. 의심할 바 없이, 가장 중요한 애착심은 어떤 지속적인 사회형태와 상충하는 것처럼 보이기 시작한다. 왜냐하면 공적 존재는 사적인 관계를 더 광범위한 공동체적 참여로 향하게 하기 때문이다. 문화혁명의 이 같은 버전에 대한 비판자들이, 그 경향들을 도덕적 계몽을 빙자하여 고취되는 자포자기적 이기심의 복음이라고 비판한 것은 옳다.

앞의 논의에서 제시된 바에 따르면, 이 같은 왜곡의 주요 원천은 개인관계의 영역에서 나타난 급진주의를 사회의 집단구조를 둘러싼 투쟁의 실천적 경험으로부터, 즉 혁신된 삶의 발전된 비전으로부터 단절시키는 데 있다. 이러한 단절의 결과, 사람들은 개인관계에서 이루어지는 외견상 가장 급진적인 실험에까지도 집단적 제도가 실제로 부과하는 제약요인을 가장 추상적인 의미 외에 달리 파악하기가 대단히 힘들어진다. 역할의존성이 적은 개인관계가 새로운 제도 환경이나 더 관대한 사회적 개입과 책임을 요구하면, 이는 정체된 사회가 강제하는 제약과 충돌하게 된다. 비전이 실패하면, 제도적 제약이라는 사업이 완성되는 것이다. 사회를 다시 만들고 다시 상상하는 데 참여한다는 능동적인 생각이 없다면, 사람들은 자신들의 실존이 놓이는 더 넓은 집단적 맥락에 대해 책임이 없다고 느끼게 된다. 그들보다 앞서 존재하고 더 오래 지속되는 어떤 공유된 정신에 대해서도 책임이 없다고 느끼게 된다. 이로써 한없는 기쁨과 격의 없는 만남이라는 환상은 자발적인 선택이라기보다 거의 거부할 수 없는 상상적 충동이 된다.

세계의 더 가난하고 더 혼란스러운 국가들은 기본적인 성격의 개인관계를 사회의 집단구조를 둘러싼 광범위한 투쟁의 일부로 바꾸려는 시도를 많이 경험했다. 이 시도가 좀더 광범위한 대중의 지지를 획득했다고 하는 것은 실제로 가장 사적인 영역의 갈등과 가장 공적인 영역의 갈등을 연계한 것이다.

그럼에도 이 같은 환경에서 나타난 문화혁명의 실천은 마치 북대서양 국가에 퍼진 급진주의가 지닌 개인관계에 대한 우려보다 훨씬 더 편협한 불안감에 빠지거나 산만한 것처럼 보인다. 따라서 제도들의 재구성과 개인관계의 변혁 간의 연계가 그 성취의 의미를 두드러지게 제한하고 손상시키는 절단된 형태로 확립되었다.

이 문화혁명적 정치의 또다른 실천 하나는 집요하게 두 공격대상을 갖고 있었다. 대중과 엘리트 간의 대립, 그리고 순수한 것과 순수하지 않은 것 간의 대립이 그것이다. 때로는 전자가, 때로는 후자가 최우선적인 관심사가 되었다. "비판과 자아비판"이라는 중국 공산주의식 실천과 간디(Gandhi)의 교육적 신성모독 방법이 그 사례다.

처음에 류 사오치(劉小奇)와 그의 동료들이 고안한 비판과 자아비판의 기법은 "대중노선"의 영향력 아래 재해석·수정되었다. 이 기법은 공산당이 국가권력을 장악하기 오래전에 형성된 뿌리가 있었다. 그것은 적의 공격에 포위된 혁명가들의 내부에서 공동 목적, 교육 및 위계질서를 재확인하기 위한 장치였다. 희생자들은 자신의 주장을 철회했고, 간부집단은 이탈자를 다시 받아들였다. 모두가 자신들의 운동이 지닌 교조적·조직적 핵심요소들을 다시 가다듬고 재확인했다. 마오 쩌둥과 그의 일파가 선도하고 열광적인 선동가들이 수용하고 확장한 대중노선의 영향력 아래에서 그 방법은 형태와 목표를 바꾸었다. 매우 급진적인 실무자들의 수중에서 이는 기존의 당과 국가의 관료조직을 징벌하고 가능하다면 파괴하고, 새로운 인간, 무엇보다 권위에 대해 새로운 자세를 만들어내려는 시도의 일부가 되었다. 이제 희생자는 전래되어온 대중과 엘리트 간의 대립이 직접적인 개인관계에 남긴 모든 흔적을 집단적으로 비난하는 것을 재연하기 위한 단순한 구실로 나타났다. 그 대립이 통제체계뿐만 아니라 가치의 위계질서에까지 도달했기 때문에, 그 전복은 순수한 것과 순수하지 않은 것의 차별에 대한 공격이 지니는 대단히 매력적이고 해방적인 힘을 가졌다. 개인의 역할의 가장 투박한 배분이나 사회생활의 각 영역에 적합한 결합 형태에 관한 가장 경직된 관념들은 엘리트와 대중 간의 공포스러운 대립을 공공연하게 표출하지 않는 한 수용될 수 있었다.

이와 비교하여 인도에서 일어난 간디의 가르침과 운동을 상기해보자. 문화혁명의 수준에 가장 가까운 그의 활동 측면을 살펴보면, 그것은 제국주의 지배자에 대항한 소극적인 불복종이 아닌 단일국가의 시민이 되어, 카스트제도와 의식적 순수성에 관한 규범들이 그어놓은 경계들을 가로질러 공통된 충성과 배려적인 유대를 할 수 있는 사람을 형성하려는 시도였다. 간디의 세계에서 카스트 사이의 거리는 순수한 것과 순수하지 않은 것 사이의 제의적 구별에 묶여 있는 것처럼 보였다. 카스트의 경계를 무시하는 것은 순수하지 못한 것의 예시적인 형태였다. 카스트라는 위계질서 내에서 각 집단이 차지하는 위상은 가장 순수한 것이나 가장 순수하지 못한 것에 대해 그 집단이 얼마나 상대적으로 근접하고 있는가에 의해 정당화된다. 비록 상대적 근접성이 그 위상을 설명할 수는 없지만 말이다. 간디 정치가 지닌 가장 문화혁명적 측면은 신성모독의 실천이며 그와 함께 이 실천을 함께할 사람들을 충원해나가는 것이었다. 즉, 불가촉천민에게 손을 내밀고, 가장 비천한 일을 수행하며, 가장 더러운 것들을 만지는 것이었다(물론 청결과 금욕을 미덕의 고상한 형태로 칭송했지만). 역량이 강화된 사람은 상호적 책임과 공유된 민족성의 방식으로 유지되는 고정된 가치의 위계질서로부터 반복적인 실천을 스스로를 통해 해방시키는 사람이었다. 카스트제도가 이러한 가치의 서열이 놓인 중심지를 나타내는 한, 그 가치에 대한 도전은 그 체계에 대한 공격으로 간주되었다. 그러나 이 같은 집중적이고 끈질긴 관심에도 불구하고 문화혁명적 실천이나 프로그램의 발전된 비전이 생기지는 못했다. 자족적·공동체적 촌락 문명에 대한 갈망조차도 강화된 민주주의나 문화혁명을 꿈꾸는 이념에 대해 조심스럽게 거부하는 것을 넘어 적절히 역량강화된 개인이 경험해야 하는 대면적인 관계를 상세히 설명해야 할 필요성을 회피하는 것일 뿐이다.

대중과 엘리트, 또는 순수한 것과 순수하지 못한 것 간의 대비에 함축되어 있는 관념, 태도 및 권력관계는 실제로 문화혁명적 프로그램을 실현하는 데 장애물로 작용한다. 그러나 다른 것을 배제하고 이러한 관심사에 몰두하면 문화혁명이 전개될 수 있는 무대가 좁아지며, 기존 사회생활 구조의 많은 부분이 그대로 존속하게 된다. 국가와 경제조직을 장악하기 위한 완강한 투쟁이 종종 이전에 파괴된 사회질서의 특징인 개인적 결합 양식의 재탄생과 함께 일어난다. 서구 산업민주국가에 널리 퍼지고 세상을 매혹시키며 대중문화에 침투해온 사적 영역(sphere of intimacy)에서의 급진주의는 통찰과 환상을 한데 엮어냈으며, 이로써 그 실천가들의 역량을 키워주는 동시에 그 장애를 초래했다. 그러나 제3세계 문화혁명 투사들과 이론가들은 그들 자신의 장애를 망각한 채 저물어가는 계급과 문명의 사치스러운 방종이라고 이를 부정해왔다.

어떤 관점에서 보면, 서구 선진국들은 문화혁명 프로그램을 시행하는 데 혜택받은 지역을 나타낸다. 그들은 대중과 엘리트 간의 구별을 철저하게 폐기하고 가치의 위계질서를 더 폭넓게 재평가함으로써 억압적인 강박관념으로부터 해방되었고, 더 넓은 전선에서 역할 도전과 역할 동요의 정치를 실현할 수 있었다. 다른 관점에서 보면, 사회의 집단적 구조가 더욱 완벽하게 장악된 것처럼 보이는 더 가난하고 혼란스러운 지역들은 문화혁명에 우호적인 무대를 제공한다. 거기에서 사람들은 사회질서 전체를 문제 삼는 방식으로 개인관계를 둘러싼 갈등을 놓고 심각하게 싸움을 벌인다. 더 넓은 집단개입과 집단책임이 자기만족이라는 오염된 환상을 완전히 털어낸다. 두 관점 모두 일방적이고 부적절하다. 중요한 것은 제도 장치의 혁명적 개혁과 개인관계의 문화혁명적 재구성을 연계하는 것이다. 이 시도에서 특별히 선호되는 영역은 없으며, 절대 승자도 없다.

제15장

변혁적 소명의 관념

첫번째 출발점

현재 세상에는 일에 관한 세가지 기본적인 관념이 있다. 이 관념들은 단지 직업에 관한 것이 아니다. 광의의 관점에서 볼 때, 그 관념들은 사람들이 자신들의 삶에 대해 무엇을 기대할 수 있는지, 가족과 사회 사이의 연계에 의문을 던지는 것도 포함한다. 그 관념이 상이한 계급, 상이한 사람들에 의해 다양하게 발전되어온 것처럼, 이 관념 간의 경합에서는 모호하지만 결정적인 정신적 투쟁이 발생하게 된다. 사람들은 사회의 비전과 감정의 내밀한 동요를 대비함으로써 세계 도처에서 이러한 투쟁을 수행하고 있다.

이 일의 비전들 각각은 그 주요 근거를 사회의 한 부분으로서의 경험과 전망 속에서 발견한다. 하지만 그 이념을 개진할 책임이 있는 집단은 역사적 시대와 사회에 따라 다양하다.

일(work)은 사회 내에서 고결한 소명으로 간주될 수도 있다. 그렇게 생각되기 때문에, 노동(labor)은 개인(처음에는 남자였지만 이후에는 다른 사람들도 포함한다)이 그에게 가장 중요한 관계를 제공하는 가족을 부양하게 해준다. 고결한 소명으로서 직업(job)은 자신의 존엄성에 관한 관점을 형성하는 데 기여한다. 그는 사회의 자연스런 요구 중의 하나를 충족시키는 무언가를 할 수 있다. 그 충족은 숙련이나 경험을 필요로 하는 일을 수행하거나 준비함으로써 이루어진다. 그의 직업 그리고 그것을 수행할 수 있도록 훈련되고 학습된 능력이 그를 변화가능성, 의존성 및 무익함으로부터 선별해낸다.

고결한 소명으로서의 노동은 일반적으로 사회와 가족에 관한 특정한 선입관을 수반한다. 여기에는 자연적 필요(natural need)의 목록이 존재한다. 그것은 늘 그래왔듯 사회가 지속되려면 내내 충족시켜야 하는 사회적 요구다. 이러한 비개인적인 직업들의 목록에 대응하여 이와 똑같은 직업의 자연적인 목록이 있으며, 이들은 각각 그 고유한 기술과 보상을 포함한다. 이러한 직장 중 하나를 차지하고 있는 개인은 특정 방식으로 자신의 가족과 살아가는 것을 기대할 수 있다. 또한 그는 직장에서 다른 일을 하는 사람들과 특별한 관계를 맺는다. 따라서 자연적인 서열이라는 관념은 자연적인 사회적 필요와 자연적인 직업의 관념을 수반한다.

이러한 고결한 소명이 내내 유지되는 사회에도 갈등이 존재한다. 그러나 이 사회생활의 관점에 따르면, 그 다툼들은 주변적인 문제들을 다룬다. 사람들은 자신들이 부당한 취급을 받아왔다고 느낄지도 모른다. 그들은 자신들이 합당하게 부여받은 것보다 자신과 동료들을 위해 더 많은 것을 장악하려 시도할 수도 있다. 어떠한 경우건 분쟁이 있게 될 것이다. 하지만 필요, 직업 및 서열의 기본 질서는 근본적으로 그 투쟁의 결과가 아니다. 그것은 단지 사물이 존재하는 방식의 일부일 뿐이다. 당신은 그 핵심 교리를 포기하지 않고서도 이 사회생활의 관점의 수준을 높이기 위해 먼 길을 갈 수도 있다. 왜냐하면 사회에 대한 자연주의적 태도는 박람회의 풍자만화에서보다 적극적인 신념의 뉘앙스에서 훨씬 더 설득력이 있는 것처럼 보이기 때문이다.

고결한 소명으로서의 노동의 이미지와 그것을 확장하고 정당화하는 사회의 더 큰 비전은 종종 가족에 대한 관점을 동반해왔다. 무엇보다도 고결한 노동자는 성인 남자다. 가족 바깥에서 그의 고결한 직업의 수행이 가족 내에서의 그의 지위에 경제적 지원뿐만 아니라 도덕적 권위를 제공한다. 가족 그 자체는 완화된 작은 사회세계에 해당한다. 아내와 아이들은 가족 내에서 인정된 지위를 차지한다. 자신들의 역할을 성실히 수행함으로써, 그들은 자신의 더 넓은 사회 주변으로부터 존경을 받는다. 모든 것이 잘 되어갈 때, 사회의 더 큰 세계와 가족의 작은 영역은 그들의 경제적 필요와 도덕적 원리 모두에서 근본적인 조화를 보여준다.

오늘날 이 같은 일의 관념은 부유한 서구 사회와 공산주의 사회의 숙련노동자와 반(半)숙련노동자 계급들 사이에서 가장 활성화되어 있다. 그 관념은 하위직 사무원이나 소매업자 같은 하위계층보다 자신의 손으로 뭔가를 하거나 기술을 적용해 확실한 성과를 얻는 사람들 사이에서 더 잘 살아남는다. 최근까지만 해도 서구의 역사와 서구인들이 간여해온 많은 문명의 역사에서 사회의 모든 계층은 이러한 노동 관념을 공유해왔다. 심지어 가장 특권적인 집단도 이 관념을 받아들였다. 신분이 높은 지주는 직업처럼 보이는 어떠한 것도 거부할지 모른다. 그러나 그가 품은 견해는 자신에게 가치 있는 사회적 임무를 수행하도록 자격을 부여하고 의무를 지우는 자연적 지위를 스스로 갖고 있다는 관념을 포함했다. 그는 그의 인격과 행위 속에서 자신의 신분(caste)에 맞는 자질을 보임으로써 자신이 그 관념에 부응한다는 사실을 보였었다.

또다른 좀더 완화된 노동관은 치밀하지가 못하다. 이 관념에 따르면, 일은 인간 삶의 존엄이나 방향성을 부여하는 어떤 본질적인 권위, 즉 그 자체의 권한이 결핍되어 있다. 만약 최악의 경우에 부닥친다면, 당신은 중요하다고 생각하는 것을 획득하거나 지원하기 위해서 일을 해야 한다. 당신의 가족이나 공동체 또는 최악의 경우에는 당신 자신을 위해 노동해야 하는 것이다. 만일 이 도구적 관점에서 노동이 여전히 고결하다고 말할 수 있다면, 그 고결함은 단지 그 소득으로 지원되는 활동에 있을 뿐이다.

도구적 노동관은 한 개인이 자신의 삶에 대해 생각할 수 있는 바에 대한 기대가 심히 줄어드는 것으로 나타난다. 사실 그러한 노동관은 일종의 착각으로, 그렇게 받아들여지고 있다. 그것은 참담한 실패의 낙인이거나 더 나은 삶의 양식으로 이전하는 비용이다. 오늘날 부유한 서구국가들에서 세가지 유형의 노동자들이 주로 이러한 노동관을 공유하는 것처럼 보인다.

그중 한 유형은 고상한 노동계급으로 성장하려는 시도에서 실패한 사람들, 또는 그 계급에 편입되었다가 쫓겨난 사람들이다. 그들은 불안정하고 장래성이 없는 일자리를 찾아 이리저리 떠돌아다니며 고통스런 하위계층 안에서 한탄하며 살아간다.

도구적 노동관의 또다른 유형은 안전이 아주 열악한 직업에 종사하는 노동자들이다. 그들은 외국이나 낙후 지역 출신들이며, 자신들의 고향으로 되돌아가기를 희망한다. 그들에게 일은 자신들이 거의 이해할 수 없는 규칙에 의해 통제되는 고난(purgatory)이다. 그들은 이 장치들을 자신들이 새로운 땅에 가져온 책임과 보상의 관념에 대해 자신들이 할 수 있는 최선의 것으로 비유한다. 이들의 최우선적인 목표는 고향으로 돌아가서 고결한 소명으로서의 노동에 대한 경험을 포함하는 더 나은 삶을 향유하는 것이다. 이 희망은 결국엔 좌절될 것이다. 또한 그 희망은 자신들이 현재 머무는 곳에 내내 있으면서 그곳에서, 그들이 고향으로 되돌아가겠다고 처음 생각했을 때 가졌던, 고결한 노동자가 되겠다는 소망으로 바뀔지도 모른다. 한편, 그들은 자신들의 공동체에서 살아가며, 이 공동체의 유대 속에서 자신의 직업이 인정하지 않는 위로와 자존감을 발견하게 된다.

도구적 노동관을 갖고 있는 그밖의 유형은 기꺼이 임시직을 얻으려는 젊은이들이나 기혼여성들이다. 그들이 당면한 노동관 또한 당연히 도구적일 수 있다. 왜냐하면 그러한 일의 관념은 그들의 주요 관심사인 미래의 직업이나 가족생활에서 부수적인 것에 지나지 않기 때문이다.

세계의 다른 지역, 즉 공산주의와 제3세계 국가들의 일부 지역에서는 고결한 소명으로서의 노동 경험에 접근하는 것이 대다수 국민에게 여전히 금지되어 있다. 이들은 철저하게 도구적 노동관으로 내몰릴 수 있다. 하지만 그들은 기회가 있을 때마다 방어적 투쟁을 계속하면서 더 나은 것을 요구할 수도 있다.

이런 식으로 일상활동을 파악하는 것은 사회세계를 억압적인 또는 이질적인 것으로 간주하는 것이기 때문이다. 개인성이 이 세계에 의해 불신당하거나 분쇄되지 않는다 하더라도 그것은 적어도 (파트타임 노동자를 제외하고는) 그 세계에 속해 있다는 느낌조차도 거부당하는 것이다. 필요, 직업 및 서열의 자연적 질서에 대한 신뢰가 비록 없어지지는 않겠지만, 흔들리게 된다. 좌절한 자들과 배제된 자들은 고결한 노동자들의 자기기만이 은폐하고자 하는 것이 무엇인지 좀더 쉽게 이해한다. 직업과 서열의 전 체계가 투쟁의 산물이자 투쟁봉쇄의 산물이라는 것이다. 그들은 장갑도 끼지 않은 맨손을 봐왔고, 내쫓긴 자의 깨어난 눈으로 창문을 통해 행운의 무관심을 지켜봐왔다. 하지만 이들은 부분적으로는 자연주의적 전제의 허위성에 대한 발견이기도 한 이러한 통찰을 자신들의 좌절이나 배제로부터의 일시적인 구원과 기꺼이 바꿀 것이다.

세번째 노동관이 세상에 나타났는데, 그것은 상황의 내부를 바깥으로 뒤집는 것이다. 그것은 자아실현과 변혁을 잇는다. 즉, 그것은 개인의 삶의 실천적 혹은 상상적 환경의 모든 측면을 바꿔낸다. 이 관념에 따르면, 하나의 인격체가 되기 위해 우리는 기존 사회나 쓸모 있는 지식이 지니는 결함이나 한계에 대항하는 투쟁에 참여해야만 한다. 자아실현과 사회봉사의 목표들은 그러한 봉사가 지금의 사태와 관념에 압박을 가하게 한다는 생각과 합쳐진다. 그 싸움은 공개적으로 이뤄지기보다는 상상적인 작업에서 추구되기도 한다. 그 싸움이 실제 삶의 갈등을 수반할 때조차도, 그것은 충직한 봉사의 외관 아래 완화·은폐되기도 한다. 그러나 실망과 실패라는 비용을 치르지 않고서 그 싸움이 완전히 포기될 수는 없다. 저항은 구원(salvation)을 위해 치러야 할 댓가다. 당신이 집단적 삶의 조건에 대한 관심에서 벗어나 예술, 철학 및 과학의 비개인적인 노력으로 옮겨가거나 개인의 직접 돌봄에 전념할 때에만 이러한 명령의 중압감은 줄어든다.

이 노동관──그리고 당신이 당신의 삶에서 가장 가치 있게 할 수 있는 것들에 대한 생각──은 교육받은 사람, 특권을 가진 자, 그리고 특히 특권을 얻기 위해 교육받은 젊은 사람들 사이에서 아주 강하게 뿌리내려왔다. 지식인, 정치운동가, 예술가, 과학자 사이에서 분명하게 그것을 발견할 수 있다. 그러나 그것은 영향력이 큰 전문가들에게까지 확장된다. 전문가들은 특권적인 권력행사와 전문지식을 연결하는 것 이상의 일을 한다. 또한 그 노동 관념은 고결한 소명의 관념과 변혁적인 소명의 더욱 야심적인 기준 간에 나타나는 갈등의 무대로서 기여한다.

스스로를 위해 해야 할 일에 대해 이러한 관점으로 전향한 사람들은 그들 자신의 삶이 주는 경험과 갈등을 겪게 된다. 일과 삶이 무엇을 위한 것인가에 대해 다른 비전을 지닌 집단과의 관계에서도 고충을 겪게 된다. 맑은 정신과 평온한 심정으로 이해하려 노력하지만, 그 고충이 의미하는 바를 쉽사리 말할 수는 없다. 그것을 쓸모없고 자기기만이라고 비난하는 변혁적 소명의 이념에 결함이 있는 것인가? 이러한 점에서 그것은 역사적으로 연계되어온 사랑에 대한 낭만적인 관점과 같은 것인가? 아니면, 이러한 난관과 놀라움은 더 높은 통찰로 나아가는 피할 수 없는 과정인가?

어떤 사람은 어릴 때 변혁적 소명이란 관념의 영향을 받기도 한다. 그를 그러한 관념으로 이끌 수 있는 것들은 많다. 그 관념이 정신과 행동에 관한 궁극적인 진리를 전달한다는 사실을 부인하는 사람들조차도 고급문화를 산출하는 데서는 그 관념의 존재, 즉 그 편재성을 무시하지 못한다. 문학, 사회사상 및 사변적 이론의 저작들, 그리고 도덕적 슬로건을 이용하는 저서들은 이 관념에 흠뻑 젖어 있다. 좀더 광범위한 대중문화는 희석되었지만 여전히 인식될 수 있는 무수한 형태로 이 관념을 되풀이해서 이야기한다. 시대의 정치적 영웅과 모더니스트 반영웅(antihero) 모두 그 핵심 관심사 중 한 측면만을 구체화하는 것처럼 보인다.

이 관념들을 진지하게 받아들일수록, 어려움은 더 커질 것이다. 사회 세계의 저항과 분규에 직면하기 시작하는 순간, 변혁적 소명의 관념을 실현하려는 시도가 비현실적·자기파괴적 프로그램으로 보이기 시작한다. 그것은 유리한 기회와 그에 상응하는 재능을 모두 요구하는 것처럼 보인다. 둘 중 어느 하나라도 결여될 경우, 고상한 목적에서 시작하는 일들은 단지 염원으로 끝나게 될 것이다.

실제 변혁운동 참여에 장애물이 쌓일수록, 자칭 변혁가는 더 분명하게 파괴적인 딜레마에 직면하게 된다. 그는 조정에 나서면서 더 온건하고 "현실적인" 가능성을 찾을 것이다. 하지만 변혁적 소명의 관념으로부터 고결한 소명의 관념으로 넘어가는 것이 쉽지는 않다. 자아와 사회의 관계에 대해 전자가 수반하는 통찰은 후자의 토대를 공격하게 된다. 일단 어떤 사람이 이 통찰을 인식하고 실행에 옮긴다면, 아무리 불완전하고 성공적이지 못하더라도 통찰의 설득력이 너무 강력해서 무시할 수 없게 된다.

변혁적 소명이라는 관념의 기저에 놓인 가정들은 사회에 관한 관념과 자아에 관한 관념을 한데 묶는다. 사회에는 자연적인 필요, 직업 및 서열이 없다. 어떤 형태의 사회질서든, 그것은 그동안 겪어온 그리고 회피해온 싸움의 결과다. 당신의 일은 당신이 의문의 여지가 없는 것으로 여겨왔던 데 주의를 환기시키는 인간적 필요에 봉사할 수도 있다. 하지만 사람들이 당신, 당신의 직업, 당신의 일을 어떻게 생각하는지는 당신이 자연적인 사물의 질서처럼 당연하게 받아들일 수 있는 것이 아니다. 이처럼 주어진 맥락이 당신의 의도를 확인하거나 왜곡하거나 좌절시키기도 한다.

이 사회의 관념과 연결되는 자아 관념은 모든 인간활동에서 변혁적 거부의 으뜸이다. 당신은 세상의 무언가를 바꿔냄으로써 욕구를 충족시킨다. 당신은 현실의 일부분을 사실 또는 환상 속에서 변혁적 변형을 거치게 함으로써, 즉 현재의 모습과 달리 상상함으로써 이해한다. 개인성에 관한 좀더 복합적인 과업은 개인이 활동하는 실천적 또는 가상적인 환경의 복잡한 수정을 동일한 정도로 수반한다. 그 노력을 통해 그리고 그러한 시도를 통해서만, 당신은 스스로를 발견하고 형성하게 되는 것이다.

자아와 사회에 관한 이러한 관념들은 일하는 삶의 목적에 대한 특정 관점을 드러낼 뿐만 아니라, 내가 앞서 자연주의적 전제라고 명명한 것에 대한 불신을 드러낸다. 고결한 소명이라는 관념은 자연주의적 전제에 함축되어 있는 자아와 사회의 비전을 부활시키지 않고서는 쉽사리 다시금 타당성을 회복할 수 없을 것이다.

변혁적 소명에 대한 자신의 책임을 이행할 수도, 그렇다고 고결한 소명에 대한 신념을 가질 수도 없는 사람은 곧 자신이 도구적 노동관에 기울어져 있음을 알게 된다. 그는 자신이 보상받을 수 없는 손해에 대한 보상적 위로를 가족 내에서 또는 장식품 문화(ornamental culture)의 화려함 속에서 찾게 된다. 그는 자신의 도구적 노동이 한 차원 높은 경험으로 전환되는 필연적인 과정으로 파악할 수 없다.

변혁적 소명의 관념이 곤경에 처하면 다른 방향을 취할 수 있다. 야심을 줄이기보다 크게 늘릴 수 있는 것이다. 일상 사회생활의 주고받기 너머에 혁명적 사상, 실천, 예술이라는 위대한 구원행위가 있는 것이다. 코르크로 밀폐된 방에 앉아 예술가는 행복과 구원에 관한 진정한 가능성을 보여준다(하지만 자기를 위한 것인가 아니면 다른 사람들 모두를 위한 것인가). 누군가는 대영박물관에 있는 그의 책상에서 그의 동시대인들 대부분이 무엇을 생각해야 할지 거의 알지 못하는 것에 관한 관점들을 체계화하는 데 심혈을 기울인다. 몇세대 뒤 사람들은 그 교리의 이름으로 만주에서 서로 학살을 자행할 것이다. 다른 이는 시민폭동 와중에 갑자기 기차역에 도착하여 잘 훈련된 추종자들과 성난 대중의 지지를 얻어 국가를 장악하고 새로운 사회생활의 질서를 연다.

변혁적 소명이라는 궁지에 몰린 관념을 위한 피난 통로로 이러한 이미지는 오염된 환상으로 기여한다. 그것들은 아주 작은 그룹의 비범한 사람들 이외에 모든 사람을 배제한다. 그들은 이처럼 비정상적인 경험에서조차 타협·상황·저항 및 실망의 실제 성격, 그리고 의도와 결과 사이의 상상적 부조화 등을 은폐한다. 그러한 절망적인 상황 속에서 마음은 그러한 모멸감을 잊고 싶어한다는 것이다.

변혁적 소명 관념이 움직일 수 있는 두 방향은 서로 보완적인 방식으로 분별력을 잃게 된다. 광기에서 인지적(cognitive) 요소는 분명히 지각과 추론의 두 경험이 교차하는 것이기 때문이다. 지각과 생각이 제자리에서 동결된다. 그것들은 재결합되거나 대체될 수 없다. 동시에, 모든 것이 아무런 노력이 없어도 깨지고 그밖의 모든 것들과 결합될 수 있다. 이 경험은 동시에 공존함으로써 모든 지각과 사유를 자의적인 것처럼 보이게 만든다.

그러나 변혁 작업의 관념을 이 두 방향 중 어느 쪽으로건 이탈하지 않도록 유지하려는 사람을 가정해보자. 그는 곧 변혁의 목적에 대해 상이한 견해를 공유하는 사람들뿐만 아니라 완전히 다른 일의 관념을 가진 사람들과도 충돌하는 자신을 발견한다. 그러고 나서, 그는 그 의도에 의해 고무된 활동이 다른 사람들이 저항하는 권력에 대한 요구를 직간접적으로 포함하고 있음을 인정해야 한다. 그리고 스스로 그 권력의 요구를 정당화하거나 고백할 수 없다는 사실을 인정해야 한다. 심지어 그는 자신의 노동관에 의해서는 정당화되지만 다른 사람들이 반대하는 방식으로 그들이 행동하도록 시도할 수도 있다. 이기심에 굴복하듯이 노동과 공동체에 관한 자신들 이념의 이름으로 말이다.

예를 들어, 부유한 서구 국가에서 어떤 투쟁가는 미혼여성의 낙태권을 옹호하기 위해 싸운다. 그는 부분적으로는 자신의 소명 관념과 연계된 개인의 존엄성 관념을 품고 있기 때문에 그렇게 싸운다. 그는 이 관념을 보편적이라고 상상하고 그렇게 만들기를 원한다. 노동계급 가정은 종교적 신념에서 싸우기도 하지만 일시적인 성별 연대를 억압하여 자신의 위계적 권위를 보존하려는 욕망에서 투쟁하기도 한다. 그 위계적 권위는 고결한 소명으로서의 그들 자신의 노동관에 동반되는 것이기도 하다. 어쨌든, 자칭 승자가 자신이 파괴하려는 자리에 대체해야 할 더 포괄적이고 더 완벽한 형태의 사회적 연대란 어떠한 것인가?

만일 자칭 변혁가가 이 세상에서 행동하는 누군가라면, 그는 역사와 노동에 대한 자신의 비전을 점점 더 공유하는 대중 속에 자신이 속해 있다는 환상을 갖게 될 것이다. 파벌의 존재, 사적인 원한과 프로그램적 차이의 혼재, 리더십을 위한 투쟁, 소명에 대한 그 자신의 관념에 존재하는 자가발전적 요소, 이것들 각각이 문을 두드리게 된다. 하지만 그는 대답을 하지는 않을 것이다. 일단 그가 권력의 맛을 보게 되면, 그러한 환상이 편리하다는 것을 알게 될 것이다. 그는 자신에게 명령을 받은 자의 목소리로 자신을 표현할 것이다.

　변혁적 소명이라는 관념이 전세계의 무수한 사람들에게 영향을 미치기 시작했다. 그것은 노동의 다른 두 관념에 대해 무언의 정신적인 투쟁을 벌이고 있다. 이처럼 요구사항이 많고 꿈같은 견해는 어디에서 오는가? 그 핵심적인 인간적 의미는 무엇인가? 단순히 사상사(history of thought)의 지엽적인 에피소드의 결과처럼 인식하도록 오도될 수도 있다. 서구 세계의 일부 지역에서 이 관념은 프로테스탄트적 소명의식의 세속적 형태로 흔적을 지닌다. 하지만 그 관념은 전염에 의해서뿐만 아니라 독립적으로 어디에서건 발전되어왔다. 고결한 소명의 관념은 앞에서 기술했던 자아와 사회에 대한 통찰에 의해서 손상되어왔다. 이 통찰을 통해, 변혁적 소명 관념은 사회생활이 인공적이고, 다시 만들어질 수 있으며, 다시 상상될 수 있는 특성이 있음을 보여주는 모든 것과 연결된다. 또한 개인성의 관념과 개인이 겪는 고된 시련을, 엄격한 사회적 제약으로부터 자유롭게 해주는 모든 것과도 연결된다. 사람들은 전통적인 종교적·정치적·도덕적 교리들을 붙잡고, 새로운 섭리의 관점에서 그것들을 재해석한다.

　이처럼 더 일반적인 기준으로 변혁적 소명의 관념을 이해하면, 그 안에서 더욱 큰 인간적인 의미를 확인할 수 있다. 이 의미는 그 추종자들의 일상적 사고와 행동 속에 매우 조심스럽게 감춰진, 그 관념의 은폐된 모호성, 열망 및 위험성을 밝혀준다. 개인이 자연적 질서를 가진 사회 내에서 자연적 지위를 차지하는 것으로 스스로를 생각하는 정도가 낮을수록, 그 세계에서 자신이 처한 특정한 상황을 더 예리하게 느낀다. 대체로 그는 추상적·일반적 진술에서보다는 개별적·구체적 지류(ramification)에서 그것을 더 느낀다. 그 사람은 자신을 자기 세계의 중심으로 경험한다. 그는 다른 사람의 생각은 전혀 의식하지 않고 스스로를 의식한다. 그는 자신이 방심한 순간에 자기주장과 욕구 충족의 의지를 느낀다. 그러한 욕구는 어떠한 고정된 경계도 의식하지 못하고, 다만 일시적인 포만감, 무관심 또는 절망감에 의해서만 제한을 받는다. 죽은 후 자신이 없는 세계를 상상할 때, 그는 육체가 없는 구경꾼(onlooker)으로 여전히 그곳을 배회할 것이다. 뿐만 아니라 그는 많은 사람 중의 한 주체로서 세계에 직면하게 된다. 그는 자신이 사물의 중심이라는 주장을 끊임없이 부인하는 실천적·담론적 상호교환에 참여함으로써 내적 성찰을 개진해야 한다. 그는 자신을 중심으로 인정하지 않는 사람들과의 교류를 불가피하게 만드는 활동을 수행함으로써 자신의 물질적·정신적 필요를 채워야 한다. 그는 사람들이 자기중심성에 빠진 모습에서 거의 억압되지 않은 자아도취의 흔적을 보게 된다.

그런데 한낱 웃음거리가 되는 개선책들이 쌓이더라도, 중심이 되고자 하는 개인의 요구는 여전히 사라지지 않는다. 어떻게 그것을 실책이라고 부를 수 있겠는가? 그것은 이론 이전에 가장 기본적인 지각과 욕구의 계기에 내재한다. 그것은 비록 잘못 정의되었지만, 내밀하고 본원적인 자아의 경험에 속한다. 우리의 성찰적 관념이 이러한 경험을 다듬을 수도 있다. 하지만 설득하거나 이해하기를 중단하지 않는 한 그 관념은 그러한 경험을 결코 거부할 수 없다.

우리가 중심이 아니라는 사실을 인정하면서 동시에 중심임을 주장하는 것은 우리에 관한 자연적인 사실 이상의 것이다. 어떤 착시현상에 우리가 민감한 것과 비슷하다. 그것은 개념적 사고의 구조만큼이나 우리의 경험에 기본적이다. 동일성과 차이성에 관해 개념적 사고가 품은 선입관은 우리가 중심이면서 동시에 중심이 아니라고 주장하는 것을 불가능하게 한다. 우리는 개념적 구조와 이에 대립적인 경험 중에서 선택할 때, 어떤 기준에 의거하는가? 비록 우리는 이해·행동하는 특정 맥락 또는 특정 이해관계가 정점에 이른 것처럼 보일 때 경험을 믿지 않지만, 다른 환경이나 다른 목적을 위해서는 개념적 구조를 배제하기도 한다. 이렇게 변경할 수 없는 사람은 우리가 실제 만나는 많은 광인들보다 더 제정신이 아니라고 평가될 것이다. 그의 광기는 단순히 일상적인 경험에서 나타나는 갈등, 즉 자기분열의 과장에 불과한 것이 아니기 때문이다. 그것은 우리의 일상적 지각과 책임을 가능하게 하는 조건들 중 하나를 부정할 것이다.

개인성의 이러한 두 측면 사이에 나타나는 대립은, 고결한 소명이라는 노동관의 기저를 이루는 사회와 자아의 관점이 존속하는 상태에서는 첨예해질 수 없다. 이 관점이 주관성, 즉 중심으로서의 자아의 경험이 무모하고 우려스러울 정도로 확장되는 것을 방지하기 때문이다. 그 관점은 사람들에게 정념의 내적 세계와 사회의 외적 질서를 두 보완영역으로 이해하도록 가르치며, 이 영역은 동일한 질서의 원리를 드러내고 그 질서를 적절히 부여할 경우 서로 간에 필수불가결한 지지를 해준다. 이 자연주의적 관념들은 우리의 경험 속에서 자기중심성과 자기중심성의 극복 사이에 나타나는 대립을 없앨 수 없다. 그러나 관념들은 경험의 표현을 인정하지 않고, 종종 표출되는 것을 단지 그릇된 자존심의 분출처럼 보이게 만들 수 있다. 하지만 사람들이 더이상 고결한 소명으로서의 노동관의 기저를 이루는 자연주의적 관점을 따르지 않을 때, 경험의 두 축 간의 갈등은 외부로 표출된다.

개인적 사랑과 변혁적 노동은 사람들이 주관성의 중요성을 부인하지 않은 채 이기심과 소외로부터 벗어날 수 있게 해준다. 사람들은 사랑으로 다른 사람과 연결되는데 이는 동시에 그들이 지닌 냉정함 속에서 스스로 확신을 갖게 해준다. 변혁적 행동은 대안적 관계를 확립할 수 있는 방법을 그들에게 제공한다. 그 방법은 저항의 맥락을 신성시하는 것을 거부하면서 행동하거나 상상하는 자아에게 자기주장의 기회를 제공하는 그들 삶의 더 큰 집단적 맥락에 참여하는 것이다. 당신이 어떤 관계망을 따르건 간에, 당신은 놀라움을 비축하게 될 것이다.

변혁적 해결책을 추구하다 보면 두가지 장애에 부딪히게 되는데, 이것 역시 수수께끼다. 첫번째 당혹감은 상상력과 의지의 모든 변혁적인 시도에 대한 지속적인 저항과 그 저항의 근원을 완벽하게 이해하지 못하는 우리의 실책이 공존한다는 데 있다. 이 실패는 경험의 모든 영역에서 우리를 괴롭힌다. 무능력의 원인 중 몇몇은 활동 영역에 따라 독특하게 나타나며, 어떤 것들은 모든 영역에 공통된다.

인간 이외의 자연에 대한 인식과 통제가 불완전하게 남아 있는데, 그것은 자연과 우리의 자아 간의 엄청난 불균형 때문이다. 우리는 실천과 상상의 형식을 통해 자연의 일부분만을 알 수 있다. 물론 이 형식들이 자연세계의 다양한 변형적인 형태를 모방하지만, 이러한 모방은 우리의 관심과 능력의 제한적인 관점에서 유래한다. 통찰의 수준은 안식처에 도달할 수 있다는 어떠한 희망도 없이, 더 기초적이거나 보편적인 또 다른 수준으로 떨어진다.

사회에 대한 이해와 적응성은 불완전한 상태다. 왜냐하면 사회는 상이한 자아들로 구성되어 있으며, 자아는 저마다 복종과 폭로에 저항할 수 있는 힘이 있기 때문이다. 게다가 인간 삶의 어떠한 실천적 또는 상상적 질서도 개인성이나 사회의 명확하고 완전한 형식을 표상해내지 못한다. 지금까지 존재해왔던 실천적 질서와 상상적 질서를 모두 합친다고 해도 마찬가지다. 사회에서나 인간 이외 자연의 모든 영역에서 우리의 관념은 치유할 수 없는 불안정에 시달린다. 우리는 항상 다음 단계에서 새로울 뿐만 아니라 우리의 전제와도 불일치하는 뭔가를 발견하게 된다. 우리는 이전에 이러한 진리를 무시해왔을 뿐만 아니라 그것에 대한 전반적인 탐구에 필요한 사유, 관찰 혹은 대화의 모든 방법을 무시해왔는지도 모른다.

상상력과 의지로 완전히 통제하려는 시도에 우리의 환경이 저항한다는 것이 정치적 행동에서 중요한 귀결에 이르게 한다. 행동의 결과에 대해 완벽한 이해나 제어가 가능하지 않다고 하는 점이다. 윌리엄 모리스(William Morris)는 사회생활의 조건들에 대한 모든 변혁적 갈등의 아이러니한 비애를 다음과 같이 묘사했다. "사람들은 전쟁을 벌이고 패배한다. 패배에도 불구하고 싸움의 목적은 달성된다. 그리고 그것이 자기들이 바라던 바가 아니었음이 확인되면 다른 사람들은 또다른 이름으로 그들이 원하는 바를 얻기 위해 싸워야 한다."

변혁적 행동에서 다른 문제가 내부에서 발생한다. 변혁적 행위는 중심으로서의 자아와 여럿 중의 하나로서의 자아 간의 괴리를 연결하는데 완전히 실패한다. 그것은 이제 자기희생 또는 자기과시를 위한 시도로 남게 된다. 사회에서 변혁적 소명의 변천은 이처럼 양면성을 띤다. 자칭 변혁가는 비인격적인 선에 대해 겸허하고 순응적인 종복으로 자신을 묘사하면서 자신을 빛내고 지배하기를 원한다. 가상적인 대표(virtual representation)라는 교리의 미명 아래 겁먹고 수동적인 대중을 좌지우지하려는 자칭 혁명적 전위대는 무수하게 다양한 모습으로 덜 냉혹하게 나타나는 극단적인 사례다.

지난 두 세기 동안 아주 위대한 사회이론들은 이 혁명적 노동관의 기저를 이루는 관념들을 받아들였으며, 또한 이를 해명하고 개진하려 했다. 하지만 그런 작업은 바로 앞에서 말한 골칫거리를 은폐하는 방식으로 이루어졌다. 이 방식으로 그 이론들은 변혁적 소명이라는 관념의 범위를 제한했다. 그리고 변혁에 대한 장애물을 충분하게 정보를 갖춘 사람이라면 완벽하게 이해할 수 있는 법칙 같은 제약의 산물로 보았다. 자칭 변혁가들은 스스로를 역사적 필연의 대리인으로 내세울 수 있었다. 선출되지 않았지만, 억압받고 말 못하는 이들의 대리인이라는 주장이 자기과시라는 의혹에 대한 전형적인 응답으로 남았다.

이 책에서 말하려는 구성적 사회이론을 이해하는 한가지 방법은 변혁적 소명의 관념을 의미 있게 해주는 사회와 개인성의 관점을 끝까지 밀고 나가려는 시도로 독해하는 것이다. 우리는 제약들에 관해 사유하면서, 이를 명료하고 법칙과 같은 필연성의 피상적인 표현으로 이해해서는 안 된다. 우리는 자아와 사회에 관한 반자연주의적인 관념이 어떻게 한 개인 삶의 기획에 영향을 미치게 되는지를 기술해야 한다. 심지어 우리는 그 관념이 어떻게 자기과시적 충동까지 포용하고 품위 있게 해주는 방식으로 이 기획을 이끌어나갈지 보여주려 노력해야 한다.

헌법의 정신: 상상되고 왜곡된 역량강화

20세기 후반의 산업민주국가에서 역량강화의 이념은 기묘한 이중적인 양상을 띤다. 이 이념은 대다수 일반인에게 개방되어 있는 권리보유(right-holding)의 경험이라는 중요하지만 과감하게 생략된 형태로 이미 실현되어왔다. 이 책에서 말하는 역량강화는 통합적 소유권의 모델을 토대로 정의된 법적 권리의 재량영역 내에서 활동할 수 있는 능력이다. 이러한 형태의 역량강화의 성취와 결함에 대해서는 그 대안과 함께 이미 논의되었다.

이 권리보유 경험을 보며 느끼는 부적절성은 모험과 지배의 환상 속에서 명백해진다. 이 환상이 실현되어야 한다는 의미는 아니다. 예외적인 상황에서 사람들이 그 환상을 진지하게 받아들이고 그에 따라 행동할 때, 결과는 대체로 비참했다.

역량강화 이념의 숨겨진 두번째 모습은, 일반 남녀의 일상의 삶에 실현되지 않은 채 남아 있을 때 그 이념이 취한 왜곡된 형태와 이 갈망이 지닌 예외적인 힘을 보여준다. 역량강화를 심미적으로 묘사한 20세기의 대표적인 사례를 살펴보자. 그것은 나폴레옹 보나파르트에 대한 아벨 강스(Abel Gance)의 뮤지컬(extravaganza) 영화(1934)다.[41] 거기에서 나폴레옹은 초월적 열망과 변혁적 소명을 최고의 단계까지 구체화해낸 위대한 영웅이자 의지의 인간으로 그려진다. 그는 기존의 행동 맥락을 받아들이기를 거부하고, 맥락들을 끊임없이 타파하거나 타파하겠다고 위협한다. 그는 자신이 처한 기회와 위험에 대한 예리한 통찰을 갖고 그 상황논리가 배제한 가능성을 상상해내는 능력을 결합한다. 그는 기존의 세계 내에서 마치 자신이 비밀스런 지식을 소유하고 있는 것처럼 행동하며, 실제로 그러한 지식을 갖고 있기도 하다.

그 맥락파괴자는 다른 사람들이 조롱하고 품위가 없다고 생각하는 상황 속으로 자신을 내던진다(예를 들어, 바람둥이 조세핀에 대한 서투르고 자기기만적인 몰두). 그는 더럽혀졌다고 느끼지 않았으며 이를 전혀 개의치 않았다. 우선, 그의 노력이 일상생활의 사소한 야심이나 두려움에서 벗어나 위대한 기획으로 전환되었다. 또한, 그의 시대가 갖고 있던 위계질서에 대한 재평가가 그에 의해 이루어졌다. 맥락으로부터 자유로웠던 그는 다른 가치질서에 입각하여 판단할 수 있었다. 따라서 그가 대안적인 도덕적 비전에 의해 인도될 때, 뻔뻔스럽게 보이게 되는 것이다. 이 비전은 단지 하나의 가치체계를 다른 것으로 대체하는 것이 아니다. 그것은 명확히 규정된 위계질서의 제약으로부터 도덕적 판단을 부분적으로나마 해방시키는 것이다.

---

41) 아벨 강스(1889~1981)는 프랑스 영화감독으로 「아클성의 비극」 「제10교향곡」 「전쟁과 평화」 등을 연출했으며, 1927년 대형 스크린을 사용한 실험적인 대작 「나폴레옹」을 발표했다. 강스는 이 영화를 원래 6부작으로 기획해서 나폴레옹의 생애를 그리려고 했으나, 혁명부터 이탈리아 침공까지만 그린 1부작만 찍는 데 그쳤다. 1927년 파리 오페라 극장에서 초연되었고, 이후 유럽과 미국으로 배급하는 단계에서 상영시간이 대폭 축소되었다 ─ 옮긴이.

비웃음을 사리라는 두려움에서 자유롭게 해주는 그 힘은 바로 속 좁은 허영심이나 분노로부터 그를 해방시킨다. (이것은 등장인물의 실제 심리적 현실이라기보다는 영화 속에 표현된 신화의 일부라는 점을 기억하라.) 비록 그가 특정 개인이나 충성하는 자들을 다루는 데 무자비하긴 했지만, 결코 복수 그 자체에 빠지지도 않았고 허영심에 좌지우지될 수도 없었다. 결국 그는 더 중요한 일에 몰두하며, 훨씬 더 큰 즐거움을 얻는다.

그곳에는 의지의 주인공이, 조연들 그리고 그가 주도하는 중대 사태에 가담한 민중과 함께 공유하는 혜안과 강렬하고 거친 표현이 존재한다. 그것은 19세기와 20세기 초 중국인, 일본인, 러시아인의 사진첩을 떠올리게끔 한다. 사진 속의 인물들은 하나같이 광기어린 표정으로 카메라를 응시하고 있다. 아마도 그런 동요는 낯선 카메라가 불러일으키는 것이겠지만, 사회적 일상의 외피에 구멍을 내고 익숙한 제약이나 목표가 사라지는 혼란스런 부조화의 순간이자 무언의 심오한 관심이 생겨나는 때인 것처럼 보인다. 카메라 때문에 발생한 놀라움은 서구의 침략 때문에 생긴 더 큰 충격을 예시하고 묘사하는 데 도움을 준다. 하지만 이 상황들은 역량강화에 대한 특별하고 양면적인 경험을 초래한 것에 불과했다. 잘 차려입거나 누더기를 걸친 성난 표정의 주인공들은 마치 사진사나 저마다의 상황을 넘어 이전에는 시야에서 가려져 있던 현실을 바라보는 듯하다. "나를 본 사람은 누구도 살아남지 못할 것"(No man sees me and lives)이라고 말한 신의 무언가를 본 것 같았다. 이와 유사하게 강스의 영화에서 주인공들은 이국적인 사진 속의 주인공들이 정지된 카메라를 바라보고 있는 것처럼 움직이는 카메라를 응시한다. 혁명의 막간에 서구의 충격을 유리하게 탈바꿈했다. 의지의 초인부터 동요하는 군중에 이르기까지, 가담자들은 또다른 상위의 실재, 즉 어떤 가정의 세계가 무너지고 아직 새로운 세계가 도래하지 않았을 때, 우리가 보고 느끼는 것들과 교감하는 것처럼 보인다. 그것은 마치 유한성의 갈라진 틈새를 통해 절대성을 엿보는 것과 같다. 이러한 맥락-파괴적 활력은 언제든 우상숭배적인 망상으로 전환될 수 있다. 사람들은 자신들의 특정한 역사적 시도를 마치 그 시도들 자체가 절대적인 것처럼 여길 수도 있다. 그것이 바로 더욱 눈부신 활력(vitality)이 지닌 위험이자 합병증이었다.

인간적인 역량강화의 이 모든 측면들 ─ 변혁적 소명의 열광적인 추구, 조롱의 두려움과 사소한 관심사의 강요 및 "사소한 차이의 자아도취"로부터의 자유, 맥락의 제약을 느슨하게 하는 데 뒤따르는 열정을 세속적인 활동에 전파하는 능력 ─ 은 지도자와 추종자 간의 특별한 유대와 밀접하게 연관되어 있는 것처럼 보였다. 좀더 구체적인 차원에서, 그것은 특별한 형태의 대중조직에서는 분리될 수 없는 것처럼 보인다. 지도자는 기본적으로 다른 사람들과는 다른 방식으로 역량강화를 획득했다. 그는 혼자서 직접 사태를 장악했으며, 이로써 순수한 마음으로 변혁적 소명을 실현했다. 그는 어떠한 스승이나 중재자도 필요로 하지 않았으며, 자신과의 평등도 약속하지 않았다. 이와 반대로 추종자들 간의 평등은 그의 특별한 역할을 받아들이는지 여부에 달려 있었다. 예를 들어, 그가 조롱의 두려움으로부터 벗어났을 때, 추종자들이 똑같은 일을 할 수 있으리라는 어떠한 암시도 없었다. 다만 그가 추종자들에게 주문을 걸고, 그들끼리 서로 주문을 건 결과처럼 무의식적으로 행동한 것을 제외하곤 말이다.

지도자 예외론(exceptionalism)은 모호하지만 그의 역사적 과업 형태와 중요하게 연결되었다. 그 정도와 방법은 다르지만, 사이비 혁명적 민족주의와 그 대리인들은 공동체 이념을 그 이념이 조정하고 유지하는 사회의 위계질서와 겹쳐놓았다. 그 운동은 호전성에 대한 숭배를 받아들였으며, 지도자의 지시에 따라 집단적으로 행사되는 경우가 자주 있었다. 따라서 역량강화의 심리적 경험은 자유의 다른 측면을 제약하거나 부정하는 사회형태를 통해 실현될 수 있었다. 하지만 만일 역량강화가 의미하는 바가 있다면, 그것은 바로 자유였다. 바로 여기에서 사회적 경험은 자기 자신과 싸움을 벌이게 된다. 그것은 기괴한 양면성을 보여주었는데, 이는 이미 추종자들의 상황에서 예견된 것으로 역량강화의 의미에 대한 추종자들의 접근은 역설적으로 지도자에 대한 순종 또는 군중과의 동화에 의존했다. 그럼에도 불구하고, 이 영화는 역량강화의 경험을 마치 이러한 불쾌한 표명과 뗄 수 없는 것처럼 묘사했다.

이 영화에서 관객들은 의지의 인간으로부터 동떨어진 안전거리를 확보하고 있었다. 그들은 한편으로는 위대함이 선택한 사회형태에 대해 수치스럽고 심지어는 혐오감을 느끼면서도, 다른 한편으로는 위대함의 표상에 거의 억제할 수 없는 매력에 빠진 것처럼 반응했다. 그들은 위대함이 택한 사회형태와 위대함의 표상을 구분하는 데 어떠한 도움도 얻지 못했을 뿐만 아니라, 사회가 역량강화의 이용가능성을 확대할 수 있는 어떠한 대안적인 방법도 쉽사리 상상해낼 수 없었다.

이 영화가 일깨운 대서사는 다소 의식적으로 상연된 집단 드라마의 매력적인 힘이 영화 속의 참여 군중과 조연들에게 행했던 바를 관객들에게도 행한다. 즉, 그것은 관객들의 칭송에 알리바이를 제공한 것이다. 하지만 그 외견상의 알리바이는 범죄에 대한 주의를 환기하면서 종결되었다. 역량강화의 미학 ── 평범한 인간의 갈망에 영향받지 않고서 현실을 변혁해내는 상상력에 대한 숭배, 종교 심지어는 사랑을 예술로 대체 등 ── 이 많은 현대예술에 흐르고 있었다. 이처럼 역량강화의 미학은 예술작품의 반소설적(antinovelistic) 양식에서 가장 적나라하고 공공연하게 그 정치적 형식에 도달했을 뿐만 아니라 가장 폭로적인 형식에 도달했다.

그것이 양면성을 갖고 있다 하더라도, 무엇이 관객들을 이처럼 완고한 대서사의 상연으로 끌어당기는지를 이해하기 위해 우리는 사람들이 살아온 환경의 몇몇 중요한 측면을 이해할 필요가 있다. 사회의 하위계층에 속한 사람들은 일자리를 구하고 가족을 부양하며 지역적 혹은 인종적 공동체 내에서 지위를 유지하려는 욕구에 거의 전적으로 매달린다. 많은 이들이 여전히 역량강화의 더 큰 개념에서 자신을 상대적으로 배제하는 고결한 소명의 이념을 신봉하기도 한다. 그러나 물질적 필요의 압박이 느슨해지거나 사회적·개인적 가능성에 대한 사람들의 실질적 혹은 상상적 경험이 넓혀질 때마다 역량강화의 개념은 그에 상응하는 변화를 겪어왔다. 맥락을 변혁하는 경험에 뒤따르는 행복의 다양성은 한 맥락 내에서 안전하게 존재하려는 열망과 함께 출현했다. 맥락을 변혁해내는 경험을 필요로 하는 행복의 다양성은 한 맥락 내에서 안전하게 존재하려는 열망과 나란히 출현했다. 아무 의심 없이 받아들여지는 세계 내의 위치를 단순하게 수용하는 상태로 되돌아갈 수 있는 기회는 거의 없었다. 그러한 상황으로 되돌아간다면, 이는 사람들이 알았고 소중히 간직했던 제한된 행복을 해치는 패배감과 자기 타협의 감정을 만들어낼 것이다. 비상하고 운 좋은 개인 — 지도자, 예술가, 사상가, 주동자와 선동가 — 은 자신의 열망을 충족시킬지도 모른다. 하지만 그 열망은, 다른 사람들을 배제하고 그러한 배제가 만들어내는 역량강화의 역설을 덜 극적인 형태로 영속시키는 방식으로 충족되었다. 특권자건 배제된 자건 역량강화의 대안적인 사회형태를 상상하거나 실현할 수 없다. 이들의 환상이 지닌 특징이 그 제약적인 성격을 두드러지게 했다.

헌법 프로그램의 추진력은 인간의 마음을 공평하게 다루려는, 즉 두려워하거나 수치스러워할 필요가 없는 방식으로 위대함에 대한 은폐되고 손상된 열망을 채우고, 인간의 마음을 경멸로부터 자유롭게 하려는 소망이다. 이 목적을 위해, 역량강화의 경험은 대리만족이 아니라 실제적이어야 한다. 그것은 일반인들의 일상적인 필요나 애착과 조화를 이뤄야 한다. 또한 역량강화의 경험은 지도자 및 폭력에 대한 숭배와 결탁되는 타락으로부터 해방되어야 한다. 여기에 제시된 프로그램은 이 목표들을 성취하기 위한 제도 요건들을 기술한다.

대조에 의해서 재정의된 헌법 정신

이 제도적 제안이 담고 있는 정신은 외견상 그것과 닮은 현재 또는 과거의 유사한 다른 교리들과 대조하면 더욱 분명해진다.

현대세계에서 사람들은 가장 지속적인 매력을 지닌 사회재구성 프로그램을 사회민주주의나 복지-조합 국가로 자주 묘사해왔다. 가장 발달된 형태는 서유럽과 일본에서 등장했다. 물론 선진 산업민주국가들에서도 그 발전 정도는 나라마다 다르다. 하지만 적어도 산업민주국가들 가운데 좌파나 우파 정당들의 프로그램이 이룬 업적에 타격을 입히거나 그에 필적하는 권위를 지닌 정치적 강령을 찾지 못했다는 데에서, 그것이 지닌 영향력이 드러난다.

사회민주주의 프로그램의 주요 교의(tenet)들을 상기해보라. 첫째, 그것은 특정 형태의 입헌민주주의를 신봉하며, 그 제도는 우선 18세기 말부터 19세기 중반의 중요한 시기에 완성되었다. 물론 지지자들은 상당히 다른 대안들을 찾는 데 큰 관심을 기울이기보다는 이 제도 구조가 그런대로 최상의 것이라고 말할지도 모른다. 그들은 주된 문제와 우려사항이 다른 곳에 있다고 믿기 때문이다. 둘째, 이 원리는 형성적인 제도적 맥락에 따라 조직된 규제적 시장경제를 정부가 적극적으로 감독해야 한다고 믿는다. 그 내용과 발생에 대해서는 앞에서 이야기한 바 있다. 민주국가는 산업에서 가장 유망한 부문에 대한 투자를 권장해야 한다. 또한 국가경제가 국제적 노동분업 내에서 유리한 위치를 점하도록 노력해야 한다. 국가는 대기업이나 노동조합, 다양한 부문과 타협을 모색해야 한다. 그것은 모든 부문이 파괴적인 갈등에서 생산적인 협력으로 전환할 수 있게 해주는 분배적 협상이다. 셋째, 국민들의 기본적인 물질적 필요를 잘 관리해야 한다. 이 목표는 직장의 유무와 관계없이 보편적 복지의 요구를 인정함으로써 달성되거나 복지혜택과 직장을 연계해 고용보장을 강조함으로써 달성되기도 한다. 넷째, 사람들은 일터의 조직과 그들의 지역관리에 참여하도록 독려되어야 한다. 이 지역적 참여는 공적 질서와 사적 질서 간의 경계를 흩뜨리고, 시민의식을 다시 활성화하는 데 기여한다. 다섯째, 복지의 보장과 지역적 참여 모두 사회질서에 관한 갈등을 전반적으로 최소화하는 방식으로 이루어져야 한다. 그 갈등은 이데올로기적 입장, 유토피아적 환상 및 이기적인 방어에 완전히 의존하며, 이러한 것들은 실질적 문제를 해결하는 데 필요한 협력적 과제에서 사람들을 떼어놓는다.

서로를 강화하는 두 추동력은 사회민주주의 프로그램의 기초를 이루며 그 프로그램이 왜 사회생활의 정치적 성격을 부인하거나 포용하려는 소망의 가장 최근 버전인지를 분명하게 보여준다. 첫번째 추동력은 역사의 폭력적 함의들에서 벗어나 실천적 관심과 공동체적 참여가 이루어지는 안정된 삶으로 전환하려는 영구적인 소망이다. 다른 추동력은 이데올로기론자들의 산만한 이야기가 감추고 있는 실천적 요건이나 조직적 제약의 객관적 구조를 발견하려는 노력이다.

강화된 민주주의를 위한 논증은 이 사회민주적 프로그램을 실천적·정신적·이론적 측면에서 부적절한 것으로 이해한다. 그것이 실천적으로 불충분한 이유는, 생산역량이나 파괴역량의 발전이 기성 시장과 민주주의의 제도형태가 허용하는 것 이상으로 사회구성 수단에 대한 특권적 지배를 더 철저히 뒤엎을 것을 요구하기 때문이다. 그것이 정신적으로 불충분한 이유는, 우리의 주관적 삶을 풍요롭게 하고 자기주장을 가능케 하는 조건을 더 완전하게 융합하려는 시도를 촉진하려면 기존 사회구조를 이에 녹여넣을 필요가 있기 때문이다. 이론적으로 불충분한 이유는, 그것이 여전히 자연주의적 관념의 희석된 잔재에 의존하고 있기 때문이다. 만일 우리가 이데올로기적 갈등의 혼란을 제거할 수만 있다면, 발견될 것으로 기대되는 유연한 조정과 협력의 잠재적 구조 관념에 의거하고 있는 것이다.

여기서 옹호하는 프로그램은 시장경제와 민주정부를 조직하는 방식 중 급진적으로 수정된 것들을 지지한다는 점에서 사회민주적 이념과 다르다. 이 프로그램은 맥락-보존적 일상과 맥락-수정적 갈등 간의 대조를 더욱 완화하는 제도 장치들을 추구한다는 점에서, 아울러 그것들의 부재를 보상하기보다는 이 제도 개혁을 전제하는 복지 보장의 방식을 선호한다는 점에서, 그리고 사회생활의 기본 조건들을 둘러싼 갈등과 지역 자치나 작업장 자치에 대한 참여를 체계적으로 연계하려고 노력한다는 점에서 차이가 있다.

만약 이처럼 다양한 방식으로 이해된 사회민주주의가 강화된 민주주의 프로그램에 가장 밀접한 대응물이거나 그 경쟁자를 나타낸다면, 시민적 또는 고전적 공화주의는 그 근거들 중의 하나로 보일 수 있다. 그러나 계보학은 비교와 마찬가지로 정확하지 않다.

내가 언급한 시민적 공화주의(civic republicanism)는 많은 사람들이 사용하는 단일하고 가장 중요한 수사적 수단이 되어왔다. 그들은 현대 서구의 경제·통치 조직형태들을 계속 손상시키는 것으로 간주되는 이기적인 개인주의와 만연된 불평등 모두에 반대한다. 전형적인 공화주의적 수사(trope)는 고대 공화국의 특징으로 간주되는 집단적 목적에 대한 사심 없는 헌신을 회복해야 할 필요성이다. 그 대의는 물질적 환경의 평등을 보장하고, 공동선에 대한 사심 없는 헌신을 끌어내는 것이다. 평등은 대략 동등한 재산의 몫을 각 시민들에게 제공함으로써 보장되어야 한다. (예를 들어 토지의) 양도 금지와 지속적인 재분배는 이러한 근본적 평등을 해치는 교환을 방지한다. 공동선에 대한 헌신은 시민들로 하여금 어린 시절부터 공적 책임에 참여하게 하고 편협한 애착과 물질적 쾌락에 빠지는 경향에서 이들을 교화할 수 있는 다양한 교육과 예시를 전개함으로써 이루어질 수 있다. 이 교리의 불완전한 형태는 여러 역사적 환경하에서 줄기차게 옹호되어왔지만, 간접적이나마 실제 정책에 영향을 미치도록 허용될 때마다 실패만 되풀이했을 뿐이다.

고전 공화주의 원리의 물질적 댓가는 혁신하지 못하는 권력의 무기력함이다. 앞에서 거듭 강조했던 것처럼, 실천역량의 발달은 합의적 또는 강제적 수단에 의해 생산요소뿐만 아니라 생산활동의 조직적 환경을 구성하는 장치들을 재결합하고 갱신하는 능력에 달려 있다. 고전 공화주의가 필요로 하는 재결합의 제약에 못 박힌 나라는 국민국가의 군사적·경제적·이데올로기적 경쟁에서 살아남을 수 없었다. 또한 풍요로움이 펼쳐놓는 개인적·집단적 실험의 많은 기회를 그 시민들에게 제공할 수도 없었다.

고전 공화주의 프로그램의 정신적 댓가는 훨씬 더 끔찍하다. 동등한 권리보유자들은 자의식적인 금욕적 생활환경에서 살아나간다. 이 금욕적인 생활은 단지 그 권리체계가 물질적 진보에 부과하는 제약요인에서만 기인하는 것이 아니다. 그것은 이 체제가 사치와 정신적으로 양립할 수 없는 데에서 기인한다. 쾌락이 물질적 사물이나 상징적 표상에 대한 사적인 애착으로부터 유래하는 한, 사치는 부분적으로 감각적 쾌락의 과다(surfeit)와 다양성을 의미하게 된다. 다양성과 과다의 심리학은 기본적인 사회적 장치들의 휴면(quiescence), 삶의 외적인 조건들의 기본적인 동질성, 그리고 각 권리보유자가 자신의 개별적인 권리 영역 내에서 처하게 되는 상대적인 고립 등을 요구하는 환경과 쉽게 조화를 이룰 수 없다. 그 환경에서 개인은 쉽사리 두 대립적인 감정의 희생자가 되며, 그 감정들은 때로는 공존하고 또 어떤 경우에는 서로를 대체한다. 그는 좁은 일상의 무기력함에 빠지게 된다(결국 자작농이나 훗날 그를 대신할 사람은 그의 작은 땅에서 할 일을 얼마나 많이 찾을 수 있을까). 다른 한편, 그는 자신보다 앞서 나가거나 자신의 것을 침해하는 사람이 없는지를 확인하기 위해 경계심을 품고 지켜본다. 이 사회원리의 지지자들은 자신들이 희망하는 공화국의 시민들이 집단적 선을 사적 이익보다 상위에 놓는 것을 기대할 수 있다고 항상 주장한다. 그러나 이러한 집단적 선의 내용은 국내외의 적에 대항하여 불가침의 권리 영역 체계를 방어하는 데 소진된다. 상이한 주관성의 동질화를 확보해주는 것은 그들이 공유하는 공허함이다. 즉 주관적 경험의 풍요는 어떤 경우든 누적된 불일치나 희망 없는 자아도취의 위험을 창출하게 될 것이다. 이 동질성에서 벗어나게 되면 시민들은 과장되고 인색한 미덕의 언어로 자신들의 분노를 위장할지 모른다. 때로는 이러한 감정을 다른 것들에 양보할 수도 있다. 어떠한 사회질서도 갈망을 일상 속에 완전히 가라앉힐 수는 없다. 개인은 엄청난 욕구와 만족을 희구한다. 만일 그 자신의 상상이 이러한 열망을 갖게 되는 데 충분하지 못하다면, 그는 그것을 다른 사회로부터 얻거나, 겉으로는 비난하면서도 내심으로는 부러워하는 반란군이나 일탈자, 또는 심지어 그가 이미 경험한 욕구와 충족에 대한 단순한 과장에서 얻게 될 수도 있다. 그 열망은 영속적이면서 동시에 금지되는 것으로 간주될 수 있다. 공공연하게 과시될 때, 이 열망은 체제와 반목하게 될 것이다. 거부되면 분노와 자기비하로 질질 끌어가며 그 체제를 망가뜨리게 될 것이다.

강화된 민주주의 프로그램은 평등과 참여가 지닌 특징과 형태를 모두 재정의함으로써 이 같은 물질적·정신적 비용을 방지한다. 그 프로그램이 추구하는 물질적 환경의 대략적인 평등은, 최소한의 물질적 필요의 충족(면제권들 사이에 우선순위를 정하자는 요구), 자본에 대한 접근권의 임시적이고 조건적인 성격, 권력과 생산의 형성적 맥락을 도전과 변화에 대한 개방 등에 대한 절대적인 요구들이 수렴되는 효과를 유발하도록 만들어졌다. 그것이 제안하는 공적 삶에 대한 참여는 사적 목적과 엄격하게 구별되는 이타적인 목적의 숭배도 아니며, 또한 늘 다수를 위한 지루함이나 소수에 의한 조작으로 끝나는 모임에 대한 숙명적 강박관념도 아니다. 그 대신 그것이 원하는 바는 사적 열망들이 실현되고 재정의되는 가능한 결합 형태에 대한 우리의 인식을 확대함으로써 사적 열망의 규모와 명쾌함을 확장하는 것이다. 이와 같이 그것은 사적 향유의 기쁨 위에 공유되면서도 고유한 활동을 허용하는 삶의 독특하면서도 공유된 형태를 사회 안에서 창조하는 ─ 사적이지도 공적이지도 않은 ─ 즐거움을 덧붙이려는 것이다.

따라서 여기에서 설명된 급진민주주의 프로그램은 고전 공화주의 비전의 후속편이라기보다는 초자유주의(superliberalism)라고 할 수 있다. 그것은 특권과 맹신에 대항해 자유주의가 벌여온 전쟁을 전통적으로 자유주의가 결합해온 정치적·경제적·법적 조직을 포기하도록 요구하는 지점까지 밀고 나간다. 그것은 이미 모더니티와 화해했으므로 더이상 과거를 회복하는 것처럼 가장하면서 미래를 준비할 필요가 없다. 또한 이 초자유주의는 변호 가능한 좌파 이념으로서, 심층논리 사회이론의 주술을 깨뜨리고, 제도적으로 사고할 필요성에 정면으로 맞서며, 그것이 재구성하고자 하는 바로 그 제도에 의해 형성되는 계급적 이해에 따라 스스로를 정의하는 것을 거부하고, 전복을 삶의 실천적 방법으로 전환함으로써 자유와 평등 양자를 한층 더 확대하고자 한다.

불완전의 의미

이제, 사실이라면 프로그램적 논증에 치명적이라고 할 수 있는 외견상의 세가지 딜레마를 살펴보자. 각각 그 초기 형태는 허위적이다. 하지만 각각의 외견적인 딜레마는 실제 위험을 기술하는 것으로 재공식화될 수 있다. 이러한 위험의 합당함과 심각성을 모두 인정하는 것은 이 프로그램의 반완전주의적(antiperfectionist) 특징을 강조하는 것이다. 강화된 민주주의의 제도적 근거를 위해 주장될 수 있는 바는 그것이 정부조직과 경제조직의 이용 가능한 형태를 넘어선 진전을 나타낸다는 것이다.

| 자기재생산과 안정성
첫번째의 외견적인 딜레마는 헌법의 자기재생산적 성격과 관계가 있다. 한편으로, 헌법체계는 동기를 부여하고 갈등의 기회와 도구를 형성하는 데 성공함으로써 그 자체의 영속성을 보장할 수도 있다. 하지만 그러한 자기방어적 성공은 제도 체제의 권위를 떨어뜨리게 될 것이다. 왜냐하면 그 딜레마가 이 체제가 수정가능성이라는 고무적인 이념을 명백하게 위반하고 있음을 보여주기 때문이다. 권력과 생산의 형성적 맥락은 오히려 더 고착화될 것이고, 이러한 고착화는 대체로 무의식적이고 비가시적이기 때문에 더욱 은밀하게 진행될 것이다.

다른 한편, 제도적 구조가 그 구조의 정당성이 요구하는 것만큼 쉽게 수정될 수 있다고 가정해보자. 사회생활의 기본 조건들에 관한 갈등의 규모가 프로그램적 논증이 암시하는 것만큼이나 광대하다고 상상해보라. 그러면 제도 체제 저변에 놓인 비전을 공유하지 못한 정당이 정권을 잡은 경우, 그 정당은 그것을 바꿔내는 작업에 착수할 것이다. 제시된 형태의 정부조직이 강화하려는 의사결정의 유동성(mobility)은 이 변화들을 일으키는 데 더 용이하게 작용할 것이다. 헌법 정신을 분명하게 공유한 정당만이 그 이념에 따라 그것을 개진할 것으로 기대할 수 있다.

확실히 이 딜레마는 탈고착화와 제도적 안정성의 관계에 관심을 환기한다. 형성적 맥락의 지속력은 대체로 그것의 수정불가능성에 의존하는 것처럼 보인다. 따라서 그것은 성문헌법이나 법규범들이 이 구조를 아주 명확하게 규정하지 못한 데에서 기인한다. 그러한 수정에 대한 그밖의 모든 장애물을 서서히 무너뜨리면서 형성적 맥락을 해명하려는 것은 일시적인 처방처럼 보인다.

이 딜레마의 서술에 내재하는 결점은 제도 계획의 고착화 — 일상적인 갈등의 불안정화 효과로부터 그 계획을 보호하는 것 — 만이 그 연속성을 보장한다는 가정이다. 이 구체적인 제도 계획은 일단 확립되면 영속될 것이라는 어떠한 보장도 없으며, 그렇게 되지도 않을 것이다. 그 계획은 단지 특정한 역사적 상황에 대해 개인적·집단적 역량강화의 기획에 대한 접근방법을 해석할 뿐이다. 그 접근방법의 제도적 함의에 대한 도전은 끊임없이 그리고 예상하지 못할 정도로 이루어져야 한다. 이 변화는 역으로 제도적 계획의 활력 있는 관념에 대한 새로운 해석을 제시할 것이다. 게다가 제안된 헌법정신에 철저하게 냉담한 정당이 권력을 장악할 수도 있다. 그들이 입헌적 계획을 폐기할 수도 있다. 강화된 민주주의의 실험은 일단 중단되면 다시 되풀이되지 않을 수도 있다. 그러나 제도적 계획이 개정하기 어려운 상태로 존속할 경우에만 그 계획이 지속될 수 있다거나 그 계획을 북돋는 이념이 지지될 수 있다고 가정해서는 안 된다. 공화국의 새로운 모델에 관한 논변은, 강화된 민주주의로 인한 개인적·집단적 자기주장 기회의 증대를 한번 맛보게 되면 그것이 쉽게 사라지지 않을 것이라는 가설을 포함한다. 이 가설이 오류로 입증될 수도 있다. 하지만 강화된 민주주의의 정신은 우리가 그것을 실험대에 올리기를 요청한다. 제도 변화에 대한 모든 장애물은 이 제도적 프로그램의 특별 기획이나 의욕으로부터 무엇인가를 빼앗는다. 문제는 실험을 수행하는 것이다. 우리에게는 그 실험의 성공을 희망하는 이유가 있으며, 우리는 무엇보다도 실험의 온전성(integrity) 보존을 원한다. 바로 여기에 전능하고 자비로운 리쿠르고스(각국의 창시자, 혁명가 및 건국자)와 리쿠르고스가 세운 세계에서 살아가는 평범한 역사적 주체들 간의 어떠한 대립도 전제하지 않는 제도 형성의 양식이 있다.

| 투쟁 정신과 역량강화

두번째 딜레마는 헌법체계의 왜곡을 방지하는 데 필요한 심리적 태도와 관련된다. 시민들이 공화국의 조직화된 갈등, 즉 그 해법이 제도 질서의 모든 측면에 영향을 미치고 사회생활의 모든 영역에서 거듭 발생하는 갈등에 적극적으로 가담할 때에만 제도적 프로그램은 원하는 목표를 성취할 수 있는 것으로 보인다. 광범위하고 진지한 시민의 참여가 없을 경우, 강화된 민주주의는 가장 자유로운 정체에서 가장 전제적인 정체로 급작스럽게 전환될 수 있다. 시민들이 권태감이나 좌절감을 느끼며 자신의 당면한 관심사에만 몰두하게 되면, 권력을 쥔 집단은 이 제도 장치 속에서 일시적 혜택을 기득권으로 탈바꿈할 수 있는 최상의 기회를 발견할 것이다. 사회생활 영역 간의 연계, 적어도 그 체제의 초기에 프로그램적 실험이 시도될 수 있는 용이함, 그리고 중앙의 주도권에 맞설 수 있는 독립기구의 미약, 이 모든 것이 새로운 특권질서를 구축할 수 있는 길을 열어놓는다. 고착화와 노예화(enserfment) 작업은 자신들이 가장 자유로운 (그들에게는 알려지지 않았고 또한 가장 깨어지기 쉬운) 체제 아래 살고 있다는 시민들의 느낌을 이용함으로써 더 위험해질 수 있다.

다른 한편, 만일 부단한 투쟁만이 이 왜곡된 결과를 방지할 수 있다면, 강화된 민주주의는 행위와 동기에 관한 비현실적이고 변호의 여지가 없는 가정에 의존하게 될 것이다. 인간 존재의 내재적 이념은 너무 협소하고 편향되어 권위를 갖지 못하게 될 것이다. 그 이념은 시민투쟁의 봉쇄에 의존하는 주관적 경험과 실천적인 문제해결의 모든 형태를 훼손하거나 경시할 것이다. 그 시민들의 투쟁은 그로 인해 전혀 곤란을 겪지 않는 이들이나 겁먹고 사적 영역으로 위축되는 위협을 느끼지 않는 이들의 시간을 허비하게 할 우려가 있다.

하지만 외견적인 딜레마의 이와 같은 양 극단을 대단하게 생각할 필요가 없다. 강화된 민주주의 헌법은 개인적 욕구와 집단적 헌신을 대립시키지 않는다. 그 대신, 그것은 이 논쟁적인 대립이 영향력을 행사하지 못하도록 한다. 그것은 사람들이 의문의 여지가 없는 제도적·상상적 가정의 구조틀 내에서 이익을 추구하는 평범한 실천을, 그 틀에 이의를 제기하는 의외의 활동으로 좀더 쉽게 확장하게 함으로써 대립을 막는 것이다. 따라서 제도적 프로그램이 북돋는 상상과 입법의 실천은 공적인 투쟁이라기보다는 목적을 규정하고 이를 추구하는 일상활동의 확장이다. 그것이 선호하는 표현은 시민적 허영과 영웅적 분투가 아니라 일하는 삶의 활동이다. 그것이 선호하는 장치는 집회보다는 대화이며, 집회가 끝나도 이어지는 대화다.

다른 한편, 입헌계획은 서로 긴장관계에 있는 무수히 많은 인지된 집단 이해관계의 형성을 용이하게 한다. 그것은 시민들이 사회생활의 형태를 둘러싼 조직적 갈등에 참여할 수 있는 영역을 넓힌다. 그 입헌계획은 집단이해의 개념에 안정성을 부여하는 경직된 역할과 서열을 깨뜨린다. 그것은 집단 이해관계 개념을 사회계층에 뿌리내리지 못한 정당들의 좀더 유동적으로 교차하는 노선들로 해체한다. 그 계획은 실제 사회생활을 상당한 정도로 민주적인 정당정치의 실제 모습과 더 유사하게 만든다. 게다가 비록 강화된 민주주의 프로그램이 경직된 노동분업이나 안정된 조합주의 조직이 지탱하는 독립적인 사회 권력기구를 무력화하지만, 입헌계획은 중앙권력에 대한 다른 제약들을 만들어낸다.

따라서 처음에는 견딜 수 없는 딜레마로 보였던 것이 계산된 위험으로 전환된다. 사람들이 시민생활로부터 후퇴하고 그런 후퇴가 더 심한 새로운 당파적 이해관계의 고착화를 가져올 위험에 대해 강화된 민주주의가 적절한 보호장치를 제공할 것이라는 보장은 없다. 나는 다만 입법적 계획이 보장하는 것과 그 혜택이 이런 위험을 감당할 만하게 한다고 주장할 뿐이다. 정말이지 만일 우리가 역량강화로서의 자유를 사회생활에서 조형력을 지향하는 실천적 추진력, 즉 집단적 부와 권력의 조건과 화해시키고자 한다면, 강화된 민주주의 같은 체제에 도달해야 한다. 우리의 행복과 덕성 모두는 우리가 조형력의 추구에 부여하는 특정한 제도형태에 달려 있다. 조형력을 통한 역량강화의 추구가 우리의 맥락-초월적 정체성을 더욱 철저하게 실현하게 할 수 있는 것과 마찬가지로, 그것은 이미 알려진 어떤 것보다도 덜 번잡하거나 덜 폭력적이지만 더욱 철저한 전제주의로 우리를 종속시킬 수도 있다.

| 연대와 역량강화

마지막 딜레마는 헌법정신과 이 정신이 반대하는 것처럼 보이는 사회이념 간의 관계와 관련된다. 만약 개인적·집단적 자기주장을 위한 우리의 기획이 지닌 의미와 요건에 관하여 신뢰할 수 있는 모든 설명 사이에서 헌법정신이 중립적이라면, 프로그램적 논증은 사리에 맞지 않을 것이다. 이 논증은 중립성이란 다만 앞에서 정의된 매우 제한된 의미에서만 가능하다고 가정하기 때문이다. 그러나 일단 중립성에 대한 희망을 포기하면, 우리는 강화된 민주주의가 지닌 편견과 결점을 좀더 솔직하게 인정할 수 있다. 이 제도적 프로그램이 별로 눈여겨보지 않는 가치 중에서 가장 중요한 것은 공동체적 애착, 그리고 개인적 사랑의 변혁적인 덕성과 사람들 각자가 지닌 믿음과 소망이라는 변혁적 덕성에 대한 헌신이다. 역량강화의 이념이 개인적·집단적 자기주장을 성취하기 위한 일반적인 노력보다는 좀더 제한적인 것을 의미하는 만큼, 그것은 개인이나 집단에 대한 특별한 충성심을 유지하기보다는 개인과 집단의 역량을 개진하는 것을 더 높이 평가하는 것처럼 보인다. 그 이념은 이러한 충성심에 내재되어 있기 마련인 관행들을 무시한다.

강화된 민주주의는 단지 우리들이 자기주장을 위한 노력을 전개해가도록 고안된 삶의 형태의 부분적인 비전만을 나타낸다. 이 비전의 세목들은 특정한 역사적 환경이 지닌 유산과 문제점을 반영한다. 그 비전을 옹호하려면 개별적인 규범적·설명적 접근방법에 의존해야 한다. 그 비전의 내용은 변혁된 개인관계라는 개념으로 보완할 필요가 있다.

역량강화의 이념은 옹호될 만한 사회이념의 전체를 구성하지는 못한다. 따로 떼어내 들여다보면, 그것은 확실히 신뢰에 대한 관심을 광신적이거나 나르시시스트적인 권력의지의 과시, 그리고 위대한 역량에 대한 무자비한 숭배 밑으로 가라앉게끔 위협한다.

그러나 제도적 발명과 문화혁명적 실천을 통한 역량강화 프로그램은 우리의 연대 경험을 위협할 뿐만 아니라 정제하기도 한다. 강화된 민주주의 형태로 급진적 기획을 재고안하고 개진함으로써 우리는 애착심에 사랑의 특성을 좀더 쉽게 부여할 수 있다. 그 특성으로는 고조된 상호취약성의 획득, 타자에 대한 상상적 수용과 이를 통해 판에 박힌 이미지·역할·서열을 걷어내기, 타인들에 대한 우리의 욕구와 그들이 주는 위험에 대한 두려움 사이에 존재하는 갈등의 말소 등을 들 수 있다. 사랑의 이 같은 특성은 우리의 공동체 이념 가운데 환상적 요소는 극히 적으면서 가장 견고한 지속성을 보여준다. 즉, 사랑은 삶에 대한 실망과 역사에 대한 놀라움을 가장 잘 견디게 하는 역할을 한다.

역량강화 프로그램은 여러가지 수렴된 방법으로 그것이 위태롭게도 하는 연대의 이념을 강화한다. 그 제안은 모든 역할과 서열을 뒤흔들고 이것들을 영원히 무력화하는 일련의 사회변화를 확대한다. 그 분할과 위계질서가 더 견고하고 영향력이 클수록, 우리의 애정과 적대감은 더 악화된 딜레마와 뒤엉키게 된다. 모든 충성심(allegiance)은 소심한 역할놀이와 혼동되거나 압제자와 피압제자 사이에서 일어나는 착취와 예속의 교환과 혼동되기 쉬운 상태로 남는다. 이와 반대로 더 많은 독립성을 얻으려는 예속자의 모든 시도는 가장 강력한 공동체의 사례들을 대변하는 충성심을 저버릴 것을 요구하는 것처럼 보인다. 사회의 위계적이고 분할된 질서의 제도화된 탈안정화는 이러한 다의성(equivocation)이 나타날 수 있는 기회를 줄인다. 그것은 우리가 아첨을 받아들이지 않고서 타인들과 결합하도록 해주며, 우리가 가장 가깝게 느끼는 사람들과 적대시하지 않고서도 더 많은 자유를 가질 수 있도록 해준다.

역량강화 프로그램은 연대의 발전에 또다른 공헌을 한다. 그것은 다른 사람들이 그에게 행하는 해악을 용서할 수 있는 개인의 자유를 강화한다. 이러한 악행들의 기록은 타인들로부터의 안전을 우선시하도록 부추기게 된다. 그것은 개인들이 거리두기와 방어의 전략에 매달리게 한다. 권한을 부여받은 사람은 좀더 자유롭게 관대해질 수 있다. 그들은 좌절과 분노의 짐을 더 쉽게 덜 수 있으며, 그동안 시도해보지 않은 방법 ─ 특히 애착과 독립적인 자기주장 간의 갈등을 줄이는 방법 ─ 으로 타인들과 관계 맺는 것을 상상할 수 있게 된다.

결국 사회는 협력을 북돋는 방식으로 혜택을 받는다. 그러나 무엇보다도 그것은 각 개인에게 이득이 된다. 왜냐하면 그런 갈등이 인간의 역량 ─ 무엇이 되고, 무엇을 행하고, 생산하며 관계 맺는 ─ 을 차단하기 때문이다.

그러나 세번째의 가장 중요한 방법을 통해 역량강화 프로그램은 우리의 상호관계가 더 나아지도록 돕는다. 엄격한 서열과 역할의 붕괴를 제도화한다면, 이는 민주주의 활동을 유지한다. 그것은 미리 규정된 신분체계에서 지위를 고수하고 있는 것(placeholder)으로부터 우리를 구해낸다. 사회적 신분이 개인의 경험에 미치는 통제력이 느슨해질 때, 우리는 계급, 성, 국적 또는 인종이라는 집단적 범주의 대리인이기보다 개인으로서 서로의 관계를 상상적·실천적으로 더욱 잘 맺을 수 있게 된다. 사회적 지형에서 개인의 지위가 차지하는 좌표에 의해서는 결코 완전하게 정의될 수 없는 구체적인 개체로서 타자에게 말을 건넬 수 있는 이러한 기회가 바로 사랑의 징표다. 강화된 민주주의가 사회 속에서 삶의 공동체적 측면과 비공동체적 측면 사이에 나타나는 첨예한 대립을 무너뜨리는 것과 마찬가지로, 그것이 선호하는 연대 방식은 우리의 공동체적 관계를 사랑과 더 가까운 방향으로 이끌어내는 것이다.

어떤 이들은 자신들이 과거의 공동체 형태를 선호한다고 하면서 반대할지도 모른다. 그러한 과거 형태는 내부자와 외부자의 대립, 집단 내 갈등에 대한 불관용, 배타적인 공동체 전통의 급급한 방어, 공유된 정체성 외부로 나타난 세습된 징표에 대한 헌신, 그리고 가치와 선입관의 지속적인 공유를 기반으로 한다. 그러나 이러한 고대적 양식의 연대는 허위적 필연성이라는 환상을 덜 지속하려는 우리의 다른 기본적인 목표들과 조화를 이룰 수 없으며, 우리를 더 행복하게 해줄 수도 없다. 왜냐하면 그것이 주는 행복이 사회의 평온과 도전받지 않는 편견이라는 특별한 환경을 요구하고, 우리 능력의 발전을 저해하는 조건이 지속되는 데 의존하기 때문이다.

이처럼 ── 고지된(informed) 행복의 약속 ── 우리가 고려해야 할 것은 기존의 옳고 그름의 기준에 일치하는가 여부이기보다는 사회생활의 형태들에 대한 비판과 정당화에서 무엇이 우리에게 중요하며, 또 그래야 하는가이다. 이때의 고려에는 허위적 필연성에 관한 계몽적 충격하에서 정치적 논증을 활용하는 방법 등이 포함된다. 또한 그것들은 더욱 빈틈없이 짜인 다양한 사회비판을 보완하고 수정하며, 이 사회비판은 계승된 인적 결합의 고유한 이념들과 사실상 이 이념들을 실현하는 것으로 추정되는 실제의 장치들을 대비시킨다.

두 거대한 구성적 힘이 사회생활에 작용한다. 한가지 힘은 우리의 실천역량을 강화하기 위한 제도, 관념 및 기법에 대한 끊임없는 실험이다. 세속적 권력 신장을 향한 이와 같은 추구는 덜 확실한 또다른 역량강화의 추구로 바뀌어간다. 그것은 우리가 삶의 일상업무를 수행하는 것처럼 공유된 제도적·상상적 가정에 이의를 제기하고 수정하는 능력이다. 그것은 자기의식과의 관계에 참여하고, 소외와 혼미상태 간의 선택을 피하고, 사회나 문화의 꼭두각시가 되지 않으면서 그 속에서 당당하게 행동할 수 있는 기회다. 이 두가지의 역량강화를 위한 조건들이 서로 중첩된다는 것은 자명한 진리라기보다는 놀라운 사실이다.

또다른 주요한 구성적 힘은 우리를 떼어놓는 분할과 위계질서의 장벽을 가로질러 서로를 받아들이는 것이다. 우리가 원하는 것은 서로의 존재 속에서 우리 자신을 확인하려는 필요성과 서로에게 부과하는 셀수 없는 위험을 회피하려는 투쟁 사이에 나타나는 갈등을 제한해주는 관계와 공동체에 접근하는 것이다. 우리는 중도적인 입장보다 더 나은 무언가를 원한다. 그리고 그것을 찾는 데 실패할 경우 우리는 이 세계에서 안식처가 없는 상태에 놓이게 된다는 것을 알고 있다.

개혁된 민주주의는 역량강화를 실천역량으로서뿐만 아니라 맥락에 대한 지배력으로서 추구하는 데 직접적으로 도움을 준다. 그 핵심은 사회뿐만 아니라 개인에 대한 역량을 확보하는 것이다. 이 목표는 그 프로그램을 자유주의 전통과 이어준다. 그러나 사회나 집단뿐만 아니라 개인들의 역량을 강화한다는 약속은 허위적 필연성을 넘어서는 이론의 시각을 통해 파악되므로, 그것은 자유주의자들이 전통적으로 자신들의 주장과 동일시해온 제도 장치와 단절할 것을 요구한다. 이 불화를 끝내려면 우리는 자유주의와 사회주의 프로그램 간의 대립이라는 통념을 스스로 떨쳐내야 한다. 양자는 동일한 미신에 의지하고 있을 뿐이다.

급진민주주의 프로그램은 연대를 강화하고 정화하는 데 다소 불편한 관계를 맺고 있다. 그 제안을 이행한다고 해서 평화로운 공존이 보장되는 것은 아니다. 그것이 우리에게 돌 같은 심장 대신 따뜻한 가슴을 주는 것도 아니다. 하지만 그것은 연대와 역량강화 간에, 서로의 수용 경험과 능력 개발 간에, 서로에 대한 열망과 모든 개별성에 대해 반발하는 우리 내부의 충동에 걸맞은 특정 표현을 찾으려는 우리의 노력 간에 나타나는 긴장되고 모호하고 고매한 연계를 우리들이 더 완벽하게 실행하는 것을 가능하게 해준다. 달콤함과 위대함을 모두 갖출 수 있는 좋은 기회 이상의 그 무엇을 사회에 더 요구할 수 있겠는가?

서양의 지성계에서 포스트모더니즘과 해체철학이 그 실체를 전면에
드러내기 전에 미국의 법학계에서는 아주 예외적인 사건이 발생했다.
세계의 변화나 새로움에 매우 둔감하며, 안정성을 중심 이념으로 삼아
온 법학계에서 이단의 목소리가 나오기 시작한 것이다. 하버드의 던컨
케네디(Duncan Kennedy)와 위스콘신의 데이비드 트루벡(David Tru-
bek)을 중심으로 모인 진보적인 법학 교수들은 자유주의 법체계의 기
본 전제들에 이의를 제기하기 시작했다.[1] 비판법학자들은 근대사회가
구축해온 법제도의 타당성에 대해서 근본적인 물음을 던지기 시작했
고, 사법판단의 구조뿐만 아니라 법적 사유의 구조 자체에 대해 이견을
드러냈다. 이들은 자유주의 법체계의 기본 전제인 중립성의 원리가 편
향되어 있으며, 기존의 법분석 양식들은 자기합리화에 불과하다고 비
판했다.[2]

비판법학자들은 자신들의 학문적 작업을 "비판법학운동"(Critical

---

1) 김정오 「비판법학의 원천과 쟁점들」, 한국법철학회 편『현대법철학의 흐름』(법문
   사 1996); 김정오 「미국 비판법학의 흐름과 동향」,『법과 사회』제10호(1994).
2) 비판법학자들에 대해서는, 김정오 「자유주의 법체계에 대한 구조적 분석」,『연세법
   학연구』제2집(1992) 참조.

Legal Studies Movement)으로 명명했으며, 이 운동은 소장법학자들이 적극적으로 가담하면서 처음 주도했던 법학자들조차 예상할 수 없을 정도로 급속히 확산되었다. 이 운동의 중심적인 위치에 있었던 학자가 바로 로베르토 망가베이라 웅거(Roberto Mangabeira Unger)[3]였다. 1970년대 중반 웅거가 출간한 두권의 책은 비판법학자들에게 자유주의 법체계를 총체적으로 이해할 수 있는 지적 토대를 제공했으며, 동시에 자유주의 자체가 지니고 있는 한계를 더욱 손쉽게 이해하고 비판할 수 있는 계기를 마련해주었다.[4]

1947년 브라질 상파울루에서 태어난 웅거는 브라질의 혼란스러운 정치적 과정의 희생자이기도 하다. 브라질에서 대학을 마치고, 1969년 LL.M.(Master of Laws) 과정을 밟기 위해 케임브리지의 하버드 로스쿨로 온 웅거는 고국으로 돌아갈 수 없는 처지가 되었다. 케임브리지에 도착한 이듬해 브라질에서는 군사 쿠데타가 발발했고, 그의 친구들과 여동생이 체포되었다. 결국 하버드에 남아 있을 수밖에 없었다. 그가 알고 지내던 하버드 교수들(웅거의 표현에 의하면 그의 멘토들)이 그에게 강의 기회를 제공해 1972년부터 하버드 로스쿨에서 강의를 시작했고, 1976년 29세의 나이에 종신재직권을 얻었다.

리처드 로티(Richard Rorty)가 지적하고 있는 것처럼, 비록 웅거는 자신의 몸이 하버드에 있었고 서구의 사유 역사와 치열한 씨름을 벌여

---

3) 역자와의 교신에서 웅거 교수는 자신의 이름을 표기할 때, 중간이름까지 포함해주기를 주문했다. 브라질에서는 자신이 망가베이라로 불리기 때문에 로베르토라고 하면 혼동을 일으킬 수 있다는 것이다. 그리고 이름을 표기하지 않을 경우에는 그냥 웅거로 표기하면 된다고 알려 왔다.

4) Unger, *Knowledge and Politics* (Free Press 1975); Unger, *Law in Modern Society* (Free Press 1976).

왔지만, 그의 정신과 주된 관심은 남미를 향해 있었다.[5] 1979년 브라질에서 군사통치가 끝나자 웅거는 브라질을 자주 방문했고, 진보적인 정치세력의 형성에 직접 참여하기 시작했다. 그는 브라질 민주운동당에 참여해 강령을 입안하기도 했다. 또한 브라질에서 가장 유력한 신문에 정기적으로 기고했고, 2002년 브라질 대통령선거에서 전임 대통령이었던 룰라(Lula)와 겨뤘던 시로 고메즈(Ciro Gomez)의 자문 역할을 맡았다. 그뿐 아니라 멕시코의 폭스(Fox) 대통령을 위시하여 남미 정치지도자들의 자문역을 맡기도 했다.

웅거는 부시 정권이 신봉하던 신자유주의와 유럽의 좌파가 견지해온 보수적 사회민주주의의 문제점을 비판하고 좌파가 나아가야 할 새로운 방향을 제시하면서 유럽의 정치가들로부터도 많은 관심을 받고 있다.[6] 웅거가 초기 저작들에서 제기했던 자유주의의 딜레마, 그리고 이를 극복하기 위한 대안들이 그의 학문적 작업의 출발점을 이루고 있으며, 나아가 이러한 작업의 토대 위에서 새로운 대안들을 내놓고 있다.

여기에서는 웅거가 제시하는 사회이론이 어떠한 이론적 토대 위에서 형성되었으며, 그가 어떠한 대안들을 이야기하고 있는지 살펴보고자 한다. 웅거를 현실의 학문적 경계로 분류한다는 것은 거의 불가능해 보인다. 철학에서부터 법학, 종교, 자연과학에 이르기까지 그가 탐구해온 주제들은 거의 모든 인간적·사회적 문제를 망라하고 있을 뿐만 아니

---

5) Richard Rorty, "Unger, Castoriadis, and the Romance of a National Future," 82 *Northwestern L. Rev.* (1988) 335면 이하.

6) 제임스 크랩트리와의 인터뷰, "The future of the left," *Renewal* Vol. 13, No. 2/3 (2005). 이러한 작업의 결과물은 그의 저서인 Unger, *The Left Alternative* (Verso 2009)에 잘 나타나 있다. 2013년 Institute for Public Policy Research에서 노동당과 영국의 대안에 관한 연설 참조. https://www.youtube.com/watch?v=rJq8VImEBTc

라, 아리스토텔레스부터 마르크스에 이르기까지 그가 씨름해온 사상가들은 어느 한 분파에 머물지 않는다.[7] 그는 자신의 이러한 지적 작업을 "사회이론"이라고 명명한다. 어떻게 보면 그는 철학자이자 정치사상가이며 동시에 법학자이기도 하다. 이처럼 다면적인 성격을 갖고 있는 웅거의 이론을 간략하게 개관해보도록 하자.

웅거의 지적 발전

웅거는 1975년 『지식과 정치』, 1976년 『현대사회에서의 법』을 출판하면서부터 자신의 이름을 세상에 알리기 시작했다. 『지식과 정치』에서 웅거는 자유주의가 안고 있는 딜레마를 철저하게 분석해냈으며, 자유주의 사회의 현실 속에서 나타나고 있는 한계를 명쾌하게 드러냈다. 이러한 사회이론을 토대로 그는 『현대사회에서의 법』에서 자유주의 법체계가 한계를 지니고 있으며, 근대 혁명의 이념을 실현하기 위해 이러한 한계를 지닌 법체계를 해체해야 한다고 주장했다.[8]

자유주의 법체계에 대한 웅거의 급진적인 평가는 진보적인 법학자들의 열렬한 지지를 얻었고, 비판법학운동이 형성되는 데 귀중한 이론적 지침 역할을 했다. 물론 웅거가 겨냥했던 것은 사실 법학자들보다는 정

---

7) 로베르토 웅거 『주체의 각성』, 이재승 옮김(앨피 2012). 최근 웅거는 자연철학과 종교에 관해서 새로운 저서들을 내놓았다. Unger, *The Religion of the Future* (Harvard University Press 2014); R. M. Unger and Lee Smolin, *The Singular Universe and the Reality of Time* (Cambridge University Press 2015).

8) 김정오 「로베르토 웅거, 법의 지배는 해체되고 있는가」, 『양승두교수 화갑기념논문집』 Vol. II (홍문사 1994) 19~38면.

치학자나 사회이론가들이었다. 그러나 초기 저작 두권의 주요 독자는 법학자들이었다. 1970년대 후반부터 1980년대에 이르기까지 발표된 비판법학자들의 논문에서 웅거의 두 저서는 거의 예외 없이 인용되었다.[9] 비판법학자들에게 웅거의 저서는 마치 성서와도 같았다. 웅거의 두 저서가 갖는 힘은 철학적 통찰로부터 사회이론, 법이론, 정치이론, 역사적 사실로 확장되어나가는 그의 지적 흡인력에 있었다. 그가 탐구한 문제들은 고대부터 현대에 이르기까지 섭렵하지 않은 사상이나 이론이 없을 정도였다. 법사상이나 법이론에 얽매여 있던 당시 법학자들에게는 지적 오아시스였던 것이다. 이들은 웅거가 논리정연하게 정리해놓은 사유의 지형도를 따라 자신들이 필요로 하는 사상이나 사회이론에 접근할 수 있었다.

1983년 제6차 비판법학학회에서 행한 강연에서 웅거는 비판법학운동이 나아가야 할 방향을 제시했다.[10] 하지만 그의 제안은 이미 포스트모더니즘으로 경도되기 시작한 급진적 소장학자들과 소원한 관계를 맺는 결과를 가져왔다. 이 강연에서 웅거는 "초자유주의"(superliberalism)를 제시했다. 초자유주의 프로그램은 국가와 사회에 대한 자유주의적 전제들과 의존적이고 통제적인 사회관계들로부터의 자유라는 전제를 좀더 거대한 열망 속으로 통합할 수 있도록 추진하는 것이다. 그

---

9) 비판법학운동에서 웅거가 차지하는 위치에 관해서는, John Henry Schlegel, "Notes Toward an Intimate, Opinionated, and Affectionate History of the Conference on Critical Legal Studies," 36 *Stanford Law Rev*. 391 (1984).

10) Unger, *Critical Legal Studies Movement* (Harvard Univ. Press 1986). 이 논문은 원래 *Harvard Law Review* Vol. 96 (1983)에 실렸던 것인데, 3년 뒤 하버드 대학출판부에서 단행본으로 출간되었다. 2015년 웅거는 이 책을 개정해서 재출간했다. Unger, *The Critical Legal Studies Movement: Another Time, A Greater Task* (Verso 2015). 웅거는 이 글이 비판법학운동을 위한 강령으로 집필되었다고 밝히고 있다.

프로그램은 자아를 덜 소외시키는 사회세계를 건설하는 것을 주 내용으로 하고 있었다.

그러나 웅거가 자유주의의 옹호자로 변신하거나 자신의 초기 비판 작업을 포기한 것은 아니었다. 곧 이어 발표한『정념』[11]에서 웅거는 "인간성"의 문제를 다루면서, 우리가 살아가는 사회적 맥락을 형성하고 있는 제도적·상상적 전제들을 초월하고 새로운 맥락을 형성할 수 있는 가능성을 제시한다. 웅거의 주장에 의하면, 개인은 "자기주장"(self-assertion)을 통해서 자신의 삶을 통제하고 있는 맥락(context)을 초월할 수 있으며, "자기주장"이야말로 맥락을 파괴하고 형성한다.[12] 그러한 방식을 통해 개인은 맥락에 의해 주어진 역할을 넘어서 타인과 진정한 인격체로서 관계를 맺을 수 있다. 웅거의 관점에서 볼 때, 이러한 맥락의 파괴와 형성이야말로 인간조건에 본질적인 것이며, 사회는 개인들의 "자기주장"을 받아들일 수 있는 "조형적인 맥락"(plastic context)을 보존해야 하는 것이다.

이와 같이 새롭게 조명된 근대적인 인간성의 관념을 중심으로 웅거는 초기 저작들에서 제기했던 문제들에 대한 포괄적인 대안을 담은『정치』[13]를 세권으로 출판했다. 이 저서에서 웅거는 진보적인 사회이론과 프로그램적 사고를 통합하려고 시도한다.[14] 특히『정념』에서 발전시킨

---

11) Unger, *Passion: An Essay on Personality* (Free Press 1984).

12) 여기에서 "context"라는 용어는 사회구조를 의미하지만, 웅거는 경직된 함의를 지니고 있는 structure라는 단어 대신에 context라는 단어를 사용하고 있다.

13) 이 저서는 1987년 세권으로 케임브리지 대학출판부에서 출간되었다가, 2001년부터 129면에 달하는 서문을 새로 넣고 개정하여 버소(Verso)에서 출판되고 있다.

14) 이러한 웅거의 프로그램적 사고에 대한 소개로는 David M. Trubek, "Radical Theory and Programmatic Thought," *The American Journal of Sociology* Vol. 95, No. 2 (1989) 참조; 웅거는 설명적 주장과 프로그램적 주장을 동시에 제공함으로써, 우리

인간성의 개념, 즉 "인간은 유한 속에 갇힌 무한"이라고 하는 기독교-낭만주의적 개념에 기초하면서 새로운 형태의 사회이론과 사회변혁의 방향을 제시하고 있다.

1987년 노스웨스턴 로스쿨에서 웅거의 『정치』에 관한 심포지엄이 개최되었다. 이 심포지엄에는 법학자, 철학자, 정치학자, 경제학자, 역사학자, 종교학자 등이 참여하여 웅거의 저서에 대해 열띤 토론과 비평을 했다.[15] 이 심포지엄에서 코넬 웨스트(Cornel West)는 웅거의 저서가 지나치게 추상적이며 구체적인 현실과 동떨어져 있다고 지적했다. 이러한 지적에 대한 응답으로 웅거는 1998년 두권의 저서를 발표했다. 이중 한권은 웅거를 비판했던 웨스트와 공저로 발간되었다.[16] 그 책에서 웅거와 웨스트는 미국에서의 진보주의 미래를 전망하고 그 가능성에 대해 구체적인 대안들을 제시했다. 뒤이어 웅거는 『정치』에서 제시했던 대안들을 좀더 현실적인 정치·경제 상황을 겨냥하는 저서를 발표했다.[17] 이 책에서 웅거는 신자유주의와 보수적 사회민주주의를 모두 비판하면서 민주주의를 더욱 심화시키고 경제성장을 촉진할 수 있는 방안을 제시했다. 이러한 웅거의 작업은 선진국은 물론 후진국에 속하는

가 처한 상황을 더욱 잘 이해할 수 있고 오늘날 존재하는 제도적 요소들을 더욱 명확히 할 수 있다고 주장한다. 웅거에 따르면, 오늘날의 맥락에 대해 신뢰할 만한 대안들을 상상해내는 우리의 능력은 자아실현과 제도변화라는 진보적 주장에서 필수적이라고 한다. 만일 우리가 우리를 제약하고 있는 제도들이 어떻게 바뀔 수 있는지를 상상하지 않는다면, 그것들을 변화시킬 수 없다는 것이다.

15) "Symposium: Roberto Unger's Politics: A Work in Constructive Social Theory," *Northwestern Law Review* Vol. 81 (1987). 이 책은 같은 해에 케임브리지 대학출판부에서 단행본으로 출판되었다. Robin Lovin and Michael Perry (eds.), *Critique and Construction: A Symposium on Roberto Unger's Politics* (Cambridge Univ. Press 1987).

16) Unger and West, *The Future of American Progressivism* (Verso 1998).

17) Unger, *Democracy Realized: The Progressive Alternative* (Verso 1998).

지식인들과 정치인들을 논쟁의 장으로 끌어들이기 위한 것이었다.

웅거의 사회이론

웅거 사회이론의 핵심은 "인공물로서의 사회"(society as artifact)라는 개념이다.[18] 사회는 저변에 놓인 자연적인 질서의 표현이라기보다는 인간에 의해 상상되고 만들어지는 것이다. 근대 초 사상가들이 형성한 사회이론은 이러한 전제에서 출발한다. 인간 사회가 하느님의 섭리에 따라 형성된다는 기독교적 세계관에서 벗어나, 인간들 스스로 선과 악의 기준을 설정하고 지배의 정당성을 확보하기 위한 사상적 탐험이 시작된 것이다. 자연법에 근거하지 않고 자연권 개념을 이끌어낸 홉스의 사회이론과 당시 사회형성의 정당성의 토대를 이루었던 사회계약론이 가장 전형적인 예라고 할 수 있다. 이러한 관념에 기초하여 웅거는 심층구조 사회이론과 실증주의 사회과학을 비판하면서 자신의 독창적인 이론을 구축하고 있다.

| 기존의 사회이론 비판

심층구조 사회이론에 대한 비판
"인공물로서의 사회"라는 관념이 철저하게 실현되기도 전에 이에 대립되는 사회이론들이 형성되기 시작했다. 인간의 역사를 법칙으로 설명하려는 역사과학이 발전하면서 "인공물로서의 사회" 관념은 타격을

---

18) 이 책 43~67면.

받았다. 웅거는 역사를 법칙으로 설명하려는 사회이론을 "심층구조 사회이론"(deep-structure social theory)이라고 명명한다.[19]

심층구조 사회이론은 다음과 같은 세가지 이론적 관점에서 출발한다. 첫번째 관점은 모든 역사적 조건에서 형성적 맥락, 구조틀 혹은 구조와 일상적인 활동들을 구분하며, 이러한 구조가 어떻게 일상적인 활동들을 재생산하는 데 기여하는가를 밝히는 데 주력한다. 두번째 관심은 특정한 환경에서 확인된 구조틀을 사회조직의 반복적이고 불가분적인 유형의 한 예로 설명하려고 시도한다. 자본주의가 가장 전형적인 예 중의 하나다. 세번째 관심은 심층적인 제약조건이나 발전법칙에 호소하는 것이다. 한편, 비진화론적 심층구조 분석가는 일련의 가능한 사회질서에 제한을 가하는 저변의 제약요인들을 밝히는 데 주력한다. 이러한 제약요인들은 경제적·조직적 혹은 심리적인 것들이다. 다른 한편, 진화론적 심층구조 분석가는 특정한 구조틀이 그 특유의 결과를 야기한다는 법칙적인 설명을 추구한다.

이러한 심층구조 사회이론의 대표적인 유파가 마르크스주의다. 마르크스주의는 봉건주의, 자본주의, 공산주의와 같은 사회구성체의 유형들을 구분하고, 각각의 사회유형이 고유한 사회제도들과 이에 상응하는 이데올로기들의 특정한 패턴을 필연적으로 구성하는 내적 논리를 갖고 있다는 사실을 밝히는 데 주력한다. 주류 마르크스주의 이론들은 사회구성의 한 유형으로부터 다음 단계 유형으로 지속적으로 진화하는 패턴의 존재를 주장한다. 특히 자본주의로부터 공산주의로의 전이에서 정점을 이룬다.

웅거는 마르크스주의와 구조적 이론들을 거부하는데, 그 근거는 이

---

19) 이 책 90~136면.

들이 역사적 경험을 무시한다는 데 있다.[20] 예를 들어, 서유럽과 동유럽에 실제로 존재하는 국가들의 사회적·경제적 체제는 마르크스주의자들이 사용하는 봉건주의, 자본주의, 공산주의 유형으로 분류하기에는 그 다양성의 폭이 너무 넓다는 것이다. 특히 어떤 사회가 한 유형으로부터 다른 유형으로 진화하는 패턴이 다르기 때문에 이를 직선적인 진화과정으로 설명할 수 없다는 것이 웅거의 입장이다. 어떤 나라들은 산업사회를 유지하기 위해서 자유주의 국가형태를 채택하는 반면, 다른 나라들은 조합주의와 결합된 더욱 경직된 형태의 국가통제체제를 갖고서 실험을 한다. 따라서 봉건주의에서 자본주의로 전환하는 데 어떤 법칙과 같은 진화의 과정을 발견하기가 거의 불가능하다는 것이다.

물론 마르크스주의자들이 이러한 비판을 수용하여 사회유형의 체제를 국가, 재정, 산업자본주의와 같은 구성요소들을 구분하고 진화의 과정에 예외를 허용할 수도 있을 것이다. 그러나 이러한 예외를 허용하면 그 이론 자체가 심각할 정도로 침식되며, 결국 마르크스주의는 구조에 대한 유용한 설명을 제공하지 못하게 된다는 것이다. 콜린스(Collins)는 판사에게 예외를 만들어낼 수 있는 재량권을 부여하는 규칙을 규칙이라고 할 수 없는 것처럼, 점점 불어나는 예외와 일탈을 인정하는 사회진화론은 구조적 제약과 진화적 패턴에 대해서 유용한 설명을 제공하지 못하게 된다고 지적하고 있다.[21]

실증주의 사회과학에 대한 비판

심층구조 사회이론에 대한 비판과 함께 웅거는 기존의 실증주의 사

---

20) 이 책 109~20면.

21) Hugh Collins, "Roberto Unger and Critical Legal Studies Movement," *Journal of Law and Society*, Vol. 14, No. 4 (1987) 390~91면.

회과학의 관점들을 비판한다.[22] 그는 사회학, 역사학, 경제학의 주류적인 접근들이 구조적 제약의 중요성을 파악하는 데 실패했다고 주장한다. 실증주의적·경험론적 사회과학이나 역사학은 개인적 혹은 집단적 이해관계의 충돌과 이것이 고립된 역사적 사건들에 어떻게 영향을 미치는가를 세밀하게 검토하지만, 이러한 갈등을 형성하고 그 해결책의 범위를 제한하는 제도적·이데올로기적 구성틀에 충분한 관심을 보이지 않는다는 것이다. 다시 말해서 실증주의 사회과학은 형성적 맥락과 일상적 활동의 구분을 거부한다. 웅거는 이러한 실증주의 사회과학이 빠져나갈 길이 없다고 주장한다. 맥락과 일상의 차이를 거부함으로써 사회과학자들은 오로지 기존의 제도적·상상적 맥락 내에서의 갈등과 타협의 일상을 탐구하게 된다. 그들은 형성적 맥락이 안정적일 경우 그 맥락이 일상적 활동에 미치는 영향력을 망각하게 될 것이다. 따라서 실증주의 사회과학자들은 사회생활의 근본적인 제도적·상상적 구조에 대한 저항, 즉 형성적 맥락과의 갈등을 간과하게 된다.

| 반필연적 사회이론의 구성

앞에서 살펴본 바와 같이 웅거는 심층구조 사회이론과 실증주의 사회과학을 모두 거부한다. 하지만 웅거는 심층구조 이론의 첫번째 관점인 형성적 맥락과 형성된 일상의 구분을 유지하는 반면, 다른 두 관점들을 거부한다. 다시 말해서 각 형성적 맥락을 불가분적이고 반복적인 유형 아래 포섭하려는 시도와 이러한 유형들을 지배하는 일반법칙을 찾는 시도를 거부한다. 이러한 관점이 웅거를 기존의 마르크스주의자들과 실증주의 사회과학자들로부터 구별해준다.

---

22) 이 책 388~93면.

웅거는 지난 두 세기 동안 출현한, 영향력이 크고 포괄적인 사회이론 들이 내적 긴장관계로부터 고통을 받는다고 지적하고 있다.[23] 이 이론들, 특히 마르크스주의는 사회생활의 모든 조직을 인간본성이나 사회적 조화에 의해 영구적인 패턴으로 주어지기보다는 만들어지고 상상된 것으로 취급한다. 따라서 사회생활의 양식들 간의 현격한 불연속성을 강조하며, 각각의 양식을 다른 형태의 인간조건의 표현으로 인식한다. 그러나 이 이론들은 역사 및 사회에 관한 과학을 발전시키려는 이론적인 야심에 구속되면서 초기에 가졌던 사회인식을 왜곡하기 시작했다. 이 과학은 인간을 진화적 논리의 산물이나 심층적인 경제적·조직적·심리적 제약의 산물로 환원시켰으며, 인간은 그러한 제약조건들을 바꿀 수 없는 존재로 전환된다.

웅거는 자신의 설명이론이 이러한 명백한 딜레마를 해결할 수 있음을 보여주고자 의도된 것이라고 밝힌다. "인공물로서의 사회"라는 관점을 더욱 궁극적인 지점까지 밀고나갈 수 있으며, 이론적인 니힐리즘에 굴복하지 않으면서 또한 기존의 사회질서에 저항하는 능력을 약화시키지 않고서 이를 실현할 수 있다고 주장한다. 따라서 자신의 이론적 관점은 사회가 만들어지고 상상된 것이라는 생각을 극단으로까지 밀고나가는 것이며, 우리가 극단으로 나아갈 때, 무이론(no theory)이 아니라 이론을 발견하게 된다고 주장한다.[24]

웅거가 구상하는 사회이론에서 핵심적인 역할을 하는 것은 "형성적 맥락"(formative context)이라는 개념이다. 이 용어는 마르크스주의나 구조주의에서 주로 사용하는 "구조"와 유사한 의미를 지니고 있다. 그

---

23) 이 책 378~88면.
24) 이 책 379면.

렇지만 그 속성에서 큰 차이가 있다. 웅거가 제시한 형성적 맥락 개념
에 대해 페리 앤더슨(Perry Anderson)은 "그것은 너무 경직되고 복제적
인 것으로 포기된 마르크스주의 전통의 생산양식에 대한 대안으로 명
백하게 제시된 것이다. 형성적 맥락은 다소 느슨하고 단일한 것이다. 그
것은 주요 자원들의 배분에 대한 통상적인 기대와 관행적인 갈등을 통
제하는 우연적인 제도적·이데올로기적 클러스터이다"[25]라고 정의한
다. 하지만 앞에서도 지적한 것처럼 웅거는 비록 형성적 맥락이 우리의
일상을 규제하는 것은 사실이지만, 그것이 폐쇄적이거나 고착화되어
있다고 생각지 않는다. 다시 말해서 웅거는 사회적 장치들이 사회진화
의 논리에 뿌리를 두고 있으며 상위의 합리적 혹은 실천적 필연성을 반
영한다는 견해를 거부한다. 이것이 바로 그가 추구하는 반필연적(anti-
necessitarian) 사회이론이다.

　웅거는 형성적 맥락의 개방성이나 변경가능성을 강화하기 위해서
"부정의 능력"이라는 개념을 제시한다. 웅거는 이 말을 더욱 일반화하
고 변형된 형태로 사용한다. 부정의 능력이 의미하는 바는 사고와 행동
에서 기존의 형성적 맥락을 부정함으로써 그 맥락을 초월하는 능동적
인 인간의 의지와 능력이다. 부정의 능력을 고양시키기 위해서는 제도
적 맥락을 창조하는 데까지 이르러야 하며, 그러한 제도적 맥락들을 변
화에 더욱 개방적으로 만들어야 한다. 다시 말해서 구조와 일상, 혁명과
작은 개혁, 사회운동과 제도화 간의 거리가 더욱 좁혀져야 한다. 웅거는
부정의 능력 강화를 목적 자체로, 즉 인간 자유의 차원이자 동시에 다른
목표들을 성취하는 수단으로 파악한다. 웅거는 형성적 맥락들의 조형

---

25) Perry Anderson, "Roberto Unger and the Politics of Empowerment," in *A Zone of Engagement* (Verso 1992) 135면.

력과 힘을 인정하지만, 그것들로부터 고도의 필연성이나 권위의 힘을 박탈한다. 우리는 맥락초월적 주체로서의 인간본성에 더욱 적합한 제도적·담론적 맥락들을 만들기 위해 투쟁할 수 있는 것이다.

사회이론의 관점에서 볼 때, 웅거는 마르크스주의와 포스트모더니즘을 비판하면서 이에 대한 대안을 제시한다. 그는 마르크스주의가 구조를 물신화하고 오히려 진보적인 정치를 무기력하게 만들었다는 점에서 비판한다. 그리고 구조를 진지하게 받아들이지 않는 포스트모더니즘을 염두에 두면서 이 이론들을 "울트라(ultra)이론"으로 명명한다.26) 울트라이론은 끊임없는 부정의 작업 속에서 하나의 진정한 인간성을 찾으려고 한다. 따라서 울트라이론은 설명적인 기술을 제공할 수 없고 진보적인 정치에 필요한 프로그램적 이념들을 만들어 낼 수 없다. 이러한 두 이론의 한계를 지적하면서 웅거는 자신의 사회이론을 "슈퍼(super)이론"이라고 부르고, 그 이론의 주요 과제는 강화된 민주주의 프로그램으로 사회를 재구성하기 위한 것이라고 주장한다. 슈퍼이론은 마르크스주의나 구조주의와 같이 개개인의 일상적인 활동이 구조에 의해 제한된다는 사실을 인정하지만, 그 구조의 필연성이나 법칙성을 인정하지 않으며 인간들은 이러한 구조를 초월할 수 있는 능력을 지닌 존재로 전제된다. 물론 웅거는 울트라이론가들의 한계를 비판하지만, 그 이론이 자신이 추구하는 이론과 매우 밀접하고 유사한 관점을 갖고서 작업을 수행하고 있다는 점을 인정하면서 이 이론가들이 끊임없이 자신들의 관점에서 비판 작업을 수행하기를 희망하고 있다. 하지만 웅거의 입장은 "포스트모던 시대 이후"에 건설되어야 할 사회세계에 대한 비전

---

26) 이 책 168~75면. 울트라이론의 대표적인 학자로 웅거는 미셸 푸코와 안토니오 그람시를 들고 있다.

과 이론을 제시하는 것으로 볼 수 있다.

자유주의와 사회민주주의를 넘어서

구소련의 공산주의체제가 무너지고 중국이 세계 자본주의체제로 편입된 이후, 인류 역사의 유일한 대안은 자유주의, 특히 신자유주의라는 주장이 대세를 이루고 있는 상황이다. 이에 유럽의 사회민주주의는 기존 노선을 수정하면서 자유주의적 요소들을 대거 수용하며 제3의 길을 제시하고 있다.[27] 다른 한편, 신자유주의 역시 사회민주주의 프로그램들을 적극적으로 수용하면서 두 체제가 수렴되어가고 있다. 웅거는 오늘날 유럽의 사회민주주의 기획이 진보적이고 변혁적인 정신을 상실했다고 비판한다. 유럽의 사회민주주의가 안고 있는 가장 커다란 딜레마는 특정 노동세력에게 상대적으로 특권화된 지위를 부여함으로써 이 집단에 속하지 못한 아웃사이더들을 배제하는 결과를 가져오고,[28] 이로써 사회민주주의가 지향했던 불평등이 거의 해소되지 않고 있다고 지적한다. 그는 이러한 딜레마의 핵심이 사회민주주의가 보수화되면서 정치적 활력을 상실한 데 있다고 파악하고 있다.

웅거가 명시적으로 지목하지는 않지만, 이러한 문제점을 지닌 사회민주주의는 기존의 사회민주주의와 기든스가 제3의 길로 기획했던 사회민주주의를 포괄하고 있다. 웅거는 신자유주의와 사회민주주의가 수렴되는 것을 "제1의 길"이라고 특징지으며, 이에 대한 자신의 대안을

---

27) 앤서니 기든스『제3의 길』, 한상진·박찬욱 역(생각의나무 2000).
28) 여기에서 아웃사이더는 비정규직 노동자, 즉 노동조합에 의해 보호받지 못하는 노동자들을 말한다.

"제2의 길"이라고 명명한다.[29]

웅거의 프로그램이 지향하는 것은 자본을 더욱 개방적으로 분산시키고, 구조적 개혁을 현실적으로 가능케 하는 정치제도들을 만들어냄으로써 부유국이건 빈국이건 경제/사회 이원주의를 극복하는 것이다. 경제적 재구성을 위해 웅거가 제시하는 대안의 핵심은 평생고용의 요구를 개별 노동자와 시민의 자원·능력을 고양시키는 제도로 대체하고, 보수적 사회민주주의를 분권화된 형태로 다변화하는 것이다. 이러한 비전을 실현하기 위해 웅거는 사회적 유산을 일반화하고 전통적인 사유재산을 분할할 것을 주장한다. 그러나 그는 기존의 사적 소유권을 국가 소유나 노동자기업으로 전환하는 것에 반대한다.

경제적 측면에서 웅거는 프루동, 라살레, 마르크스의 사상을 종합한다. 프루동과 라살레의 사상을 받아들여 경제적 효율성과 정치적 민주주의를 위한 분권화를 강화하고, 이들의 한계를 지적한 마르크스의 사상을 받아들여 프티부르주아 생산의 딜레마와 불안전성을 인식하면서 정부와 기업 간의 분권적 협력을 위한 제안을 하고 있다. 다른 한편, 자유주의 전통을 수용하여 경제적 분권화와 개인적 자유를 한 단계 더 끌어올리기 위한 방안을 제시한다.[30] 이러한 웅거의 주장은 경제성장과 민주적 실험주의의 결합이라고 볼 수 있다. 웅거는 이러한 정치·경제 체제의 핵심이 바로 권리체계에 있다고 파악하고 있다. 다른 비판법학자나 급진주의자와 달리 그는 권리라는 말을 포기하기보다는 재해석할 것을 주장한다.

웅거는 자신이 제시하는 프로그램을 급진적 자유주의이자 비국가주

---

29) "Introduction to the New Edition," *Politics* Vol. I (Verso edition) lvii~cxv면.
30) 이 책 35~36면.

의적 사회주의로 특징짓고 있다. "사회조직에서 점진적이지만 누적적인 변화가 이 과제의 성취를 위해 필수불가결한 조건이다. 강화된 민주주의의 이름하에 여기에서 개진된 프로그램은 민주주의를 심화시키고, 시장을 민주화하며, 개인을 준비시키기를 원한다. 어떤 의미에서 그것은 자유주의자들이 전통적으로 신봉해온 정치적·경제적 제도에 관한 자유주의적 도그마를 인간의 가능성에 관한 자유주의적 희망으로 전환시킨다는 점에서 급진적 자유주의이다. 다른 의미에서 그것은 사회주의 원리에 부합하도록 다시 만들어진 시장경제의 현재의 텅 빈 아이디어에 독특하고 논쟁적인 내용을 부여한다는 점에서 비국가주의적 사회주의이다."[31]

---

31) "Introduction to the New Edition," *Politics* Vol. I (Verso edition) xix면.

Knowledge and Politics, Free Press 1975.

Law in Modern Society, Free Press 1976.

Passion: An Essay on Personality, Free Press 1986.

The Critical Legal Studies Movement, Harvard University Press 1986.

Politics: A Work in Constructive Social Theory, Cambridge University Press 1987,

　　Vol 1 – *False Necessity: Anti-Necessitarian Social Theory in the Service of Radical Democracy*.

　　Vol 2 – *Social Theory: Its Situation and Its Task - A Critical Introduction to Politics: A Work in Constructive Social Theory*.

　　Vol 3 – *Plasticity Into Power: Comparative-Historical Studies on the Institutional Conditions of Economic and Military Success*.

What Should Legal Analysis Become?, Verso 1996.

Politics: The Central Texts, Theory Against Fate, Verso 1997, with Cui Zhiyuan.

Democracy Realized: The Progressive Alternative, Verso 1998.

The Future of American Progressivism: An Initiative for Political and Economic Reform, Beacon 1998, with Cornel West.

Politics (New edition), Verso 2001.

What Should the Left Propose?, Verso 2006.

The Self Awakened: Pragmatism Unbound, Harvard 2007.

Free Trade Reimagined: The World Division of Labor and the Method of Economics, Princeton University Press 2007.

The Left Alternative, Verso 2009 (2nd edition to *What Should the Left Propose?*, Verso 2006).

The Religion of the Future, Harvard University Press 2014.

The Singular Universe and the Reality of Time, Cambridge University Press 2015, with Lee Smolin.

The Critical Legal Studies Movement: Another Time, A Greater Task, Verso 2015.

http://www.robertounger.com 이 사이트에 웅거는 자신의 저서를 자유롭게 활용할 수 있도록 탑재하고 있으며, 이곳에서 그의 많은 강연과 저술을 접할 수 있다. 그밖에 위키피디아에서 웅거에 대한 상세한 소개글을 찾아볼 수 있다.

1. 심층구조 사회이론 deep-structure social theory

심층구조 사회이론은 다음과 같은 세가지 관점에서 사회를 분석한다. 이러한 심층구조 사회이론의 세가지 특징을 웅거는 다음과 같이 설명하고 있다. 첫번째 관점은 모든 역사적 조건에서 구조(structure)와 일상적이고 반복적인 활동(routine activity)을 구분하며, 구조가 어떻게 일상적인 활동들을 재생산하는 데 기여하는가를 밝히는 데 주력한다. 두번째 관점은 특정 환경에서 확인된 구조들을 사회조직의 반복적이고 불가분적인 유형의 한 예로 설명한다. 예를 들어, 봉건주의, 자본주의, 공산주의와 같은 사회구성체의 유형들을 구분하고, 각각의 사회유형은 고유한 사회제도들과 이에 상응하는 이데올로기들의 특정한 패턴을 필연적으로 구성하는 내적 논리를 갖고 있다는 사실을 밝히는 데 주력한다. 자본주의가 가장 전형적인 사례 중 하나다. 세번째 관점은 심층적인 제약조건이나 발전법칙에 호소하는 것이다. 이 이론은 사회구성의 한 유형으로부터 다음 단계의 유형으로 지속적으로 진화하는 패턴의 존재를 주장한다. 이러한 심층구조 사회이론의 대표적인 것이 마르크스주의다.

2. 실증주의 사회과학 positivistic social science

이 책에서 웅거가 비판하고 있는 실증주의 사회과학은 정치학, 산업사회학, 사회심리학, 경영학 등에서 경험적인 방법론을 사용해서 사회 현상을 설명하고 분석하는 학문적 성향을 의미한다. 실증주의 사회과학의 기본적인 입장은 사회를 해결되어야 할 문제점들과 조화되어야 할 이해관계들의 집합체로 보지만, 사회구조와 일상의 구분을 별로 중요시하지 않거나 논쟁의 대상으로 보지 않는다. 이러한 입장에서 이들이 탐구하는 사회의 문제들은 협소하게 제한된 주제들에 한정되는 경향이 있다. 예를 들어 유권자들의 투표 성향에 대한 분석, 조직체 구성원들 간의 갈등의 원인과 효율적인 협력을 보장하기 위한 방안들에 대한 탐구가 주류를 이룬다. 또한 사회학자들은 연결망이나 소집단에 관한 탐구에 익숙하다. 예를 들어 이들은 왜 특정 사회에서 기혼자들의 이혼율이 더 높은가 하는 물음을 던진다. 실증주의 사회과학은 형성적 맥락과 일상적 활동의 구분을 거부함으로써 기존의 제도적·상상적 맥락 내에서의 갈등과 타협의 일상을 탐구하게 된다. 따라서 실증주의 사회과학자들은 사회생활의 근본적인 제도적·상상적 구조에 대한 저항, 즉 형성적 맥락과의 갈등을 간과하게 된다.

3. 초자유주의 super-liberalism

웅거는 자신이 제시하는 강화된 민주주의의 특성을 초자유주의로 표현한다. 강화된 민주주의가 추구하는 사회개혁의 방향에 대해서 기존의 사회민주주의나 고전적 공화주의와 비교될 수 있지만, 이 제도들과는 다르며 그것을 표현하는 것이 바로 초자유주의라는 것이다. 초자유주의는 국가와 사회에 관한 자유주의적 전제들, 의존으로부터의 자유, 의지를 통한 사회관계들의 지배에 관한 전제들을 더 거대한 틀 속으로 통합될 때까지 밀어붙이는 것이며, 기존의 정신적·사회적 구조물들의 생성규칙을 언제든 위반할 수 있고, 그곳에 다른 규칙과 다른 구조물을 대체할 수 있는 자아에게 덜 이질적인 사회세계를 구축하는 것이다.

4. 맥락 context

웅거의 사회이론에서 핵심적인 역할을 하는 두 개념은 맥락(context)과 일상(routine)이다. 웅거는 맥락이라는 단어보다는 형성적 맥락(formative context)이라는 말을 주로 사용하는데, 그것이 의미하는 바는 우리가 사회에서 일상적으로 살아가는 방식뿐만 아니라 맥락 내에서의 역할과 지위 등을 결정짓는 역할을 하는 구조적 틀이다. 웅거는 그것을 질서(order), 구조틀(framework), 구조(structure) 등의 용어로 표현하기도 한다.

형성적 맥락은 크게 두가지 형태로 구성된다. 하나는 제도 장치들로 형성된 맥락이고, 다른 하나는 상상적 맥락이다. 제도적 맥락으로 웅거는 노동조직(work-organization) 복합체, 사적 권리(private-rights) 복합체, 통치조직(governmental-organization) 복합체, 직업구조(occupational-structure) 복합체 등을 들고 있다. 상상적 맥락은 가능하고도 바람직한 인적 결합의 형태에 관한 일련의 선입관들로 구성되어 있으며, 사회의 다양한 영역에서 사람들의 관계가 어떠해야 하는가에 관한 전제들로 구성되어 있다. 예를 들어 사적 공동체에 관한 특정한 관념, 상호 간의 충성심, 공유된 목적, 갈등의 배제 등이 바람직한 가족생활의 요소로 받아들여질 수 있다.

웅거가 제시하는 형성적 맥락 개념은 마르크스주의 이론의 생산양식과 유사한 함의를 지니고 있다고도 볼 수 있다. 하지만 웅거가 일상적인 삶의 형태와 방식을 지배하는 구조를 굳이 맥락이라는 단어로 표현하는 가장 큰 이유는 어떤 사회의 변화를 자본주의라는 생산양식으로 규정할 때, 너무나도 다른 형태들이 나타나고 존재하기 때문에 이러한 차이들을 충분히 담아내지 못하기 때문이다. 이러한 관점에서 웅거는 맥락-보존적 일상, 맥락-변혁적 혹은 맥락-파괴적인 갈등 등의 개념들을 이끌어낸다.

5. 부정의 능력 negative capability

웅거는 형성적 맥락의 개방성이나 변경가능성을 강조하기 위해서 "부정의 능력"(negative capability)이라는 관념을 제시한다. 웅거는 부정의 능력이라는 말을 존 키츠(John Keats)가 1817년 12월 21일 그의 형제들에게 보낸 편지에서 가져왔다고 밝히고 있다. 키츠에게 부정의 능력은 고정된 철학이나 사전에 형성된 자연의 체계에 대한 거부를 의미한다. 그는 우리가 세계에 대해서 알 수 있는 것이 필연적으로 제한적일 수밖에 없음을 인정할 것을 주장하면서 세계를 분석하고 합리화하거나 범주화하려는 예술가의 시도를 거부했다. 키츠에 의하면, 시인은 사실이나 근거를 찾기보다는 수용적이어야 하며, 모든 진리나 신비 또는 의문에 대해서 절대적인 지식을 추구해서는 안 된다는 것이다. 시인은 설명할 수 없는 신비와 의문으로 가득 찬 세계로부터 자극을 받아들이고 예술로 전환할 수 있어야 한다는 것이다.

물론 웅거는 이 단어를 원래의 의미와는 매우 다르게 사용하지만 키츠가 부여했던 의미와의 연계성은 여전히 남아 있다고 주장한다. 부정의 능력으로 웅거가 의미하는 바는 사고와 행동에서 기존의 형성적 맥락을 부정함으로써 그 맥락을 초월하는 능동적인 인간의 의지와 능력이다. 부정의 능력을 고양시키기 위해서는 제도적 맥락을 창조하는 데까지 이르러야 하며, 그러한 제도적 맥락들은 변화에 더욱 개방적이어야 한다. 다시 말해서 구조와 일상, 혁명과 작은 개혁, 사회운동과 제도화 간의 괴리가 좁혀져야 한다는 것이다. 웅거는 부정의 능력 강화를 목적 그 자체로, 즉 인간의 자유의 차원이자 다른 목표들을 성취하는 수단으로 파악한다. 웅거는 형성적 맥락들의 탄력성과 영향력을 인정하지만, 그것들로부터 고도의 필연성이나 권위의 힘을 박탈한다. 다시 말해서 맥락-초월적인 주체로서의 인간본성에 더욱 적합한 제도적·담론적 맥락들을 만들기 위해 우리는 투쟁할 수 있는 것이다.

6. 조형력 plasticity

웅거의 사회이론에서 핵심적인 개념 중의 하나가 "plasticity"인데, 이 단어의 번역어로 우리 학계에서는 "조형성" 혹은 "가소성"이 사용되고 있다. 이 책에서 사용되는 "plasticity"는 사회구조들이 형성되고 재형성되는 구조의 능력을 말한다. 그런데 이보다 더 중요한 의미는 사회구조들이 형성되고 재형성되는 "용이성"을 내포하고 있다. 두가지 의미를 표현하기 위해서 이 책에서는 "조형력"으로 번역했다.

7. 강화된 민주주의 empowered democracy와 역량강화 empowerment

웅거의 구체적인 제도적 프로그램들을 압축하고 있는 개념이 바로 강화된 민주주의다. 웅거가 이 용어로 상정하는 바는 개인들과 집단들이 서로 교류하고 변화를 제안할 수 있으며, 사회적·경제적·정치적 구조들을 변혁시킬 수 있는 권한을 그들에게 부여하는 더욱 개방적이고 유연한 사회제도들이다. "empowered"나 "empowerment"라는 말에는 역량강화, 권한부여, 권한분산, 권한이양 등의 의미가 함축되어 있다. 웅거가 정치와 경제 영역에서의 분권화와 분산화를 가장 중요한 제도적 변혁 방향으로 설정하고 있는 이유가 바로 정치적·경제적으로 억압되어온 개인이나 집단의 역량을 강화시킴으로써 사회의 변혁을 추구하고자 하는 데 있기 때문이다. 웅거의 설명에 의하면, 이 비전은 중앙의 급진적인 정치발전과 지역의 사회혁신을 지향한다. 그것의 핵심 전략은 중앙정부 수준에서의 정치적 정당들의 역량과 지역 수준에서의 상거래 및 거버넌스의 자유를 결합시키는 것이다. 이러한 결합을 통해서 사회적·정치적 제도들에서 결정적인 변화를 가져오는 급진적인 사회적 실험을 촉진한다.

8. 고착화 entrenchment와 탈고착화 disentrenchment

형성적 맥락은 한 사회 내에서 구성원들의 역할과 지위를 결정지을 뿐만 아니라 사회의 주요 자원들, 통치권력, 경제자본 등을 분배하는 데 주된 역할을 한다. 웅거는 이러한 맥락이 사회구성원들의 이의제기와 변화의 요구에 얼마만큼 수용력이 있는가를 판단하는 개념으로 맥락의 고착화와 탈고착화라는 용어를 사용한다. 어떤 맥락이 고착화될 경우, 그 사회에서는 형성적 맥락을 구성하는 제도들과 선입관들이 지지하는 위계질서와 역할이 엄격하게 규정되며, 그로 인해 특권계층이 형성되는 것이다. 이러한 고착화된 맥락과 대조적인 개념이 탈고착화이다. 고착화된 형성적 맥락을 탈고착화함으로써 역할과 위계질서의 영향력을 약화시키고 개인과 집단이 자기주장을 펼칠 수 있는 조건들을 조성할 수 있게 된다.

9. 설명적 접근방법 explanatory approach

웅거는 사회를 설명하는 작업에 대해서 설명적 관점, 설명적 접근방법, 설명적 이론 등 다양한 용어를 사용한다. 무엇보다도 설명적 접근방법을 통해 밝히려고 하는 것은 사회를 구성하는 두 구성요소, 즉 형성적 맥락과 일상의 관계이다. 첫째, 설명적 관점을 통해서 사회생활을 지탱하고 있는 형성적 맥락의 특성과 그 영향력을 분석하는 것이다. 다시 말해서 사회의 구조틀이 일상적인 실천적·담론적 활동에 어떠한 영향을 미치는가를 파악하는 것이다. 특히 형성적 맥락은 제도적 장치들과 상상적 선입관들로 구성되어 있는데, 이러한 것들이 어떻게 작동하는지를 밝히는 것이다.

둘째, 사회의 변화에 관한 설명으로 웅거는 이것을 개혁과 긴축의 주기로 표현하고 있는데, 사회 속에서 끊임없이 발생하고 있는 갈등의 원천과 속성을 밝히는 것이다. 웅거에 따르면, 설명적 관점은 특정한 물음에 답변을 하는 과정에서 사회변혁론을 발전시킨다. 현대사회에서 개혁과 긴축의 주기들은 왜 특정한 형태와 강도를 갖고 있는가? 이 물음은 이러한 주기들을 지속시키는 형성적인 제도적·상상적 맥락들을 표상하는 방법의 하나로 전환된다. 맥락들의 영향력을 이해하고 그것에 어떻게 저항할 수 있는가를 발견하기 위해서 우리는 그러한 맥락들이 어떻게 만들어지고 그 구성요소들을 결합시키는 것이 무엇인가를 파악해야 한다. 웅거가 추구하는 설명적 관점 혹은 이론은 사회의 형성적 맥락을 분석함으로써 그 내부에 구축된 제도와 선입관들이 우리의 자유를 어떻게 억압하고 있는가를 밝혀내는 것이다. 이를 통해서 그러한 억압의 기제들에 대해 저항하고 변혁시킬 수 있는 길을 찾아내는 것이다.

10. 프로그램적 접근방법 programmatic approach

웅거는 설명이론을 통해서 현재의 맥락들이 갖고 있는 억압적인 측면들을 드러내고, 이를 통해서 사회가 변혁될 수 있는 구체적인 프로그램을 제시하려는 강한 의지를 갖고 있다. 따라서 이 책에서는 사회재구성을 위한 프로그램이 한 축으로 구성되어 있다. 사회재구성 프로그램은 현재의 통치조직과 경제조직이 수행하는 지점을 넘어서 급진 프로젝트를 고양시킬 수 있는 제도적 장치들과 사회적 실천들을 상상하고 제시하려는 시도다. 웅거가 지향하는 급진 프로젝트는 다양한 형태의 개인적·집단적 역량강화를 실현하려는 시도이며, 그러한 역량강화는 실천적이고 정서적인 관계들을 고착화된 사회적 역할이나 위계질서의 억압적인 영향력으로부터 떼어냄으로써 가능해진다. 사회분할과 서열 체제는 제도적·상상적 맥락들에 의존해 있으며, 그러한 맥락들은 일상적인 사회생활의 과정 속에서 변경될 수 없는 채 남아 있다. 웅거는 프로그램적 접근방법을 통해서 현재의 형성적 맥락들이 지탱하고 있는 경직된 형태의 사회분할과 위계질서를 변경하고 대체할 수 있는 구체적인 방안들을 제시한다.

11. 기능주의 functionalism와 기능적 설명 functional explanation

이 책에서 웅거가 기능주의 혹은 기능적 설명으로 지칭하는 것은 마르크스주의에 대한 평가와 깊이 관련되어 있다. 예를 들어, 제럴드 코헨이 그의 저서에서 밝힌 것처럼, 생산양식의 두 구성요소인 생산력과 생산관계 중에서 생산양식의 변화를 이끄는 것은 생산력이라는 주장에 대해서 이것은 기능적 설명에 의해 해명되어야 한다는 것이다. 하지만 웅거는 마르크스의 저술 속에는 심층구조적 측면과 기능주의적 측면이 모두 포함되어 있는데, 기능주의적 설명을 따를 경우 마르크스의 핵심적인 심층구조적 측면이 위협을 받게 된다고 주장한다. 따라서 이러한 기능적 설명을 배제하고서 심층구조적 사고방식을 드러냄으로써 마르크스의 이론을 구제할 수 있다고 지적하고 있다.

12. 안정화 stabilization와 탈안정화 destabilization

형성적 맥락이 작동하기 위해서는 안정화가 되어야 한다. 웅거는 맥락들이 안정화되기 위해서는 세가지 필수요소들이 있다고 본다. 첫째, 경제활동의 조직적·기술적 양식, 둘째, 집단적 정체성, 이해관계 및 사회적 가능성에 관한 가정들, 셋째, 인적 결합 방식이다. 이러한 요소들이 안정화 메커니즘을 구성하는데, 이러한 메커니즘을 통해서 형성적 맥락이 안정화되는 것이다. 예를 들어 정착된 형성적 맥락은 집단들 사이에 명시적 혹은 묵시적 협상이나 집단들과 정부 기관 간의 합의를 통해서 전제되고 강화된다. 따라서 그러한 맥락은 집단적 정체성이나 사회적 가능성에 관한 전제들의 모범례로 기여한다. 협상, 합의, 집단 이해관계의 관념들이 모두 정착되면, 제도적·상상적 질서가 거의 불변적인 것처럼 보인다.

하지만 웅거는 이러한 형성적 맥락의 안정화 과정을 통해서 탈안정화의 계기들이 발생한다고 지적한다. 예를 들어 집단 간의 협상에서 아무리 정밀하게 이해관계가 서로 맞춰졌더라도, 그것은 그 집단의 현재의 위상과 특권에 의존할 수밖에 없기 때문에 그 협상에서 배제된 다른 집단들의 이해관계와 충돌할 수밖에 없게 된다는 것이다.

13. 구성적 사회이론 constructive social theory

웅거는 현재의 사회이론과 제도들에 대한 비판과 진단을 통해서 대안을 제시할 수 있는 사회사상을 재구성할 수 있다고 본다. 특히 그는 좌파, 자유주의자, 모더니스트가 공유하고 있는 대의명분에 새로운 삶과 의미를 부여할 수 있는 반자연주의적 사회이론을 구축할 수 있으며, 그 이론적 관점에서 급진적인 프로젝트를 수행할 수 있는 구체적인 프로그램을 제시할 수 있다고 주장한다. 이러한 점에서 그의 사회이론은 포스트모더니스트들이 지향하고 있는 무이론적(no-theoretical) 관점이 아니라 이론적이고 실천적인 기획이라고 할 수 있다.

14. 물신주의 fetishism

웅거는 물신주의라는 용어로 두 종류의 물신주의를 설명하고 있는데, 하나는 제도 (institutional) 물신주의이고, 다른 하나는 구조(structural) 물신주의다. 제도 물신주의는 구체적이고 우연적인 제도 장치들을 자유나 평등과 같은 포괄적이고 모호한 이념들과 동일시하는 것이다. 웅거는 고전 자유주의자, 강경 마르크스주의자, 실증주의 사회과학자, 경직된 정치·경제 관료 등이 제도 물신주의자가 될 수 있다고 지적한다. 고전 자유주의자는 근대 유럽역사에서 우연히 확립된 임시변통의 통치와 경제 장치들을 대의민주주의나 시장경제와 동일시한다. 강경 마르크스주의자는 이 장치들을 미래에 재건될 질서를 향한 필수불가결한 단계로 취급한다. 그리고 실증주의 사회과학자는 현재의 관행들을 이해관계의 조정과 문제 해결을 위해 논쟁 대상이 되지 않는 구조틀로 받아들인다.

웅거는 구조 물신주의를 보다 상위의 일반화 단계에서 발생하는 오류라고 지적한다. 구조 물신주의에는 두 종류가 있는데, 한 부류는 만일 가치와 통찰의 초월적인 기준들이 부인된다면, 우리가 할 수 있는 일은 단지 사회세계나 정신세계를 선택하고 그 규칙들에 따라서 활동하는 것이라고 주장한다. 반면에 이러한 구조에 대해서 끊임없는 저항을 통해 자유를 확보할 수 있다고 주장하는 입장이 있는데, 이러한 입장을 취하는 사람들은 실존주의자들이라고 볼 수 있다. 웅거는 구조에 대한 두 입장이 구조, 즉 맥락과 우리의 자유의 관계가 역사 속에서 파악된다는 인식을 간과하고 있다고 지적하고 있다. 다시 말해서 구조는 영구적으로 고정되어 있지 않으며, 그것이 우리를 완벽하게 지배할 수도 없다는 것이다.

15. 과제규정 task-defining 활동과 과제수행 task-executing 활동

웅거는 형성적 맥락을 구성하는 제도 장치로서 노동조직(work-organization) 복합체를 들고 있다. 그리고 이러한 노동조직을 주도하는 원리 중 하나가 바로 과제를 규정하는 활동과 과제를 수행하는 활동 간의 구분이다. 한편으로는 생산업무와 노동과정을 규정하는 활동이 있고, 다른 한편으로는 규정된 과제들을 수행하는 반복적이고 전문화된 활동이 있다. 생산계획이나 생산과정의 변화를 주도하는 사람은 과제규정자들이다. 과제규정 활동과 과제수행 활동 간의 차별화는 주류적인 조직양식이나 기술적 양식에 의해 표현되고 지지된다. 그리고 물질적인 보상, 판단의 재량권한, 평판의 혜택이 과제를 규정하는 직책에 집중되며, 동일한 사람들의 손에 집중되는 경향이 있다는 것이다. 이러한 과제 활동의 역할 구분이 산업계 전체적으로 확산되어 있으며, 경제조직을 보호하는 제도적 관행들을 형성하며, 이러한 제도적 장치들에는 법적 권리와 경제적 전략 등이 포함되어 있다는 것이다. 이러한 장치들에 의해 사회구성원들 간에 위계질서가 형성되고, 불평등이 지속되는 것이다.

16. 자연주의 naturalism

이 책에서 논의되는 자연주의는 사회에 대한 인식을 의미한다. 자연주의적 전제의 특징은 사회생활의 양식을 문명의 자연적인 형태를 대변하는 것으로 묘사한다. 특정한 인간 삶의 방식을 보편적인 이미지, 즉 진실되고 왜곡되지 않은 형태의 사회로 전환시키고, 그것을 인간들이 따라야 할 모범례로 만든다. 웅거는 이러한 자연주의관이 지닌 가장 커다란 문제점이 사회는 다시 만들어지고 상상될 수 있다는 생각을 받아들이지 않는 것이라고 지적한다. 웅거는 그 원인으로 자연주의관이 사회 세계들이 조건 지어졌다는 사실을 부정하는 데 있다고 주장한다. 자연주의와 관련해서 웅거의 핵심적인 논의 대상은 근대 이전에 인간 역사를 지배해온 자연주의보다는 근대 이후 자연주의적 사회관과 타협한 사회이론들이다. 존 스튜어트 밀의 인성학에 나타난 관점, 애덤 스미스의 보이지 않는 손, 그리고 특히 마르크스의 역사 발전론에 자연주의적 요소들이 담겨 있다는 것이다.

17. 반필연적 사회이론 anti-necessitarian social theory

웅거는 변화의 법칙들이 인간 사회의 역사를 지배하고 인간의 자유를 제한한다는 가정을 거부한다. 그는 기존의 사회이론들에 들어 있는 필연적 사고를 비판한다. 예를 들어, 사회질서의 구성부분들이 필수적이라거나 역사의 자연적 흐름의 결과라는 주장들을 거부한다. 그리고 인간 사회가 특정한 방식으로 조직되어야 한다거나 인간의 활동이 특정한 형태를 고수하게 될 것이라는 생각 등을 거부한다. 웅거가 추구하는 사회이론은 기본적으로 사회는 만들어지고 상상된 것이라는 데에서 출발한다. 따라서 어떤 사회질서가 자연적이라거나 기존 질서에 내포된 미래의 방향을 따라야 한다는 입장을 철저하게 배격한다. 웅거는 사회에 대한 기존의 이해들 중에서 우선적으로 자연주의적 입장을 배격한다. 그리고 계몽주의와 함께 시작한 근대적인 사고방식이 반필연적인 사회이론에서 출발하지만, 그 전제들을 아직 충분할 정도로 전개하지 못하고 있다고 평가한다. 특히 마르크스의 사회이론에 나타나고 있는 사회발전론이 필연적인 사고방식의 한 양태라는 것이다. 웅거는 자신의 관점을 근대의 초기로 확장시킴으로써 당대에 발아하기 시작했던 반필연적 사회관을 재조명하면서, 이를 더욱 구체적이고 실천적인 사회이론으로 발전시키고 있다.

18. 한계론 marginalism

이 이론은 1870년대 오스트리아의 멩거(Carl Menger), 영국의 제본스(William Stanley Jevons), 프랑스의 왈라스(Marie Esprit Léon Walras)에 의해 구축된 경제이론이다. 소비자가 재화를 소비할 때 얻는 심리적인 만족도를 효용이라 하고, 총효용이란 소비자가 일정 기간에 일정량의 재화를 소비했을 때 얻을 수 있는 주관적인 만족도의 총량을 의미한다. 그런데 동일한 재화를 반복적으로 소비할 경우, 그것을 통해 얻는 효용은 체감하게 된다. 따라서 이 학자들은 이를 토대로 상품의 가치를 밝혀내려고 시도했다.

한편 왈라스는 어떤 시점에서 인구, 욕망, 자본, 기술 등의 여건에 변화가 없고 완전한 자유경쟁이 생길 때에는 경제제량 간에 하나의 정적 일반균형상태가 이룩된다고 전제했다. 이 상태에서 모든 경제제량은 일의적(一義的)으로 결정된다. 따라서 각량을 미지수로 하고 그들의 상호의존 관계를 연립방정식에 의해 표시하면 미지수와 방정식의 수는 일치하고 일반균형상태는 이 방정식에 의해 수학적으로 표출된다. 모든 시장이 동시에 균형을 이루고 있다는 것은 모든 시장에서 수요와 공급이 일치한다는 의미이다. 수요는 개별 소비자의 효용극대화를, 공급은 개별 기업의 이윤극대화를 전제로 도출된 것이므로 소비자와 생산자는 최적상태에 도달한 것을 의미한다. 왈라스는 모든 시장의 균형을 가져오는 균형가격이 동시에 존재할 수 있음을 증명함으로써 경쟁시장은 소비자들이 원하는 상품을 원하는 수량만큼 가장 저렴한 비용으로 기업으로부터 공급받는 "경쟁시장의 자원배분 효율성"을 정형화된 모형을 통해 보여주었다. 즉 애덤 스미스의 "보이지 않는 손"에 의한 자원의 최적배분을 정형화된 모형을 통해 입증한 것이다.

한계론에 대한 웅거의 비판은 왈라스의 균형이론에 대한 비판에서 출발한다. 왈라스는 사회조직의 규범적 논쟁을 배제하고서 경제분석의 확실성을 확보하고자 시도했다. 웅거는 이 이론이 안고 있는 취약점을 다음과 같이 지적하고 있다. 첫째, 균형이 시장경제에서 자발적으로 형성된다는 주장에 대해서 현실에서 자율적인 조정의 균형이 일어나지 않는다는 것이다. 둘째, 그 이론은 시장의 결정론적 이미지를 사용하지만 역사적으로 시장은 상이한 시장 장치들을 지닌 비결정적인 모습을 보여왔다는 것이다. 셋째, 논쟁의 대상이 되고 있는 효율성의 개념이 개인, 계급, 세대 간에 분배의 차이를 설명하는 데 실패했다는 것이다.

19. 리얼리즘 realism

웅거는 자신이 사용하는 리얼리즘을 다음과 같은 의미로 사용하고 있다고 밝히고 있다. 리얼리즘은 세계에 대한 일련의 신념들의 정당화가 정신과 실제적인 이해관계 외부에 있는 세계의 속성들에 근거해야 한다는 신념이다.

20. 사적 권리 복합체 private-rights complexity

근대의 사법체계는 크게 두 영역, 즉 재산법과 계약법으로 구성된다. 근대사회가 형성되면서 나타난 사법체계의 기본적인 원리로 계약자유의 원칙, 소유권 절대의 원칙, 과실책임의 원칙을 들 수 있다. 계약자유의 원칙은 상대방 선택의 자유를 포함하여 계약체결의 자유, 내용결정의 자유 등을 그 구체적인 내용으로 한다. 소유권 절대의 원칙은 근대 자연권의 신성불가침성이란 이념 위에 확립된 것으로 사적 소유권의 절대성을 지지하는 것으로 받아들여졌다. 과실책임의 원칙은 자기의 귀책사유가 없는 한 어떠한 책임도 지지 않는다는 원칙으로 자기 책임의 원칙이라고도 한다. 하지만 19세기 말과 20세기 초에 자본주의의 폐해가 극심해지면서 이러한 근대 사법의 기본원칙들에 대한 변화가 나타났다. 계약자유의 제한, 소유권의 제한, 과실책임의 수정 등으로 변경되었다. 경제적 약자를 보호하기 위한 법률들이 제정되고, 공공복리를 위해서 소유권이 제한되며, 제조물 책임이나 산업재해 등에 관한 위험책임의 법리가 형성되면서 과실책임주의가 수정되었다.

21. 탈안정화 권리 destabilization right

탈안정화 권리는 웅거가 제시하는 권리체계에서 새롭고 독창적인 것이다. 인간의 자유를 더욱 고취시키고 자신의 삶의 주체로서 살아가고자 하는 개인의 의욕을 저해하는 기존의 특권적이고 억압적인 구조를 타파해야 하는 상황에서, 그러한 구조들이 안정성을 견고히 해나갈 때 이를 흔들어서 변경시킬 수 있는 권리가 보장되어야 한다는 발상에서 제시된 것이다. 하지만 이 권리는 각 개인이 특권적이고 억압적인 공적·사적 구조나 맥락에 직접적으로 행사할 수 있는 것이라기보다는 이러한 권한을 갖고 있는 제3의 기관(destabilization branch)을 설치해서 이 기관에게 개선과 시정을 요청할 수 있는 권리다. 이 책에서는 이 권리의 내용이 매우 추상적이고 이해하기 어렵게 기술되어 있는데, 쉽게 생각하자면 우리나라의 국민권익위원회나 국가인권위원회와 같이 국민의 기본적인 권리와 이익을 보호하기 위한 기관에 의해 행해지는 조치와 유사하다고 볼 수 있다. 하지만 이 두 기관이 행하고 있는 것보다는 좀더 광범위한 내용을 포함하고 있다.

22. 해법 move

웅거는 역자와의 서신을 통해서 "move"의 의미에 대해서 다음과 같은 설명을 보내왔다. "move" 혹은 "moves"라는 단어는 사고의 습관 또는 습관적인 전략을 의미하며, 특정한 이론이나 지적 전통 내에서 문제를 해결하는 특징적인 방법을 지칭한다. 영어에서 이 단어가 가지고 있는 매력은 구체성을 지니고 있다는 것이다. 역자는 이러한 설명에 가장 적합한 번역어로 "해법"이라는 단어를 사용했다.

23. 브라운 운동 Brownian motion

브라운 운동은 1827년 스코틀랜드 식물학자인 로버트 브라운(Robert Brown)이 발견한 현상으로 액체나 기체 속에서 미소입자들이 불규칙하게 운동하고 있는 것을 말한다. 브라운이 이 현상에 대해서 전환점을 이룬 것은 물 위에 떠 있는 입자들의 자발적인 움직임이 아니라 그 주위에 있는 분자의 충돌 때문에 발생하는 물리적 현상으로 파악한 데 있었다.
웅거는 이러한 브라운 운동의 현상이 사회에도 적용될 수 있다고 본다. 사회를 구성하는 맥락은 단지 거대한 변혁을 통해서 다른 맥락으로 대체되는 것이 아니라, 작은 언쟁이나 갈등의 증폭 작용을 통해서 사회의 맥락들이 변화한다는 것이다. 갈등이나 싸움의 강도, 규모 등이 확대되면서 맥락이 변하게 된다는 것이다. 그렇지만 웅거는 갈등의 수준이나 규모가 어느 정도일 때, 맥락이 변화되는 필요충분조건인가에 대해서는 미리 결정하지 못한다고 지적한다. 다만 우리는 어떤 환경은 그러한 갈등의 증폭을 조장하지만, 다른 환경은 그렇지 못하다는 사실을 인정해야 한다는 것이다.

24. 이원제 dualistic system

이 제도는 우리 학계에서는 이원집정부제로 불리고 있다. 대통령중심제와 내각책임제가 절충된 제도로, 내란·전쟁 등의 비상시에는 대통령이 행정권을 전적으로 행사하나, 평상시에는 총리가 내정에 관한 행정권을 행사하며 대통령은 외교, 국방 등의 권한만을 가지는 제도이다. 대통령은 통상적으로 국민의 직접선거로 선출되며, 의회의 다수당 당수가 총리로 선출된다. 의회가 내각에 대해 불신임권을 가지며 내각은 국회해산권을 갖지만, 대통령은 의회에 대해서 책임을 지지 않는다.

이원제는 대통령제와 의원내각제의 각 요소가 혼합되어 있는 절충적 정부 형태이기 때문에, 어떤 요소와 성질에 초점을 맞추느냐에 따라 다양한 양상을 보인다. 따라서 이원제의 명칭은 준대통령제, 분권적 대통령제, 이원정부제, 이원적 의원내각제, 혼합정부형태, 권력분산형 대통령제, 권력분산형 의원내각제 등으로 다양하다. 이원제 개념은 1919년 제정된 독일의 바이마르 헌법에서 처음 등장했다. 현재 이원제를 시행하고 있는 대표적인 국가는 프랑스다. 프랑스식 이원제는 대통령에게 강력한 권한을 부여하면서도 의원내각제 요소를 기본으로 하는 정부형태다. 그밖에 핀란드, 오스트리아, 아일랜드, 아이슬란드, 포르투갈 등이 채택하고 있다.

25. 포르투갈 헌법

포르투갈은 1974년 카네이션 혁명을 통해 독재정권을 불식하고 1976년부터 새 헌법이 발효되었으며, 이후 7차례에 걸쳐서 개정되었다. 이 헌법의 특징은 대통령제와 내각책임제를 혼합한 이원제의 형태를 띠고 있다. 주요 권력기관으로 대통령, 의회, 국가평의회, 사법기관으로 헌법재판소, 대법원, 회계법원, 옴부즈맨을 두고 있다. 대통령은 국민투표에 의해 선출되며, 군통수권, 의회해산권, 법률제정공포권, 비상계엄선포권, 국민투표회부권, 각종 비상조치권, 법률안 거부권, 사면 및 감형권, 국제조약비준 등 대통령 고유의 권한을 갖고 있다. 의회는 국민투표를 통해 선출된 의원들로 구성되며, 내각의 각료로 임명될 수 있으며, 헌법개정안 의결, 법률제정, 자치지역 법률 승인 등 입법부 고유의 권한을 갖고 있으며, 행정부 감사 권한을 갖고 있다. 행정부는 총리, 부총리, 장관 및 차관으로 구성되며, 의회의 다수당이 단독 혹은 다른 당과 연정하여 내각을 구성한다. 국가평의회는 대통령의 자문기관이며, 주요 국정사안(예를 들어, 의회해산 등)에 대해서 자문한다. 헌법재판소는 대통령이 청구하는 사전적 위헌심사와 대통령, 의원, 옴부즈맨 등이 청구하는 사후적 위헌심사를 활용하여 권력기관 간의 균형 유지와 견제 기능을 수행한다.

26. 신뢰이익 reliance interest

신뢰이익(信賴利益)이란, 어떤 법률행위가 무효로 되었을 때 그 당사자가 무효인 법률행위를 유효라고 믿었기 때문에 입은 손해를 말한다. 예를 들어, 정부와 국민 사이에 적용되는 원칙을 신뢰보호의 원칙이라고 하는데, 이것은 행정기관이 국민에 대하여 행한 언동을 신뢰한 개인을 법적으로 보호할 가치가 있다고 할 때, 행정청이 이에 어긋나는 행위를 하는 경우 그의 위법성을 인정함으로써 개인의 신뢰를 보호해주는 원칙이다. 이 원칙은 행정법뿐만 아니라 민사법, 형법 등에서도 활용되고 있다.

27. 라플라스 Pierre Simon Laplace, 1747~1827

프랑스의 천문학자이자 수학자로서 행렬론, 확률론, 해석학의 연구에서 괄목할 만한 업적을 남겼으며, 수리론을 태양계의 천체운동에 적용해 태양계의 안정성을 입증하기도 했다. 자연현상에 대해서 그는 다음과 같은 말은 남겼다. "우리 개념의 단순성으로 자연의 단순성을 측정해서는 안 된다. 그 효과들의 변화무쌍함에도 불구하고, 원인의 측면에서 보면 자연은 단순하다. 다만 그 섭리에 따라 소수의 일반 법칙들을 수단으로 하여 종종 매우 복잡한 수많은 현상들을 생산해내고 있을 뿐이다."

28. 정념 passion

정념에 대해서 웅거는 기존 철학자들과 다른 입장을 취한다. 웅거는 정념을 미리 결정된 의미를 갖고 있지 않은 세계에 대한 우리의 원초적인 반응으로 본다. 정념들은 최초의 내부적인 상태이며, 이후 그것들은 외재적인 표현을 취하게 된다. 이러한 정념들은 반드시 이성과 충돌하지 않으며, 순화될 필요도 없다. 이 정념들은 이성에 대해서 양향적일뿐만 아니라 이성에 기여하도록 작용할 수도 있다는 것이다. 웅거는 9가지 정념으로 "욕정(lust), 절망(despair), 증오(hatred), 허영심(vanity), 질투(jealousy), 믿음(faith), 희망(hope), 사랑(love)"을 들고 있다. 이러한 감정의 상태는 원초적인 정서로 보이지만, 그것들의 표현은 항상 맥락에 의해서 조건지어진다.

ㅈ

로베르토 망가베이라 웅거(Roberto Mangabeira Unger)는 1947년 리우데자네이루에서 태어났다. 그의 아버지 아르투르 웅거(Artur Unger)는 독일계 미국인으로 변호사였으며, 그의 어머니 에디라 망가베이라(Edyla Mangabeira)는 브라질인으로 시인이자 저널리스트였다. 이들은 웅거의 외할아버지인 아우구스타 망가베이라(Augusta Mangabeira)가 미국에 망명하던 중에 서로 만났다. 웅거는 어린 시절 뉴욕에서 살다가 11세에 아버지가 사망하자 브라질로 돌아갔다.

웅거는 리우데자네이루 대학교에서 법학을 전공했고, 1969년 LL.M 학위과정을 위해 하버드 로스쿨에 입학하였다. 하지만 학위와 펠로우십 기간이 끝나고 브라질로 돌아가려던 차에 브라질의 군사정권에 의해 시위에 참가했던 여동생이 체포되는 등 정치적 불안으로 인해 귀국을 포기할 수밖에 없었다. 하버드 로스쿨은 웅거를 박사과정생으로 등록하고 강의를 하도록 배려했다. 23세부터 그는 하버드 로스쿨 1학년생들을 대상으로 법철학을 가르치기 시작했다. 1976년 29세의 나이로 웅거는 하버드 로스쿨에서 종신재직권을 획득했다. 1975년과 1976년 출판한 두권의 책(*Knowledge and Politics, Law in Modern Society*)은 1970년대 중반부터 하버드의 던컨 케네디 교수와 위스콘신의 데이비드 트루벡 교수가 주축이 되어 일으킨 비판법학운동에 이론적 토대를 제공했다. 비판법학운동 초기에 적극적으로 가담했던 웅거는 1982년에 비판법학학회에서 "비판법학운동"이 나아가야 할 방향에 대해서 장시간에 걸친 기조강연을 했고, 이 강연에는 향후 자신이 전개해나갈 사회이론의 핵심적인 내용이 들어 있었다. 하지만 해체주의와 포스트모더니즘으로 경도되기 시작한 젊은 비판법학자들이 보기에 웅거의 이론은 여전히 모더니즘과 자유주의에 근거하고 있었기 때문에 이들과 소원해지기 시작했다. 이후 웅거는 자신의 사회이론을 집대성할 『정치』에 집중했고, 1987년 이를 삼부작으로 출간했다.

엄청난 저술 작업을 하면서도 웅거는 브라질의 정치에 깊이 관여해왔다. 1970년대 후반부터 그는 브라질의 군사정권에 대항하는 정당들에 참여했으며, 1980년에 창설된 브라질 민주운동당의 강령을 입안하기도 했다. 하지만 이 정당 내에 보수적인 정파가 형성되자 웅거는 이 정당과 결별하고 레오넬 브리졸라가 이끄는 브라질 민주노동당에 참여했다. 1983년 리우데자네이루 주지사였던 브리졸라는 웅거를 고아들의 교육재단의 수장으로 임명했고, 그는 가정이 없는 아이들의 교육 프로그램을 입안해냈다. 1990년 웅거는 직접 브라질 연방 하원의원직에 출마했지만, 낙선하고 말았다. 후에 웅거는 그것은 어처구니없는 일이었고 돈도, 참모도 없었으며, 홀로 슬럼으로 가서 팸플릿을 돌렸다고 술회하고 있다. 하지만 이 과정에 대해서 자신이 이전에 상상했던 것보다 체계와 가능성이 훨씬 더 개방적이었다고 피력하고 있다. 2000년에는 상파울루 시장 경선에 나섰으나 소속당의 반대로 무산되고 말았다. 이후 웅거는 대통령 후보들의 고문으로 활약하면서 브라질의 정치에 깊이 관여했으며, 2000년과 2006년에는 자신이 직접 대통령 후보 자격을 얻으려고 시도하기도 했다. 2007년부터 2009년까지 룰라 행정부에서 전략기획장관직을 수행했다. 지금은 하버드에서 강의하며 브라질 론도니아주의 사회발전 프로젝트에 깊이 관여하고 있다.

추이 즈위안(崔之元)은 중국 국방과학기술대학을 졸업하고 시카고 대학교에서 정치학 박사학위를 받았다. 현재 칭화대학 공공관리학원 교수로 재직하고 있다. 중국의 경제개혁이 사회주의 역사경험의 합리적 요소를 살린 제3의 길을 가야 한다고 주장하는 대표적인 신좌파 지식인이다. 주요 저서로『중국은 어디로 가고 있는가』『프티부르주아 사회주의 선언』등이 있다.

김정오(金正梧)는 연세대학교 학부와 대학원을 졸업하고, 위스콘신 로스쿨에서 석사학위와 박사학위를 받았다. 데이비드 트루벡 교수의 지도를 받았으며, 비판법학과 사회이론에 관심을 갖고 연구를 해오고 있다. 웅거의 법이론과 사회이론에 대해 여러편의 논문을 발표했다. 한국법철학회와 한국법사회학회 회장을 역임했으며, 현재 연세대학교 법학전문대학원에서 법철학을 가르치고 있다.

주요 저서로『현대사회사상과 법』『한국의 법문화』가 있으며, 공저로『법철학』『현대법철학의 흐름』『응용법철학』『자유주의의 가치들』, 역서로『코드 2.0』등이 있다.

정치
운명을 거스르는 이론

초판 1쇄 발행 / 2015년 4월 17일

지은이 / 로베르토 M. 웅거
엮은이 / 추이 즈위안
옮긴이 / 김정오
펴낸이 / 강일우
편집 / 박대우 김유경
펴낸곳 / (주)창비
등록 / 1986년 8월 5일 제85호
주소 / 413-120 경기도 파주시 회동길 184
전화 / 031-955-3333
팩시밀리 / 영업 031-955-3399 편집 031-955-3400
홈페이지 / www.changbi.com
전자우편 / human@changbi.com

한국어판 ⓒ (주)창비 2015
ISBN 978-89-364-8594-8 93300